bayern@sozialkunde.de

Sozialkunde für berufliche Schulen in Bayern

von

Klaus Brinkmann, Hamburg
Peter Kölnberger, Landshut
Elisabeth Moos, München
Gregor Schöffel, Starnberg

3., aktualisierte Auflage

Handwerk und Technik • Hamburg

Bildquellenverzeichnis

adidas AG, Herzogenaurach: S. 239/4

akg-images, Berlin: S. 72/2

Archiv Interessengemeinschaft „13. Februar 1945" e.V., Dresden: S. 133

Associated Press, Frankfurt a. M.: S. 173

Barmer Ersatzkasse, Wuppertal: S. 46/2

Bayerisches Staatsministerium für Ernährung, Landwirtschaft und Forsten, München: S. 257/2

Bayerisches Staatsministerium der Justiz und für Verbraucherschutz, München: 82/2

BDA/ DIE ARBEITGEBER, Bundesvereinigung der Deutschen Arbeitgeberverbände, Berlin: S. 147/4

Bergmoser + Höller Verlag AG, Aachen: S. 27/3; 49; 57; 60/2; 75; 77; 81; 98/2; 107; 114/3; 116/1; 122; 125; 127; 142; 144/2; 145; 148; 149; 151; 152/2; 153; 164; 166/2; 169/1; 185/2; 187; 196/2; 197; 203/2; 207; 208/1; 209/1; 219; 224; 229; 230; 234/4; 237; 239/2; 240; 241; 252; 263; 274; 276/1,2; 278/1; 279; 283; 287; 288/2

bpk – Bildagentur für Kunst und Geschichte, Berlin: S. 96/1 (Lutz Braun); 109; 124; 126; 128; 129/1,2; 132

Bundesagentur für Arbeit, Nürnberg: S. 58

Bundesministerium für Arbeit und Soziales, Bonn: S. 9

Bundesministerium für Familie, Senioren, Frauen und Jugend, Berlin: S. 186/1

Bundeswehr (Informations- und Medienzentrale), Sankt Augustin: S. 155/2 (2008, Siegfried Houben)

Bundeswehr/PIZMarine, Glücksburg: S. 155/1

Bundesverband deutscher Banken e.V., Berlin: S. 147/4

CDU/CSU-Fraktion im Deutschen Bundestag, Berlin: S. 147/3

Corbis GmbH, Düsseldorf: S. 244/1 (H. Schmid)

Deutsche Gesetzliche Unfallversicherung Berlin: S. 46/5

Deutscher Gewerkschaftsbund, Berlin: S. 117, 147/5

DIE LINKE., Berlin: S. 147/3

dpa-infografik GmbH, Hamburg: S. 7; 21; 30/3; 33; 36/2, 37; 38/3; 39/2; 40/1; 41; 43; 47; 50/1; 51; 52; 53; 56/2; 59; 66/2; 67/1-3; 74/2; 79; 96/3; 100/1; 102/4; 103; 104/2; 105/2; 106; 110/2; 113/1; 120; 130; 139; 141; 143; 147/1; 167; 168/1; 179/2; 196/1; 199; 211; 231; 236; 238; 239/1; 243; 248/2; 249; 250; 251/2; 253/1; 255; 256/2; 259/1; 264; 266; 267/3; 277; 280/2; 282/2; 285

dpa Picture-Alliance GmbH, Frankfurt a.M: S. 4/2 (dpa-Fotoreport); 5 (ZB-Fotoreport); 11/1 (dpa-Report); 36/1 (dpa-Report); 40/2 (epa-Bildfunk); 60/1 (dpa-Bildarchiv); 74/1 (dpa-Report); 78; 92 (dpa-Report); 105/1 (dpa); 111/1 (dpa); 2 (dpa-Sportreport); 114/1 (dpa-Bildarchiv); 115 (dpa-Bildarchiv); 118/1 (MAXPPP), 2 (Sven Simon); 3,4 (dpa); 131 (AP Photo); 150 (dpa-Bildarchiv); 158/1 (akg-images); 165 (dpa); 180/3 (dpa—Report); 183/2 (dpa-Fotoreport); 190/1 (dpa-Fotoreport); 2 (dpa-Report) ; 200/1,3 (dpa-Bildarchiv); 201 (dpa-Fotoreport); 202 (dpa-Bildarchiv); 206/2 (dpa-Report); 208/2 (dpa-Report); 209/2 (dpa); 226/2 (dpa-Report); 235 (akg-images); 247; 251/1 (dpa); 259/2 (dpa web); 261, 265/1 (dpa-Fotoreport); 265/2 (dpa-Bildarchiv); 267/1,2 (dpa-Report); 268 (dpa-Fotoreport); 269/1 (Landov); 270 (dpa-Report); 271 (dpa); 272/1 (dpa-Fotoreport); 2 (dpa-Report); 275/1 (dpa-Fotoreport); 278/2 (dpa-Fotoreport); 281 (dpa-Report); 282/1 (Caroline Penn/Impact Photos); 286/2 (dpa)

ERDINGER Weißbräu, München: S. 239/3

FDP-Fraktion, Berlin: S. 147/2

Fotolia Deutschland, Berlin, © www.fotolia.de: S. 1 (Monkey Business); 2/2 (Andres Rodriguez); 3 (Monkey Business); 4 (pucci ruf); 5 (bellemedia); 4/1 (bilderbox); 14/1 (Mark Stout); 2 (miolana svetlana); 3 (Amir Kaljikovic); 4 (Matthias Nordmeyer); 16/1 (Heiner Witthake); 2 (pocco_bw); 22/1 (Monkey Business); 2 (Andres Rodriguez); 3 (Torsten Rauhaut); 25 (Eva Kahlmann); 27/2 (Eisenhans); 38/1 (Yuri Arcurs); 2 (Alena Kovalenko); 45, 46/1 (pressmaster); 4 (bilderbox); 48 (Sergey Lavrentev); 56/1 (bilderbox); 69 (Frank-Peter Funke); 87 (Torsten Schon); 88/2 (Michael Chamberlin); 90/1 (iofotot); 2 (Vojtech Soukup); 91/1 (Patrick Hermans); 2 (Edyta Pawloska); 3 (Monkey Business); 94 (Balin); 96/2 (Torsten Schon); 98/1 (fotohansi); 99 (libond); 102/1 (Lisa Eastman), 2 (dundanim); 3 (binagel); 110/1 (Lisa Vanovitch); 121/2 (Falco); 135, 144/1 (ewolff); 152/1 (Max); 154/2 (WoGi); 186/2 (Andrejs Pidjass); 3 (Fotomenne); 189/1 (Andrejs Pidjass); 213 (Udo Kroener); 215 (Udo Kroener); 234/1 (Sujit Mahapatra); 3 (photlook); 244/2 (RICO); 245/1 (BMS); 2 (Alta C.); 248/1 (bilderbox)

Friedrich-Ebert-Stiftung, Politischer Dialog, Forum Politik und Gesellschaft, Berlin: S. 137

FWU, Institut für Film und Bild, Grünwald: S. 95/2

Gesamtverband der deutschen Versicherungswirtschaft e.V. GDV, Berlin: S. 62

Handwerkskammer Koblenz, Koblenz: S. 11/2

Haus der Geschichte, Bonn: S. 226/1

Historisches Zentrum/Archiv Stadtverwaltung Wuppertal, Wuppertal: S. 8/1

IHLO, Hongkong: S. 30/1

IG Metall Regensburg: S. 185/1

iStockphoto, Berlin: S. 27/1 (Duncan Walker); 54/2 (Simon McConio)

Kartographie Kämmer; Ingenieurbüro für Kartographie, Berlin: S. 269/2

Kaufmann, Wilhelm, Norderstedt: S. 54/1

KLJB-Bundesstelle, Bad Honnef-Rhöndorf: S. 177; 183/1

Kölnberger, Peter, Landshut: S. 34/1,2; 35/1

Nationales EUROPASS-Center (NEC), Bonn: S.203/1

Nationalpark Berchtesgaden, Berchtesgaden: S. 259/3

pixelio media GmbH, München, © www.pixelio.de: S. 31/2 (Bernd Sterzl); 46/3 (Rolf van Melis); 64/1 (Thommy Weiss); 88/1 (Achim Lueckemeyer); 3 (Britta Tewes); 95/1 (Stefan Greitzke); 180/2 (Marco Barnebeck); 4 (Achim Lueckemeyer); 195, 205 (Monika Albert); 206/1 (Schmuttel)

Politik zum Anfassen e.V., Isernhagen: S. 188

Presse- und Informationsamt der Bundesregierung, Berlin: S. 179/1

RAL gemeinnützige GmbH, Sankt Augustin: S. 257/1

Siemens AG, München: S. 29, 31/3

Siemens Corporates Archives, München: S. 2/1

Spedition Herschel, Bonn: S. 31/1

Stadt Neumarkt i.d. Oberpfalz: S. 253/2

Süddeutsche Zeitung Photo/Content, München: S. 164

terre des hommes, Osnabrück: S. 8/2 (Souleymane Quattara)

VBJ Bayern (Verband bayerischer Jugendbeteiligungsplattformen), Pfaffenhofen a. d. Ilm: S. 189/2

Verbraucherzentrale Bayern e.V., München: S. 221

Verlag C. H. Beck oHG, München: S. 84/2; 85; 112/1

Verlag Handwerk und Technik GmbH, Hamburg: S. 83

Volksschule Essenbach, Essenbach: S. 193/1

Volkswagen Sachsen GmbH, Zwickau : S. 30/2

Zack, Dieter, Hamburg: S. 11/3

Titelbilder: dpa Picture-Alliance GmbH, Frankfurt a.M: 1,2 (dpa-Fotoreport); pixelio media GmbH, München, © www.pixelio.de: 3 (Achim Lueckemeyer); 4 (Stefan Greitzke); Fotolia Deutschland, Berlin, © www.fotolia.de: 5 (BC Kid); 6 (Jerome Berguez); Spedition Herschel, Bonn: 7

ISBN 978-3-582-01871-7

Verlag Handwerk und Technik GmbH,
Lademannbogen 135, 22339 Hamburg; Postfach 63 05 00, 22331 Hamburg – 2015
E-Mail: info@handwerk-technik.de – Internet: www.handwerk-technik.de
Illustrationen: Gregor Mecklenburg, 25421 Pinneberg
Satz und Layout: tiff.any GmbH, 10999 Berlin
Druckerei: Phoenix Print GmbH, 97017 Würzburg

Vorwort

bayern@sozialkunde.de ist ein für den Sozialkundeunterricht an bayerischen Berufsschulen und Berufsfachschulen konzipiertes Schülerbuch.

Inhalt und Aufbau orientieren sich am aktuellen bayerischen Lehrplan. So folgt auch die Nummerierung der Kapitel der Einteilung des Lehrplanes nach den Jahrgangsstufen 10–12.

Das Buch vermittelt ein stabiles Wissen über politische, soziale, wirtschaftliche, kulturelle und organisatorische **Grundlagen unseres Gemeinwesens**. Besondere Berücksichtigung dabei finden **bayerische Charakteristika** und ihre Einbettung in den bundesdeutschen und internationalen Kontext.

■ Die Lerninhalte sind in den Kapiteln nach dem **Doppelseitenprinzip** gegliedert. Jede Doppelseite beinhaltet einen Themen-Abschnitt und schließt mit einem Aufgabenblock ab. Das jeweilige Thema lässt sich so in einer Unterrichtsstunde bearbeiten.

■ Veranschaulichende **Beispiele** beleuchten die Themengebiete aus der Perspektive und dem Alltag der Schülerinnen und Schüler.

■ Zur Erläuterung vielschichtiger Zusammenhänge wird eine Vielzahl von **Tabellen, Grafiken, Schaubildern, Fotos und Illustrationen** eingesetzt.

■ Jedes der 13 Kapitel beinhaltet eine **Methodendoppelseite**, die die Schülerinnen und Schüler anleitet, z. B. bei Internetrecherche, Quellenarbeit, Analyse von Schaubildern und Konflikten sowie beim Umgang mit Argumenten in einer Diskussion selbst die Initiative zu ergreifen.

■ Die **Randspalten** enthalten knappe Begriffsdefinitionen sowie ergänzende und vertiefende Informationen zum Thema in Kurzform.

■ Am Kapitelende sind die wichtigsten Punkte aller Abschnitte auf der Seite **„Zur Wiederholung"** zusammengefasst.

■ Ein umfangreiches **Sachwortverzeichnis** mit rund 1.500 Einträgen ermöglicht ein gezieltes Nachschlagen von Begriffen und Inhalten.

Inhaltsverzeichnis

10.1 Ausbildung und Beruf

10.1.1 Berufliche Bildung und Qualifikation – Sicherheit für die Zukunft

■ Berufliche Bildung – damals und heute

Kaminkehrer
Kammmacher
Kaufleute und Krämer
Kirschner
Knopfmacher
Köche
Korbmacher
Kornmesser
Kuchenbäcker
Kupferhammerschmied
Kupferschmiede

Lederbereiter
Lederer
Leihhaus-Unternehmer
Lehnrößler
Loderer
Maler
Maurermeister
Melbler
Metzger
Müller

Lehrwerkstätte 1918

Moderne Berufsausbildung

Die links abgebildeten Abschnitte eines Steuerverzeichnisses der Stadt Landshut aus dem Jahre 1815 listen viele Berufe auf, die es auch heute noch gibt – wenn auch mit zum Teil anderen Bezeichnungen. Einige Berufe sind jedoch ausgestorben, z. B. weil es technologische Neuentwicklungen gab oder weil Maschinen die Arbeit übernommen haben.

Heute gibt es ca. 330 staatlich anerkannte Ausbildungsberufe, die Berufsbereichen zugeordnet werden. Die Bezeichnung der Bereiche variiert – so arbeitet das Bundesinstitut für Berufsbildung (BIBB) mit 54 Berufsfeldern. An den beruflichen Schulen Bayerns ist eine Unterscheidung in 14 Berufsfelder (siehe rechts) gebräuchlich.

Neue Berufe und Berufe, bei denen die Ausbildung 2014 neu geordnet wurde
• Fachkraft für Speiseeis
• Karosserie- und Fahrzeugbaumechaniker
• Kaufmann für Büromanagement
• Kaufmann für Versicherungen und Finanzen
• Land- und Baumaschinenmechatroniker
• Süßwarentechnologe
• Zweiradmechatroniker

BERUFS-FELDER
- Wirtschaft und Verwaltung
- Fahrzeugtechnik
- Drucktechnik
- Metalltechnik
- Farbtechnik und Raumgestaltung
- Elektrotechnik
- Gesundheit
- Bautechnik
- Körperpflege
- Holztechnik
- Ernährung und Hauswirtschaft
- Textiltechnik und Bekleidung
- Chemie, Physik und Biologie
- Agrarwirtschaft

Ausbildungsrahmenpläne legen für jeden Beruf fest, welche Fertigkeiten und Kenntnisse während der Ausbildung zu erlernen sind. Da sich die Anforderungen hier mit der Zeit verändern, werden die Inhalte der Ausbildung dem zeitgemäßen Bedarf angepasst.

Doch nicht allein die inhaltlichen Anforderungen in den Ausbildungsordnungen haben sich geändert. Ganze Berufsbilder passen sich den veränderten Gegebenheiten, d. h. den gestiegenen Anforderungen an, wie die Gegenüberstellung rechts für Facharbeiter zeigt.

Einige Anforderungen für Facharbeiter	
früher	jetzt und in Zukunft
• starre Arbeitszeiten • detaillierte Arbeitspläne • Aufgabenverteilung durch Meister **Ausführung vorgegebener Planung nach Anweisung**	• flexible Arbeitszeiten • selbstständige Planung der Arbeitsaufgaben • Arbeitsaufteilung im Team **Selbstständig planen, durchführen und kontrollieren**

■ Berufliche Qualifikation ist unverzichtbar

„Was Hänschen nicht lernt, lernt Hans nimmermehr". Dieser Spruch aus vergangenen Zeiten darf heute nicht mehr gelten!

Wer heute einen Beruf erlernt, muss damit rechnen, dass auch nach einer erfolgreich abgeschlossenen **Berufsausbildung** das Lernen im und für den Beruf nicht aufhört. Die technologische Entwicklung schreitet rasch voran. Ständig werden neue Materialien entwickelt, verbesserte Maschinen und Werkzeuge in den Betrieben eingeführt. Auch die Arbeitsabläufe ändern sich: Teamarbeit und Informationsaustausch mit den Kollegen sind heutzutage notwendiger als früher.

Die Arbeit mit Computern und Automatisierungsgeräten war noch zu Beginn des Jahrtausends Aufgabe von Spezialisten. Heute ist der Computer-Monitor an fast allen Arbeitsplätzen zu finden: in der Kfz-Werkstatt, in der Arztpraxis und in der Bäckerstube. Wer im Beruf die Bereitschaft zeigt, sein Wissen zu aktualisieren, hat auch „gute Karten" in der Zukunft.

Die **berufliche Fortbildung** – so lautet der Fachbegriff für die Weiterbildung im erlernten Beruf *nach* der Facharbeiter-/Gesellenprüfung – verbessert die Aufstiegschancen im Betrieb und sichert den Arbeitsplatz. Wer mehr verdienen will, muss sich anstrengen und die gebotenen Möglichkeiten im Betrieb oder auch in der Freizeit nutzen. Die berufliche Aufstiegsfortbildung wird vom Staat übrigens besonders gefördert. Angehende Meister, Techniker und Fachkräfte können eine finanzielle Unterstützung nach dem Aufstiegsfortbildungsförderungsgesetz, dem sogenannten „Meister-BAföG", beantragen.

Wenn ein erlernter und ausgeübter Beruf ganz aufgegeben werden muss und ein neuer Beruf erlernt wird, spricht man von einer **Umschulung**. Diese Maßnahme wird z. B. notwendig, wenn bestimmte Arbeiten nach einem Unfall nicht mehr ausgeführt werden können oder wenn Arbeitslose im „alten" Beruf voraussichtlich keine Stelle mehr finden.

Nach einer abgeschlossenen Berufsausbildung mit guten Leistungen stehen im **bayerischen Bildungssystem** mehrere Wege offen, um sich weiter zu qualifizieren. An weiterführenden Schulen kann die Berechtigung zum Studium an einer Fachhochschule oder Universität erworben werden. Dieses Ziel kann auch ein Jugendlicher erreichen, der mit einem Hauptschulabschluss eine Berufsausbildung beginnt, erfolgreich abschließt und anschließend mit überdurchschnittlichem Einsatz seinen Weg weitergeht.

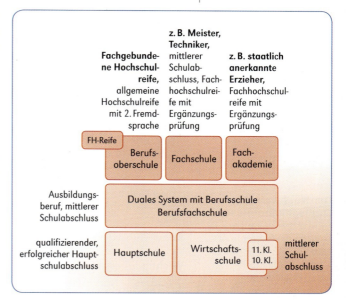

① a) Listen Sie auf, welche Ausbildungsberufe zu Ihrem Berufsfeld zählen.
   b) Beschreiben Sie die Qualifikationen, die mit diesen Berufen erworben werden.
   c) Geben Sie an, welche Möglichkeiten der Fortbildung bestehen.

② Erklären Sie die Begriffe „Berufsbildung", „Fortbildung" und „Umschulung". Geben Sie jeweils ein Beispiel an.

③ Beschreiben Sie, welcher Wandel in Ihrem Berufsfeld stattgefunden hat und inwiefern sich Veränderungen erkennen lassen.

10.1.2 Ausbildung im dualen System

Besuch an der Berufsschule Pfarrkirchen

Ortenburg (red). 16 Schülerinnen und Schüler des Berufsbildungszentrums Shanghai in der Volksrepublik China sind zurzeit an der Berufsschule Pfarrkirchen zu Gast. Diese Woche besuchten sie im Landkreis Passau mehrere Unternehmen in der Gemeinde Ortenburg. Die jungen Leute aus China werden an ihrer Schule in Shanghai nach bayerischem Vorbild im dualen System (Berufsschule und betriebliche Lehre) ausgebildet.

Berufsschulpflicht besteht
- für alle Auszubildenden in einem anerkannten Ausbildungsberuf, sofern sie keine Hochschulzulassungsberechtigung erworben haben.
- für alle Jugendlichen nach dem Abschluss der Hauptschule, auch wenn sie kein Ausbildungsverhältnis haben.

In Deutschland erlernen mehr als die Hälfte der Jugendlichen einen anerkannten Ausbildungsberuf im sogenannten **dualen System**. Insgesamt sind es etwa 1,4 Millionen Jugendliche, die in 450.000 Betrieben einen Ausbildungsplatz haben und die Berufsschulen besuchen.

Das gute Ausbildungsniveau deutscher Facharbeiter ist international hoch angesehen. So dient unser Ausbildungssystem schon seit längerer Zeit als Vorbild beim Aufbau eines Berufsausbildungssystems in China.

■ Wie ist die Ausbildung organisiert?

Die **Ausbildungsbetriebe** und die **Berufsschulen** sind gemeinsam für die Qualifizierung zuständig. Beide Ausbildungsorte arbeiten eng zusammen und teilen sich die Aufgaben: In den Betrieben werden überwiegend berufspraktische Fähigkeiten und Kenntnisse weitergegeben, die Berufsschule vermittelt den Auszubildenden ein breites berufliches Fachwissen und erweitert die Allgemeinbildung. Der Unterricht findet – je nach Ausbildungsberuf – als Teilzeitunterricht an einem Tag pro Woche oder wochenweise als Blockunterricht statt.

Lernort Berufsschule	Lernort Betrieb
• fachtheoretische und systematische Vertiefung des Lernstoffes • Allgemeinbildung • Kontakt zu anderen Azubis • mittlerer Bildungsabschluss	• fachpraktische Anwendung • reale Arbeitssituation • Kontakt zu Kollegen und Kunden • Ausbildungsvergütung
Die Inhalte der unterschiedlichen Fächer werden durch die **Lehrpläne** der Bundesländer bestimmt.	Die Inhalte der Ausbildung werden durch die **Ausbildungsordnung** des erlernten Berufes bestimmt.

Der Nachweis der Englischkenntnisse kann erbracht werden
- durch die Englischnote im Zeugnis über den erfolgreichen oder den qualifizierenden Hauptschulabschluss.
- durch die Englischnote im Abschlusszeugnis der Berufsschule, sofern Englisch Pflichtfach ist.
- durch ein vom Staatsministerium anerkanntes Englisch-Zertifikat (kann an den Berufsschulen erworben werden).

Wichtig für ehemalige Hauptschüler/innen:

A) Die Berufsschule verleiht nach der erfolgreich abgeschlossenen Ausbildung den **mittleren Schulabschluss,**
   wenn die folgenden Voraussetzungen erfüllt sind:
   • Abschlusszeugnis der Berufsschule mit einer Durchschnittsnote von mindestens 3,0 oder besser
   • abgeschlossene Berufsausbildung
   • Nachweis mindestens ausreichender (= Note 4) Englischkenntnisse (siehe links).

B) Wer die Hauptschule ohne Abschluss verlassen hat, erhält mit dem Abschlusszeugnis der Berufsschule den erfolgreichen **Hauptschulabschluss** bestätigt.

■ Das duale System der Berufsausbildung in der Diskussion

Das duale Ausbildungssystem Deutschlands ist im Ausland vor allem wegen der hohen Qualifikation der Absolventen geachtet. Im Inland gibt es jedoch von verschiedenen Seiten Kritik und den Ruf nach einer Verbesserung des Systems.

Drei Vorteile des dualen Systems	Drei Nachteile des dualen Sytems
Die Ausbildung ist sehr praxisbezogen, weil der Auszubildende von Beginn an in einem Betrieb beschäftigt ist und dadurch die betrieblichen Arbeitsabläufe kennenlernt.	Die Abstimmung der Lehrinhalte zwischen Berufsschule und Betrieben ist nicht einfach zu organisieren.
Durch das Zusammenspiel Berufsschule – Ausbildungsbetrieb ist die Ausbildung abwechslungsreicher, und im Idealfall ergänzen sich die beiden Ausbildungsorte.	Die Qualität der betrieblichen Ausbildung ist sehr unterschiedlich. Einige Betriebe sind stark spezialisiert und können nur schwer alle Ausbildungsinhalte erfüllen.
Der Staat und die Betriebe teilen sich die Ausbildungskosten.	In einigen Berufen sind die Berufsschulen weit vom Arbeitsplatz entfernt.

■ Berufliche Ausbildung an Berufsfachschulen

Außerhalb des dualen Systems kann ein Ausbildungsberuf auch an einer **Berufsfachschule (BFS)** erlernt werden – Beispiel hierfür: die Berufsfachschule für Hauswirtschaft. Die gesamte Ausbildung findet an der Berufsfachschule statt. Zusätzlich leisten die Auszubildenden Praktika, z. B. in Großküchen oder Krankenhäusern. Der Ausbildungsablauf ist in drei Stufen gegliedert:

- Nach dem *ersten Ausbildungsjahr* an der Berufsfachschule für Hauswirtschaft ist die Berufsschulpflicht erfüllt, wenn eine mindestens zweijährige Tätigkeit in der Hauswirtschaft folgt.
- Nach dem *zweiten Ausbildungsabschnitt* wird ein staatlicher Berufsabschluss erreicht: Staatlich geprüfte Hauswirtschaftshelferin / Staatlich geprüfter Hauswirtschaftshelfer.
- Nach Besuch des *dritten Ausbildungsjahres* kann die Abschlussprüfung im anerkannten Ausbildungsberuf zur/zum Hauswirtschafterin / Hauswirtschafter abgelegt werden.

Weitere Beispiele für Ausbildungsberufe an Berufsfachschulen:

- Altenpfleger
- Holzbildhauer
- Kaufmännischer Assistent
- Kommunikationsdesigner
- Pflegefachhelfer Altenpflege
- Technischer Assistent für Informatik

Weitere Formen der beruflichen Bildung

Das **Berufsgrundschuljahr (BGJ)** ist die erste Stufe der Berufsausbildung für Holzberufe, Zimmerer und Berufe in der Landwirtschaft. Die Berufsschule übernimmt auch die fachpraktische Ausbildung im 1. Lehrjahr. Nach erfolgreichem Besuch tritt der Berufsschüler unmittelbar in das zweite Jahr der betrieblichen Ausbildung ein.

„Duale Berufsausbildung und Fachhochschulreife" (DBFH) Besonders leistungsfähige Schüler mit mittlerem Schulabschluss können in drei Jahren einen Berufsabschluss und die Fachhochschulreife erreichen.

Für **Jugendliche ohne Ausbildungsvertrag** gibt es verschiedene 1- bis 3-jährige Zusatzangebote, die auf eine anschließende Ausbildung oder Arbeitnehmertätigkeit vorbereiten. Nach Abschluss einer dieser Maßnahmen ist die Berufsschulpflicht erfüllt.

Schulversuch: „Berufsschule Plus" Besonders leistungsbereite Auszubildende können freiwillig <u>neben</u> dem Berufsschulunterricht einen Zusatzunterricht besuchen, der auf den Erwerb der Fachhochschulreife vorbereitet.

---

1. Welche Vorteile bietet eine abgeschlossene Berufsausbildung für den Facharbeiter / Gesellen? Tragen Sie die Argumente in eine Tabelle ein.

2. Erstellen Sie ein Plakat, auf dem Sie das duale Ausbildungssystem abbilden und stichwortartig erklären.

3. In Frankreich findet die berufliche Ausbildung zum größten Teil an schulischen Ausbildungseinrichtungen statt. In Großbritannien erfolgt die Ausbildung in der Regel ausschließlich im Betrieb. Welche Vor- und Nachteile hätte eine Ausbildung, die nur an einer Schule oder nur im Betrieb stattfindet?

10.1.3 Im Ausbildungsvertrag werden die Regeln vereinbart

■ **Auszug aus einem Ausbildungsvertrag des Jahres 1864 – und heute?**

Eduard Groos in Grünberg einerseits und Philip Walther in Biedenkopf andererseits haben folgende Übereinkunft getroffen:

1. Groos nimmt den Sohn des Philip Walther mit Namen Georg auf vier Jahre… als Lehrling in sein Geschäft auf.
2. Groos macht sich verbindlich, seinen Lehrling in Allem dem, was in seinem Geschäfte vorkommt, gewissenhaft zu unterrichten, ein wachsames Auge auf sein sittliches Betragen zu haben und ihm Kost und Logis in seinem Hause frei zu geben.
3. Groos gibt seinem Lehrling alle 14 Tage des Sonntags von 12 bis 5 Uhr frei; dabei ist es gestattet, daß er auch an dem Sonntage, wo er seinen Ausgangstag nicht hat, einmal den Gottesdienst besuchen kann.
4. Groos verzichtet auf Lehrgeld, hat aber dagegen die Lehrzeit auf vier Jahre ausgedehnt.
5. Der Lehrling darf während seiner Lehrzeit kein Wirtshaus … besuchen, er müßte dann ausdrücklich die Erlaubnis hierzu von seinem Vater oder Lehrherrn erhalten haben und dann besonders darf er auch nicht rauchen im Geschäft oder außer demselben, es bleibt ganz untersagt.

Zu diesen Bedingungen würde heute kaum jemand eine Berufsausbildung beginnen. In den Ausbildungsverträgen der Gegenwart, die zwischen dem **Ausbildungsbetrieb** und dem **Auszubildenden** (bei Minderjährigkeit vertreten durch die Erziehungsberechtigten) geschlossen werden, sind folgende Inhalte nach dem Berufsbildungsgesetz (**BBiG**, § 11) zwingend vorgeschrieben:

• Art, Gliederung, Ziel der Berufsausbildung und die Berufstätigkeit, für die ausgebildet wird
• Beginn und Dauer der Ausbildung
• Ausbildungsmaßnahmen außerhalb der Ausbildungsstätte (z. B. **Ülus**)
• Dauer der regelmäßigen täglichen Ausbildungszeit
• Dauer der **Probezeit**
• Ausbildungsvergütung
• jährliche Urlaubstage
• Möglichkeiten zur Kündigung des Ausbildungsverhältnisses
• Hinweis auf die Tarifverträge, Betriebs- oder Dienstvereinbarungen, die auf das Ausbildungsverhältnis anzuwenden sind.

Die Vertragspartner sind in der Ausgestaltung des Vertrages auch sonst nicht ganz frei, weil durch Gesetze und Tarifverträge der Spielraum eingeschränkt ist. So gilt z. B. für die Probezeit, dass sie mindestens 1 Monat, aber höchstens 4 Monate dauern darf (§ 20 BBiG). Wirtshausbesuche sind dagegen nicht mehr Bestandteil des Vertrages …

Ülu
Die sogenannte Überbetriebliche Lehrlingsunterweisung ergänzt die betriebliche Ausbildung. Die Auszubildenden besuchen ein- bis zweiwöchige Lehrgänge, in denen Kenntnisse und Fähigkeiten erweitert und vertieft werden.

Achtung
Während der Probezeit kann jede Vertragspartei das Ausbildungsverhältnis fristlos (d. h. sofort!) oder zum Ende der Probezeit – ohne Angabe von Gründen – kündigen (§ 22 BBiG).

Warum

• bildet der Betrieb einen „Azubi" aus?

Der Ausbildungsbetrieb möchte auch in Zukunft qualifizierten Berufsnachwuchs haben.

• beginnt jemand eine Ausbildung?

Das wichtigste Ziel ist ganz gewiss der Gesellen- bzw. Facharbeiterbrief.

Zu Beginn der Berufsausbildung liegt für jeden anerkannten Ausbildungsberuf eine **Ausbildungsordnung** vor, in der der Ausbildungsablauf und die Ausbildungsinhalte für das ganze Bundesgebiet genau festgelegt sind. Im **BBiG** und in der **Handwerksordnung (HWO)** für Handwerksberufe sind außerdem die **Rechte und Pflichten** des Ausbilders und des Auszubildenden geregelt. Einige wichtige Bestimmungen dieser Gesetze:

■ Pflichten des Ausbildenden

Der Ausbildende muss dem Auszubildenden eine möglichst breit angelegte berufliche Grundbildung und eine berufliche Fachbildung vermitteln. Er ist weiterhin verpflichtet,

- dafür zu sorgen, dem Auszubildenden Kenntnisse und Fertigkeiten zu vermitteln, die der Auszubildende zum Erreichen des Ausbildungsziels benötigt
- die Berufsausbildung planmäßig, zeitlich und sachlich gegliedert so durchzuführen, dass der Auszubildende das vorgesehene Ausbildungsziel erreichen kann
- dem Auszubildenden Ausbildungsmittel, Werkzeuge, Werkstoffe und persönliche Schutzausrüstung kostenlos für die Berufsausbildung zur Verfügung zu stellen
- den Auszubildenden zum Besuch der Berufsschule sowie zum Führen des Berichtsheftes anzuhalten
- dem Auszubildenden eine angemessene, monatlich regelmäßige Ausbildungsvergütung zu zahlen.

■ Pflichten des Auszubildenden

Der Auszubildende hat sich zu bemühen, die zum Erreichen des Ausbildungsziels erforderlichen Kenntnisse zu erwerben und muss

- Verrichtungen im Rahmen der Berufsausbildung sorgfältig ausführen
- am Berufsschulunterricht und an den Prüfungen teilnehmen
- den Weisungen des Ausbildenden (oder eines Beauftragten) folgen
- die für die Ausbildungsstätte geltende Ordnung beachten
- Ausbildungsmittel, Werkzeuge, Maschinen, persönliche Schutzausrüstung und sonstige Einrichtungen pfleglich behandeln
- das Berichtsheft ordnungsgemäß führen und regelmäßig vorlegen.

■ Warum bilden viele Betriebe nicht aus?

Die Betriebe beklagen häufig, dass die Ausbildungsplätze zu hohe Kosten verursachen. Außerdem sei die schulische Vorbildung der Bewerber ungenügend. Auf der anderen Seite herrscht in vielen Berufen (z. B. Koch, Bäcker, Maler, Erzieher, Krankenpfleger) seit Jahren ein Mangel an gut ausgebildeten Fachkräften.

Ausbildungsordnungen werden in einem mehrstufigen Verfahren erarbeitet, in das die an der beruflichen Bildung Beteiligten, also Arbeitgeber, Gewerkschaften, Bund und Länder maßgeblich einbezogen sind. Ausbildungsordnungen werden von dem jeweils zuständigen Bundesministerium erlassen (sehr häufig vom Bundesministerium für Wirtschaft und Energie).

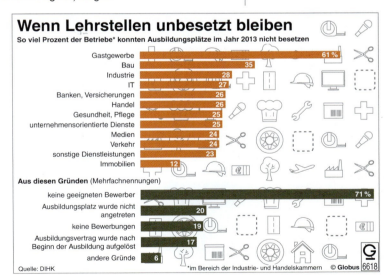

Wenn Lehrstellen unbesetzt bleiben

So viel Prozent der Betriebe* konnten Ausbildungsplätze im Jahr 2013 nicht besetzen

Gastgewerbe	61 %
Bau	35
Industrie	28
IT	27
Banken, Versicherungen	26
Handel	26
Gesundheit, Pflege	25
unternehmensorientierte Dienste	25
Medien	24
Verkehr	24
sonstige Dienstleistungen	23
Immobilien	12

Aus diesen Gründen (Mehrfachnennungen)

keine geeigneten Bewerber	71 %
Ausbildungsplatz wurde nicht angetreten	20
keine Bewerbungen	19
Ausbildungsvertrag wurde nach Beginn der Ausbildung aufgelöst	17
andere Gründe	6

Quelle: DIHK   *im Bereich der Industrie- und Handelskammern   © Globus 6618

① Welche ist aus Ihrer Sicht die wichtigste Pflicht, welches das bedeutsamste Recht des Auszubildenden? Diskutieren Sie Ihre Ansichten in der Klasse.

② Informieren Sie sich – z. B. im Internet bei der bayerischen Staatskanzlei (www.bayern.de) – über die aktuelle Lehrstellenbilanz in Bayern. Bilden Sie Gruppen und arbeiten Sie Gründe dafür heraus, warum die Lehrstellenbilanz in Bayern besser aussieht als im Bundesdurchschnitt.

10.1.4 Jugendarbeitsschutz

Kinderarbeit in einer Buntpapierfabrik in Aschaffenburg 1858 ... *... und im dritten Jahrtausend*

terre des homes
Kinderhilfswerk, das knapp 400 Hilfsprojekte in 32 Ländern der Erde fördert

ILO
Die Internationale Arbeitsorganisation ist eine Sonderorganisation der Vereinten Nationen. Die Organisation versucht, überall auf der Welt gleiche Arbeitsbedingungen herzustellen, um die Lebensbedingungen der arbeitenden Bevölkerung zu verbessern.

Arbeitende Kinder unter 15 Jahren (in Millionen):

In Deutschland ist Kinderarbeit heute verboten. Noch im 19. Jahrhundert mussten Kinder ab einem Alter von 6 Jahren in der Landwirtschaft, im Handwerk sowie in Fabriken und Bergwerken hart arbeiten. Viele Eltern verdienten nicht genug, um die Familie zu ernähren. Die Arbeitsbedingungen waren sehr schlecht: Die regelmäßigen Arbeitszeiten betrugen 12 – 14 Stunden täglich, an sechs oder sieben Tagen in der Woche. Außerdem wurden Kinder durch Schläge und harte Strafen zu schwerer Arbeit angetrieben. Viele Kinder trugen schwere körperliche Schäden davon oder starben sogar.

Der Staat unternahm anfangs nichts gegen diese Zustände. Erst nachdem das Militär bei den Musterungen festgestellt hatte, dass viele Rekruten unter körperlichen Missbildungen litten und nur wenige lesen und schreiben konnten, machte man sich über Schutzmaßnahmen Gedanken. Im Jahre 1839 wurden in Preußen folgende gesetzliche Regelungen zur Fabrikarbeit erlassen:
- Kinderarbeit unter 9 Jahren ist verboten
- maximale Arbeitszeit für 9 – 16-Jährige 10 Stunden täglich
- Verbot der Nachtarbeit zwischen 21 Uhr und 5 Uhr
- Schulpflicht 5 Stunden täglich.

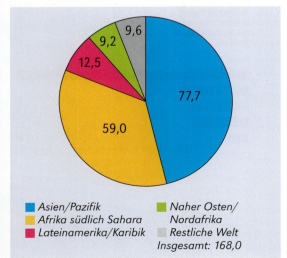

77,7
59,0
12,5
9,2
9,6

- Asien/Pazifik
- Afrika südlich Sahara
- Lateinamerika/Karibik
- Naher Osten/Nordafrika
- Restliche Welt

Insgesamt: 168,0

Die heutigen Arbeitsbedingungen wurden in Deutschland in einem langen Prozess erreicht. Der Staat hat die Gesetze nach und nach zugunsten der Kinder und Jugendlichen verbessert. **Gewerbeaufsichtsämter** achten auf deren Einhaltung. Bei bestimmten Verstößen werden Bußgelder verhängt.

Von den Arbeitsbedingungen in Deutschland können viele Jungen und Mädchen nur träumen: Rund 170 Millionen Kinder von fünf bis 17 Jahren mussten laut Angaben der Arbeitsorganisation der Vereinten Nationen (ILO) 2012 weltweit arbeiten, davon über 50 Prozent unter gesundheitsgefährdenden Bedingungen, 100 Millionen in der Landwirtschaft und 55 Millionen als Haushaltshilfen. Zwar sinkt die Zahl der Kinderarbeiter (seit 2000 um 78 Millionen). Doch das Ziel der internationalen Staatengemeinschaft, bis 2016 die gefährlichsten Formen ganz zu beseitigen, bleibt unerreichbar.

■ Das Jugendarbeitsschutzgesetz

Das deutschlandweit geltende „Gesetz zum Schutze der arbeitenden Jugend" oder Jugendarbeitsschutzgesetz (JArbSchG) stammt aus dem Jahre 1976. An dieser Stelle können nur die wichtigsten Bestimmungen verkürzt angegeben werden. Außerdem gibt es viele Ausnahmeregeln. Sie müssen also selbst nachschlagen und überprüfen, ob diese für Ihren Ausbildungsberuf gelten.

Das **Jugendarbeitsschutzgesetz** gilt für alle, die noch nicht 18 Jahre alt sind und einer Beschäftigung nachgehen.

Mindestalter	Die Beschäftigung unter 15 Jahren ist verboten, allerdings sind einfache Tätigkeiten (z. B. Zeitungen austragen) und Ferienarbeiten in eingeschränktem Maße erlaubt.
Arbeitszeit	Beschäftigung nur an 5 Tagen pro Woche / höchstens 40 Stunden pro Woche / 8,5 Stunden pro Tag
Ruhepausen	Mindestens 60 Minuten bei einer Arbeitszeit über 6 Stunden
Berufsschule u. Prüfungen	Wer berufsschulpflichtig ist, muss vom Arbeitgeber ohne Lohnausfall freigestellt werden.
Freizeit	Zwischen Arbeitsende und Arbeitsbeginn muss eine ununterbrochene Freizeit von 12 Stunden liegen.
Akkordarbeit	Mit wenigen Ausnahmen ist Akkordarbeit für Jugendliche verboten.
Urlaub	Der Urlaubsanspruch ist vom Alter abhängig, es gelten unter 16 Jahren – 30 Werktage unter 17 Jahren – 27 Werktage unter 18 Jahren – 25 Werktage.
Gesundheit	Vor dem Beginn der Ausbildung muss die Gesundheit des Auszubildenden ärztlich kontrolliert werden. Nach dem ersten Beschäftigungsjahr muss eine Nachuntersuchung durchgeführt werden.

Eine Broschüre zum Jugendarbeitsschutzgesetz kann auf der Homepage des Bundesministeriums für Arbeit und Soziales bestellt werden. Ebenso ist ein Download des Gesetzestextes möglich. Adressen von Homepages können sich ändern. Tipps zur Recherche des aktuellen Fundortes im Netz finden Sie im Abschnitt 10.5.10 (Seite 107).

■ Was tun bei Konflikten?

Sie alle haben bestimmt schon Geschichten von „Horror-Lehrstellen" gehört, wo es für einen Auszubildenden kaum auszuhalten ist.
Und dann hört man wieder von „Traumausbildungsplätzen", wo der Azubi quasi freier Mitarbeiter der Geschäftsführung ist.
Sicher ist, dass an jedem Arbeitsplatz kleine oder größere Probleme bzw. Konflikte auftauchen, die es zu lösen gilt. Werden Bestimmungen des Jugendarbeitsschutzgesetzes nicht eingehalten, kann sich der Auszubildende zu Recht beschweren. Aber es kommt auf den konkreten Fall an. Nur weil ein- oder zweimal länger zu arbeiten ist, muss kein Gerichtsverfahren angestrengt werden. Dies würde auch nicht dem Sinn des Gesetzes entsprechen. Überhaupt macht der „Ton die Musik ".

① Wählen Sie drei Bestimmungen des Jugendarbeitsschutzgesetzes aus, die Ihrer Meinung nach die wichtigsten sind. Begründen Sie Ihre Entscheidung.

② Einige Bestimmungen des Gesetzes enthalten viele Ausnahmeregelungen (z. B. zur Sonntagsruhe und zur täglichen Arbeitszeit). Nennen Sie Argumente, die für und gegen die Ausnahmeregelungen sprechen.

③ Warum sollte man im Ausbildungsalltag abwägen, wie man bei Verstößen gegen das JArbSchG reagiert?

10.1.5 Methode: Die Fallanalyse als Gruppenarbeit

Analyse
systematische Untersuchung eines Sachverhaltes in Bezug auf alle Faktoren, die ihn bestimmen

Die Fallanalyse ist eine Methode, mit deren Hilfe ein einzelner Sachverhalt vor dem Hintergrund eines Regelwerks betrachtet werden kann.

Hier soll die Fallanalyse zur sorgfältigen Arbeit mit einem Gesetzestext verwendet werden. Diese Methode verlangt eine systematische Arbeitsweise:
• Betreffende Textstellen sind gezielt zu suchen und aufmerksam zu lesen.
• Anschließend muss die Sachlage diskutiert und entschieden werden.
• Schließlich wird das Ergebnis schriftlich festgehalten und während der Präsentation in eigenen Worten formuliert.

Die knappe Darstellung der auf der rechten Seite aufgeführten Fälle schränkt den Umfang der Arbeit ein und ermöglicht eine schnelle Bearbeitung.
Zur Durchführung der Fallanalyse eignet sich besonders eine arbeitsteilige Gruppenarbeit.

> Untersuchen Sie anhand von **drei konkreten Fällen**, ob gegen das Jugendarbeitsschutzgesetz verstoßen wurde.
>
> Beachten Sie, dass Sie zur Bearbeitung dieser Aufgabe den Text des Jugendarbeitsschutzgesetzes benötigen – er sollte Ihnen also vorliegen!

■ Ablauf

1. Vorbereitung
Bilden Sie Gruppen von drei bis vier Schülerinnen und Schülern und wählen Sie eines der nebenstehenden Fallbeispiele aus.

2. Ausarbeitung in der Gruppe
Erstellen Sie eine Tabelle mit drei Spalten nach folgendem Muster. Alle Angaben aus dem jeweiligen Fall sollen untersucht werden.

Fragestellung	Johannes	Aussagen im JArbSchG
tägliche Arbeitszeit		
wöchentliche Arbeitszeit		
tägliche Pausen		
...		

Diskutieren Sie mit den Gruppenmitgliedern die einzelnen Fälle und stellen Sie fest, ob Verstöße gegen das Jugendarbeitsschutzgesetz vorliegen. Sollte dies der Fall sein, dann geben Sie die entsprechenden Paragrafen (§§) aus dem Gesetz an.
Überlegen Sie auch, welche Lösungsmöglichkeiten vorstellbar sind und wie Sie sich anstelle von Johannes, Nicole und Simon verhalten würden. Wer könnte im Falle eines Verstoßes dem einzelnen Auszubildenden helfen?

3. Präsentation
Ein von der Gruppe ausgewählter Gruppensprecher soll den Fall und die Gruppenergebnisse vor der Klasse vortragen. Er soll sich dabei auf die wesentlichen Punkte beschränken und darauf achten, dass auch die Mitglieder der anderen Gruppen dem Vortrag anhand des Gesetzestextes folgen können.

Fall 1: Johannes, 16 Jahre, Ausbildung zum Metallbauer

Johannes ist schon im zweiten Lehrjahr und macht sich langsam Gedanken wegen der anstehenden Zwischenprüfung. Er ist zwar oft mit seinen Kollegen auf den verschiedenen Baustellen unterwegs, doch gelernt hat er noch nicht besonders viel, weil er immer die gleiche Arbeit bekommt. Im Betrieb und auf der Baustelle wird normalerweise montags bis donnerstags von 7:00 bis 16:00 Uhr gearbeitet. Dazwischen gibt es zwei Pausen, von 9:00 bis 9:15 Uhr und von 12:00 bis 12:30 Uhr. Am Freitag entfällt die Mittagspause, dafür ist schon um 13:15 Uhr Schluss. Wenn Termine auf den Baustellen erfüllt werden müssen, wird abends eine Stunde länger gearbeitet. Die anschließende Rückfahrt zur Firma dauert oft zusätzlich eine halbe Stunde. Und wenn am Freitag die Arbeit nicht fertiggestellt werden kann, wird auch noch am Samstag von 7:00 bis 13:00 Uhr geschafft. Dazwischen gibt es nur eine Pause von 15 Minuten. Die Mehrarbeit wird zwar gutgeschrieben, aber oft kann Johannes erst Wochen später die Überstunden „abfeiern". Berufsschule hat Johannes immer wochenweise im Blockunterricht.

Fall 2: Nicole, 17 Jahre, Ausbildung zur Bäckereifachverkäuferin

Nicole ist jetzt im dritten Lehrjahr, deshalb verlangt die Chefin, dass sie die gleichen Schichtzeiten wie ihre älteren Kolleginnen einhält. Die Bäckerei hat drei Filialen, darunter eine besonders stressige am örtlichen Hauptbahnhof. Dort wird auch Nicole alle drei Wochen eingesetzt und das bedeutet früh aufstehen, weil bereits um 5:30 Uhr die Ware angeliefert wird und einsortiert werden muss. Eine richtige Pause gibt es dann bis zum Schichtwechsel um 12:30 Uhr nicht, da immer viel Betrieb ist und die einzige Kollegin nicht für längere Zeit an der Verkaufstheke allein gelassen werden darf. Nach der Mittagspause muss Nicole ab 14:30 Uhr noch zwei Stunden in der Zentrale arbeiten. Am Freitag hat Nicole Berufsschule, da kann sie sich wieder erholen, allerdings ist sie meistens müde und unkonzentriert. Wahrscheinlich sind deswegen ihre Noten in den letzten Monaten schlechter geworden.

Fall 3: Simon, 18 Jahre, Ausbildung zum Friseur

Einige Wochen nach seinem 18. Geburtstag möchte Simon mit drei Freunden im August in den Süden fahren. Die Chefin genehmigt aber nur eine Woche Urlaub, weil Simon ihrer Meinung nach nur noch fünf von insgesamt 20 Urlaubstagen zur Verfügung stehen. Außerdem teilt sie ihm mit, dass er von der nächsten Woche an nach der Berufsschule, die bereits um 15:00 Uhr endet, noch für zwei Stunden in den Betrieb kommen muss.

10.1.6 Der Arbeitsvertrag

Beim **Einstellungsgespräch** zu beachten: Grundsätzlich sollten Arbeitgeber und Bewerber fair, offen und ehrlich miteinander umgehen. Als Bewerber müssen Sie jedoch nicht jede Frage des Arbeitgebers wahrheitsgemäß beantworten. U. a. müssen Fragen nach
- der Familienplanung
- der Gewerkschaftszugehörigkeit und
- nach Religion und Parteizugehörigkeit

nicht wahrheitsgemäß beantwortet werden. Wird ein Bewerber, der eine solche Frage nicht wahrheitsgemäß beantwortet hat, eingestellt, und stellt sich dann heraus, dass er nicht die Wahrheit gesagt hat, so liegt kein Kündigungsgrund vor.

Tarifliche Bestimmungen
In einem Tarifgebiet (z. B. Bayern) werden für alle Arbeitnehmer einer bestimmten Branche (z. B. die Arbeitnehmer der städtischen Betriebe) die Arbeitsbedingungen ausgehandelt.

KLAUS BRAUER VERLAG

Wir suchen einen engagierten

Maschinenschlosser/Elektriker

als Schichtleiter in Wechselschicht

Sie passen perfekt in unseren Betrieb, wenn Sie eigenverantwortlich ein Team leiten können.

Wir erwarten Flexibilität und aktive Mitarbeit in unserer Klebebinder-Abteilung.
Wir bieten einen sicheren Arbeitsplatz.

Schriftliche Bewerbung erbeten.

Klaus Brauer Verlag GmbH & Co.
Seetangmulde 123 – 125 21502 Geesthacht

■ Ein neues Arbeitsverhältnis wird vertraglich geregelt

Wer nach der Ausbildung im Ausbildungsbetrieb oder einem anderen Unternehmen arbeiten will, muss einen **Arbeitsvertrag** mit dem Arbeitgeber abschließen. Dessen wichtigste Inhalte – der Lohn und die Tätigkeit bzw. die Aufgaben – werden in einem Einstellungsgespräch vereinbart. Ob der Arbeitnehmer seine Vorstellungen durchsetzten kann, ist von seiner Verhandlungsposition abhängig. Gibt es viele gut qualifizierte Bewerber um eine Stelle, dürfen die Forderungen nicht zu hoch sein.

Auf der anderen Seite muss der Arbeitgeber die **Arbeitsschutzbestimmungen** (siehe Abschnitte 10.1.7, 10.1.8) einhalten. Wenn der Arbeitnehmer Mitglied der Gewerkschaft ist und der Arbeitgeber dem zuständigen Arbeitgeberverband angehört, gelten **Tarifbestimmungen** (Abschnitt 10.1.10). Bessere Bedingungen, z. B. ein höherer Lohn oder eine zusätzliche Erfolgsprämie, können im Arbeitsvertrag vereinbart werden.

Nicht nur bei einer Neueinstellung, sondern auch in den folgenden Fällen müssen Arbeitsverträge abgeschlossen werden:

> **Vertragsänderung:** Wenn einer der beiden Vertragspartner einen bestehenden Vertrag ändern will, muss natürlich auch der andere Vertragspartner zustimmen.

> **Betriebsübergang:** Wird das Unternehmen verkauft, muss der neue Arbeitgeber die bestehenden Arbeitsverträge für ein Jahr übernehmen. Anschließend sind Neuverträge auch zu schlechteren Bedingungen für den Arbeitnehmer möglich.

■ Probezeit

Im Normalfall werden Arbeitsverhältnisse unbefristet abgeschlossen. Allerdings wird in den meisten Arbeitsverträgen eine drei- bis sechsmonatige (in Ausnahmefällen neunmonatige) Probezeit festgelegt. Während dieser Zeit kann von beiden Seiten mit einer Frist von zwei Wochen ohne Angabe von Gründen gekündigt werden.

Nach dem Ablauf der Probezeit wird das Arbeitsverhältnis in ein unbefristetes Arbeitsverhältnis umgewandelt, wenn nicht vorher durch den Arbeitnehmer oder Arbeitgeber gekündigt wurde.

Wenn Auszubildende nach dem Abschluss der Ausbildung von ihrem Betrieb übernommen werden, kann in der Regel keine Probezeit vereinbart werden.

■ Befristungen

Arbeitsverhältnisse können von Beginn an nach Maßstab des Teilzeit- und Befristungs-gesetzes (TzBfG) befristet werden: ohne sachlichen Grund für maximal zwei Jahre, mit sach-lichem Grund (z. B. zur Erprobung des Arbeitnehmers oder wenn der Bedarf an der Arbeits-leistung nur vorübergehend besteht) auch länger.

■ Ende des Arbeitsverhältnisses

Das Arbeitsverhältnis endet,
- wenn einer der beiden Vertragspartner kündigt
- wenn der Arbeitsvertrag in beiderseitigem Einvernehmen aufgehoben wird (beide Seiten wollen das Ende)
- wenn der Arbeitnehmer berufs- oder erwerbsunfähig wird
- wenn der Arbeitnehmer die Altersgrenze erreicht
- wenn der Arbeitnehmer stirbt.

■ Was sollte in einem Arbeitsvertrag vereinbart werden?

Wenn für das Arbeitsverhältnis ein Tarifvertrag (Abschnitt 10.1.10) gültig ist, sind die wich-tigsten Bedingungen bereits geregelt. Der Arbeitnehmer könnte dann nur noch für ihn bes-sere Regelungen aushandeln. Folgende Angaben sollten auf jeden Fall im Arbeitsvertrag enthalten sein:
- Namen und Anschriften der Vertragsparteien
- Beschreibung der Tätigkeit und Arbeitsort
- Beginn des Arbeitsverhältnisses und Dauer der Probezeit
- tarifliche Gehaltsgruppe und eventuelle Sonderzahlungen, z. B. Fahrtkostenerstattung

Wenn die Regelungen eines Tarifvertrages nicht Bestandteil des Arbeitsvertrages sind – z. B. im Falle eines außertariflichen Arbeitsvertrages –, sollten zusätzlich
- die Höhe des Gehalts und eventuelle Prämien, Sonderzahlungen oder Provisionen sowie
- die wöchentliche Arbeitszeit (inklusive Regelungen für Mehrarbeit oder Dienstreisen) genau vereinbart sein.

Die wichtigsten Pflichten der beiden Vertragspartner

Arbeitgeber	Arbeitnehmer
Er muss • den vereinbarten Lohn pünktlich zahlen. • Urlaub gewähren. • die Beiträge zu den Sozialversicherungen und die Steuern an die zuständigen Stellen über-weisen. • den Arbeitnehmer mit den im Arbeitsvertrag vereinbarten Arbeiten beschäftigen und dafür sorgen, dass der Arbeitnehmer am Arbeitsplatz vor Gefahren geschützt ist.	Er muss • pünktlich am Arbeitsplatz erscheinen, zuver-lässig und ordentlich seine Arbeit ausführen und das ihm zur Verfügung gestellte Material sorgfältig behandeln. • Anweisungen des Arbeitgebers befolgen, die zu seiner beruflichen Tätigkeit gehören. • die Interessen des Betriebes vertreten und darf z. B. keine Betriebsgeheimnisse weiter-geben.

Außertarifliche Arbeitsverträge
Angestellte in leitender Position oder Arbeitskräfte mit einer sehr hohen Qua-lifikation erhalten häufig sogenannte AT-Verträge. In der Regel bekommen sie dadurch ein höheres Gehalt, nehmen dann aber oft längere Arbeitszeiten oder weniger Urlaubstage in Kauf.

Wie muss der Vertrag aussehen?
Der Arbeitsvertrag ist formfrei, d. h., es gibt kei-ne gesetzlichen Vor-schriften. Der Vertrag kann mündlich oder schriftlich abgeschlossen werden. Besteht kein schriftlicher Vertrag, so muss der Arbeitgeber spätestens einen Monat nach Beginn des Arbeits-verhältnisses die wesent-lichen Vertragsbedin-gungen niederschreiben und dem Arbeitnehmer aushändigen. Näheres regelt das Nachweis-gesetz (NachwG).

① Zählen Sie auf, in welchen Fällen ein Arbeitsvertrag abgeschlossen werden muss.

② Welche Vor- und Nachteile hat eine Probezeit bzw. ein Probearbeitsverhältnis für den Arbeitgeber und den Arbeitnehmer? Stellen Sie Vor- und Nachteile für Arbeitgeber und Arbeitnehmer in einer Tabelle gegenüber.

③ Nennen Sie die wichtigsten Pflichten des Arbeitgebers und des Arbeitnehmers und finden Sie jeweils ein Beispiel für deren Erfüllung bzw. Nichterfüllung.

10.1.7 Das Arbeitsrecht gewährt Arbeitnehmerschutz – Teil 1

„Abmahnung? Ich weiß nicht genau, was das heißt – aber sicher nichts Gutes."

„Muss ich dem Chef meine Schwangerschaft mitteilen?"

„Kann mir mein Arbeitgeber eigentlich kündigen, solange ich meinen freiwilligen Wehrdienst ableiste?"

Das erste Mutterschutzgesetz wurde im Jahre 1927 zu Zeiten der Weimarer Republik erlassen.

Die besondere Stellung des Mutterschutzes ergibt sich aus dem **Grundgesetz, Art. 6 Abs. 4:** Jede Mutter hat Anspruch auf den Schutz und die Fürsorge der Gemeinschaft.

und der

Bayerischen Verfassung, Art. 125 Abs. 1: Kinder sind das köstlichste Gut eines Volkes. Sie haben Anspruch auf Entwicklung zu selbstbestimmungsfähigen und verantwortungsfähigen Persönlichkeiten. Jede Mutter hat Anspruch auf den Schutz und die Förderung des Staates.

Wer als Arbeitnehmer eine rechtsverbindliche Antwort auf diese Fragen erhalten will, muss sich sehr gut in den zahlreichen Gesetzen und Verordnungen des **Arbeitsrechts** auskennen. Dafür gibt es Rechtsanwälte und in Streitfällen das Arbeitsgericht (siehe Abschnitt 10.1.9). Im Folgenden betrachten wir einige wichtige Aspekte des Arbeitsschutzes, den das deutsche Arbeitsrecht den Arbeitnehmern gewährt.

■ Mutterschutz

Die werdende Mutter und das ungeborene Kind sind besonders auf Schutz, Hilfe und Unterstützung angewiesen. Zuerst sind natürlich der werdende Vater und die Angehörigen gefordert. Fällt diese Hilfe aus irgendwelchen Gründen aus, muss der Staat einspringen. Diese Verpflichtung ergibt sich aus dem Grundgesetz und der Bayerischen Verfassung. Der Staat hat außerdem die Aufgabe, Gesetze zu erlassen, die werdende Mütter vor Gefahren am Arbeitsplatz schützen.

Die Rechte von schwangeren Frauen, die in einem Arbeitsverhältnis stehen, sind im **Mutterschutzgesetz** (MuSchG) geregelt.

Beispiele für den Schutz durch das MuSchG

- Schwangere Frauen dürfen nicht beschäftigt werden, wenn durch die Tätigkeit die Gesundheit von Mutter oder Kind gefährdet ist.
- Schwangere Frauen dürfen nicht körperlich schwer arbeiten.
- Sie dürfen nicht an Arbeitsplätzen beschäftigt werden, an denen sie gesundheitsgefährdenden Stoffen, Lärm, Hitze oder Kälte ausgesetzt sind.
- Sie dürfen nicht zu Akkord- oder Fließbandarbeiten herangezogen werden.
- Frauen können ihre Babys während der Arbeitszeit täglich bis zu eine Stunde stillen.

Der Arbeitgeber kann die entsprechenden Arbeitsbedingungen nur anbieten, wenn er von der Schwangerschaft weiß. Deshalb sollten alle Frauen dem Arbeitgeber eine Schwangerschaft frühzeitig mitteilen.

Schutzfristen vor und nach der Geburt

Werdende Mütter dürfen in den letzten sechs Wochen vor dem voraussichtlichen Geburtstermin nicht mehr beschäftigt werden. Ausnahmen gibt es nur, wenn die Schwangere der Arbeitsleistung ausdrücklich zustimmt. Nach der Geburt dürfen Frauen ohne Ausnahmen weitere acht Wochen nicht beschäftigt werden.

Kündigungsschutz für Mütter

Während der Schwangerschaft und in den ersten vier Monaten nach der Entbindung kann der Arbeitgeber Frauen nicht kündigen. Der Kündigungsschutz gilt weiter, wenn Frauen (und Männer) die Elternzeit (siehe Abschnitt 10.5.10) in Anspruch nehmen.

■ Kündigungsschutz

In Deutschland sind Arbeitnehmer durch Gesetze vor Kündigungen geschützt. Eine sofortige (= fristlose bzw. außerordentliche) Kündigung ist nur bei schweren Verstößen, wie z. B. Tätlichkeiten gegen Kollegen, Betrugsversuchen oder Diebstahl, möglich.

Ordentliche Kündigung

Für Arbeitnehmer in Betrieben mit mehr als zehn Arbeitnehmern gilt das **Kündigungsschutzgesetz** (KSchG), wenn sie mindestens sechs Monate im Betrieb beschäftigt sind. Eine Kündigung ist nur wirksam, wenn sie sozial gerechtfertigt ist. Dabei muss stets der Einzelfall beurteilt werden. Folgende Arten der ordentlichen Kündigung sind zu unterscheiden:

betriebsbedingte Kündigung	personenbedingte Kündigung	verhaltensbedingte Kündigung
z. B. wegen Auftragsmangels, Rationalisierungsmaßnahmen oder Betriebsschließung	z. B. wegen fehlender körperlicher oder geistiger Eignung, Abnahme der Leistungsfähigkeit, langwieriger Krankheit	wegen Pflichtverletzungen des Arbeitnehmers (z. B. Verspätungen, schlechte Arbeitsleistung, Missachtung von Verboten, Straftaten)
sozial ungerechtfertigt, • wenn ein anderer Arbeitsplatz zur Verfügung steht oder • wenn keine Sozialauswahl getroffen wurde, also Dauer der Betriebszugehörigkeit, Alter, Unterhaltsverpflichtungen, Schwerbehinderung nicht berücksichtigt wurden	sozial ungerechtfertigt, • wenn der Arbeitnehmer auf einem anderen Arbeitsplatz weiterbeschäftigt werden kann oder • wenn die Weiterbeschäftigung nach zumutbaren Umschulungs- oder Fortbildungsmaßnahmen möglich ist	sozial ungerechtfertigt im Regelfall • wenn das Verhalten nicht schuldhaft ist • wenn der Grundsatz der Verhältnismäßigkeit nicht beachtet wird • wenn damit zu rechnen ist, dass sich das Verhalten des Arbeitnehmers in Zukunft bessert

Wenn es im Betrieb einen **Betriebsrat** gibt, muss er bei allen Kündigungen informiert werden. Kündigungen ohne Anhörung des Betriebsrates sind unwirksam. Besonderen Kündigungsschutz durch spezielle Vorschriften genießen zudem noch folgende Beschäftigte:

Auszubildende, Arbeitnehmer mit Schwerbehinderung, freiwillige Wehrdienstleistende, Mitarbeiter sowie Wahlbewerber im Betriebsrat bzw. in der Jugendvertretung, langjährige Mitarbeiter, Arbeitnehmer in Pflegezeit oder Familienpflegezeit	Eine ordentliche Kündigung ist hier für den Arbeitgeber extrem erschwert.

① Ein 19-jähriger Elektroniker telefoniert mit einem von der Firma zur Verfügung gestellten Handy mit seiner neuen Freundin. Der Chef händigt ihm die Kündigung zum Wochenende aus. Beurteilen Sie die Rechtslage.

② Unternehmerverbände und Politiker fordern häufig eine Lockerung des Kündigungsschutzes, während die Gewerkschaften dies ablehnen. Finden Sie Argumente für beide Seiten und stellen Sie diese stichpunktartig gegenüber.

③ Suchen Sie im Internet nach aktuellen Urteilen in Kündigungsschutzprozessen (Suchbegriffe z. B.: „Kündigung", „Alkohol"). Diskutieren Sie die Fälle in Gruppen.

LAG Hamm Aktenzeichen: 3 Sa 644/12
Auch bei Facebook nicht sicher vor fristloser Kündigung
Das Landesarbeitsgericht entschied in seinem Urteil vom 10.10.2012, dass die Bezeichnung eines Ausbilders als „Menschenschinder und Ausbeuter" auf dem Facebook-Profil eines Auszubildenden als Beleidigung zu werten sei. Aus diesem Grund sah das Gericht die fristlose Kündigung durch den Arbeitgeber als rechtmäßig an – und wies folgerichtig die Kündigungsschutzklage eines Auszubildenden ab.

Abmahnung
Sie muss einer verhaltensbedingten Kündigung vorausgehen und ist die „gelbe Karte" für den Arbeitnehmer. Ihm wird schriftlich mitgeteilt, dass er ein vertragswidriges Verhalten abstellen muss, da sonst mit einer Kündigung zu rechnen ist. Die Abmahnung wird im Personalakt abgelegt.

Kündigungsfristen
Eine ordentliche Kündigung ist mit einer Frist von vier Wochen zum 15. oder zum Monatsende möglich. Je nach Dauer der Betriebszugehörigkeit verlängert sich die Kündigungsfrist, und eine Kündigung kann nur noch zum Monatsende erfolgen.

Betriebszugehörigkeit (in Jahren)	Kündigungsfrist (in Monaten)
2	1
5	2
8	3
10	4
12	5
15	6
20	7

10.1.8 Das Arbeitsrecht gewährt Arbeitnehmerschutz – Teil 2

■ **Lohnfortzahlung bei Krankheit**

Pflichten des Arbeitnehmers nach § 5 EntgFG

Der Arbeitgeber muss unverzüglich (z. B. telefonisch) über die Arbeitsunfähigkeit und die voraussichtliche Dauer informiert werden. Wenn die Krankheit länger als drei Kalendertage dauert, muss dem Arbeitgeber spätestens am folgenden Arbeitstag eine ärztliche Bescheinigung vorgelegt werden. Der Arbeitgeber ist aber berechtigt, die Bescheinigung bereits am ersten Krankheitstag zu verlangen.

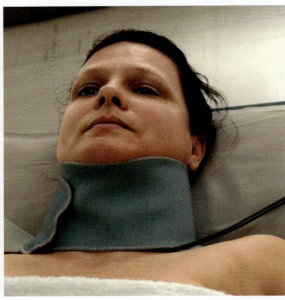

Jonas (18) verletzte sich bei einem Foul seines Gegenspielers, Jana (19) hatte einen Autounfall. Beide werden wohl einige Wochen nicht arbeiten können. Erhalten sie trotzdem Geld?

Krankheit im Urlaub

Wenn ein Arbeitnehmer im Urlaub krank wird, werden die Krankheitstage nicht vom Urlaubsanspruch abgezogen. Voraussetzung ist allerdings, dass eine Bescheinigung der Arbeitsunfähigkeit vorgelegt werden kann.

Das **Entgeltfortzahlungsgesetz** (EntgFG) schreibt vor: Wenn ein Arbeitnehmer krank geschrieben ist, muss der Arbeitgeber in den ersten sechs Wochen den vollen Lohn, den der Arbeitnehmer normalerweise erhalten hätte, weiter bezahlen. Dabei ist es unerheblich, ob der Arbeitnehmer wegen einer Erkältung im Bett bleiben muss oder er wegen eines Sportunfalls nicht arbeiten kann. Der Anspruch auf Entgeltfortzahlung besteht aber erst, wenn das Arbeits- oder Ausbildungsverhältnis vier Wochen ununterbrochen bestanden hat. Wenn Auszubildende nach dem Abschluss ihrer Ausbildung direkt in ein Arbeitsverhältnis übernommen werden, gilt das Gesetz sofort.

Wann muss der Arbeitgeber nicht zahlen?

Wenn der Arbeitgeber dem Arbeitnehmer ein **eigenes Verschulden** nachweisen kann, muss er keine Lohnfortzahlung leisten. Selbstverschuldete Arbeitsunfähigkeit liegt in der Regel vor bei

• Verletzungen durch einen Verkehrsunfall infolge Trunkenheit
• Verletzungen bei einer selbst provozierten Schlägerei oder
• Verletzungen infolge grob fahrlässiger Verstöße gegen Unfallverhütungsvorschriften.

Unfälle beim Sport gelten nur dann als selbst verschuldet, wenn der Arbeitnehmer besonders gefährliche Sportarten wie z. B. Boxen, Hochgebirgsklettern oder Drachenfliegen ausübt, obwohl er dafür nicht die erforderlichen Kräfte und Fähigkeiten besitzt.

Krankengeld

Wenn ein krankgeschriebener Arbeitnehmer vom Betrieb keine Entgeltfortzahlung erhält, steht ihm Krankenkeld zu. Das Krankengeld wird von der Krankenkasse gezahlt und beträgt 70 % des Bruttolohnes (siehe auch Abschnitt 10.3.2).

■ **Arbeitszeit und Urlaub**

Das **Arbeitszeitgesetz** (ArbZG) gilt für alle Arbeitnehmer und Auszubildenden ab 18 Jahren. Hier einige der wichtigsten Bestimmungen:

Arbeitszeit	Regelarbeitszeit: täglich 8 Stunden an 6 Wochentagen Höchstarbeitszeit: maximal 10 Stunden täglich, wenn der Freizeitausgleich innerhalb von 6 Monaten erfolgt
Ruhepausen	mindestens 30 Minuten Pause bei einer Arbeitszeit zwischen 6 und 9 Stunden, mindestens 45 Minuten bei längerer Arbeitszeit
Ruhezeit	mindestens 11 Stunden zusammenhängend
Nachtarbeit	höchstens 8 Stunden

Ähnlich wie im Jugendarbeitsschutzgesetz gibt es viele Ausnahmeregelungen; außerdem können in Tarifverträgen bessere Bestimmungen ausgehandelt sein.

Der gesetzlich vorgeschriebene jährliche Mindesturlaub beträgt 24 Werktage. Da nach dem **Bundesurlaubsgesetz** (BUrlG) auch Samstage als Werktage zählen, entspricht dies vier Wochen im Kalenderjahr. Ein Anspruch auf Erholungsurlaub besteht jedoch erst nach einer sechsmonatigen Betriebszugehörigkeit. Der gesetzliche Urlaubsanspruch kann durch einen Tarifvertrag, durch eine Betriebsvereinbarung oder einen Arbeitsvertrag verlängert, aber nicht verkürzt werden.

Der Urlaub sollte möglichst zusammenhängend gewährt werden. Eine Teilung darf aus dringenden betrieblichen Gründen oder auf Wunsch des Arbeitnehmers geschehen. Dabei sollte der Arbeitgeber darauf achten, dass der Beschäftigte mindestens zwei Wochen Urlaub am Stück erhält.

■ **Besondere Regelungen für Menschen mit Schwerbehinderung**

Weil es für Menschen mit Schwerbehinderung häufig besonders schwierig ist, eine Arbeitsstelle zu finden, gibt es spezielle Schutzvorschriften. Nach dem Sozialgesetzbuch (SGB) 9 – früher Schwerbehindertengesetz – sind Unternehmen mit mindestens 20 Arbeitsplätzen verpflichtet, mindestens fünf Prozent der Stellen mit Menschen mit Schwerbehinderung zu besetzen. Wenn die Unternehmen diese Vorgabe nicht umsetzen können, müssen sie eine Ausgleichsabgabe zahlen.

Menschen mit Schwerbehinderung haben im Vergleich zu Menschen ohne Behinderung einen zusätzlichen Schutz vor Kündigung des Arbeitsverhältnisses. Sie können sich auch von Mehrarbeit („Überstunden") freistellen lassen. Außerdem erhalten sie fünf zusätzliche Urlaubstage pro Jahr.

Schwerbehindert
sind nach dem SGB 9 Personen, bei denen die Erwerbsfähigkeit um mindestens 50 % vermindert ist.

① Recherchieren Sie im Internet (www.gesetze-im-internet.de) weitere Bestimmungen des ArbZG und des SGB 9 und diskutieren Sie diese. Informationen zur Internet-Recherche finden Sie im Abschnitt 10.5.10.

② Manche Arbeitgeber fordern eine Reduzierung der Lohnfortzahlung bei Krankheit auf 80 % des normalen Einkommens oder die Kürzung von Urlaubstagen, wenn Arbeitnehmer länger krank sind. Suchen Sie Argumente für und gegen diese Forderungen.

③ Welche sozialen Arbeitsschutzvorschriften sind Ihrer Meinung nach am wichtigsten? Erstellen Sie eine persönliche Rangliste zu den Themen Mutterschutz, Kündigungsschutz, Lohnfortzahlung, Arbeitszeit und Urlaub. Vergleichen und diskutieren Sie Ihre Ergebnisse.

10.1.9 Streit im Betrieb – Das Arbeitsgericht muss entscheiden

Diebstahl im Betrieb rechtfertigt fristlose Kündigung

Der 18-jährige Tim ist als Kraftfahrzeugmechatroniker in einer Werkstatt in Kaufbeuren angestellt. Da er am Wochenende daheim sein gebraucht gekauftes Motorrad „frisieren" will, steckt er am Freitagnachmittag in der Werkstatt heimlich ein wertvolles Werkzeug ein. Der Chef, der dieses zufällig bemerkt, kündigt ihm auf der Stelle fristlos. Tim findet dies „wegen des einen Teils" zu hart, aber der Chef will nicht mit sich reden lassen. Schließlich wendet sich Tim an das zuständige Arbeitsgericht.

Täglich haben die deutschen Arbeitsgerichte Fälle wie den oben geschilderten zu verhandeln und zu entscheiden. Durch Gesetze (JArbSchG, KSchG usw.) sind die grundsätzlichen Regeln für das Zusammenarbeiten im Betrieb vorgegeben. Gibt es Probleme oder Auseinandersetzungen im Betrieb, so wird man zuerst versuchen, durch Gespräche eine Lösung zu finden. Wenn allerdings alle Versuche misslingen, werden die zuständigen **Arbeitsgerichte** angerufen. Die Richter müssen jeden einzelnen Fall genau untersuchen und schließlich ein Urteil fällen.

Besonders zu berücksichtigen ist immer der **Grundsatz der Verhältnismäßigkeit**. Prozesse wegen Kündigungen sind sehr häufig, weil hier die Folgen oft sehr schmerzhaft sind. Im oben geschilderten Fall musste das Gericht zum Beispiel prüfen, ob eine fristlose Kündigung wegen der Schwere der Tat zulässig war oder ob nicht eine andere Lösung möglich gewesen wäre, z. B. eine Abmahnung und Versetzung des Arbeitnehmers.

Urteile in Schlagzeilen

Fristlose Kündigung bei Weitergabe von Betriebsgeheimnissen

Gestreckter Mittelfinger rechtfertigt Kündigung

„Recht auf Lüge" bei Frage nach Schwangerschaft

Stellenanzeige muss geschlechtsneutral sein

Mobber riskieren fristlose Kündigung

Sozialpartner
Mit diesem Begriff werden die Gewerkschaften als Vertretung der Arbeitnehmer sowie die Arbeitgeberverbände bezeichnet.

■ Zuständigkeit der Arbeitsgerichte

Die Arbeitsgerichte sind u. a. zuständig für Streitigkeiten
- zwischen Arbeitgebern und Arbeitnehmern in Bezug auf die Arbeit und den Arbeitsvertrag
- zwischen Arbeitnehmern aus gemeinsamer Arbeit
- zwischen den Sozialpartnern über Tarifverträge
- über Angelegenheiten der Mitbestimmung von Arbeitnehmern in Unternehmen.

■ Wie läuft ein Verfahren vor dem Arbeitsgericht ab?
Die Klageerhebung

Im ersten Schritt muss der **Kläger** Klage beim Arbeitsgericht erheben, entweder durch ein Schreiben an das Gericht oder zu Protokoll bei der Rechtsantragsstelle eines Arbeitsgerichtes. Aus der Klageerhebung muss eindeutig hervorgehen, was erreicht werden soll (z.B. die Rücknahme der Kündigung), wer der Prozessgegner (der **Beklagte**) ist und auf welche Tatsachen die Klage gestützt ist. Ein Rechtsanwalt ist in der ersten Instanz nicht vorgeschrieben, der Arbeitnehmer kann allein erscheinen oder sich von einer Gewerkschaft vertreten lassen, der Arbeitgeber von seinem Arbeitgeberverband.

Güteverhandlung

Vor dem eigentlichen Gerichtsverfahren versucht ein Berufsrichter, in einer sogenannten Güteverhandlung eine Einigung bzw. einen Kompromiss zwischen den Betroffenen zu erreichen. In der Praxis gelingt dies auch in den meisten Fällen. Dadurch werden die Verfahren beschleunigt, die Gerichte entlastet und die Kosten des Verfahrens reduziert.

Urteilsverfahren

Wird in der Güteverhandlung keine Einigung erzielt, entscheidet das Arbeitsgericht. Seine Besetzung besteht aus einem Berufsrichter und zwei ehrenamtlichen Richtern (je ein Vertreter von Arbeitnehmer- und Arbeitgeberseite). Der Kläger und der Beklagte legen ihre Beweise vor und bei Bedarf werden Zeugen vernommen. Am Ende steht ein **Urteil**.

Rechtsmittel

Gegen das Urteil des Arbeitsgerichtes kann **Berufung** vor dem **Landesarbeitsgericht** (LAG) eingelegt werden, wenn der Streitwert über 600 Euro beträgt. Diese Gerichte der zweiten Instanz sind mit drei Berufsrichtern und zwei ehrenamtlichen Richtern besetzt. Gegen die Entscheidung des Landesarbeitsgerichtes kann bei Rechtsstreitigkeiten mit grundsätzlicher Bedeutung die **Revision** beim **Bundesarbeitsgericht** (dritte Instanz) eingelegt werden. Weitere Rechtsmittel sind nicht möglich.

Kosten

In der ersten Instanz muss jede Partei die eigenen Anwaltskosten tragen. Die Gerichtskosten zahlt der Unterlegene. In den weiteren Instanzen muss der Prozessverlierer die Gerichts- und die Anwaltskosten beider Parteien tragen. Personen mit geringem Einkommen können Prozesskostenhilfe und Zuweisung (Beiordnung) eines Rechtsanwaltes beantragen.

■ Arbeitsgerichte in Bayern

In Bayern gibt es, regional gegliedert, elf Arbeitsgerichte mit weiteren Außenstellen sowie die beiden Landesarbeitsgerichte in München und Nürnberg. Für eine Kündigungsschutzklage müsste sich Tim im Ausgangsfall an das Arbeitsgericht Kempten (Außenstelle Kaufbeuren) wenden. Für eine Berufung gegen das Urteil des Arbeitsgerichts Kempten wäre das LAG München zuständig.

Gerichtsgebühren
Grundsätzlich richtet sich die Gerichtsgebühr nach dem Streitwert. Für die Grundlage des Streitwertes werden in der Regel die letzten drei Monatslöhne angesetzt. Aus einer Tabelle können dann die Gerichtsgebühren abgelesen werden.

Die **Anwaltshonorare** steigen ebenfalls mit dem Streitwert. In erster Instanz vor dem Arbeitsgericht trägt jede Partei ihre Anwaltskosten selbst – anders als bei anderen Verfahren auch dann, wenn sie gewinnt.

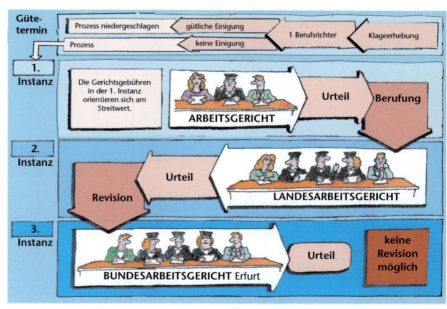

Instanzenweg in der Arbeitsgerichtsbarkeit

① Diskutieren Sie die in der linken Randspalte aufgeführten „Urteile in Schlagzeilen".
Sammeln Sie jeweils Argumente pro und kontra zu den Urteilen.

② Erstellen Sie in Gruppenarbeit Plakate (siehe Abschnitt 11.4.8) zum Prozessverlauf am Arbeitsgericht.

③ Bei den Arbeitsgerichten sind auch sogenannte ehrenamtliche Richter tätig.
Überlegen Sie, warum diese „Laien" eingesetzt werden und welche Qualifikation notwendig ist.

10.1.10 Tarifverträge bestimmen die Löhne

Vermögenswirksame Leistungen
Sie werden von den Arbeitgebern zusätzlich monatlich vergütet, wenn der Arbeitnehmer einen Sparvertrag, eine Lebensversicherung oder einen Bausparvertrag abgeschlossen hat.

Akkordlohn
Die Lohnhöhe wird nicht nach Arbeitszeit berechnet, sondern nach dem Arbeitsergebnis. Beispiele:
• Anzahl der hergestellten Werkstücke
• Quadratmeter verlegter Boden

Mindestlohn
Zum Januar 2015 wurde in Deutschland ein – grundsätzlich für alle Arbeitnehmer geltender – gesetzlicher Mindestlohn von 8,50 € pro Stunde eingeführt. Allerdings gibt es einige Ausnahmen. So sind z. B. Auszubildende und Minderjährige ohne Berufsabschluss von der Regelung nicht betroffen.

Vergütung im 1. Ausbildungsjahr (Durchschnittswert der alten Bundesländer/2014 in €)			
Industriemechaniker	883	Medizinische Fachangestellte	670
Industriekaufmann	870	Kraftfahrzeugmechatroniker (Hw)	644
Kaufmann für Büromanagement	827	Koch	617
Kaufmann im Einzelhandel	716	Elektroniker	556

In den meisten Betrieben in Deutschland werden die Arbeitnehmer und Auszubildenden „nach Tarif" bezahlt. Das bedeutet, dass sie entsprechend ihrer Qualifikation einen Lohn oder ein Gehalt bekommen, das in einem **Tarifvertrag** festgelegt ist. Der Tarifvertrag gilt für eine bestimmte Branche (z. B. Metall, Bau, Einzelhandel) und in einem bestimmten Tarifgebiet. Im Bundesland Bayern werden z. B. in der Metallindustrie insgesamt 180 sogenannte **Flächentarifverträge** abgeschlossen. Wenn Tarifverträge nur in einzelnen Firmen oder Standorten gelten, werden sie **Haustarifverträge** genannt.

Die Tarifverträge werden in Tarifverhandlungen zwischen Arbeitgeber- und Arbeitnehmervertretern ausgehandelt. Es gibt verschiedene Arten von Tarifverträgen mit unterschiedlichen Laufzeiten. Die beiden wichtigsten sind:

Lohntarifvertrag (Entgelttarifvertrag)	Manteltarifvertrag (Rahmentarifvertrag)
• Löhne und Gehälter • Ecklohn (festgelegter Mindeststundenlohn) • Akkordlöhne • Prämien und Erfolgsbeteiligungen usw.	• Urlaub • Arbeitszeit • grundlegende Entgeltschemata (Lohn-/Gehaltsgruppen) • Zulagen und Zuschläge (z. B. für Mehrarbeit oder Schichtarbeit) • vermögenswirksame Leistungen • Fortbildungsmöglichkeiten • Kündigungsvorschriften • Probezeiten usw.
Laufzeit: meist 12 – 18 Monate	Laufzeit: mehrere Jahre

GESAMTMETALL
Die Arbeitgeberverbände der Metall- und Elektro-Industrie

Tarifautonomie
(= Tarifunabhängigkeit)
Der Staat darf sich nicht in die Verhandlungen einmischen. Dieses Recht der Tarifpartner ist im **Grundgesetz, Art 9 Abs. 3**, verankert.

■ Die Tarifpartner
Arbeitgeber und Arbeitnehmer schließen sich in Organisationen zusammen. Im Bereich der Metallindustrie sind das z. B. der Arbeitgeberverband Gesamtmetall und die Industriegewerkschaft Metall (IGM). Diese Organisationen handeln stellvertretend für ihre Mitglieder und verhandeln im Rahmen der Tarifautonomie. Beispiel:

Beteiligte	Ein Hersteller von Autobatterien aus Unterfranken ist Mitglied im zuständigen Arbeitgeberverband	Die Mitarbeiter des Betriebes (Zerspanungsmechaniker, Elektriker, Wachpersonal usw.) sind Mitglieder der zuständigen Gewerkschaft
Verhandlungspartner in den Tarifverhandlungen	**Arbeitgeberverband Gesamtmetall**	**IG Metall**

Jeder Arbeitnehmer kann seine Arbeitsbedingungen mit dem Arbeitgeber selbst aushandeln und in einem Arbeitsvertrag festschreiben (siehe Abschnitt 10.1.6). Ist aber ein Tarifvertrag für den Betrieb gültig, dürfen im Arbeitsvertrag keine schlechteren Vereinbarungen stehen. Bessere Bedingungen, z. B. ein höherer Stundenlohn, sind möglich.

Die gemeinschaftliche Regelung der Arbeitsbedingungen durch Tarifverträge hat für Arbeitnehmer Vorteile. Eine größere Organisation kann in der Regel bessere Bedingungen aushandeln als ein einzelner Arbeiter. Außerdem ist die Konkurrenz unter den Arbeitnehmern geringer, weil bei gleicher Tätigkeit auch der gleiche Lohn gezahlt wird.

Aber auch für die Unternehmen ist es von Vorteil, wenn sie nicht mit jedem einzelnen Mitarbeiter immer wieder verhandeln müssen. Außerdem gilt während der Laufzeit eines Tarifvertrages die sogenannte **Friedenspflicht**. Das bedeutet, dass es keine Streiks geben darf. Dies sorgt für Ruhe im Betrieb und für eine störungsfreie Produktion.

■ Für wen gelten die Tarifverträge?

Grundsätzlich gelten die Tarifverträge nur für Arbeitgeber, die im **Arbeitgeberverband** sind, und für Arbeitnehmer, die der **Gewerkschaft** angehören. Wenn Mitarbeiter nicht Mitglied der Gewerkschaft sind, erhalten sie von den Arbeitgebern aber häufig (freiwillig) die gleichen Leistungen, weil sonst die Gewerkschaftsmitglieder besser gestellt wären. Auch kann der Arbeitgeber trotz Tarifbindung freiwillig bessere Leistungen gewähren, um z. B. besonders tüchtige Mitarbeiter zu belohnen. Diese übertariflichen Vertragsbestandteile (z. B. besondere Leistungsprämien) werden mit jedem Arbeitnehmer individuell vereinbart.

Wenn der Arbeitgeber nicht im zuständigen Arbeitgeberverband Mitglied ist, sind die Regelungen des Tarifvertrages ungültig und es muss mit jedem Arbeitnehmer ein ausführlicher Arbeitsvertrag abgeschlossen werden, in dem alle Arbeitsbedingungen geregelt sind. Das gleiche gilt für leitende Angestellte, die in der Regel außertarifliche Arbeitsverträge erhalten.

Der Bundesarbeitsminister kann mit Zustimmung des Tarifausschusses Tarifverträge für **allgemeinverbindlich** erklären. Dann gelten sie für alle Arbeitnehmer und Arbeitgeber der betreffenden Branche.

In vielen Tarifverträgen sind sogenannte **Öffnungsklauseln** enthalten. Damit dürfen die Arbeitgeber in bestimmten Fällen, z. B. wenn die Firma in großen Schwierigkeiten steckt, die tariflichen Mindestbedingungen für eine bestimmte Zeit unterschreiten.

Die DGB-Gewerkschaften

Mitglieder Ende 2014: **6,1 Millionen** (- 0,6 % gegenüber Ende 2013)

davon Ende 2014 in Tausend

Veränderung gegenüber Ende 2013 in Prozent

Gewerkschaft	in Tausend	Veränderung
IG Metall	2 269 Tsd.	0,2 %
Verdi	2 040	1,2
IG Bergbau, Chemie, Energie	658	0,9
IG Bauen-Agrar-Umwelt	281	2,6
Gewerkschaft Erziehung und Wissenschaft	272	0,8
Gewerkschaft Nahrung-Genuss-Gaststätten	206	0,5
Eisenbahn- u. Verkehrsgewerkschaft	204	2,5
Gewerkschaft der Polizei	175	0,4

Quelle: Deutscher Gewerkschaftsbund

10088 © Globus

Wer ist für Sie zuständig?
Das hängt davon ab, in welchem Tarifbezirk Ihr Ausbildungsbetrieb liegt und zu welcher Branche er zählt.

Tarifausschuss
Dem Ausschuss gehören je drei Vertreter der Organisationen der Arbeitgeber und der Arbeitnehmer an.

---

① Erklären Sie die folgenden Begriffe mit eigenen Worten: Flächentarifvertrag, Haustarifvertrag, Tarifautonomie, Tarifpartner.

② Welche Vorteile haben Tarifverträge für Arbeitgeber und Arbeitnehmer? Nennen Sie jeweils zwei Argumente.

③ Überprüfen Sie, wer in Ihrem Fall die Tarifpartner sind und welcher Tarifvertrag für Ihre Branche gilt. Arbeiten Sie den aktuellen Vertrag durch. (Verträge sind im Internet oder beim Arbeitgeber bzw. bei der Gewerkschaft erhältlich.)

10.1.11 Tarifverhandlungen – Einigung trotz unterschiedlicher Interessen

Markus Huber, 29, Werkzeugmechaniker bei der Firma Klonk

„Jedes Jahr steigen die Miete und die Preise für Essen, Kleidung und Energie. Einen gewissen Lebensstandard will ich für meine Familie und mich schon erhalten, deshalb soll die Gewerkschaft möglichst hohe Löhne erreichen. Unser Betrieb hat erst vor Kurzem wieder viel Geld in neue Maschinen gesteckt und verdient dadurch noch mehr.
Länger arbeiten will ich auf keinen Fall, ich will ja Zeit für meine Familie haben. Am Wichtigsten ist natürlich ein sicherer Arbeitsplatz. Man kann doch sein Leben nicht einrichten, wenn man die ganze Zeit damit rechnen muss, plötzlich den Job zu verlieren. Dafür soll die Gewerkschaft sorgen."

Heinz Klonk, 56 Jahre, Eigentümer der Firma Klonk

„Die Arbeitsplätze bleiben nur sicher, wenn ich genügend Gewinn mache.
Nur dann kann ich wieder in die Firma investieren und damit wettbewerbsfähig bleiben. Aber die Lohnkosten sind viel zu hoch! Wenn ich vergleiche, was die Konkurrenz in den östlichen EU-Staaten für Löhne zu zahlen hat! Außerdem sind die Arbeitszeiten bei uns zu kurz und zu unflexibel. Meine neueste Produktionsanlage hat fast eine Million Euro gekostet und steht die meiste Zeit ungenutzt in der Halle. Bei den Tarifverhandlungen muss sich der Arbeitgeberverband endlich mal durchsetzen. Zu den jetzigen Tarifbedingungen kann ich wirklich niemanden einstellen."

Sozialpartner
Arbeitgeber und Arbeitnehmer sind aufeinander angewiesen. Die meisten Tarifverhandlungen werden am Verhandlungstisch – also ohne Arbeitskampf – abgeschlossen.

Natürlich haben Arbeitgeber und Arbeitnehmer auch gemeinsame Interessen. Beide sind daran interessiert, dass es dem Betrieb gut geht. Dann kann der Arbeitgeber höhere Gewinne machen und der Arbeitnehmer hat einen sicheren Arbeitsplatz. Jedoch haben Arbeitgeber und Arbeitnehmer meistens unterschiedliche Ansichten, welcher Lohn ausreichend und gerecht ist oder wie lange die wöchentliche Arbeitszeit sein soll.

■ Wie laufen Tarifverhandlungen ab?

Die meisten Tarifverhandlungen werden ohne größere Auseinandersetzungen am Verhandlungstisch zwischen den zuständigen Tarifpartnern erfolgreich abgeschlossen. Wenn allerdings die gegensätzlichen Vorstellungen sehr weit auseinanderliegen und wenn es um sehr wichtige Verhandlungen (z. B. um Arbeitszeit oder Löhne) mit vielen Betroffenen geht, dauern die Verhandlungen häufig länger oder es kommt gar zu einem **Arbeitskampf**.
Schon vor dem Laufzeitende eines Tarifvertrages verbreiten die beiden Tarifpartner ihre Sichtweisen in den Medien z. B. durch Fernsehinterviews, Zeitungsanzeigen oder Plakate. Dadurch soll die Öffentlichkeit aufmerksam gemacht und von der jeweiligen Position überzeugt werden.

Aus der Praxis
Im Herbst 2014 hielten gleich zwei Streiks Deutschlands Reisende in Atem: Während die Lufthansa-Piloten für den Erhalt ihrer betrieblichen Frührente kämpften, sorgte die Lokführergewerkschaft GDL im Tarifstreit mit der Deutschen Bahn für den längsten Streik der Bahngeschichte, legte den Schienenverkehr weitgehend lahm – und erhielt hierfür viel Kritik.

Am Ende steht ein Kompromiss
Vereinfachtes Beispiel einer Lohntarifrunde

Die Vertreter der Arbeitnehmer und die Vertreter der Arbeitgeber treffen sich zu Verhandlungen. Die Arbeitnehmerseite stellt am Anfang z. B. die Forderung nach einer Lohnerhöhung um 4 %. Die Arbeitgeberseite will eine Lohnerhöhung verhindern und fordert eine „Nullrunde".

Einigung

Wenn auch nach mehreren Verhandlungen keine Einigung erzielt wird, werden die Verhandlungen für gescheitert erklärt.

Als nächstes kann ein Schlichter versuchen, zu vermitteln. Er prüft die Forderungen der beiden Seiten und schlägt eine Lösung vor. Wenn beide Seiten zustimmen, war die Schlichtung erfolgreich.

Einigung

Wenn die Arbeitgeber kein höheres Angebot vorlegen, werden die Arbeitnehmer Druck ausüben. Hierzu zählt insbesondere die Androhung von Streiks. Ein Streik ist aber nur zulässig, wenn die Gewerkschaften vorher eine Urabstimmung durchführen. In dieser Abstimmung müssen mindestens 75 % der Gewerkschaftsmitglieder für einen Streik stimmen. Wenn gestreikt wird, erhalten die Gewerkschaftsmitglieder von ihrer Gewerkschaft ein Streikgeld, da während des Streiks der Anspruch auf Lohnzahlung entfällt. Als Gegenmaßnahme zum Streik können die Arbeitgeber ganze Betriebe für eine bestimmte Zeit schließen. Von einer solchen Aussperrung sind auch Arbeitnehmer betroffen, die sich nicht am Streik beteiligen.

Da Streik und Aussperrung für beide Seiten Nachteile haben, werden die Verhandlungen nach einer bestimmten Zeit wieder beginnen. Man wird versuchen, doch noch einen Kompromiss zu finden. Dem Ergebnis der Verhandlungskommission müssen die Gewerkschaftsmitglieder in einer zweiten Urabstimmung mit mindestens 25 % zustimmen, damit schließlich ein neuer Tarifvertrag unterzeichnet werden kann. Er gilt dann z. B. für die nächsten 18 Monate. Während dieser Laufzeit müssen sich beide Seiten an die Tarifverträge halten (sogenannte Friedenspflicht). Dadurch herrscht Ruhe im Betrieb.

neuer Tarifvertrag

Streikbegriffe in Kürze
Der **Warnstreik** ist eine kurze Arbeitsniederlegung zu Beginn oder während der Tarifverhandlungen, um die Streikbereitschaft zu signalisieren.

Ein nicht von einer Gewerkschaft getragener **„wilder" Streik** ist illegal.

Ein **Generalstreik** ist ein Streik der gesamten Arbeiterschaft eines Landes, um politische Forderungen oder Ziele durchzusetzen. Das gesamte öffentliche Leben wird dadurch lahmgelegt. In Deutschland sind Generalstreiks illegal.

Wer streikt am meisten?
So viele Arbeitstage gingen jährlich je 1000 Arbeitnehmer durch Arbeitskämpfe in Deutschland verloren:

2007	725
2008	542
2009	398
2010	173
2011	304
2012	630
2013	551

Quelle: WSI

① Stellen Sie mit Plakaten die unterschiedlichen und gemeinsamen Interessen von Arbeitgebern und Arbeitnehmern dar.

② Sammeln Sie Zeitungsausschnitte und Meldungen aus dem Internet zu einer laufenden Tarifrunde und erstellen Sie eine Wandzeitung (Informationen zum Erstellen von Plakaten und Wandzeitungen: Abschnitt 11.4.8).

③ Erklären Sie den Begriff „Arbeitskampf". Welches sind die Mittel von Gewerkschaften und Arbeitgeberverbänden? Notieren Sie diese stichpunktartig.

10.1.12 Die betriebliche Vertretung der Arbeitnehmer

Rendite
Der in einem Jahr erzielte Ertrag einer Geldanlage, gerechnet in % des investierten Kapitals.

Für Mitglieder des Betriebsrates gilt
Die Betriebsräte üben ihr Amt ehrenamtlich aus. Sie dürfen wegen ihrer Arbeit nicht benachteiligt werden. Eine ordentliche Kündigung ist während der Amtszeit und bis zu einem Jahr nach dem Ausscheiden nicht möglich. Eine fristlose Kündigung ist nur mit Zustimmung des gesamten Betriebsrates möglich.

Anzahl der Betriebsratsmitglieder

Wahl-berechtigte	Betriebsratsmitglieder insgesamt
5 – 20	1
21 – 50	3
51 – 100	5
101 – 200	7
201 – 400	9
401 – 700	11
…	…
5.001 – 6.000	31
…	…
7.001 – 9.000	35

Danach erhöht sich die Zahl der Betriebsräte um 2 je angefangene 3000 Arbeitnehmer

Sozialplan für 250 Beschäftigte in Wasserburg

Im Zusammenhang mit der angekündigten Schließung des Werks Wasserburg der ECom-Tech GmbH zum 30. Juni haben sich die Unternehmensleitung und der Betriebsrat auf einen Interessenausgleich und einen Sozialplan geeinigt. Die Produktion in Wasserburg wird zwei Jahre voll weiterlaufen, die Mitarbeiter werden bis zu diesem Zeitpunkt weiterbeschäftigt.

Wie Betriebsrat und Unternehmensleitung jetzt mitgeteilt haben, betrifft die Schließung des Werks rund 250 der 300 Beschäftigten in Wasserburg. Die Betroffenen können sich bis zu neun Monate nach dem Ende der Produktion in einer Transfergesellschaft weiter qualifizieren. Das soll ihre Chancen auf dem Arbeitsmarkt verbessern.

■ Mitbestimmung der Arbeitnehmer

Sollen Arbeitnehmer im Betrieb mitbestimmen dürfen? Diese Frage wird ein Bäckermeister im eigenen Familienbetrieb sicher anders beantworten als ein Schichtarbeiter im industriellen Großbetrieb. Ebenso wird ein Kapitalgeber (Aktienbesitzer), der eine hohe Rendite erwartet, eine andere Antwort geben als ein Monteur auf einer Großbaustelle, der auf einen sicheren und gut bezahlten Arbeitsplatz angewiesen ist. Die Mitbestimmungsmöglichkeiten der Arbeitnehmer sind im letzten Jahrhundert schrittweise erweitert worden. Die heutigen Mitbestimmungsrechte sind von Unternehmensform und -größe abhängig. So haben z. B. die Arbeitnehmer in großen Aktiengesellschaften einen relativ starken Einfluss auf das Unternehmen. In Einzelunternehmen mit weniger als fünf Mitarbeitern ist dagegen gesetzlich keine Beteiligung vorgesehen.

Das **Betriebsverfassungsgesetz** (BetrVG) regelt, in welchen Bereichen die Belegschaft über den Betriebsrat an betrieblichen Entscheidungen beteiligt wird. Der Betriebsrat hat die Aufgabe, die Interessen der Arbeitnehmer gegenüber der Betriebsleitung zu vertreten. So sollen die Mitarbeiterzufriedenheit und ein gutes Betriebsklima gewährleistet werden. In größeren Betrieben sind die Betriebsräte von der Arbeit freigestellt. Die Anzahl der Betriebsräte richtet sich nach der Anzahl der wahlberechtigten Mitarbeiter.

■ Bildung eines Betriebsrates

Ein Betriebsrat kann in jedem Betrieb mit mindestens fünf Mitarbeitern gebildet werden, wenn drei von ihnen dies verlangen. Der Arbeitgeber darf die Bildung nicht verhindern, sondern muss eine Versammlung während der Arbeitszeit ermöglichen. Die geheimen Wahlen zum Betriebsrat finden alle vier Jahre statt. Bei der Wahl sind alle Arbeitnehmer ab 18 Jahren wahlberechtigt, nicht aber leitende Mitarbeiter. Gewählt werden können nur Mitarbeiter, die mindestens sechs Monate im Betrieb sind.

Mitbestimmungsrechte in sozialen Angelegenheiten (§ 87 BetrVfG)	Mitwirkungsrechte in personellen Angelegenheiten	Mitwirkungsrechte in wirtschaftlichen Angelegenheiten (§ 106 BetrVG)
Der Betriebsrat hat, soweit eine gesetzliche oder tarifliche Regelung nicht besteht, vor allem in folgenden Fällen mitzubestimmen: 1. Betriebsordnung und Arbeitnehmerverhalten 2. Beginn, Ende und Verteilung der täglichen Arbeitszeit, Pausen 3. Urlaubsplan 4. Sozialeinrichtungen im Betrieb 5. betriebliche Entlohnungsgrundsätze und -methoden 6. Akkord- und Prämiensätze	Der Betriebsrat ist bei der Durchführung einer Maßnahme zu beteiligen: 1. Einstellung, Ein- und Umgruppierung, Versetzung (§ 99 BetrVfG) 2. Durchführung betrieblicher Bildungsmaßnahmen (§ 98 BetrVfG) 3. Kündigungen (§ 102 BetrVfG)	Der Arbeitgeber muss den Betriebsrat unterrichten und sich mit ihm beraten, vor allem in folgenden Fällen: 1. wirtschaftliche und finanzielle Lage 2. Produktions- und Absatzlage 3. Investitionen und Rationalisierungen 4. Arbeitsmethoden 5. Stilllegen, Verlegen und Zusammenschließen von Betrieben

■ Betriebsversammlungen

Jedes Vierteljahr ist eine Betriebsversammlung einzuberufen. Sie wird vom Betriebsratsvorsitzenden geleitet und findet während der (bezahlten) Arbeitszeit statt. Der Betriebsrat berichtet in den Versammlungen über seine Aktivitäten und diskutiert mit den Mitarbeitern die aktuellen Probleme. Der Arbeitgeber muss laut Gesetz auch eingeladen werden und hat das Recht, seine Ansichten zu äußern.

■ Betriebsvereinbarungen

Nach §77 des Betriebsverfassungsgesetzes können Arbeitgeber und Betriebsrat für einen oder mehrere Standorte einer Firma sogenannte Betriebsvereinbarungen aushandeln und abschließen. Dabei gilt aber grundsätzlich, dass die Vereinbarungen nicht gegen geltende Tarifverträge oder Gesetze verstoßen dürfen. Günstigere Vertragsinhalte für die Arbeitnehmer sind jedoch zulässig. Ein Beispiel:

> *Betriebsvereinbarung zur gleitenden Arbeitszeit zwischen der **Firma ProTech**, vertreten durch die Geschäftsleitung, und dem **Betriebsrat der Firma ProTech**:*
>
> ### *§1 Allgemeines*
> *Gegenstand dieser Betriebsvereinbarung ist die Regelung der gleitenden Arbeitszeit im Werk.*
>
> ### *§2 Geltungsbereich*
> *Diese Betriebsvereinbarung gilt für alle Mitarbeiterinnen und Mitarbeiter des Unternehmens, mit Ausnahme von leitenden Angestellten, Auszubildenden und Praktikanten.*
>
> ### *§3 Kernrichtzeit*
> *Montag bis Donnerstag: 9:00 bis 15:30 Uhr; Freitag: 9:00 bis 13:00 Uhr. Innerhalb dieses Zeitraumes sind die Mitarbeiterinnen und Mitarbeiter grundsätzlich zur Anwesenheit verpflichtet, um als Ansprechpartner zur Verfügung zu stehen.*
>
> ### *§4 Rahmenarbeitszeit*
> *Montag bis Freitag: 6:00 bis 20:00 Uhr. Die Mitarbeiterinnen und Mitarbeiter können unter Maßgabe des §3 und unter Einhaltung der gesetzlich vorgeschriebenen Ruhezeit Beginn und Ende ihrer Arbeitszeit innerhalb der Rahmenarbeitszeit selbst bestimmen.*
>
> ### *§5 Gleitzeitkonto*
> *Es wird ein Gleitzeitkonto geführt, das den Mitarbeiterinnen und Mitarbeitern eine Disposition der Arbeitszeit ermöglicht.*

Weitere mögliche Inhalte von Betriebsvereinbarungen:

- Pausenzeiten, Schichtzeiten
- Betriebsurlaub
- Überstunden
- Verhalten der Arbeitnehmer (z.B. Rauch- und Alkoholverbot, vorgeschriebene Schutzkleidung)
- Akkord- und Richtlohnsätze
- spezielle Entlohnungsbestimmungen (z.B. Prämien, Weihnachtsgeld, Gewinnbeteiligung)
- Fortbildungsmaßnahmen
- Arbeit des Betriebsrates

Das Betriebsverfassungsgesetz gilt nicht für Beamte und Angestellte im öffentlichen Dienst (z.B. Polizei, Stadtverwaltung, Müllabfuhr, öffentlicher Nahverkehr). Für diese Arbeitnehmer gilt das **Personalvertretungsgesetz**. Die so gewählten Vertreter der Arbeitnehmer heißen **Personalräte**.

Der Betriebsrat wird für vier Jahre gewählt.

① Für einen gewählten Betriebsrat gelten spezielle Vorschriften (siehe linke Randspalte). Erläutern Sie, welche Absicht des Gesetzgebers sich dahinter verbirgt.

② Führen Sie in einem kurzen Bericht die Aktivitäten des Betriebsrates (z.B. Versammlungen, Betriebsvereinbarungen) in Ihrem Betrieb auf und tragen Sie diesen in Ihrer Klasse vor.

③ In EU-weit tätigen Unternehmen oder Unternehmensgruppen wird auf Antrag ein Europäischer Betriebsrat (EBR) eingesetzt. Recherchieren Sie im Internet, unter welchen Bedingungen ein EBR gegründet werden kann und welche Rechte er hat.

10.1.13 Betriebliche Mitbestimmung in der Praxis

■ **Jugend- und Auszubildendenvertretung (JAV)**
Jugendliche und Auszubildende haben zum Teil andere Interessen als ältere Arbeitnehmer. Für sie sind Fragen zur betrieblichen Ausbildung und zur Übernahme nach der Ausbildung von Bedeutung. Zur besseren Vertretung dieser Anliegen sieht das BetrVG die Bildung einer Jugend- und Auszubildendenvertretung (JAV) vor. Voraussetzung hierfür ist die Existenz eines Betriebsrates. Die Jugendvertreter können an der Arbeit des Betriebsrates teilnehmen und eigene Anträge einbringen.

Gesetzliche Vorgaben nach dem Betriebsverfassungsgesetz

- Eine Jugend- und Auszubildendenvertretung kann gewählt werden, wenn mindestens fünf Arbeitnehmer im Betrieb beschäftigt sind, die das 18. Lebensjahr noch nicht vollendet haben oder die in einer Berufsausbildung stehen und das 25. Lebensjahr noch nicht vollendet haben.

- Die Anzahl der Jugendvertreter ist davon abhängig, wie viele jugendliche Arbeitnehmer und Auszubildende dem Betrieb angehören. Beispiel: 5–20 jugendliche Arbeitnehmer und Auszubildende: 1 Jugendvertreter; 21–50 jugendliche Arbeitnehmer und Auszubildende: 3 Jugendvertreter

- Die Jugendvertreter werden alle zwei Jahre gewählt.

Zwei Fragen an Maria (18) und Benedikt (16), gewählte JAV-Vertreter bei einem großen Fahrzeughersteller:

Fragen: Wie sieht die Tätigkeit in der Jugendvertretung aus? Welche konkreten Anliegen hat die JAV beim Betriebsrat erfolgreich eingebracht?

Benedikt: Viele der über 800 Azubis in unserem Werk hatten sich mit dem Wunsch an uns gewendet, die gleitende Arbeitszeit auch für Azubis zu ermöglichen. Sie wollten dadurch Wartezeiten, die durch die Ankunfts- und Abfahrzeiten der Werkbusse entstanden, sinnvoll nutzen und in eigener Verantwortung die Arbeitszeiten einteilen. Der Betriebsrat hat unser Anliegen aufgenommen und mit dem Arbeitgeber eine für alle Azubis geltende Gleitzeitregelung vereinbart.

Maria: Außerdem konnten wir erreichen, dass die Azubis nur noch den halben Kostenbeitrag für die Fahrt mit den Werksbussen zahlen müssen. Der Betriebsrat hat unsere Argumentation unterstützt, dass dies gerecht sei, weil die Azubis ja auch weniger verdienen.

Benedikt: Einmal litt ein Azubi ständig unter Fußschmerzen, wahrscheinlich vom langen Feilen an der Werkbank. Wir konnten ihm helfen, indem wir beim Arbeitgeber eine spezielle Fußmatte beantragen.

Maria: Wenn jugendliche Arbeitnehmer ernstere Probleme mit dem Arbeitgeber haben und zu einem Personalgespräch vorgeladen werden, können Vertreter der JAV teilnehmen und versuchen zu helfen.

Benedikt: Wir kennen uns mit dem Arbeitsrecht und mit den speziellen Bestimmungen für Jugendliche besser aus, weil wir häufig – auch in der Freizeit – Fortbildungen und Seminare besuchen.

Maria: Ja, und dreimal im Jahr findet in der Stadthalle eine Jugendversammlung statt. Die müssen wir zusammen mit dem Betriebsrat vorbereiten und durchführen.

Der **Aufgabenbereich** der Jugend- und Auszubildendenvertretung umfasst unter anderem:
- Überwachung von Vorschriften, die Jugendliche bzw. Auszubildende betreffen
- Weiterleiten von Verbesserungsvorschlägen, die die Arbeitsverhältnisse der Jugendlichen bzw. Auszubildenden betreffen
- Mitberatung bei der Einstellung, Versetzung, Übernahme, Eingruppierung und Entlassung von jugendlichen Arbeitnehmerinnen und Arbeitnehmern.

Der Betriebsrat ist verpflichtet, die Jugend- und Auszubildendenvertretung zu allen Besprechungen mit dem Arbeitgeber hinzuzuziehen, in denen Belange der Jugendlichen oder Auszubildenden besprochen werden. Zusätzlich kann die Jugend- und Auszubildendenvertretung zu allen Betriebsratssitzungen einen Vertreter entsenden.

■ Der Betriebsrat: Diskussion und Daten

Mitbestimmung in Klein- und Mittelbetrieben abschaffen!

Mit dieser Parole sorgte Geschäftsführer Heino Pfeiffenberger (55) für Aufsehen und Stirnrunzeln, vielleicht auch im eigenen Softwareunternehmen (30 Mitarbeiter). Allerdings nannte der erfolgreiche Unternehmer unserer Zeitung auch einige Argumente.

„Gerade wir als mittelständisches Unternehmen sind darauf angewiesen, stets flexibel auf den Markt reagieren zu können", sagt Pfeiffenberger. „Der Betriebsrat sorgt aber für eine gewisse Starrheit. Alle schauen nur noch darauf, was die Betriebsvereinbarung an Arbeitsbelastung erlaubt, nicht aber darauf, was das Beste für den Betrieb ist."

In Unternehmen wie seinem sei ein Betriebsrat schon deshalb nicht erforderlich, weil hier der Chef seine Mitarbeiter noch persönlich kenne und diese individuell und gerecht behandle. Pfeiffenberger: „In meinem Betrieb will und muss ich mit meinen Mitarbeitern ein Team bilden – wir sitzen alle in einem Boot."

Kostbare Arbeitszeit, die womöglich zur Einhaltung wichtiger Liefertermine benötigt werde, gehe für Betriebsversammlungen und Betriebsratssitzungen drauf. „Und dann stellen Sie sich mal vor: Da sitzt einer im Betriebsrat, der mit seinem Arbeitstempo den ganzen Betrieb aufhält. Der ist ja praktisch unkündbar, den werde ich doch nie los!"

(aus: Wulfratshäuser Anzeiger, 11.3.2015)

Jetzt einen Betriebsrat gründen!

„Ich habe für die Forderung des Herrn Pfeiffenberger überhaupt kein Verständnis", bezieht der 41-jährige Hans Daxner in unserer Zeitung klar Position. Daxner ist bereits seit 20 Jahren in einem mittelständischen Unternehmen aus der Metall-Branche tätig. Seit 12 Jahren sitzt er im Betriebsrat, dessen Vorsitz er vor fünf Jahren übernahm. Seit rund zehn Jahren engagiert sich Daxner auch im Deutschen Gewerkschaftsbund (DGB).

Dass durch die Tätigkeit des Betriebsrates wichtige Arbeitszeit verloren gehe, sei „typisches Arbeitgeberdenken." Daxner: „Arbeitgeber vergessen gern, dass sich Arbeitnehmer durch den Betriebsrat vertreten und ernstgenommen fühlen. Das steigert die Zufriedenheit und damit die Motivation und die Leistungsbereitschaft, was wiederum dem Arbeitgeber selbst zugute kommt."

An die Arbeitnehmer in kleinen und mittleren Betrieben appellierte Daxner, sich von Pfeiffenbergers Argumenten nicht in Sicherheit wiegen zu lassen: „Solange der Chef tatsächlich mit im Boot sitzt, scheint alles in Ordnung zu sein. Aber was passiert, wenn er auf einmal in ein Boot mit entgegengesetztem Kurs umsteigt oder gar ein ganz anderer Chef einen neuen Kurs einschlägt? Dann ist es gut, rechtzeitig für einen Betriebsrat gesorgt zu haben!"

(aus: Wulfratshäuser Anzeiger, 14.3.2015)

Das Betriebsverfassungsgesetz

Arbeitgeber — Beratung über wirtschaftliche Angelegenheiten

Rechtzeitige, umfassende Unterrichtung

Zusammenarbeit
Abschluss von Betriebsvereinbarungen

Vertretung der Arbeitnehmerinteressen Mitwirkung und Mitbestimmung, vor allem in sozialen und personellen Angelegenheiten

Einigungsstelle zur Beilegung von Meinungsverschiedenheiten

Wirtschaftsausschuss in Unternehmen mit > 100 Beschäftigten

Jugend- und Auszubildendenvertretung — Stimmrecht in Jugendfragen

Betriebsausschuss
Betriebsrat

Zusammenarbeit mit den Gewerkschaften

Tätigkeitsbericht

Wahl auf 2 Jahre **Wahl auf 4 Jahre** Themenvorschläge zur Beratung

Jugendliche und Auszubildende **Arbeitnehmerinnen und Arbeitnehmer ab 18 Jahren*** **Betriebsversammlung**

in Betrieben mit mindestens 5 ständigen Arbeitnehmern **ohne leitende Angestellte*

ZAHLENBILDER
243 511

© Bergmoser + Höller Verlag AG

① a) Arbeiten Sie die Argumente heraus, die Pfeiffenberger und Daxner gegen bzw. für einen Betriebsrat nennen.

b) Stellen Sie Ihre eigene Position begründet dar.

② Fassen Sie das Zusammenwirken der Institutionen des Betriebsverfassungsgesetzes (Betriebsrat, JAV, Betriebsversammlung etc.) mithilfe des Schaubildes in eigenen Worten knapp zusammen.

Zur Wiederholung

10.1.1
Berufliche Bildung und Qualifikation – Sicherheit für die Zukunft

- Die in den rund 330 Ausbildungsberufen zu erlernenden Fertigkeiten und Kenntnisse sind in Ausbildungsrahmenplänen festgelegt
- Nach der Ausbildung bestehen Möglichkeiten zur Fortbildung; zur Unterstützung während der Fortbildung dient u. a. das „Meister-BAföG"
- Wenn ein erlernter Beruf aufgegeben und ein neuer erlernt wird, spricht man von Umschulung

10.1.2
Ausbildung im dualen System

- Bei der Berufsausbildung im dualen System sind Ausbildungsbetriebe und Berufsschulen gemeinsam für die Qualifizierung zuständig
- Vorteile des dualen Systems liegen z. B. in seiner Praxisbezogenheit und seinem Abwechslungsreichtum
- Außerhalb des dualen Systems können Ausbildungsberufe in Berufsfachschulen erlernt werden

10.1.3
Im Ausbildungsvertrag werden die Regeln vereinbart

- Der Ausbildungsvertrag muss nach BBiG Beginn und Dauer der Ausbildung, tägliche Ausbildungszeit, Höhe der Ausbildungsvergütung und Dauer der Probezeit enthalten
- Zu den Pflichten des Ausbildenden zählt u. a. die Zahlung einer angemessenen Vergütung
- Zu den Pflichten des Auszubildenden zählt u. a., Weisungen des Ausbildenden zu befolgen

10.1.4
Jugendarbeitsschutz

- Kinderarbeit ist in Deutschland durch das Jugendarbeitsschutzgesetz (JArbSchG) verboten

- Das JArbSchG schützt jugendliche Arbeitnehmer bei Arbeitszeit, Pausen, Freizeit und Urlaub

10.1.6
Der Arbeitsvertrag

- Wichtigste Inhalte des Arbeitsvertrages sind die Bezeichnung der Tätigkeit und die Festlegung des Lohns
- In den meisten Arbeitsverträgen wird eine Probezeit vereinbart
- Hauptpflicht des Arbeitgebers: pünktliche Lohnzahlung; Hauptpflicht des Arbeitnehmers: pünktliche Arbeitsleistung

10.1.7
Das Arbeitsrecht gewährt Arbeitnehmerschutz – Teil 1

- Werdende Mütter und Mütter nach der Entbindung werden durch das Mutterschutzgesetz geschützt
- In Betrieben mit mehr als zehn Arbeitnehmern gilt das Kündigungsschutzgesetz (KSchG)
- Nach dem KSchG ist eine Kündigung nur möglich, wenn sie sozial gerechtfertigt ist

10.1.8
Das Arbeitsrecht gewährt Arbeitnehmerschutz – Teil 2

- Das Entgeltfortzahlungsgesetz (EntgFG) sichert die Lohnfortzahlung bei Krankheit des Arbeitnehmers
- Weitere wichtige Arbeitnehmerschutzgesetze: Arbeitszeitgesetz, Bundesurlaubsgesetz, SGB 9

10.1.9
Streit im Betrieb – Das Arbeitsgericht muss entscheiden

- Arbeitsgerichte entscheiden bei Streitigkeiten zwischen Arbeitgeber und Arbeitnehmer
- Dem Gerichtsverfahren ist eine Güteverhandlung vorgeschaltet

10.1.10
Tarifverträge bestimmen die Löhne

- Arbeitnehmer werden zumeist nach gültigem Tarifvertrag bezahlt
- Bei den Tarifverträgen ist zwischen Lohntarifvertrag und Manteltarifvertrag zu unterscheiden
- Tarifpartner sind Arbeitgeberverbände und Gewerkschaften, die die Bedingungen der Tarifverträge in Tarifverhandlungen aushandeln

10.1.11
Tarifverhandlungen – Einigung trotz unterschiedlicher Interessen

- Liegen bei Tarifverhandlungen die Vorstellungen zu weit auseinander, kommt es zum Arbeitskampf
- Instrumente des Arbeitskampfes sind der Streik (Arbeitnehmer) und die Aussperrung (Arbeitgeber)
- Zur Erreichung einer Einigung kann ein Schlichter eingesetzt werden

10.1.12
Die betriebliche Vertretung der Arbeitnehmer

- Betriebe mit mindestens fünf wahlberechtigten Arbeitnehmern haben das Recht, einen Betriebsrat zu wählen
- Betriebsräte haben Mitbestimmungsrechte in sozialen Angelegenheiten des Betriebes
- Betriebsrat und Arbeitgeber können Betriebsvereinbarungen (z. B. über gleitende Arbeitszeit) abschließen

10.1.13
Betriebliche Mitbestimmung in der Praxis

- In Betrieben mit mindestens fünf Arbeitnehmern unter 18 Jahren kann eine JAV gewählt werden
- Ihre Aufgabe ist u. a. die Überwachung der Einhaltung des JArbSchG

10.2 Arbeitswelt im Wandel

10.2.1 Arbeitswelt gestern und heute

Handarbeit für wenig Geld: *Wegen niedriger Lohnkosten und langer Arbeitszeiten werden Kleidungsstücke für den Massenmarkt in sogenannten „Billiglohnländern" produziert.*

Menschenlose Fertigung: *Roboter schweißen Karosserieteile. Die Fertigung in diesem Automobilwerk ist stark automatisiert und rationalisiert.*

Wirtschaftssektoren
- primärer Sektor: Landwirtschaft und Fischerei
- sekundärer Sektor: produzierendes Gewerbe, Bau, Bergbau, Energie
- tertiärer Sektor: Dienstleistungen (Handel, Verkehr, Telekommunikation usw.)

Vor einigen Jahrzehnten gab es in Deutschland noch viele Beschäftigte in Berufen mit körperlich anstrengender Arbeit. Häufig waren die Tätigkeiten eintönig und belasteten die Gesundheit. Die meisten Menschen stellten in den Industriebetrieben Waren her, arbeiteten in der Landwirtschaft, im Bergbau, im Warentransport oder am Bau. Der **technologische Fortschritt** ermöglichte, dass viele Tätigkeiten durch Maschinen und Automatisierungseinrichtungen ersetzt werden konnten. Dadurch erleichterte sich einerseits für viele Menschen die Arbeit, andererseits wurden weniger Arbeitskräfte benötigt. Verstärkt wurde dieser Trend noch durch den zunehmenden Welthandel (siehe Abschnitt 10.2.2).

Viele Waren, die früher fast ausschließlich in Deutschland selbst produziert wurden (z. B. Textilien, landwirtschaftliche Waren), aber auch **neue Produkte** (z. B. Tablets, Computerteile) können heute in anderen Ländern billiger hergestellt werden. Das freut die Kunden, wenn sie günstige Produkte einkaufen, ist aber schlecht für den deutschen Arbeitsmarkt.

■ Strukturwandel

Betriebe und Arbeitskräfte müssen sich den veränderten Bedingungen anpassen. Man spricht von einem **sektoralen Strukturwandel**, wenn sich die Bedeutung der einzelnen Wirtschaftssektoren ändert. Im Extremfall verschwinden sogar ganze Betriebe und die zugehörigen Berufe. Deshalb muss die Wirtschaft durch Forschung und Entwicklung neuer und verbesserter Produkte und Technologien neue Arbeitsbereiche finden. Der Dienstleistungsbereich ist in den letzten Jahren zulasten aller anderen Bereiche stark angewachsen, dabei sind auch neue Berufe entstanden (z. B. Call-Center-Agenten, diverse Pflegeberufe). In den neuen Berufen werden in der Regel ganz andere Fähigkeiten und Fertigkeiten verlangt. Deshalb ist es für arbeitslos gewordene Menschen häufig schwierig, dort einen neuen Arbeitsplatz zu finden.

Stärke und Auswirkungen des Strukturwandels sind in den Regionen Deutschlands (und Europas) unterschiedlich. In den neuen Bundesländern musste die gesamte Wirtschaft nach der Wiedervereinigung an die neue Lage angepasst werden. Die meisten Betriebe waren nicht mehr wettbewerbsfähig und wurden geschlossen.

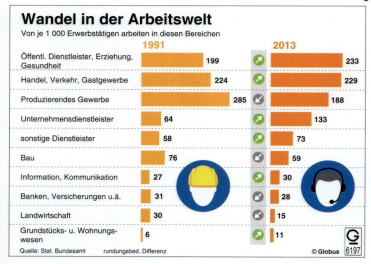

Wandel in der Arbeitswelt

Von je 1 000 Erwerbstätigen arbeiten in diesen Bereichen

	1991	2013
Öffentl. Dienstleister, Erziehung, Gesundheit	199	233
Handel, Verkehr, Gastgewerbe	224	229
Produzierendes Gewerbe	285	188
Unternehmensdienstleister	64	133
sonstige Dienstleister	58	73
Bau	76	59
Information, Kommunikation	27	30
Banken, Versicherungen u.ä.	31	28
Landwirtschaft	30	15
Grundstücks- u. Wohnungswesen	6	11

Quelle: Stat. Bundesamt   rundungsbed. Differenz   © Globus 6197

Auch in den alten Bundesländern gibt es wirtschaftlich schwache Regionen, wie die norddeutschen Küstengebiete und das Ruhrgebiet. Hier waren die Veränderungen in der Vergangenheit besonders stark, der **regionale Strukturwandel** ist noch nicht abgeschlossen.

Der Staat versucht die Lage in diesen Regionen durch seine **Strukturpolitik** zu verbessern. So wird die Infrastruktur (z.B. Verkehrswege) der Regionen ausgebaut oder Firmen erhalten Vergünstigungen (z.B. Steuererleichterungen, Zuschüsse), wenn sie in den Gebieten neue Betriebe ansiedeln.

Gütertransport und -verladung: Bild aus vergangenen Tagen

In den letzten Jahrzehnten ist auch in Bayern der Strukturwandel erfolgt. Als Ersatz für die in der wirtschaftlichen Bedeutung rückläufige Landwirtschaft wurden neue Arbeitsplätze in Automobilfirmen und High-Tech-Unternehmen der Computer-, Flugzeug- und Raumfahrttechnologie geschaffen. Strukturschwache Gebiete sind in Nord- und Ostbayern die Grenzgebiete zum früheren Ostblock.

■ Beispiele für Änderungen in der Betriebsorganisation:
Outsourcing (englisch: Auslagerung)

Früher stellten Großbetriebe (z.B. Autohersteller) in der Regel alle Einzelteile ihres Produktes (Motor, Karosserie, Sitze, Tachometer usw.) selbst her. Wegen des damals noch hohen Zeitaufwands für Transport und Kommunikation war dies sinnvoll. Heute vergeben die Betriebe solche Arbeiten an spezialisierte Zulieferbetriebe oder Subunternehmer. Das ist zwar für die Unternehmen häufig günstiger, bedeutet aber, dass Arbeitskräfte auf andere Betriebe verlagert werden, zumeist in Staaten mit niedrigeren Arbeitskosten.

Just-In-Time (englisch: rechtzeitig, zum richtigen Zeitpunkt)

Die Einzelteile der fertigen Produkte werden heute nicht mehr auf Vorrat hergestellt und eingelagert, sondern so produziert oder bei den Zulieferbetrieben bestellt, dass sie genau zum richtigen Zeitpunkt eintreffen. So umgehen Betriebe die aufwendige Lagerhaltung. Allerdings muss der Materialfluss von den Zulieferbetrieben und innerhalb des Betriebes mithilfe von Computernetzwerken pausenlos überwacht und gesteuert werden.

Moderne Warenlogistik im Hamburger Hafen

Die virtuelle Fabrik im Computer

Die Kunden verlangen heute in immer kürzeren Abständen nach neuen und verbesserten Produkten (z.B. Kraftfahrzeuge, Smartphones, Notebooks). Die Hersteller müssen deren technische Entwicklung und Produktion schnell realisieren. Gleichzeitig sollen die Erzeugnisse fehlerfrei und kostengünstig sein. Um diese Forderungen erfüllen zu können, werden ganze Fabriken – von der Konstruktions- und Designabteilung bis zu den Werkzeugmaschinen, Fertigungsstraßen und Prüfanlagen – virtuell dargestellt. Sämtliche Arbeitsschritte und Produktvarianten werden am Computer simuliert. Erst wenn die Ergebnisse der Simulation zufriedenstellend sind, kann die Produktion anlaufen.

Virtuelle Fabrik

① Suchen Sie je vier Berufe, die den drei Wirtschaftssektoren zuzuordnen sind.

② Recherchieren Sie den Strukturwandel in Ihrer Region. Erkundigen Sie sich (z.B. bei Verwandten), in welchen Berufen und Betrieben die Menschen früher arbeiteten. Vergleichen Sie das Ergebnis mit heute.

③ Wie sind die Aussichten in Ihrem Berufsfeld bzw. in Ihrer Branche für die Zukunft? Befragen Sie einen Experten (siehe Methoden-Abschnitt 10.2.3)

10.2.2 Die Globalisierung ist Wirklichkeit

Bayerns Unternehmen – Topadressen in der Welt

Die Unternehmen im Freistaat haben 2013 abermals einen neuen Außenhandelsrekord aufgestellt. Insgesamt wurden Waren im Wert von fast 168 Milliarden Euro exportiert – das sind 2 % mehr als im Vorjahr. (…) Auch beim gesamten Handelsvolumen wurde mit 313,9 Milliarden Euro ein neuer Rekordwert erreicht. Die bayerischen Exportschlager waren Fahrzeuge, Maschinen, elektrotechnische und chemische Erzeugnisse. Wichtigster Exportmarkt waren die USA (18,9 Mrd. Euro), gefolgt von der Volksrepublik China (15,5 Mrd. Euro) und Österreich (13,4 Mrd. Euro). Über die Hälfte der bayerischen Exporte (fast 89 Mrd. Euro) geht nach wie vor in die Länder der Europäischen Union.
(aus „Der Außenhandel Bayerns 2013", Broschüre der bayerischen IHKs und des Bayerischen Wirtschaftsministeriums)

Firmen verlagern Arbeitsplätze ins Ausland!

Arbeiten kann ich überall!

Als Exportriese profitiert Deutschland

Finanzkrisen breiten sich weltweit aus!

Subventionen
staatliche Hilfe für Betriebe, z. B. Zuschüsse, Steuerreduzierung

Rationalisierung
Verbesserung der Arbeitsabläufe und Fertigungsverfahren, z. B. durch Maschinen und Automaten

Exportanteil oder Exportquote
Prozentualer Anteil der in Deutschland produzierten Waren, der ins Ausland exportiert wird

Zu den führenden Staaten im Export von **Software-Dienstleistungen** zählt **Indien** – ein Land, in dem rund 35 Prozent der Menschen weder lesen noch schreiben können. Deutsche Unternehmen führen als Argumente für das „Outsourcing" nach Indien u. a. an:
• Arbeitslöhne zehnmal niedriger als in Deutschland
• großes Potenzial an erstklassig ausgebildeten Mitarbeitern
• hohe Produktivität
• perfekte Sprachfähigkeiten in Englisch.

Hatz nennt Entscheidung „alternativlos"

Der Dieselmotoren-Hersteller Hatz (…) in Ruhstorf (Kreis Passau) verlagert Teile der Montage nach Tschechien – und damit auch 120 Arbeitsplätze. (…). Als Hauptgrund für die Arbeitsplatzverlagerung nannte Geschäftsführer Wolfram Hatz bei der Betriebsversammlung am 29.10.14 gestiegene Strom- und Produktionskosten sowie hohe Personalausgaben. 38,40 Euro zahle er für jede Arbeitsstunde inklusive Sozialabgaben hier – gerade einmal 6,20 Euro seien es in Tschechien. (…) Durch die Verlagerung von drei Produktionsbändern, der Motorenmontage und nachgelagerten Unternehmensbereichen nach Tschechien würden an den niederbayerischen Standorten die verbleibenden rund 800 Arbeitsplätze gesichert. Insgesamt erhofft sich Hatz eine jährliche Personalkostenersparnis von 4,5 Millionen Euro. Die Kosten für die Produktionsverlagerung in Höhe von 6 Millionen Euro hätten sich (…) nach nicht einmal anderthalb Jahren amortisiert. (…)
(aus „Hatz nennt Entscheidung alternativlos", www.br.de, Einsehdatum 15.01.2015)

■ Profitiert der deutsche Arbeitsmarkt von der Globalisierung?

Deutschland exportiert einen großen Teil der produzierten Waren ins Ausland. Fast jeder vierte Arbeitsplatz in Deutschland hängt vom **Export** ab. Vor allem die Automobilindustrie, der Maschinenbau und die chemische Industrie profitieren von offenen Grenzen und internationaler Zusammenarbeit. Wenn mehr Länder als Absatzmärkte gewonnen werden können, steigt der Absatz hierzulande produzierter Waren. Dadurch entstehen in Deutschland neue Arbeitsplätze bzw. werden die bestehenden gesichert.
Leider hat die verstärkte internationale Zusammenarbeit auch Nachteile für den deutschen Arbeitsmarkt. Die deutschen Firmen stehen im **Wettbewerb** mit ausländischen Firmen. Das bedeutet, dass die Produkte ständig qualitativ verbessert, dabei aber gleichzeitig die Preise möglichst niedrig gehalten werden müssen. Da die **Lohnkosten** und Steuern in anderen Ländern zum Teil viel niedriger als in Deutschland sind, werden hierzulande Arbeitsplätze abgebaut und in Nachbarländer oder sogar nach Asien verlegt. Dies gilt vor allem für Produkte, bei denen noch viel Handarbeit notwendig ist (z. B. die Bekleidungsindustrie), aber in steigendem Maße auch für die Hochtechnologie (z. B. Softwareprogrammierung).

■ Was heißt Globalisierung?
Globalisierung bedeutet grenzenlosen Warenaustausch

Durch die Verbesserung des Transportwesens (z. B. durch Containerschiffe und Luftfracht) und der Telekommunikation (z. B. Mobiltelefone, Internet, E-Mail) wurde es erst möglich, Waren an beliebigen Orten herzustellen und weltweit zu vermarkten. Vor allem weil der Transport viel schneller und billiger möglich ist, können heute auch Massengüter (z. B. Nahrungsmittel, Kleidung, Elektronik) aus allen Erdteilen bezogen werden. Dies nützt den Verbrauchern, da sie eine große Auswahl und günstigere Preise haben.

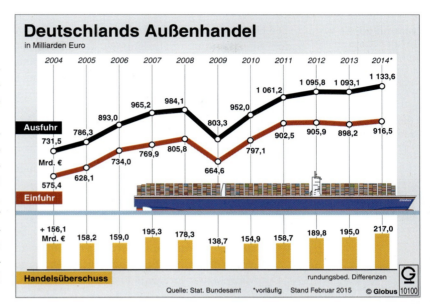

Deutschlands Außenhandel
in Milliarden Euro

	2004	2005	2006	2007	2008	2009	2010	2011	2012	2013	2014*
Ausfuhr	731,5	786,3	893,0	965,2	984,1	803,3	952,0	1 061,2	1 095,8	1 093,1	1 133,6
Einfuhr	575,4	628,1	734,0	769,9	805,8	664,6	797,1	902,5	905,9	898,2	916,5
Handelsüberschuss	+ 156,1	158,2	159,0	195,3	178,3	138,7	154,9	158,7	189,8	195,0	217,0

Mrd. € / rundungsbed. Differenzen
Quelle: Stat. Bundesamt *vorläufig Stand Februar 2015 © Globus 10100

Globalisierung bedeutet internationale Arbeitsteilung

Noch vor wenigen Jahrzehnten haben sich die Länder durch hohe Zölle und komplizierte Importvorschriften gegeneinander abgeschottet. Das gilt auch heute noch für einzelne Produkte, z. B. für Nahrungsmittel. Dadurch blieben die Arbeitsplätze im Land, aber viele Produkte waren teuer und nicht auf dem neuesten Stand. Heute zwingt die internationale Konkurrenz die Firmen ihre Waren und Arbeitsleistungen dort einzukaufen, wo sie am billigsten angeboten werden. Gleichzeitig muss ständig die Qualität verbessert werden, damit die Kunden nicht verloren gehen.

Globalisierung bedeutet internationalen Kapitaltransfer

Sehr viele große Firmen bzw. Konzerne können gar nicht mehr ausschließlich einem Land zugeordnet werden, weil die Eigentümer (Aktionäre) und die Produktionsbetriebe auf viele Länder verteilt sind. Diese weltweit tätigen Firmen („Global Player") nutzen geschickt die Vorteile der einzelnen Länder aus, um die Steuerlast zu senken und damit die Gewinne zu erhöhen. Bestehen die Vergünstigungen nicht mehr, werden Betriebe wieder geschlossen oder in andere Länder verlagert.

Globalisierung bedeutet Firmenfusionen

Firmen können aus eigener Kraft wachsen oder durch Zukäufe von anderen Firmen ihren Umsatz steigern. Wenn damit noch ein lästiger Konkurrent geschluckt wird, ist dies besonders vorteilhaft. Doch häufig haben diese Fusionen Nachteile für den Arbeitsmarkt, weil die Betriebsleitung natürlich versuchen wird, Personal einzusparen, indem z. B. Abteilungen zusammengelegt werden.

Deutschland – vom Welthandel abhängig

Deutschland – früher auf den Titel des „Exportweltmeisters" abonniert – muss seine Spitzenstellung zwar mittlerweile vor allem mit China teilen. Doch der erwachte, zuvor über viele Jahrzente „schlafende Riese" China ist mit seiner rund 17-mal größeren Bevölkerungszahl kein geeigneter Gradmesser für den deutschen Außenhandel. Das Schaubild oben zeigt vielmehr, dass die deutsche Wirtschaft den durch die Weltwirtschaftskrise bedingten Einbruch von 2009 offenbar gut überstanden hat: Die Exportkurve zeigte schnell wieder aufwärts.

① Zählen Sie Alltagssituationen auf, in denen Sie selbst ganz persönlich von der Globalisierung betroffen waren oder sind.

② Erstellen Sie für sich eine Tabelle, in der Sie die Vor- und Nachteile der Globalisierung gegenüberstellen. Sammeln Sie hierfür Argumente aus den Texten.

③ Recherchieren Sie, in welchen Ländern/Regionen Smartphones, Festplatten, Anwendersoftware, Jeans, Gemüse und Modeschmuck produziert werden. Wählen Sie drei weitere Waren aus und erstellen Sie eine tabellarische Übersicht.

10.2.3 Methode: Expertenbefragung/Interview

Weitere mögliche Experten / Themen
- Stadtrat / Aufgaben der Gemeinden
- Arbeitsvermittler / Lage am Arbeitsmarkt
- Betriebsrat / Aufgaben im Betrieb
- Jugendpolizist / Gewaltprävention

Die Expertenbefragung dient dazu, aktuelle Informationen aus erster Hand von einem erfahrenen Fachmann zu bekommen. Bei der Auswertung muss allerdings berücksichtigt werden, dass die Aussagen nicht immer verallgemeinert werden dürfen. Ein persönliches Interview mit einem Experten kann im Rahmen einer Erkundung, am Arbeitsplatz oder in der Schule durchgeführt werden. Ist dies nicht zu organisieren, ist auch eine schriftliche Befragung, z. B. per E-Mail oder Chat, denkbar. Folgende Arbeitsschritte sollten beachtet werden:

1. Überlegen Sie vor dem Interview, welche Informationen Sie benötigen.
2. Legen Sie eine sinnvolle Reihenfolge für die Fragen fest.
3. Formulieren Sie die Fragen zielgerichtet und höflich und halten Sie sie schriftlich fest.
4. Wenn die Expertin/der Experte persönlich befragt wird, sollte das Gespräch aufgezeichnet werden – allerdings mit Einverständnis des Gesprächspartners.
5. Wenn die Befragung veröffentlicht werden soll, ist es sinnvoll, den Text dem Interviewpartner vorzulegen und unterschreiben zu lassen.

Halbleiter-Fertigung

Beispiel:

Warum verlagern Betriebe Arbeitsplätze ins Ausland?
Wie sind die Arbeitsbedingungen vor Ort?

Dazu stellen wir Fragen an einen Experten: Josef Kiermeier ist leitender Verkaufsmanager der Firma SCHOTT Electronics Packaging Asia GmbH. Der Stammsitz der Firma ist Landshut in Bayern, weitere Fertigungsbetriebe befinden sich in den USA, Japan, Tschechien, Malaysia und Singapur.

1. Name	Josef Kiermeier
2. Wohnort	Singapur
3. Ausbildung	Lehre als Industriekaufmann Studium der Betriebswirtschaftslehre
4. Welche Aufgaben haben Sie?	Ich stelle den Kontakt zu unseren Kunden her, z. B. durch unsere weltweiten Messeaktivitäten und durch persönliche Besuche. Im Anschluss muss ich mit unserer Fertigung und unseren Lieferanten abklären, ob die Kundenwünsche technisch, preislich und zum gewünschten Termin realisiert werden können.
5. Wie viele Mitarbeiter hat der Betrieb in Singapur?	Wir beschäftigen in unserem Werk in Singapur zurzeit insgesamt 110 Mitarbeiter. Davon sind 25 Angestellte für die technische und geschäftliche Planung und Organisation verantwortlich, 85 Arbeiterinnen sind in der Produktion tätig.

Singapur ist ein Stadt- und Inselstaat in Südost-
asien, gelegen vor der Südküste Malaysias.
- Größe: 716 km^2
- Einwohner: 5,4 Millionen, davon rund 2 Millio-
  nen Ausländer
- Bevölkerung: Chinesen (74,2 %), Malaien
  (13,3 %), Inder (9,2 %), Sonstige (3,3 %)
- Landessprachen: Englisch, Chinesisch,
  Malaiisch, Tamilisch
- Pro-Kopf-Einkommen: 40.880 Euro (2013)
- Bruttoinlandsprodukt: 224 Milliarden Euro
  (2013)

6. Wie sind Arbeitszeit und Urlaub in Singapur geregelt?	Die Angestellten arbeiten von Montag bis Freitag ca. 45 Stunden, bei 15 Tagen Urlaub pro Jahr. Die Arbeiterinnen haben pro Jahr einen Urlaubsanspruch von 10 Tagen und arbeiten durchschnittlich 45 Stunden pro Woche im Drei-Schicht-Betrieb von Montag bis Sonntag.
7. Welche Produkte stellt die Firma in Singapur her?	Wir stellen elektronische Bauteile her, die z. B. in Kraftfahrzeugen und Computern verwendet werden.
8. Welche Vorteile bietet der Standort Singapur aus betrieblicher Sicht?	Hervorzuheben ist die Flexibilität der Mitarbeiter. Ihre wöchentliche Arbeitszeit kann problemlos der Auftragslage angepasst werden. Die Löhne und Gehälter sind niedriger als in Deutschland, außerdem fallen keine Beiträge zur Renten-, Arbeitslosen- und Pflegeversicherung an – die gibt es nämlich hier nicht. Wir haben viele Kunden und Lieferanten im asiatischen Raum, deshalb ist der Standort hier auch ideal, um Reise- und Lieferzeiten zu senken.
9. Wie ist das Arbeitsklima im Betrieb?	Die Mitarbeiter sind sehr motiviert und am Erfolg der Firma interessiert. Die Zusammenarbeit der Mitarbeiter aus vier verschiedenen Ländern ist unkompliziert und harmonisch.
10. Was gefällt Ihnen an Ihrem Beruf am Besten?	Das Leben in einer fremden Kultur ist interessant und anregend. Im Betrieb und in der Zusammenarbeit mit Kunden und Lieferanten werden Entscheidungen schnell und unkompliziert umgesetzt.
11. Welche Vor- und Nachteile hat eine Tätigkeit im Ausland?	Zuerst die Vorteile: Meine Aufgaben sind sehr abwechslungsreich und deshalb niemals langweilig. Der tägliche Kontakt mit Menschen aus unterschiedlichen Ländern ist immer wieder herausfordernd und spannend. Das ausbezahlte Einkommen ist höher als in Deutschland, weil die Lohnsteuer in Singapur wesentlich niedriger ist. Schließlich erhöht eine mehrjährige Tätigkeit im Ausland die beruflichen Aufstiegschancen. Übrigens ist das Wetter hier in der Nähe des Äquators praktisch das ganze Jahr gleich: meistens Sonnenschein und um die 30 Grad.
	Doch mein Beruf hat auch Nachteile. Ich muss mein Privatleben fast vollständig dem Firmeninteresse unterordnen. Da ich auch von Singapur aus viele Geschäftsreisen unternehmen muss und nur selten für ein paar Tage in Deutschland bin, ist es schwierig, den Freundeskreis zu erhalten.

Produktbeispiele

10.2.4 Neue Arbeitsverhältnisse und Schattenwirtschaft

Wer früher einen „ehrbaren" Beruf erlernt hatte, konnte davon ausgehen, diesen sein ganzes Arbeitsleben lang auszuüben. Die Modernisierung durch neue Techniken, Maschinen und Materialien ging recht langsam voran.
Heute müssen Arbeitnehmer Fortbildungen und Fachzeitschriften nutzen, um auf der Höhe der sich stetig ändernden Anforderungen zu bleiben. Wer dies nicht tut, hat schlechte Aussichten, wenn es um die Entlassung von Mitarbeitern geht. Ohnehin ist die Wahrscheinlichkeit, während des Berufslebens Arbeitsplatz und Arbeitgeber mehrfach wechseln zu müssen, heute relativ groß.

Der Inhaber und seine Beschäftigten: charakteristisches Bild aus dem Berlin der frühen 1950er-Jahre

■ Neue Formen von Arbeitsverhältnissen

Das „Normalarbeitsverhältnis" (Fünftagewoche von Montag bis Freitag) wurde in den letzten Jahren durch variable **Arbeitszeitmodelle** erweitert. Ursachen sind z. B. die Verlängerung der Ladenöffnungszeiten und die Konkurrenz am globalisierten Weltmarkt. In vielen Betrieben werden die Mitarbeiter an allen Wochentagen und im Wechselschichtbetrieb eingesetzt. Die Betriebe erwarten Flexiblität, um die Produktion der Auftragslage anpassen zu können. Außerdem sollen die teuren Maschinen möglichst lange in Betrieb sein.

Auch im Interesse der Beschäftigen werden vermehrt Arbeitsverhältnisse in **Teilzeit** abgeschlossen. Hier arbeiten die Arbeitnehmer mit reduzierter Wochenstundenzahl oder teilen sich mit einem oder mehreren Kollegen einen Arbeitsplatz (Jobsharing).

Bei der **Abrufarbeit** fordert der Arbeitgeber den Arbeitnehmer nur noch an, wenn auch tatsächlich Arbeit anfällt.

Immer häufiger benötigen Firmen kurzfristig für einige Monate zusätzliche Arbeitskräfte. Viele Betriebe scheuen sich, neue Mitarbeiter fest anzustellen, weil sie die Mitarbeiter nicht dauerhaft beschäftigen können. Für diese Fälle hat der Gesetzgeber spezielle Regelungen geschaffen. Beispiele hierzu:

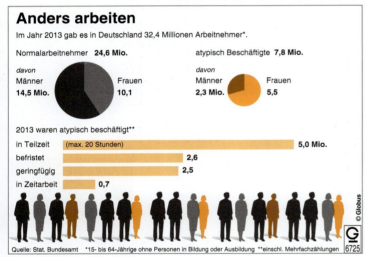

Anders arbeiten

Im Jahr 2013 gab es in Deutschland 32,4 Millionen Arbeitnehmer*.

Normalarbeitnehmer **24,6 Mio.**

davon
Männer **14,5 Mio.** — Frauen **10,1**

atypisch Beschäftigte **7,8 Mio.**

davon
Männer **2,3 Mio.** — Frauen **5,5**

2013 waren atypisch beschäftigt**

in Teilzeit (max. 20 Stunden)	**5,0 Mio.**
befristet	**2,6**
geringfügig	**2,5**
in Zeitarbeit	**0,7**

Quelle: Stat. Bundesamt *15- bis 64-Jährige ohne Personen in Bildung oder Ausbildung **einschl. Mehrfachzählungen
© Globus 6725

- In bestimmten Fällen sind **befristete Arbeitsverträge** möglich, z. B. zur Vertretung einer ausgefallenen Arbeitskraft oder wenn der Bedarf an der Arbeitsleistung nur vorübergehend besteht. Ohne sachlichen Grund dürfen Arbeitsverhältnisse indes nur für die Dauer von zwei Jahren befristet werden.
- Es gibt zudem zwei Formen sogenannter **Leiharbeit**:
  - Um **echte Leiharbeit** handelt es sich, wenn der Arbeitnehmer nicht im Betrieb seines Arbeitgebers, sondern in einem Fremdbetrieb arbeitet. Beispiel: Ein Programmierer wird für mehrere Wochen in einen anderen Betrieb abgeordnet, um eine Computeranlage zu installieren.
  - Die andere Form der Leiharbeit ist die **Arbeitnehmerüberlassung**. Hier arbeiten die Beschäftigten für private Zeitarbeitsfirmen oder die Personal-Service-Agenturen (PSA) der Agenturen für Arbeit. Der Mitarbeiter wird von diesen Firmen angestellt, aber es ist von vornherein vereinbart, dass nur in Betrieben anderer Arbeitgeber gearbeitet werden soll. Beispiel: Ein Metallbauer wird für 6 Monate (maximal 12 Monate) an eine Maschinenfabrik ausgeliehen, weil für einen Großauftrag vorübergehend Fachkräfte benötigt werden.

Die **PSA** hat die Aufgabe, Arbeitslose durch Leiharbeit zu vermitteln. Ziel ist, dass auf diese Weise wieder eine Daueranstellung erreicht werden kann.

Arbeitnehmer können zudem in Form von **„Mini-Jobs"** beschäftigt werden, wenn der monatliche Verdienst 450 Euro nicht überschreitet. Sie müssen hier weder Steuern noch Sozialabgaben zahlen. Der Arbeitgeber zahlt eine Pauschalabgabe (Sozialabgaben und Steuern) in Höhe von rund 31 Prozent plus Beiträge zur Unfallversicherung. Wichtig: Ein „Mini-Job" kann auch zusätzlich zum sozialversicherungspflichtigen Hauptberuf ausgeübt werden.

Für die Arbeitnehmer kann aus Leiharbeit oder einer befristeten Beschäftigung mit etwas Glück ein dauerhaftes Arbeitsverhältnis entstehen. Allerdings bringen die neuen Arbeitsformen für die Arbeitnehmer auch Probleme mit sich: Aufgrund der befristeten Beschäftigungsverhältnisse und wechselnden Arbeitszeiten sind Zukunft und Freizeit oft schwerer planbar und mit Partner oder Familie zu vereinbaren, die gestiegenen Anforderungen können die Gesundheit belasten (Stress, Burnout) und zum Teil reicht bei geringfügig entlohnten Beschäftigungen oder Teilzeitarbeit der Verdienst nicht zur Sicherung des Lebensunterhaltes.

„Midi-Jobs"
In einer „Gleitzone" zwischen 450,01 und 850 Euro steigt die Sozialabgabenlast für Arbeitnehmer nur ganz allmählich bis zur vollen Höhe an. Ab einem Verdienst von 850,01 Euro müssen Arbeitnehmer auf das Einkommen die vollen Sozialabgaben- und Steuersätze entrichten.

■ Schattenwirtschaft

Wenn für erbrachte Arbeitsleistung keine Steuern und Sozialabgaben bezahlt werden, spricht man von „Schattenwirtschaft". Nicht jede Form der Schattenwirtschaft ist illegal.

Legale Aktivitäten anhand von 2 Beispielen:

- Karl H. pflegt den Garten seines Nachbarn während dessen Abwesenheit. Diese Tätigkeit erfolgt unentgeltlich als **Nachbarschaftshilfe**.
- Bernd S. hat eine Panne. Der zufällig vorbeikommende Kfz-Mechatroniker Olaf K. leistet ihm sofort Hilfe. Diese wird als **Gefälligkeit** bezeichnet und ist selbstverständlich erlaubt, wenn sie unentgeltlich erfolgt.

Illegal: Die Schwarzarbeit

Es werden drei Fälle unterschieden:

1. Ausübung eines Handwerks ohne entsprechende Zulassung. Typische Beispiele sind der Freizeit-Fliesenleger und der Freizeit-Maurer.
2. Arbeitslose, die eine Beschäftigung nicht melden.
3. Gewerbetreibende, die ihre Tätigkeit nicht anzeigen (z. B. illegaler Import von Zigaretten).

Wer schwarzarbeitet oder Schwarzarbeiter beschäftigt, zahlt keine Steuern und Sozialabgaben. Der Staat kann dies nicht dulden, weil ihm hierdurch ein großer finanzieller Schaden entsteht. Mit dem „Gesetz zur Bekämpfung der Schwarzarbeit und illegalen Beschäftigung" versucht der Staat, diesen Missstand einzudämmen. Wiederholungstätern drohen empfindliche Strafen.

Ein Risiko besteht für den Auftraggeber von Schwarzarbeit: Bei mangelhafter Arbeit kann er keine Gewährleistungsansprüche geltend machen, da kein wirksamer Vertrag besteht.

Schwarzarbeit weltweit

Ausmaß der Schattenwirtschaft 2014 gemessen am offiziellen Bruttoinlandsprodukt des Landes in Prozent (Schätzungen)

Veränderung zu 2013 in Prozentpunkten

Land	Prozent	Veränderung
Griechenland	23,3 %	(-0,3)
Italien	20,8	(-0,3)
Portugal	18,7	(-0,3)
Spanien	18,5	(-0,1)
Belgien	16,1	(-0,3)
Schweden	13,6	(-0,3)
Norwegen	13,1	(-0,5)
Dänemark	12,8	(-0,2)
Deutschland	12,2	(-0,2)
Irland	11,8	(-0,4)
Frankreich	10,8	(+0,9)
Großbritannien	9,6	(-0,1)
Niederlande	9,2	(+0,1)
Österreich	7,8	(+0,3)
Schweiz	6,9	(-0,2)
USA	6,3	(-0,3)

Quelle: Institut für Angewandte Wirtschaftsforschung © Globus 6208

Schattenwirtschaft im Vergleich
Im internationalen Vergleich (siehe Grafik) lag Deutschland 2014 im Mittelfeld. Am größten sind die Schäden durch Schattenwirtschaft in Griechenland und Italien.

① Welche Vor- und Nachteile haben die geschilderten Arbeitsverhältnisse für Arbeitnehmer und Arbeitgeber? Erstellen Sie jeweils eine Tabelle mit Argumenten.

② Suchen Sie zu den genannten Arbeitsverhältnissen Beispiele aus Ihrem Betrieb und Ihrem Bekanntenkreis.

③ Welche Vorteile versprechen sich Menschen von Schwarzarbeit? Welche Nachteile müssen sie fürchten? Stellen Sie gegenüber.

10.2.5 Die Folgen der Arbeitslosigkeit

Doris, 18 Jahre aus Erding, hat gerade ihre Ausbildung als IT-Systemelektronikerin mit hervorragenden Noten abgeschlossen. Ihr Ausbildungsbetrieb eröffnet in Kürze einen Zweigbetrieb und benötigt deshalb noch zusätzliche Fachkräfte.

*Die **Arbeitslosenquote** im Kreis Erding betrug im Dezember 2014 1,9 %. Damit lag der Kreis unter dem Landesdurchschnitt in Bayern von 3,6 % und unter dem Bundesdurchschnitt von 6,4 %.*

Erik, 17 Jahre aus Leipzig, hat im letzten Jahr die Hauptschule abgeschlossen. Er wollte eigentlich Metallbauer lernen, doch mit seinen Noten hatte er bei dem geringen Angebot keine Chance. Zurzeit befindet er sich in einer einjährigen Maßnahme zur Berufsvorbereitung. Er hofft, danach doch noch eine Lehrstelle zu finden.

*Die **Arbeitslosenquote** in der kreisfreien Stadt Leipzig betrug im Dezember 2014 9,4 %. Damit lag Leipzig über dem Landesdurchschnitt in Sachsen von 8,4 %.*

ALG I und ALG II sind an bestimmte Voraussetzungen geknüpft. Nähere Informationen finden Sie in den Abschnitten 10.2.6 und 10.3.7.

■ Arbeit ist wichtig

Das Arbeitseinkommen sichert dem Arbeitnehmer nicht nur den eigenen Lebensunterhalt, sondern muss auch für die Versorgung der von ihm abhängigen Menschen wie Ehepartner, Kinder oder Eltern reichen. Erst wenn diese lebensnotwendigen Ausgaben gedeckt sind, kann er entsprechend seinem Einkommen den **Lebensstandard** erhöhen und sich z. B. ein Auto, Gaststättenbesuche, Ausgaben für Hobbys und Urlaub leisten. Außerdem sollte er auch noch versuchen, für das Alter vorzusorgen.

Doch Arbeit hat nicht nur mit Geld zu tun. Wer durch den Einsatz seiner Fähigkeiten und Fertigkeiten etwas erreicht und womöglich in der „Karriereleiter" aufsteigt, kann auch darauf stolz sein. Er wird von der Gesellschaft (Kollegen, Freunde, Vorgesetzte usw.) anerkannt. Dadurch steigen das **Selbstbewusstsein** und die Zufriedenheit.

■ Was bedeutet Arbeitslosigkeit für die Betroffenen

Verliert ein Arbeitnehmer seinen Arbeitsplatz, erhält er zwar zunächst Arbeitslosengeld. Doch das monatliche Einkommen sinkt, weil das Arbeitslosengeld niedriger als der Nettoverdienst ist. Sind keine großen Ersparnisse vorhanden, muss der Lebensstandard eingeschränkt werden. Bei längerer Arbeitslosigkeit wird nur noch das Arbeitslosengeld II (ALG II) gezahlt und das Einkommen sinkt nochmals.

Für viele Menschen ist der Verlust des Arbeitsplatzes ein Schock, der mit Gefühlen von Peinlichkeit und Schuld sowie – angesichts vergeblicher Bewerbungsversuche – mit Verlust an Selbstachtung und Rückzug aus der Öffentlichkeit verbunden sein kann. Auch fehlen ja die positiven „Nebenwirkungen" (siehe Schaubild), die Arbeitnehmer mit ihrem Job verbinden.

Besonders hart trifft es Jugendliche, denen nach der Schulzeit der Einstieg in das Arbeitsleben verbaut ist. Zwar werden viele Hilfs- und Unterstützungsprogramme angeboten, doch fehlt in einigen Regionen die Aussicht auf eine Lehr- oder dauerhafte Arbeitsstelle.

Was am Job wichtig ist

Zustimmung der 16- bis 35-Jährigen in Prozent

Teamarbeit und gute Atmosphäre	85 %
Sinn und Erfüllung	81
Sicherer Arbeitsplatz	81
Abwechslung	77
Lernen, Weiterbildung	72
Selbstständigkeit, flache Hierarchien	71
Geld	70
Flexible Arbeitszeiten und -orte	64
Umgang mit Menschen	64
Kreativität, Selbstverwirklichung	59
Verantwortung	58
Karriere	51
Freizeit/Urlaub, wenig Stress	45
Internationales Arbeitsumfeld	39

G 4176 © Globus   Quelle: Heidelberger Leben Trendmonitor 2011

Schon vor der Wirtschaftskrise 2008/2009 klagten viele deutsche Unternehmen über eine schwache Binnennachfrage. Das bedeutet, dass innerhalb Deutschlands die Umsätze kaum steigen oder sogar zurückgehen. Die relativ hohe – wenn auch seit 2009 leicht zurückgegangene – Arbeitslosigkeit ist eine Ursache für die **geringe Kaufkraft** der Bevölkerung:

- Arbeitslose haben weniger Geld zur Verfügung.
- Den Erwerbstätigen werden **hohe Sozialversicherungsbeiträge** vom Bruttolohn abgezogen. Außerdem sollen die Bürger sich zusätzlich individuell absichern.
- Die ständigen Berichte in den Medien über den Arbeitsplatzabbau in Deutschland verunsichern die Menschen mit der Folge, dass sie lieber Geld sparen als einzukaufen. Dadurch sinkt die Binnennachfrage weiter.

Die hohen Sozialversicherungsbeiträge belasten aber auch die Unternehmen, da sie den Arbeitgeberanteil an die Sozialversicherungsträger überweisen müssen. Diese Lohnzusatzkosten erhöhen die Ausgaben für Löhne und Gehälter und machen die Produkte und Dienstleistungen teurer. Dadurch sinkt die Wettbewerbsfähigkeit der deutschen Wirtschaft.

◼ Folgen für den Staat und die Gesellschaft

Hohe Arbeitslosigkeit kostet die Steuerzahler und die Beitragszahler der Sozialversicherungen viel Geld. Für die Unterstützung der Arbeitslosen sind hohe Ausgaben notwendig, gleichzeitig sinken aber die Steuer- und Beitragseinnahmen.

So muss der Bund jährlich mehrere Milliarden Euro **Zuschüsse** an die Arbeitslosen- und Rentenversicherung überweisen. Weitere Kosten entstehen durch Arbeitsbeschaffungsmaßnahmen (ABM) und Maßnahmen zur beruflichen Weiterbildung. Auch für arbeitslose Jugendliche werden jährlich erhebliche Summen aufgewendet, z.B. für Lohnkostenzuschüsse an Betriebe, die Jugendliche einstellen, und für Lehrgänge zur Berufsvorbereitung.

◼ Parteienverdrossenheit und Radikalismus

In den Umfragen unter den Bundesbürgern werden fehlende Perspektiven auf dem Arbeitsmarkt als wichtiges Problem unseres Landes benannt. Werden schwierige Sachverhalte wie dieser dauerhaft nicht gelöst, kann dies dazu führen, dass sich ein Teil der Bürger von den „etablierten" Parteien abwendet, weil er ihnen die Lösung der Probleme nicht mehr zutraut (sogenannte Parteienverdrossenheit). In der Folge besteht die Gefahr, dass sich diese Bürger völlig von der Politik zurückziehen, etwa nicht mehr wählen gehen (sogenannte Politikverdrossenheit), oder für die einfach klingenden „Rezepte" radikaler Parteien zugänglich werden.

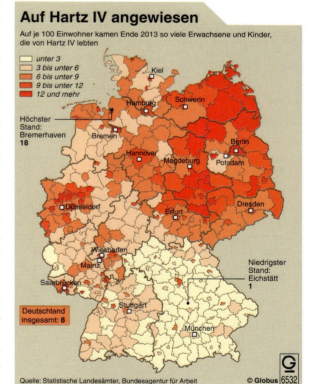

Auf Hartz IV angewiesen

Auf je 100 Einwohner kamen Ende 2013 so viele Erwachsene und Kinder, die von Hartz IV lebten

- ☐ unter 3
- ☐ 3 bis unter 6
- ☐ 6 bis unter 9
- ☐ 9 bis unter 12
- ☐ 12 und mehr

Höchster Stand: Bremerhaven 18

Niedrigster Stand: Eichstätt 1

Deutschland insgesamt: 8

Quelle: Statistische Landesämter, Bundesagentur für Arbeit   © Globus 6532

> Arbeit ist irgendwie doch mehr als der tägliche Stress.

① Vergleichen Sie die aktuelle Lage der beiden Jugendlichen und ihre beruflichen Chancen in der nahen Zukunft.

② Beurteilen Sie die Stellung Bayerns innerhalb der im Schaubild dargestellten „Hartz-IV"-Statistik in Kürze.

③ Fassen Sie die negativen Folgen von Arbeitslosigkeit und die positiven Begleiterscheinungen von Beschäftigung in Stichpunkten zusammen.

10.2.6 Arbeitslosigkeit – Konzepte und Maßnahmen

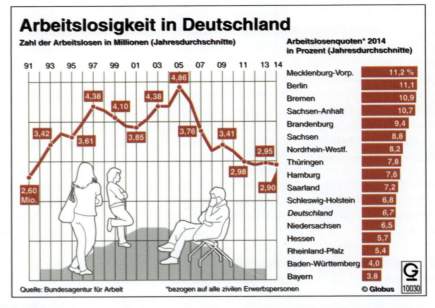

Arbeitslosigkeit in Deutschland

Zahl der Arbeitslosen in Millionen (Jahresdurchschnitte)

Arbeitslosenquoten* 2014 in Prozent (Jahresdurchschnitte)

Mecklenburg-Vorp.	11,2 %
Berlin	11,1
Bremen	10,9
Sachsen-Anhalt	10,7
Brandenburg	9,4
Sachsen	8,8
Nordrhein-Westf.	8,2
Thüringen	7,8
Hamburg	7,6
Saarland	7,2
Schleswig-Holstein	6,8
Deutschland	*6,7*
Niedersachsen	6,5
Hessen	5,7
Rheinland-Pfalz	5,4
Baden-Württemberg	4,0
Bayern	3,8

Werte in der Grafik: 91: 2,60 Mio.; 3,42; 3,61; 4,38; 4,10; 3,85; 4,38; 05: 4,86; 3,76; 3,41; 2,98; 2,95; 2,90

Quelle: Bundesagentur für Arbeit   *bezogen auf alle zivilen Erwerbspersonen   © Globus 10030

In den 1990er-Jahren stieg die Zahl der Arbeitslosen in Deutschland – bedingt unter anderem durch die Wiedervereinigung – stark an. Der Rückgang seit 2005 wurde 2008/2009 von der **Weltwirtschaftskrise** gebremst. Doch 2014 lag die Arbeitslosenquote im Jahresdurchschnitt mit 6,7 Prozent so niedrig wie seit 23 Jahren nicht mehr. Das bedeutet indes keine Entwarnung: Die Zahlen sind weiter besorgniserregend, die Entwicklung unsicher und für Ältere sowie Langzeitarbeitslose auch oft nahezu aussichtslos. Parteien, Gewerkschaften und Wirtschaftsverbände beschäftigen sich seit jeher mit Maßnahmen zur Bekämpfung der Arbeitslosigkeit. Stark vereinfacht lassen sich zwei theoretische Richtungen unterscheiden:

Angebotspolitik	Nachfragepolitik
Die Unternehmen – die Anbieter von Waren und Dienstleistungen – sollen bessere Bedingungen erhalten. Dadurch soll wieder mehr produziert, verkauft und investiert werden. Wenn die Produktion ausgeweitet wird und z. B. neue Maschinen eingekauft werden, entstehen neue Arbeitsplätze. Die Arbeitslosigkeit geht zurück.	Der Gesetzgeber soll dafür sorgen, dass mehr Waren und Dienstleistungen bestellt werden und dass die Nachfrage erhöht wird. Dann können die Unternehmen mehr verkaufen bzw. Dienstleistungen ausführen. Sie brauchen dazu mehr Arbeitskräfte, dadurch sinkt die Arbeitslosigkeit.
Gefordert werden z. B. • Verminderung der Unternehmensteuern – Senkung der Lohnkosten, vor allem der Lohnzusatzkosten • Abbau von Kündigungsschutz • Verlängerung der Arbeitszeit • Verminderung der Staatsausgaben und Staatsaufgaben	Gefordert werden z. B. • Auflage von staatlich finanzierten Beschäftigungsprogrammen • Steuer- und Abgabensenkungen für die privaten Einkommen • Umverteilung zugunsten einkommensschwächerer Schichten • Arbeitszeitverkürzung mit Lohnausgleich • Erhalt des Kündigungsschutzes

■ **Die Hartz-Reformen – geänderte Ausrichtung der Arbeits- und Sozialpolitik**
Wegen der hohen Arbeitslosigkeit am Beginn des neuen Jahrtausends wurde von der damaligen Bundesregierung die sogenannte „Hartz-Kommission" mit der Aufgabe betraut, konkrete Vorschläge zum Abbau der Arbeitslosigkeit auszuarbeiten. Als Resultate, die bei Teilen der Bevölkerung zu heftigen Debatten und Protesten führten, wurden unter anderem folgende Änderungen per Gesetz beschlossen:
• Für Langzeitarbeitslose ist grundsätzlich jede angebotene legale Arbeit zumutbar, auch wenn es sich um eine tariflich und ortsüblich geringer bezahlte Arbeit handelt.

- Der Kündigungsschutz wurde reduziert. Er gilt jetzt nur noch für Mitarbeiter in Betrieben mit mehr als 10 Beschäftigten.
- Die maximale Bezugsdauer für das Arbeitslosengeld I (ALG I) wurde stark reduziert.
- Arbeitsfähige Bewerber, die keinen Anspruch auf das Arbeitslosengeld I haben, können nun das Arbeitslosengeld II beantragen. Es ersetzt hier die Sozialhilfe.

Beispiele für weitere Reformen zur Steigerung der Beschäftigung:

1. Um **ältere** Arbeitslose wieder in Arbeit zu bringen bzw. vor Arbeitslosigkeit zu schützen, wurden diverse Maßnahmen eingeführt. Zwei dieser Maßnahmen:
   - Arbeitnehmer über 45 Jahre können die staatliche Übernahme von Kosten außerbetrieblicher **Weiterbildung** beantragen, wenn sie in einem Betrieb mit weniger als 250 Arbeitnehmern beschäftigt sind.
   - Die „**Perspektive 50plus**" fördert regionale Beschäftigungspakte, durch die ältere Langzeitarbeitslose in den allgemeinen Arbeitsmarkt eingegliedert werden sollen.

2. Ausbildungsförderung für lernbeeinträchtigte und sozial benachteiligte Jugendliche: Mit ausbildungsbegleitenden Hilfen (**abH**) können junge Menschen kostenlos gefördert werden, die wegen in ihrer Person liegender Gründe eine Einstiegsqualifizierung oder Ausbildung nicht beginnen, fortsetzen oder erfolgreich beenden können. Von diversen Bildungseinrichtungen werden im Auftrag der Arbeitsagenturen im Rahmen der abH vor allem Stütz- und Förderunterricht zum Abbau von Sprach- und Bildungsdefiziten sowie sozialpädagogische Hilfen angeboten. Dabei müssen abH über betriebs- und ausbildungsübliche Inhalte hinausgehen

3. **Eingliederungszuschuss** für besonders betroffene schwerbehinderte Menschen
   Arbeitnehmer, deren Eingliederung ins Arbeitsleben wegen Art oder Schwere ihrer Behinderung besonders schwierig ist, können mit einem Eingliederungszuschuss in Höhe von anfänglich bis zu 70 Prozent des Arbeitsentgelts bis zu einer Dauer von 96 Monaten gefördert werden.

4. Förderung der Selbstständigkeit
   Arbeitslose mit Restanspruchsdauer auf ALG 1 von mindestens 150 Tagen, die den Schritt in die Selbstständigkeit wagen wollen, können einen **Gründungszuschuss** beantragen. Er wird in zwei Phasen insgesamt 15 Monate lang gewährt. 1. Phase (6 Monate): ALG 1 + 300 Euro Pauschale, 2. Phase (9 Monate): ausschließlich 300 Euro Pauschale.

Die **Bezugsdauer** für das **ALG I** ist abhängig von der Dauer des Zeitraumes, in dem Beiträge zur Arbeitslosenversicherung gezahlt wurden.

Beitragszeit (Monate)	Anspruchszeit (Monate)
12	6
16	8
20	10
24 und mehr	12

NEU! NEU! NEU!

Gründer schaffen Arbeitsplätze

Im Jahr 2011 entstanden 168 150 neue Unternehmen mit rund 458 100 Arbeitsplätzen

In diesen Bereichen:

Dienstleistungen 69 %
Handel 16
Industrie 8
Bau 8

Neue Arbeitsplätze je Unternehmensgründung

Dienstleistungen 2,6
Handel 2,5
Industrie 4,4
Bau 2,6

PIZZA-PARADIES

MITARBEITER GESUCHT!

rundungsbedingte Differenz   Quelle: Creditreform

4699 © Globus

① Welche Erfolge haben die oben geschilderten Maßnahmen? Suchen Sie in den Medien nach Beiträgen und diskutieren Sie die Maßnahmen.

② Warum könnte man in Bezug auf den Gründungszuschuss von einer doppelt positiven Wirkung sprechen? Nehmen Sie Bezug auf das Schaubild „Gründer schaffen Arbeitsplätze".

③ Welche Maßnahmen würden Sie als Politiker ergreifen? Begründen Sie.

10.2.7 Mit guten Karten auf dem Arbeitsmarkt

Schlüsselqualifika-tionen (Englisch: Soft Skills) sind außer- oder überfachliche Fähigkeiten, die neben der fachlichen Kompetenz entscheidend für den beruflichen Erfolg sind. Neben den bereits genannten Fähigkeiten zählen dazu z. B.

- planerisches und orga-nisatorisches Geschick
- Analysevermögen
- Kommunikations-fähigkeit
- Ausdauer
- Belastbarkeit
- Initiative
- Durchsetzungskraft
- Zielstrebigkeit
- Eigenmotivation und
- Fremdsprachenkennt-nisse.

lernbereit
zuverlässig
leistungsbereit
kritikfähig
mobil
pünktlich
engagiert
anpassungsfähig

flexibel
verantwortungs-bewusst
gewissenhaft
teamfähig
selbstständig
freundlich
höflich
kreativ

„Nobody is perfect" – doch wer heute auf dem deutschen, europäischen und globalen Arbeitsmarkt vorwärts kommen will, sollte die meisten der geforderten **Schlüsselqualifi-kationen** mitbringen. Selbstverständlich sind die Beherrschung der Grundrechenarten, gute Lese- und Schreibfähigkeit und eine umfassende Allgemeinbildung, wie Umfragen bei Arbeitgebern ergeben haben.

■ Die Arbeitsanforderungen in der modernen Arbeitswelt

In vielen Berufen werden heute höhere Anforderungen an die Mitarbeiter gestellt als früher. Die Arbeit mit komplizierten Arbeitsgeräten, mit Computern, Messgeräten und modernen Kommunikationseinrichtungen ist heute überall selbstverständlich. Überhaupt ist Kommu-nikation am Arbeitsplatz angesagt: Teamarbeit im Betrieb und auf Baustellen sowie häu-figer Kontakt mit Kunden (nicht nur in Dienstleistungsberufen) verlangen besonderes Enga-gement und Einfühlungsvermögen vom Arbeitnehmer.

Weil der technologische Fortschritt nicht anhält, sondern sich sogar verschnellert, müssen sich Arbeitnehmer – im Vergleich zu früher – häufiger an neue Technologien, Materialien, Arbeitsgeräte und Arbeitsabläufe gewöhnen. Ein hohes Maß an **Flexibilität** sollte deshalb mitbringen, wer etwas erreichen will. Dazu gehört auch, dass flexible Arbeitszeiten, Schicht-arbeit und wechselnde Arbeitsplätze in Kauf genommen werden müssen.

Letzteres wird auch mit dem Begriff der beruf-lichen **Mobilität** umschrieben: Befristete Arbeits-verhältnisse, Zeitarbeit und international tätige Unternehmen verlangen vom Mitarbeiter, dass er dorthin zieht, wo seine Arbeitskraft gebraucht wird und sich schnell auf neue Anforderungen einstellt.

In vielen Stellenanzeigen wird vom Bewerber eine hohe **Leistungsbereitschaft** verlangt. Der Ar-beitgeber erwartet vom Mitarbeiter, dass er die Arbeit nicht passiv („Dienst nach Vorschrift") erle-digt, sondern aktiv und vorausschauend, um das Arbeitsergebnis zu optimieren. Dies bedeutet z. B. auch, dass die Arbeitszeit verlängert wird, wenn es die Auftragslage erfordert.

Innerbetriebliche Stellenausschreibung

Position: Selbstständiger Servicetechniker
Aufgaben: Serviceleistungen bei unseren Kunden
Qualifikation:

- Abgeschlossene Berufsausbildung mit überdurch-schnittlichen Leistungen
- mindestens zweijährige Betriebserfahrung
- Nachweis von Fortbildungen
- hohe Leistungsbereitschaft
- Fähigkeit zur selbstständigen Arbeitsweise

Unsere Leistungen:
Übertarifliches Gehalt, Firmenwagen (auch zur privaten Nutzung), Fortbildungen, Zuschuss zum Meisterkurs

> „Lernen ist wie das Rudern gegen den Strom – sobald man aufhört, treibt man zurück."
> *(Benjamin Britten, englischer Komponist, Dirigent und Pianist)*

■ Bausteine für den beruflichen Erfolg
Die Basis: qualifizierte schulische und berufliche Abschlüsse

Die am Arbeitsmarkt geforderten Eigenschaften erfordern eine gute Allgemeinbildung und einen erfolgreichen Abschluss der Schule. Danach bietet die Ausbildung in einem qualifizierten Ausbildungsberuf die Grundlage für den Einstieg in die Arbeitswelt. Auch kann an der Berufsschule der mittlere Schulabschluss erlangt werden (siehe 10.1.2).

Die weiteren Stufen: ständige Fortbildung – lebenslanges Lernen

Die Berufsausbildung ist nur der Einstieg in die Arbeitswelt. Die beschriebenen Veränderungen in der Arbeitswelt erfordern ein **lebenslanges Lernen**, aufbauend auf die berufliche Ausbildung. Moderne Betriebe bieten ihren Mitarbeitern laufend Fortbildungsveranstaltungen (im Betrieb oder außerhalb) an. Doch dies alleine reicht nicht aus. Der Arbeitnehmer muss selbst die Initiative ergreifen und sich im Betrieb und in der Freizeit die Kenntnisse und Fertigkeiten aneignen, die an seinem Arbeitsplatz notwendig sind.

Beispiel: Nach der erfolgreich abgeschlossenen Berufsausbildung und ein paar Jahren Berufserfahrung können Frauen und Männer Meisterlehrgänge besuchen. Der Meisterbrief ermöglicht den Aufstieg im Betrieb und verleiht das Recht, einen Handwerksbetrieb zu führen.
*Wer eine Weiterbildung zum Meister belegt, kann eine Unterstützung vom Staat erhalten, das sogenannte **Meister-Bafög**.*

Arbeitslosigkeit kann jeden treffen. Wenn Betriebe in Insolvenz gehen, Werksteile stillgelegt oder ins Ausland verlagert werden, können Arbeitnehmer innerhalb kurzer Zeit ihren Arbeitsplatz verlieren. Doch wie lange die Arbeitslosigkeit dauert, können vor allem junge Arbeitnehmer entscheidend beeinflussen. Die Chancen auf einen neuen Arbeitsplatz oder auf einen beruflichen Aufstieg steigen beträchtlich, wenn man mit „guten Karten" auf Stellensuche geht – und auch einen Wohnortwechsel in Kauf nimmt.

Weiterbildung
Alle Maßnahmen, durch die bestehende Kenntnisse und Fähigkeiten erweitert werden. Beispiel: Sprachkurs an der Volkshochschule.

Fortbildung
Eine Weiterbildung im erlernten Beruf. Sie baut auf bestehenden Kenntnissen und Fertigkeiten auf und bereitet meistens auf eine Prüfung bzw. auf ein Zertifikat vor. Beispiel: Meisterlehrgang, Computerschein, Personalfachkraft.

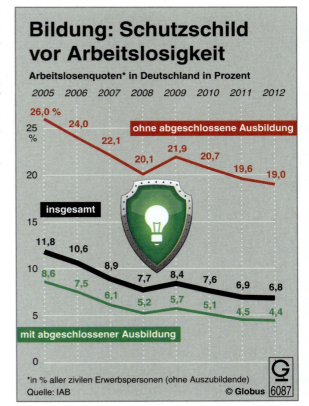

Bildung: Schutzschild vor Arbeitslosigkeit

Arbeitslosenquoten* in Deutschland in Prozent

	2005	2006	2007	2008	2009	2010	2011	2012
ohne abgeschlossene Ausbildung	26,0 %	24,0	22,1	20,1	21,9	20,7	19,6	19,0
insgesamt	11,8	10,6	8,9	7,7	8,4	7,6	6,9	6,8
mit abgeschlossener Ausbildung	8,6	7,5	6,1	5,2	5,7	5,1	4,5	4,4

*in % aller zivilen Erwerbspersonen (ohne Auszubildende)
Quelle: IAB

© Globus 6087

---

① Gestalten Sie (zusammen mit Ihrem Nachbarn) ein Plakat. Es soll übersichtlich darstellen, warum die berufliche Fortbildung so wichtig ist und welche Chancen sie für den einzelnen Arbeitnehmer bietet.

② Suchen Sie nach regionalen und bundesweiten Stellenanzeigen für Ihren Beruf in Zeitungen und im Internet. Arbeiten Sie die geforderten Qualifikationen heraus.

③ Welche Fortbildungsangebote gibt es für Ihren Beruf? Suchen Sie nach Angeboten, z. B. bei den Handwerkskammern, bei der IHK oder anderen Anbietern. Erstellen Sie eine Übersicht (Dauer, Kosten, Abschluss usw.).

Zur Wiederholung

10.2.1
Arbeitswelt gestern und heute

- Der technische Fortschritt ließ die meisten von körperlich harter Tätigkeit geprägten traditionellen Arbeitsplätze in Deutschland entfallen, zudem lassen sich viele Produkte heute in anderen Ländern billiger herstellen
- Der Wandel in der Bedeutung der Wirtschaftssektoren (sektoraler Strukturwandel) macht sich insbesondere in der größer werdenden Bedeutung des Dienstleistungssektors bemerkbar
- Dieser Wandel bedingt auch einen regionalen Strukturwandel, wenn z. B. der im Ruhrgebiet lange dominierende Bergbau zurückgeht
- Regierungen reagieren auf den Wandel mit Strukturpolitik; Betriebe ändern ihre Betriebsorganisation, Beispiele: Outsourcing und Just-in-Time-Produktion

10.2.2
Die Globalisierung ist Wirklichkeit

- Deutschland als Exportland profitiert von der Globalisierung, weil eine größere Anzahl potenzieller Abnehmer-Staaten die Absatzmärkte vergrößert
- Allerdings gehen auch Arbeitsplätze verloren, weil aufgrund erhöhten Konkurrenzdrucks die Produktion oft ins billigere Ausland verlegt wird
- Globalisierung bedeutet:
  - grenzenloser Warenaustausch
  - internationale Arbeitsteilung
  - internationaler Kapitaltransfer
  - Firmenfusionen

10.2.4
Neue Arbeitsverhältnisse und Schattenwirtschaft

- Das „Normalarbeitsverhältnis" (unbefristeter Arbeitsvertrag, volle Fünftagewoche) steht heute neben variableren Arbeitszeitmodellen
- Hierzu zählen Teilzeit-, Abruf- und Leiharbeit, befristete Arbeitsverträge sowie Mini-Jobs
- In der „Schattenwirtschaft" werden keine Steuern und Sozialabgaben gezahlt; dies ist erlaubt, solange es bei „Gefälligkeiten" oder „Selbsthilfe" bleibt
- Verboten ist dagegen Schwarzarbeit, also z. B. wenn Arbeitslose eine Beschäftigung nicht melden

10.2.5
Die Folgen der Arbeitslosigkeit

- Arbeit ist wichtig, denn sie sichert nicht nur den eigenen, sondern auch den Lebensunterhalt von Ehepartnern und Kindern; der Aufstieg auf der Karriereleiter schafft Anerkennung und Zufriedenheit
- Arbeitslosigkeit führt zu einem Anspruch auf Arbeitslosengeld (befristet auf ALG I, dann auf ALG II)
- Insbesondere dauerhafte Arbeitslosigkeit führt häufig zum Verlust an Selbstachtung
- Für Staat und Gesellschaft bedeutet hohe Arbeitslosigkeit mehr Ausgaben für Unterstützung und weniger Steuereinnahmen
- Anhaltend hohe Arbeitslosigkeit kann zudem Parteienverdrossenheit und Radikalismus fördern

10.2.6
Arbeitslosigkeit – Konzepte und Maßnahmen

- Bei der Bekämpfung von Arbeitslosigkeit stehen zwei verschiedene theoretische Richtungen der Politik zur Verfügung:
  - Angebotspolitik konzentriert sich auf die Verbesserung der Bedingungen für Unternehmen
  - Nachfragepolitik stärkt die Arbeitnehmer z. B. durch Steuersenkungen für private Einkommen
- Zu Beginn dieses Jahrtausends wurde die sogenannte „Hartz-Kommission" mit der Erarbeitung von Vorschlägen zum Abbau der Arbeitslosigkeit betraut
- Wesentliche Ergebnisse waren u. a. eine starke Reduzierung der Bezugsdauer für das ALG I und die Einführung des ALG II

10.2.7
Mit guten Karten auf dem Arbeitsmarkt

- Wer auf dem Arbeitsmarkt bestehen will, benötigt Schlüsselqualifikationen – hierzu zählen z. B. Lern- und Leistungsbereitschaft, Ausdauer, Belastbarkeit, Flexibilität und Mobilität
- Basisbausteine für den beruflichen Erfolg sind qualifizierte berufliche und schulische Abschlüsse
- Als Reaktion auf sich ständig wandelnde Bedingungen in der Arbeitswelt sind ständige Fortbildung und „lebenslanges Lernen" erforderlich

10.3 **Soziale Sicherung**

10.3.1 Grundlagen der sozialen Sicherung

Art. 1 Abs. 1 GG
Die Würde des Menschen ist unantastbar. Sie zu achten und zu schützen ist Verpflichtung aller staatlichen Gewalt.

Art. 20 Abs. 1 GG (Sozialstaatsgebot)
Die Bundesrepublik Deutschland ist ein demokratischer und sozialer Bundesstaat.

Art. 3 Abs. 1 der Verfassung des Freistaates Bayern
Bayern ist ein Rechts-, Kultur- und Sozialstaat. Er dient dem Gemeinwohl.

■ Geschichtliche Entwicklung der sozialen Sicherung

Der Beginn der modernen Sozialversicherung reicht bis in die zweite Hälfte des 19. Jahrhunderts zurück. Zu dieser Zeit ging mit der zunehmenden Industrialisierung eine rapide Verarmung der Arbeiterschicht einher. Sehr **lange Arbeitszeiten** und **Kinderarbeit** waren an der Tagesordnung. Für die Arbeiter gab es in der Regel keinen sozialen Schutz bei Krankheit, Unfall oder Arbeitslosigkeit. Gegen diese Bedingungen regte sich Widerstand aus den neuen Gewerkschaften und Parteien. Die Kirchen schufen soziale Hilfswerke wie den Caritasverband oder die Diakonie. Unter Reichskanzler Otto von Bismarck verabschiedete der Reichstag in den 1880er-Jahren das **Krankenversicherungsgesetz**, das **Unfallversicherungsgesetz** und das **Invaliditäts- und Altersversicherungsgesetz**. Aus diesen Gesetzen hat sich das heutige umfangreiche System der sozialen Sicherung entwickelt. Es wird u. a. durch das **Grundgesetz** (GG) und die Verfassung Bayerns **geschützt** (siehe Randspalte).

■ Strukturen der sozialen Sicherung

Das System der **gesetzlichen Sozialversicherung** geht davon aus, dass dem Betroffenen für den Fall der Arbeitslosigkeit, der Krankheit, der Erwerbsunfähigkeit, der Pflegebedürftigkeit oder im Alter kalkulierbare Finanzmittel zur Verfügung stehen müssen. Leistungen erhält aber grundsätzlich nur, wer **Vorsorge** betreibt, also Beiträge einbezahlt hat.

Jeder Bürger kann Individualversicherungen, wie z. B. Hausrat- und Haftpflichtversicherung, freiwillig abschließen. Die Höhe der Versicherungsbeiträge richtet sich hier nach dem Versicherungsrisiko. In den Bereichen **Krankenversicherung, Pflegeversicherung, Arbeitslosenversicherung, Rentenversicherung** und **Unfallversicherung** besteht dagegen für die meisten Menschen eine Versicherungspflicht.

Bei der gesetzlichen Sozialversicherung gilt nicht das Risikoprinzip, sondern das sogenannte Äquivalenzprinzip (Prinzip der Gleichwertigkeit): Der Versicherungsbeitrag richtet sich nach dem Einkommen. Weil die Leistungen für alle gleich sind, wird die Sozialversicherung als Solidargemeinschaft bezeichnet – egal ob es sich um Einkommensschwache oder Familien mit Kindern (Kinder sind beitragsfrei mitversichert) handelt. Auch Menschen, deren Krankheitsrisiko wesentlich höher ist (z. B. Drogenabhängige, Alkoholiker oder alte Menschen) werden bedingungslos ohne zusätzliche Beiträge versichert.

Lass dich nicht fallen!

Soziales Netz

Der Abschluss einer privaten Versicherung (z. B. zusätzliche Rentenversicherung) ist ratsam, da das System der gesetzlichen Sozialversicherung mit der Erbringung von Leistungen (insbesondere: Renten) zunehmend überfordert ist. Der größer werdenden Zahl an Leistungsempfängern steht eine geringer werdende Zahl an Beitragszahlern gegenüber.

Neben der gesetzlichen Sozialversicherung stützt sich die soziale Sicherung auf zwei weitere Säulen:

- Die aus Steuermitteln finanzierte **Versorgung** setzt keine vorherigen Beitragszahlungen voraus, jedoch gewisse Dienste oder Opfer für die Gemeinschaft bzw. den Staat. Hierzu zählen die Beamtenversorgung, Kinder- und Elterngeld, die Versorgung von Kriegs- und Gewaltopfern sowie die Berufsausbildungsförderung (BAföG).
- Die **Fürsorge** verlangt ebenfalls keine vorherigen Beitragszahlungen, sondern wird bei Bedürftigkeit gewährt. So soll jedem Bürger das Existenzminimum gesichert und ein Leben in Würde ermöglicht werden. Auch diese Geld- oder Sachleistungen werden aus Steuermitteln finanziert. Als Fürsorge werden Sozialhilfe, Jugendhilfe und das Arbeitslosengeld II gewährt.

Der Ausbau des Sozialstaats

Sozialleistungen in Deutschland

Jahr	1963	1973	1983	1993	2003	2013 (Schätzung)
in Milliarden Euro	37 Mrd. €	107	229	474	661	812
in Prozent der Wirtschaftsleistung*	19,0 %	22,1	25,5	27,9	30,8	29,7

ab 1993 Gesamtdeutschland
*Bruttoinlandsprodukt   Quelle: BMAS   © Globus 6600

Grundsätze sozialer Sicherung

Das Prinzip der **Subsidiarität** wurde insbesondere von der katholischen Soziallehre entwickelt. Es verlangt, dass zunächst der Einzelne oder die kleinere Gemeinschaft (z. B. Familie, Nachbarschaft) aus eigener Kraft und Verantwortung dem Bedürftigen hilft. Erst wenn die kleineren Sozialgebilde nicht mehr helfen können, sollen die größeren gesellschaftlichen Organisationen tätig werden. Nach diesem Prinzip gilt „Selbsthilfe vor Fremdhilfe". Es sollen zuerst Familie, Gemeinde und Verbände helfen, bevor der Staat tätig wird.

Das Prinzip der **Solidarität** (des Füreinander-Einstehens) bedeutet eine Verbundenheit der Einzelnen untereinander, in sozialen Gruppen (Familie, Gemeinde, Versichertengemeinschaft) und zum Staat: Wenn einer Not leidet, helfen die anderen. Für das Solidaritätsprinzip ist **Verantwortungsbewusstsein** wichtig, weil die Menschen in modernen Industriegesellschaften in vielfältiger Weise voneinander abhängig sind und Unterstützung benötigen.

Der **Generationenvertrag** ist ein symbolischen Vertrag der jungen mit der alten Generation. Die alte Generation sorgt für die Erziehung und bezahlt den Jungen die Ausbildung. Die Jungen bezahlen den Alten dafür die Altersversorgung. Die junge Generation soll sich im Alter dann wieder auf die nächste Generation verlassen können. Nähere Informationen zu den Problemen des Generationenvertrages finden Sie in Abschnitt 10.3.6.

Subsidiarität
abgeleitet vom lateinischen Wort subsidium (Schutz, Reserve)

„Gründerjahre" der Sozialversicherung
1883: Krankenversicherung
1884: Unfallversicherung
1889: Rentenversicherung
1927: Arbeitslosenversicherung
1995: Pflegeversicherung

① Finden Sie Risiken, gegen die die Arbeiter zu Beginn der Industrialisierung nicht abgesichert waren.

② Recherchieren Sie: Wer war Otto von Bismarck?

③ Berechnen Sie aufgrund des Schaubildes „Der Ausbau des Sozialstaats" die prozentualen Steigerungsraten in den Zehnjahresschritten und insgesamt zwischen 1963 und 2013. Welche Probleme ergeben sich, wenn sich die errechnete Entwicklung fortsetzt?

④ Unterscheiden Sie die „drei Säulen der sozialen Sicherung" in eigenen Worten voneinander.

10.3.2 Gesetzliche Krankenversicherung

Mountainbiker verletzt sich auf dem Wallberg
Ein 21-jähriger Mountainbiker rutscht am 1. Juni 2015 auf einem Felsblock aus und stürzt. Dabei verletzt er sich am rechten Sprunggelenk. Die Bergwacht transportiert ihn aus dem Gelände. Im Krankenhaus Garmisch-Partenkirchen muss er operiert werden und wird erst am 15. Juni 2015 wieder nach Hause entlassen.

Mitversichert sind Kinder:
- bis zum 18. Geburtstag
- bis zum 23. Geburtstag, wenn sie nicht erwerbstätig sind
- bis zum 25. Geburtstag wenn sie sich in Ausbildung befinden oder ein freiwilliges soziales Jahr leisten; die Altersgrenze kann nach oben verschoben werden, wenn die Ausbildung durch freiwilligen Wehrdienst oder einen anderen anerkannten Freiwilligendienst unterbrochen wurde.
- mit einer Behinderung ohne Altersbegrenzung, wenn sie sich nicht selbst unterhalten können.

■ **Die gesetzliche Krankenversicherung – Jeder kann mal krank werden ...**
Rund 85 % der Bevölkerung Deutschlands sind über eine der rund 130 verschiedenen Krankenkassen gesetzlich krankenversichert. Diese **gesetzlichen Krankenkassen** unterteilen sich als **Träger der gesetzlichen Krankenversicherung** in sechs Gruppen: Allgemeine Ortskrankenkassen (AOK), Landwirtschaftliche Krankenkassen, Innungskrankenkassen, Ersatzkassen, Betriebskrankenkassen und die Knappschaft. Der Versicherte hat die freie Kassenwahl, er kann sich also selbst aussuchen, welcher gesetzlichen Krankenkasse er beitritt. Der Wechsel zwischen den gesetzlichen Krankenkassen, etwa zu einer Kasse mit geringerem Beitrag, ist jedoch an eine Kündigungsfrist (zwei Monate zum Monatsende) gebunden und darüber hinaus erst nach 18 Monaten Zugehörigkeit zu einer Kasse möglich. Einen Ausschluss aus finanziellen oder medizinischen Gründen gibt es grundsätzlich in der gesetzlichen Krankenversicherung nicht. Alle Versicherten haben im Krankheitsfall den gleichen Anspruch auf eine ausreichende Versorgung. Rechtliche Grundlage ist das fünfte Sozialgesetzbuch (SGB 5).

■ **Versicherte**
Wie bei anderen Sozialversicherungen gibt es bei der Krankenversicherung für bestimmte Personen einen Versicherungszwang. Es besteht zur gesetzlichen Krankenversicherung automatisch ein Versicherungsverhältnis, wenn die Voraussetzungen für eine **Pflichtmitgliedschaft** gegeben sind. Pflichtversichert sind als größte Gruppe die Arbeitnehmer, darüber hinaus unter anderem Auszubildende, Rentner, Studenten, Teilnehmer am Bundesfreiwilligendienst („Bufdi") . Neben diesen Pflichtversicherten gibt es noch **Familienversicherte**, das sind neben Kindern auch Ehepartner der Versicherten, wenn diese nicht selbst arbeiten. Sie sind (im Unterschied zur privaten Krankenversicherung) kostenlos in der gesetzlichen Krankenversicherung mitversichert.

Von der Versicherungspflicht befreit sind alle Arbeitnehmer, deren Verdienst oberhalb der **Jahresarbeitsentgeltgrenze** (für das Jahr 2015: 54.900 Euro) liegt, außerdem Selbstständige, Freiberufler, Beamte und auch Priester. Aber auch sie können sich in der gesetzlichen Krankenkasse **freiwillig versichern**, wenn sie vorher Mitglied einer gesetzlichen Krankenkasse waren.

■ **Finanzierung**
Die Krankenversicherung finanziert sich durch Beiträge der Versicherten. Zusätzlich gibt es einen Bundeszuschuss vom Staat. Das Krankheitsrisiko eines Versicherten spielt für die Berechnung des Beitragssatzes keine Rolle. Zur Beitragsberechnung wird der persönliche Bruttolohn zugrunde gelegt, jedoch nur bis zu einem Höchstbetrag (Beitragsbemessungsgrenze). Die Höhe des Beitragssatzes wird von der Bundesregierung für alle gesetzlichen Krankenkassen einheitlich festgelegt (2015: 14,6 Prozent).

Arbeitgeber und **Arbeitnehmer** teilen sich den Beitrag hälftig. Darüber hinaus ist seit 2015 ein Zusatzbeitrag, dessen Höhe von der jeweiligen Krankenkasse festgelegt wird, allein vom Arbeitnehmer zu zahlen. Er beträgt zwischen 0,3 und 1,3 Prozent vom Bruttolohn. Bei Arbeitslosigkeit finanziert die Bundesagentur für Arbeit die Krankenkassenbeiträge.

Die Kasse legt die Ausgaben auf die Versicherten um, sie macht keinen Gewinn (wie beispielsweise eine private Versicherung). Dieses Umlageverfahren bedeutet, dass die Versicherungsbeiträge nicht angespart werden, sondern mit ihnen gleich wieder Leistungen bezahlt werden. Weitere Informationen zur Finanzierung des Gesundheitssystems durch den Gesundheitsfonds finden Sie auf Seite 51.

Das Sachleistungsprinzip

Die Krankenkassen stellen ihren Versicherten Dienst- und Sachleistungen zur Verfügung, ohne dass die Abrechnung über die Versicherten geschieht. Versicherte müssen sich auch nicht um die Bezahlung der Rechnungen kümmern oder Behandlungskosten vorfinanzieren. Der Arzt oder das Krankenhaus rechnet mit der Versicherung ab. Meist werden die Kosten über Verrechnungsstellen, z. B. die kassenärztliche Vereinigung, abgerechnet.

Leistungen

Die Leistungen der gesetzlichen Krankenversicherungen sind im fünften Sozialgesetzbuch (SGB 5) gesetzlich geregelt. Versicherte haben insbesondere Anspruch auf

- **Leistungen zur Verhütung von Krankheiten und gegen deren Verschlimmerung**, z. B. Beratung, Untersuchung, Impfungen

- **Früherkennung von Krankheiten:** Krebsfrüherkennung, Früherkennung von Herz-, Kreislauf- und Nierenerkrankungen sowie der Zuckerkrankheit

- **Behandlung einer Krankheit:** ärztliche Behandlung, zahnärztliche Behandlung, Arznei-, Verband-, Heil- und Hilfsmittel, häusliche Krankenpflege, Krankenhausbehandlung

- **Rehabilitation:** Maßnahmen, die den Gesundheitsschaden derart abmildern oder beseitigen sollen, dass der Patient wieder in das Alltagsleben eingegliedert werden kann

- **Krankengeld:** Im Krankheitsfall wird dem versicherten Arbeitnehmer für die Dauer von sechs Wochen das Arbeitsentgelt durch den Arbeitgeber weiter gezahlt. Grundlage hierfür ist das Entgeltfortzahlungsgesetz. Ab der siebten Woche der krankheitsbedingten Arbeitsunfähigkeit zahlt die gesetzliche Krankenkasse das sogenannte Krankengeld in Höhe von 70 Prozent des regelmäßigen Arbeitsentgelts. Das Krankengeld wird wegen derselben Krankheit längstens für einen Zeitraum von 78 Wochen innerhalb von drei Jahren gezahlt.

- **Leistungen bei Schwangerschaft und Mutterschaft:** Neben der Entbindung zählt dazu insbesondere das Mutterschaftsgeld.

Die **Beitragsbemessungsgrenze** legt fest, bis zu welchem Höchstbetrag vom Bruttoeinkommen (2015: 4.125 Euro monatlich / 49.500 Euro pro Jahr) Beiträge zur gesetzlichen Kranken- und Pflegeversicherung berechnet und abgeführt werden. Liegt das Bruttoeinkommen über diesem Betrag, steigen die Beiträge dennoch nicht weiter an. Wer also monatlich 4.300 Euro verdient, zahlt nicht mehr als jemand, der 4.125 Euro verdient.

© Bergmoser + Höller Verlag AG

146 150

Um die Kosten zu senken, wurden bestimmte Zuzahlungen für die Versicherten eingeführt. Besonders bedeutsam sind hier
- Heil- und Hilfsmittel: regelmäßig 10 %
- Arzneimittel: 10 % des Preises, mindestens 5, höchstens aber 10 Euro.
- Krankenhausaufenthalt: 10 Euro pro Tag, für höchstens 28 Tage im Jahr.

① Erstellen Sie eine tabellarische Liste der gesetzlichen Krankenversicherung mit Versicherten, Träger, Finanzierung und Leistungen.

② Erklären Sie das Solidaritätsprinzip am Beispiel der gesetzlichen Krankenversicherung.

③ Nehmen Sie an, dass der verletzte Mountainbiker Arbeitnehmer ist und sein monatliches Arbeitsentgelt 2.000 Euro beträgt. Er ist nach einem Unfall drei Monate arbeitsunfähig.
  a) In welcher Höhe und für welchen Zeitraum wird ihm Krankengeld gezahlt?
  b) Welche Zuzahlung muss der Mountainbiker leisten?

10.3.3 Gesundheitssystem: Probleme und Lösungsmodelle

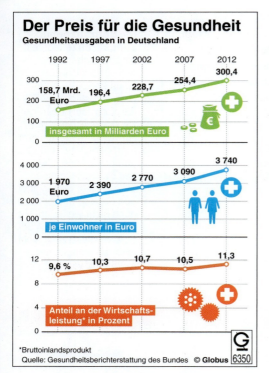

Der Preis für die Gesundheit
Gesundheitsausgaben in Deutschland

	1992	1997	2002	2007	2012

insgesamt in Milliarden Euro
- 158,7 Mrd. Euro
- 196,4
- 228,7
- 254,4
- 300,4

je Einwohner in Euro
- 1 970 Euro
- 2 390
- 2 770
- 3 090
- 3 740

Anteil an der Wirtschaftsleistung* in Prozent
- 9,6 %
- 10,3
- 10,7
- 10,5
- 11,3

*Bruttoinlandsprodukt
Quelle: Gesundheitsberichterstattung des Bundes © Globus 6350

■ Das Problem der gesetzlichen Krankenversicherung: steigende Kosten

Das nebenstehende Schaubild verdeutlicht die „Kostenexplosion" im deutschen Gesundheitswesen. Zwischen 1992 und 2012 verdoppelten sich die Gesundheitsausgaben fast. Ihr Anteil am Bruttoinlandsprodukt belief sich zuletzt auf 11,3 Prozent; je Einwohner wurden durchschnittlich mehr als 3.700 Euro für die Gesundheit aufgewendet (Anstieg im Vergleich zu 1992: 90 Prozent). Ein Ende dieser Entwicklung ist kaum absehbar, zumal der Anteil alter Menschen steigt. Dies wirkt sich besonders nachhaltig auf die Gesundheitskosten aus, da alte Menschen zum einen krankheitsanfälliger sind, zum anderen als Nichtarbeitnehmer geringere Beiträge in die Kassen einzahlen.

■ Ursachen der „Kostenexplosion im Gesundheitswesen"

Neben der bereits erwähnten zunehmenden **Überalterung der Gesellschaft** gehören die immer aufwendigeren medizinischen Geräte und kostspieligeren Medikamente zu den Hauptkostentreibern. Der Fortgang der Wissenschaft ermöglicht heute Behandlungsmethoden (z.B. bei Krebs), die früher undenkbar waren. Die Inanspruchnahme dieser Methoden kostet Geld.

Festzustellen ist zudem eine zunehmende **Fehlernährung**, die häufig zu Übergewicht und damit verbunden z. B. auch zu Bluthochdruck, Gefäßkrankheiten, Leberschäden und Asthma führt. Sie kann durch jede Form einer einseitigen Dauerernährung entstehen. Mögliche Ursachen für Fehlernährung sind neben der Sorglosigkeit der Konsumenten psychische Erkrankungen und ein veränderter Nährstoffbedarf im Alter. Die finanziellen Folgen der Krankheitsbekämpfung fallen auch hier dem Gesundheitssystem zur Last. Allein die Behandlung von Diabetes mellitus Typ 2 (Zuckerkrankheit) kostet jährlich eine zweistellige Milliardensumme. Mangelhafte Zahnpflege hat zur Folge, dass hohe Kosten für den Zahnersatz anfallen. Tabak- und Alkoholmissbrauch führen zu langwierigen Behandlungen.

In den letzten Jahren wurden die Kassen der gesetzlichen Krankenversicherung auch deshalb leerer, weil viele überdurchschnittlich verdienende (und damit freiwillig versicherte) Erwerbstätige zur privaten Krankenversicherung abwanderten. Wechselwillige müssen für mindestens ein Jahr ein Gehalt oberhalb der Jahresarbeitsentgeltgrenze vorweisen.

Millardenüberschuss trotz Kostenexplosion
Auf den ersten Blick passen die Meldungen von Milliardenüberschüssen der gesetzlichen Krankenkassen nicht zu der Kostenexplosion im Gesundheitswesen. Doch profitierten die Kassen nicht nur von den Zuschüssen des Bundes, sondern auch von der verhältnismäßig guten Beschäftigungslage (mehr Beitragszahler) und den hohen Beiträgen. Da zudem die Eigenbeteiligungen der Patienten stiegen, legten die Kassen finanziell zu. Das Kostenproblem ist damit nicht gelöst.

Was könnte die Gesundheitskosten senken?

Gesunde Ernährung wäre ein Anfang …

■ **Der Gesundheitsfonds: Rezept für die Finanzierung des Gesundheitssystems**
Im Rahmen der Gesundheitsreform hatte sich die Große Koalition aus CDU und SPD neben zahlreichen weiteren Maßnahmen Anfang 2007 auf den sogenannten **Gesundheitsfonds** geeinigt, der seit 2009 die Finanzierung des deutschen Gesundheitssystems auf eine neue Grundlage stellt und so die oben benannten Probleme beheben helfen soll. Grundidee ist, dass die gesetzlichen Krankenkassen zu einer wirtschaftlicheren Arbeitsweise motiviert werden sollen – und so insgesamt Kosteneinsparungen möglich werden.

Wichtige Eckpunkte des Gesundheitsfonds sind:

- Ein einheitlicher Beitragssatz für alle gesetzlichen Krankenkassen wird eingeführt, dessen Höhe von der Bundesregierung festgelegt wird.
- Die Beiträge fließen in den Gesundheitsfonds, der durch Steuermittel ergänzt wird.
- Die Kassen beziehen ihre notwendigen Finanzmittel aus dem Fonds. Dabei erhalten Kassen mit älteren und kränkeren Versicherten mehr Geld.
- Kommt eine Kasse mit ihrer Zuweisung aus dem Fonds nicht aus, so kann sie höhere Zusatzbeiträge von den Versicherten erheben (s. S. 48).
- Kassen, die besonders gut haushalten, können dagegen ihren Versicherten Prämien zurückerstatten.

So finanzieren sich die Krankenkassen

Von 2015 an beträgt der **Beitragssatz in der gesetzlichen Krankenversicherung (GKV) 14,6 Prozent**. Er wird jeweils **zur Hälfte vom Arbeitgeber und vom Arbeitnehmer** getragen. Mögliche **Zusatzbeiträge** tragen die Versicherten alleine.

Arbeitgeber, Rentenversicherung etc.

Versicherte (Arbeitnehmer, Rentner etc.)

Beitragssatz* von 7,3 %

Beitragssatz* von 7,3 %

Einkommensabhängiger Zusatzbeitrag*

kann von jeder Krankenkasse festgelegt werden, wenn sie mit dem Geld aus dem Gesundheitsfonds nicht auskommt

Staatlicher Zuschuss**

Gesundheitsfonds

Gesetzliche Krankenkassen

Rechenbeispiel: Arbeitnehmer mit **3 000 Euro Monatsverdienst** (brutto)

Beitrag Arbeitgeber	**219 Euro**
Beitrag Arbeitnehmer	**219 Euro**
plus Zusatzbeitrag (z. B. 0,9 %)	**27 Euro**
Gesamtbeitrag	**465 Euro** = 15,5 % (**7,3 % Arbeitgeber** + **8,2 % Arbeitnehmer**)

*bis zur Beitragsbemessungsgrenze (2015: 4 125 Euro pro Monat)
**aus Steuermitteln
Quelle: Bundesministerium für Gesundheit   © Globus 6727

Weitere wichtige Eckpunkte der Gesundheitsreform

- **Versicherungspflicht für alle**
Seit 2009 besteht für alle Einwohner Deutschlands eine Krankenversicherungspflicht. Wer nicht in der gesetzlichen Krankenversicherung pflichtversichert ist, *muss* sich also dort *oder* in einer privaten Krankenversicherung versichern lassen.

- **Belohnung von Eigenverantwortung**
Versicherte, die gesundheitliche Verantwortung für sich übernehmen (z. B. Vorsorgeuntersuchungen wahrnehmen), sollen von den Kassen bessergestellt werden.

- **Rechtsanspruch auf häusliche Krankenpflege**
Ältere Menschen, die in Wohngemeinschaften oder anderen neuen Wohnformen leben, erhalten einen Rechtsanspruch auf häusliche Krankenpflege und werden damit Patienten in normalen Privathaushalten gleichgestellt.

---

① Erörtern Sie, warum die gesetzliche Krankenversicherung unter der Abwanderung gesunder Versicherter leidet.

② Bilden Sie Gruppen und suchen Sie weitere Lösungsvorschläge zur Kostenentwicklung im Gesundheitswesen. Diskutieren Sie Ihre Arbeitsergebnisse in der Klasse.

③ Überlegen Sie, was jeder Einzelne und damit Sie persönlich zur Kostensenkung im Gesundheitssystem beitragen könnten.

10.3.4 Gesetzliche Pflegeversicherung

1995 wurde die Pflegeversicherung als jüngste Säule der gesetzlichen Sozialversicherung eingeführt. Sie soll Pflegebedürftigen ein möglichst selbstständiges und menschenwürdiges Leben ermöglichen, die Finanzierung der Pflege sichern und die Pflegenden maßvoll entschädigen. Die Pflegeversicherung ist im SGB 11 geregelt.

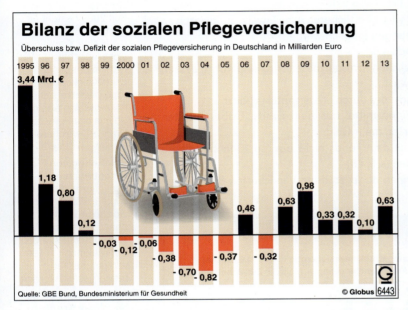

Bilanz der sozialen Pflegeversicherung

Überschuss bzw. Defizit der sozialen Pflegeversicherung in Deutschland in Milliarden Euro

1995 96 97 98 99 2000 01 02 03 04 05 06 07 08 09 10 11 12 13

3,44 Mrd. €
1,18
0,80
0,12
- 0,03
- 0,12
- 0,06
- 0,38
- 0,70
- 0,82
- 0,37
- 0,32
0,46
0,63
0,98
0,33 0,32
0,10
0,63

Quelle: GBE Bund, Bundesministerium für Gesundheit

© Globus 6443

Versicherte

Die Pflegeversicherung orientiert sich an der Mitgliedschaft in der Krankenkasse. Wer in der gesetzlichen Krankenversicherung (pflichtmäßig oder freiwillig) versichert ist, ist es auch in der gesetzlichen Pflegeversicherung. Privat Krankenversicherte müssen eine private Pflegeversicherung abschließen.

Träger

Träger der gesetzlichen Pflegeversicherung sind die Pflegekassen. Sie sind zwar eigene Versicherungen, aber, um die Verwaltungskosten niedrig zu halten, an die jeweilige Krankenkasse angegliedert.

Finanzierung

Die Pflegeversicherung wird vor allem durch

Wie bei der gesetzlichen Krankenversicherung sind auch bei der Pflegeversicherung Familienmitglieder beitragsfrei mitversichert.

Beiträge der Mitglieder finanziert. Die Beiträge werden zur Hälfte vom Arbeitgeber und Arbeitnehmer aufgebracht. Der Beitragssatz beträgt 2,35 Prozent des Bruttolohns (Stand: 2015). Kinderlose zahlen ab dem 24. Lebensjahr 0,25 Prozent zusätzlich.

Pflegestufen

Um Leistungen aus der Pflegeversicherung zu erhalten, müssen zwei Voraussetzungen gegeben sein: zum einen die Pflegebedürftigkeit des Versicherten, zum anderen eine Vorversicherungszeit (Wartezeit) von fünf Jahren. Die Pflegebedürftigkeit wird in drei Stufen eingeteilt. Die Pflegekasse prüft durch ihren Medizinischen Dienst, welche Voraussetzungen der Pflegebedürftigkeit erfüllt sind und welche Pflegestufe vorliegt.

Die Zugehörigkeit zu einer der Pflegestufen setzt zusätzlich voraus, dass mehrfach in der Woche Hilfen bei der hauswirtschaftlichen Versorgung (z. B. Wäsche, Einkauf, Kochen, Hausputz) benötigt werden.

Pflegestufe 1	Pflegestufe 2	Pflegestufe 3
erhebliche Pflegebedürftigkeit: Für wenigstens zwei Verrichtungen aus den Bereichen Körperpflege, Ernährung und Mobilität wird mindestens einmal pro Tag für 90 Minuten Hilfe benötigt.	schwere Pflegebedürftigkeit: Mindestens dreimal täglich wird für insgesamt mindestens drei Stunden zu verschiedenen Zeiten für die genannten Bereiche Hilfe benötigt.	Schwerstpflegebedürftigkeit: Hilfe wird rund um die Uhr benötigt, wobei der Zeitaufwand täglich mindestens fünf Stunden betragen muss.

Leistungen

Mit der Pflegereform wurden die Leistungen in mehreren Schritten aufgestockt. Der Höchstsatz für Sachleistungen in ambulanter und stationärer Pflege beträgt 1.612 Euro monatlich in der Pflegestufe 3. Der Höchstsatz für sogenannte Härtefälle der Pflegestufe 3 beträgt 1.995 Euro. Die Pflegeversicherung hat nicht den Anspruch, die Pflege komplett zu finanzieren, sondern leistet nur einen Beitrag – neben der Familie oder anderen Sozialleistungen.

Leistungen im Rahmen der Pflegeversicherung sind nach Pflegestufen gestaffelt und unterteilen sich insbesondere in

- **Sachleistungen zur ambulanten Pflege:** Übernahme der Kosten für den ambulanten Pflegedienst
- **Pflegegeld:** kann alternativ oder kombiniert für den Fall beansprucht werden, dass die häusliche Pflege von nichtprofessionellen Personen wie Familienmitgliedern übernommen wird. Das Pflegegeld beträgt zumeist etwas weniger als die Hälfte der Leistungen für die Inanspruchnahme ambulanter Dienste und wird ebenfalls schrittweise angehoben.
- **Pflegehilfsmittel:** Der Pflegebedürftige hat Anspruch auf die Übernahme von Kosten solcher Hilfsmittel, die die Qualität der häuslichen Pflege erhöhen.
- **Stationäre Pflege:** Die Pflegeversicherung übernimmt vollstationäre Pflegekosten in Höhe von 1.064 Euro (Pflegestufe 1), 1.330 Euro (Pflegestufe 2) und 1.612 Euro (Pflegestufe 3, s. o.). Für Unterkunft und Verpflegung müssen Pflegebedürftige selbst aufkommen.

Reformen der Pflegeversicherung

Das Pflegestärkungsgesetz brachte zum Jahresbeginn 2015 eine Beitragserhöhung um 0,3 Prozentpunkte. Mit den Mehreinnahmen sollen zum einen zukünftige Engpässe in der Finanzierung der Pflegeversicherung abgedeckt werden (ab 2035 kommen geburtenstarke Jahrgänge ins Pflegealter). Zum anderen sollen zukunftsweisende Verbesserungen für die Pflegebedürftigen und die Pflegenden finanziert werden. Wichtige Punkte sind:

- Menschen in der **„Pflegestufe 0"** (= Menschen mit „dauerhaft erheblich eingeschränkter Alltagskompetenz", deren Ausmaß aber nicht das der Pflegestufe 1 erreicht: v. a. Demenzkranke) erhalten erstmals einen Anspruch auf Tages-, Nacht- und Kurzzeitpflege.
- Der Zuschuss zu erforderlichen häuslichen Umbaumaßnahmen (etwa für ein barrierefreies Badezimmer) steigt von rund 2.500 € auf bis zu 4.000 € pro Maßnahme an.
- Wer kurzfristig die Pflege eines Angehörigen zu organisieren hat, kann nun eine zehntägige **„Auszeit"** vom Job nehmen und hat dabei einen Anspruch auf eine Lohnersatzleistung i. H. v. 90 %.
- Von dieser „Auszeit" zu unterscheiden sind die zuvor zur Pflege Familienangehöriger eingeführte **Pflegezeit** (sechsmonatige Freistellung von der Arbeit ohne Lohnanspruch, jedoch besteht Sozialversicherung fort) und die **Familienpflegezeit**, bei der die Arbeitszeit für bis zu zwei Jahre auf höchstens 15 Wochenstunden reduziert und der Verdienstausfall zur Hälfte durch ein zinsloses Bundesdarlehen ausgeglichen wird.

Trotz der Reformen bleibt fraglich, ob die gesetzliche Pflegeversicherung die Kostenproblematik lösen kann. Der Abschluss einer privaten Pflegeversicherung ist deshalb ratsam.

Wichtige Grundsätze der Pflegeversicherung

- Vorrang der Vorsorge (Prävention) und der Nachsorge (Rehabilitation) vor der Pflege. Es sollen die zumutbaren Maßnahmen getroffen werden, um Pflegebedürftigkeit gar nicht erst eintreten zu lassen.
- Vorrang der häuslichen vor der stationären Pflege. Der Pflegebedürftige soll möglichst lange in seiner gewohnten häuslichen Umgebung bleiben können.

Trotz aller Reformbemühungen bleibt es höchst fraglich, ob die gesetzliche Pflegeversicherung in Zukunft die Kostenproblematik lösen kann. Der Abschluss einer privaten Pflegeversicherung ist deshalb jedenfalls ratsam.

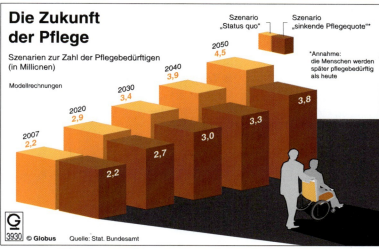

Die Zukunft der Pflege

Szenarien zur Zahl der Pflegebedürftigen (in Millionen)

Modellrechnungen

Szenario „Status quo" Szenario „sinkende Pflegequote"*

*Annahme: die Menschen werden später pflegebedürftig als heute

2007 2,2
2020 2,9
2030 3,4
2040 3,9
2050 4,5

2,2
2,7
3,0
3,3
3,8

3930 © Globus Quelle: Stat. Bundesamt

① Erörtern Sie, warum sich die Zahl der Pflegebedürftigen in Zukunft erhöht.

② Diskutieren Sie, welche Konsequenzen sich daraus für die Finanzierung der Pflegekassen ergeben.

③ Finden Sie Vor- und Nachteile der ambulanten Pflege im Vergleich zur stationären Pflege.

④ Erstellen Sie eine übersichtliche Tabelle zur Pflegeversicherung.

10.3.5 Gesetzliche Rentenversicherung

Rentenberechnung
Die Rentenformel lautet
$MR = PEP \times RAF \times AR$.

MR = zu berechnende
Monatsrente.

PEP = persönliche Entgeltpunkte. Diese werden für jedes Arbeitsjahr nach dem Durchschnittseinkommen aller Versicherten berechnet. Wer genau das Durchschnittseinkommen bezieht (im Jahr 2014 z. B. 34.857 Euro brutto), erhält für dieses Jahr einen PEP. Wer 2014 52.285,50 Euro verdient hat, erhält demnach 1,5 PEP.

RAF = Rentenartfaktor. Jede Rentenart hat einen unterschiedlichen Faktor. Bei der Altersrente und gesetzlichem Rentenbeginn ist der Faktor 1.

AR = aktueller Rentenwert. Dies ist der Betrag, der für einen PEP gezahlt wird. In der zweiten Jahreshälfte 2014 betrug der Wert in den alten Bundesländern 28,61 Euro.

Auf Grundlage dieser Werte würde, wer 40 Jahre lang durchschnittlich verdient, einen monatlichen Rentenanspruch *(MR = 40 × 1 × 28,61 Euro)* von 1.144,40 Euro haben.

Achtung: Da sich die Werte und das Einkommen mit Gewissheit bis zum Renteneintritt ändern, kann eine solche Berechnung niemals zuverlässig sein.

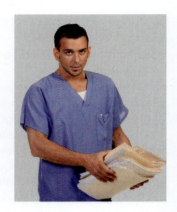

Christin verdient als Schreinerin im ersten Berufsjahr rund 2.000 Euro brutto, bei Tim als Krankenpfleger sind es 50 Euro weniger.
Beide kommen noch ganz gut zurecht – doch wie wird es sein, wenn sie das Rentenalter erreichen?

Der im sechsten Sozialgesetzbuch (SGB 6) geregelten gesetzlichen Rentenversicherung kommt die Aufgabe zu, den Einzelnen und die Familie im Falle des Alters, der Erwerbsminderung oder des Todes finanziell so zu versorgen, dass auch ohne Arbeitseinkommen eine menschenwürdige Existenz gesichert ist. Zwar ist der dem System zugrunde liegende „**Vertrag der Generationen**" aufgrund der zunehmenden Überalterung der Gesellschaft kaum mehr erfüllbar (siehe Abschnitt 10.3.6), dennoch bleibt die gesetzliche Rentenversicherung wichtigster Stützpunkt der Altersvorsorge.

Versicherte Personen
Ähnlich wie bei der gesetzlichen Krankenversicherung gibt es **Pflichtversicherte** und **freiwillig Versicherte**. Pflichtversichert sind als größte Gruppe alle Arbeitnehmer (und zwar im Gegensatz zur Krankenversicherung ohne Ausnahme für höhere Einkommen) und Auszubildenden. Auch Menschen mit Behinderung, die in staatlich anerkannten Werkstätten beschäftigt sind, Personen im freiwilligen Wehrdienst und Bundesfreiwilligendienst sowie solche, die einen Pflegebedürftigen mindestens 14 Stunden in der Woche nicht erwerbsmäßig pflegen, sind pflichtversichert. Dazu kommen unterschiedliche Gruppen von Selbstständigen wie etwa Handwerker, Künstler und freiberufliche Hebammen. Wer nicht pflichtversichert ist, kann sich freiwillig versichern.

Träger
Organisiert und durchgeführt wird die gesetzliche Rentenversicherung von der Deutschen Rentenversicherung. Für bestimmte Berufsgruppen (z. B. Ärzte) bestehen eigene Rentenversicherungen.

Finanzierung
Die Finanzierung der gesetzlichen Rentenversicherung hat **drei Grundlagen**:
• Beiträge der Versicherten
• Beiträge des Arbeitgebers
• Bundeszuschuss.

Die Beiträge des Versicherten errechnen sich anhand des einheitlichen Beitragssatzes aus dem Arbeitsverdienst. Im Arbeitnehmerverhältnis teilen sich Arbeitgeber und Arbeitnehmer den Beitragssatz von 18,7 Prozent des Bruttoentgelts (Stand: 2015) – jeder zahlt also 9,35 Prozent. Der Bund gewährt daneben einen ganz erheblichen Zuschuss aus Steuergeldern, im Jahr 2013 rund 27 Prozent der Gesamtausgaben für die Rentenversicherung. Die Einnahmen werden gleich wieder als Renten ausbezahlt. Es findet also keine Kapitalbildung (Sparen) statt. Dieses Verfahren heißt **Umlageverfahren** (wie bei der GKV).

Leistungen der Rentenversicherung

Die wichtigste Aufgabe der Rentenversicherung ist für den Fall vorzusorgen, dass der Versicherte seine Haupteinkommensquelle (Arbeitseinkommen) auf Dauer verliert oder sie gemindert wird. Leistungen erhalten auch Hinterbliebene von Versicherten. Neben diesen eigentlichen **Renten** werden auch sogenannte **Rehabilitationsleistungen** erbracht, um den Versicherten im Berufsleben zu halten und so den Zeitpunkt der Rentenleistung nach hinten zu verschieben. Hierzu zählen die medizinische (z. B. Finanzierung von Kuraufenthalten) und die berufsfördernde Rehabilitation, die eine Wiedereingliederung in den Beruf durch Umschulung und Fortbildung beinhaltet.

Die **Beitragsbemessungsgrenze** der gesetzlichen Rentenversicherung beträgt in den alten Bundesländern im Jahr 2015: 6.050 Euro monatlich. Wer also monatlich 6.500 Euro brutto verdient, zahlt dennoch nur einen Arbeitnehmeranteil auf 6.050 Euro.

Die Altersrente ist die häufigste Rentenart. Sie wird ausbezahlt, wenn der Versicherungsnehmer die Regelaltersgrenze von zurzeit 65 Jahren erreicht hat. Seit 2012 wird die Regelaltersgrenze schrittweise angehoben, sodass sie im Jahr 2029 bei 67 Jahren liegen wird. Altersrente kann auch schon früher ausbezahlt werden für langjährig Versicherte (Wartezeit: 35 Jahre) oder wegen langer Arbeitslosigkeit bzw. nach Altersteilzeit.

Die Wartezeit oder auch Mindestversicherungszeit errechnet sich aus den **Beitragszeiten**, den **beitragsfreien Zeiten** und den **Berücksichtigungszeiten**. Beitragszeiten sind Zeiten, für die Beiträge gezahlt worden sind. Berücksichtigungszeiten können Anrechnungszeiten (z. B. Krankheit, Schulbesuch) sowie Ersatzzeiten (z. B. Militärdienst, Zivildienst) usw. sein.

Erwerbsminderungsrente: Erwerbsminderung bedeutet, dass der Arbeitnehmer wegen Krankheit oder Behinderung nicht in der Lage ist, irgendeine Erwerbstätigkeit mindestens sechs Stunden pro Tag auszuüben. Er kann dann nach einer Wartezeit von fünf Jahren eine Erwerbsminderungsrente beanspruchen, für die er allerdings regelmäßig erhebliche Abschläge in Kauf nehmen muss.

Hinterbliebenenrente: Stirbt der Versicherte und hinterlässt Witwe bzw. Witwer oder Kinder, haben diese Personen unter weiteren Voraussetzungen Anspruch auf eine Hinterbliebenenrente (Witwen-, Witwer- oder Waisenrente), wenn der Verstorbene die Wartezeit von fünf Jahren erfüllt hat. Diese Rente soll den weggefallenen Unterhalt ersetzen.

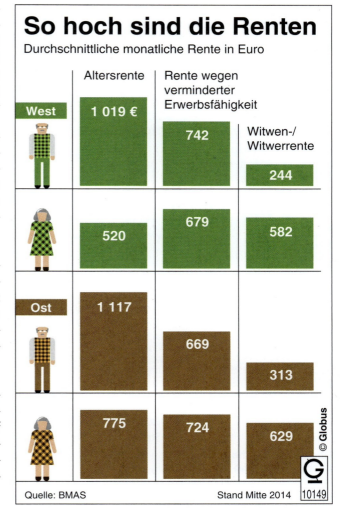

So hoch sind die Renten

Durchschnittliche monatliche Rente in Euro

	Altersrente	Rente wegen verminderter Erwerbsfähigkeit	Witwen-/ Witwerrente
West	1 019 €	742	244
	520	679	582
Ost	1 117	669	313
	775	724	629

Quelle: BMAS   Stand Mitte 2014

© Globus

10149

---

① Recherchieren Sie im Internet (Info zur Recherche: Abschnitt 10.5.10) zum Begriff „Generationenvertrag" und fassen Sie zusammen, was darunter zu verstehen ist.

② Berechnen Sie für Christin und Tim auf der Grundlage ihrer Monatseinkommen und der Werte in der linken Randspalte ihre monatlichen Rentenansprüche, wenn sie 45 Jahre arbeiten.

③ Die Rehabilitationsleistungen sind keine Renten. Warum macht es dennoch Sinn, dass diese von der gesetzlichen Rentenversicherung übernommen werden?

10.3.6 Probleme der Rentenversicherung

Demografie
wissenschaftliche Untersuchung über die menschliche Bevölkerung mit Bezug auf ihre Größe, Struktur und Entwicklung

Die steigende Lebenserwartung, an sich eine erfreuliche Tatsache, führt zu einem weiteren Problem für die gesetzliche Rentenversicherung: Ein längerer Ruhestand bedeutet eine längere Anspruchsdauer, sodass die Kassen zusätzlich belastet werden.

▉ Altersvorsorge: Die gesetzliche Rentenversicherung reicht nicht

Nach 45 Jahren Arbeit freut sich Theodor Brecht (65), als ihm sein erster Rentenbescheid zugeht. Als er den Brief öffnet, weicht die Freude jedoch dem Entsetzen: Er erhält monatlich nur 1.175 Euro. Und allein die Miete kostet doch schon 700 Euro ...

Die gesetzliche Rentenversicherung basiert auf dem Generationenvertrag (siehe Abschnitt 10.3.5). Dieser wiederum kann nur dann reibungslos funktionieren, wenn einer möglichst großen Mehrheit an Beitragszahlern eine Minderheit an Rentnern gegenübersteht. Die **demografische Entwicklung** in Deutschland weist indes in die entgegengesetzte Richtung (siehe das Schaubild).

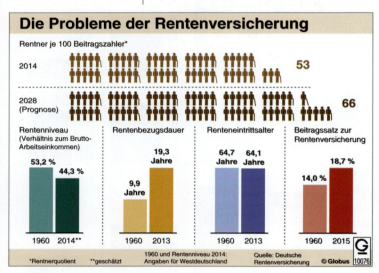

Die Probleme der Rentenversicherung

Rentner je 100 Beitragszahler*

2014 — 53

2028 (Prognose) — 66

Rentenniveau (Verhältnis zum Brutto-Arbeitseinkommen): 53,2 % (1960) / 44,3 % (2014**)

Rentenbezugsdauer: 9,9 Jahre (1960) / 19,3 Jahre (2013)

Renteneintrittsalter: 64,7 Jahre (1960) / 64,1 Jahre (2013)

Beitragssatz zur Rentenversicherung: 14,0 % (1960) / 18,7 % (2015)

*Rentnerquotient **geschätzt
1960 und Rentenniveau 2014: Angaben für Westdeutschland
Quelle: Deutsche Rentenversicherung
© Globus 10076

Folge: Einer immer geringer werdenden Beitragssumme steht eine immer größere Zahl an Anspruchsinhabern gegenüber, sodass die gesetzliche Rentenversicherung trotz aller Reformbestrebungen an ihre Grenzen stößt. Aufgrund des Umlageverfahrens sind Leistungskürzungen in Zukunft voraussichtlich unvermeidbar. Ursache dieser langfristigen demografischen Entwicklung ist zum einen die **steigende Lebenserwartung**, die wiederum mit dem medizinisch-technischen Fortschritt zusammenhängt, und zum anderen die **geringe Geburtenrate**.
Wenn Herr Brecht nicht privat für das Alter vorgesorgt hat, muss er sich mit seiner bescheidenen Rente begnügen. Umso mehr gilt dies aufgrund der beschriebenen Entwicklung natürlich für diejenigen, die jetzt erst am Beginn ihres Arbeitslebens stehen.

▉ Die Lösung: individuelle Altersvorsorge
Der Staat unterstützt die Eigenvorsorge mit **Zuschüssen** und **Steuerfreibeträgen**. Ein Vergleich der verschiedenen Formen der Geldanlage lohnt in jedem Fall. Einige Fachzeitschriften und Institutionen prüfen die Angebote neutral, wie z. B. die Stiftung Warentest. Möglichkeiten der individuellen Altersvorsorge sind:

Durchschnittliche Lebenserwartung in Jahren:

Geburts-jahr	Männer	Frauen
1901/10	44,8	48,3
1932/34	59,9	62,8
1970/72	67,4	73,8
2009/11	77,8	82,8

(ab 1970: Bundesrepublik Deutschland)

Betriebliche Altersvorsorge
Unternehmen können für ihre Mitarbeiter durch betriebliche Vorsorge eine ergänzende Alterssicherung aufbauen. Es gibt verschiedene Formen der „Rente vom Chef", von der Direktversicherung über die Unterstützungskasse und den Pensionsfonds bis hin zur sogenannten Direktzusage. Die Beiträge werden steuerbegünstigt vom Bruttogehalt abgeführt. Manche Unternehmen fördern die betriebliche Rente durch Zuschüsse aus der Firmenkasse. Das heißt: Die Altersvorsorge über die Firma aufzubessern macht insbesondere Sinn, wenn sich der Arbeitgeber an den Beiträgen für die Altersvorsorge beteiligt.

Private Vorsorge, staatlich gefördert:

Die „Riester-Rente" (benannt nach dem früheren Bundessozialminister Walter Riester) ist eine staatlich geförderte private Altersvorsorge. Sie ist sicher und attraktiv: Während des aktiven Arbeitslebens zahlt man Beiträge in eine private Rentenversicherung, einen Fonds oder einen Banksparplan. Zusätzlich erhält man staatliche Zulagen und Steuerfreibeträge. „Riester-Produkte" müssen behördlich zugelassen sein, weil der Versicherer Rückzahlungen mindestens in Höhe der eingezahlten Beiträge sowie der Mindestverzinsung garantieren muss. Aufgrund der Förderung liegt die Rendite der „Riester-Rente" oft deutlich über dem Zins für vergleichbare Anlagen.

149 480

© Bergmoser + Höller Verlag AG

Private Vorsorge ohne Förderung

- **Unternehmensanteile:** Anteile an Unternehmen lassen sich in Form von **Aktien** (Anteilscheinen) frei kaufen. Der Kurs wird bei großen Unternehmen täglich an der Börse festgestellt. Mit dem Wert des Unternehmens steigt oder sinkt der Kurs. Die Geldanlage in Aktien verspricht langfristig hohe Gewinne, ist aber auch mit erheblichen Risiken verbunden.

- **Investmentfonds:** Um das Aktienrisiko zu minimieren ist es sinnvoll, verschiedene Unternehmensanteile zu kaufen. Investmentfonds bewerten und kaufen Aktien vieler Unternehmen. Dadurch wird das Risiko minimiert. Privatanleger können so risikoärmer sparen.

- **Immobilien:** Durch eine bezahlte eigene Wohnung oder ein eigenes Haus können die Lebenshaltungskosten im Alter erheblich gesenkt werden, da keine Miete bezahlt werden muss. Auch eine vermietete Immobilie kann eine beständige, monatliche Einnahmequelle sein.

- **Private Rentenversicherung:** Viele Versicherungsunternehmen und Banken bieten Sparverträge an, die über lange Laufzeiten hinweg bis zum Alter viel Kapital bilden. Hier ist allerdings Vorsicht geboten: Nicht immer ist es sinnvoll, sich über Jahrzehnte hinweg fest an eine Versicherung zu binden. Die Beiträge der ersten Monate werden häufig als Provisionszahlungen verwendet. Da die Leistungen sehr unterschiedlich sind, lohnt sich hier genaues Vergleichen.

Rendite

Jahresertrag einer Geldanlage: Sind aus angelegten 100 Euro nach einem Jahr 110 Euro geworden, so beträgt die Rendite zehn Euro oder zehn Prozent.

Eine weitere Form der staatlich geförderten Privatvorsorge ist die sogenannte **„Rürup-Rente"**. Während sich die „Riester-Rente" an die Pflichtversicherten in der gesetzlichen Rentenversicherung wendet, ist die „Rürup-Rente" insbesondere für nicht pflichtversicherte Selbstständige gedacht. Die Förderung erfolgt ausschließlich über Steuervorteile.

1. a) Finden Sie mögliche Ursachen für die geringe Geburtenrate in Deutschland.
   b) Recherchieren Sie, wie hoch die Geburtenrate sein müsste, um den Generationenvertrag zu sichern.

2. Warum kann eine noch so gute Reform der Rentenversicherung die individuelle Vorsorge nicht überflüssig machen?

3. Entwerfen Sie verschiedene Zukunftsszenarien, wie Sie im Alter leben könnten.

4. Erstellen Sie eine Mindmap zur Altersvorsorge.

10.3.7 Gesetzliche Arbeitslosenversicherung

Die **Bundesagentur für Arbeit** ist eine Versicherung, denn sie finanziert Leistungen aus Beiträgen. Sie ist aber auch eine Einrichtung der Fürsorge, denn sie erbringt Leistungen, die nicht an eine Beitragszahlung gekoppelt sind. Beispiel: das ALG II.

Stellenabbau bei deutschen Großunternehmen

Unsichere Zeiten – unsichere Arbeitsplätze: Selbst bei Großunternehmen wie Siemens und dem „Automobil-Giganten" BMW wurden in den vergangenen Jahren Tausende von Arbeitsplätzen abgebaut. Die beiden „Global Player", also weltweit operierenden Unternehmen, haben ihre Wurzeln und auch wichtige Unternehmensstandorte in München.

Wichtigste **Aufgabe** der im SGB 3 geregelten gesetzlichen Arbeitslosenversicherung ist es, solidarisch für alle Versicherten das **Risiko der Arbeitslosigkeit abzufangen** und damit eine finanzielle Absicherung von Arbeitslosen sicherzustellen. Daneben werden unter anderem die Sicherung von Arbeitsplätzen durch Förderung der beruflichen Bildung sowie die Wiedereingliederung in das Arbeitsleben durch Existenzgründungshilfen und Arbeitsbeschaffungsmaßnahmen unterstützt.

Versicherte

Versicherungspflichtig sind vor allem Arbeitnehmer, also alle Personen, die gegen Entgelt oder in einer Berufsausbildung beschäftigt sind. Eine Versicherungspflichtgrenze, ab der sich Versicherte nicht mehr versichern müssen, gibt es nicht. Nicht versicherungspflichtig sind vor allem Selbstständige, Beamte und geringfügig Beschäftigte. Seit einigen Jahren können sich jedoch auch Selbstständige, die ihrer Tätigkeit mindestens 15 Stunden in der Woche nachgehen, in der gesetzlichen Arbeitslosenversicherung versichern lassen.

Träger

Träger der gesetzlichen Arbeitslosenversicherung sind die Bundesagentur für Arbeit in Nürnberg und ihre Unterorganisationen, die Landesagenturen und Agenturen für Arbeit, lokal vertreten durch sogenannte Jobcenter.

Finanzierung

Die Bundesagentur für Arbeit bekommt von den Arbeitnehmern und Arbeitgebern Beiträge. Die Höhe der Beiträge wird vom Gesetzgeber bestimmt. Mit der gesunkenen Arbeitslosenquote hat sich in den vergangenen Jahren auch der Beitragssatz verringert – von 6,5 (2006) auf 3,0 % (seit 2011). Die Hälfte davon bezahlt der Arbeitgeber.
Die zweite große Einnahmequelle sind staatliche Zuschüsse, insbesondere um das Arbeitslosengeld II zu finanzieren.

Die Förderung der Berufsausbildung erfolgt zum Beispiel durch die **Berufsausbildungsbeihilfe**. Voraussetzungen hierfür sind:
• vorhandene Berufsausbildung oder berufsvorbereitende Maßnahme
• Lebensunterhalt kann nicht anderweitig bestritten werden.
• Haushalt nicht bei den Eltern.

Leistungen:
vor allem Beihilfe für den Lebensunterhalt, Fahrtkosten.

Leistungen

Die Leistungen der Bundesagentur für Arbeit gliedern sich in vier Bereiche: Beratung und Vermittlung, die Gewährung bestimmter Leistungen an Arbeitsuchende und Arbeitgeber sowie an Organisationen, die Arbeitsförderungsmaßnahmen durchführen.
• **Beratung und Vermittlung:** Die Arbeitsagenturen bieten Ausbildung- und Arbeitsuchenden eine Berufsberatung an. Die Vermittlung von Arbeitsplätzen teilen sich die Arbeitsagenturen mit den sogenannten Personal-Service-Agenturen. Die Personal-Service-Agenturen stellen Arbeitslose ein, können sie weiter qualifizieren und „verleihen" sie als Zeitarbeiter.
• **Leistungen an Arbeitsuchende:** Arbeitsuchende können eine Reihe von Leistungen beanspruchen. Dazu gehören das Arbeitslosengeld I (auch Teilarbeitslosengeld) und das Arbeitslosengeld II. Darüber hinaus können noch Bewerbungskosten, Bewerbungstraining, Fahrtkosten und Umzugsbeihilfen, Gründungszuschuss, Förderung der Berufsausbildung und beruflichen Weiterbildung, Kurzarbeitergeld sowie Insolvenzgeld übernommen werden.

Die Sozialversicherungsbeiträge für Kranken-, Pflege- und Rentenversicherung für Arbeitslose bezahlen ebenfalls die Agenturen für Arbeit.

Arbeitslosengeld I	Arbeitslosengeld II
Voraussetzungen • Arbeitslosigkeit • persönliche Arbeitslosmeldung bei der Arbeitsagentur • Anwartschaftszeit muss erfüllt sein: mindestens zwölfmonatiges Versicherungspflichtverhältnis in den zwei Jahren vor der Antragstellung **Höhe** 60 % des letzten Nettolohns, mit mindestens einem Kind 67 % **Dauer** Regelmäßig für die Hälfte der Dauer der Versicherungszeit, aber nicht länger als ein Jahr (siehe auch Abschnitt 10.2.6).	**Voraussetzungen** • Erwerbsfähigkeit • Bedürftigkeit, also grundsätzlich kein ALG II, wenn Vermögen vorhanden • kein Anspruch auf ALG I • Antragstellung **Höhe** Regelleistung für Alleinstehende (im Jahr 2015): 399 Euro. Hinzu kommen u. a. Wohn- und Heizkosten, Sozialversicherungsbeiträge, Erstausstattung für Wohnung und Bekleidung. **Dauer** Unbefristet, bis die Bedürftigkeit beendet ist

Fördern und fordern ist das Motto der Hartz-Reformen für den Arbeitsmarkt (siehe auch Abschnitt 10.2.6). Die „Förderung" besteht vor allem in verbesserten Eingliederungsleistungen, um Arbeitslosen die Integration in den Arbeitsmarkt zu erleichtern. „Fordern" heißt, dass Arbeitslose aktiv an allen Eingliederungsmaßnahmen mitwirken und sich eigenständig um Beschäftigung bemühen müssen – anderenfalls drohen Leistungskürzungen.

- **Leistungen an Arbeitgeber:** Zur Förderung schwer vermittelbarer Arbeitsloser oder zur Schaffung neuer Arbeitsplätze können Arbeitgeber einen Zuschuss bekommen oder mit einem Langzeitarbeitslosen einen geförderten Eingliederungsvertrag schließen.
- **Leistungen an Träger von Arbeitsförderungsmaßnahmen:** Die Bundesagentur fördert die Berufsausbildung oder bezuschusst einen Sozialplan, wenn Arbeitnehmer entlassen werden müssen und in neue Arbeitsverhältnisse integriert werden sollen.

Die Situation der Arbeitslosenversicherung

Die Finanzsituation der Arbeitslosenversicherung war in den vergangenen Jahren einem stetigen Wandel unterworfen. Nach einem von relativ hoher Arbeitslosigkeit begleiteten starken Minus zu Beginn des Jahrzehnts wurde 2006 erstmals ein zweistelliger Milliardenüberschuss erzielt. Grund für diese Entspannung waren sinkende Ausgaben aufgrund der „Hartz-Reformen" und eine gute Entwicklung auf dem Arbeitsmarkt. Als Folge wurden die Beiträge gesenkt, sodass sich der Überschuss reduzierte.

Die Kosten der Arbeitslosigkeit

Gesamtwirtschaftliche Kosten bzw. Mindereinnahmen in Milliarden Euro

Zahl der registrierten Arbeitslosen: 4,86 Mio. (2005) – 2,95 Mio.

87,7 Mrd. € – 82,2 – 67,2 – 55,9 – 59,8 – 60,2 – 56,3 – 54,3 – 56,0

davon im Jahr 2013 in Prozent:
- 50,0 % Bund, Länder, Gemeinden
- 26,1 Bundesagentur für Arbeit
- 23,9 Sozialversicherung*

© Globus 10013 — Quelle: IAB (2014) — *ohne Arbeitslosenversicherung

① Nehmen Sie zu folgender Aussage begründet Stellung: „Wenn die Arbeitslosenversicherung einen Überschuss erzielt, ist die Beschäftigungspolitik der Regierung erfolgreich".

② Wie das Beispiel „Stellenabbau bei deutschen Großunternehmen" zeigt, sind selbst in gewinnträchtigen Großunternehmen die Arbeitsplätze nicht mehr sicher. Überlegen Sie: Kann der Staat etwas gegen diese Entwicklung unternehmen?

③ Fassen Sie in eigenen Worten die wichtigsten Unterschiede zwischen dem ALG I und ALG II zusammen.

10.3.8 Gesetzliche Unfallversicherung

Die gesetzliche Unfallversicherung soll die Versicherten vor dem Eintritt von Arbeitsunfällen sowie Berufskrankheiten und arbeitsbedingten Gesundheitsgefahren schützen und sie, ihre Angehörigen und Hinterbliebenen bei Eintritt des Versicherungsfalls entschädigen.

Tragischer Unfall am Bau

Augsburg. Einen Moment der Unachtsamkeit bezahlte ein 21-jähriger Geselle mit dem Verlust der rechten Hand. Auf der Großbaustelle des neuen Kinozentrums trennte er sich die Hand durch die unsachgemäße Bedienung einer Kreissäge ab. Vor dem schnellen Eintreffen des Krankenwagens leisteten Kollegen Erste Hilfe.

■ Träger

Träger der Unfallversicherung sind die Berufsgenossenschaften, die nach Branchen gegliedert sind. Daneben gibt es Gemeindeunfallversicherungsverbände und verschiedene Unfallkassen. Dachverband ist die Deutsche Gesetzliche Unfallversicherung (DGUV).

■ Versicherte

Der Arbeitgeber muss grundsätzlich jeden Arbeitnehmer bei der Berufsgenossenschaft melden. Der Arbeitnehmer ist damit versichert. Selbstständige können sich freiwillig versichern. Durch die Gemeindeunfallversicherungen sind auch Studenten, Schüler, Kinder in Tageseinrichtungen sowie Personen, die ein öffentliches „Ehrenamt" bekleiden, und Helfer bei Unglücksfällen versichert.

■ Finanzierung

Die Beiträge zur Unfallversicherung werden allein von den Arbeitgebern aufgebracht, für deren Unternehmen die Versicherten tätig sind. Im Gegensatz zu den anderen Zweigen der Sozialversicherung zahlen die Arbeitnehmer keine Beiträge. Die Höhe der Beiträge richtet sich nach den jährlichen Lohn- und Gehaltszahlungen, nach dem Grad der Unfallgefährdung in der Branche bzw. im Betrieb und nach der Anzahl, Schwere und den Kosten der Unfälle und Berufskrankheiten in diesem Unternehmen. Es müssen durchschnittlich 1,0 Prozent der Arbeitsverdienste abgeführt werden. Die öffentlichen Unfallkassen werden durch die Kommunen und den Staat finanziert.

■ Versicherte Risiken

Die Unfallversicherung gewährt Leistungen, wenn ein Versicherungsfall vorliegt und die entsprechenden Voraussetzungen gegeben sind. Der Versicherungsfall kann ein Arbeitsunfall, ein Wegeunfall oder eine Berufskrankheit sein.

- **Arbeitsunfälle:** Wenn es während der beruflichen Tätigkeit zu einem Unfall kommt, ist der Arbeitnehmer abgesichert. Entscheidend ist der betriebliche Zusammenhang. Neben den typischen Unfällen bei der Arbeitsleistung sind also auch Unfälle beim Betriebssport oder bei Betriebsfesten versichert. Der Versicherungsschutz kann entfallen, z. B. wenn der Unfall durch Trunkenheit oder durch eine Straftat des Verletzten hervorgerufen wurde.

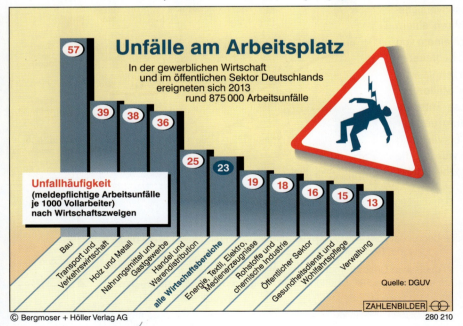

Unfälle am Arbeitsplatz

In der gewerblichen Wirtschaft und im öffentlichen Sektor Deutschlands ereigneten sich 2013 rund 875 000 Arbeitsunfälle

Unfallhäufigkeit
(meldepflichtige Arbeitsunfälle je 1000 Vollarbeiter) nach Wirtschaftszweigen

- Bau: 57
- Transport und Verkehrswirtschaft: 39
- Holz und Metall: 38
- Nahrungsmittel und Gastgewerbe: 36
- Handel und Warendistribution: 25
- alle Wirtschaftsbereiche: 23
- Energie, Textil, Elektro, Medienerzeugnisse: 19
- Rohstoffe und chemische Industrie: 18
- Öffentlicher Sektor: 16
- Gesundheitsdienst und Wohlfahrtspflege: 15
- Verwaltung: 13

Quelle: DGUV

ZAHLENBILDER

280 210

- **Wegeunfälle:** Unfälle, die sich auf dem unmittelbaren Weg zur Arbeit oder zurück ereignen, sind ebenfalls durch die Unfallkassen versichert. Umwege aus Zeitgründen, um Mitglieder einer Fahrgemeinschaft abzuholen oder um Kinder von einer Kindertagesstätte abzuholen, sind möglich. Der Versicherungsschutz beginnt an der Haustür und endet am Außentor des Werkgeländes oder der Außentür des Betriebes. Der Stolperunfall im Vorgarten ist also versichert – nicht so der im Treppenhaus.
- **Berufskrankheiten:** Berufskrankheiten sind Krankheiten, die entstehen, weil Arbeitnehmer im Beruf gesundheitsschädigenden Einwirkungen ausgesetzt sind. Die anerkannten Berufskrankheiten sind in der Berufskrankheitenverordnung enthalten. Beispiele sind Lärmschwerhörigkeit, Staublungenerkrankung aufgrund von Asbest, Grauer Star durch Wärmestrahlung.

■ Aufgaben und Leistungen

Die wichtigste Aufgabe der gesetzlichen Unfallversicherung ist, die Gefahr der Verwirklichung berufsbedingter Gefahren in einem konkreten Versicherungsfall (Unfall oder Krankheit) von vornherein gering zu halten (sogenannte Prävention). Dies ist schon aus finanziellen Erwägungen logisch. Denn wenn berufsbedingte Gefahren gering gehalten werden, gibt es weniger Versicherungsfälle – und die Versicherung muss weniger Leistungen erbringen. Aufgaben und Leistungen der gesetzlichen Unfallversicherung lassen sich unterteilen in

- **Prävention:** Maßnahmen zur Verhinderung von Arbeitsunfällen, Berufskrankheiten und arbeitsbedingten Gesundheitsgefahren. Zum Beispiel erlassen die Berufsgenossenschaften Unfallverhütungsvorschriften, deren Einhaltung in den Betrieben sie auch überwachen. Bei Nichteinhaltung der Unfallverhütungsvorschriften kann ein Bußgeld von bis zu 10.000 Euro verhängt werden.

- **Rehabilitation:** Hat sich dennoch eine der Gefahren in einem Versicherungsfall niedergeschlagen, gewährleistet die gesetzliche Unfallversicherung die Heilbehandlung zur Wiederherstellung der Arbeitsfähigkeit. Darüber hinaus werden – wenn erforderlich – Berufshilfen (z. B. Fortbildungsmaßnahmen zur Eingliederung in ein neues berufliches Umfeld, Übergangsgeld), Leistungen zur Teilhabe am Leben in der Gesellschaft (z. B. Finanzierung behindertengerechten Wohnraums), bei Arbeitsunfähigkeit Verletztengeld und bei Pflegebedürftigkeit Pflegegeld gewährt.

- **Entschädigung:** Kann die Arbeitsunfähigkeit trotz Rehabilitationsleistungen nicht wieder hergestellt werden, zahlt die gesetzliche Unfallversicherung eine Verletztenrente. Bei einem zum Tode führenden Versicherungsfall erhalten die Hinterbliebenen eine Witwen- oder Waisenrente.

Bevor Leistungen erbracht werden, meldet der Arbeitgeber den Versicherungsfall an die Berufsgenossenschaft. Diese prüft den Fall und bewilligt gegebenenfalls die Leistungen.

Kennzahlen der gesetzlichen Unfallversicherung für 2013 (gerundete Werte):
- 78,1 Mio. gegen Arbeits-, Wege- und Schülerunfälle sowie Berufskrankheiten Versicherte
- darunter 17,2 Mio. Kinder in Tagesbetreuung, Schüler, Studierende
- 3,9 Mio. Unternehmen Mitglieder der DGUV
- 1,2 Mio. Schulunfälle (davon 6 tödlich)
- 875.000 Arbeitsunfälle (davon 455 tödlich)
- darunter 15.000 schwere Arbeitsunfälle, bei denen es zur Zahlung einer Unfallrente kam
- 186.000 Wegeunfälle (davon 317 tödlich)
- 36.000 bestätigte Berufskrankheitsfälle
- 9,14 Mrd. € Entschädigungsleistungen

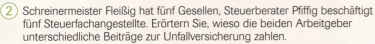

1. Azubi Mark findet auf seiner Gehaltsabrechnung nur Beiträge zur gesetzlichen Kranken-, Pflege-, Renten- und Arbeitslosenversicherung. Er fragt Sie, ob er unfallversichert ist. Was antworten Sie ihm?
2. Schreinermeister Fleißig hat fünf Gesellen, Steuerberater Pfiffig beschäftigt fünf Steuerfachangestellte. Erörtern Sie, wieso die beiden Arbeitgeber unterschiedliche Beiträge zur Unfallversicherung zahlen.
3. Finden Sie heraus, bei welchem Träger der gesetzlichen Unfallversicherung Sie versichert sind.

10.3.9 Individualversicherungen

Die gesetzliche Sozialversicherung funktioniert nach dem **Solidarprinzip**: Es findet ein Ausgleich zwischen den Versicherten statt, sodass alle Versicherten – unabhängig von der Höhe der gezahlten Beiträge – grundsätzlich einen Anspruch auf Leistungen in derselben Höhe haben. Bei den Individualversicherungen gilt das **Äquivalenzprinzip**. Leistung und Gegenleistung stehen im Gleichgewicht. „Wer mehr einzahlt, bekommt mehr heraus."

■ Gesetzliche Sozialversicherung und Individualversicherung

Während die dargestellten fünf Zweige der gesetzlichen Sozialversicherung den Bürger vor allem im Berufsleben absichern und ihm dort „nur" eine Grundversorgung geben, können zur Absicherung der übrigen Risiken des Lebens **private Zusatzversicherungen**, sogenannte Individualversicherungen abgeschlossen werden. Besonders aktuell ist dies beim Thema „Rente" (siehe Abschnitt 10.3.6), da die gesetzliche Rente in den meisten Fällen nicht ausreichen wird. In allen anderen privaten Lebensbereichen muss jeder selbst individuell nach seiner Lebenssituation abwägen:

- Ist ein Risiko so groß, dass eine Versicherung sinnvoll ist?
- Welche Versicherungsgesellschaft bietet die besten Bedingungen?

Ob, wie und wo eine Individualversicherung abgeschlossen wird, bleibt der Entscheidung jedes Bürgers überlassen. Eine Ausnahme stellt die Kfz-Haftpflichtversicherung dar, die jeder Halter eines Kraftfahrzeuges abschließen muss.

■ Wichtige Individualversicherungen

Besonders bedeutsam sind im Bereich der Personenversicherungen neben den bereits erwähnten Möglichkeiten privater Altersvorsorge

- die **Lebensversicherung**: Die Familie des Versicherten hat im Todesfall Anspruch auf die Auszahlung der Versicherungssumme (Risikolebensversicherung). Hat auch der Versicherte selbst einen Anspruch auf Auszahlung, wenn er einen bestimmten Ablauftermin erlebt, liegt eine Kapitallebensversicherung vor.
- die **Berufsunfähigkeitsversicherung**: Der Versicherte hat Anspruch auf Leistungen bei Berufs- oder Erwerbsunfähigkeit aufgrund von Krankheit oder Körperverletzung. Die Leistungen der gesetzlichen Sozialversicherung reichen zumeist nicht aus.
- die **private Unfallversicherung**: Während die gesetzliche Unfallversicherung die Unfallfolgen am Arbeitsplatz betrifft, schafft die private Unfallversicherung Absicherung bei allen Unfällen im privaten Bereich. Stürzt etwa der Arbeitnehmer Mayr auf dem Weg zur Arbeit im eigenen Vorgarten (Wegeunfall), tritt die gesetzliche Unfallversicherung ein. Vor den Folgen eines Sturzes im eigenen Wohnzimmer schützt nur die private Unfallversicherung, auch wenn Mayr sich anschickt, zur Arbeit aufzubrechen.

Unter den Sachversicherungen sind von besonderer Bedeutung

- die **Hausratversicherung**: Sie bietet Schutz in Form einer finanziellen Entschädigung bei Schäden am Hausrat (z. B. Möbel, Kleidung, Nahrungsmittel, Elektronikgeräte) des Versicherten, die etwa durch Feuer, Unwetter, Vandalismus oder Diebstahl entstehen.
- die **Wohngebäudeversicherung**: Sie schützt den Gebäudeeigentümer vor den Folgen von Schäden, die sich aus Feuer, Unwetter oder Leitungsschäden ergeben.

Die wichtigsten Vermögensversicherungen sind die **Haftpflichtversicherungen**:

- Die **private Haftpflichtversicherung** sichert den Versicherungsnehmer gegen Schäden ab, die dadurch entstehen, dass er Dritten gegenüber haftet. Wenn Herr Mayr etwa auf dem Weg zur Arbeit aus Unachtsamkeit mit seinem Fahrrad einen Passanten anfährt, kann dieser seine Behandlungskosten von Mayr ersetzt verlangen. Hier würde die private Haftpflichtversicherung Herrn Mayr vor finanziellen Schäden schützen.
- Der Abschluss einer **Kraftfahrzeug-Haftpflichtversicherung** ist für Kfz-Halter Pflicht, da die Teilnahme am Fahrzeugverkehr besonders gefährlich ist und der Schadensersatz für Geschädigte gesichert werden soll. Sie schützt Herrn Mayer vor finanziellen Schäden, falls er den Passanten statt mit dem Fahrrad mit seinem Pkw verletzt.

Welche Versicherung lohnt sich nun wirklich?

• Nicht zu verwechseln mit der Kfz-Haftpflicht ist dagegen der freiwillige Abschluss einer **Fahrzeugversicherung (Kaskoversicherung)**, die den Halter vor den Folgen von Schäden am eigenen Pkw schützt. Sie kann als Vollkasko- oder Teilkaskoversicherung abgeschlossen werden. Bei letzterer sind Schäden durch Vandalismus oder selbst verschuldete Unfälle nicht versichert.

Welche Versicherung ist sinnvoll?

Es gibt einige Individualversicherungen, die für fast jeden sinnvoll sind. Hierzu zählt die oben erwähnte Privathaftpflichtversicherung, denn die Wahrscheinlichkeit, irgendwann einmal irgendwem einen Schaden zuzufügen, ist relativ groß – und sei es nur durch eine kleine Unachtsamkeit, eine falsche Bewegung. Die daraus entstehende Pflicht, Schadensersatz zu leisten, kann ohne entsprechende Versi-

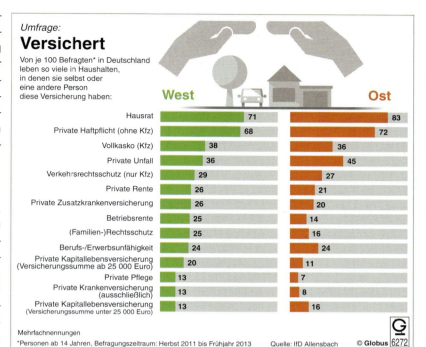

cherung die finanziellen Möglichkeiten übersteigen. Auch eine Hausratversicherung gilt für viele als „Muss", denn durch Diebstahl, Feuer oder Vandalismus gefährdete Dinge des täglichen Lebens besitzt nahezu jeder Mensch in gewissem Umfang. Als ratsam erscheint schließlich, sich mit einer Berufsunfähigkeitsversicherung gegen die Gefahr zu wappnen, aus gesundheitlichen Gründen nicht mehr arbeiten zu können.

Bei weiteren, von redegewandten Vertretern als unbedingte Pflicht angepriesenen Versicherungen, ist stets Vorsicht geboten. Die folgenden Hilfspunkte sollten die Überlegungen vor jedem möglichen Vertragsabschluss leiten:

• Wie wahrscheinlich ist es, dass ich einen derartigen Versicherungsfall erleben werde?
• Ist das Risiko vielleicht bereits durch eine bestehende Versicherung abgedeckt?
• Mehrere Angebote verschiedener Versicherungsunternehmen vergleichen
• Vermeidung einer Über- oder Unterversicherung
• Nach Unterschrift des Vertrages besteht in der Regel ein 14-tägiges Widerrufsrecht gemäß § 8 des Versicherungsvertragsgesetzes (VVG). Der Widerruf muss nicht begründet werden.

① Beschreiben Sie in eigenen Worten die Unterschiede zwischen der gesetzlichen Sozialversicherung und den Individualversicherungen.
② Prüfen Sie, welche Individualversicherungen Sie für sich oder Ihre Eltern für Sie abgeschlossen haben. Erscheinen Ihnen diese Versicherungen unter Ihren aktuellen Lebensumständen sinnvoll?
③ Warum ist es sinnvoll, dass die Versicherungssumme möglichst mit dem Wert der versicherten Gegenstände übereinstimmt?

Versicherungsprämie
Versicherungsbeitrag, den der Versicherte an den Versicherer zahlt

Versicherungssumme
Betrag, der bei Eintritt des Versicherungsfalls höchstens abgedeckt ist

Police
Vom Versicherer ausgestellte Urkunde über den Abschluss eines Versicherungsvertrages

Überversicherung
Die Versicherungssumme ist höher als der Wert des versicherten Gegenstands. Folge: Der Versicherte zahlt eine zu hohe Versicherungsprämie.

Unterversicherung
Die Versicherungssumme reicht zur Deckung des Schadens nicht. Die Differenz muss der Versicherte selbst zahlen.

10.3.10 Soziale Sicherung im internationalen Vergleich – Gesundheitssysteme

Einwohnerzahl USA
etwa 300 Millionen

Versicherungskosten
Eine vom Arbeitgeber bezuschusste Krankenversicherung für eine Arbeiterfamilie kostete vor der Gesundheitsreform im Jahr rund 12.000 US-Dollar, also etwa 7.800 Euro.

Wie unterschiedlich die Staaten mit sozialer Sicherung umgehen, erschließt sich aus einem internationalen Vergleich. Besonders auffällig waren stets die Gegensätze zwischen dem von Solidarität geprägten deutschen Gesundheitssystem und den Gegebenheiten in den USA. Zuletzt hat dort jedoch eine Gesundheitsreform Veränderungen eingeleitet.

■ USA: Löst die Gesundheitsreform die Probleme?

Das Thema Gesundheit galt in den USA immer als Angelegenheit des einzelnen Bürgers. „Warum soll die Allgemeinheit zahlen, wenn ein Einzelner erkrankt?", diese Frage empfanden viele US-Amerikaner als berechtigt. Demzufolge existierte keine solidarisch organisierte öffentliche Krankenversicherung. Eine gesetzliche Versicherungspflicht gab es nicht.

Private Krankenversicherungen konnten die Versicherung von Personen mit bestimmten Vorerkrankungen ablehnen und Versicherte ausschließen, die chronische Leiden entwickelten. Auch deshalb waren im Jahr 2010 zwischen 45 und 50 Millionen US-Bürger ohne Krankenversicherungsschutz. Etwa ebenso viele Menschen galten als unterversichert, sodass für sie bei Arztbesuchen oft hohe Zuzahlungen fällig wurden.

2010 verabschiedete das US-Repräsentantenhaus die von Präsident Obama auf den Weg gebrachte **Gesundheitsreform**. Dadurch wird zwar noch kein solidarisches System deutscher Prägung geschaffen, denn auf die Einführung einer öffentlichen Krankenkasse wurde verzichtet. Die Einführung der allgemeinen **Krankenversicherungspflicht** macht aus der „Bürgersache Gesundheit" aber doch eine Staatsangelegenheit. So sollen rund 32 Millionen (also zwei Drittel der unversicherten) US-Bürger erstmals einen Zugang zum Krankenversicherungsschutz erhalten.

Hier ein Überblick über wichtige Neuerungen der Reform:
• Wer sich nicht krankenversichert, muss seit 2014 mit einem Bußgeld rechnen, das ab 2016 bis zu 2,5 Prozent des Einkommens, mindestens aber 695 Dollar pro Jahr betragen wird.
• Unternehmen mit mehr als 50 Beschäftigten riskieren eine Strafe von 2000 Dollar pro Jahr je nicht betrieblich versichertem Beschäftigten.
• Privaten Krankenversicherungen wird untersagt, Kunden wegen deren Vorerkrankungen abzulehnen oder aufgrund chronischer Leiden auszuschließen.
• Statt einer öffentlichen Krankenkasse wird in jedem Bundesstaat eine Krankenversicherungsbörse eingerichtet, in der private Kassen ihre Policen anbieten.
• Der existierende staatliche Schutz für Bürger über 65 Jahre (Medicaid) wird ausgeweitet; die Versorgung von Menschen mit geringem Einkommen (Medicare), die in Notfällen die Behandlungskosten übernimmt, verbessert.

Rund 940 Milliarden Dollar wird die Umsetzung der Reform in den nächsten Jahren insgesamt kosten. Da aber andererseits massive Ausgabensenkungen im Gesundheitsbereich eingeplant sind, soll die Reform mit den Jahren den Staatshaushalt entlasten.

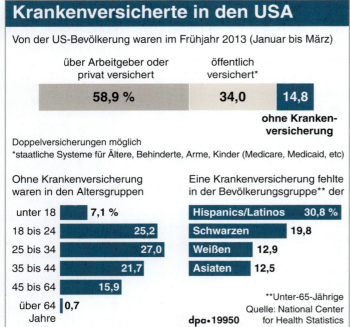

Krankenversicherte in den USA

Von der US-Bevölkerung waren im Frühjahr 2013 (Januar bis März)

über Arbeitgeber oder privat versichert	öffentlich versichert*	ohne Krankenversicherung
58,9 %	**34,0**	**14,8**

Doppelversicherungen möglich
*staatliche Systeme für Ältere, Behinderte, Arme, Kinder (Medicare, Medicaid, etc)

Ohne Krankenversicherung waren in den Altersgruppen

unter 18	**7,1 %**
18 bis 24	25,2
25 bis 34	27,0
35 bis 44	21,7
45 bis 64	15,9
über 64 Jahre	0,7

Eine Krankenversicherung fehlte in der Bevölkerungsgruppe** der

Hispanics/Latinos	30,8 %
Schwarzen	19,8
Weißen	12,9
Asiaten	12,5

**Unter-65-Jährige
Quelle: National Center for Health Statistics
dpa•19950

■ **Besonderheiten europäischer Gesundheitssysteme**

Auch in den Staaten der Europäischen Union gibt es Unterschiede in den Gesundheitssystemen. Einige sollen hier knapp dargestellt werden.

Niederlande – das Hausarztsystem

Der **Hausarzt** hat eine **Schlüsselrolle** im niederländischen System. Er ist der „Torwächter" zum Gesundheitssystem, denn nur mit seiner Überweisung kann man den Spezialisten besuchen. Er ist erster Ansprechpartner bei allen Beschwerden und „bereinigt" zudem rund 90 Prozent aller medizinischen Probleme. Nur drei Prozent der Patienten werden in Krankenhäuser überwiesen. Die Medikamentenverschreibungen liegen deutlich unter dem europäischen Durchschnitt. Im Jahr 2006 wurde das niederländische Gesundheitssystem reformiert. Seitdem besteht für alle Bürger eine **Versicherungspflicht**, zudem wurden alle **Versicherungsträger privatisiert**. Jeder Versicherungsträger ist verpflichtet, eine Basisversicherung anzubieten, die jedem Bürger offensteht und welche die medizinische Grundversorgung gewährleistet.

Italien – das dezentralisierte System

Das italienische Gesundheitssystem wird durch den **staatlichen Gesundheitsdienst** SSN repräsentiert, der alle Bürger erfasst. Finanziert wird der SSN überwiegend mit privaten Mitteln (Versicherungsbeiträge der Arbeitgeber und Zuzahlungen der Patienten) und nur zu 37,5 Prozent mit öffentlichen Geldern. Jeder hat **Anspruch auf die medizinische Grundversorgung**, garantiert wird aber nur ein Mindeststandard. Wenn sich Patienten Privatbehandlungen leisten wollen, müssen sie lange Wartezeiten in Kauf nehmen. Da die Organisation des Gesundheitssystems von der Verlagerung auf regionale und lokale Ebenen geprägt ist, gibt es von Region zu Region starke Qualitätsunterschiede. So ist im strukturschwachen Süden des Landes die ärztliche Versorgung schlechter als im Norden.

Großbritannien – das steuergeförderte System

Wie in den Niederlanden und Italien spielt der Hausarzt im britischen Gesundheitssystem eine wichtige Rolle. Wie in Italien gibt es auch in Großbritannien einen nationalen Gesundheitsdienst, den **National Health Service (NHS)**, der eine freie medizinische Grundversorgung aller Bürger garantiert. Ganz anders als in Italien wird der NHS aber zu 70 Prozent aus Steuermitteln und nur zu 20 Prozent aus Sozialabgaben finanziert. Private Zusatzversicherungen decken die darüber hinausgehende medizinische Versorgung ab.

Durch jahrelange Unterfinanzierung herrscht allerdings in Großbritannien Ärztemangel, Krankenhäuser sind baufällig und viele Geräte veraltet. Patienten warten oft länger als sechs Monate auf einen Eingriff. Zur Behebung dieser Defizite wurden in den vergangenen Jahren umfangreiche **Reformbemühungen** eingeleitet, die den NHS moderner und wettbewerbsfähiger machen sollen. Weitere Besonderheit in Großbritannien: Mit einer entsprechenden Zusatzausbildung sind auch Krankenschwestern („Practice Nurses") befugt, Medikamente zu verschreiben. Dies soll zu einer Kostensenkung im Gesundheitswesen beitragen.

① Warum sollte die Allgemeinheit zahlen, wenn ein Einzelner erkrankt? Argumentieren Sie.

② Sammeln Sie in den Medien Argumente der Befürworter und der Gegner der US-Gesundheitsreform. Welche Argumente sind aus Ihrer Sicht überzeugend? Ordnen Sie die Argumente in einer Tabelle.

③ Erstellen Sie eine Tabelle zu den in diesem Abschnitt kurz vorgestellten Gesundheitssystemen und nehmen Sie das deutsche Gesundheitssystem mit auf. Vergleichen sie darin die Systeme schlagwortartig in Bezug auf drei wichtige Punkte (z. B. Versicherungspflicht, Finanzierung, Versicherungsträger). Recherchieren Sie ergänzend im Internet.

10.3.11 Methode: Bewertung von Schaubildern

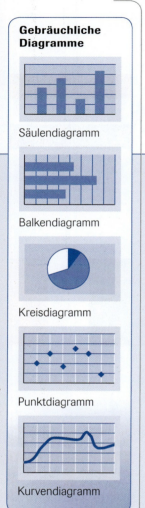

Gebräuchliche Diagramme

Säulendiagramm

Balkendiagramm

Kreisdiagramm

Punktdiagramm

Kurvendiagramm

Schaubilder begegnen uns sehr häufig in Schulbüchern, Zeitungen, Zeitschriften und auch im Fernsehen und Internet. Wer sie richtig zu lesen versteht, kann sich schnell über aktuelle Themen informieren, sich eine Meinung bilden und diese auch mit konkreten Zahlen stützen.

In Schaubildern werden komplizierte Sachverhalte, bei denen Zahlen eine wichtige Rolle spielen, schematisch dargestellt. Zu den statistischen Angaben kommen noch bildhafte Elemente, damit sich die Angaben leichter erkennen und einprägen lassen. So gelingt es, komplizierte Sachverhalte auf sehr kleinem Raum darzustellen. Wer die Zahlen richtig lesen will, muss alle einzelnen Elemente genau beachten.

◾ Ablaufplan

1. Welches Thema behandelt das Schaubild?
Eine Überschrift gibt darüber Auskunft. Eine Unterüberschrift oder kurze Texte erläutern die Materie genauer.

2. Welche Bedeutung haben die Zahlen?
Es ist darauf zu achten, was die Zahlen aussagen. Handelt es sich um Prozentangaben, absolute Zahlen, Mengen- oder Größenangaben? Unter Umständen geben die x- und y-Achse wertvolle Hinweise. Die Zahlenreihen können in unterschiedlicher Weise dargestellt werden (siehe nebenstehende Beispiele).

3. Was will uns die Grafik sagen?
Aus den Zahlen lässt sich zumeist eine bestimmte Aussage oder Entwicklung erkennen. Diese Aussage ist die grundlegende Information, die die Grafik vermitteln will.
Achtung: Schaubilder können leicht den Eindruck erwecken, dass sie objektive Wahrheiten wiedergeben. Die Darstellung kann aber verzerrt sein, die Zahlen geben die Situation möglicherweise nicht korrekt wieder oder sind geschätzt.

4. Welche Schlüsse lassen sich aus der entsprechenden Aussage ziehen?
Hier gilt es, sich eigene Gedanken über die Konsequenzen der Aussage des Schaubildes zu machen.

◾ Vorgehen nach dem Ablaufplan anhand eines Beispiels

1. Die Grafik behandelt die Entwicklung der Bevölkerungszahl in Deutschland

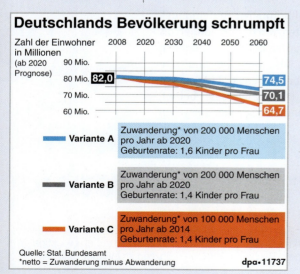

Deutschlands Bevölkerung schrumpft

Zahl der Einwohner in Millionen (ab 2020 Prognose)

2008 2020 2030 2040 2050 2060

90 Mio.
80 Mio. **82,0** | **74,5**
70 Mio. | **70,1**
60 Mio. | **64,7**

Variante A — Zuwanderung* von 200 000 Menschen pro Jahr ab 2020 / Geburtenrate: 1,6 Kinder pro Frau

Variante B — Zuwanderung* von 200 000 Menschen pro Jahr ab 2020 / Geburtenrate: 1,4 Kinder pro Frau

Variante C — Zuwanderung* von 100 000 Menschen pro Jahr ab 2014 / Geburtenrate: 1,4 Kinder pro Frau

Quelle: Stat. Bundesamt
*netto = Zuwanderung minus Abwanderung
dpa•11737

2. Die Entwicklung ist in drei Kurven dargestellt. Den Kurven liegen unterschiedliche Schätzungen (Prognosen) für die Zuwanderungs- und die Geburtenrate in Deutschland bis ins Jahr 2060 zugrunde.

3. Die Bevölkerungszahl sinkt – je nach zutreffender Prognose – mehr oder weniger dramatisch. Aber Achtung: Es geht um Prognosen – die Realität kann abweichen.

4. Mit dem Sinken der Bevölkerungszahl geht ein Arbeitskräftemangel einher. Immer weniger Menschen werden in die Sozialsysteme einzahlen, sodass die gesetzliche Sozialversicherung weiter belastet wird.

So entwickeln sich die Renten

Verfügbare Eckrente* in Euro je Monat (jeweils ab 1. Juli)

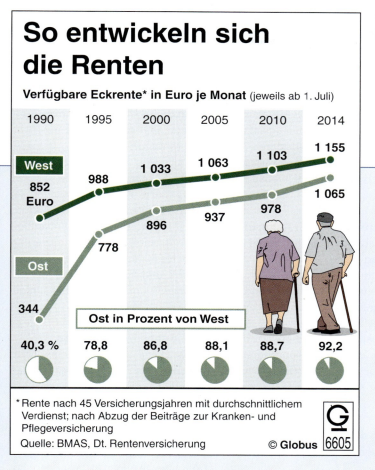

	1990	1995	2000	2005	2010	2014
West	852 Euro	988	1 033	1 063	1 103	1 155
Ost	344	778	896	937	978	1 065
Ost in Prozent von West	40,3 %	78,8	86,8	88,1	88,7	92,2

* Rente nach 45 Versicherungsjahren mit durchschnittlichem Verdienst; nach Abzug der Beiträge zur Kranken- und Pflegeversicherung

Quelle: BMAS, Dt. Rentenversicherung

© Globus 6605

Deutsche in West und Ost

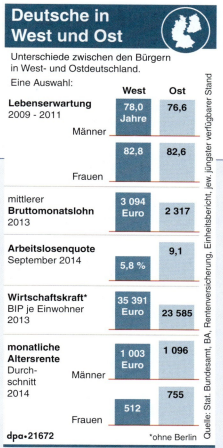

Unterschiede zwischen den Bürgern in West- und Ostdeutschland. Eine Auswahl:

	West	Ost
Lebenserwartung 2009 - 2011	78,0 Jahre	76,6
Männer		
Frauen	82,8	82,6
mittlerer **Bruttomonatslohn** 2013	3 094 Euro	2 317
Arbeitslosenquote September 2014	5,8 %	9,1
Wirtschaftskraft* BIP je Einwohner 2013	35 391 Euro	23 585
monatliche Altersrente Durchschnitt 2014 Männer	1 003 Euro	1 096
Frauen	512	755

Quelle: Stat. Bundesamt, BA, Rentenversicherung, Einheitsbericht, jew. jüngster verfügbarer Stand

dpa•21672   *ohne Berlin

Junge Menschen ohne Job

Zahl der arbeitslosen 15- bis 24-Jährigen in Tausend

00 01 02 03 04 05 06 07 08 09 10 11 12 13

429 Tsd. — 498 — 444 — 516 — 504 — 620 — 524 — 403 — 339 — 376 — 325 — 279 — 274 — 276

Arbeitslosenquoten* 2013 in Prozent (Jahresdurchschnitte)

Berlin	12,0 %
Mecklenburg-Vorpommern	11,1
Sachsen-Anhalt	10,2
Brandenburg	9,7
Bremen	9,6
Sachsen	8,3
Nordrhein-Westfalen	7,4
Saarland	7,1
Thüringen	7,0
Schleswig-Holstein	6,8
Niedersachsen	6,0
Deutschland	*6,0*
Hamburg	5,8
Hessen	5,5
Rheinland-Pfalz	5,1
Bayern	3,2
Baden-Württ.	3,0

© Globus 6563   *in Prozent aller zivilen Erwerbspersonen von 15 bis 24 Jahren   Quelle: Bundesagentur für Arbeit

Bilden Sie in der Klasse Gruppen und bewerten Sie die Schaubilder nach den vier Fragen des Ablaufplanes.

Zur Wiederholung

10.3.1
Grundlagen der sozialen Sicherung

- Reichskanzler Bismarck führte in den 1880er-Jahren erste gesetzliche Sozialversicherungen ein
- Gesetzliche Sozialversicherungen funktionieren nach dem Prinzip der Solidargemeinschaft: Beiträge richten sich nach dem Einkommen, Leistungen sind für alle gleich; Arbeitnehmer sind pflichtversichert
- Grundsätze sozialer Sicherung sind Subsidiaritäts-, Solidaritätsprinzip und Generationenvertrag

10.3.2
Gesetzliche Krankenversicherung

- Arbeitnehmer sind in gesetzlichen Krankenkassen (z. B. DAK, AOK) pflichtversichert; bei Überschreiten einer bestimmten Einkommensgrenze ist die Versicherung freiwillig
- Den Beitrag teilen sich Arbeitgeber und Arbeitnehmer zu gleichen Teilen; darüber hinaus zahlt der Arbeitnehmer einen von der Krankenkasse festgesetzten Zusatzbeitrag
- Leistungen gesetzlicher Krankenkassen umfassen z. B. die Verhütung von Krankheiten sowie deren Behandlung und Früherkennung

10.3.3
Gesundheitssystem: Probleme und Lösungsmodelle

- Ursachen der „Kostenexplosion" im Gesundheitswesen sind z. B. die Überalterung der Gesellschaft, aufwendige medizinische Geräte und Fehlernährung (Übergewicht)
- Der Gesundheitsfonds reformierte 2009 das Gesundheitssystem
- Weitere Reformen: Einführung allgemeiner Krankenversicherungspflicht; einheitlicher Beitragssatz aller gesetzlichen Kassen

10.3.4
Gesetzliche Pflegeversicherung

- Wer gesetzlich krankenversichert ist, ist auch pflegeversichert
- Arbeitgeber und Arbeitnehmer zahlen den Beitrag hälftig
- Leistungen aus der Pflegeversicherung setzen Pflegebedürftigkeit voraus; es wird nach Pflegestufen 1–3 (erhebliche, schwere, Schwerstpflegebedürftigkeit) unterschieden

10.3.5
Gesetzliche Rentenversicherung

- Träger ist die Deutsche Rentenversicherung
- Die Finanzierung erfolgt durch Pflichtbeiträge (Arbeitgeber und Arbeitnehmer hälftig), in hohem Maße auch aus Steuergeldern
- Leistungen: Altersrente, Erwerbsminderungsrente, Hinterbliebenenrente; die Berechnung der Höhe erfolgt nach der Rentenformel

10.3.6
Probleme der Rentenversicherung

- Grundlage ist der „Vertrag der Generationen": Die Arbeitnehmer von heute finanzieren die Renten von morgen
- Da die Zahl der Arbeitnehmer sinkt, während die Zahl der Rentenempfänger steigt, „kippt" diese Finanzierung
- Um ein Auskommen im Alter zu sichern, muss privat vorgesorgt werden, z. B. mit der „Riester-Rente"

10.3.7
Gesetzliche Arbeitslosenversicherung

- Träger ist die Bundesagentur für Arbeit in Nürnberg
- Finanzierung durch Pflichtbeiträge (Arbeitgeber und Arbeitnehmer hälftig) sowie aus staatlichen Mitteln
- Zu den Leistungen, die Arbeitslose (Arbeitsuchende) beanspruchen können, zählen Beratung, Vermittlung und Arbeitslosengeld I und II

10.3.8
Gesetzliche Unfallversicherung

- Träger sind vor allem die Berufsgenossenschaften
- Den Beitrag zur Unfallversicherung zahlt allein der Arbeitgeber
- Versicherte Risiken: Arbeitsunfälle, Wegeunfälle, Berufskrankheiten
- Leistungen umfassen Prävention von Arbeitsunfällen, Finanzierung der Heilbehandlung nach Arbeitsunfall und Entschädigung bei Arbeitsunfähigkeit nach Arbeitsunfall

10.3.9
Individualversicherungen

- Gesetzliche Sozialversicherungen decken als Pflichtversicherungen gängige Gefahren ab; bei freiwilligen Individualversicherungen entscheidet jeder selbst, ob ein Lebensrisiko groß genug ist, um es versichern zu lassen
- Als sinnvoll gelten insbesondere Privathaftpflicht-, Hausrat- und Berufsunfähigkeitsversicherung

10.3.10
Soziale Sicherung im internationalen Vergleich – Gesundheitssysteme

- In den USA wurde durch die Gesundheitsreform eine gesetzliche Krankenversicherungspflicht eingeführt; der staatliche Schutz für sozial Schwache wurde ausgeweitet
- Unterschiede in der EU: Niederlande („Hausarztsystem"), Italien („dezentralisiertes System"), Großbritannien („steuergefördertes System")

10.4　Recht

10.4.1 Das Recht – Bedeutung und Funktionen

Würde das „Recht des Stärkeren" gelten, wäre der Schwache schutzlos. Am neuen Smartphone hätte er vermutlich keine lange Freude.

■ **Was ist „Recht"?**

„Recht haben" heißt in der Alltagssprache nichts anderes als „die Wahrheit sagen". Wer in der Schule die korrekte Lösung für eine Aufgabe des Lehrers findet, wer vor einem Millionenpublikum die richtige Antwort auf die Millionenfrage gibt, hat Recht – im Sinne der Umgangssprache.

In diesem Kapitel geht es um das Recht im „technischen" Sinne, das in Gesetzen wie dem Grundgesetz (GG) oder dem Bürgerlichen Gesetzbuch (BGB) und Verträgen wie dem Ausbildungsvertrag festgeschrieben ist. „Recht haben" heißt hier, dieses Recht auch durchsetzen, es sich vor einem Gericht erkämpfen zu können. Um sein Recht durchsetzen zu können, muss man sein Recht aber zunächst einmal kennen.

Grundgesetz (GG)
Verfassung der Bundesrepublik Deutschland; höchstes Gesetz, gegen das keine andere deutsche Rechtsnorm verstoßen darf.

■ **Warum brauchen wir eine Rechtsordnung?**

Viele Bürger sind unzufrieden mit der „Verrechtlichung" aller Lebensbereiche; ein Dickicht von Vorschriften trübt ihnen die Sicht. Das Wort vom „Gesetzesdschungel" macht die Runde. Andererseits hat sich in der Geschichte herausgestellt, dass ein Zusammenleben vieler Menschen in **Anarchie**, also im Zustand der Gesetzlosigkeit, nicht funktioniert. Denn es wird immer eine Minderheit von Menschen geben, die versucht, ihre Interessen rücksichtslos, also auch mit **Gewalt**, durchzusetzen. Würde hier nicht durch Vorschriften Einhalt geboten, würde schnell das **„Recht des Stärkeren"** (Faustrecht) herrschen, was unweigerlich zu Ungerechtigkeit und Chaos führen würde.

Die Hauptaufgabe des Rechts besteht also darin, für eine Ordnung zu sorgen, die von **Gerechtigkeit** bestimmt wird. Dies bedeutet aber nicht, dass überall dort, wo eine Rechtsordnung besteht, auch Gerechtigkeit nach dem Verständnis moderner westlicher Rechtsstaaten herrscht. Auch Unrechtsstaaten haben zumeist Rechtsordnungen.

„Gesetz zum Schutze des deutschen Blutes und der deutschen Ehre vom 15. September 1935"

§1 (1) Eheschließungen zwischen Juden und Staatsangehörigen deutschen oder artverwandten Blutes sind verboten. Trotzdem geschlossene Ehen sind nichtig, auch wenn sie zur Umgehung dieses Gesetzes im Ausland geschlossen sind.

§5 (1) Wer dem Verbot des §1 zuwiderhandelt, wird mit Zuchthaus bestraft.

Beispiele für ungerechte Rechtsvorschriften eines Unrechtsstaates sind die **Nürnberger Gesetze** (Auszug: links), die 1935 von den deutschen Nationalsozialisten eingeführt wurden, um die Entrechtung, Diskriminierung und Verfolgung von Juden scheinbar auf eine rechtsstaatliche Grundlage zu stellen.

Der Begriff „Recht" ist also anfällig dafür, von Terrorherrschaften zur Verfestigung von Ungerechtigkeit missbraucht zu werden. Zu beachten ist auch, dass unterschiedliche Kulturen andere Auffassungen von Recht und Gerechtigkeit kennen (vergleichen Sie z. B. die Einstellungen zur sozialen Gerechtigkeit in den USA und Deutschland, Abschnitt 10.3.10).

Demokratie
Staatsform, in der die Herrschaft durch vom Volk gewählte Vertreter ausgeübt wird

■ **Funktionen des Rechts**

In modernen Demokratien – hier am Beispiel Deutschlands dargestellt – hat das Recht vornehmlich folgende Funktionen:

Recht sichert Frieden

Das friedliche Zusammenleben vieler Millionen Menschen verlangt, dass der Einzelne nur im absoluten Ausnahmefall **Gewalt** anwenden darf. Nur in einer Notwehrsituation, wenn unmittelbare Gefahr durch einen andern Menschen droht, kann Gewalt rechtmäßig sein. Zur Durchsetzung ihrer Rechte im Streitfall müssen die Bürger den Rechtsweg ergreifen, also vor Gericht klagen (siehe Abschnitt 10.4.3).

Das **Gewaltmonopol** liegt beim Staat. Er darf zur Verteidigung der Rechtsordnung (z. B. zur Auflösung einer gewalttätigen Demonstration) oder zum Schutz Einzelner – etwa zur Beendigung einer Entführung – Gewalt einsetzen. Jede Gewaltanwendung des Staates muss aber durch eine spezielle Rechtsnorm gedeckt sein. Gegen willkürliche Gewaltanwendung ist der Einzelne durch Artikel 2 des Grundgesetzes geschützt.

Recht sichert Freiheit

Das Recht sichert die Freiheit des Einzelnen vor Eingriffen. Gegen **staatliche Eingriffe** schützen die **Grundrechte** des Grundgesetzes. So darf z. B. niemandem gegen seinen Willen die Aufnahme eines bestimmten Berufes oder die Annahme eines bestimmten Glaubens aufgezwängt werden.

Das Recht schützt aber auch die Freiheit des Einzelnen vor Übergriffen anderer. Dabei muss es einen gerechten Ausgleich finden, da jede Gewährung von Freiheit einen anderen in dessen Freiheit beschränken kann. So muss z. B. die Freiheit des einen, laute Musik zu hören, ihre Grenzen dort haben, wo ein anderer um die Freiheit gebracht wird, sich eine gesunde Nachtruhe zu gönnen. Dies wird durch Vorschriften des Zivilrechts gewährleistet.

Recht sichert soziales Gleichgewicht

Da sich Deutschland im Grundgesetz zum **Sozialstaat** bekannt hat, ist der Einzelne nicht nur gegen Gewaltanwendung und Freiheitseingriffe, sondern auch vor sozialer Benachteiligung zu schützen. Die Rechtsordnung gewährt umfassende soziale Rechte, wie z. B. den Anspruch auf Grundsicherung für Arbeitsuchende. Die Sozialgesetze schützen nicht nur den Einzelnen, sondern sichern auch den **sozialen Frieden** aller.

Recht schafft Einrichtungen und steuert Lebenszusammenhänge

Zu einem friedlichen und freiheitlichen Zusammenleben in sozialer Gerechtigkeit gehört auch, dass die Rechtsordnung **Einrichtungen** zur Verfügung stellt, die ordnen, organisieren und entscheiden. Hierzu zählen Verwaltungsbehörden (z. B. Meldeämter, Bau- und Ausländerbehörden) und Gerichte. Das Recht muss zudem dort ordnend eingreifen, wo komplizierte Lebensbereiche und neue Entwicklungen es erfordern. Dies ist z. B. bei Fragen im Umgang mit natürlichen Ressourcen, dem Internet, der Globalisierung, dem Umweltschutz oder der Gefahr terroristischer Anschläge der Fall.

---

§ 32 Strafgesetzbuch (StGB): Notwehr
(1) Wer eine Tat begeht, die durch Notwehr geboten ist, handelt nicht rechtswidrig.
(2) Notwehr ist die Verteidigung, die erforderlich ist, um einen gegenwärtigen rechtswidrigen Angriff von sich oder einem anderen abzuwenden

Monopol
Vorrecht, alleiniger Anspruch

Artikel 2 GG
(2) Jeder hat das Recht auf Leben und körperliche Unversehrtheit. Die Freiheit der Person ist unverletzlich. In diese Rechte darf nur auf Grund eines Gesetzes eingegriffen werden.

Grundrechte
Elementare Freiheits- und Gleichheitsrechte des Einzelnen, die ihn gegen staatliche Eingriffe schützen und die in ihrem Kern unantastbar sind. Das Grundgesetz garantiert Grundrechte in den Artikeln 1 – 17. Nähere Informationen zu den Grundrechten finden Sie in Abschnitt 11.1.4.

---

① Finden Sie je fünf Beispiele zu subjektiven und objektiven Rechten und stellen Sie diese tabellarisch gegenüber.

② Informieren Sie sich über die „Nürnberger Gesetze" und beantworten Sie folgende Frage in Stichworten: „Wie kann es dazu kommen, dass Ungerechtigkeit zum Gesetz wird"?

③ In einem Zug der Münchener S-Bahn fällt Ihnen ein Mann auf, der andere Fahrgäste beleidigt und körperlich bedroht.
a) Dürften Sie gegen den Mann Gewalt anwenden?
b) Man erwartet von Ihnen „besonnenes" Verhalten. Was würden Sie tun?

10.4.2 Recht: Herkunft und Gegenwart

■ **Naturrecht als Quelle des heutigen Rechts**

Nähere Informationen zu Grundgesetz, Menschenrechten und Grundrechten finden Sie im Kapitel 11.1.

Eine wichtige Quelle des heutigen Rechts ist das **Naturrecht**, das im Gegensatz zu Gesetzen oder Verordnungen nicht niedergeschrieben ist. Das Naturrecht wird auch als **„vorstaatliches Recht"** bezeichnet, weil es nicht durch staatliche Gesetzgebung entstanden ist, sondern sich allein aus der menschlichen Vernunft ableitet. Das Naturrecht ist nach seinen Anhängern, zu denen bereits die griechischen Philosophen **Plato** und **Aristoteles** zählten, den staatlichen Rechtsordnungen übergeordnet, weil es bestimmte rechtliche Werte unabhängig von räumlichen und zeitlichen Entwicklungen garantiert. Zu diesen Werten zählen die Unverletzlichkeit der **Menschenwürde**, das Recht auf **Leben** und auf **Freiheit**.

Unter dem Eindruck des Zweiten Weltkrieges, in dem Naturrechte insbesondere von deutscher Seite zutiefst missachtet wurden, sind diese in vielen Rechtsordnungen als **Menschenrechte** festgeschrieben worden. Auch im deutschen **Grundgesetz** wurden **Grundrechte** verankert, die in ihrem Kern unantastbar sind. Wer sich also in einem der oben genannten Rechte verletzt fühlt, muss sich vor Gericht nicht mehr auf das Naturrecht berufen, sondern kann eine Grundrechtsverletzung geltend machen.

■ **Menschen machen Gesetze – seit 4000 Jahren**

Die Bestrebungen der Menschheit, Gesetze und Rechtsordnungen zu schaffen, sind bis in die Zeit der **Sumerer** im 21. Jahrhundert v. Chr. dokumentiert. Die älteste vollständig überlieferte Gesetzessammlung ist die des **babylonischen Königs Hammurabi** aus dem 18. Jahrhundert v. Chr. Er ließ sie in Keilschrift in eine über zwei Meter hohe Steinsäule meißeln (siehe Abbildung links). Mit heutigen rechtsstaatlichen Vorstellungen hatten die Gesetze des Hammurabi indes noch wenig gemein. So heißt es dort unter anderem: „Wenn ein Sohn seinen Vater schlägt, so soll man ihm die Hand abschlagen."

König Hammurabi (links) empfängt vom Sonnengott Schamasch die Gesetzestexte.

Für viele spätere Rechtssysteme prägend war das **römische Recht** der ersten Jahrhunderte vor und nach Christus. Besonders die unter Kaiser Justinian ab 533 n. Chr. zusammengefasste Gesetzessammlung „Corpus Iuris Civilis" („Verkörperung zivilen Rechts") hatte auch maßgeblichen Einfluss auf die Rechtsentwicklung in Deutschland.

Bei der Fortentwicklung des deutschen Rechts überwogen mal Elemente des Naturrechts, mal solche des römischen Rechts. Zudem ist

Notare im römischen Rechtsalltag

die **deutsche Rechtsgeschichte** – wie die deutsche Geschichte insgesamt – gekennzeichnet durch die Zersplitterung in diverse Einzelstaaten mit voneinander unabhängigen Gesetzeswerken. Nach der Gründung des Deutschen Reichs 1871 entstanden die noch heute gültigen Gesetzbücher zum Zivilrecht (**BGB**) und Strafrecht (**StGB**).

■ Das Recht im 21. Jahrhundert

Die folgende tabellarische Übersicht soll Ihnen einen **Überblick über Erscheinungs-formen des Rechts** geben.

Recht begegnet uns als…	
öffentliches Recht Es regelt das Verhältnis zwischen Bürger und Staat sowie zwischen staatlichen Institutionen. Bekanntester Verteter ist das GG. **Beispiel:** Das Grundrecht auf Gleichheit (Art. 3 GG) gibt dem Bürger ein Abwehrrecht gegen Ungleichbehandlung durch den Staat.	**Privatrecht** Es regelt das Verhältnis der Bürger untereinander. Wichtigste Quelle des deutschen Privatrechts ist das BGB. **Beispiel:** Das BGB gibt in §823 dem Bürger einen Anspruch auf Schadensersatz gegen den Mitbürger, der ihm durch Körperverletzung oder Sachbeschädigung Schaden zufügt.
geschriebenes Recht Hierzu zählen sämtliche von Parlamenten (Legislative) erlassenen Gesetze, von Ministerien (Exekutive) erlassenen Verordnungen sowie von öffentlich-rechtlichen Körperschaften (z. B. Gemeinden) erlassenen Satzungen. GG und BGB sind bekannteste **Beispiele** für das geschriebene Recht.	**Gewohnheitsrecht** Es entsteht durch regelmäßige Praxis zwischen zwei Parteien über einen längeren Zeitraum. **Beispiel:** Nutzt ein Anwohner über Jahre einen „Trampelpfad" auf dem Grundstück des Nachbarn mit dessen Duldung, so kann der Nachbar dieses nicht mehr grundlos verbieten.
Bundesrecht Dem Bundesrecht zugehörig sind alle Rechtsnormen, die deutschlandweit gültig sind, so zum **Beispiel** das GG, das StGB, das BGB und das Berufsbildungsgesetz (BBiG).	**Landesrecht** Zum Landesrecht gehören alle Normen, die nur in einem Bundesland Geltung haben, so zum **Beispiel** die Verfassung des Freistaates Bayern und das bayerische Gesetz über das Erziehungs- und Unterrichtswesen.
absolutes Recht Das absolute Recht gilt gegenüber jedermann. **Beispiel:** Der Eigentümer eines Smartphones kann jeden vom Gebrauch dieses Smartphones ausschließen.	**relatives Recht** Relative Rechte gelten nur gegenüber bestimmten Personen. **Beispiel:** Der Verkäufer eines Smartphones kann nur vom Käufer, seinem Vertragspartner, den Kaufpreis verlangen.
materielles Recht Zum materiellen Recht gehören alle Normen, die das Recht als solches ordnen, wie wiederum zum **Beispiel** das BGB, das GG oder das BBiG.	**formelles Recht** Zum formellen Recht zählen die Normen, die der Durchsetzung des materiellen Rechts im Verfahren dienen, so zum **Beispiel** die Zivilprozessordnung (ZPO).

Kontrolle der Staatsgewalten

Charakteristisch für einen Rechtsstaat ist, dass die drei „Staatsgewalten"
- Gesetzgebung (Legislative)
- Verwaltung (Exekutive)
- Rechtsprechung (Judikative)

zwar voneinander getrennt werden, sich aber gegenseitig kontrollieren. So heißt es in Art. 20 GG: (3) Die Gesetzgebung ist an die verfassungsmäßige Ordnung, die vollziehende Gewalt und die Rechtsprechung sind an Gesetz und Recht gebunden.

Mehr Informationen zur Gewaltenteilung finden Sie in Abschnitt 11.1.5 und zur Gesetzgebung in Abschnitt 11.2.7.

Beachten Sie, dass sich nur die in der Tabelle nebeneinander stehenden Alternativen ausschließen. Ein Recht kann also niemals zugleich öffentliches Recht *und* Privatrecht oder Bundes- *und* Landesrecht sein. Stets lässt sich das Recht aber einer der beiden sich gegenüberstehenden Möglichkeiten zuordnen. **Beispiel:** Der Anspruch des Einzelnen auf Achtung der Menschenwürde (Artikel 1 Abs. 1 GG) ist öffentliches, geschriebenes, absolutes und materielles Bundesrecht.

① Beschreiben Sie in eigenen Worten stichpunktartig den Unterschied zwischen dem Naturrecht und dem in Rechtsordnungen festgeschriebenen Recht.

② Die Gesetze Hammurabis sahen vor, dass derjenige, der einen anderen des Mordes bezichtigte, dies aber nicht beweisen konnte, selbst getötet wurde. Erklären Sie, warum eine solche Vorschrift mit dem Naturrecht unvereinbar ist.

③ In §433 Abs. 2 BGB heißt es: „Der Käufer ist verpflichtet, dem Verkäufer den vereinbarten Kaufpreis zu zahlen…" Ordnen Sie diese Bestimmung – wie im Beispiel den Anspruch auf Achtung der Menschenwürde – den Erscheinungsformen des Rechts in der Tabelle zu.

10.4.3 Gerichtsbarkeit in Deutschland

Nähere Informationen zum Bundesverfassungsgericht finden Sie in Abschnitt 11.2.9.

Behörde
Organisationsform, mithilfe derer der Staat seine Verwaltungsaufgaben erfüllt. Einzelne Behörden werden auch als Amt bezeichnet, z. B. Bauamt, Gewerbeamt, Einwohnermeldeamt.

■ Gerichtsbarkeit in Deutschland

Wer in Deutschland „Recht bekommen" will, darf – wie in Abschnitt 10.4.1 beschrieben – nicht zum „Faustrecht" greifen. Bei Rechtsstreitigkeiten sind staatliche Gerichte zuständig. Die deutsche Gerichtsbarkeit unterteilt sich in die **ordentliche Gerichtsbarkeit** und die **besondere Gerichtsbarkeit**. Hat ein Bürger vor der ordentlichen oder besonderen Gerichtsbarkeit nicht Recht bekommen, so steht ihm unter Umständen der Weg zur **Verfassungsgerichtsbarkeit** offen, die auf Bundesebene durch das Bundesverfassungsgericht in Karlsruhe wahrgenommen wird.

Die **ordentlichen Gerichte** sind zuständig für **Zivil- und Strafsachen** (zum Strafprozess siehe Abschnitt 10.4.5). Eine Ausnahme besteht hier lediglich für arbeitsrechtliche Streitigkeiten, die zwar zum Zivilrecht zählen, aber vor besonderen Gerichten, den **Arbeitsgerichten**, ausgetragen werden.

Im Übrigen sind die **besonderen Gerichte** (Arbeits-, Verwaltungs-, Finanz- und Sozialgerichtsbarkeit) für öffentlich-rechtliche Streitigkeiten, also zumeist für Streitigkeiten zwischen einem Bürger und staatlichen Institutionen, zuständig.

Ist der Einzelne mit dem Handeln einer Behörde nicht einverstanden, muss er beim **Verwaltungsgericht** klagen. Aber Achtung: Eine Klage vor dem Verwaltungsgericht ist im Regelfall nur zulässig, wenn zuvor Widerspruch bei der Behörde eingelegt wurde.

> **Beispiele für die Zuständigkeit der Verwaltungsgerichtsbarkeit:**
> • Jan hat seinen Pkw im Halteverbot geparkt. Die Polizei hat das Auto abschleppen lassen und verlangt die Abschleppkosten von Jan. Der aber will nicht zahlen.
> • Anna ist bei der Abschlussprüfung zur Mechatronikerin durchgefallen. Sie hält dies für ungerecht und möchte gegen ihre Bewertung vorgehen.
> • Gastwirt Greifer betreibt eine Kneipe in der Nürnberger Innenstadt. Wegen ständiger Ruhestörungen entzieht ihm die Behörde die Konzession. Greifer will klagen.

Richter am Bundesverfassungsgericht

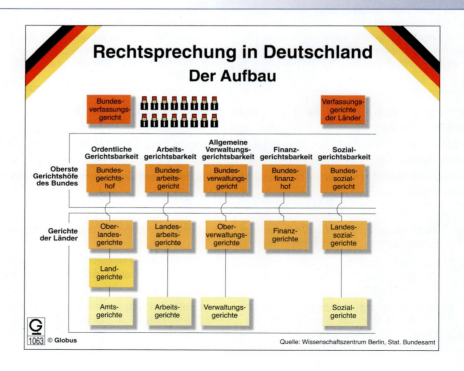

Die besondere Gerichtsbarkeit ist mit Ausnahme der Finanzgerichtsbarkeit dreistufig aufgebaut (siehe Schaubild links unten). Klage muss im Regelfall vor dem untersten Gericht eingelegt werden. Erst die Einlegung eines Rechtsmittels führt den Rechtsstreit in die nächsthöhere Instanz, also zum nächsthöheren Gericht.

> **Beispiel:** Wohnt der zahlungsunwillige Jan in Fürth, dann muss er zunächst vor dem zuständigen Verwaltungsgericht (VG) in Ansbach Klage gegen den Bescheid einlegen. Weisen die Richter seine Klage ab, kann er unter weiteren Voraussetzungen gegen das Urteil des VG **Berufung beim Verwaltungsgerichtshof** (VGH) in München einlegen. Entscheidet der VGH wiederum gegen Jan, steht ihm unter weiteren strengen Voraussetzungen die **Revision beim Bundesverwaltungsgericht** in Leipzig offen.

■ Rechtsstreit zwischen Bürgern – der Zivilprozess

Die meisten Rechtsstreitigkeiten in Deutschland sind Zivilprozesse. Hier klagen Bürger oder Unternehmen gegeneinander, z. B. wegen der Mangelhaftigkeit eines gekauften Laptops, weil die Mietwohnung im Winter nicht warm genug ist oder nach einem Fahrradunfall vom Verursacher Schmerzensgeld gefordert wird.

Die Zivilgerichtsbarkeit ist vierstufig aufgebaut. Ein Zivilverfahren beginnt mit der Einreichung der **Klageschrift** durch den **Kläger** beim Amtsgericht. Liegt der **Streitwert** (also z. B. der Wert des Schadens nach einem Autounfall oder der beanspruchte Kaufpreis für eine hochwertige Computeranlage) über 5.000 Euro, so ist das Landgericht erste Instanz. Der Klagegegner im Zivilprozess heißt **Beklagter**.

Kläger und Beklagter tragen in der **mündlichen Verhandlung** ihre Argumente vor. Das Gericht prüft, ob die Klage **zulässig** und **begründet** ist. Ist dies der Fall, ist also das Gericht von der Wahrheit der Angaben des Klägers überzeugt und ergeben diese auch den vom Kläger geltend gemachten Anspruch, spricht das Gericht dem Kläger den geltend gemachten Anspruch per **Urteil** zu. Anderenfalls wird die Klage abgewiesen.

Auch im Zivilprozess bringt die Einlegung eines Rechtsmittels den Prozess in die nächsthöhere Instanz. **Rechtskräftig** ist ein Urteil, wenn kein Rechtsmittel mehr eingelegt werden kann. Kommt der Unterlegene diesem Urteil nicht nach, schließt sich unter Umständen ein **Zwangsvollstreckungsverfahren** an.

Rechtsmittel
Will sich der Verlierer eines Rechtsstreits nicht mit seiner Niederlage abfinden, so kann er Rechtsmittel einlegen. Ist das Rechtsmittel zulässig, so führt dies zur Verhandlung vor der nächsthöheren Instanz.
Bei der **Berufung** werden sowohl der Tatsachenvortrag der Parteien als auch die Rechtsauffassung des Gerichts der Erstinstanz überprüft.
Bei der **Revision** findet nur eine Überprüfung auf Rechtsfehler statt.

Zulässig ist eine Klage, wenn die Prozessvoraussetzungen vorliegen. Dies ist z. B. nicht der Fall, wenn die Klage nicht ordnungsgemäß eingereicht wurde.

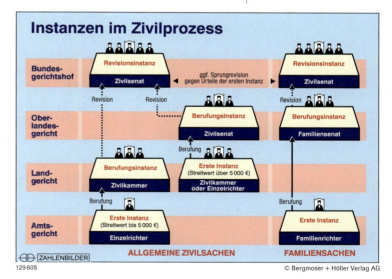

Instanzen im Zivilprozess

ALLGEMEINE ZIVILSACHEN · FAMILIENSACHEN

ZAHLENBILDER
129 605

© Bergmoser + Höller Verlag AG

---

① Ordnen Sie die folgenden Beispielsfälle dem Zivilrecht oder dem öffentlichen Recht zu:
   a) Vermieter Bayrhammer verlangt vom Auszubildenden Alex die Zahlung der Miete für den Monat Januar in Höhe von 300 Euro.
   b) Bayrhammer beantragt beim Bauamt eine Baugenehmigung für eine Erweiterung seines Hauses.

② Bei welchem Gericht müsste Bayrhammer gegen Alex wegen der Miete klagen?

③ Was kann Bayrhammer tun, wenn das Amt seinen Antrag auf Erteilung der Baugenehmigung ablehnt?

10.4.4 Der Mensch wächst mit Rechten und Pflichten

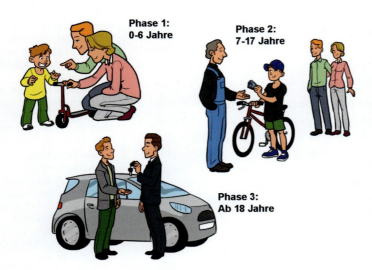

Phase 1:
0-6 Jahre

Phase 2:
7-17 Jahre

Phase 3:
Ab 18 Jahre

Geschäftsfähigkeit nach Lebensphasen

Der Umfang von Rechten und Pflichten verändert sich mit dem Alter. Einige Grundbegriffe sind zu unterscheiden:

■ Rechtsfähigkeit
Rechtsfähigkeit ist die Fähigkeit, in eigener Person **Träger von Rechten und Pflichten** zu sein. Rechtsfähig sind **alle Menschen** von der Geburt bis zum Tod. So kann ein Säugling bereits Eigentümer eines riesigen Hauses sein, etwa, wenn er es von einem verstorbenen Großvater geerbt hat. Der Säugling ist mit dem Tag seiner Geburt auch bereits Träger von Grundrechten.

■ Geschäftsfähigkeit
Geschäftsfähig ist, wer durch eigenes Handeln wirksam Rechtsgeschäfte abschließen kann. Dies ist naturgemäß bei Säuglingen nicht der Fall. Darüber hinaus sind alle **Kinder bis zum Alter von sechs Jahren geschäftsunfähig** – ihre rechtlichen Erklärungen sind nichtig.

Unbeschränkt geschäftsfähig sind dagegen alle Volljährigen, d. h. alle Menschen **ab 18 Jahren**. Sie tragen die volle Verantwortung für ihre rechtlichen Erklärungen. Wenn also der stets klamme 18-jährige Auszubildende Markus der Versuchung erliegt, sich einen gebrauchten BMW für 5.000 Euro zu kaufen, muss er den Kaufpreis bezahlen und möglicherweise jahrelang „abstottern".

Da ältere Kinder und Jugendliche im Alter von **7 bis 17 Jahren** einerseits die Möglichkeit haben müssen, Rechtsgeschäfte (also vor allem Kaufverträge des alltäglichen Lebens) abzuschließen, andererseits aber den Verlockungen und Tücken des Geschäftsverkehrs besonders ausgesetzt sind, gelten sie als **beschränkt geschäftsfähig**. Ihre rechtlichen Erklärungen sind im Regelfall von der Zustimmung der Eltern abhängig.

> **Beispiel:** Markus kann es nicht erwarten und „kauft" den gebrauchten BMW bereits ein halbes Jahr vor seinem 18. Geburtstag. Haben seine Eltern nicht zuvor eingewilligt und genehmigen sie den Kauf auch nicht nachträglich, ist der Kauf nichtig: Markus bekommt das Auto nicht, muss aber auch die 5.000 Euro nicht zahlen.

Die wichtigste Ausnahme ist der sogenannte **„Taschengeldparagraf"** 110 BGB. Hiernach bedürfen Rechtsgeschäfte beschränkt Geschäftsfähiger keiner Zustimmung, wenn sie mit Geld bezahlt werden, das dem Kind oder Jugendlichen für solche Zwecke zur Verfügung steht.

> **Beispiel:** Der noch 17-jährige Markus erhält von seinen Eltern wöchentlich 20 Euro Taschengeld. Von diesem Geld kann er sich zwar kein Auto, wohl aber von Zeit zu Zeit ein Eis oder eine Kinokarte kaufen.

Eigentum
Der Eigentümer ist rechtlich befugt, über eine Sache zu „herrschen". Er hat das Recht, andere vom Gebrauch auszuschließen. Beispiel: Wer Eigentümer eines Grundstücks ist, kann anderen das Betreten verbieten.

Besitz
Der Besitzer hat nur die „tatsächliche", nicht die rechtliche Herrschaft über eine Sache. So ist der Dieb Besitzer, aber nicht Eigentümer des gestohlenen Smartphones.

Rechtsgeschäft
Rechtsgeschäfte sind durch zumeist zwei übereinstimmende Willenserklärungen geschlossene Vereinbarungen. Beispiel: Kaufvertrag, Mietvertrag, Arbeits- und Ausbildungsvertrag.

■ Deliktsfähigkeit

Die Deliktsfähigkeit bezeichnet die **Verantwortlichkeit für Schäden**, die ein Mensch einem anderen durch eine „unerlaubte Handlung" zufügt. Ein **Sechsjähriger** ist **deliktsunfähig**. Schießt er beim Fußballspielen die Fensterscheibe eines Nachbarn kaputt, so ist er nicht verantwortlich.

Kinder und Jugendliche von **7 bis 17 Jahren** sind **beschränkt deliktsfähig** und damit nur dann verantwortlich für einen Schaden, wenn sie die erforderliche **Einsichtsfähigkeit** haben. Dies hängt von der jeweiligen Entwicklung des Minderjährigen ab und ist von Fall zu Fall unterschiedlich zu beurteilen. Stellt der 17-jährige Berufsschüler Markus seinem Mitschüler Maik ein Bein und verletzt sich Letzterer dadurch, so ist naturgemäß eher von Deliktsfähigkeit auszugehen, als wenn der gleiche Vorfall zwischen zwei siebenjährigen Grundschülern passiert. In Fällen mangelnder Deliktsfähigkeit kann der Geschädigte den Schaden auch nur dann von den Eltern ersetzt verlangen, wenn diese ihre Aufsichtspflicht verletzt haben. Volljährige sind unbeschränkt deliktsfähig.

Begriffe des bürgerlichen Rechts

Rechts- und Geschäftsfähigkeit

Handlungsfähigkeit	Rechtsfähigkeit			
Geschäftsfähigkeit	geschäftsunfähig	Kinder unter 7 Jahren; geistig behinderte Menschen	Rechtsgeschäfte sind nichtig; kleinere Alltagsgeschäfte geistig behinderter Erwachsener gelten aber als wirksam
	beschränkt geschäftsfähig	Kinder und Jugendliche von 7 bis 17 Jahren	Taschengeld-Geschäfte sind wirksam; andere Rechtsgeschäfte nur mit Genehmigung der Eltern
	voll geschäftsfähig	Volljährige (ab 18 Jahren)	Rechtsgeschäfte sind wirksam
Deliktsfähigkeit	deliktsunfähig	Kinder unter 7, im Bahn- und Kfz-Verkehr: unter 10 Jahren; geistig behinderte Menschen	Für Schäden durch unerlaubte Handlungen nicht verantwortlich
	beschränkt deliktsfähig	Kinder und Jugendliche von 7 bis 17 Jahren	bedingt verantwortlich
	voll deliktsfähig	Volljährige (ab 18 Jahren)	voll verantwortlich

© Bergmoser + Höller Verlag AG

ZAHLENBILDER

128 031

■ Strafmündigkeit

Während die Deliktsfähigkeit die Verantwortlichkeit für Schäden im zivilrechtlichen Sinne bezeichnet („Muss der Schaden ersetzt werden?"), geht es bei der Strafmündigkeit um die Frage, ob jemand wegen einer Tat nach dem Strafgesetzbuch (StGB) bestraft werden kann. **Strafunmündig** sind alle Personen **unter 14 Jahren**. Jugendliche **(14 bis 17 Jahre)** sind nach dem Jugendgerichtsgesetz (JGG) **bedingt strafmündig**. Wie bei der Deliktsfähigkeit ist hier auf die individuelle Einsichtsfähigkeit („War der Täter reif genug, das Unrecht der Tat einzusehen?") zu achten. Volljährige sind unbeschränkt strafmündig.

> **Beispiel:** Der 13-jährige Alex stiehlt in einem Supermarkt eine Tafel Schokolade und isst sie auf. Da er strafunmündig ist, kann er nicht wegen Diebstahls verurteilt werden. Wohl aber kann er deliktsfähig sein. Dann muss er den Wert der Schokolade ersetzen.

Delikt
Vergehen, ungesetzliche Handlung

Nähere Informationen zum Strafverfahren erhalten Sie in den Abschnitten 10.4.5 und 10.4.6

① Fassen Sie den Unterschied zwischen Deliktsfähigkeit und Strafmündigkeit in eigenen Worten stichpunktartig zusammen.

② Mia (6 Jahre) erhält Taschengeld. Kann sie sich am Kiosk rechtswirksam einen Schokoriegel kaufen?

③ Der 17-jährige Auszubildende Markus hat seinem Freund, dem 16-jährigen Mitschüler Frank, sein noch gut erhaltenes Mountainbike geschenkt, ohne dass seine Eltern davon wissen. Kann Frank die Herausgabe des Bikes von Markus verlangen?

10.4.5   Keine Strafe ohne Gericht

Überfall auf Berufsschüler

Martin besucht eine Berufsschule in Passau. Auf dem Heimweg begegnet ihm der 21-jährige Maik, der als aggressiv und gewaltbereit gefürchtet ist. Maik fragt Martin nach einer Zigarette. Martin, der Ärger in der Schule hatte, antwortet gereizt: „Hol dir selber Zigaretten, wenn du Geld hast!" Maik ist über diese Antwort so wütend, dass er Martin auf der Stelle ins Gesicht schlägt. Martin stürzt, wobei seine neue Hose so stark beschädigt wird, dass er sie nicht mehr tragen kann. Zudem erleidet er einen Bluterguss unter dem linken Auge. Martin möchte, dass Maik bestraft wird. Außerdem möchte er Ersatz für die Hose haben. Was kann er tun?

§ 223 StGB (Körperverletzung)
(1) Wer eine andere Person körperlich misshandelt oder an der Gesundheit schädigt, wird mit Freiheitsstrafe bis zu fünf Jahren oder mit Geldstrafe bestraft.

Vorsatz
Das StGB verlangt vorsätzliches Handeln. Eine Tat ist nur strafbar, wenn sie mit Wissen und Wollen begangen wurde. Da Maik in unserem Fall Martin bewusst niederschlug, ist Vorsatz gegeben.

Fahrlässigkeit
In Ausnahmefällen erklärt das StGB fahrlässiges Verhalten für strafbar, so die fahrlässige Körperverletzung in § 229. Diese kommt z. B. in Betracht, wenn ein Autofahrer aus Unachtsamkeit einen Passanten anfährt.

Verbrechen und Vergehen
Verbrechen sind alle Straftaten, die im Mindestmaß mit einer Freiheitsstrafe von einem Jahr oder mehr belegt sind. Alle übrigen Straftaten sind Vergehen.

■ Zivilrecht und Strafrecht

Der Fall verdeutlicht den Unterschied zwischen Zivil- und Strafrecht: Will Martin von Maik Schadensersatz für die zerstörte Hose haben, dann muss er – wenn Maik nicht einsichtig ist und von selbst zahlt – vor einem Zivilgericht klagen. Das Zivilgericht kann aber keine **Strafe** gegen Maik aussprechen. Hierfür ist das **Strafgericht** zuständig. Ob aber ein Strafverfahren gegen Maik eingeleitet wird, entscheidet nicht Martin, sondern die Strafverfolgungsbehörde: die **Staatsanwaltschaft**. Sie arbeitet eng mit der Polizei zusammen. Polizei und Staatsanwaltschaft müssen zunächst von einer möglichen Straftat erfahren, bevor sie tätig werden. Martin sollte also **Strafanzeige** bei der Polizei erstatten.

■ Was ist eine Straftat?

Polizei und Staatsanwaltschaft werden nur aktiv, wenn sich aus Martins Anzeige eine Straftat ableiten lässt. Das deutsche Strafrecht ist im Strafgesetzbuch **(StGB)** und einigen Nebengesetzen geregelt. Hier finden sich Beschreibungen für sämtliche strafbare Verhaltensweisen, wie z. B. Diebstahl (§ 242 StGB), Sachbeschädigung (§ 303 StGB) oder Mord (§ 211 StGB). Nur, wenn sich aus einem konkreten Paragrafen des Strafrechts ein strafbares Verhalten ergibt, liegt ein **Tatverdacht** vor. Und nur dann kann die Staatsanwaltschaft ein **Ermittlungsverfahren** einleiten. Da der Schlag ins Gesicht eine „körperliche Misshandlung" darstellt und der Bluterguss unter Martins linkem Auge zudem als Gesundheitsschaden anzusehen ist, besteht der Tatverdacht der Körperverletzung (§ 223 StGB).

■ Der Gang des Strafverfahrens

Es besteht der Verdacht, dass Martin Opfer einer Körperverletzung wurde. Die Staatsanwaltschaft wird aber nur dann beim Amtsgericht Passau **Anklage** gegen Maik erheben, wenn sie es nach den Ermittlungen der Polizei für wahrscheinlich hält, dass gerade er wegen der Tat verurteilt werden wird (hinreichender Tatverdacht). Bei ihren Ermittlungen müssen sich Polizei und Staatsanwaltschaft an die Regeln der Strafprozessordnung (StPO) halten.

Zunächst sollte Martin einen **Strafantrag** stellen, also zum Ausdruck bringen, dass er eine Bestrafung wünscht. Eine Körperverletzung wird ohne Strafantrag nämlich nur verfolgt, wenn die Staatsanwaltschaft ein „besonderes öffentliches Interesse" sieht (§ 230 StGB) – etwa, wenn der Täter als besonders gefährlich gilt.

Die Staatsanwaltschaft darf nicht nur auf Martins Aussage vertrauen. Sie muss auch damit rechnen, dass Martin nicht die Wahrheit sagt oder sich bezüglich des Täters täuscht. Sie muss **Zeugen** anhören und andere **Beweismittel** sammeln. Auch Maik selbst muss als **Beschuldigter** vernommen werden. Allerdings darf er die Aussage verweigern, was nicht gegen ihn gewertet werden darf. Ist die Staatsanwaltschaft davon überzeugt, dass Maik als Täter bestraft werden wird, erhebt sie Anklage, anderenfalls stellt sie das Verfahren ein.

Reicht die Staatsanwaltschaft eine Anklageschrift gegen Maik ein, geht die Zuständigkeit für das Verfahren auf das Amtsgericht Passau über. Nur bei schwerwiegenderen Delikten ist das Landgericht zuständig. Das Amtsgericht entscheidet, ob ein **Hauptverfahren** eröffnet und ein Termin zur Hauptverhandlung anberaumt wird. Ist dies der Fall, wird Maik vom Beschuldigten zum **Angeklagten**.

Das Amtsgericht setzt sich aus einem **Berufsrichter** und zwei „ehrenamtlichen" Richtern, den **Schöffen**, zusammen. Der Berufsrichter entscheidet allein, wenn eine höhere Freiheitsstrafe als zwei Jahre nicht zu erwarten ist (was hier der Fall ist). Außerdem sind ein Vertreter der Staatsanwaltschaft, der Angeklagte und möglicherweise dessen Strafverteidiger beteiligt. Das Gericht befragt Maik zu seinen persönlichen Verhältnissen und dann zum Tathergang. Auch hier hat Maik ein Schweigerecht. Legt er ein **Geständnis** ab, gibt er die Tat also zu, kann die Verhandlung geschlossen und Maik verurteilt werden. Streitet Maik die Tat ab, wird das Gericht eine **Beweisaufnahme** vornehmen, also z. B. vorhandene Fingerabdrücke erörtern. Mögliche Zeugen sowie Martin als Geschädigter werden vernommen. Ist die Beweisaufnahme abgeschlossen, fällt das Gericht seine Entscheidung.

■ Die Entscheidung des Gerichts

Als Entscheidungen des Gerichts kommen die Einstellung des Verfahrens, die **Verurteilung** und der **Freispruch** in Betracht. Ist das Gericht von der Unschuld des Angeklagten überzeugt oder lässt sich dem Angeklagten seine Schuld nicht nachweisen, ist er freizusprechen. Wenn das Gericht von der Täterschaft des Maik überzeugt ist, wird es ihn wegen Körperverletzung verurteilen.

Als Strafmaß kommen bis zu fünf Jahre Freiheitsstrafe in Betracht (§ 223 StGB). Die Höhe der Strafe ist abhängig von der Schwere der Schuld. Ist der Täter wegen ähnlicher Taten bereits in Erscheinung getreten? Wie schwer ist die Verletzung? Ist der Täter geständig und zeigt er Reue?

Eine Freiheitsstrafe, die nicht länger als zwei Jahre beträgt, kann zur **Bewährung** ausgesetzt werden. Der Täter bleibt dann auf freiem Fuß, wenn er sich an die Bewährungsregeln hält. Da hier die Verletzung (Bluterguss) vergleichsweise leicht ist, wird Maik jedenfalls mit einer Bewährungsstrafe davonkommen. Steht er erstmals wegen einer derartigen Tat vor Gericht, wird das Gericht nur eine **Geldstrafe** verhängen.

Zweck und Arten der Strafe

Strafzwecke im Erwachsenenstrafrecht sind vor allem
- der Ausgleich der Schuld
- die Abschreckung vor Wiederholung und
- die Resozialisierung des Täters, also seine Wiedereingliederung in die Gesellschaft.

Wichtigste Strafarten sind
- die **Freiheitsstrafe** (Gefängnisstrafe) und
- die **Geldstrafe**.

Verurteilte in Deutschland

Zahl der **rechtskräftig verurteilten Personen** in Tsd.

2007	2008	2009	2010	2011	2012	2013
897,6	874,7	844,5	813,3	807,8	773,9	755,9

davon:
Jugendliche* **39,5 Tsd.**
Heranwachsende** **64,0**

Für diese Straftaten wurden sie 2013 verurteilt
Anteile in Prozent

im Straßenverkehr 21,1
Sonstige (u.a. Betäubungsmitteldelikte) 16,8
gegen die Person (u.a. Körperverletzung) 15,8
gegen das Vermögen (u.a. Diebstahl, Betrug) 46,3

* 14 bis 17 Jahre
** 18 bis 20 Jahre
Quelle: Statistisches Bundesamt   dpa•22104

---

① Erklären Sie den Gang eines Strafverfahrens in eigenen Worten und schreiben Sie ihn stichpunktartig nieder.

② Setzen Sie die folgenden fünf Straftaten in eine Reihenfolge, indem Sie sie nach ihrem Schweregrad einschätzen, und begründen Sie Ihr Ergebnis: Diebstahl, Mord, Raub, Betrug, Beleidigung.

③ Betrachten Sie das Schaubild. Die Zahl verurteilter Personen ist seit 2007 stetig gesunken. Spricht das automatisch für eine positive Entwicklung im Bereich der Kriminalität? Argumentieren Sie.

10.4.6 Besonderheiten des Jugendstrafverfahrens

Fallabwandlung:
Unser Ausgangspunkt für die Betrachtung des Jugendstrafrechts ist wiederum der Einstiegsfall aus dem vorhergehenden Abschnitt 10.4.5. Einzige Änderung: Maik ist nicht 21, sondern 17 Jahre alt.

Was ändert sich bei der rechtlichen Beurteilung des Falles?

Nicht jeder ist so naiv wie der Fragesteller in der Illustration (oben). Doch die wenigsten Menschen wissen über das Jugendstrafrecht wirklich Bescheid. Zumeist wird es aus traurigem Anlass Gesprächsthema – und dann wird reflexartig seine Verschärfung gefordert. Doch ob härtere Strafen die Gewaltkriminalität Jugendlicher wirksam bekämpfen, ist unter Experten umstritten.

Einer der jüngsten in der Reihe trauriger Fälle: Im November 2014 wurde die 22-jährige **Tugce Albayrak** in Offenbach mutmaßlich von einem 18-jährigen Täter angegriffen und starb acht Tage darauf an ihren Hirnverletzungen. Zuvor hatte sie zwei Mädchen beigestanden, die im Toilettenbereich eines Schnellrestaurants von mehreren Männern bedrängt worden waren.

Resozialisierung
Wiedereingliederung eines Menschen in die soziale Gemeinschaft

■ Zivilrechtliche Betrachtung
Will Martin Schadensersatz für die zerstörte Hose haben, muss er sich wiederum an das Zivilgericht wenden. Dieses prüft, ob der 17-jährige Maik deliktsfähig war – und wird dies bejahen, da ein 17-Jähriger das Unrecht und die Folgen eines Faustschlages ins Gesicht absehen kann.

■ Anwendung des Jugendstrafrechts
Während bei dem 21-Jährigen das Erwachsenenstrafrecht anzuwenden war, ist bei Personen unter 21 Jahren zu unterscheiden: Kann auf Straftaten von **Heranwachsenden** (18 – 20 Jahre) im Einzelfall das Jugendstrafrecht angewendet werden, ist es auf Straftaten **Jugendlicher** (14 – 17 Jahre) immer anzuwenden. Unsere Fallabwandlung ist also nach dem Jugendstrafrecht zu beurteilen, das im **Jugendgerichtsgesetz (JGG)** geregelt ist. Parallell zur Deliktsfähigkeit gehen wir in diesem Fall von der Strafmündigkeit des 17-jährigen Maik aus.

■ Übereinstimmungen von Jugend- und Erwachsenenstrafrecht
Auch bei der Anwendbarkeit des Jugendstrafrechts gelten bestimmte Grundlagen des Erwachsenenstrafrechts. Wichtigstes Beispiel ist die Bestimmung der begangenen **Straftat**. Wie im Fall des 21-Jährigen auch ist diese Frage mit dem **StGB** zu beantworten: Maik hat eine **Körperverletzung** (§ 223) begangen. Allgemeine Begriffe wie Vorsatz und Fahrlässigkeit, Verbrechen und Vergehen haben hier wie dort dieselbe Bedeutung. Auch das über die Ermittlungen von Polizei und Staatsanwaltschaft Gesagte gilt mit kleineren Abweichungen. Allerdings verfügt die Staatsanwaltschaft über weitreichendere Möglichkeiten der Verfahrenseinstellung, bevor es zu einer Gerichtsverhandlung kommt.

■ Besondere Merkmale des Jugendstrafrechts
Die Unterschiede beginnen bei der Festlegung der **Rechtsfolgen der Tat**. Das in § 223 StGB festgelegte Strafmaß (Freiheitsstrafe bis zu fünf Jahre oder Geldstrafe) gilt im Jugendstrafrecht nicht. Hier gibt es ein anderes System von Rechtsfolgen (Sanktionen). Dem Jugendstrafrecht liegt der Gedanke zugrunde, dass **Erziehung** und **Resozialisierung** Vorrang vor Abschreckung und Schuldausgleich haben sollen. Nur wenn andere Sanktionen nicht ausreichen, soll als letztes Mittel Jugendstrafe verhängt werden. Bevor der Jugendliche mit dem „Makel der Strafe" belastet wird, sollen zunächst **Erziehungsmaßregeln** oder – wenn diese nicht ausreichen – **Zuchtmittel** verhängt werden. Um den Jugendlichen vor der Belastung einer Hauptverhandlung beim Gericht zu bewahren, können leichtere Erziehungsmaßregeln und Zuchtmittel im Zusammenwirken von Jugendrichter und Staatsanwaltschaft bereits vorgerichtlich angeordnet werden.

Nehmen wir an, dass Maik zwar unter den Passauer Jugendlichen als aggressiv bekannt ist, er aber dennoch zum ersten Mal strafrechtlich in Erscheinung tritt. In einem solchen Fall wird der Jugendrichter von einer Jugendstrafe absehen, da Martins Verletzung (Bluterguss) im Verhältnis zu anderen denkbaren Verletzungen minder schwer ist.

Je nach dem Eindruck, den das Jugendgericht von Tat und Täter gewinnt, kommt hier die Verhängung einer Erziehungsmaßregel in Form einer **Weisung** (z.B. „Täter-Opfer-Ausgleich") in Betracht. Beim Täter-Opfer-Ausgleich kommt es zur persönlichen

Sanktionen nach dem Jugendstrafrecht

Erziehungsmaßregeln	Zuchtmittel	Jugendstrafe
Heimerziehung	**Verwarnung**	**Freiheitsentzug**
Erziehungs-beistandschaft	**Auflagen** z.B. Geldbuße, Arbeitsauflagen, Wiedergutmachung des Schadens	in einer Jugendstrafanstalt (mindestens 6 Monate, höchstens 10 Jahre; bei Mord durch Heranwachsende: bis zu 15 Jahre)
Weisungen z.B. Arbeitsleistung, Aufnahme einer Ausbildung, soziales Training, Verkehrsunterricht, Meiden bestimmter Orte oder Personen	**Jugendarrest** Freizeit-, Kurzarrest, Dauerarrest bis zu 4 Wochen – auch neben einer Bewährungsstrafe („Warnschussarrest")	*Anwendung des Jugendstrafrechts:* ▸ *auf Jugendliche (14-17 Jahre),* ▸ *auf Heranwachsende (18-20 J.) mit noch nicht voll ausgereifter Persönlichkeit und bei typischen Jugendverfehlungen*

ZAHLENBILDER
131 311

© Bergmoser + Höller Verlag AG

Begegnung zwischen Täter und Opfer, wodurch dem Täter sein Unrecht vor Augen geführt und dem Opfer Gelegenheit gegeben werden soll, das Geschehene besser zu verarbeiten. Auch die Anordnung eines **Zuchtmittels** (z.B. Wiedergutmachung des Schadens oder Jugendarrest) ist möglich.

■ Der Ablauf des Jugendstrafverfahrens

Kommt es auf die Anklage der Staatsanwaltschaft zu einer gerichtlichen Hauptverhandlung, so ist das **Jugendschöffengericht** beim Amtsgericht zuständig. Es besteht aus dem Strafrichter und zwei Jugendschöffen. In Fällen wie unserem, in denen keine Jugendstrafe zu erwarten ist, entscheidet der **Jugendrichter** allein. Bei schweren Straftaten ist die Jugendkammer beim Landgericht erste Instanz. Anders als im Strafverfahren gegen Erwachsene ist die Verhandlung nicht öffentlich, Besucher sind also ausgeschlossen.

Im gesamten Strafverfahren gegen Jugendliche wird ein Vertreter der **Jugendgerichtshilfe** (JGH) mit sozialtherapeutischer Ausbildung hinzugezogen. Aufgabe der JGH ist es, dem Gericht bei der Erforschung der Persönlichkeit des Täters zu helfen, während des gesamten Verfahrens erzieherische, soziale und fürsorgerische Gesichtspunkte zur Geltung zu bringen sowie die Erfüllung aufgegebener Weisungen zu überwachen.

Auch im Jugendstrafverfahren gibt es gegen Urteile die Rechtsmittel der Berufung und Revision (siehe zu den Begriffen: Abschnitt 10.4.3). Da die Folgen der Tat für den Täter aber schnell spürbar werden sollen, sind diese Mittel eingeschränkt.

Schöffen
Ehrenamtliche Richter ohne rechtliche Vorbildung, die mit dem gleichen Stimmrecht wie Berufsrichter ausgestattet sind. Jugendschöffen müssen mindestens 25 Jahre alt sein und sollen erzieherische Erfahrung und Befähigung mitbringen.

① Erstellen Sie eine Tabelle, in der Sie Gemeinsamkeiten und Unterschiede zwischen Erwachsenen- und Jugendstrafrecht darstellen.

② Nehmen Sie an, Maik wäre 18 Jahre alt. Welche Überlegung müsste man nun anstellen?

③ Immer wieder wird die Verschärfung des Jugendstrafrechts gefordert. Würde dies Ihrer Ansicht nach zu einer Verringerung der Gewaltkriminalität bei Jugendlichen beitragen? Sammeln Sie Argumente dafür und dagegen.

10.4.7 Schlichtung und Mediation: außergerichtliche Einigung

Frahm gegen Frei

Rentner Wilhelm Frahm bewohnt ein kleines Einfamilienhaus am Stadtrand von Aschaffenburg. Er genießt seinen Lebensabend – doch in letzter Zeit hat er Kummer: Aus dem oberen Stockwerk des Nachbarhauses dröhnt bis spät in die Nacht laute Musik. Nach der dritten schlaflosen Nacht klingelt er bei seinem Nachbarn, dem 33-jährigen Geschäftsmann Derek Frei. Frei erklärt, er sei ein absoluter Fan von Goa-Trance-Techno und könne seine Leidenschaft nur nachts „ausleben", da er tagsüber hart arbeiten müsse. So laut sei die Musik ja nicht, Frahm solle mal zur nächsten Party mitkommen, da könne er „was erleben".

Da sich auf seine wiederholten Bitten nichts an der nächtlichen Beschallung ändert, erhebt Frahm Klage vor dem Amtsgericht Aschaffenburg mit dem Ziel, Frei zur Unterlassung des Abspielens lauter Musik zu verurteilen. Das Amtsgericht teilt ihm jedoch mit, dass die Klage unzulässig sei. Es sei kein „obligatorisches Schlichtungsverfahren" durchgeführt worden. Wilhelm Frahm ist dies rätselhaft. Was kann er tun?

obligatorisch
verpflichtend

Bagatelle
Kleinigkeit

freiwillige Schlichtung
Im Gegensatz zur obligatorischen Schlichtung kann die freiwillige Schlichtung in fast jeder zivilrechtlichen Streitigkeit eingesetzt werden.

Broschüre des Bayerischen Justizministeriums zur Schlichtung

■ Die „obligatorische Schlichtung"

Gerichtsverfahren kosten viel Geld, Zeit und Arbeitskraft. Deutsche Gerichte sind häufig überlastet. Verfahren ziehen sich in die Länge, was zur Unzufriedenheit bei Klägern, Beklagten und Richtern führt. Unter anderem deshalb trat im Jahr 2000 das „Gesetz zur Förderung der außergerichtlichen Streitbeilegung" in Kraft. Dadurch wurden die Bundesländer ermächtigt, für bestimmte „Bagatell-Streitigkeiten" ein außergerichtliches Verfahren zur Pflicht zu machen, bevor eine Klage eingelegt werden kann.

Bayern führte daraufhin das Bayerische Schlichtungsgesetz ein. Bei bestimmten **nachbarrechtlichen Streitigkeiten** und bei Streitigkeiten aufgrund von **Ehrverletzungen** im privaten Bereich ist danach die Erhebung einer Klage bei Gericht erst zulässig, wenn zuvor ein **Schlichtungsverfahren** bei einer außergerichtlichen **Gütestelle** erfolglos durchgeführt wurde. Ist das Schlichtungsverfahren erfolgreich, bedarf es einer Klage ohnehin nicht mehr. Hierdurch werden die Gerichte entlastet. Zweck des Schlichtungsverfahrens ist aber auch, die Akzeptanz der Entscheidung zu erhöhen: Da der Schlichter nicht wie ein Richter auftritt, sondern gemeinsam mit den Parteien nach einer gütlichen Einigung (Konsens) sucht, sollen sich beide Parteien in der Entscheidung wiederfinden und in Zukunft mit dem Ergebnis leben können.

Da es sich bei dem Streit zwischen Frahm und Frei um eine nachbarrechtliche Streitigkeit im Sinne des Bayerischen Schlichtungsgesetzes handelt, muss Wilhelm Frahm zunächst ein obligatorisches Schlichtungsverfahren durchführen lassen, bevor er klagen kann.

■ Ablauf des obligatorischen Schlichtungsverfahrens

Wilhelm Frahm wird einen Antrag auf Durchführung des Verfahrens bei einer **anerkannten Gütestelle** einreichen und einen Kostenvorschuss zahlen. Der Schlichter wird daraufhin einen Schlichtungstermin bestimmen.

An dem Termin müssen sowohl Wilhelm Frahm als auch Derek Frei persönlich anwesend sein. Die Schlichtungsverhandlung ist im Gegensatz zur Verhandlung vor Gericht nicht öffentlich. Die Parteien können, aber müssen sich nicht durch einen Rechtsanwalt beraten lassen.

Das Verfahren ist weniger förmlich als das eines Gerichtsverfahrens. Eine aufwendige Beweisaufnahme findet nicht statt. Es können aber Zeugen gehört und Beweisgegenstände in Augenschein genommen werden.

Um die angestrebte **gütliche Einigung** herbeizuführen, macht der Schlichter Vorschläge und erörtert sie mit den Parteien. In unserem Beispiel könnte er etwa vorschlagen, dass eine bestimmte Lautstärke nicht überschritten werden darf oder dass das Abspielen von Musik Frei nur bis 21 Uhr gestattet ist.

■ Ergebnis der Schlichtung

Einigen sich die Parteien in der Streitigkeit, dann schließen sie einen **Vergleich**. Der Vergleich vor einer anerkannten Gütestelle hat die **Wirkung eines Gerichtsurteils**, kann also mit Zwangsmaßnahmen durchgesetzt werden.

Gibt es keine Einigung, dann stellt der Schlichter ein entsprechendes Zeugnis aus – Wilhelm Frahm könnte nun eine Klage beim Amtsgericht einlegen.

■ Mediation

Immer freiwillig ist die Mediation. Hier geht es zumeist um vielschichtige, komplizierte und länger währende Konflikte, die sich wie die **Trennung, Ehescheidung** und der **Umgang mit Kindern** häufig im familiären Bereich abspielen. Bei derartigen Konflikten ist es von ganz besonderer Bedeutung, dass die Streitenden überhaupt an einen Tisch gebracht werden und miteinander in Kontakt treten, bestenfalls wieder in ein zielorientiertes Gespräch finden sowie versuchen, eigenständig Lösungsvorschläge zu erarbeiten.

Die Tätigkeit des **Mediators**, zumeist ein von den Streitenden frei ausgewählter und besonders ausgebildeter Jurist oder Psychologe, ist deshalb auch nicht ergebnisorientiert wie die des Schlichters. Der Mediator verhält sich wie der Schlichter unparteiisch, macht aber keine Vorschläge und gibt keine Empfehlungen. Er vermittelt zwischen den Streitenden, fördert die Kommunikation und regt einen **Prozess der gegenseitigen Annäherung** an.

Das Ergebnis einer erfolgreichen Mediation, die **Abschlussvereinbarung**, erscheint noch mehr als der Vergleich bei einer Schlichtung als Ergebnis der Streitenden selbst: Da jeder Streitende der Mediationsvereinbarung nicht nur zugestimmt, sondern diese auch selbstständig mit erarbeitet hat, gibt es keinen Verlierer, sondern nur Gewinner. Da sich keiner der Streitenden ungerecht behandelt fühlt, hat die Vereinbarung gute Chancen, für die Zukunft zu halten.

Wird eine Abschlussvereinbarung notariell beurkundet, so ist sie ebenso durchsetzbar wie ein Gerichtsurteil und ein Vergleich bei der obligatorischen Schlichtung.

Mediatorin (Mitte) bei einer Familienmediation

Anerkannte Gütestelle
ist in Bayern z. B. jeder Notar und jeder von der Rechtsanwaltskammer als Gütestelle zugelassene Rechtsanwalt.

Vergleich
Vertrag, durch den ein Streit im Wege gegenseitigen Nachgebens beseitigt wird

Zur **Schlichtung in Tarifstreitigkeiten** siehe bereits Abschnitt 10.1.11

Mediation
Vermittlung

---

① Stellen Sie die Unterschiede zwischen dem obligatorischen Schlichtungsverfahren und der Mediation tabellarisch zusammen.

② Stellen Sie Vorschläge zusammen, die der Schlichter den Streitenden, Wilhelm Frahm und Derek Frei, unterbreiten könnte.

③ Eine Ihrer Mitschülerinnen fühlt sich im Schulalltag von einem Mitschüler dauerhaft eingeschüchtert und bedroht.
a) Zu welchem außergerichtlichen Verfahren würden Sie raten?
b) Warum würden Sie gerade dieses Verfahren empfehlen?

10.4.8 Methode: Arbeiten mit Paragrafen

■ **Paragrafen – nicht nur etwas für „Rechtsverdreher"**

Die Arbeit mit Paragrafen sollte in komplizierten Fällen den Spezialisten, also den Rechtsanwälten überlassen bleiben. In einfacheren Fällen des täglichen Lebens ist es jedoch von Nutzen, den Aufbau und die Wirkungsweise von Paragrafen in ihren Grundzügen kennengelernt zu haben. Dies fördert den Sinn für Gerechtigkeit und spart Zeit und Geld, wo auch ein Laie den Fall mit ein wenig Vorkenntnis lösen kann.

■ **So funktionieren Paragrafen**

Es gibt lange, verschachtelte, spezielle und in schwer verständlicher Fachsprache geschriebene Paragrafen. Hiermit haben schon die Juristen genug Arbeit. Indes sind sehr viele Paragrafen der unterschiedlichen Rechtsgebiete, die im Alltag eine Rolle spielen, nach einem einfachen Muster „gestrickt". Sie verfügen über

Juristen
sind unter anderem Rechtsanwälte, Richter, Staatsanwälte und Notare.

Tatbestand = die Beschreibung der Fakten, auf die der Paragraf anzuwenden ist,
und
Rechtsfolge = die Beschreibung der Folgen, wenn der Paragraf anzuwenden ist.

Beispiel 1: § 223 Abs. 1 Strafgesetzbuch (StGB):
„Wer eine andere Person körperlich misshandelt oder an der Gesundheit schädigt, wird mit Freiheitsstrafe bis zu fünf Jahren oder mit Geldstrafe bestraft."
Tatbestand: „Wer eine Person körperlich misshandelt oder an der Gesundheit schädigt, …
Rechtsfolge: …wird mit Freiheitsstrafe bis zu fünf Jahren oder mit Geldstrafe bestraft."

Beispiel 2: 138 Abs. 1 Bürgerliches Gesetzbuch (BGB):
„Ein Rechtsgeschäft, das gegen die guten Sitten verstößt, ist nichtig."
Tatbestand: „Ein Rechtsgeschäft, das gegen die guten Sitten verstößt,…
Rechtsfolge: ist nichtig."

BGB
Bürgerliches
Gesetzbuch

ProdukthaftungsG
WohnungseigentumsG
ErbbauRG
Allgemeines
GleichbehandlungsG

74. Auflage
2014

Beck-Texte im dtv

Problem: unbestimmter Rechtsbegriff

Mit dem Wissen um Tatbestand und Rechtsfolge ist ein Paragraf noch nicht sicher auf eine Situation des täglichen Lebens anzuwenden. Vielfach enthalten Paragrafen sogenannte „unbestimmte Rechtsbegriffe". Dies sind Begriffe, deren Bedeutung noch einer weiteren Erläuterung bedarf, bevor sie ohne Zweifel angewendet werden können. Ein solcher „unbestimmter Rechtsbegriff" ist der „Verstoß gegen die guten Sitten" aus Beispiel 2. In welchem Fall ein Geschäft nämlich sittenwidrig ist, sagt das Gesetz nicht. Dies ist vielmehr einer näheren Bestimmung durch die Gerichte und die Wissenschaft überlassen.

Nichtjuristen, die keine Kenntnis der näheren Bestimmung unbestimmter Rechtsbegriffe haben, können hier immerhin ihr Rechtsverständnis am konkreten Fall erproben und versuchen, überzeugende Argumente für die eine oder andere Deutung zu finden. So ließe sich diskutieren, ob Rechtsgeschäfte im Rahmen von Glücksspielen sittenwidrig sind.

■ Praktische Anwendung von Paragrafen

Halten Sie sich bei der Anwendung von Paragrafen an den folgenden „Fahrplan".

1. **Erfassen des Sachverhalts**: Der Sachverhalt ist das tatsächliche Geschehen, auf das Sie einen Paragrafen anwenden. Beispiel: Sie beobachten, wie Randalierer in der Nürnberger Innenstadt nachts Ihr Fahrrad mit einem Baseballschläger zertrümmern.

2. **Auffinden von Paragrafen**: In einfachen Alltagsfällen genügt meist das BGB oder das StGB. Sie können die aktuellen Fassungen dieser Gesetze im Internet finden. Im obigen Fall der Randalierer kommt § 303 StGB (Sachbeschädigung) in Betracht.

3. **Subsumtion:** Zentrale Aufgabe ist die Prüfung, ob der **Tatbestand** auf den **Sachverhalt** „passt". Diese Prüfung wird Subsumtion genannt. Hier ist Schritt für Schritt vorzugehen. § 303 Abs. 1 StGB lautet: „Wer rechtswidrig eine fremde Sache beschädigt oder zerstört, wird mit Freiheitsstrafe bis zu zwei Jahren oder mit Geldstrafe bestraft." **Subsumtion auf den Randalierer-Fall:** Das Fahrrad ist eine Sache. Diese Sache war für die Randalierer auch fremd, da sie ja Ihnen gehört. Das Fahrrad wurde zumindest beschädigt. Die Beschädigung war auch rechtswidrig, da sie nicht etwa ausnahmsweise erlaubt war. Damit ist § 303 StGB anzuwenden. Es wurde eine Sachbeschädigung begangen.

4. **Bestimmen der Rechtsfolge:** Mit der Bestimmung der Rechtsfolge – hier Freiheitsstrafe bis zu zwei Jahren oder Geldstrafe – ist die Prüfung im Regelfall abgeschlossen. Aber Vorsicht: Achten sie auf Sondersituationen. Ist in unserem Fall ein Randalierer erst 13 Jahre alt, ist er strafunmündig – die Rechtsfolge gilt nicht. Da strafbares Verhalten im Regelfall Vorsatz (also Wissen und Wollen des Täters) erfordert, liegt es auch nicht vor, wenn eine Sachbeschädigung lediglich „aus Versehen", also fahrlässig, erfolgt.

Gesetze im Internet
Aktuelle Versionen von BGB, StGB und JGG finden Sie stets im Internet. Geben Sie z. B. „BGB" bei einer Suchmaschine ein.

St**GB**
Strafgesetzbuch
BetäubungsmittelG
WehrstrafG
WirtschaftsstrafG
Völkerstrafgesetzbuch
und weitere Vorschriften

52. Auflage
2014

Beck-Texte im dtv

Übungsfall: Der sechsjährige Josef besucht mit seinem Vater den Wochenmarkt in Weiden. In seinem kindlichen Übermut hangelt er sich an den Obstkörben entlang, bis das Unvermeidbare passiert: Ein großer Korb mit Kirschen (Wert: 10 Euro) fällt auf das Pflaster – die Hälfte der Kirschen wird zerstört. Der Vater will mit Josef schimpfen und tritt dabei fahrlässig in die Kirschen, sodass auch deren zweite Hälfte zu Schaden kommt. Die Marktfrau Hannelore Weiß, Eigentümerin der Kirschen, verlangt wegen der zerstörten Kirschen jeweils 5 Euro von Josef und seinem Vater.

Beantworten Sie die Fragen 1–3 nach dem obigen Fahrplan und den folgenden Paragrafen:

§ 823 Abs. 1 BGB Schadensersatz
Wer vorsätzlich oder fahrlässig das Leben, den Körper, die Gesundheit, die Freiheit, das Eigentum oder ein sonstiges Recht eines anderen widerrechtlich verletzt, ist dem anderen zum Ersatz des daraus entstehenden Schadens verpflichtet.

§ 828 Abs. 1 BGB Minderjährige
Wer nicht das siebente Lebensjahr vollendet hat, ist für einen Schaden, den er einem anderen zufügt, nicht verantwortlich.

① Kann Frau Weiß Schadensersatz von Josef verlangen?
② Kann sie Schadensersatz von Josefs Vater verlangen?
③ Josef ist als Sechsjähriger strafunmündig. Warum kommt auch eine Strafbarkeit seines Vaters wegen Sachbeschädigung nicht in Betracht?

Zur Wiederholung

10.4.1
Das Recht – Bedeutung und Funktionen
- Während „Recht haben" in der Alltagssprache „die Wahrheit sagen" heißt, bedeutet es im „technischen" Sinne die Chance, sein Recht auch durchsetzen zu können, z. B. vor Gericht
- Die Rechtsordnung erscheint dem Laien als „Gesetzesdschungel" – doch ist sie notwendig, um auch den Schwachen Gerechtigkeit zu geben
- Das Recht hat unterschiedliche Funktionen, z. B. sichert es den Frieden, die Freiheit, das soziale Gleichgewicht, schafft Einrichtungen und steuert Lebenszusammenhänge

10.4.2
Recht: Herkunft und Gegenwart
- Eine Quelle der heutigen Rechtsordnung ist das Naturrecht, das nicht niedergeschrieben ist, sich also nicht aus Gesetzen eines Parlaments, sondern allein aus der menschlichen Vernunft ableitet
- Bereits vor rund 4.000 Jahren schufen die Sumerer erste Rechtssätze
- Großen Einfluss auf die heutige Rechtsordnung hatte der römische „Corpus Iuris Civilis" aus dem 6. Jahrhundert n. Chr.
- Das Recht begegnet uns heute in diversen Erscheinungsformen, so dem öffentlichen und privaten Recht, dem Bundes- und Landesrecht, dem materiellen und formellen Recht

10.4.3
Gerichtsbarkeit in Deutschland
- In Deutschland gibt es die ordentliche, die besondere und die Verfassungsgerichtsbarkeit
- Die besondere Gerichtsbarkeit besteht aus Verwaltungs-, Sozial-, Finanz- und Arbeitsgerichtsbarkeit

- Das Bundesverfassungsgericht in Karlsruhe entscheidet, ob staatliches Handeln mit dem Grundgesetz vereinbar ist
- Die ordentliche Gerichtsbarkeit mit Amts-, Land- und Oberlandesgerichten sowie dem Bundesgerichtshof in Karlsruhe ist zuständig für Strafsachen und den Zivilprozess

10.4.4
Der Mensch wächst mit Rechten und Pflichten
- Rechtsfähigkeit ist das Vermögen, Träger von Rechten und Pflichten zu sein; jeder Mensch ist rechtsfähig
- Geschäftsfähig ist, wer durch eigenes Handeln wirksam Rechtsgeschäfte abschließen kann; Kinder unter 7 Jahren sind geschäftsunfähig, ab 7 Jahren beschränkt geschäftsfähig; mit 18 Jahren wird die volle Geschäftsfähigkeit erreicht
- Auch Deliktsfähigkeit und Strafmündigkeit sind nach Altersgruppen gestaffelt

10.4.5
Keine Strafe ohne Gericht
- Beschädigt ein Mensch absichtlich das Eigentum eines anderen, z. B. dessen Hose, so liegt eine Straftat (Sachbeschädigung) vor
- Bei den Rechtsfolgen muss unterschieden werden: Will der Geschädigte Schadensersatz, so muss er vor einem Zivilgericht klagen; eine Strafe kann nur ein Strafgericht aussprechen
- Das Verfahren vor dem Strafgericht setzt die Erhebung einer Anklage durch die Staatsanwaltschaft voraus; das Strafgericht kann später das Verfahren noch immer einstellen, den Angeklagten freisprechen oder – bei ausreichender Beweislage – verurteilen

10.4.6
Besonderheiten des Jugendstrafverfahrens
- Das Jugendstrafrecht wird bei Jugendlichen (14 – 17 Jahre) und Heranwachsenden (18 – 20 Jahre) angewendet
- Im Jugendstrafrecht steht der Erziehungsgedanke im Vordergrund, sodass eine Jugendstrafe (Freiheitsstrafe) nur verhängt wird, wenn Erziehungsmaßregeln und sogenannte Zuchtmittel versagen
- Als Erziehungsmaßregeln kommen vor allem Heimerziehung und Weisungen (z. B. Arbeitsleistung, soziales Training) in Betracht
- Zuchtmittel sind die Verwarnung, Auflagen (z. B. Geldbuße, Wiedergutmachung) und der Jugendarrest

10.4.7
Schlichtung und Mediation: außergerichtliche Einigung
- In Bayern ist bei bestimmten nachbarrechtlichen Streitigkeiten und Ehrverletzungen eine Klage erst möglich, wenn zuvor ein Schlichtungsverfahren bei einer anerkannten Gütestelle erfolglos durchgeführt wurde; hat das Schlichtungsverfahren Erfolg, so wird ein Vergleich geschlossen
- Davon zu unterscheiden ist die immer freiwillige Mediation in Trennungs-, Scheidungs- und Umgangsfragen; der Mediator übernimmt hier eine Vermittlerrolle
- Am Ende einer erfolgreichen Mediation steht eine Abschlussvereinbarung

10.5 Soziale Beziehungen

10.5.1 Persönlichkeit entwickelt sich durch Sozialisation

Sozialisation
Prozess der Einordnung des Einzelnen in die Gesellschaft. Während des Heranwachsens lernt der Mensch die Ziele, Regeln und Wertvorstellungen der Gesellschaft kennen.

Wichtige **Persönlichkeitsmerkmale** sind
- Interesse
- Ausgeglichenheit
- Gewissenhaftigkeit
- Offenheit
- Verträglichkeit
- Selbstvertrauen

■ Persönlichkeitsmerkmale sind angeboren und „antrainiert"

Jeder Mensch ist eine einzigartige und unverwechselbare Persönlichkeit. Aber wie entsteht diese Persönlichkeit und wie entwickelt sie sich im Laufe des Heranwachsens?

Diese Frage kann niemand abschließend beantworten. Sicher ist nur, dass viele Merkmale unserer Persönlichkeit angeboren sind. Aber welche dieser Merkmale durch unsere Gene festgelegt sind und wie stark sie sich im Laufe unseres Lebens auswirken, ist nicht geklärt.

Ebenso sicher ist, dass man viele Unterschiede zwischen den Menschen nicht durch Vererbung erklären kann. Es wurde durch Untersuchungen festgestellt, dass jeder Einzelne auch von seinem **sozialen Umfeld** geprägt wird: Durch Einflüsse wie Familie, Schule, Freundeskreis, Verein, Kirche, Beruf und Partnerschaft wird der Mensch **sozialisiert**.

Jeder Mensch ist auf das Zusammenleben mit anderen angewiesen. Er schließt sich anderen Menschen an und ist Mitglied in **sozialen Gruppen**, denen er freiwillig (Freunde, Verein) oder aufgrund der Lebensumstände (Familie, Klassengemeinschaft) zugehört. Im Zusammenleben übernimmt er teilweise unbewusst die Ansichten, Ziele und Wertvorstellungen dieser Gruppen, andererseits beeinflusst er aber auch die anderen Gruppenmitglieder. Diese Wechselwirkung wird **soziale Interaktion** genannt.

Die erste und intensivste Bezugsgruppe ist die **Familie**. Mit den Eltern und Geschwistern besteht der längste und persönlichste Kontakt. Menschen, die ohne menschliche Gesellschaft und liebevolle Zuwendung aufwachsen müssen, sind anfälliger für körperliche und geistige Krankheiten. Solche krankhaften Störungen werden unter dem Begriff **Hospitalismus** zusammengefasst.

> **Hospitalismus:** Der Name kommt von dem Ort, an dem man die Krankheit entdeckte. Es wurde festgestellt, dass Kinder bei längerem Aufenthalt in Kliniken oder Heimen trotz guter Pflege und sauberer Umgebung im Vergleich zu Familienkindern in der Entwicklung zurückblieben. Außerdem wurden häufiger aggressives Verhalten, Depressionen, Ernährungsstörungen und eine erhöhte Infektionsanfälligkeit festgestellt.

Kaspar Hauser

Als Beispiel für eine besonders stark ausgeprägte Form von Hospitalismus gilt der Fall des **Kaspar Hauser**: Er tauchte im Jahre 1828 als 16-Jähriger in Nürnberg auf – offenbar in seiner geistigen Entwicklung zurückgeblieben und ohne jede soziale Bindung. Seinen eigenen Angaben nach war Kaspar jahrelang ohne Kontakt zu anderen Menschen in einem Kellerverlies angekettet. Das Essen wurde ihm durch ein Loch verabreicht. Kaspar blieb bis zu seinem Tod 1833 in seiner geistigen Entwicklung stark beschränkt.

Der Einfluss der Familie geht zurück, sobald der Heranwachsende mehr Zeit außer Haus verbringt. In **Peergroups** versuchen junge Leute, Abstand vom Elternhaus zu bekommen. Sie wollen und müssen im neuen Umfeld mit den anderen zurechtkommen und akzeptiert werden. Dabei werden neue Meinungen kennengelernt, diskutiert, für gut befunden oder abgelehnt. Eine Gefahr besteht darin, dass auch negative alterstypische Verhaltensweisen der Gruppenmitglieder, wie Alkohol- oder Drogenkonsum, übernommen werden.

Typische Merkmale sozialer Gruppen

Die Mitglieder einer Gruppe vertreten die gleichen **Ziele**, sonst wären sie nicht in der Gruppe. So wollen die Mitglieder einer Motorradgruppe gemeinsam Ausflüge ins Grüne unternehmen und am Abend gesellig zusammensitzen. Das Letztere wollen auch die Mitglieder einer Trachtengruppe – aber es soll auch für die Beteiligung beim nächsten Trachtentreffen intensiv geprobt werden.

Wer also bei einer Gruppe „mitmacht", unterwirft sich automatisch den **Regeln** der Gruppe. Ein Sportverein muss eine schriftliche Satzung haben. In ihr sind alle Regeln und Vorschriften genau festgelegt. Auch **informelle Gruppen**, wie die Bayern-Fans aus Murnau, haben – zumeist ungeschriebene – Regeln. Wenn sie am Samstagvormittag gemeinsam Richtung Südkurve aufbrechen, ist einheitliches Outfit gefragt. Wer BVB-Fankleidung trägt, wird mehr als nur schief angeschaut.

So kann sich ein **Gefühl der Zusammengehörigkeit**, ein „Wir-Gefühl" einstellen. Dieses „Wir-Gefühl" fördert den Zusammenhalt der Gruppe sowie die gegenseitige Hilfsbereitschaft und gibt dadurch den Mitgliedern Sicherheit. Je stärker dieses Gefühl ist, desto enger ist die Bindung an die Gruppe und gleichzeitig umso größer die **Abgrenzung** gegenüber „den anderen".

Der Einfluss sozialer Gruppen

Wer Mitglied in einer Gruppe bleiben will, muss sich anpassen, weil die anderen Gruppenmitglieder Druck ausüben. Wer immer anderer Meinung ist, die falschen Klamotten trägt oder auf „uncoole" Musik steht, wird anfangs belächelt oder nicht ganz für voll genommen. Bei häufigeren oder gröberen Verstößen gegen die Gruppenregeln muss mit Ablehnung und Ausschluss gerechnet werden.

Gefährlich sind **radikale Parteien** und **Sekten**, weil sie absoluten Gehorsam gegenüber der Führung verlangen und jede Toleranz gegenüber Nichtmitgliedern verbieten. Die Gruppenmitglieder geraten häufig in große finanzielle und psychische Abhängigkeit und werden am Austritt gehindert.

Die Persönlichkeitsentwicklung ist ein dauerhafter Prozess, der erst mit dem Tod endet. Möglichst frühzeitig sollte indes jeder lernen, die **eigenen Interessen** zu erkennen. Wer immer nur macht, was andere von ihm wollen, wird ausgenutzt und nicht ernst genommen.

Peergroup
Gruppe von Gleichaltrigen, die ähnliche Interessen haben und meistens der gleichen sozialen Schicht zugehören

Informelle Gruppe
Gruppe ohne feste Mitgliedschaft, wie z. B. Clique, Skatrunde

Konformität
Gleichförmigkeit, Gleichheit, Übereinstimmung

Individualität
die Eigenarten des Einzelnen

---

① Welches Verhalten fordern die am Beginn des Abschnitts abgebildeten Gruppen (Trachtengruppe, Sportverein, „Biker") von ihren Mitgliedern?

② Wie kann man es umgehen, an Gruppenaktivitäten teilzunehmen (z. B. Drogen, Kriminalität), die man selbst nicht will? Entwickeln Sie eine Argumentationsstrategie.

③ Beschreiben Sie selbst Ihre positiven und negativen Erfahrungen im Zusammenhang mit der Zugehörigkeit zu einer Gruppe.

10.5.2 Soziale Rollen, Interessen und Werte

Sein Vater wollte, dass er die Leitung der Firma an ihn abgeben kann ...

Ihre Eltern wollten, dass sie Krankenschwester wird ...

Der Soziologe und Politiker **Ralf Dahrendorf** schrieb bereits 1958 zum Rollenverhalten: „Wer seine Rolle nicht spielt, wird bestraft, wer sie spielt, wird belohnt, zumindest aber nicht bestraft."

Soziologie
Wissenschaft zur Erforschung von Zusammenhängen der menschlichen Gesellschaft

Der erste Eindruck von einem anderen Menschen ist zumeist durch die **äußere Erscheinung** geprägt:
• Art und Zustand der Kleidung
• Figur
• Gestik
• Mimik
• Gang
• Sprache

■ Erwartungen

Andere Menschen erwarten von uns, dass wir uns „richtig" verhalten. Das gilt nicht nur für große, wichtige Entscheidungen, wie die Partner- oder Berufswahl, sondern auch für alltägliche Situationen. Im Laufe eines Tages passen wir deshalb unser Verhalten mehrfach der Situation und dem Gegenüber an. Zuhause sind wir Sohn oder Tochter, Bruder oder Schwester, im Betrieb Kollege bzw. Kollegin, in der Schule Schüler bzw. Schülerin und in der Freizeit der gute Freund bzw. die gute Freundin. Die Umstellung geht ganz schnell, quasi automatisch. Bei jedem Kontakt mit anderen Menschen finden wir das entsprechende Verhalten, die Sprache, die Gestik und Mimik: Wir „spielen" verschiedene **soziale Rollen**. Und wir erwarten umgekehrt von den anderen Menschen das Gleiche.

■ Warum spielen wir das Rollenspiel?

Die meisten Menschen haben „Stress", wenn sie neue Bekanntschaften schließen, in einem neuen Betrieb anfangen oder in eine neue Klasse versetzt werden. Um diesem Stress zu entkommen, um im wahrsten Wortsinn „gut anzukommen", spielen sie die Rolle, die ihrer Meinung nach passt. Allerdings kann man sich in solchen Situationen leicht blamieren. Wir wissen nämlich anfangs nicht, was die anderen von uns erwarten. Wir können nur vermuten, welches Verhalten angebracht ist. Ist uns dagegen die Umgebung vertraut und kennen wir die anderen Menschen, wird alles viel einfacher. Dieses **Rollenverhalten** ist auf der ganzen Welt und in allen Kulturen zu beobachten, wobei die Maßstäbe für das „richtige" bzw. „normale" Verhalten völlig unterschiedlich sind.

■ Wer nicht mitspielt ...

Marlene, Auszubildene zur Köchin	Enrico, Auszubildender zum Metallbauer	Ralf, Auszubildender zum Bankkaufmann
Sie hat keine Lust mehr, den größten Teil ihres Lohnes in den Boutiquen auszugeben. Sie näht sich jetzt selbst ausgefallene Klamotten.	Einige aus seiner Clique trinken in der Disko und bei Partys viel Alkohol und dann gibt es immer Streit. Enrico will jetzt „trocken" bleiben.	Er findet es „doof", immer diese „blöden" Anzüge zu tragen. Deshalb erscheint er jetzt in Jeans und T-Shirt am Arbeitsplatz.

Manchmal haben einzelne Menschen keine Lust sich anzupassen. Vielleicht legen sie es auch gerade darauf an, mit ihrem Verhalten aufzufallen. Was passiert dann? Es kommt darauf an, wie „schlimm" die Verstöße sind, doch meistens folgen **Konflikte**, Streit und Strafen.

■ Interessen und Werte

Interessen: Ausdruck von Wertvorstellungen

Hinter den **Interessen** eines Menschen stehen **Wertvorstellungen**. Im Unterschied zu Ansichten oder Meinungen, die sich vielleicht öfter ändern, sind Werte tief verankert. Es sind Dinge, die man besonders wichtig findet und im Leben verwirklichen will.

Das Zusammenleben der Menschen in einem Staat basiert auf einer Menge von gemeinsamen Wertvorstellungen, den Grundwerten. Die wichtigsten **Grundwerte** unseres Staates stehen im Grundgesetz und in der Bayerischen Verfassung. Sie sind gewissermaßen die Spielregeln in unserem Staat. Dem einzelnen Bürger sind vielleicht nicht alle Werte gleich wichtig, die Grundwerte des Staates sollte er jedoch akzeptieren.

Werte und Wertvorstellungen im ständigen Wandel

In unserer westlichen Kultur hat sich die Bedeutung einzelner Werte im Laufe der Zeit verschoben. Neue Werte wie Gleichberechtigung und Umweltschutz sind hinzugekommen. In der Konsumgesellschaft stehen der einzelne Mensch und seine **Selbstverwirklichung** im Mittelpunkt. Schönheit, Karriere, Vermögen und Freizeitspaß sind die wichtigsten Ziele – das vermitteln uns zumindest die Medien. Je schneller der Wertewandel verläuft, aktuell etwa beschleunigt durch den immer größer werdenden **Einfluss der Medien**, desto größer wird die Kluft zwischen Jung und Alt. Klagen der älteren Generation über den Werteverfall sind indes keine typische Erscheinung unserer Zeit, wie nebenstehendes Zitat belegt.

In anderen Kulturen sind die Vorstellungen von den wichtigsten Werten häufig völlig anders. So stehen in asiatischen Ländern die Interessen der **Gemeinschaft** (Familie, Betrieb) im Vordergrund, der Einzelne soll sich dem gemeinsamen Ziel unterordnen.

■ Konflikte

Wenn Menschen mit unterschiedlichen Rollenerwartungen, Interessen und Wertvorstellungen aufeinandertreffen, kann es zu **Konflikten** kommen. Das gilt umso mehr, wenn die Menschen aus verschiedenen Milieus oder Kulturkreisen stammen und nicht frei von Vorurteilen sind. Entscheidend ist, wie die Menschen mit den Konflikten umgehen und mit welchen Methoden sie diese zu entschärfen versuchen, bevor es zu Beleidigungen oder gar Gewalt kommt (siehe Abschnitt 10.5.4).

Wichtig ist, sich über die eigenen Interessen und Sichtweisen im Klaren zu sein. Ebenso bedeutsam ist aber auch die Einsicht, dass andere Menschen anders denken und fühlen können.

Wichtige Grundwerte unserer Gesellschaft
- Achtung der Menschenwürde
- Einhaltung der Menschenrechte
- Freiheit
- Gerechtigkeit
- Gleichberechtigung
- Individualität
- Leistung
- Menschlichkeit
- Sicherheit
- Solidarität
- Toleranz
- Umweltschutz

Ein über 2000 Jahre altes Zitat zum Wertewandel, das auch von heute stammen könnte:

„Ich habe überhaupt keine Hoffnung mehr in die Zukunft unseres Landes, wenn einmal unsere Jugend die Männer von morgen stellt. Unsere Jugend ist unerträglich, unverantwortlich und entsetzlich anzusehen."

(Aristoteles, griechischer Philosoph, 384 – 322 vor Christus)

---

① Welche Werte spielen im Leben der oben per Foto dargestellten Menschen vermutlich eine große Rolle? Ordnen Sie jedem der drei Bilder je drei Begriffe zu.

② Schreiben Sie in eine Rangliste (mindestens fünf Angaben), was Ihnen persönlich am wichtigsten ist. Die Listen werden anschließend anonym an der Tafel ausgewertet.

③ Überlegen Sie, wie im Fall von Marlene die Kollegen, im Fall von Enrico die Freunde aus der Clique und im Fall von Ralf der Vorgesetzte auf das geänderte Verhalten reagieren könnten. Schreiben Sie die Reaktionen in Stichworten auf.

10.5.3 Methode: Rollenspiel

■ *Die ganze Welt ist eine Bühne und alle Männer und Frauen sind bloße Spieler...*

William Shakespeare

Mit der Methode **Rollenspiel** werden alltägliche Situationen, Probleme und Konflikte im Unterricht nachgespielt. Wie im **Theater** werden die handelnden Personen in der Regel „überzeichnet", sodass ihre speziellen Verhaltensmuster überdeutlich herausgestellt werden. Während der Vorbereitung und im Spiel müssen sich die Akteure in die andere Person (die Rolle) gedanklich hineinversetzen. Sie müssen dabei versuchen die Perspektive zu wechseln, das heißt, die Standpunkte, Wertvorstellungen und Interessen dieser anderen Person zu verstehen. Gleichzeitig können aber auch eigene Verhaltensweisen überprüft und neue Verhaltensweisen im Spiel ausprobiert werden.

Rollenspiele können **spontan** eingesetzt werden, wenn die Situationen aus dem **Erfahrungsbereich der Schüler** stammen. Dazu zählen Konflikte im Freundeskreis, in der Familie oder im Betrieb. Die Schüler können spontan die typischen Verhaltensweisen der Beteiligten „vorspielen" sowie anschließend besprechen und bewerten. Im Idealfall entwickeln sich daraus andere, bessere Verhaltensweisen.

Wenn die Themen nicht aus der unmittelbaren Erfahrungswelt der Schüler stammen, ist eine **gründliche Vorbereitung** mithilfe von Informationsmaterial oder eines Musterdialoges notwendig. Rollenkarten können verwendet werden, wenn die Schüler es wünschen. Spontane, **kreative** Text- und Verhaltensänderungen sind dennoch möglich.

Phase 1: Vorbereitung
• Beschreiben Sie genau das Thema, die Situation und die beteiligten Personen.
• Arbeitsteilige Gruppen bereiten ihre Rolle vor, suchen die Argumente, entwerfen den Text der Rollenspieler und eventuell Rollenkarten. Beachten Sie, dass die Argumente in den Dialogen sachlich und ohne Agressivität vorgebracht werden sollen.
• Die Gruppen wählen einen Spieler bzw. eine Spielerin aus.

Phase 2: Spiel
• Die Spieler versuchen sich in die Situation und die Person ihrer Rolle hineinzuversetzen.
• Während des Spiels beobachten die übrigen Schüler die Rollenspieler und machen sich Notizen.
• Wenn an der Schule die entsprechende Ausstattung vorhanden ist, kann das Rollenspiel auf Video aufgezeichnet werden.

Phase 3: Auswertung
• Die Darsteller berichten von ihren Empfindungen während des Spiels.
• Die Zuschauer äußern sich zum Verlauf des Rollenspiels mit konstruktiver Kritik und diskutieren die vorgebrachten Argumente.

Beispiele:

A) Rollenverhalten

Wir stellen uns den Auszubildenden Hans B. vor. Er ist 17 Jahre alt, im ersten Lehrjahr Azubi zum Kaufmann im Einzelhandel, spielt Fußball im Verein. Wie verhält sich Hans in den folgenden Situationen?

1) Hans hat zum ersten Mal ein „Date" mit Carola, auf die er wahnsinnig steht. Sie treffen sich vor dem Kino.

2) Hans geht mit seinen Mannschaftskameraden nach einem gewonnenen Spiel zur Siegesfeier ins Vereinslokal.

3) Hans möchte seine Lehrstelle wechseln. Er führt ein Bewerbungsgespräch mit dem Ausbildungsleiter Herrn Lederer, dessen Betrieb noch Auszubildende sucht.

B) Konfliktsituationen

1) Die Auszubildende Yvonne muss seit einigen Wochen regelmäßig abends und am Samstag Überstunden machen, weil die Firma einen Großauftrag bekommen hat. Sie will mit ihrem Chef sprechen.

2) Ein neuer Tarifvertrag soll ausgehandelt werden. Im Betrieb kündigt die Gewerkschaft einen Warnstreik an. Die Abteilungsleiterin Frau Streng und ein Gewerkschaftsvertreter, Herr Wünschig, diskutieren über die Forderungen der Gewerkschaft.

3) Eine neue Umgehungsstraße soll den täglichen Verkehrsstau im Zentrum einer mittelbayerischen Kleinstadt beseitigen. Laut Planung muss die Straße durch ein beliebtes Naherholungsgebiet geführt werden. Zwei Bürgerinitiativen, „Pro" und „Kontra", stehen sich gegenüber.

4) Dem Arbeitnehmer Lukas wurde wegen häufiger privater Telefonate fristlos gekündigt. Er klagt gegen die – seiner Ansicht nach – ungerechtfertigte Kündigung. Die Prozessgegner (Lukas als Kläger und der Arbeitgeber als Beklagter) treffen sich im Arbeitsgericht. Der Richter versucht eine gütliche Einigung zu erreichen.

5) Karla muss zum Gespräch beim Personalchef Herrn Schelter „antreten". Die Firma hat wegen ihrer schlechten schulischen Leistungen von der Berufsschule eine Mitteilung erhalten.

10.5.4   Konflikte sind zum Lösen da

Clara und Marie, beide 18 Jahre alt, besuchen die staatliche Berufsschule im oberpfälzischen Cham. Früher waren sie gut befreundet, doch seit sie zwei zerstrittenen Cliquen angehören, geraten sie in der Schule immer häufiger mit Worten aneinander. Neuerdings haben auch noch beide ein Auge auf ihren Klassenkameraden Jean geworfen. Beide fragen sich insgeheim, was sie unternehmen können, damit ihr schwelender Konflikt sich nicht verschärft und sie weiter friedlich miteinander auskommen können.

Clara und Marie – Streit unter Jugendlichen

zivilisiert
gebildet, kultiviert, gepflegt, gesittet

Gewalt kann als körperlicher oder seelischer Zwang eingesetzt werden, um einem anderen Menschen den eigenen Willen aufzuzwingen.

Körperliche Gewalt äußert sich in Tritten, Schlägen, Stößen oder jedem anderen Mittel, das Schmerzen zufügt.

Seelische Gewalt verübt, wer einem anderen Menschen Angst einjagt oder ihn erniedrigt. Drohungen, Erpressungen und das Herabsetzen oder Bloßstellen vor anderen sind besonders häufige Methoden.

Die beiden Arten von Gewalt werden häufig nebeneinander angewendet, um ihre Wirkung zu verstärken.

Wenn Menschen zusammen leben oder gemeinsam arbeiten ist es normal, dass **Konflikte** auftreten. Zumeist werden diese Konflikte zivilisiert und ohne Gewalt gelöst. Dies ist eine große Errungenschaft unserer Gesellschaft. Auch wenn die Gegner ihre Argumente (zum Beispiel bei Tarifauseinandersetzungen oder im Wahlkampf) nicht immer mit den freundlichsten Worten austauschen, so gibt es doch **„Spielregeln"**, an die sich alle halten müssen. Der Verzicht auf jede Form von **Gewalt** ist dabei das oberste Gebot.

Das friedliche Lösen von Konflikten will gelernt sein. Denn es ist schwer, bei Konflikten in der Schule oder am Arbeitsplatz die richtigen Worte zu finden und angemessen zu reagieren. Aus kleinen Meinungsverschiedenheiten entwickeln sich schnell Streitereien, wenn sich die Widersacher persönlich angegriffen fühlen. Nur ein kleiner Schritt ist es dann bis zu **persönlichen Beleidigungen**, die eine vernünftige und sachliche Debatte erschweren. Länger andauernde, ungelöste Konflikte zwischen einzelnen Mitarbeitern eines Betriebes können ganze Abteilungen lähmen.

Es ist deshalb wichtig **Strategien** zu kennen, mit deren Hilfe sich anbahnende Konflikte vermieden oder entschärft werden können und schließlich eine für alle Beteiligten akzeptable Lösung gefunden werden kann.

■ Aktives Zuhören

In einem Streitgespräch hören die Gesprächspartner häufig nicht wirklich zu, sondern sind ausschließlich darauf bedacht, ihre vorgefertigten Ansichten mitzuteilen. Es findet keine wirkliche **Kommunikation** statt – eine Lösung des Problems ist somit sehr unwahrscheinlich.

Im Unterschied dazu versucht der **aktive Zuhörer**,
• sich in den Gesprächspartner hineinzufühlen und bei Unklarheiten gezielt nachzufragen
• beim Gespräch mitzudenken und die Motive und Gefühle des Gegenübers zu ergründen
• zu zeigen, dass er interessiert und aufmerksam ist, zum Beispiel durch Blickkontakt oder Kopfnicken, um dadurch Ärger, Wut und Aggressionen des Sprechers abzubauen.

■ Ich-Botschaften aussenden

Eine wichtige Regel bei der Auseinandersetzung mit anderen Menschen ist, dass zwar das unerwünschte Verhalten des anderen direkt angesprochen wird, dabei aber keine sogenannte **Du-Botschaft** vermittelt, die Person also weder angegriffen noch abgewertet wird.

Richtig verhält sich, wer eine **Ich-Botschaft** „aussendet": Auf diese Weise teilt man persönliche Gefühle mit und spricht an, was man vom Empfänger erwartet.

Beispiel: Leon und Niklas bilden eine zweiköpfige Band. Weil bald ein Auftritt ansteht und Niklas es zuletzt mit dem Proben nicht so genau nahm, kommt es zum Konflikt.

Du-Botschaft Leon: „Du spielst miserabel und dann kommst du auch noch zu spät zur Probe. Du bist schuld, wenn wir uns blamieren."

Ich-Botschaft Leon: „Wenn du die Stücke nicht vorbereitest, mache ich mir Sorgen wegen unseres Auftritts. Ich glaube, dass wir auf der Bühne unsicher wirken, deshalb solltest du die Stücke zu Hause üben."

■ Lösung von Konflikten

Regeln (nach Frank R. Pfetsch)

1. Suche nach Lösungen, die allen Beteiligten einen Vorteil bringen.
2. Suche nach Lösungen, die sicherstellen, dass kein Beteiligter sein Gesicht verliert.
3. Trenne persönliche von sachlichen Problemen.
4. Überzeuge deinen Gegner vom Vorteil einer Lösung und von dem Schaden, der mit einer anderen Verhandlungslösung verbunden sein kann.
5. Wird gleichzeitig wegen mehrerer Streitpunkte verhandelt, versuche sie miteinander zu verbinden und insgesamt beizulegen (Paketlösung).

■ Streitschlichter als Vermittler

Wenn sich zwei Arbeitskollegen im Betrieb oder zwei Auszubildende in der Schule streiten und die Lage aussichtslos scheint, können erfahrene **Streitschlichter** den Beteiligten helfen, allerdings nur, wenn beide einverstanden sind. Die sogenannten Mediatoren (oder Streitlotsen) sollten jedoch für ihre Aufgabe geschult sein und das Vertrauen beider Kontrahenten besitzen. Der Ablauf sieht in der Regel folgendermaßen aus:

Zur Mediation als außergerichtlicher Streitschlichtung in rechtlichen Fragen siehe Abschnitt 10.4.7

1) Beginn der Schlichtung

Die Streitenden setzen sich mit dem Mediator zusammen und legen nacheinander ihre unterschiedlichen Sichtweisen des Konflikts dar. Wer selbst nicht spricht **hört zu**, ohne den anderen zu unterbrechen. Dabei soll die genaue Ursache des Problems geklärt werden, ohne dass ein „Schuldiger" gefunden wird.

2) Lösungsstufe

Es wird geklärt, ob und wie weit die Kontrahenten zum **Nachgeben** bereit sind. Dann kann der Streitschlichter eine Lösung vorschlagen, mit der beide leben können.

3) Vereinbarung

Die beiden Streitenden stimmen einem **Kompromiss** zu und vereinbaren möglichst genau die Bedingungen. Für die Zukunft wird das Verhalten festgelegt. Möglichst sollte ein „Vertrag" schriftlich festgehalten und unterschrieben werden. Hierdurch steigt die Wahrscheinlichkeit, dass der erarbeitete Kompromiss auch eingehalten wird.

Dokumentarfilm des Kreisjugendamtes München zur Gewaltprävention an Schulen

① In den Beispielen von Marlene, Enrico und Ralf im Abschnitt 10.5.2 ist mit Konflikten zu rechnen. Überlegen Sie sich Dialoge mit Ich-Botschaften, die zu einer für die Beteiligten akzeptablen Lösung führen. Schreiben Sie die Dialoge nieder.

② Nennen Sie drei Eigenschaften, die ein geeigneter Streitschlichter haben sollte, und begründen Sie, warum diese Eigenschaften für die Streitschlichtung erforderlich sind.

③ Professionelle Mediatoren bieten auch in Betrieben ihre Dienste an. Notieren Sie in Stichwörtern, welche negativen Auswirkungen ungelöste Konflikte im Betrieb haben können.

10.5.5 Die Bedeutung der Familie

Der größte Teil der erwachsenen Menschen in Deutschland lebt in einer dauerhaften Partnerschaft, die durch gemeinsame Kinder zur **Familie** erweitert wird. Die Familie ist die kleinste Einheit im Staat und wird bei uns – trotz der gestiegenen Bedeutung anderer Lebensformen – auch als „Fundament der Gesellschaft" bezeichnet. Dieser tragenden Rolle wird sie durch die Erfüllung von **Aufgaben** mit herausragender Bedeutung gerecht.

■ Die Befriedigung menschlicher Grundbedürfnisse

Neugeborene sind alleine nicht lebensfähig und vollständig auf die Versorgung durch die Eltern angewiesen. Kinder lernen – vor allem in den ersten Lebensjahren – in der Familie die Regeln des Zusammenlebens, die kulturellen und christlichen Werte unserer Gesellschaft sowie solidarische Verhaltensweisen kennen. Kurz: Die Familie vermittelt ihnen die **Grundwerte** für das weitere Leben.

Mit zunehmendem Alter wird die Abhängigkeit der Kinder von der elterlichen Versorgung geringer. Jugendliche können kaum die Unabhängigkeit erwarten, doch sie wissen, dass noch jemand da ist, auf den sie sich verlassen können. Auch während des „Abnabelungsprozesses" befriedigt die Familie das Bedürfnis nach **Liebe** und **Geborgenheit**.

Warum ist die Familie so wichtig? Dazu der österreichische Verhaltensforscher Prof. Dr. Irenäus Eibl-Eibesfeldt:

Artikel 6 Abs. 1 GG
Ehe und Familie stehen unter dem besonderen Schutz der staatlichen Ordnung.

Die Familie gewährt dem Menschen jene Liebe und Sicherheit, in der das Urvertrauen zu Mitmenschen wächst. Und dieses Vertrauen ist die Voraussetzung für seine freie Entfaltung… Nur in der Familie werden die positiven sozialen Anlagen des Menschen geweckt und damit die Fähigkeit zu sozialer Verantwortlichkeit und Identifikation. Wer keine Familienbindung entwickelte, kann später auch keine Liebe zur Gesellschaft entwickeln. Wer jedoch Eltern und Geschwister lieben lernte, kann später auch ein Kollektiv lieben. Nur er ist fähig, in Mitmenschen Brüder zu sehen. Auf Liebe und Vertrauen basiert die menschliche Gemeinschaft, beides wird über die Familie entwickelt.
Quelle: Liebe und Hass: Zur Naturgeschichte elementarer Verhaltensweisen, München 1970, S. 268

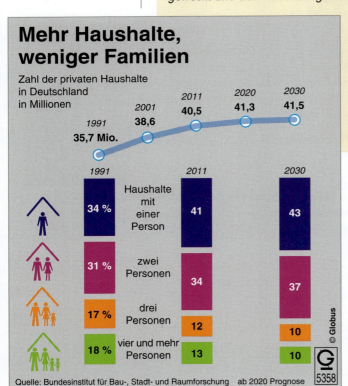

Mehr Haushalte, weniger Familien

Zahl der privaten Haushalte in Deutschland in Millionen

1991
35,7 Mio.

2001
38,6

2011
40,5

2020
41,3

2030
41,5

	1991		*2011*	*2030*
	34 %	Haushalte mit einer Person	41	43
	31 %	zwei Personen	34	37
	17 %	drei Personen	12	10
	18 %	vier und mehr Personen	13	10

© Globus

Quelle: Bundesinstitut für Bau-, Stadt- und Raumforschung   ab 2020 Prognose

5358

■ Der Erhalt und die Erneuerung unserer Gesellschaft

Wenn Eltern Kinder aufziehen, sorgen sie für den Fortbestand der Gesellschaft. Kinder von heute sind verantwortliche Bürger von morgen, tragen die **Kultur** weiter und verkörpern die **Arbeitskraft**, die die Wirtschaft benötigt. Zudem schaffen die Eltern so die Grundlage für ihre eigene **Altersversorgung**. Noch vor wenigen Generationen war es bei uns üblich, dass Eltern im Alter von den Kindern versorgt und gepflegt wurden. Heute versorgen die jüngeren Arbeitnehmer die Älteren indirekt: Sie zahlen Renten- und Pflegeversicherungsbeiträge, aus denen Leistungen für die ältere Generation gezahlt werden.

Der „richtige" Erziehungsstil

Wie man Kinder richtig erzieht und mit welchen Methoden, ist umstritten. Noch weit im 20. Jahrhundert war es gängige Ansicht, dass körperliche „Züchtigung" zur Erziehung gehörte (siehe Randspaltentext). In den 1960er- und 1970er-Jahren glaubten dagegen viele Menschen, man müsste Kinder überhaupt nicht erziehen, da sie selbst am besten wüssten, was sie wollten.

Doch Kinder und Jugendliche müssen vor Gefahren beschützt werden, die sie nicht einschätzen können. Sie müssen **Regeln** und Normen lernen, um mit Eltern, Geschwistern, Freunden, später in Schule und Beruf zurechtzukommen. Sie müssen lernen, andere Menschen und deren Wünsche zu respektieren. **Erziehung ist Aufgabe der Eltern** – das steht in den höchsten Gesetzen:

Rangfolge: „Was ist wichtig?"

Familie	76%
Freundeskreis	12%
Beruf	8%
Hobbys und Interessen	5%
Unentschieden/ keine Angabe	4%

Quelle: Jacobs Krönung-Studie 2013/Erhebung durch IfD Allensbach Umfrage in Deutschland unter 1.653 Personen ab 16 Jahren Mehrfachnennungen möglich

> **Artikel 6 Abs. 2 GG**: Pflege und Erziehung der Kinder sind das natürliche Recht der Eltern und die zuvörderst ihnen obliegende Pflicht …
>
> **Artikel 126 Abs. 1 Verfassung des Freistaates Bayern:** Die Eltern haben das natürliche Recht und die oberste Pflicht, ihre Kinder zur leiblichen, geistigen und seelischen Tüchtigkeit zu erziehen …

Unterschiedliche Erziehungsstile

1. Der autoritäre Erziehungsstil

Autoritäre Eltern kontrollieren ihre Kinder sehr stark und legen viel Wert auf Disziplin. Die Erziehung hat eindeutige Ziele, dementsprechend sind die Erwartungen der Eltern an die Kinder sehr hoch. Durch Belohnungen und Strafen setzen sich die Eltern durch, ohne die Meinung der Kinder oder ihre Wünsche zu beachten.

2. Der demokratische Erziehungsstil

Im demokratischen Erziehungsstil legen die Eltern großen Wert auf das persönliche Gespräch mit ihren Kindern. In Diskussionen nehmen Sie die Wünsche der Kinder ernst und versuchen vernünftige und einsichtige Lösungen und Entscheidungen zu finden. Dabei legen die Eltern dem Alter der Kinder und Jugendlichen entsprechende maßvolle Grenzen und Regeln fest und sorgen dafür, dass sie auch eingehalten werden.

3. Der Laisser-faire-Stil (franz.: Gewährenlassen)

Die Eltern halten sich mit erzieherischen Maßnahmen sehr zurück und stellen kaum Erwartungen an die Kinder. In der Regel tolerieren sie die Aktivitäten des Nachwuchses und vertrauen darauf, dass die Kinder selbst das richtige Maß und den richtigen Weg finden.

Im Alltag gibt es kaum diese klar getrennten Formen. Außerdem können sich die Stile der wechselnden „Erzieher" (Eltern, Großeltern, Erzieherinnen im Kindergarten, Lehrer) unterscheiden, weil sie unterschiedliche Ziele verfolgen.

Die Körperstrafe kommt in Anwendung bei großer Rohheit …, bei hartnäckiger Faulheit, Verlogenheit und hartnäckigem Trotz. … Sie muss schon im vorschulpflichtigen Alter in Anwendung kommen, wenn zum ersten Mal Vergehen obiger Art vorkommen, um die bösen Gedanken und Bestrebungen … zu ersticken. … Lineal, Zeigestock, Geigenbogen und Buch bilden keine geeigneten Instrumente für die Züchtigung; ein mäßig dickes und biegsames Stöckchen kann am besten ohne Gefahr für die Gesundheit in Anwendung kommen, wenn die Bestrafung auf das Gesäß erfolgt.

Quelle: Kehreins Handbuch der Erziehung und des Unterrichts, 1916, S. 186

① Welchen Erziehungsstil halten Sie persönlich für den erfolgversprechendsten? Notieren Sie sich Argumente und diskutieren Sie diese in der Klasse.

② Bilden Sie Dreiergruppen und führen Sie ein Rollenspiel durch. Thema ist ein Alltagsproblem aus dem Bereich der Erziehung. Z. B.: 16-Jährige(r) will in die Disco/sich piercen lassen/den Ausbildungsplatz wechseln. Spielen Sie Eltern und Kind und versuchen Sie dabei, Ihre Vorstellung von Erziehung durchzusetzen. Informationen zum Rollenspiel: Abschnitt 10.5.3.

③ Betrachten Sie das obige Balkendiagramm. Welche Antwort hätten Sie gegeben? Begründen Sie Ihre Antwort.

??

10.5.6 Das Recht der Familie

■ Gesetze stärken Ehe und Familie

Die deutsche Rechtsordnung geht nach wie vor davon aus, dass die **Ehe** als dauerhafte, rechtlich verbindlich geschlossene Partnerschaft zwischen erwachsenen Menschen unterschiedlichen Geschlechts („Bund fürs Leben") **besonderen Schutz** verdient. Dies wird unter anderem dadurch dokumentiert, dass die Ehe – anders als die Partnerschaft unverheirateter Paare („Ehe ohne Trauschein") und die gleichgeschlechtliche Lebenspartnerschaft – bereits in der Verfassung neben der Familie besonders hervorgehoben wird.

> **Artikel 6 Abs. 1 GG:**
> Ehe und Familie stehen unter dem besonderen Schutz der staatlichen Ordnung.

Präzisiert wird dieser Schutz durch das **Familienrecht**, dessen Bestimmungen vor allem im vierten Buch des **BGB** (§§ 1297–1921) zu finden sind.

§ 1353 BGB
Eheliche Lebens-
gemeinschaft
(1) Die Ehe wird auf Lebenszeit geschlossen. Die Ehegatten sind einander zur ehelichen Lebensgemeinschaft verpflichtet; sie tragen füreinander Verantwortung.

■ Die Ehe beginnt beim Standesamt

Wenn ein junges Paar vor der Hochzeit steht, sind rechtliche Fragen in der Regel Nebensache. Die beiden heiraten ja, weil sie sich vollkommen vertrauen und das restliche Leben miteinander verbringen wollen. Dass die **Ehe** rechtlich gesehen ein **Vertrag** ist, der durch beiderseitige Erklärung vor dem Standesbeamten geschlossen wird und weder durch Kündigung noch Rücktritt oder übereinstimmende Vertragsauflösung, sondern lediglich durch Scheidung beendet werden kann, sollten heiratswillige Paare natürlich vorher wissen. Zudem ist es hilfreich, einige wichtige **familienrechtliche Grundlagen** kennenzulernen, die im Folgenden dargestellt werden. Denn neben finanziellen Vorteilen (z. B. können Verheiratete steuerlich begünstigt sein und haben beim Tode des Partners Anspruch auf Hinterbliebenenrente) bringt die Ehe einige weitere Konsequenzen mit sich.

■ Namensrecht

Ehegatten sollen einen **gemeinsamen Familiennamen** (Ehenamen) bestimmen, müssen dies aber nicht tun. Gewählt werden kann der Geburtsname des Mannes oder der Frau oder auch jeder andere von dem Mann oder der Frau angenommene Name, der zur Zeit der Eheschließung getragen wird.

Ehegatten, deren bisheriger Name nicht der Ehename wird, können diesen bisherigen Namen dem Ehenamen nach ihrer Wahl entweder voranstellen oder anfügen.

Wenn sie sich dafür entscheiden, keinen gemeinsamen Ehenamen zu bestimmen, führen beide Partner ihren bisherigen Namen weiter.

■ Unterhaltspflicht

Mit dem Jawort vor dem Standesamt versprechen sich die Ehepartner, füreinander und – wenn der Ehe Kinder entspringen – **miteinander** den **Familienunterhalt** zu leisten. Sie verpflichten sich also rechtlich durch die Eheschließung, den Aufwand für den gemeinsamen Haushalt (z. B. Miete, Heizung, Möbel, Nahrungsmittel und Kleidung) gemeinsam zu erbringen. In den meisten Familien übernimmt ein Ehepartner mit seinem Berufseinkommen die finanzielle Versorgung, während der andere Ehepartner den größten Teil der Hausarbeit und der Versorgung der Kinder leistet und damit seinen Teil zum Unterhalt „in Natur" beiträgt.

Die **Rollen** sind zwar aus praktischen Gründen auch heute noch zumeist „traditionell" verteilt (der Mann leistet zumeist in Geld, die Frau „in Natur"), eine Stütze in der Rechtsordnung findet dies jedoch nicht. Denn im **Artikel 3 Abs. 2 GG** heißt es:

> Männer und Frauen sind gleichberechtigt. Der Staat fördert die tatsächliche Durchsetzung der Gleichberechtigung von Frauen und Männern und wirkt auf die Beseitigung bestehender Nachteile hin.

Häufig reicht aber ohnehin das Einkommen des einen Partners nicht, dann muss der haushaltsführende Partner eine Erwerbstätigkeit aufnehmen (z. B. eine Teilzeitarbeitsstelle). Näheres zu den veränderten Geschlechterrollen finden Sie in Abschnitt 10.5.8.

▪ Elterliche Sorge

Den bei Geburt eines Kindes verheirateten Partnern stehen die Pflicht und das Recht zur **gemeinsamen elterlichen Sorge** zu. Dies unterscheidet verheiratete von unverheirateten Eltern, bei denen die Mutter allein für die elterliche Sorge zuständig ist, solange die Eltern nicht erklären, dass sie die Sorge gemeinsam übernehmen wollen. Da es jedoch in Deutschland immer mehr unverheiratete Eltern gibt, sind diese den verheirateten Eltern im Übrigen zum Wohle des Kindes weitgehend gleichgestellt worden.

Die elterliche Sorge umfasst die **Personensorge** und die Vermögenssorge. Wichtigste Bereiche der Personensorge sind neben der bereits in Abschnitt 10.5.5 behandelten Erziehung das Recht und die Pflicht zur Pflege des Kindes, die Beaufsichtigung und die **Aufenthaltsbestimmung**. Die Eltern tragen die Verantwortung für das gesundheitliche Wohlergehen des Kindes, bestimmen die Wahl der Schule und sollen in Angelegenheiten von Ausbildung und Beruf auf die Eignung und Neigung des Kindes Rücksicht nehmen.
Der Staat greift nur dann in die Personensorge ein, wenn er das Wohl des Kindes als gefährdet ansieht. So stärkt er z. B. die Grundrechte des Kindes auf Achtung der Menschenwürde und körperliche Unversehrtheit dadurch, dass er bestimmte Erziehungsmaßnahmen für unzulässig erklärt (siehe nebenstehenden § 1631 BGB).

Die **Vermögenssorge** umfasst alle Maßnahmen, mit denen das Vermögen des Kindes vermehrt, erhalten oder verwertet wird. Hierzu zählt die rechtliche Vertretung von geschäftsunfähigen (unter sieben Jahre alten) und beschränkt geschäftsfähigen (unter 18 Jahre alten) Kindern ebenso wie die Entscheidung darüber, ob und wieviel Taschengeld ein Kind erhalten soll.
Maßstab für das elterliche Handeln ist immer der wirtschaftlich vernünftige Umgang mit dem Vermögen des Kindes. Der Staat greift auch hier nur ein, sobald dem Vermögen des Kindes Gefahr droht. So können die Eltern bestimmte Rechtsgeschäfte, die das Vermögen des Kindes zu belasten drohen, nur mit Genehmigung des Familiengerichts abschließen.

---

§ 1360 BGB
Verpflichtung zum Familienunterhalt
Die Ehegatten sind einander verpflichtet, durch ihre Arbeit und mit ihrem Vermögen die Familie angemessen zu unterhalten. Ist einem Ehegatten die Haushaltsführung überlassen, so erfüllt er seine Verpflichtung, durch Arbeit zum Unterhalt der Familie beizutragen, in der Regel durch die Führung des Haushalts.

§ 1631 BGB
Inhalt und Grenzen der Personensorge
(2) Kinder haben ein Recht auf gewaltfreie Erziehung. Körperliche Bestrafungen, seelische Verletzungen und andere entwürdigende Maßnahmen sind unzulässig.

---

1. Schreiben Sie in Stichworten auf, was Sie unter dem Begriff „Familie" verstehen. Vergleichen Sie Ihre Ergebnisse in der Klasse.

2. Angesichts der immer wieder verbreiteten Meldungen über verwahrloste und misshandelte Kinder: Sollte sich der Staat Ihrer Ansicht nach mehr in die elterliche Sorge einmischen? Sammeln Sie Argumente dafür und dagegen.

3. Claudia Oberwieser und Martin Hintermayer haben sich für den „Bund fürs Leben" entschieden. Martins Geburtsname soll zum Familiennamen werden. Aber auch Claudia möchte ihren Namen behalten. Wie können sie dies erreichen?

10.5.7   Wenn die Familie auseinandergeht

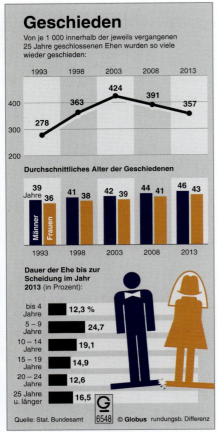

Geschieden

Von je 1 000 innerhalb der jeweils vergangenen 25 Jahre geschlossenen Ehen wurden so viele wieder geschieden:

1993	1998	2003	2008	2013
278	363	424	391	357

Durchschnittliches Alter der Geschiedenen

	1993	1998	2003	2008	2013
Männer	39 Jahre	41	42	44	46
Frauen	36	38	39	41	43

Dauer der Ehe bis zur Scheidung im Jahr 2013 (in Prozent):

bis 4 Jahre	12,3 %
5 – 9 Jahre	24,7
10 – 14 Jahre	19,1
15 – 19 Jahre	14,9
20 – 24 Jahre	12,6
25 Jahre u. länger	16,5

Quelle: Stat. Bundesamt · © Globus 6548 · rundungsb. Differenz

Trennung – und dann?

Noch weniger als an die rechtlichen Besonderheiten *während* der glücklichen Ehe denken Heiratswillige an die Zeit *nach* einer möglichen Trennung. Doch in Zeiten, in denen die Zahl der Ehescheidungen ziemlich konstant hoch ist (siehe nebenstehende Grafik), gilt es auch die Folgen einer möglichen Trennung zu bedenken.

Recht der Scheidung

Anders als andere Verträge des täglichen Lebens kann die Ehe nicht einfach durch Kündigung, Rücktritt oder gemeinsame Vertragsauflösung beendet werden. Die Ehe kann nur durch **gerichtliches Urteil** auf Antrag eines oder beider Ehegatten geschieden werden.

Voraussetzung für eine Ehescheidung ist zudem das **Scheitern der Ehe**. Dies ist der Fall, wenn die Lebensgemeinschaft nicht mehr besteht und auch nicht zu erwarten ist, dass die Partner sie wiederherstellen. Als gescheitert wird die Ehe angesehen, wenn die Partner seit einem Jahr getrennt leben und beide die Scheidung wollen. Leben die Partner seit mindestens drei Jahren getrennt, wird die Scheidung auch gegen den Willen eines Partners vollzogen.

Wer bekommt *was* nach der Scheidung: das Güterrecht

Im Ehegüterrecht wird geregelt, welche Auswirkungen die Eheschließung auf das bestehende Vermögen der Ehegatten (z. B. Wohnungseigentum, Grundstücke, Möbel usw.) hat. Dies gilt zwar bereits während der Ehe. Doch Bedeutung erlangt das Güterrecht zumeist erst im Scheidungsfall, da nun das Vermögen geteilt werden muss. Das Gesetz unterscheidet drei sogenannte **Güterstände**:

Gesetzlicher Güterstand	Vertragliche Güterstände	
Zugewinngemeinschaft	Gütertrennung	Gütergemeinschaft
Haben die Ehepartner nichts anderes vereinbart, gilt der Güterstand der Zugewinngemeinschaft. Bereits bei Eheschließung eingebrachtes Vermögen bleibt getrennt. Endet die Ehe, dann findet zugunsten des Ehepartners, der weniger zugewonnen hat, ein hälftiger Ausgleich statt. Ein einfaches **Beispiel**: Alma Hinterzarter bringt 6.000 Euro in die Ehe mit und steigert ihr Vermögen durch geschickte Aktiengeschäfte auf 30.000 Euro. Franz Hinterzarter ist geschäftlich weniger erfolgreich. Er bringt 2.000 Euro in die Ehe ein und gewinnt lediglich 1.000 Euro hinzu. Dem Franz steht nach der Scheidung ein Zugewinnausgleich in Höhe von 11.500 [(24.000–1.000) : 2] Euro zu.	Um den Zugewinnausgleich auszuschließen, kann durch notariell beurkundeten Ehevertrag die Gütertrennung vereinbart werden. Dann steht das Vermögen sowohl vor als auch nach der Ehe nur dem Ehepartner zu, der es erworben hat. Im **Beispiel** der Eheleute Hinterzarter blieben Franz also nur seine 3.000 (2.000 + 1.000) Euro.	Auch die Gütergemeinschaft kann nur per notariell beurkundetem Ehevertrag vereinbart werden. Folge ist, dass das gesamte Vermögen der einzelnen Ehepartner zum gemeinschaftlichen Vermögen beider wird. Bei Scheidung wird das Vermögen insgesamt geteilt. Im **Beispiel** erhalten Alma und Franz je 16.500 [(30.000 + 3.000) : 2] Euro.

Unterhalt nach der Scheidung

Auch nach der Scheidung soll der wirtschaftlich schwächere, bedürftige Ehegatte auf die **nacheheliche Solidarität** des wirtschaftlich stärkeren, leistungsfähigen Ehegatten vertrauen dürfen und hat deshalb im Regelfall einen **Unterhaltsanspruch**. Ein solcher Anspruch kann sich wegen der Betreuung eines Kindes mindestens für die ersten drei Jahre nach der Geburt ergeben, außerdem wenn der bedürftige Ehepartner wegen Alters oder Krankheit nicht in der Lage ist, eine Erwerbstätigkeit aufzunehmen, oder weil er keine angemessene Erwerbstätigkeit zu finden vermag.

Vom Unterhalt des geschiedenen Ehegatten ist der **Unterhaltsanspruch minderjähriger Kinder** zu unterscheiden. Unabhängig davon, ob die Eltern verheiratet waren, haben minderjährige Kinder gegen den Elternteil, bei dem sie nicht leben, Anspruch auf die Leistung eines Regelunterhalts.

> Der Kindesunterhalt richtet sich nach der sogenannten **Düsseldorfer Tabelle**. Hiernach muss z. B. ein Vater mit einem Nettoeinkommen von 1.300 Euro für seine bei der Mutter lebende vierjährige Tochter monatlich 317 Euro Unterhalt leisten.

Elterliche Sorge nach der Scheidung

Nicht selten entbrennt unter den geschiedenen Ehepartnern Streit um das Sorgerecht für gemeinsame Kinder. Dann muss das Familiengericht entscheiden. Solange es keine Entscheidung gibt, steht beiden Eltern das **Sorgerecht** gemeinsam zu. Gleichwohl lebt das Kind nur bei einem der beiden, zumeist bei der Mutter. Diese entscheidet dann in Angelegenheiten des täglichen Lebens allein, in Angelegenheiten von besonderer Bedeutung für das Kind entscheidet der Vater mit. Dem Vater und dem Kind steht ein auf privater oder gerichtlicher Ebene näher festzulegendes **Umgangsrecht** zu.

Tod eines Ehepartners – Grundzüge des Erbrechts

Stirbt einer der Ehepartner, wird die Hinterlassenschaft nach der **gesetzlichen Erbfolge** (siehe rechts) aufgeteilt. Dabei ist Folgendes zu beachten:

1. Solange ein Verwandter einer vorhergehenden Ordnung existiert, sind alle Verwandten nachfolgender Ordnungen vom Erbe ausgeschlossen.
   Beispiel: Franz Hinterzarter hinterlässt bei seinem Tode Tochter Maren (Erbin 1. Ordnung). Seine ebenfalls noch lebende Mutter Almut (2. Ordnung) erbt nicht.
2. Ein zur Zeit des Erbfalls lebender Abkömmling schließt die durch ihn mit dem Verstorbenen verwandten Abkömmlinge von der Erbfolge aus.
   Beispiel: Franz Hinterzarter hinterlässt seine Tochter Maren und seine Enkelin Mia, die Tochter der Maren. Beide sind Erben 1. Ordnung, doch Mia erbt nicht.

Der überlebende Ehepartner gehört zwar nicht der gesetzlichen Erbfolge an, erbt aber mindestens zu einem Viertel, im Falle der Zugewinngemeinschaft zur Hälfte.

Die gesetzliche Erbfolge kann vom Erblasser umgangen werden, wenn er ein rechtsgültiges **Testament** aufgesetzt hat. Hierin kann er jedermann zum Alleinerben berufen. Allerdings erhalten die Kinder des Verstorbenen immer einen vorgeschriebenen **Pflichtteil**, sie können also nicht vollständig enterbt werden.

---

(1) Nehmen Sie an, Sie heiraten. Welcher Güterstand käme für Sie in Frage? Begründen Sie Ihre Antwort.

(2) Beurteilen Sie die rechtlichen Folgen der Eheschließung.
Notieren Sie Vor- und Nachteile gegenüber einer Partnerschaft ohne Trauschein.

(3) Betrachten Sie das Schaubild „Geschieden".
a) Welche Entwicklung entnehmen Sie dem Schaubild für die vergangenen zwei Jahrzehnte?
b) Welche Gründe könnte es für diese Entwicklung geben?

10.5.8 Die Familie im Wandel der Zeit

■ **Geschlechterrollen im Wandel der Generationen**

Der Wandel der Familie in den vergangenen 30 Jahren in Stichpunkten

- hohe Scheidungsraten
- Bildung von Patchworkfamilien
- mehr Frauen werden berufstätig
- traditionelle Rolle der Frau als Hausfrau und Mutter wird seltener
- Rückgang der Kinder-Zahl
- Zahl der Neugründungen von Familien nimmt ab

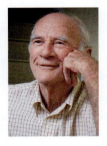

Hans Zachhuber (80 Jahre):

„Zu meiner Zeit war es üblich, dass der Mann den Unterhalt für die Familie verdient hat. Es war sogar so, dass man schief angeguckt wurde, wenn die Frau etwas hinzuverdienen musste. Ich war immer stolz darauf, dass meine Frau nicht arbeiten gehen musste.

Mit dem Haushalt hatte ich nicht viel zu tun, das war auch die Aufgabe meiner Frau. Für die Kinder hatte ich meistens nur am Sonntag Zeit, weil die Arbeitszeit früher viel länger war. *Meine Aufgabe war die Ernährung und der Schutz meiner Familie.*"

Monika Zachhuber (78 Jahre):

„Als junges Mädchen wäre ich gerne auf eine höhere Schule gegangen, um einen guten Beruf zu erlernen. Meine Eltern waren aber der Ansicht, dass dies Verschwendung wäre, da junge Frauen bald heiraten und versorgt sind.

Nach meiner Hochzeit war ich dann auch ausreichend mit Haushalt und Kindererziehung beschäftigt. Viele der Geräte, die es heute in jedem Haushalt gibt, gab es damals noch nicht oder wir konnten sie uns nicht leisten. *Die Erziehung der Kinder lag ganz alleine bei mir.*"

Franziska (26) und Marcel (29) Obermaier:

„Wir haben beide eine sehr gute Ausbildung und sind erfolgreich in unseren Berufen. Da wir beide berufstätig sind, haben wir uns die Hausarbeit schon immer geteilt. Wir wollen bald Kinder haben und überlegen uns gemeinsam, wie wir unsere Familie organisieren, d. h. wie wir Kinderbetreuung, Einkommenssicherung und auch unsere beruflichen Karrieren unter einen Hut bekommen. Es ist uns sehr wichtig, dass auch der Mann aktiv am Familienleben teilnimmt und dies nicht alleine die Aufgabe der Frau ist."

Die Beispiele zeigen, wie sich das **Rollenverständnis** gewandelt hat. Dies hat Auswirkungen auf das Verständnis von Familie. Deren traditionelle Form ist immer schwerer zu verwirklichen – und macht neuen Formen des Zusammenlebens Platz.

Mehr **Gleichberechtigung** bedeutet nicht, dass die Lebenswege von Frauen und Männern heute synchron verlaufen. In Bezug auf die **Karriere** ergibt sich noch immer ein „schiefes Bild" (siehe Schaubild). Die Ursachen sind vielfältig: Manche Mutter sieht sich zur Wahl zwischen Kind und Karriere gezwungen. Auch ist bei vielen Frauen der Wunsch, die Kinder (notgedrungen zulasten der Karriere) selbst zu betreuen, stärker ausgeprägt als bei Männern.

Etwas mehr Frauen in Spitzengremien

Anteil der Frauen in den Vorständen und Aufsichtsräten der 200 umsatzstärksten Unternehmen in Deutschland (ohne Finanzsektor) in Prozent

Anteil in den ■ Vorständen ■ Aufsichtsräten

	2006	2007	2008	2009	2010	2011	2012	2013
Vorständen	1,2	1,8	2,5	2,5	3,2	3,0	4,0	4,4
Aufsichtsräten	7,8 %	8,6	9,3	9,8	10,6	11,9	12,9	15,1

jeweils am Jahresende   Quelle: Deutsches Institut für Wirtschaftsforschung   © Globus 6172

■ Neue Lebensformen: Konkurrenz für die traditionelle Familie

Die traditionelle Familie ist nicht „ausgestorben", sieht sich aber zunehmend der „Konkurrenz" anderer Lebensformen ausgesetzt, von denen einige im Folgenden näher erläutert werden.

Lebenspartner (in einer nichtehelichen Lebensgemeinschaft)

Die Zahl nichtehelicher Lebensgemeinschaften ist in den letzten Jahren stark angestiegen. Früher waren derartige „wilde Ehen" gesellschaftlich geächtet. Heute testen so vor allem junge Leute, ob das Zusammenleben funktioniert. Wenn die Paare Kinder bekommen, entschließen sie sich zumeist doch für eine Heirat. Denn unverheiratete Paare gelten steuerlich als Einzelpersonen, was in den meisten Fällen nachteilig ist. Außerdem können sie keine Vergünstigungen, wie z. B. die Familienversicherung in gesetzlichen Krankenkassen bekommen. Bei Trennung bestehen keine finanziellen Ansprüche gegeneinander, jeder behält sein Eigentum.

Patchworkfamilie

Der Begriff Patchworkfamilie beschreibt eine Familie, in der beide Ehepartner schon einmal verheiratet waren und aus diesen Ehen Kinder in die neue Familie mitbringen. Die hohe Scheidungsrate führt zu einem Anstieg der Patchworkfamilien.

Alleinstehende / Singles

Der Begriff „Single" bezeichnet rund 15 Millionen Menschen in Deutschland, die in Einpersonenhaushalten leben. Fachleute unterscheiden zwischen „echten" und „unechten" Singles. **Echte Singles** leben freiwillig und dauerhaft allein, sind zumeist zwischen 25 und 40 Jahre alt, wollen keine Bindung bzw. finden nicht den richtigen Partner. **Unechte Singles** sind zum einen Menschen, die nach einer Trennung oder dem Tod des Partners alleine bleiben, zum anderen junge Leute, die sich für einige Jahre das Alleinleben leisten können, aber schließlich doch eine Familie gründen (wollen).

Alleinerziehende

Die Zahl der nach einer Trennung oder dem Tode des Partners alleinerziehenden Mütter und Väter ist in den letzten Jahren stetig angestiegen. Auch die Zahl der Mütter, die ihr Kind seit der Geburt allein erziehen, ist beträchtlich. In den meisten Fällen sind Alleinerziehende großen Belastungen ausgesetzt. Sie müssen die Aufgaben allein bewältigen, die sonst zwei Personen erledigen. Kinder zu betreuen, zu erziehen und auch noch für ein ausreichendes Familieneinkommen zu sorgen, ist eine große Herausforderung. Da viele Alleinerziehende ihre Berufstätigkeit einschränken müssen, ist das Einkommen geringer, mehr als ein Drittel unter ihnen gilt als „arm".

Eingetragene Lebenspartnerschaft
Seit 2001 haben homosexuelle Paare die Möglichkeit, eine sogenannte „eingetragene Lebenspartnerschaft" einzugehen. Sie wird von der Politik Stück für Stück der Ehe angenähert. Auch die steuerliche Gleichstellung und die Adoption von Kindern sind hier keine Tabus mehr.

Patchwork (Englisch): Flickwerk

Lebensformen

Familie mit Hausmann
Wochenendfamilie
Doppelverdienerfamilie
Traditionelle Familie
Patchworkfamilie
Wohngemeinschaft
Single
Wochenendbeziehung
Allein erziehende Mutter
Allein erziehender Vater
Kinderlose Ehe oder Partnerschaft

© Globus   S 0232

① Diskutieren Sie die Aussagen des älteren und des jungen Ehepaares. Wie stellen Sie sich Ihre eigene familiäre Zukunft vor?

② Überlegen Sie, welche weiteren Ursachen es für das „schiefe Bild" bei Männern und Frauen im Beruf geben könnte. Diskutieren Sie Ihre Ergebnisse in der Klasse.

③ Versetzen Sie sich in Ihre Kindheit und beantworten Sie folgende Frage in Stichworten: Können neue Lebensformen die traditionelle Familie ersetzen?

10.5.9 Spannungsverhältnis Familie – Beruf: Ursachen und Folgen

Großunternehmen: Frauenquote kommt 2016

Die Bundesregierung hat den Weg für mehr Frauen in den Aufsichtsräten großer Unternehmen geebnet. Das Kabinett verabschiedete einen Gesetzentwurf, der ab 2016 für die Aufsichtsräte von Großunternehmen eine Frauenquote von 30 Prozent vorschreibt.

Familienministerin Manuela Schwesig bezeichnete das Gesetz als „Meilenstein auf dem Weg zu mehr Gleichberechtigung". Das geplante Gesetz enthält Vorgaben, die je nach Unternehmensgröße abgestuft sind. Die feste 30-Prozent-Vorgabe betrifft nur die Aufsichtsräte von 108 großen Unternehmen mit Börsennotierung und voller Mitbestimmung. Auch sechs europarechtlich organisierte Konzerne fallen darunter. Sollte die Quote verfehlt werden, müssen Aufsichtsratsposten zur Strafe unbesetzt bleiben. (...)

Die Koalition hofft, dass öffentlicher Druck die betroffenen Unternehmen dazu bewegt, Frauen in Führungspositionen zu bringen. Auch die Bundesverwaltung wird in dem Gesetz verpflichtet, sich für jede einzelne Führungsebene konkrete Zielvorgaben zur Erhöhung des Frauen- oder Männeranteils zu setzen.

(Quelle: „Kabinett verabschiedet Frauenquote", www.tagesschau.de, 11.12.2014 10:58 Uhr)

■ Vereinbarkeit von Familie und Beruf

Idealerweise sollten Eltern frei darüber entscheiden können, wie sie Familie und Berufstätigkeit am besten verbinden. Sollen beide berufstätig sein (z. B. in Teilzeit) oder soll ein Elternteil zumindest für ein paar Jahre die Betreuung und Erziehung der Kinder übernehmen?

Viele junge Paare wollen eine eigene Familie gründen *und* beruflich erfolgreich sein. Allerdings finden sie in der Praxis häufig keine Lösung auf die Frage, wer die Kinder betreuen und wie das Familieneinkommen verdient werden soll. Ob die Einführung von Frauenquoten (siehe Artikel oben) wirklich dazu führt, dass Mütter am Ende dieser Überlegungen nicht so häufig als berufliche „Verlierer" dastehen?

■ Brennpunkt: Kinderbetreuung und Arbeitsorganisation

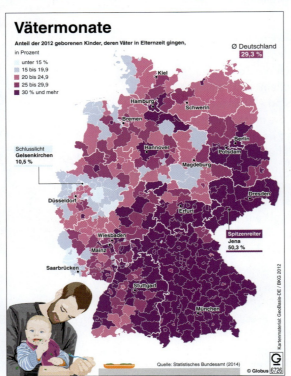

Vätermonate

Anteil der 2012 geborenen Kinder, deren Väter in Elternzeit gingen, in Prozent

- unter 15 %
- 15 bis 19,9
- 20 bis 24,9
- 25 bis 29,9
- 30 % und mehr

Ø Deutschland 29,3 %

Schlusslicht Gelsenkirchen 10,5 %

Spitzenreiter Jena 50,3 %

Kartenmaterial GeoBasis-DE / BKG 2012

Quelle: Statistisches Bundesamt (2014)

© Globus 6726

Kiel, Hamburg, Schwerin, Bremen, Hannover, Berlin, Potsdam, Magdeburg, Dresden, Düsseldorf, Erfurt, Wiesbaden, Mainz, Saarbrücken, Stuttgart, München

Wer keine Großeltern hat, die bei der Kinderbetreuung mithelfen, ist auf **Betreuungsangebote** angewiesen. Das Angebot in Kinderkrippen, Kindergärten und bei Tagesmüttern soll zwar in den kommenden Jahren weiter ausgebaut werden (siehe auch Abschnitt 10.5.10). Doch Plätze sind häufig noch rar. Eine Kinderbetreuung im Betrieb bieten in Deutschland bisher zu wenige Firmen an. In den nächsten Jahren soll das Betreuungsangebot in Deutschland allerdings weiter ausgebaut werden.

Die **Elternzeit** (Detailinformationen: siehe Abschnitt 10.5.10) schafft weitere Chancen für Familien. Die Zahl der Väter, die Elternzeit in Anspruch nehmen, ist in den vergangenen Jahren angestiegen. Bayern ist hier mit rund 35 % (siehe Schaubild) führend. Doch durchschnittlich nehmen Väter in Deutschland nur rund 3,2 Monate

Elternzeit. Viele Väter fürchten den **„Karriereknick"**. Wenn sie Kinderbetreuung und Berufstätigkeit verbinden wollen, sind sie auf gleitende Arbeitszeiten und Teilzeitarbeitsplätze angewiesen. Diese sind in vielen Betrieben schwer zu organisieren. Häufig fehlt es auch an der Bereitschaft zur Einrichtung solcher Arbeitsplätze. Bis zur Gleichstellung von Müttern und Vätern ist es also noch ein weiter Weg.

■ Kinder als Armutsrisiko in den Schlagzeilen

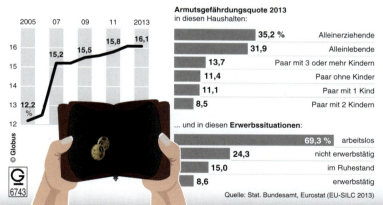

Kirchen nennen Kinderarmut in Deutschland einen „Skandal"

Sind Kinder purer Luxus?

Mit Kindern in der Armutsfalle

Kinder bleiben das Armutsrisiko Nummer eins

Steigendes Armutsrisiko für alleinerziehende Frauen

Armut
Arm ist nach einer Definition der Europäischen Union, wer weniger als 60 Prozent des mittleren Einkommens zur Verfügung hat. Im Jahr 2013 galt damit eine Familie mit zwei Kindern unter 14 Jahren als arm, wenn ihr monatlich weniger als 2.056 Euro zur Verfügung stehen.

Nicht nur Alleinerziehende riskieren, unter die **Armutsgrenze** zu rutschen, sondern auch Familien oder Lebenspartnerschaften mit Kindern. Die wichtigsten Ursachen:

1. Kinder kosten Geld – laut Berechnungen in den ersten sechs Lebensjahren durchschnittlich ca. 400 Euro pro Monat. Mit zunehmendem Alter steigen die Ansprüche der Kinder – und damit die Kosten, insbesondere für Kleidung und Freizeitbeschäftigung.
2. Wer Kinder erzieht, kann nicht in gleichem Maße erwerbstätig sein wie Kinderlose. Da – wie oben dargestellt – Kinder und Beruf nur schwer miteinander zu vereinbaren sind, kann zumeist ein Elternteil für einige Jahre nur eingeschränkt oder gar nicht berufstätig sein. Trotz Kindergeld und einiger (weniger) steuerlicher Vorteile (siehe Abschnitt 10.5.10) kann dieser Einkommensnachteil gegenüber Kinderlosen nicht ausgeglichen werden.

Überlastung oder gar finanzielle Not der Eltern wirken sich unmittelbar auf die Situation der Kinder aus. Dies oft mit langfristigen Folgen, denn erfahrungsgemäß haben Kinder, die in Armut aufwachsen, schlechte Chancen auf einen sozialen Aufstieg.

Von Armut bedroht

Anteil der Personen in Deutschland, die mit **weniger als 60 Prozent des mittleren Einkommens der Gesamtbevölkerung** auskommen müssen, in Prozent (= Armutsgefährdungsquote)

2005 07 09 11 2013

16

15,2   15,5   15,8   16,1

15

14

13   12,2 %

12

© Globus

6743

Armutsgefährdungsquote 2013
in diesen Haushalten:

35,2 %	Alleinerziehende
31,9	Alleinlebende
13,7	Paar mit 3 oder mehr Kindern
11,4	Paar ohne Kinder
11,1	Paar mit 1 Kind
8,5	Paar mit 2 Kindern

... und in diesen **Erwerbssituationen:**

69,3 %	arbeitslos
24,3	nicht erwerbstätig
15,0	im Ruhestand
8,6	erwerbstätig

Quelle: Stat. Bundesamt, Eurostat (EU-SILC 2013)

① Beantworten Sie folgende Frage in Stichpunkten: „Welche Gründe sprechen trotz aller Probleme auch heute noch dafür, eine Familie zu gründen?" Diskutieren Sie Ihre Argumente in der Klasse.

② Können sogenannte „Frauenquoten" (siehe einleitender Text auf S. 104) die berufliche Situation von Frauen verbessern. Überlegen Sie sich je drei Argumente dafür und dagegen.

③ Warum stehen bei in Armut aufgewachsenen Kindern die Chancen auf sozialen Aufstieg so schlecht? Argumentieren Sie.

10.5.10 Staatliche Familienpolitik

Bayerische Besonderheiten

- Im Anschluss an das Elterngeld erhalten Eltern ein einkommensabhängiges Landeserziehungsgeld. Dieses beträgt für das erste Kind sechs Monate lang 150, für das zweite und ab dem dritten Kind ein Jahr lang 200 bzw. 300 Euro monatlich.
- Die Landesstiftung „Hilfe für Mutter und Kind" hilft werdenden Müttern, Alleinerziehenden und kinderreichen Familien in Notlagen freiwillig finanziell, falls die gesetzlichen Leistungen nicht ausreichen.

Aufgabe der Familienpolitik ist es, die Lage von Ehepartnern und Alleinerziehenden mit Kindern zu verbessern. Dies ergibt sich aus dem **Artikel 6** des **Grundgesetzes**:

> (1) Ehe und Familie stehen unter dem besonderen Schutz der staatlichen Ordnung.
>
> (4) Jede Mutter hat Anspruch auf den Schutz und die Fürsorge der Gemeinschaft.
>
> (5) Den unehelichen Kindern sind durch die Gesetzgebung die gleichen Bedingungen für ihre leibliche und seelische Entwicklung und ihre Stellung in der Gesellschaft zu schaffen wie den ehelichen Kindern.

Dabei sollen die Eltern aber selbst entscheiden können, wie sie sich Kinderbetreuung und Erwerbstätigkeit einteilen. Der Staat liefert mit seinen Maßnahmen dazu lediglich die **Rahmenbedingungen**. Dafür gibt er jährlich hohe Milliardenbeträge aus.

Einige wichtige Maßnahmen sind im Anschluss verkürzt aufgeführt. Im Einzelfall ist es notwendig, genau zu überprüfen, wer Anspruch auf Leistungen hat, ob es Einkommensgrenzen gibt oder welche Ausnahmen in den entsprechenden Gesetzen vorgesehen sind. Dazu eignet sich die Recherche im Internet, da die Gesetze laufend angepasst werden.

■ Kindergeld

Kindergeld wird für Kinder bis zum 18. Lebensjahr gezahlt. Für Kinder in Ausbildung verlängert sich die Bezugszeit bis zum 25. Lebensjahr. Für das erste und zweite Kind werden monatlich 184, für das dritte Kind 190 und ab dem vierten Kind 215 Euro gezahlt.

■ Kinderbetreuung

Seit August 2013 besteht für alle Kinder vom vollendeten ersten bis zum vollendeten dritten Lebensjahr ein Rechtsanspruch auf einen Betreuungsplatz. Trotz erheblicher Fortschritte im Jahr 2014 ist das Betreuungsangebot bundesweit hierfür noch nicht ausreichend. Eltern, denen der im SGB 8 festgelegte Anspruch nicht erfüllt werden kann, können u. U. vor Gericht auf Schadensersatz klagen.

Wer das Recht auf einen Betreuungsplatz nicht wahrnimmt (also sein Kind selbst daheim betreut), kann **Betreuungsgeld** in Anspruch nehmen. Trotz Kritik („Herdprämie") wurde diese Leistung 2013 eingeführt. Betreuungsgeld in Höhe von monatlich 150 Euro wird vom Beginn des 15. Lebensmonats bis zum dritten Geburtstag des Kindes gezahlt.

■ Mutterschaftsgeld

Während des Mutterschutzes (siehe Abschnitt 10.1.7) erhalten Mütter maximal 13 Euro pro Tag von der Krankenkasse. Wenn die Frauen in einem Beschäftigungsverhältnis stehen, muss der Arbeitgeber den Unterschied zum durchschnittlichen Lohn zuzahlen.

■ Steuerermäßigung

Verheiratete (auch ohne Kinder) können Vorteile bei der Einkommensteuer haben, wenn sie den sogenannten **Splittingtarif** nutzen. Allerdings ergeben sich nur Vorteile bei Ehepaaren mit unterschiedlichem Einkommen. Wenn Steuerzahler Kinder haben, sind die Abzüge für Kirchensteuer und Solidaritätszuschlag geringer, da es für jedes Kind **Freibeträge** gibt.

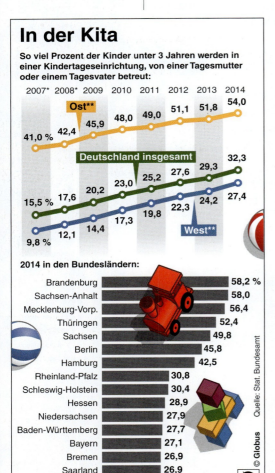

In der Kita

So viel Prozent der Kinder unter 3 Jahren werden in einer Kindertageseinrichtung, von einer Tagesmutter oder einem Tagesvater betreut:

2007* 2008* 2009 2010 2011 2012 2013 2014

Ost**
41,0 % 42,4 45,9 48,0 49,0 51,1 51,8 54,0

Deutschland insgesamt
15,5 % 17,6 20,2 23,0 25,2 27,6 29,3 32,3

West**
9,8 % 12,1 14,4 17,3 19,8 22,3 24,2 27,4

2014 in den Bundesländern:

Brandenburg	58,2 %
Sachsen-Anhalt	58,0
Mecklenburg-Vorp.	56,4
Thüringen	52,4
Sachsen	49,8
Berlin	45,8
Hamburg	42,5
Rheinland-Pfalz	30,8
Schleswig-Holstein	30,4
Hessen	28,9
Niedersachsen	27,9
Baden-Württemberg	27,7
Bayern	27,1
Bremen	26,9
Saarland	26,9
Nordrhein-Westfalen	23,7

Quelle: Stat. Bundesamt

© Globus 6641

Stand jeweils 1.3. oder *15.3. **ohne Berlin

■ Krankenversicherung

In der gesetzlichen Krankenversicherung sind Ehegatten und Kinder (längstens bis zum 25. Lebensjahr) ohne eigene Beitragszahlung **mitversichert**, wenn sie selbst nicht mehr als nur geringfügig dazuverdienen.

■ Rentenversicherung

Eltern erhalten später höhere Renten, weil für jedes Kind Kindererziehungszeit angerechnet wird: für vor 1992 geborene Kinder zwei, für später geborene drei Jahre. Außerdem werden die Rentenbeiträge desjenigen Elternteils aufgewertet, welcher wegen der Kindererziehung z. B. nur in Teilzeit arbeitet.

■ Elternzeit

Erwerbstätige Mütter und Väter, die ihre Kinder daheim betreuen wollen, können Elternzeit beantragen. Es wird kein Lohn oder Gehalt gezahlt, aber es bestehen Kündigungsschutz und nach der Elternzeit ein Anspruch auf Weiterbeschäftigung im Betrieb.

■ Elterngeld

Seit Sommer 2015 kann neben dem „gewöhnlichen" **Elterngeld** (siehe Schaubild) das **ElterngeldPlus** in Anspruch genommen werden: Es wird grundsätzlich für die doppelte Zeit in halber Höhe gezahlt. Arbeiten Eltern gleichzeitig für vier Monate jeweils 25 bis 30 Stunden pro Woche (teilen sich also die Zeit mit dem Nachwuchs), erhalten sie einen **Partnerschaftsbonus** in Form von vier zusätzlichen ElterngeldPlus-Monaten pro Elternteil. Interessant ist das Elterngeld-Plus für Eltern, die während des Bezugs und danach in Teilzeit arbeiten.

Tipps zur Recherche im Internet
Suchen Sie mit **Suchmaschinen** (z. B. Google) durch Eingabe von **Schlüsselbegriffen** wie z. B. „Mutterschaftsgeld 2013" nach Seiten, die aktuelle Informationen enthalten. Achten Sie auf das **Erscheinungsdatum**. Im Internet finden sich neben aktuellen auch viele veraltete Informationen.

Elterngeld

für Mütter oder Väter
- die ihr Kind selbst betreuen und
- nicht mehr als 30 Wochenstunden erwerbstätig sind

Höhe des Elterngeldes
- 65-67 % des wegfallenden Nettoeinkommens (bei Einkommen ab 1000 Euro; darunter auf bis zu 100 % ansteigend) – monatlich mindestens 300*, höchstens 1800 Euro
- Laufzeit: 14 Monate (bei Beteiligung beider Partner und für Alleinerziehende) oder: doppelte Laufzeit mit dem halben Monatsbetrag
- Geschwisterbonus, wenn mehrere kleine Kinder vorhanden sind

*aber: Anrechnung auf ALG II

Elternzeit

für Mütter oder Väter
- die ihr Kind selbst betreuen und als Arbeitnehmer/innen beschäftigt sind

Dauer der Elternzeit
- nach Wunsch der Eltern – auch gemeinsam – bis zum dritten Geburtstag des Kindes
- Von den drei Jahren können zwei zwischen dem dritten und achten Geburtstag des Kindes genommen werden, seit 2015 ohne Zustimmung des Arbeitgebers.

Während der Elternzeit ist Teilzeitarbeit (bis zu 30 Wochenstunden) möglich

ZAHLENBILDER

© Bergmoser + Höller Verlag AG

141 214

■ BAföG

Schüler und Studenten können nach dem Bundesausbildungsförderungsgesetz (BAföG) während ihrer Ausbildung eine staatliche Förderung erhalten. Die Höhe der Förderung ist vom Einkommen und Vermögen der Eltern abhängig und muss gegebenenfalls später in Raten zurückgezahlt werden (Darlehen).

Verfeinern können Sie Ihre Suche, indem Sie die Begriffskombination in Anführungszeichen (z. B. „Hilfe für Mütter") setzen. Angezeigt werden dann nur Ergebnisse mit exakt dieser Kombination.

Verlässliche Informationen liefern die Homepages der staatlichen Behörden und Ministerien. Zeitungen und Nachrichtenmagazine bieten Informationen, aber auch kritische Berichte oder Meinungsseiten zu den Themen an.

Aufgabe: Überprüfen Sie den aktuellen Stand der staatlichen Familienförderung durch Recherche im Internet. Erstellen Sie dazu eine tabellarische Übersicht. Möglich wäre z. B. folgende Einteilung:

Maßnahme	Beträge / Inhalte	Förderungsdauer	Ausnahmen/ Bedingungen
1. Kindergeld	?	?	?
2. Elterngeld	?	?	?

Zur Wiederholung

10.5.1
Persönlichkeit entwickelt sich durch Sozialisation

- Persönlichkeitsmerkmale sind teils angeboren, teils entwickeln sie sich durch Sozialisation
- Sozialisation ist der Prozess der Einordnung des Einzelnen in die Gesellschaft
- Mit dem Heranwachsen Jugendlicher geht der familiäre Einfluss zugunsten sozialer Gruppen („Peergroups") zurück
- Mitglieder einer Peergroup haben gemeinsame Ziele, erkennen gewisse Gruppenregeln an, entwickeln ein Gefühl der Zusammengehörigkeit und der Abgrenzung nach außen

10.5.2
Soziale Rollen, Interessen und Werte

- Menschen schlüpfen in unterschiedlichsten Lebenssituationen in Rollen, von denen sie meinen, ihre Umgebung erwarte gerade dieses Verhalten von ihnen
- Interessen von Menschen sind Ausdruck ihrer Wertvorstellungen; Wertvorstellungen sind – insbesondere unter dem größer werdenden Einfluss der Medien – stetigem Wandel unterworfen
- Wo Menschen mit unterschiedlichen Rollenerwartungen und Wertvorstellungen aufeinandertreffen, sind Konflikte vorprogrammiert

10.5.4
Konflikte sind zum Lösen da

- Wenn Konflikte unvermeidlich sind, so ist doch die Einhaltung gewisser „Spielregeln" umso wichtiger – insbesondere ist jede Form der Gewalt zu vermeiden
- Als Strategien zur Streitentschärfung und -lösung gelten aktives Zuhören und das Aussenden von Ich-Botschaften

- Zur Vermittlung in schwierigen Konflikten bietet sich ein Streitschlichter (Mediator) an

10.5.5
Die Bedeutung der Familie

- Die traditionelle Familie gilt nach wie vor als Fundament der Gesellschaft
- Die Familie dient insbesondere der Befriedigung menschlicher Grundbedürfnisse sowie dem Erhalt und der Erneuerung unserer Gesellschaft
- Die Erziehung ist im Grundgesetz (Artikel 6) den Eltern zugewiesen; Grundformen von Erziehungsstilen sind der autoritäre, der demokratische und der Laisser-faire-Stil

10.5.6
Das Recht der Familie

- Ehe und Familie werden vom Grundgesetz (Artikel 6) unter den Schutz der staatlichen Ordnung gestellt
- Die Ehe ist eine vor dem Standesamt rechtlich abgesicherte Lebensgemeinschaft
- Weitere wichtige Regelungsbereiche des Familienrechts sind das Namensrecht, das Unterhaltsrecht und die elterliche Sorge

10.5.7
Wenn die Familie auseinandergeht

- Eine Scheidung der Ehe setzt ein gerichtliches Urteil voraus, zudem muss die Lebensgemeinschaft gelöst sein
- Nach Ehescheidung bestimmt sich die Verteilung gemeinsamen Vermögens nach dem ehelichen Güterrecht; zudem sind der Unterhaltsanspruch des bedürftigen Ehepartners sowie gegebenenfalls die elterliche Sorge für gemeinsame Kinder zu regeln

- Beim Tod eines Ehepartners richtet sich die Erbfolge nach dem gesetzlichen Erbrecht oder nach einem Testament

10.5.8
Die Familie im Wandel der Zeit

- Die Familie wandelt sich mit veränderten Geschlechterrollen; das traditionelle Verständnis vom Mann als Unterhaltsbeschaffer und der Frau als Hausfrau hat sich hin zu einer Akzeptanz gleichberechtigter Rollen verschoben
- Wo die traditionelle Familie zurückgeht, nehmen andere Lebensformen mehr Platz ein, z. B. die nichteheliche Lebensgemeinschaft, die Patchworkfamilie, Alleinerziehende und Singles

10.5.9
Spannungsverhältnis Familie – Beruf: Ursachen und Folgen

- Im Idealfall können Eltern frei entscheiden, wie sie Familie und Berufstätigkeit verbinden, doch in der Praxis bereitet dies häufig Probleme
- Brennpunkte dabei sind insbesondere die Kinderbetreuung und die Frage der Arbeitsorganisation
- Kinder erhöhen zudem das Armutsrisiko, da die Ausgaben der Familie steigen und das Einkommen im Regelfall sinkt

10.5.10
Staatliche Familienpolitik

- Aus dem besonderen Schutz der Familie durch das Grundgesetz ergibt sich der Auftrag des Staates, Maßnahmen zur Förderung der Familie zu ergreifen
- Derartige Maßnahmen finden sich u. a. im Kindergeld, im Mutterschaftsgeld, in der kostenlosen Krankenmitversicherung von Kindern, in Elternzeit und Elterngeld

Der Parlamentarische Rat hat das vorstehende Grundgesetz für die Bundesrepublik Deutschland in öffentlicher Sitzung am 8. Mai des Jahres Eintausendneunhundertneunundvierzig mit dreiundfünfzig gegen zwölf Stimmen beschlossen. Zu Urkunde dessen haben sämtliche Mitglieder des Parlamentarischen Rates die vorliegende Urschrift des Grundgesetzes eigenhändig unterzeichnet.

BONN AM RHEIN, den 23. Mai des Jahres Eintausendneunhundertneunundvierzig.

PRÄSIDENT DES PARLAMENTARISCHEN RATES

I. VIZ

II. VIZEPRÄSIDENT DES PARLAMENTARISCHEN RATES

11.1 Staatsziele und Staatsordnung

11.1.1 Was ist Deutschland? Bedeutung und Hauptaufgaben des Staates

■ Staat muss sein

Leon und Julia bereiten eine Gruppenarbeit zum Thema „Staat" vor.
Leon: „Der Staat muss sich nicht überall einmischen, was brauchen wir so viele Gesetze und Verordnungen, das könnten wir doch auch alles unter uns regeln."
Julia: „Genau, weniger Staat gleich weniger Steuern. Wir hätten dann mehr Geld in der Tasche."
Leon: „Richtig, Schule und Ausbildung zum Beispiel könnte man auch privatisieren, der Staat könnte sich da völlig raushalten, oder?"

Der Begriff „Staat" – eine Definition
Ein Staat ist die Vereinigung einer Vielzahl von Menschen in einem durch Grenzen bestimmten geografischen Raum unter einer souveränen Herrschaftsgewalt.

Warum brauchen Menschen Staaten?
Der englische Philosoph **Thomas Hobbes** (1588–1679) hat einmal gesagt: „Der Mensch ist des Menschen Wolf". Hobbes ging davon aus, dass die Menschen nur friedlich miteinander leben könnten, wenn sie sich Regeln gäben und sich unterordneten. Denn der Mensch handele aus seinem Selbsterhaltungstrieb heraus zunächst einmal rein eigennützig. Dieser Egoismus führe aber schnell zu Streitigkeiten der Einzelnen untereinander. Den Menschen bleibe keine andere Wahl – entweder Kampf aller gegen alle oder Frieden schließen zum Zweck der Selbsterhaltung. Deshalb gäben sich die Menschen Regeln und Gesetze, schlössen einen Vertrag und ordneten sich einer Staatsgewalt unter.

Das **Zusammenleben** von über 80 Millionen Menschen in Deutschland, oder auch von nur 65.000 Einwohnern in einer Stadt wie Landshut, erfordert die Einhaltung von Absprachen, Regeln und Gesetzen. Die Notwendigkeit einer **staatlichen Ordnung** wird heute kaum noch ernstlich infrage gestellt. Diskutiert wird aber immer wieder, wie stark der Staat sich in die verschiedenen Lebensbereiche einmischen bzw. in welchem Maße er Leistungen erbringen soll. Soll zum Beispiel die Stadt Eigentümerin der Wasserwerke sein oder könnten diese nicht auch privatisiert (also an einen privaten Betrieb verkauft) werden?

Wenn der Staat, also **Bund, Länder, Städte** und **Gemeinden,** eine Vielzahl von Aufgaben übernehmen soll, dann müssen **Steuern** und Gebühren gezahlt werden. Man kann nicht erwarten, dass der Staat seine Aufgaben erledigt, und zugleich massive Steuersenkungen fordern.

Der Bundeshaushalt 2015
Verteilung der Ausgaben von insgesamt **299,1 Mrd. Euro***

Arbeit und Soziales	125,55 Mrd. €
32,97	Verteidigung
26,78	Bundesschuld
23,28	Verkehr und digit. Infrastruktur
15,27	Bildung und Forschung
12,17	Allg. Finanzverwaltung
12,07	Gesundheit
8,52	Familie, Senioren, Frauen und Jugend
7,31	Wirtschaft und Energie
6,51	Wirtschaftliche Zusammenarbeit und Entwicklung
6,19	Inneres
5,57	Finanzen
5,35	Ernährung und Landwirtschaft
3,86	Umwelt, Naturschutz, Bau und Reaktorsicherheit
3,73	Auswärtiges Amt
2,23	Bundeskanzlerin, -kanzleramt
0,80	Bundestag
0,70	Justiz und Verbraucherschutz
0,14	Bundesrechnungshof
0,03	Bundespräsident,-präsidialamt
0,03	Bundesverfassungsgericht
0,02	Bundesrat

*Beschluss Haushaltsausschuss
Quelle: Bundestag
dpa•21579

■ Wenn Regeln nicht mehr eingehalten werden ...
Was passiert, wenn Menschen oder einzelne Gruppen sich nicht mehr an die Regeln halten, konnte Mitte der 1990er-Jahre im **Krieg auf dem Balkan** beobachtet werden. Die einzelnen Volksgruppen im ehemaligen Jugoslawien ignorierten die für alle geltenden Gesetze des Zusammenlebens, erklärten sich für unabhängig und schufen eigene Regeln. Die staatliche Ordnung Jugoslawiens zerfiel. Der daraus folgende Bürgerkrieg war geprägt von Eroberungen und Plünderungen, Folter und Massenmorden, Vertreibungen und großen Zerstörungen. Ein ehemals reiches Land war ruiniert.

■ Garantie der Sicherheit: grundlegende Aufgabe des Staates

Um dem Auftrag gerecht werden zu können, seinen Bürgern ein menschenwürdiges Leben zu ermöglichen, muss der Staat zunächst einmal die Sicherheit der Bürger garantieren.

Äußere Sicherheit

Bis zur Wiedervereinigung 1989 war die äußere Sicherheit für die Bundesrepublik Deutschland von herausragender Bedeutung. Denn mitten durch Deutschland verlief die Grenze zwischen den beiden Militärblöcken **NATO** und **Warschauer Pakt.** Wäre es zum Krieg gekommen, was durchaus als reale Gefahr erschien, hätte er in Deutschland stattgefunden. In dieser Zeit des „**Kalten Krieges**" haben die Landesverteidigung (Bundeswehr) und die Mitgliedschaft in der NATO viel Geld gekostet.

Heute, im vereinigten Deutschland und nach dem Zerfall des Warschauer Pakts, hat sich die Sicherheitslage verändert. Die Wahrscheinlichkeit eines Angriffs durch einen Staat auf deutsches Territorium ist gering. Dafür besteht die ständige **Gefahr von Terrorakten**; regionale Krisen in entfernten Staaten drohen sich im Zeitalter der Globalisierung schnell zu Flächenbränden auszuweiten. Äußere Sicherheit wird heute gewährleistet durch ein koordiniertes euro-atlantisches Sicherheitssystem unter Federführung der NATO. Hier leistet Deutschland einen wesentlichen Beitrag, durch **Kriseneinsätze** wie auch finanziell.

Innere Sicherheit und Ordnung

Die Menschen wollen friedlich miteinander leben und sich bei ihrem Tun in Sicherheit fühlen. Der Staat muss deshalb auch die innere **Sicherheit und Ordnung** garantieren. Die Verantwortung ist zwischen dem Bund und den Ländern aufgeteilt. So ist der Bayerische Staatsminister des Innern zuständig für Meldebehörden, Feuerwehr, Katastrophenschutz, Verfassungsschutz und die Tätigkeit der Polizei.

Die Maßnahmen des Staates sind dabei nicht immer unumstritten. In letzter Zeit wird insbesondere im Rahmen der **Terrorismusabwehr** diskutiert, wieweit der Staat mit seinen präventiven (vorbeugenden) Maßnahmen gehen darf.

> Auszug aus dem Polizeiaufgabengesetz Bayerns
> **Artikel 2 PAG – Aufgaben der Polizei**
> (1) Die Polizei hat die Aufgabe, die allgemein oder im Einzelfall bestehenden Gefahren für die öffentliche Sicherheit oder Ordnung abzuwehren.
> (2) Der Schutz privater Rechte obliegt der Polizei nach diesem Gesetz nur dann, wenn gerichtlicher Schutz nicht rechtzeitig zu erlangen ist und wenn ohne polizeiliche Hilfe die Verwirklichung des Rechts vereitelt oder wesentlich erschwert werden würde.

Gewaltmonopol des Staates

Nur der Staat ist berechtigt, in dringenden Gefahrsituationen physische (körperliche) Gewalt anzuwenden.
Das Gewaltmonopol wird von der Polizei wahrgenommen.
Nur in Notwehr- oder Nothilfesituationen darf sich auch der Einzelne gewaltsam wehren.

Nähere Informationen zu NATO und internationaler Sicherheit finden Sie im Kapitel 12.3 „Internationale Beziehungen".

Internationaler Terrorismus

Die Abwehr terroristischer Angriffe ist auch ein massives Problem für die innere Sicherheitslage in Deutschland. Verfassungsschutz, Polizei und Bundespolizei arbeiten hier eng zusammen. Dabei geht es immer wieder um die Frage, inwieweit die Freiheit des Einzelnen zugunsten der Sicherheit aller eingeschränkt werden darf, z. B. bei der Kontrolle an Flughäfen (Schlagwort: „Nacktscanner").

---

① Stellen Sie sich vor, Sie würden in der S-Bahn gewaltsam angegriffen. Dürften Sie sich mit Gewalt wehren oder gilt das Gewaltmonopol des Staates? Argumentieren Sie.

② Schreiben Sie zehn Schlagwörter heraus, die Ihnen im Zusammenhang mit dem Begriff „Staat" als bedeutsam erscheinen. Diskutieren Sie Ihre Ergebnisse in der Klasse.

③ Ist das Land Bayern nach der obigen Definition ein Staat? Begründen Sie Ihre Meinung.

11.1.2 Der Staat hat vielfältige Aufgaben

Beispiel für die Fortentwicklung der Rechtsordnung

TeleMediaR

Telekommuni-
kations- und
Multimediarecht

TelekommunikationsG
TelemedienG
SignaturG · SignaturVO
Rundfunkstaatsvertrag
Jugendmedienschutz-
Staatsvertrag

10. Auflage
2014

Beck-Texte im dtv

Immer wichtiger wird die Fortentwicklung des Rechts der digitalen Medien. Ohne neue Gesetze wäre das Internet nahezu ein rechtsfreier Raum.

Sicherung sozialer Mindeststandards
ALG II und Sozialhilfe sichern dem Bürger das **Existenzminimum**, das für ein menschenwürdiges Leben notwendig ist.

Man meckert gern über den Staat. Aber geht es auch ohne ihn?

Mit der Garantie von Sicherheit hat der Staat eine Grundvoraussetzung für das Zusammenleben der Menschen geschaffen. Soll indes gewährleistet sein, dass sich die Bürger in Freiheit entfalten können, muss der Staat weitere bedeutende Aufgaben lösen.

■ Die Wahrung und Fortentwicklung der Rechtsordnung
Nicht jeder hält sich an die Gesetze, ja es gibt die Behauptung, jeder von uns habe schon einmal gegen ein Gesetz verstoßen. Jeder Staat benötigt eine funktionierende, verlässliche **Rechtsordnung** (siehe Abschnitt 10.4.1). Der Staat muss Gesetze, Rechtsverordnungen und Satzungen nicht nur beschließen, sondern auch ständig den wandelnden Gegebenheiten, z. B. den Anforderungen an Gesundheitsschutz, Globalisierung oder Digitalisierung, anpassen. Nur so können die für ein friedliches Miteinander benötigten Regeln zeitgemäß sein.

■ Die Sicherung sozialer Mindeststandards
Deutschland ist ein **sozialer Staat,** so fordert es der Artikel 20 des Grundgesetzes. Deutlichster Ausdruck hierfür sind die für viele Arbeitnehmer verpflichtenden fünf gesetzlichen Sozialversicherungen. Der Staat ermöglicht mit seinem **Netz der sozialen Absicherung** allen Menschen ein menschenwürdiges Leben. Aber auch hierbei ist stark umstritten, wie intensiv der Staat helfen soll, und wieweit er von den Betroffenen verlangen kann, für sich und ihre Familien in Notfällen selbst zu sorgen. Aus dem Grundgesetz ergeben sich aber immerhin folgende Mindestanforderungen an den sozialen Einsatz des Staates:

> **Art. 1 GG**
> (1) Die Würde des Menschen ist unantastbar.

> **Art. 20 GG**
> (1) Die Bundesrepublik Deutschland ist ein demokratischer und sozialer Bundesstaat.

■ Der Schutz der natürlichen Lebensgrundlagen
Jahrzehntelang haben die Menschen die Verschmutzung der Umwelt nicht zur Kenntnis genommen. Als die Umweltverschmutzungen und Vergiftungen nicht mehr zu übersehen waren, gab es in Deutschland eine starke Umweltschutzbewegung. Eine Vielzahl von Umweltgesetzen hat den Umweltgefährdungen Einhalt geboten und erwiesenermaßen viele Arbeitsplätze geschaffen. 1994 wurde der **Umweltschutz** als ein Ziel in das Grundgesetz aufgenommen, 2002 folgte ausdrücklich auch der Tierschutz.

> **Art. 20a GG**
> Der Staat schützt auch in Verantwortung für die künftigen Generationen die natürlichen Lebensgrundlagen und die Tiere im Rahmen der verfassungsmäßigen Ordnung durch die Gesetzgebung und nach Maßgabe von Gesetz und Recht durch die vollziehende Gewalt und die Rechtsprechung.

■ Das Bemühen um die Förderung wirtschaftlicher Entwicklung
Der Wohlstand eines Landes und seiner Bürger, soziale und wirtschaftliche Sicherheit sind immer auch von der wirtschaftlichen Situation abhängig. Die **Wirtschaftspolitik** der Bundes- und Landesregierungen steht deshalb immer im Mittelpunkt der politischen Diskussion. Der Staat hat verschiedene Möglichkeiten, die Wirtschaft zu fördern. **Subventionen** durch Steuervorteile, Zuschüsse oder günstige Kredite, Steuersenkungen und **staatliche Konjunkturprogramme** können die Wirtschaft ankurbeln.

■ Die Daseinsvorsorge

Da Deutschland kaum Rohstoffvorkommen besitzt, sind Wissenschaft und **Forschung, Bildung** und **Ausbildung** der Menschen für unseren Wirtschaftsstandort von herausragender Bedeutung. Die nicht geringen Kosten der Schulen werden deshalb vom Staat getragen. Im internationalen Vergleich der Zukunftsinvestitionen steht Deutschland nur im Mittelfeld.

Durch die **Infrastruktur** stellt der Staat alle für ein funktionierendes Gemeinwesen notwendigen Einrichtungen, wie z. B. Wasserversorgung, Energieversorgung, Abwasserbeseitigung, Verkehrswege aller Art, zur Verfügung. Dabei ist seit einigen Jahren umstritten, inwieweit der Staat selbst als Besitzer und Betreiber dieser Einrichtungen agieren soll, oder ob der Staat eine funktionierende Infrastruktur nur durch gesetzliche Rahmenbedingungen gewährleisten soll. So ist die Müllentsorgung größtenteils bereits privatisiert, die **Privatisierung** der Wasserversorgung aber sehr umstritten.

Befürworter der Privatisierung führen als Argument u. a. Kosteneinsparungen ins Feld, da die öffentlichen Haushalte nicht mehr mit der Organisation der Wasser- oder Energieversorgung belastet seien. Gegner betonen z. B. die Problematik der Gewinnorientiertheit privater Anbieter. Da die genannten Einrichtungen auch sozialen Zwecken dienten, könnten sie von Privatunternehmen nicht übernommen werden. Es sei zu befürchten, dass immer mehr sozial Schwache von den Leistungen ausgeschlossen würden.

Die Kosten der Bildung

Öffentliche Bildungsausgaben im Jahr 2014: 120,6 Milliarden Euro (Soll)

Wer zahlt?*

Länder 72,1
Bund 21,1
Gemeinden 6,8

Wofür?*

Allgemeinbildende und berufliche Schulen 51,5
Hochschulen 23,3
Kitas 17,0
Sonstiges 8,2

10021 © Globus *in % der Ausgaben Quelle: Stat. Bundesamt

■ Funktionierende Verwaltung

Alle diese Aufgaben müssen von den Verwaltungen in Bund, Ländern und Gemeinden möglichst effektiv und kostengünstig bewältigt werden. Die Menschen können gesetzlich verbriefte Leistungen vom Staat erwarten. Die sogenannte **Leistungsverwaltung** zahlt z. B. Sozialhilfe und Wohngeld aus, fördert die Wirtschaft, stellt Schulen und Kindergärten zur Verfügung. Die **Eingriffsverwaltung** erhebt Steuern, verlangt z. B. Kfz- oder Grundsteuern, zieht Bußgelder ein oder verbietet eine Demonstration wegen Gefahren für die öffentliche Sicherheit.

Für all diese Aufgaben stehen dem Staat gut durchorganisierte Verwaltungen zur Verfügung. Die bayerische Landesverwaltung ist dreistufig aufgebaut. In Bayern wurde in den vergangenen Jahren durch die Reform „Verwaltung 21" der Verwaltungsapparat „verschlankt" und gestrafft, um die Verwaltung **wirtschaftlicher** und **leistungsorientierter** zu machen.

Die sieben Regierungsbezirke Bayerns

Staatsministerien, z. B. Staatsministerium für Unterricht und Kultus

Regierungen der sieben bayerischen Bezirke

Kreisverwaltungsbehörden: 71 Landratsämter der Landkreise und 25 kreisfreie Städte

Aufbau der bayerischen Landesverwaltung

---

① Nehmen Sie das Schaubild zum Bundeshaushalt aus Abschnitt 11.1.1 zu Hilfe und erstellen Sie für sich eine persönliche Liste zu folgender Frage: Für welche staatlichen Aufgaben sollte Ihrer Ansicht nach mehr bzw. weniger Geld ausgegeben werden? Begründen Sie Ihre Ansicht und diskutieren Sie die Ergebnisse in der Klasse.

② Finden Sie möglichst je vier weitere Argumente für und gegen die Privatisierung öffentlicher Versorgungsaufgaben.

③ Informieren Sie sich über die Aufgaben des Regierungsbezirkes und des Landkreises oder der kreisfreien Stadt, in dem/der Sie wohnen. Recherchieren Sie dazu im Internet. Tipps hierfür finden Sie im Abschnitt 10.5.10.

11.1.3 Menschenrechte und Grundrechte – das Menschenbild des Grundgesetzes

Straße der Menschenrechte in Nürnberg

Auszug aus der Allgemeinen Erklärung der Menschenrechte vom 10.12.1948

Artikel 1: Alle Menschen sind frei und gleich an Würde und Rechten geboren …

Artikel 2: Jeder hat Anspruch auf die in dieser Erklärung verkündeten Rechte und Freiheiten ohne irgendeinen Unterschied …

Artikel 3: Jeder hat das Recht auf Leben, Freiheit und Sicherheit der Person.

Artikel 5: Niemand darf der Folter oder grausamer, unmenschlicher oder erniedrigender Behandlung oder Strafe unterworfen werden.

Artikel 7: Alle Menschen sind vor dem Gesetz gleich und haben ohne Unterschied Anspruch auf gleichen Schutz durch das Gesetz.

Artikel 19: Jeder hat das Recht auf Meinungsfreiheit und freie Meinungsäußerung …

■ Die Menschenrechte

Viele Menschen haben sich seit jeher für ein menschenwürdiges Leben und ein Leben frei von Diktaturen eingesetzt. Für diese Ziele haben sie gekämpft, viele sind dafür verfolgt worden und haben dafür in Gefängnissen gelitten.

Besonders die **Zeit der Aufklärung** in Europa hat für die Verwirklichung der Menschenrechte große Fortschritte gebracht. Der deutsche Philosoph **Immanuel Kant** (1724–1804) sah die Würde des Menschen als unantastbar an. Der Mensch als Person müsse geachtet, geschützt und dürfe nicht als ein Objekt missbraucht werden, so Kant. Alle Menschen müssten ein gleiches Recht auf Achtung und Respekt haben. Das bedeute, dass ein Mensch in allen möglichen Lebenslagen einen rechtlichen Schutz erhalten müsse und die Staaten die Freiheit und die Rechte der Menschen gewährleisten müssten.

Die **Allgemeine Erklärung der Menschenrechte vom 10.12.1948** ist der bisherige Höhepunkt in der Geschichte der Menschenrechte. Die Menschen waren nach den schrecklichen Erlebnissen des Zweiten Weltkriegs entschlossen, für die Zukunft Leid, Elend, Krieg und Zerstörung aus ihrem Miteinander zu entfernen. Mit der Allgemeinen Erklärung der Menschenrechte, beschlossen von den **Vereinten Nationen (UNO)**, wurde zum ersten Mal ein System von grundlegenden Regeln des menschlichen Zusammenlebens festgelegt. Die allermeisten Menschen und Regierungen hatten und haben den festen Willen, diese Rechte zu beachten und für sie einzutreten.

Dennoch ist es wichtig, dass sich zahlreiche **Menschenrechtsgruppen** weiterhin für die Verwirklichung der Menschenrechte in der Welt einsetzen. Denn die Durchsetzung dieser Rechte hängt von den politischen Kräfteverhältnissen in der UNO und von den politischen Verhältnissen in den einzelnen Ländern ab.

■ **Die Grundrechte bestimmen das Menschenbild des Grundgesetzes**

Die Grundrechte in Deutschland, die die wesentlichen Inhalte der Allgemeinen Erklärung der Menschenrechte wiedergeben, sind die Grundlage unserer Staatsverfassung, des Grundgesetzes. Sie sind wegen ihrer hohen Bedeutung gleich an den Anfang unserer Verfassung, den Teil I des Grundgesetzes (Artikel 1-19) gestellt worden.

Die Grundrechte bestimmen das **Menschenbild des Grundgesetzes:** Es sieht den Einzelnen nicht als ich-bezogenes, sondern als in die soziale Gemeinschaft integriertes Wesen, das auch der Pflege und Förderung des sozialen Zusammenlebens verpflichtet ist. Ein Zusammenleben von lauter Egoisten würde dauerhaft nicht friedlich funktionieren.

Das **Grundgesetz** wurde 1948/49 vom **Parlamentarischen Rat** ausgearbeitet. Dessen Mitglieder wurden von den Landtagen der nach dem Zweiten Weltkrieg entstandenen amerikanischen, britischen und französischen Besatzungszonen gewählt.

Alle staatlichen Handlungen und Einrichtungen sollen dazu dienen, die **Freiheit des Einzelnen,** sein Streben nach einem zufriedenen und erfüllten Leben sowie das friedliche, menschenwürdige Zusammenleben zu garantieren und zu unterstützen. Die Grundrechte des Einzelnen sind also da einschränkbar, wo das **Gemeinwohl** (das Wohlergehen vieler Menschen) Vorrang hat. Bei jeder Einschränkung von Grundrechten muss aber die Menschenwürde gewahrt bleiben.

■ **Grundrechte und Menschenrechte**

Grundrechte und Menschenrechte sind nicht dasselbe. Während die Menschenrechte den Menschen mit ihrer Geburt „von Natur her gegeben" sind, „gießen" Grundrechte diese ungeschriebenen Menschenrechte in eine Gesetzes-

Der Parlamentarische Rat beschließt im Mai 1949 das Grundgesetz der Bundesrepublik Deutschland.

form. Erst hierdurch stehen sie den Menschen in einem Staat verbindlich zu. Die Grundrechte machen bei uns also aus den Menschenrechten deutsches Recht auf der höchsten Stufe, der **Verfassung.**

Allerdings sind nicht alle Grundrechte in Deutschland echte Menschenrechte. Ein Teil von ihnen, die sogenannten **Deutschenrechte,** steht nur deutschen Staatsbürgern zu. Hierzu zählen das Grundrecht, sich ohne Anmeldung oder Erlaubnis zu versammeln (Versammlungsfreiheit, Artikel 8 GG), das Grundrecht, Vereine und Gesellschaften zu gründen (Vereinigungsfreiheit, Artikel 9 GG) und das Grundrecht auf Berufsfreiheit (Artikel 12 GG).

Grundrechte sind auch heute noch immer in **Entwicklung** und **Veränderung** begriffen. Sie sind interpretierbar und können in ihrer Wirksamkeit gefährdet sein. Die Bedeutung der Grundrechte muss daher immer wieder zu einer öffentlichen Angelegenheit gemacht werden. Nicht nur aus staatlicher Verwaltung, sondern vor allem aus der immer neuen Bestätigung und **Verteidigung durch die Bürger,** beziehen die Grundrechte ihre politische Kraft.

Grundrechte schützen diverse Lebensbereiche
- die individuelle Existenz
- die informationelle Selbstbestimmung
- die Gleichberechtigung
- die religiöse und weltanschauliche Überzeugung
- die Meinungs- und Medienfreiheit
- die Ehe und die Familie
- die Versammlungsfreiheit
- die Vereinigungsfreiheit
- das Brief-, Post- und Fernmeldegeheimnis
- die Berufs- und Gewerbefreiheit

① Beschreiben Sie den Unterschied zwischen Menschenrechten und Grundrechten in eigenen Worten.
② Informieren Sie sich (aus Tageszeitungen oder dem Internet) über Staaten, in denen die Menschenrechte nicht eingehalten werden. Sammeln Sie Informationen und tragen Sie Ihre Ergebnisse in der Klasse zusammen.
③ Beschaffen Sie sich den Text des Grundgesetzes (z. B. unter www.gesetze-im-internet.de/gg). Schreiben Sie die vier Grundrechte heraus, die Sie persönlich am wichtigsten finden. Diskutieren Sie Ihre Ergebnisse in der Klasse.

11.1.4 Grundrechte im Alltag – Inhalte und Funktionen

Die Grundrechte
Grundgesetz für die Bundesrepublik Deutschland, Artikel 1 bis 19

Schutz der **1** Menschenwürde
Freiheit der Person **2** **3** Gleichheit vor dem Gesetz
Glaubens- und Gewissensfreiheit **4** **5** Freie Meinungsäußerung
Schutz der Ehe und Familie **6** **7** Elternrechte, staatliche Schulaufsicht
Versammlungsfreiheit **8** **9** Vereinigungsfreiheit
Brief- und Telefongeheimnis **10** **11** Recht der Freizügigkeit
Freie Berufswahl **12** **12a** Wehrdienst/Zivildienst
Unverletzlichkeit der Wohnung **13** **14** Eigentumsgarantie
Überführung in Gemeineigentum **15** **16** Staatsangehörigkeit, Auslieferung
Asylrecht **16a** **17** Petitionsrecht
Aberkennung von Grundrechten **18** **19** Rechtsweggarantie

Volkssouveränität, Widerstandsrecht **20** **101** Anspruch auf den gesetzlichen Richter
Gleicher Zugang zu öffentlichen Ämtern **33** **103** Anspruch auf rechtliches Gehör vor Gericht
Wahlrecht **38** **104** Schutz vor willkürlicher Verhaftung

ZAHLENBILDER
60 110

© Bergmoser + Höller Verlag AG

■ Grundrechte im Alltag

Die Beachtung der Grundrechte als Teil des Grundgesetzes ist für jedes Handeln des Staates zwingend. Das **Grundgesetz** ist **höchstes deutsches Recht** – kein Gericht, keine Regierung und kein Gesetz darf im Widerspruch zu ihm stehen.

Grundrechte sind nicht bloße Leitlinien für ein ideales Leben, sondern tauchen in den unterschiedlichsten Lebensbereichen auf und sind somit höchst lebendig. Im Alltag begegnen sie uns fast pausenlos, ohne dass wir dabei gleich an das Grundgesetz denken.

Grundrechte sind zum Beispiel betroffen
• bei einer Demonstration gegen ein neues Einkaufszentrum, das die Altstadt zu verschandeln droht (Grundrecht auf Versammlungsfreiheit)

Jedes **staatliche Handeln** muss die Grundrechte beachten. Fühlt sich ein Bürger durch eine staatliche Maßnahme in seinen Grundrechten verletzt, so kann er dies vor Gericht geltend machen. Beispiel: Wer bei der Abschlussprüfung zum Kfz-Mechatroniker trotz gleichwertiger Leistungen schlechter bewertet wurde als ein Mitprüfling, kann sich auf den Gleichheitssatz (Artikel 3 GG) berufen.

• bei der Einberufung zu Wehr- oder Zivildienst (Grundrecht auf freie Entfaltung der Person)
• beim sonntäglichen Gang zur Messe oder beim Austritt aus der Kirche (Religionsfreiheit)
• und bei der Suche nach einem Ausbildungs- oder Arbeitsplatz (Grundrecht auf freie Berufswahl).

■ Grundrechte können eingeschränkt werden

Grundrechte sind einschränkbar. Dies muss so sein, weil es immer wieder zu **Kollisionen** zwischen den Grundrechten verschiedener Menschen oder von Grundrechten mit anderen Prinzipien des Grundgesetzes kommt. So kollidiert das Grundrecht auf freie Entfaltung der Persönlichkeit mit dem Grundrecht auf Schutz der Gesundheit, wenn ein Autofahrer mit 100 km/h durch eine Ortschaft rast. In solchen Fällen muss ein vernünftiger Kompromiss zwischen den widerstreitenden Grundrechten gefunden werden – hier in Form der Geschwindigkeitsbegrenzung auf 50 km/h. Einziges Grundrecht, das **nicht eingeschränkt** werden darf, ist die **Unverletzlichkeit der Menschenwürde.**

Zu viel Handlungsfreiheit …

… vernebelt die Sinne!

Es gibt Fälle, die in den Medien ein großes Echo finden. Dann wird deutlich, dass die Garantie der Grundrechte keine Selbstverständlichkeit ist, sondern ihr Umfang immer wieder verteidigt werden muss. Beispiele für solche Fälle sind.

• **Innere Sicherheit und Terrorismusabwehr:** Wie weit darf der Staat zum Schutz vor möglichen Attentaten in die Privatsphäre der Bürger eingreifen? Darf er unter bestimmten Voraussetzungen online Zugriff auf die Daten privater Computer nehmen oder Wohnungen abhören? Kritiker solcher Maßnahmen sehen hier die Unverletzlichkeit der Wohnung zu stark beschränkt, Befürworter berufen sich auf die Sicherheitsfunktion des Staates (siehe Abschnitt 11.1.1) sowie auf das Grundrecht der Bürger auf Leben und körperliche Unversehrtheit.

• **Rauchverbote:** Heftig umstritten ist die Frage, ob und in welchem Umfang das Rauchen in Gaststätten und Bierzelten, zunehmend auch unter freiem Himmel verboten werden darf. Nichtraucher berufen sich auf den Gesundheitsschutz, Raucher (wie in der Illustration links) auf ihre Handlungsfreiheit und Gastronomen auf ihr Grundrecht auf freie Berufsausübung.

- **Meinungsfreiheit:** Das Grundrecht auf freie Meinungsäußerung gilt als besonders kostbar, da es freie Staaten von unfreien Staaten (wie z. B. Deutschland während der Nazi-Diktatur von 1933–1945) unterscheidet. Dennoch muss auch dieses Grundrecht eingeschränkt werden, wo die Menschenwürde anderer verletzt wird. Dies ist der Fall bei Verunglimpfungen anderer oder wenn öffentlich der Hass gegen bestimmte Menschengruppen geschürt wird. Solche Meinungsäußerungen sind sogar nach dem StGB strafbar als Beleidigung bzw. Volksverhetzung.

Beschränkungen von Grundrechten dürfen niemals willkürlich erfolgen. Sie müssen stets auf einem Gesetz (wie z. B. dem StGB) beruhen, müssen als Kompromiss zwischen widerstreitenden Grundrechten **verhältnismäßig** sein und dürfen das eingeschränkte Grundrecht nicht in seinem **Kern** verletzen. So ist die Meinungsfreiheit im obigen Beispiel in ihrem Kern gewahrt, denn alle anderen Meinungsäußerungen außer den beleidigenden und volksverhetzenden bleiben ja durch das StGB unangetastet.

> **Grundrechte schaffen Einrichtungsgarantien**
> Eine weitere wichtige Grundrechtsfunktion ist die Schaffung sogenannter Einrichtungsgarantien. So ergibt sich z. B. aus Artikel 6 (Schutz von Ehe und Familie) und Artikel 14 (Schutz des Eigentums), dass Ehe und Eigentum als rechtlich geschützte Einrichtungen (Institutionen) bestehen müssen.

■ Grundrechtsfunktionen
Grundrechte sind Abwehrrechte
Gibt das Grundrecht auf freie Berufswahl jedem das Recht, den von ihm gewünschten Ausbildungsplatz zu erhalten? Diese Frage muss mit einem klaren „Nein" beantwortet werden. In erster Linie sind die Grundrechte nämlich **Abwehrrechte gegen staatliches Handeln.** Dies bedeutet, dass niemand durch den Staat gegen seinen Willen zur Aufnahme eines bestimmten Berufes gezwungen werden darf. Ein Grundrecht auf einen Ausbildungsplatz – wie von den Demonstranten (rechts) gefordert – müsste erst eingeführt werden. Dies aber würde problematisch sein. Denn es müssten Betriebe gezwungen werden, Ausbildungsplätze zur Verfügung zu stellen, was wiederum in das Grundrecht der Unternehmer auf freie Berufsausübung eingreifen würde.

Grundrechte sind nur in Ausnahmefällen Leistungsrechte
Nur in Ausnahmefällen geben Grundrechte dem Bürger einen **Leistungsanspruch** gegen den Staat. Diesem soll nämlich – solange er nicht gegen die Grundrechte handelt – ein weiter Handlungsspielraum zustehen. Ausnahmsweise wurde jedoch direkt aus Artikel 1 GG (Unverletzlichkeit der Menschenwürde) eine Leistungspflicht des Staates hergeleitet – und zwar die Sicherung des Existenzminimums in Form der Sozialhilfe bzw. des ALG II.

Grundrechte sind Teilhaberechte
Der Gleichheitssatz (Artikel 3 GG) gibt den Bürgern Anspruch auf **Teilhabe** an bereits bestehenden staatlichen Leistungen. „Gleiches muss gleich behandelt werden". Erhält also die Auszubildende Laura auf ihren Antrag Berufsausbildungsbeihilfe, dann muss diese auch dem Auszubildenden Marvin gewährt werden, wenn er dieselben Voraussetzungen mitbringt.

---

1. Überlegen Sie: Welche Grundrechte stehen sich in den folgenden Fällen gegenüber?
   a) Der Staat verbietet eine religiöse Sekte, die ihre Anhänger mithilfe von Psychopharmaka gefügig macht.
   b) Der Staat führt eine Ausbildungsabgabe für jeden Betrieb ein, der keine Ausbildungsplätze anbietet.
   c) Die Polizei erschießt einen Geiselnehmer, der damit droht, seine Geiseln zu töten.

2. Was verstehen Sie unter der „Unverletzlichkeit der Menschenwürde"? Schreiben Sie sich Stichpunkte auf und tragen Sie Ihre Ergebnisse in der Klasse vor.

3. Fertigen Sie eine Tabelle an und stellen Sie jeweils fünf Beispiele für staatliches und privates Handeln gegenüber.

11.1.5 Gewaltenteilung – die Kontrolle der Staatsmacht

■ Kontrolle durch Gewaltenteilung

„Alle Staatsgewalt geht vom Volke aus …", heißt es im Grundgesetz (Artikel 20 Abs. 2). Dies bedeutet, dass sich die Macht der Parlamente, Regierungen und Gerichte von dem Willen der Mehrheit der Bevölkerung ableitet – man nennt dies Demokratie. Die staatliche Gewalt wird in Deutschland nicht unmittelbar durch den Bürger, sondern über Abgeordnete in den Parlamenten beeinflusst. Die Abgeordneten vertreten (repräsentieren) das Volk. Die Organe der Staatsgewalt erhalten ihre zeitlich befristete Macht durch Wahlen.

Die deutsche Staatsgewalt teilt sich in drei Bereiche auf: die gesetzgebende Gewalt (**Legislative**) beschließt Gesetze, die vollziehende Gewalt (**Exekutive**) regiert und verwaltet den Staat im Rahmen dieser Gesetze, die Rechtsprechung (**Judikative**) wacht unter anderem darüber, dass die Gesetze nicht dem Grundgesetz als höchstem deutschen Recht widersprechen und dass sich die Exekutive selbst an die Gesetze hält. Die drei Gewalten sind in ihren Funktionen strikt voneinander getrennt, nicht aber personell. So sind Bundeskanzler und Bundesminister als Spitze der Exekutive zumeist auch Mitglieder des Bundestages, gehören also auch der Legislative an. Genauso verhält es sich mit Ministerpräsidenten und Ministern der Länder.

Das System der Gewaltenteilung geht auf den französischen Philosophen **Charles de Montesquieu** zurück, der bereits im 18. Jahrhundert davon ausging, dass die Freiheit in einem Staat nur auf diese Weise gesichert werden könne.

Die Gewaltenteilung dient in erster Linie dem Schutz gegen Machtmissbrauch. Läge alle Gewalt unkontrolliert in einer Hand, wäre ein möglicher Missbrauch von niemandem zu verhindern. Beispiele für das Funktionieren der **Machtkontrolle** durch Gewaltenteilung:

- Jedes Handeln der Exekutive muss auf Veranlassung des sich benachteiligt fühlenden Bürgers durch die Judikative überprüft werden.
- Der Bundeskanzler als höchster Vertreter der Exekutive kann durch Mehrheitsbeschluss der Legislative abgewählt werden („Misstrauensvotum").
- Das Bundesverfassungsgericht (Judikative) kann verfassungswidrige Gesetze der Legislative für nichtig erklären.
- alle Gerichte der Judikative sind bei jeder Entscheidung an die verfassungsgemäßen Gesetze der Legislative gebunden.

Nach **Charles de Montesquieu** (1689–1755) ist eine Staatsform gut, wenn sie gemäßigt ist: Nur dann garantiert sie die Freiheit. Um die Freiheit in einem Staat zu schützen, muss die Macht durch Gewaltenteilung beschränkt sein.

Charles de Montesquieu

Artikel 20 GG
(3) Die Gesetzgebung ist an die verfassungsmäßige Ordnung, die vollziehende Gewalt und die Rechtsprechung sind an Gesetz und Recht gebunden.

Horizontale und vertikale Gewaltenteilung
Die Staatsgewalt in Deutschland ist nicht nur (wie in der Tabelle dargestellt) horizontal in Legislative, Exekutive und Judikative geteilt, sondern auch „vertikal" nach Bund, Ländern und Kommunen.
Auf kommunaler Ebene gibt es keine eigenständigen Institutionen der Gesetzgebung und der Rechtsprechung. Hier nehmen Bezirke, Landkreise, kreisfreie Städte und Gemeinden Verwaltungsaufgaben wahr, gehören also der Exekutive an.

Horizontale Gewaltenteilung			
	Legislative	Exekutive	Judikative
Bund	Bundestag (Volksvertretung), Bundesrat (Länderkammer)	Bundesregierung, Bundesverwaltung	Gerichte auf Bundesebene (z. B. Bundesverfassungsgericht, Bundesgerichtshof)
Länder	Parlamente der Länder: Gesetzgebung der Länder, z. B. Bayerischer Landtag	Landesregierungen und Landesverwaltungen	Gerichte der Länder: Oberlandesgerichte, Landgerichte, Amtsgerichte, Oberverwaltungsgerichte, Verwaltungsgerichte

■ Weitere Möglichkeiten der Macht- kontrolle

Machtkontrolle ist in Deutschland nicht nur eine Frage der Gewaltenteilung. Nicht zuletzt als Folge des grausamen Machtmissbrauchs während der Regierungszeit der Nationalsozialisten zwischen 1933 und 1945 hat sich eine Kultur ausgebildet, in der unterschiedliche gesellschaftliche Institutionen eine willkürliche Ausübung von Staatsmacht verhindern:

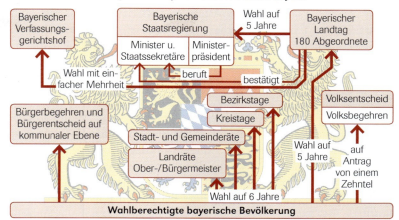

Das politische System des Freistaates Bayern

Die Wähler

In der deutschen Demokratie haben die Wähler regelmäßig die Möglichkeit, ihren Unmut, aber auch ihre Zufriedenheit mit der Regierung durch eine entsprechende Stimmabgabe bei Wahlen zu bekunden. Die Wähler nutzen das sehr intensiv: Landtagswahlen werden z. B. häufig auch durch die Politik der Bundesregierung beeinflusst. So fanden als eine Folge der Landtagswahl in Nordrhein-Westfalen im Herbst 2005 vorgezogene Bundestagswahlen statt. Die Bürger können sich auch zwischen den Wahlen in die politische Diskussion einmischen, z. B. Veranstaltungen von Abgeordneten besuchen.

Die Opposition

Auf der parlamentarischen Ebene ist die Opposition Kontrollinstanz. Nur in einem Mehrparteiensystem kann es eine wirkungsvolle parlamentarische Kontrolle der Macht geben. Dabei hat die Opposition eine ganze Reihe von Möglichkeiten, z. B. Anfragen im Parlament, Einsetzung von Untersuchungsausschüssen oder auch die Klage vor den Verfassungsgerichten.

Die Medien

Nicht zu unterschätzen ist die Machtkontrolle durch die Medien. Man spricht nicht umsonst von den Medien als „vierter Gewalt" im Staat. Die Medien informieren den Bürger, kommentieren und beeinflussen durch ihre Berichterstattung die öffentliche Meinung.

Die Bundesländer

Auch die Bundesstaatlichkeit (Art. 20 GG) verhindert eine Machtkonzentration zugunsten der Bundesregierung. Zum einen muss der Bundesrat der überwiegenden Anzahl an Gesetzen zustimmen. Zum anderen haben die Bundesländer in sehr wichtigen Politikbereichen – wie z. B. Bildung und Wissenschaft, Innenpolitik, Polizei und Justiz – eine Länderhoheit und damit eine weitgehende Unabhängigkeit von der Bundesregierung. Auch die Gemeinden haben das Recht, Angelegenheiten von kommunaler Bedeutung eigenständig zu regeln.

Artikel 5 der Bayerischen Verfassung

(1) Die gesetzgebende Gewalt steht ausschließlich dem Volke und der Volksvertretung zu.

(2) Die vollziehende Gewalt liegt in den Händen der Staatsregierung und der nachgeordneten Vollzugsbehörden.

(3) Die richterliche Gewalt wird durch unabhängige Richter ausgeübt.

---

1. Stellen Sie dar, warum das Prinzip der Gewaltenteilung wichtig für den inneren Frieden und die Freiheit in einem Staat ist.

2. Listen Sie auf, welche Möglichkeiten Sie als Bürger haben, sich in die politische Diskussion einzumischen und sich gut zu informieren.

3. Stadt- und Gemeinderäte, Kreistage und Bezirkstage in Bayern sind dem ersten Anschein nach „Parlamente" wie der Bundestag oder der bayerische Landtag. Warum gehören sie – anders als die beiden letztgenannten – dennoch nicht der Legislative an?

11.1.6 Deutschland: Demokratische Bundesrepublik

Regierungsformen: Demokratie und Diktatur

Kennzeichen der **Demokratie** ist, dass die Staatsgewalt in den Händen des Volkes liegt. Das Volk übt die Staatsgewalt direkt oder durch Repräsentanten aus.

Bei **Diktaturen** liegt die Staatsgewalt in den Händen einer kleinen Gruppe (Oligarchie), einer Partei (Parteiendiktatur) oder einer einzelnen Person (Diktator). Der Mehrheitswille des Volkes wird unterdrückt. Beispiel für eine Parteiendiktatur in Deutschland ist das von der Nationalsozialistischen Deutschen Arbeiterpartei (NSDAP) beherrschte Dritte Reich.

■ Strukturprinzipien des Grundgesetzes – Säulen staatlicher Ordnung

Der Artikel 20 des Grundgesetzes wird häufig als die „Verfassung in Kurzform" bezeichnet. In diesem Grundgesetzartikel werden die Grundlagen des freiheitlichen Staates festgelegt. Diese Grundsätze können auch nicht durch eine Verfassungsänderung im Bundestag beseitigt oder wesentlich verändert werden. Deshalb spricht man auch von der **„Ewigkeitsgarantie" des Artikel 20** (siehe hierzu auch Abschnitt 11.1.7).

Der Artikel 20 Abs. 1 GG stellt in einem Satz fünf sogenannte **Strukturprinzipien** auf, die für die Bundesrepublik Deutschland prägend sind: **Demokratie, Republik, Bundesstaat, Rechtsstaat und Sozialstaat.** Die Staatsmacht ist verpflichtet, diese Prinzipien bei all ihrem Handeln einzuhalten. Mehr noch: Da die Strukturprinzipien als solche noch keine konkreten Handlungsanweisungen geben, muss der Staat sie durch seine Handlungen „konkretisieren", also mit Leben füllen. Dies geschieht durch Gesetze der Legislative, durch die Verwaltung der Exekutive und die Gerichtsurteile der Judikative. Im Folgenden sollen die Strukturprinzipien in Kürze näher erläutert werden.

■ Deutschland ist eine Demokratie

Die Mitglieder des Parlamentarischen Rates („die Väter des Grundgesetzes") haben sich 1949 für Deutschland als eine **repräsentative**, mittelbare **Demokratie** entschieden. Das Volk als Souverän („Herrscher") greift nicht direkt und unmittelbar in das tägliche politische Geschehen ein, sondern wählt regelmäßig **Volksvertreter** (Abgeordnete), die in den Parlamenten Entscheidungen treffen.

Die Möglichkeiten der direkten Beteiligung durch Volksabstimmungen sind in Deutschland auf die Ebene der Bundesländer beschränkt. So gibt es in Bayern zum Beispiel das **Volksbegehren** und den **Volksentscheid.** Auf der Gemeindeebene gibt es in Bayern zudem noch den Bürgerentscheid, der in den Abschnitten 11.2.2 und 11.4.7 näher erläutert wird. Auf Bundesebene ist ein Volksentscheid lediglich im Falle der Neugliederung des Bundesgebietes vorgesehen (Artikel 29 GG).

Die Entscheidung des Parlamentarischen Rates gegen eine direkte Demokratie resultierte aus den schlechten Erfahrungen aus der Zeit der **Weimarer Republik** (1918–1933). Das Scheitern dieser kurzen Republik zwischen den Weltkriegen, die mit der „Machtergreifung" der Nationalsozialisten ihr Ende fand, wurde unter anderem auf die missglückte Handhabung von Volksentscheiden zurückgeführt, die zu einer Spaltung des Volkes beigetragen hätten. Mehr Informationen zur Weimarer Republik finden Sie im Abschnitt 11.1.8, mehr zur direkten Demokratie finden Sie im Abschnitt 11.3.1.

So gewaltig der Unterschied zwischen Demokratie und Diktatur ist, so sorglos ist scheinbar der Umgang mit den Begrifflichkeiten. Zwar wäre es übertrieben, aus den Ergebnissen der Befragung (links) auf eine Gleichgültigkeit gegenüber der Demokratie als solcher zu schließen. Doch wer die Regierungsformen nicht auseinanderhalten kann, wird sich schwer tun, **Gefahren für die Demokratie** zu erkennen – und sie wirkungsvoll zu bekämpfen.

Geschichte: *mangelhaft*

Ergebnisse einer Befragung zum Geschichtswissen von 7 500 Schülern aus fünf Bundesländern
Angaben in %

Zustimmende Antworten auf die Aussagen:	Gesamt	Jugendliche mit Eltern aus der alten BRD	Jugendliche mit Eltern aus der DDR	Jugendliche mit mind. einem ausländ. Elternteil
„Der Nationalsozialismus war keine Diktatur."	24,2 %	20,0	25,6	30,6
„Die DDR war keine Diktatur."	29,6	24,5	36,5	33,7
„Die BRD vor der Wiedervereinigung war keine Demokratie."	45,1	39,6	46,4	48,8
„Die BRD nach der Wiedervereinigung ist keine Demokratie."	39,1	35,6	42,2	41,4

Quelle: Forschungsverbund SED-Staat der FU Berlin   Stand 2012   © Globus 5074

Deutschland ist eine Republik

Die Staatsform der **Republik** steht im Gegensatz zur **Monarchie.** Der Unterschied besteht darin, dass bei Letzterer das Staatsoberhaupt ohne Beteiligung des Volkes durch Erbfolge bestimmt wird. Kaiser, Könige und Fürsten sind Monarchen. In der Bundesrepublik Deutschland ist die Bestimmung des Staatsoberhauptes, also des Bundespräsidenten, dagegen eine **öffentliche Angelegenheit** (lateinisch: **„res publica"**): Seine Wahl richtet sich nach dem Volkeswillen, findet allerdings nicht direkt, sondern durch Repräsentanten (die Mitglieder der Bundesversammlung) statt.

Der Begriff „Republik" ist für sich genommen kein Charaktermerkmal eines freiheitlichen Staates. So gibt es freiheitliche Monarchien wie zum Beispiel das Vereinigte Königreich von Großbritannien und Nordirland; auf der anderen Seite bezeichnen sich unfreie Staaten als Republiken, wie zum Beispiel die Volksrepublik China und ehemals die Deutsche Demokratische Republik (DDR). Die freiheitliche Staatsform Deutschlands ergibt sich heute erst aus der Gesamtheit der Strukturprinzipien. Deutschland war bis zum Beginn der Weimarer Republik 1918 eine Monarchie.

Deutschland ist ein Bundesstaat

Der deutsche Bundesstaat ist ein **Zusammenschluss von Bundesländern** zu einem **Gesamtstaat**, der Bundesrepublik Deutschland. Die Bundesländer sind zwar Staaten, haben aber einen Teil ihrer staatlichen Kompetenzen dem Bund übertragen. Nach Artikel 30 GG üben die Länder alle staatlichen Befugnisse aus und erfüllen alle staatlichen Aufgaben, soweit das Grundgesetz keine andere Regelung trifft.

Die Bundesländer verfügen mit Parlamenten, Regierungen und Rechtsprechung über genügend Souveränität. Insbesondere auf den Gebieten der Finanzen, der Bildung, der Gesundheits- und Kulturpolitik, der Wohnungsbauförderung, der Polizei sowie der kommunalen Selbstverwaltung haben sie große **Eigenständigkeit**. Dagegen fehlt ihnen die Eigenständigkeit da, wo die Einordnung in den Bundesstaat es erfordert: z. B. bei der Außenpolitik.

Die Bundesländer haben darüber hinaus über den **Bundesrat** eine starke Position bei der Gesetzgebung. Viele Bundesgesetze bedürfen der Zustimmung des Bundesrates. Zur Aufrechterhaltung einer funktionierenden Zusammenarbeit zwischen Bund und Ländern ist ein gewisses Maß an Übereinstimmung notwendig. Dies schreibt der Artikel 28 GG vor (Homogenitätsgebot). Deshalb gelten die Strukturprinzipien – natürlich mit Ausnahme des Bundesstaatsgebotes – auch für jedes einzelne Bundesland.

Nähere Informationen zum Bundespräsidenten, zum Bundesrat und zur Selbstständigkeit der Bundesländer (Föderalismus) finden Sie in Kapitel 11.2.

Kaiser Wilhelm II. – Deutschlands letzter Monarch

Deutschland: 16 Staaten bilden den Bundesstaat

1. Arbeiten Sie die Unterschiede zwischen den Regierungsformen Demokratie und Diktatur sowie zwischen den Staatsformen Republik und Monarchie heraus, indem Sie die Begriffe in Tabellen gegenüberstellen.
2. Warum gibt das Schaubild „Geschichte: mangelhaft" gewissen Anlass zur Sorge?
3. Könnte der Freistaat Bayern einen eigenen Außenminister ernennen? Welche Probleme sehen Sie bei einer derartigen Vorgehensweise?

11.1.7 Deutschland: Rechtsstaat, Sozialstaat und abwehrbereite Demokratie

Grundsätze des Rechtsstaates

Grundsätze des Rechtsstaates

Der Grundsatz der Gewaltenteilung: Die staatliche Macht wird auf mehrere Personen verteilt und begrenzt. Gegenseitige Kontrolle ist wichtig.

Der Vorrang der Verfassung und der Gesetze: Parlamente, Regierungen, Verwaltungen und die Justiz sind an die Verfassung und die daraus abgeleiteten Gesetze gebunden. Bundesgesetze haben Vorrang vor Landesgesetzen.

Der Parlamentsvorbehalt: Die Parlamente sollen alle wesentlichen Entscheidungen in Form von Gesetzen beschließen.

Der Vorbehalt des Gesetzes: Alle staatlichen Eingriffe in die Privat- und Freiheitssphäre des Einzelnen müssen durch Gesetze abgedeckt sein.

Die Rechtsweggarantie: Fühlt sich ein Bürger durch den Staat in seinen Rechten verletzt, dann muss er die Möglichkeit einer gerichtlichen Klärung haben.

Die Haftung der staatlichen Gewalt: Handeln der Staat bzw. seine Beamten oder Angestellten rechtswidrig, so haftet der Staat für die Folgen und Schäden.

Der Grundsatz der Verhältnismäßigkeit: Der Staat muss bei seinen Handlungen und Eingriffen immer auch die Interessen der Betroffenen im Hinblick auf das Handlungsziel abwägen.

■ Deutschland ist ein Rechtsstaat

Wichtige Bestandteile eines Rechtsstaates sind **Rechtssicherheit** und **Gerechtigkeit.** Der sehr allgemeine Begriff Rechtsstaat wird als Oberbegriff für eine Anzahl von Grundsätzen verstanden (siehe Randspalte). Nach diesen Grundsätzen ist u. a. die staatliche Ordnung aufgebaut und werden die Rechte der Bürger gesichert.

Je nach politischem Standpunkt haben die verschiedenen Parteien und Interessengruppen zwar sehr unterschiedliche Vorstellungen vom Rechtsstaat. Die in der Randspalte genannten „Qualitätsmerkmale" des Rechtsstaates dürfen jedoch keinesfalls unterschritten werden. Auf der anderen Seite darf der Rechtsstaat auch nicht übertrieben werden, sondern muss den Bezug zu seinen Aufgaben behalten: die Gleichheit aller Bürger vor dem Gesetz zu gewährleisten und die freie Persönlichkeitsentfaltung zu sichern.

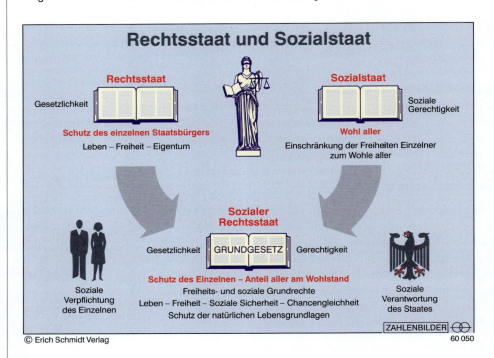

© Erich Schmidt Verlag

60 050

■ Deutschland ist ein Sozialstaat

Das Grundgesetz schreibt dem Staat vor, **soziale Gerechtigkeit** für alle zu schaffen und besonders die sozial Schwächeren zu schützen. Der Staat hat dafür zu sorgen, dass die Bürger menschenwürdig und sozial abgesichert leben können.

Aus dieser Pflicht des Staates lassen sich zwar keine individuellen Ansprüche ableiten. So sichert das Grundgesetz dem sozial Schwachen z. B. nicht das Recht zu, zum Nulltarif mit den öffentlichen Nahverkehrsmitteln zu fahren. Der Staat hat aber dafür zu sorgen, dass die Fahrpreise bezahlbar bleiben.

Beispiele für sozialstaatliche Rechte bzw. Ansprüche sind der **Kündigungsschutz** bei Mietverhältnissen oder im Arbeitsrecht, die betriebliche **Mitbestimmung** und die Einrichtung von Fürsorgeleistungen wie die Grundsicherung für Arbeitsuchende (**Arbeitslosengeld II**) oder die **Sozialhilfe,** die sich aus der Verpflichtung zur Garantie des Existenzminimums (Artikel 1 GG: Unantastbarkeit der Menschenwürde) ergeben.

Drei Prinzipien prägen die Organisation der sozialen Sicherung:

Versicherungsprinzip	Fürsorgeprinzip	Versorgungsprinzip
Die meisten Bürger sind verpflichtet, sich durch die fünf gesetzlichen Sozialversicherungen gegen Gefahren zu versichern, die ihre menschenwürdige Existenz gefährden könnten: Armut und Pflegebedürftigkeit im Alter, Krankheit, Arbeitslosigkeit, Unfall.	Die Fürsorge durch den Staat, für die der Bürger keine Gegenleistung zu erbringen braucht, wird nur gewährt, wenn Bedürftigkeit vorliegt, also alle übrigen „Auffangnetze" (Familie, Sozialversicherungen usw.) versagen.	Anspruch auf Sicherungsleistungen für Bürger, die Besonderes für die Gemeinschaft geleistet (z. B. Beamte) oder sogenannte Sonderopfer (z. B. Kriegsopfer) erbracht haben. Beispiele sind Beamtenversorgung und Kriegsopferversorgung.

Wie schützt sich der Staat eigentlich vor gewaltsamen Aufständen?

■ Abwehrbereite Demokratie

Die Strukturprinzipien garantieren den freiheitlichen Staat. Aber was passiert, wenn – etwa wegen einer gewissen Anfälligkeit des Volkes für die „einfachen Lösungen" radikaler Parteien – die Demokratie „aus der Mode" kommt oder gar Kräfte innerhalb der Gesellschaft versuchen, den Rechtsstaat gewaltsam abzuschaffen? Soll die **freiheitlich-demokratische Grundordnung** in Deutschland dauerhaft bestehen und nicht dem Einfluss demokratiefeindlicher Strömungen ausgesetzt sein, dann muss sie gegen derartige Strömungen **abwehrbereit** sein.

Das Grundgesetz enthält zahlreiche Bestimmungen, die eine abwehrbereite (auch: wehrhafte oder streitbare) Demokratie sichern. Eine der wichtigsten dieser Bestimmungen ist die sogenannte **„Ewigkeitsgarantie"** des Artikel 79 Abs. 3 GG:

> Eine Änderung dieses Grundgesetzes, durch welche die Gliederung des Bundes in Länder, die grundsätzliche Mitwirkung der Länder bei der Gesetzgebung oder die in den Artikeln 1 und 20 niedergelegten Grundsätze berührt werden, ist unzulässig.

Das bedeutet, dass die Strukturprinzipien als „in Artikel 20 niedergelegte Grundsätze" niemals angetastet werden dürfen, selbst dann nicht, wenn der Bundestag ohne Gegenstimme dafür wäre. Von Artikel 79 Abs. 3 nicht erfasste Artikel des Grundgesetzes können zwar durch ein Gesetz geändert werden, allerdings sind hierfür mindestens zwei Drittel der Stimmen des Bundestages erforderlich (Artikel 79 Abs. 2 GG).

Sollte die freiheitlich-demokratische Grundordnung mit Gewalt, etwa durch einen Aufstand gesellschaftlicher Randgruppen oder des Militärs, infrage gestellt werden, so haben zudem alle Deutschen das Recht, (auch gewaltsam) **Widerstand** zu leisten, soweit andere Abhilfe nicht möglich ist (Artikel 20 Abs. 4 GG).

Schließlich besteht auch die Möglichkeit, den Bürgern **Grundrechte** zu nehmen, wenn sie diese zum Kampf gegen die verfassungsmäßige Ordnung missbrauchen: Wer zum Beispiel über die Medien zur Revolution aufruft, kann das Grundrecht auf Pressefreiheit **„verwirken"** (Artikel 18 GG).

Weitere wichtige Bestimmungen des Grundgesetzes zur abwehrbereiten Demokratie
- Verbot von Vereinigungen, die sich gegen die verfassungsmäßige Ordnung richten (Artikel 9 Abs. 2)
- Möglichkeit des Verbots von verfassungsfeindlichen Parteien durch das Bundesverfassungsgericht (Artikel 21 Abs. 2)
- Im Notfall kann die Bundeswehr unter strengen Voraussetzungen zum Schutz gegen Gefahren für die verfassungsmäßige Ordnung eingesetzt werden (Artikel 87 a Abs. 4).

① Erarbeiten Sie in Arbeitsgruppen kleine Vorträge zu folgenden Themen:
 a) Was versteht man unter einem Rechtsstaat?
 b) Was versteht man unter einem Sozialstaat?
 c) Was sind die Prinzipien der sozialen Sicherung?
 d) Was versteht man unter „abwehrbereiter Demokratie"?

11.1.8 Blick zurück: Die Weimarer Republik – eine gescheiterte Demokratie

Der historische Tag: 30. Januar 1933.

■ Sinnbild einer gescheiterten Demokratie – Ursachensuche

Das Postkartenmotiv feiert die Ernennung von Adolf Hitler (links) zum Reichskanzler durch Reichspräsident Paul von Hindenburg. Wie konnte es dazu kommen, dass das Oberhaupt der **Weimarer Republik** und damit der höchste Vertreter des demokratischen Staates einen der schlimmsten Tyrannen der Weltgeschichte zum Reichskanzler machte?

Man wird Hindenburg zugutehalten müssen, dass er nicht ahnte, in welche Katastrophe er das deutsche Volk und die Welt mit der Ernennung Hitlers am 30. Januar 1933 befördern würde. Die politischen Umstände ließen ihm nicht viel Handlungsspielraum. Auch hatte das mit Hitlers „Machtergreifung" besiegelte Ende der Weimarer Republik, der nur rund 14 Jahre währenden ersten deutschen Demokratie, die unterschiedlichsten Ursachen.

Höchst umstritten war bereits die vom Sozialdemokraten Philipp Scheidemann am 9. November 1918 in Berlin ausgerufene Republik selbst, die mit der Abdankung von Kaiser Wilhelm II. die Monarchie ablöste. Während die in der **Novemberrevolution** unterlegenen Kommunisten für einen Staat nach sowjetischem Vorbild kämpften, sahen die Rechten in den neuen republikanischen Machthabern die eigentlichen Schuldigen für die Niederlage Deutschlands im Ersten Weltkrieg (1914–1918), da sie der unbesiegten kaiserlichen Armee in den Rücken gefallen seien („Dolchstoßlegende") – eine historisch allerdings unhaltbare Theorie.

Neben ständigen politischen Unruhen und Kämpfen, Morden und Putschversuchen kam das deutsche Volk auch wirtschaftlich und sozial zwischen 1919 und 1933 selten zur Ruhe. Die aus dem **Friedensvertrag von Versailles** resultierende Verpflichtung des Kriegsverlierers und -verursachers Deutschland zur Zahlung von gewaltigen Reparationszahlungen (die letzte Rate von 200 Millionen Euro wurde erst im Oktober 2010 gezahlt) sorgte für eine enorme wirtschaftliche und psychologische Belastung. Dazu kamen die Kosten für den Wiederaufbau im eigenen Land sowie die Folgen von Hyperinflation (1923) und Weltwirtschaftskrise (ab Herbst 1929).

Reparationen
Ausgleichsleistungen für im Krieg verursachte Schäden

Immer wieder und immer schärfer sahen sich die häufig wechselnden Regierungen der Kritik von rechten Parteien, aber auch aus dem Volk, ausgesetzt, im Kampf gegen die „Fesseln von Versailles" zu versagen. Dies führte vor allem in den späten Jahren der Republik zu einem immer lauter werdenden Ruf nach dem „starken Mann" an der Spitze des Staates.

Die Weimarer Reichsverfassung wurde am 31. Juli 1919 von der gewählten Nationalversammlung verabschiedet und trat am 14. August 1919 in Kraft.

Anderseits galten gerade die Jahre zwischen 1924 und 1929 als eine Zeit relativer Stabilität, in der das kulturelle Leben aufblühte und sich die Wirtschaft erholte. Die junge Demokratie hätte vielleicht trotz aller Hindernisse eine Chance zum Überleben gehabt, wenn nicht die **Weimarer Reichsverfassung** bereits die Anlage ihres Scheiterns in sich getragen hätte.

■ Die Grundzüge der Weimarer Reichsverfassung

Paul von Hindenburg konnte den verhängnisvollen Fehler der Ernennung Hitlers zum Reichskanzler nur begehen, weil ihm die Verfassung in **Artikel 48** die Möglichkeit eröffnete, sogenannte **Notverordnungen** – also Gesetze unter Ausschaltung des Reichstages – zu erlassen und Regierungen („**Präsidialkabinette**") einzusetzen. Wann ein „Notfall" gegeben war, blieb zwar in der Verfassung unbestimmt. Die Zuspitzungen ab 1930 ließen Hindenburg jedoch vom Notverordnungsrecht regen Gebrauch machen.

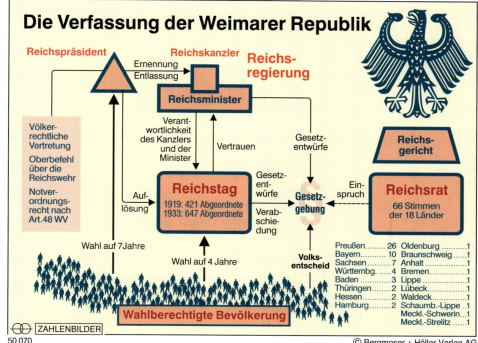

Die Verfassung der Weimarer Republik

Reichspräsident — Reichskanzler — **Reichsregierung**

Ernennung / Entlassung

Reichsminister

Völkerrechtliche Vertretung
Oberbefehl über die Reichswehr
Notverordnungsrecht nach Art. 48 WV

Verantwortlichkeit des Kanzlers und der Minister — Vertrauen — Gesetzentwürfe

Reichsgericht

Auflösung

Reichstag
1919: 421 Abgeordnete
1933: 647 Abgeordnete

Gesetzentwürfe — Gesetzgebung § — Einspruch — Reichsrat 66 Stimmen der 18 Länder

Verabschiedung

Wahl auf 7 Jahre — Wahl auf 4 Jahre — Volksentscheid

Preußen	26	Oldenburg	1
Bayern	10	Braunschweig	1
Sachsen	7	Anhalt	1
Württembg.	4	Bremen	1
Baden	3	Lippe	1
Thüringen	2	Lübeck	1
Hessen	2	Waldeck	1
Hamburg	2	Schaumb.-Lippe	1
		Meckl.-Schwerin	1
		Meckl.-Strelitz	1

Wahlberechtigte Bevölkerung

ZAHLENBILDER
50 070

© Bergmoser + Höller Verlag AG

Auch sonst hatte der Reichspräsident Befugnisse, die jene des Bundespräsidenten im bundesdeutschen Grundgesetz weit übersteigen (siehe Abschnitt 11.2.9). So konnte er den Reichstag auflösen und war Oberbefehlshaber der Reichswehr.

Der **Reichstag** war durch das Notverordnungsrecht in seiner Kernzuständigkeit, der Gesetzgebung, stark eingeschränkt. Zwar konnte er laut Verfassung andererseits die vom Präsidenten eingesetzte Regierung jederzeit zu Fall bringen – anders als der Bundestag nach dem Grundgesetz auch ohne einen neuen Kandidaten zu benennen (vgl. Abschnitte. 11.2.5, 11.2.8). Diese Stärke des Parlaments wandte sich jedoch spätestens mit der Reichstagswahl im Juli 1932 gegen die Demokratie, als erstmals mehr als die Hälfte der Sitze auf radikale Gegner von Republik und Demokratie (Nationalsozialisten, Kommunisten) entfiel.

Die Stärke des Reichspräsidenten spiegelte sich in der **Schwäche des Reichskanzlers** wieder. Nicht nur, dass er und seine Regierung vom Vertrauen des Reichspräsidenten abhängig waren und vom Reichstag per Mehrheitsbeschluss des Amtes enthoben werden konnten. Die starke außer- und innerparlamentarische Radikalisierung sowie die Zersplitterung der Parteienlandschaft erschwerten zudem die Bildung stabiler Mehrheiten. Von Philipp Scheidemann bis Kurt von Schleicher versuchten sich in den knapp 14 Jahren der Weimarer Republik dann auch nicht weniger als 13 Politiker auf diesem „Schleudersitz".

Grundrechte in der Weimarer Verfassung

Die Weimarer Reichsverfassung beinhaltete Grundrechte wie die Gleichheit aller Deutschen vor dem Gesetz, die Glaubens- und die Versammlungsfreiheit. Allerdings erlangten sie nicht die Bedeutung wie im Grundgesetz. Denn zum einen standen sie nicht am Anfang, sondern fanden sich in den Artikeln 109 ff. der Verfassung, zum anderen gab es kein Verfassungsgericht, das ihnen zur Durchsetzung verhalf. Vor allem aber ließen sich Grundrechte bereits durch einfache Gesetze ändern oder übergehen.

---

① Mit welchen Institutionen der Bundesrepublik sind die im Schaubild bezeichneten Institutionen der Weimarer Verfassung vergleichbar? Listen Sie auf.

② Warum war die Stärke des Reichspräsidenten untrennbar mit der Schwäche des Reichskanzlers verbunden? Begründen Sie.

③ Beschaffen Sie sich den Text der Weimarer Reichsverfassung. Schreiben Sie die dort niedergelegten Grundrechte heraus und vergleichen Sie die Grundrechte der Weimarer Reichsverfassung mit denen des Grundgesetzes.

11.1.9   Blick zurück: Machteroberung und Machtausübung der NSDAP

Adolf Hitler (1889–1945) war ab 1921 Vorsitzender der NSDAP. Bereits 1923 scheiterte Hitler in München mit einem Putschversuch, wurde verurteilt und war bis Dezember 1924 neun Monate in der Festung Landsberg inhaftiert, wo er sein politisches Grundlagenwerk „Mein Kampf" zu schreiben begann. Hitlers steiler Aufstieg kehrte sich mit den ersten Niederlagen der Deutschen Wehrmacht im Zweiten Weltkrieg ab 1942/43 ins Gegenteil um. Am 30. April 1945 beging Hitler im Zeichen der unabwendbaren Niederlage Selbstmord im Berliner Führerbunker.

SA
Sturmabteilung

Charisma
besondere Ausstrahlungskraft eines Menschen

Hitlers Nationalsozialisten („Nazis") brachten in ihrer zwölf Jahre währenden Herrschaft ab 1933 **unvergleichliches Leid** über Deutschland und die Welt. Nicht nur, dass sie Personengruppen, Minderheiten und politische Gegner wie Juden, Demokraten, Homosexuelle, Erbkranke und Kommunisten gezielt terrorisierten und ermordeten. Mit der Auslösung des Zweiten Weltkrieges sorgten sie auch außerhalb Deutschlands für Tod und Verwüstung, brachten die Weltgemeinschaft gegen sich auf und opferten Deutschland schließlich ihrer **verbrecherischen Ideologie**. Das Land lag 1945 in Schutt und Asche. Wie konnte es passieren, dass sich die Demokratie ohne Revolution in eine **Diktatur** verwandelte?

■ Der Aufstieg der NSDAP

Neben den bereits im Abschnitt 11.1.8 erwähnten strukturellen Schwächen der Weimarer Republik boten vor allem die Jahre ab 1929/30 den idealen Nährboden für das Wachstum der extremen Rechtspartei: Die Wut über den Friedensvertrag von Versailles war allgegenwärtig, allgemeiner Kulturpessimismus griff um sich, Deutschland befand sich im Zangengriff von **Weltwirtschaftskrise** und Massenarbeitslosigkeit. Zudem bestand vielfach Furcht vor einer kommunistischen Revolution nach sowjetischem Vorbild.

Adolf Hitler hatte die Nationalsozialistische Deutsche Arbeiterpartei (NSDAP) schon ab Mitte der 1920er-Jahre auf „Machtübernahme" getrimmt. Die Partei folgte ihm, dem von vielen Menschen als „charismatisch" geschätzten **„Führer"**, in blindem Gehorsam und straffer Ordnung. Eine breit angelegte anti-republikanische Propaganda und das gewaltsame Vorgehen der **SA**, einer Kampforganisation der Partei, gegen politische Gegner verschafften den „Nazis" Respekt und boten ein für viele Menschen attraktives Bild von Kraft und Stärke, das im scharfen Kontrast zu den ständigen Querelen der Weimarer Republik stand.

Der Durchbruch zur **Massenpartei** gelang der NSDAP aber erst bei der Reichtagswahl im Juli 1932. Kam ihr noch bei der Wahl im Mai 1928 mit 2,6 % der Stimmen eine Statistenrolle zu, wurde sie rund vier Jahre später zur mit Abstand stärksten Partei (37,4 %).

Symbol der Gleichschaltung: Am 21. März 1933 tagt der Reichstag unter dem Hakenkreuz, dem Symbol der NSDAP.

■ Machteroberung

Als Hindenburg Hitler zum Reichskanzler ernannte, bestand in gemäßigten Kreisen noch die Hoffnung, die Nicht-NSDAP-Mitglieder der neuen Regierung, Franz von Papen und Alfred Hugenberg, könnten Hitler „einrahmen" und gefügig machen. Doch dies erwies sich nur allzu schnell als Trugschluss: Die „Machtergreifung" der NSDAP hatte am 30. Januar 1933 erst begonnen.

In einer Geschwindigkeit, die kaum Luft zum Atmen ließ, vollzog sich die **Gleichschaltung** von Staat und Gesellschaft. Von Papen und Hugenberg wurden entmachtet, mithilfe des Ermächtigungsgesetzes die Gesetzgebung vom Parlament auf die Hitler-Regierung übertragen. Der Reichstagsbrand im Februar 1933 diente dazu, per „Reichstagsbrandverordnung" die Grundrechte auszuschalten. Die Länder entfielen, der Reichsrat wurde aufgelöst, konkurrierende Parteien und Gewerkschaften verboten, das Beamtentum, die Justiz und schließlich die parteiinterne SA „politisch gesäubert."

Der politische Widerstand erstarb inmitten von Allgegenwärtigkeit, Brutalität und Terror des Regimes. Als Hitler sich nach dem Tod von Reichspräsident Hindenburg im August 1934 als dessen Nachfolger „Führer und Reichskanzler" nannte, war die Gleichschaltung abgeschlossen.

■ Machtausübung

Die Macht sicher in den eigenen Händen, betrieb die NSDAP die Verfolgung ihrer eigentlichen Ziele mit noch mehr Nachdruck: die systematische Verfolgung und Vernichtung der Juden (**Holocaust**) sowie die Kriegsrüstung zur Gewinnung von **„Lebensraum"**.

Das nationalsozialistische Herrschaftssystem

Staatsoberhaupt
Der Führer und Reichskanzler
Oberbefehlshaber der Wehrmacht

Führer der NSDAP
Chef der Regierung

Kanzlei der NSDAP
Reichsführer SS und Chef der deutschen Polizei
Reichsminister
Reichskanzlei

Gliederungen der Partei
z.B. HJ, SA, SS
Gauleiter
Polizei
Reichsstatthalter
Reichsämter
Vorschlag

Gestapo SD
Oberpräsidenten Ministerpräsid.

Ange-schlossene Verbände
z.B. DAF
SS
Regierungspräsid.
Reichstag (Scheinparlament ohne Befugnisse)

Kreisleiter
Landräte
Volksabstimmung

Ortsgruppenleiter
Propaganda
Bürgermeister

Mitglieder
Mitglieder
Zustimmung

Volk

© Bergmoser + Höller Verlag AG

 ZAHLENBILDER
50 088

Ständig begleitet von den aggressiven Tiraden des Propagandaministers Joseph Goebbels entwickelte sich die **SS**, eine paramilitärische Parteiorganisation, zur besonders brutalen Ausführerin des Hitlerschen Willens. Unter ihrer Verantwortung befanden sich die nach und nach entstehenden **Konzentrationslager**, in denen bis 1945 Millionen von Juden, aber auch politische Gegner und Angehörige von Minderheiten umgebracht wurden. Zur Rechtfertigung dieser Verbrechen stützten sich die Nationalsozialisten auf die im September 1935 erlassenen **„Nürnberger Rassengesetze"** (siehe bereits Abschnitt 10.4.1).

Die Akzeptanz Hitlers und der NSDAP basierte jedoch nicht nur auf Propaganda, gewaltigen Massenveranstaltungen wie den Parteitagen, Gewalt und Einschüchterung, sondern auch auf Erfolgen, die zumindest zu jener Zeit vom Volk als solche wahrgenommen wurden. So entwickelte sich ab Mitte der 1930er-Jahre ein wirtschaftlicher Aufschwung und ging die **Arbeitslosigkeit** rapide zurück – was allerdings ganz wesentlich der Kriegsrüstung zuzuschreiben war. Außenpolitisch vermittelte die Regierung dem Volk unter anderem mit der Eingliederung des Saarlands (1935) und Österreichs (1938) sowie dem Einmarsch im entmilitarisierten Rheinland (1936) Stärke und Selbstvertrauen, was ihr bei vielen Menschen angesichts der als ungerecht empfundenen Konsequenzen des Ersten Weltkrieges ebenfalls Sympathien einbrachte.

SS
Schutzstaffel

Joseph Goebbels
(1897–1945) hatte als „Gauleiter" von Berlin und Propagandaexperte ab 1926 wesentlichen Anteil am Aufstieg der NSDAP. Nach der Machtübernahme war er auch Leiter der „Reichskulturkammer" und konnte so sämtliche Medien und das gesamte kulturelle Leben im Sinne der Nationalsozialisten ausrichten. Im Februar 1943 rief Goebbels angesichts der Wende im Zweiten Weltkrieg zum „totalen Krieg" auf. Einen Tag nach Hitler beging auch er im Führerbunker Selbstmord.

① Fassen Sie in eigenen Worten knapp zusammen, warum die NSDAP ab Ende der 1920er-Jahre zunehmend Faszination auf das deutsche Volk ausüben konnte.

② Das Foto aus dem März 1933 (links) zeigt das Hakenkreuzbanner im Reichstag. Warum ist gerade dies ein Symbol für die „Gleichschaltung"?

③ Beschäftigen Sie sich mit dem Schaubild „Das nationalsozialistische Herrschaftssystem" und beschreiben Sie die starke Stellung des „Führers und Reichskanzlers" in wenigen Sätzen.

11.1.10 Blick zurück auf den Nationalsozialismus: Ideologie und Alltag

Ideologie
System von Weltanschauungen, politischen Grundeinstellungen und Wertungen

Arier
frühgeschichtliches Volk mit indogermanischer Sprache

Totalitarismus
System, das das gesamte politische, kulturelle und gesellschaftliche Leben mit Gewalt reglementiert

Drittes Reich
zunächst von den Nationalsozialisten als Propagandabegriff gebrauchte, später allgemein eingeführte Bezeichnung der nationalsozialistischen Herrschaft zwischen 1933 und 1945

■ Die Weltanschauung der Nationalsozialisten

Die Anschauungen der Nationalsozialisten ergaben kein abgerundetes, einheitliches Weltbild. Vielmehr ergab sich vor allem aus den von Adolf Hitler in „Mein Kampf" veröffentlichten Ideen der Eindruck einer Sammlung aus teils gegensätzlichen, teils sich ergänzenden Vorstellungen. Was die Ideen zusammenhielt war der in der Geschichte der Menschheit wohl einzigartige Wille, sie mit verbrecherischer, mörderischer Konsequenz ohne die geringste Rücksicht auf zugefügtes Leid zu verwirklichen.

Folgende wesentliche Grundsätze nationalsozialistischer Weltanschauung lassen sich unterscheiden:

• Rassenmythos und fanatischer Judenhass

Hitler war besessen von der Vorstellung der Überlegenheit der Arier, die bei ihm gleichbedeutend waren mit der „nordischen Rasse", als deren Hauptvertreter er die Deutschen sah. Im Kampf würde sich diese als „Herrenrasse" behaupten und die Weltherrschaft an sich reißen. Die Ausbreitung der herrschenden Rasse würde neuen „Lebensraum" erforderlich machen, der nicht kampflos zu haben sein würde. Dies bedeutete in der Konsequenz die **gezielte Vorbereitung und das Entfachen des Zweiten Weltkrieges** zur Eroberung dieses „Lebensraumes" – und zwar auch im Osten.

Als dem Siegeszug der Arier im Wege stehend sah Hitler in erster Linie die Juden, die aus seiner Sicht die Reinheit der Herrenrasse in Deutschland gefährdeten. Die Abwegigkeit seiner Thesen zeigte sich schon darin, dass er in den Juden einerseits die Ursache der ihm verhassten bolschewistischen (also: kommunistischen) Revolution in Russland sah, sie andererseits aber als (kapitalistisches) „Finanzjudentum" bezeichnete.

Ein Zitat Hitlers, ein halbes Jahr bevor er selbst den Zweiten Weltkrieg auslöste, fasst dessen Hass und Verblendung anschaulich zusammen:

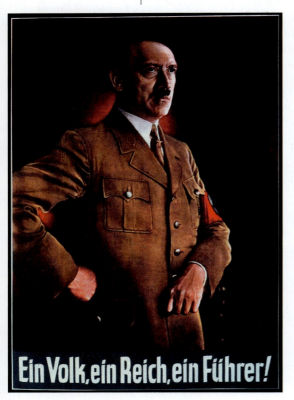

Ein Volk, ein Reich, ein Führer!

„Wenn es dem internationalen Finanzjudentum in- und außerhalb Europas gelingen sollte, die Völker noch einmal in einen Weltkrieg zu stürzen, dann wird das Ergebnis nicht der Sieg des Judentums sein, sondern die Vernichtung der jüdischen Rasse in Europa!"

Dies war das Signal für den **Holocaust**, die systematische Ermordung der Juden. Rund sechs Millionen starben in Deutschland und den besetzten Gebieten im Zweiten Weltkrieg durch Vergasung, Misshandlung, Erschießung, Verhungern oder Erschöpfung nach Zwangsarbeit.

• Führerprinzip

Das Führerprinzip als das „Grundgesetz" der NSDAP-Ideologie verpflichtete zunächst die Partei, nach der „Machtergreifung" schließlich das gesamte Volk zu blindem Gehorsam und bedingungsloser Treue gegenüber dem „Führer" Hitler. Dabei galt der Führerwille nicht nur als Gesetz. Carl Schmitt, berühmter Staatsrechtler dieser Zeit, formulierte zudem: **„Aus dem Führertum fließt das Richtertum."**

Unter Hitler als oberstem „Führer und Reichskanzler" gab es auf den mittleren und unteren Ebenen des Regimes weitere Führer, den in ihrem jeweiligen Machtbereich ebenfalls bedingungsloser Gehorsam entgegenzubringen war.

Dem Führerprinzip konsequent zu folgen bedeutete nicht weniger als die Aufgabe des selbstbestimmten Individuums. Denn, wie es ein weiterer Staatsrechtler (Ernst Forsthoff) beschrieb: „Die Führergewalt ist umfassend und total; sie vereinigt in sich alle Mittel der politischen Gestaltung; sie erstreckt sich auf alle Sachgebiete des völkischen Lebens."
Da das Führerprinzip als Gegenentwurf zum in der Weimarer Republik geltenden Prinzip von Demokratie und Mitbestimmung diente, bedeutete seine konsequente Befolgung die **radikale Ablehnung demokratischer Prinzipien**.

Volksempfänger
im Auftrag von Joseph Goebbels entwickelter einfacher Radioapparat, mit dessen Hilfe die allermeisten Familien für die Propaganda der NSDAP empfänglich wurden

■ Alltag im Dritten Reich

Trotz des Führerprinzips vermittelten die Nationalsozialisten dem Einzelnen, der nicht zu den Verfolgten gehörte und sich unauffällig verhielt, besonders ab Mitte der 1930er-Jahre zunächst kein Gefühl der Selbstaufgabe, sondern ein Gefühl des Fortschritts: Man hatte Arbeit, ein (sparsames) Auskommen, einen Volksempfänger und konnte sich sogar hin und wieder einen Urlaub leisten, den die NSDAP-Organisation „Kraft durch Freude" (**KDF**) organisierte. Weniger politische Begeisterung, sondern vielmehr diese im Vergleich zu den 1920er-Jahren positiven Aussichten bewirkten, dass der Einzelne die Diktatur mittrug. Mit Kriegsbeginn im September 1939 verdüsterten sich diese Aussichten jedoch dramatisch.

Ein wirksames Mittel, um die Zustimmung zum Führerprinzip zu sichern und gleichzeitig den Einzelnen zu kontrollieren, war der **Aufbau des totalitären Staates**. Die Durchdringung des Privatlebens bereits der Kinder mit politischen Massenorganisationen wie der Hitlerjugend (**HJ**) und dem Bund deutscher Mädel (**BDM**, siehe Plakat rechts), der Arbeiter und Arbeitgeber mit der Deutschen Arbeitsfront (**DAF**) und junger Männer mit dem Reichsarbeitsdienst (**RAD**) führte dazu, dass die meisten Menschen gezwungen waren, im Alltag aktiv am Nationalsozialismus teilzunehmen. Die Mitgliedschaft in der Partei selbst konnte zudem Karrierevorteile bringen. Die Gefahr eines Volksaufstandes größeren Ausmaßes war so durch die Kontrolle des Überwachungsstaates weitgehend ausgeschaltet.

① Fassen Sie den Zusammenhang zwischen Hitlers Rassenwahn und seinem fanatischen Judenhass in eigenen Worten zusammen.

② Warum ist Ihrer Ansicht nach das Führerprinzip nicht mit demokratischen Grundsätzen vereinbar?

③ Das Plakat, das für den Eintritt junger Mädchen bei den „Jungmädeln" werben soll, erscheint aus heutiger Sicht eher abstoßend. Was könnte junge Mädchen 1936 dazu bewogen haben, das Plakat attraktiv zu finden?

11.1.11 Politischer und religiöser Extremismus: Gefahren für die Demokratie

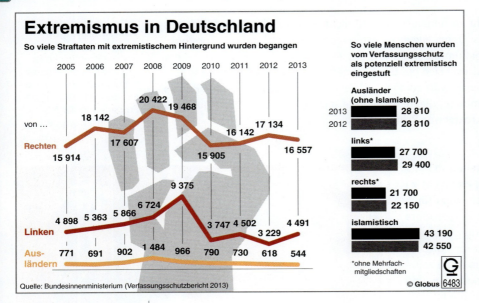

Extremismus in Deutschland

So viele Straftaten mit extremistischem Hintergrund wurden begangen

Quelle: Bundesinnenministerium (Verfassungsschutzbericht 2013)

© Globus 6483

So viele Menschen wurden vom Verfassungsschutz als potenziell extremistisch eingestuft

Ausländer (ohne Islamisten)
2013 — 28 810
2012 — 28 810

links*
27 700
29 400

rechts*
21 700
22 150

islamistisch
43 190
42 550

*ohne Mehrfachmitgliedschaften

▪ Gefahren für die Demokratie

Extremisten sind Gegner der Demokratie: Rechte, linke und religiöse Fanatiker, unter Letzteren besonders Islamisten, sind zwar in Auftreten und Ansichten grundverschieden. Die Gefahr, die von ihnen ausgeht, ist aber dieselbe: Sie wollen den freiheitlichen Staat zerstören und wenden dabei auch Gewalt an. Im Jahr 2013 wurden die mit Abstand meisten extremistischen Straftaten von Rechten begangen. Personell gesehen ist jedoch insbesondere der Zuwachs in der Islamistenszene besorgniserregend.

Das **Bundesamt für Verfassungsschutz** ist eine Behörde des Bundesinnenministers. In den Bundesländern gibt es Landesämter für Verfassungsschutz. Hauptaufgabe des Verfassungsschutzes ist die Beobachtung und Überwachung staatsfeindlicher Organisationen. Er dient damit dem Staatsschutz.

Im Visier: „Pegida"
Als „Patriotische Europäer gegen die Islamisierung des Abendlandes" demonstrierten im Oktober 2014 in Dresden erstmals Menschen gegen den vermeintlichen Siegeszug des Islam in Europa. Ungeachtet der nahezu einhelligen Ablehnung durch Parteien und Medien (welche „Pegida" Ausländerfeindlichkeit vorwerfen), stieg die Zahl der Demonstranten bei den wöchentlichen Demonstrationen bald auf 25.000 an. Ob „Pegida" und verwandte Gruppen mehr als ein vorübergehendes Phänomen sind, bleibt abzuwarten.

▪ Rechtsextremismus

Das Bundesamt für Verfassungsschutz beschreibt Rechtsextreme als Menschen mit einer ausgeprägten **nationalistischen, rassistischen,** staatsautoritären bis totalitären **Weltanschauung**, die in scharfem Gegensatz zu den Prinzipien der freiheitlich-demokratischen Grundordnung steht.

Der **„Nationalsozialistische Untergrund"** (NSU), in den Medien auch **„Zwickauer Zelle"** genannt, stellte 2011 den Rechtsextremismus auf eine **neue Gewaltstufe.** Die führenden Köpfe dieser Terrororganisation und ihre Helfer werden für zehn Morde an Mitbürgern ausländischer Herkunft und zahlreiche weitere Gewalttaten wie Anschläge und Banküberfälle, begangen zwischen 2000 und 2011, verantwortlich gemacht.

Die größte rechtsextreme Partei ist die „Nationaldemokratische Partei Deutschlands" (NPD), deren Verbot als verfassungsfeindlich immer wieder diskutiert wird. Andere Parteien wie die „Deutsche Volksunion" (DVU) haben sich aufgelöst oder wurden verboten.

> **Merkmale Rechtsradikaler sind**
> - ein übersteigerter Nationalismus
> - die Überbewertung der Volksgemeinschaft
> - offener oder verdeckter Rassismus
> - Missachtung der Menschenwürde sowie der Idee der Gleichheit aller Menschen
> - Verherrlichung und Hervorhebung angeblich positiver Leistungen des Dritten Reiches
> - und eine maßlose Verherrlichung soldatischer Tugenden.

▪ Linksextremismus

Linksextremistische Gewalt erreicht heute nicht den Umfang rechtsextremistisch motivierter Gewalttaten. Dies war in den 1970er-Jahren anders, als die „Rote Armee Fraktion" (**RAF**) den Staat durch Entführungen und Morde in eine ernsthafte Krise stürzte.

Die Mehrheit der linksextremen Gewalttaten geht von der sogenannten **„autonomen Szene"** aus. Autonome Gruppen existieren in fast allen größeren Städten Deutschlands. Ihr gedanklicher Hintergrund besteht aus **kommunistischen** und **anarchistischen** Ideen. Sie sind aber nicht in der Lage, sich einheitlich zu organisieren. Legitime, demokratisch organisierte Oppositions- und Protestgruppen laufen häufig Gefahr, von autonomen Gruppen unterwandert zu werden. Auch versuchen Autonome, friedlich geplante Demonstrationen in gewalttätige Auseinandersetzungen mit der Polizei umzufunktionieren.

Linksextreme Parteien sind die „Deutsche Kommunistische Partei" (DKP) und die „Marxistisch-Leninistische Partei Deutschlands" (MLPD). Auch extremistische Gruppierungen innerhalb der Partei „Die Linke" werden vom Bundesamt für Verfassungsschutz überwacht.

> **Linksextreme** lehnen die politische Ordnung Deutschlands ab. Für sie ist Deutschland ein kapitalistisches und rassistisches System der Ausbeutung und Unterdrückung. Sie missachten Mehrheitsentscheidungen und das Gewaltmonopol des Staates. Eigene Gewaltanwendung wird als legitime „Gegengewalt" angesehen.

Anarchismus
Lehre, die sich gegen jegliche Herrschaftsgewalt und für die unbegrenzte Freiheit des Einzelnen ausspricht.

Militante Islamisten

◼ Islamismus

Eine Bedrohung für die innere Sicherheit Deutschlands ist auch der Islamismus. Neben der großen „schweigenden Mehrheit" friedlicher Muslime hat sich vor allem unter männlichen Jugendlichen ein extremistischer, **gewaltbereiter Islamismus** entwickelt. Der Islamismus ist eine Bewegung einer Minderheit von Muslimen, die sich auf die Ursprünge des Islam im 7. Jahrhundert beruft. Nur der von Gott („Allah") befohlene „Gottesstaat", in dem sich alle Lebensbereiche so gestalten, wie Gott es vorgibt, wird von ihnen als Gesellschaftsform anerkannt Durch besonders grausame Radikalität fiel zuletzt die in Syrien und Irak kämpfende Terrororganisation „Islamischer Staat" (IS) auf.

> **Militante Islamisten** sehen sich berufen, gegen Gesellschaftsformen anzukämpfen, die der „islamischen Ordnung" widersprechen. Dabei schrecken sie auch vor Selbstmordattentaten nicht zurück. Sie sehen die Aufforderung des Korans zum „Dschihad" als Legitimation, einen „heiligen Krieg" gegen alle „Ungläubigen" zu führen.

Deutsche Islamisten – konkrete Gefahr?

Die Zahl der Islamisten, die aus Deutschland in das Bürgerkriegsland Syrien ausgereist sind, ist erneut gestiegen. „Wir wissen mittlerweile von über 400 Ausreisen", sagte der Präsident des Bundesamts für Verfassungsschutz, Hans-Georg Maaßen, der Deutschen Presse-Agentur. Zahlreiche der zuvor ausgereisten Islamisten sind laut Verfassungsschutz wieder in Deutschland. „Unter den zurückgekehrten Dschihadisten sind auch etwa 25 Personen, die Kampferfahrung in Syrien gesammelt haben", sagte Maaßen. Er betonte aber: „Wir haben derzeit keine Anhaltspunkte, dass diese Personen einen konkreten terroristischen Auftrag in Deutschland verfolgen."

Die (...) Zeitung „WAZ" berichtet hingegen von einer konkreten Terrordrohung. Demnach soll der Essener Salafist Silvio K. mit einem Anschlag auf das US-Atomwaffenlager Büchel nahe Koblenz gedroht haben.

(Quelle: *http://www.tagesschau.de/inland/ islamisten-101.html; Stand: 07.08.2014, 13:42 Uhr*)

---

① Vergleichen Sie die hier beschriebenen drei gefährlichsten Extremistengruppen. Erarbeiten Sie eine Tabelle, in der Sie die Gruppen nach folgenden Kategorien einordnen:
1. Merkmale, Beschreibung
2. Anzahl der Personen und der politisch motivierten Straftaten 2013
3. ideologischer Hintergrund.

② Ergänzen Sie die Tabelle mit einer Erörterung, in der Sie darstellen, welche Gründe insbesondere jugendliche Männer veranlassen könnten, Anhänger dieser Gruppen zu werden.

11.1.12 Methode: Arbeiten mit Quellen

Der Parlamentarische Rat hat das vorstehende Grundgesetz für die Bundesrepublik Deutschland in öffentlicher Sitzung am 8. Mai des Jahres Eintausendneunhundertneunundvierzig mit dreiundfünfzig gegen zwölf Stimmen beschlossen. Zu Urkunde dessen haben sämtliche Mitglieder des Parlamentarischen Rates die vorliegende Urschrift des Grundgesetzes eigenhändig unterzeichnet.

BONN AM RHEIN, den 23. Mai des Jahres Eintausendneunhundertneunundvierzig.

Konrad Adenauer

PRÄSIDENT DES PARLAMENTARISCHEN RATES

Adolph Schönfelder

I. VIZEPRÄSIDENT DES PARLAMENTARISCHEN RATES

Hermann Schäfer

II. VIZEPRÄSIDENT DES PARLAMENTARISCHEN RATES

Quellentext-Beispiel
Erklärung des Parlamentarischen Rates zum Grundgesetz (23. 5. 1949)

Im Internet-Zeitalter ist es nicht schwer, Quellen zu finden. Der Text des Grundgesetzbeschlusses ist ein Beispiel dafür. Tipps zur Recherche: Abschnitt 10.5.10.

■ Arbeiten mit Quellen – Originaltexte

Im Geschichtsunterricht wird sehr gerne mit Quellen, insbesondere mit Textquellen, gearbeitet. Unter Quellen versteht man heute vor allem:

- Zeitgenössische Texte
- Bilder, Fotos
- Film-, Video- und Tonaufnahmen
- Karten, Landkarten
- Pläne, Zeichnungen
- Inschriften
- Faksimiles (Abbildungen des Originals).

Auch im Politik- und Sozialkundeunterricht kann es spannend sein, mit Quellen zu arbeiten. Da Quelltexte aber in der Regel nicht für Schüler erstellt wurden, fällt dies nicht immer leicht.

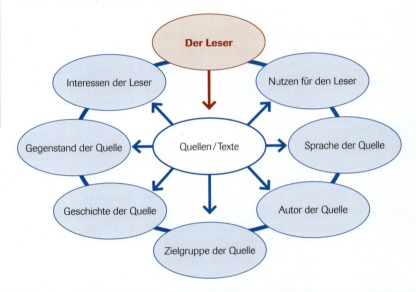

Nützliche Zeichen für die Textbearbeitung

K *Kernaussagen* farbig markieren

? *Unklarheiten* kennzeichnen

K→ *Kritik* kurz anmerken

N *Namen* unterstreichen

Z *Literatur/Zitate* am Rand kennzeichnen

Sti Wichtiges *Stichwort*

■ Bei der Arbeit mit Textquellen sind die sieben W-Fragen sehr hilfreich

- **Was** wird im Text gesagt? Müssen Namen, Orte oder Begriffe nachgeschlagen werden? Liegt der Text vollständig oder nur in Auszügen vor?
- **Wie** wird es gesagt? Welche Art von Text liegt vor? Ist es z. B. ein darstellender, beschreibender, politischer, wissenschaftlicher oder literarischer Text, ein Werbetext, Gesetzestext oder zeitgenössischer Text?
- **Warum** (aus welchem Anlass) wurde der Text verfasst? Welche politischen, ökonomischen, religiösen oder anderen Ziele und Absichten verfolgt der Text?
- **Wer** hat den Text verfasst? Wer ist der Autor bzw. sind die Autoren? Sind sie allgemein bekannt? Wie ist der politische Hintergrund des Autors?
- **Wann** wurde der Text verfasst? Ist es ein sehr alter Text mit entsprechend veralteten Formulierungen? Woher hat der Autor seine Informationen?
- **Wen** soll der Text informieren? Wer ist der vom Autor angesprochene Leser, wer ist oder war die Zielgruppe? Für wen wurde der Text geschrieben, für Männer, Frauen, Politiker, Unternehmer, Schüler oder für Wissenschaftler?
- **Wozu** wurde der Text verfasst? Welches Ziel verfolgt der Text? Wurde der Text verfasst, um zu Handlungen aufzufordern, soll es ein Diskussionsbeitrag sein, soll er zum Nachdenken anregen, ist es ein Vorschlag zu einem Entscheidungsprozess, dient er der allgemeinen Information oder soll er einfach nur unterhaltsam sein?

Schüler – vertieft in Quellenarbeit

Aufgabe:
Bearbeiten Sie den folgenden Text zum Abschnitt 11.1.5 „Gewaltenteilung – die Kontrolle der Staatsmacht". Gehen Sie dabei vor, wie in der Randspalte beschrieben.

Charles de Montesquieu: Über die Gewaltenteilung

„Politische Freiheit für jeden Bürger ist jene geistige Beruhigung, die aus der Überzeugung hervorgeht, die jedermann von seiner Sicherheit hat. Damit man diese Freiheit genieße, muss die Regierung so beschaffen sein, dass kein Bürger einen andern zu fürchten braucht. Sobald in ein und derselben Person oder derselben Beamtenschaft die legislative Befugnis mit der exekutiven verbunden ist, gibt es keine Freiheit. Es wäre nämlich zu befürchten, dass derselbe Monarch oder derselbe Senat tyrannische Gesetze erließe und dann tyrannisch durchführte.

Freiheit gibt es auch nicht, wenn die richterliche Befugnis nicht von der legislativen und von der exekutiven Befugnis geschieden wird. Die Macht über Leben und Freiheit der Bürger würde unumschränkt sein, wenn jene mit der legislativen Befugnis gekoppelt wäre; denn der Richter wäre Gesetzgeber. Der Richter hätte die Zwangsgewalt eines Unterdrückers, wenn jene mit der exekutiven Gewalt gekoppelt wäre. [...]

In den meisten Königreichen Europas ist die Regierung maßvoll, da der Herrscher sich die zwei ersteren Befugnisse vorbehält und die Ausübung der dritten durch seine Untertanen zulässt. [...] Daher haben alle Herrscher, die sich zu Despoten machen wollten, stets mit einer Vereinigung aller Ämter in ihrer Hand den Anfang gemacht; desgleichen mehrere europäische Könige mit der Vereinigung aller höchsten Stellen ihres Staats. [...]

Richterliche Befugnis darf nicht einem unabsetzbaren Senat verliehen werden, vielmehr muss sie von Personen ausgeübt werden, die nach einer vom Gesetz vorgeschriebenen Weise zu gewissen Zeiten im Jahr aus dem Volkskörper ausgesucht werden.

Sie sollen ein Tribunal bilden, das nur so lange besteht, wie die Notwendigkeit es verlangt. [...]

In einem freien Staat soll jeder Mensch, dem man eine freie Seele zugesteht, durch sich selbst regiert werden: daher müsste das Volk als Gesamtkörper die legislative Befugnis innehaben. Da dies in den großen Staaten unmöglich ist und in den kleinen Staaten vielen Nachteilen unterliegt, ist das Volk genötigt, all das, was es nicht selbst machen kann, durch seine Repräsentanten machen zu lassen. [...]"

(aus: Montesquieu, Vom Geist der Gesetze (1748), Auswahl, Übersetzung und Einleitung von Kurt Weigand, Stuttgart 1993, 216 ff.)

Methodische Schritte bei der Bearbeitung von Quelltexten:

1. Den Text durchlesen („querlesen")
Lesen Sie den Text komplett einmal durch. Geben Sie nicht auf, wenn Sie einige Stellen noch nicht verstehen. Das ist bei schwierigen Texten normal. Versuchen Sie, sich einen Überblick zu verschaffen.

2. Untergliedern Sie den Text in Abschnitte
Klären Sie unbekannte, unklare Begriffe, Namen, Orte usw., indem Sie in Lexika nachschlagen oder mit dem Internet arbeiten.

3. Wichtige Punkte der einzelnen Abschnitte herausarbeiten
Die wesentlichen Aussagen sollten Sie in Stichworten festhalten. Bei historischen Texten macht es durchaus Sinn, den Text in unsere heutige Sprache zu übersetzen, ohne dabei den Inhalt zu verändern.

4. Den Text zusammenfassen
Der Inhalt des Textes wird zusammenfassend wiedergegeben. Die Ergebnisse der Arbeit werden dokumentiert. Dabei können die sieben W-Fragen helfen.

Zur Wiederholung

11.1.1
Was ist Deutschland? Bedeutung und Hauptaufgaben des Staates
- Ein Staat ist die Vereinigung einer Vielzahl von Menschen in einem durch Grenzen bestimmten Raum unter souveräner Herrschaftsgewalt
- Die Gewährleistung äußerer und innerer Sicherheit sind zwei der Hauptaufgaben des Staates
- Der Staat ist auf Steuern angewiesen, um seinen Haushalt zu decken

11.1.2
Der Staat hat vielfältige Aufgaben
- Weitere wesentliche Aufgaben des Staates: Wahrung und Fortentwicklung der Rechtsordnung, Sicherung sozialer Mindeststandards, Schutz natürlicher Lebensgrundlagen, Bemühen um die Förderung wirtschaftlicher Entwicklung, Daseinsvorsorge sowie Gewährleistung funktionierender Verwaltung

11.1.3
Menschenrechte und Grundrechte – das Menschenbild des Grundgesetzes
- Menschenrechte (z. B. Recht auf Leben), wie sie in der Allgemeinen Erklärung der Menschenrechte festgeschrieben sind, stehen allen Menschen „von Natur her" zu
- Erst die Grundrechte „gießen" die Menschenrechte in Deutschland in Gesetzesform – und machen sie für alle gerichtlich einklagbar

11.1.4
Grundrechte im Alltag – Inhalte und Funktionen
- Grundrechte sind als Teil des Grundgesetzes höchstes deutsches Recht
- Sie sind einschränkbar zugunsten anderer Grundrechte, so z. B. die Handlungsfreiheit zugunsten des Gesundheitsschutzes
- Funktion der Grundrechte: Abwehrrechte gegen staatliches Handeln

11.1.5
Gewaltenteilung – die Kontrolle der Staatsmacht
- Die drei Gewalten der Staatsmacht: Legislative (Gesetzgebung), Exekutive (Regierung/Verwaltung), Judikative (Rechtsprechung)
- Gegenseitige Kontrolle: Bundeskanzler (Exekutive) kann durch konstruktives Misstrauensvotum im Bundestag (Legislative) abgewählt werden; dessen Gesetze überprüft das Bundesverfassungsgericht (Judikative); Judikative ist an geltende Gesetze gebunden

11.1.6
Deutschland: demokratische Bundesrepublik
- Strukturprinzipien: „Die Bundesrepublik Deutschland ist ein demokratischer und sozialer Bundesstaat"
- Nach dem Grundgesetz besteht eine repräsentative Demokratie
- Die Republik steht im Gegensatz zur Monarchie: dort Staatsoberhaupt durch Erbfolge vorbestimmt
- Der Bundesstaat besteht aus 16 Einzelstaaten, den Bundesländern

11.1.7
Deutschland: Rechtsstaat, Sozialstaat und abwehrbereite Demokratie
- Im Rechtsstaat gelten Grundsätze wie die Gewaltenteilung, der Vorrang von Verfassung und Gesetzen sowie die Rechtsweggarantie
- Der deutsche Sozialstaat gewährt u. a. Kündigungsschutz, betriebliche Mitbestimmung und Grundsicherung für Arbeitsuchende
- Die Strukturprinzipien sind durch die „Ewigkeitsgarantie" (Artikel 79 Abs. 3 Grundgesetz) geschützt

11.1.8
Blick zurück: Weimarer Republik – eine gescheiterte Demokratie
- Die Weimarer Republik löste 1919 in Deutschland die Monarchie ab

- Mit dem verlorenen Ersten Weltkrieg trug sie eine schwere Last
- Die Weimarer Reichsverfassung enthielt Grundrechte, trug aber mit der starken Stellung des Reichspräsidenten zum eigenen Scheitern bei

11.1.9
Blick zurück: Machteroberung und Machtausübung der NSDAP
- Die „Nazis" verursachten von 1933 bis 1945 – in erster Linie durch den Völkermord an den Juden und die Auslösung des Zweiten Weltkrieges – unvergleichliches Leid
- Ihre „Machtergreifung" begann mit der Ernennung von Adolf Hitler zum Reichskanzler am 30. 1. 1933
- Im Sommer 1934 war die Gleichschaltung des politischen Lebens in Deutschland abgeschlossen

11.1.10
Blick zurück auf den Nationalsozialismus: Ideologie und Alltag
- Die Nazi-Ideologie war geprägt von besessenem Glauben an die Überlegenheit der „nordischen Rasse" sowie fanatischem Judenhass
- Nach dem Führerprinzip hatten sich Partei und Volk dem Willen des Führers Hitler unterzuordnen
- Der Einzelne war bereits im Kindesalter durch „HJ" und „BDM" dem totalitären System untergeordnet

11.1.11
Politischer und religiöser Extremismus: Gefahren für die Demokratie
- Heute gefährden Rechts- und Linksextremisten sowie islamistische Fanatiker den Staat, weil sie – jeder auf seine Weise – die Demokratie gewaltsam abschaffen wollen und einen Staat nach ihrer Vorstellung durchzusetzen versuchen

11.2 Der politische Entscheidungsprozess

11.2.1 Die politische Gemeinde: Begriff und Aufgaben

In unserer Gemeinde wurden die Gebühren für die Bücherei gerade wieder erhöht.

Dafür ist bei uns die Gewerbesteuer viel höher als bei euch.

■ Was ist eine Gemeinde?

Die **Gemeinde** ist die kleinste politische Einheit der Bundesrepublik Deutschland und gehört der kommunalen Ebene an. Die kommunale Ebene ist die dritte politische Ebene neben der Bundes- und Landesebene. Zu den **Kommunen** zählen in Bayern neben den Gemeinden auch die **Landkreise** und **Bezirke**. Felix und Lena leben also nicht nur in Deutschland und Bayern, sondern auch noch im Bezirk Schwaben, im Landkreis Günzburg und in den Gemeinden Kötz bzw. Bibertal.

Wie Felix und Lena leben alle anderen Einwohner Deutschlands in einer Gemeinde. Auch **Städte** und **Märkte** zählen in Bayern zu den Gemeinden, sie unterscheiden sich von den übrigen Gemeinden lediglich durch Begrifflichkeiten: Der Gemeinderat heißt hier „Stadtrat" bzw. „Marktgemeinderat". Wie die übrigen Gemeinden gehören Städte zumeist einem Landkreis an. Daneben gibt es – zumeist größere – **„kreisfreie"** Städte, die keinem Landkreis angehören. Hier heißt der Bürgermeister „Oberbürgermeister".

Die Auszubildenden Lena und Felix sind Freunde. Sie leben in den benachbarten Gemeinden Bibertal und Kötz.

Artikel 28 Abs. 2 Satz 1 GG
Den Gemeinden muss das Recht gewährleistet sein, alle Angelegenheiten der örtlichen Gemeinschaft im Rahmen der Gesetze in eigener Verantwortung zu regeln.

Kommunen in Bayern
7 Bezirke (Mittelfranken, Niederbayern, Oberbayern, Oberfranken, Oberpfalz, Schwaben, Unterfranken)

71 Landkreise
(z. B. Günzburg)

25 kreisfreie Städte
(z. B. München, Nürnberg, Aschaffenburg, Passau)

2.056 Gemeinden
(z. B. Bibertal, Kötz)

■ Selbstverwaltungsrecht der Gemeinde

Die rechtlichen Grundlagen für die Gemeinden in Bayern finden sich im Grundgesetz, der bayerischen Verfassung und der bayerischen Gemeindeordnung. Wichtigstes Merkmal der Gemeinde ist das im Artikel 28 GG festgelegte **Selbstverwaltungsrecht**. Dieses bedeutet, dass die Gemeinde innerhalb ihrer Grenzen unabhängig und selbstständig über ihre eigenen Belange entscheidet und diese Entscheidungen auch ebenso unabhängig und selbstständig umsetzt.

Im Vergleich zu „zentralistisch" organisierten Staaten, bei denen sämtliche Entscheidungen aus einer fernen Hauptstadt heraus getroffen werden, wird klar, warum sich das Grundgesetz für das Selbstverwaltungsrecht der Gemeinden entschieden hat: Es ermöglicht eine **Demokratie „von unten nach oben"** (also von den Bürgern zu den Herrschenden). Der Kontakt zwischen Bürgern und den politischen Akteuren ist nämlich auf keiner Ebene so unmittelbar wie in der Gemeinde – und auf keiner Ebene sind die Mitgestaltungsmöglichkeiten so groß. Viele Menschen engagieren sich in den Ortsverbänden und Bürgerinitiativen oder sprechen Kommunalpolitiker direkt mit ihren Sorgen an. Zudem wird der **Staat entlastet**, da er von den örtlichen Aufgaben entbunden ist und sich vollends überregionalen Belangen widmen kann. Die Gemeinde erledigt dagegen die nicht minder wichtigen „kleinen Dinge" des täglichen Lebens.

Ausprägungen des gemeindlichen Selbstverwaltungsrechts sind insbesondere

- **Satzungsautonomie**
  Die Gemeinden können im Rahmen ihrer Aufgaben Satzungen beschließen, z. B. um die Gebühren der Abfallentsorgung zu regeln. Im Gemeindegebiet haben diese Satzungen die gleiche Wirkung wie Gesetze – aber schon in der Nachbargemeinde gelten sie nicht mehr.

- **Gebietshoheit**
  Die Gemeinden haben die Rechtsmacht zum hoheitlichen Handeln gegenüber allen Personen und Sachen, die sich im Gemeindegebiet befinden. So darf das Steueramt Bibertal die Gewerbesteuer im Gemeindegebiet von Bibertal einziehen, nicht aber im Gemeindegebiet von Kötz.

- **Planungshoheit**

  Auf ihrem Gemeindegebiet haben die Gemeinden das Recht zur eigenverantwortlichen Planung der Bodenentwicklung. Insbesondere bedeutet dies, dass die Gemeinden für die Bebauungspläne im Gemeindegebiet zuständig sind.

- **Abgabenhoheit**

  Die Gemeinden haben das Recht, für ihr Gemeindegebiet Abgabensätze festzulegen, also die Höhe bestimmter Steuern, Beiträge und Gebühren zu bestimmen (nähere Informationen zu den Abgaben finden Sie im Abschnitt 11.2.2).

◼ Die Aufgaben der Gemeinde

Die Aufgaben der Gemeinde lassen sich in solche der Selbstverwaltung (Angelegenheiten des eigenen Wirkungskreises) und solche aufteilen, die im Auftrag des Bundes oder des Landes Bayern wahrgenommen werden (Angelegenheiten des übertragenen Wirkungskreises). Die Gemeinden handeln zwar selbstständig, aber nicht willkürlich: Sie unterstehen der Aufsicht übergeordneter Staatsbehörden. Diese Fachaufsicht ist bei den Angelegenheiten des übertragenen Wirkungskreises strenger.

Überblick über die Aufgaben der Gemeinden

Angelegenheiten des eigenen Wirkungskreises		Angelegenheiten des übertragenen Wirkungskreises
Pflichtaufgaben	Freiwillige Aufgaben	
Auf das Gebiet der Gemeinde beschränkte Aufgaben, die die Gemeinde wahrnehmen *muss*, z. B.: • Gewährleistung öffentlicher Sicherheit und Ordnung • örtliche Polizei • örtliche Feuerwehr • Bau der Ortsstraßen • Aufstellung von Flächennutzungsplänen und • Bebauungsplänen • Trinkwasserversorgung • Abfallentsorgung	Auf das Gebiet der Gemeinde beschränkte Aufgaben, die die Gemeinde *nicht* wahrnehmen *muss*, aber wahrnehmen *darf*, z. B.: • kommunale Wirtschaftsförderung • Kulturpflege • Sportförderung	Aufgaben, die an sich dem Bund oder dem Land Bayern oblägen, die die Gemeinde aber wahrnehmen *muss*, da sie ihr übertragen wurden, z. B.: • Meldewesen • Passwesen • Rettungswesen • Mitwirkung bei Landtags- und Bundestagswahlen
Fachaufsicht staatlicher Behörden: umfasst nur die Überwachung der Einhaltung gesetzlicher Pflichten und Vorschriften		**Fachaufsicht staatlicher Behörden:** Gemeinden sind an deren Weisungen gebunden.

Artikel 11 der Bayerischen Verfassung

(2) Die Gemeinden sind (…) Gebietskörperschaften. (…) Sie haben das Recht, ihre eigenen Angelegenheiten im Rahmen der Gesetze selbst zu ordnen und zu verwalten (…).

(3) Durch Gesetz können den Gemeinden Aufgaben übertragen werden, die sie namens des Staates zu erfüllen haben.

(4) Die Selbstverwaltung der Gemeinden dient dem Aufbau der Demokratie in Bayern von unten nach oben.

① Diskutieren Sie in der Klasse darüber, welche freiwilligen Aufgaben der Gemeinden Sie für besonders wichtig halten.

② Informieren Sie sich, z. B. bei der Gemeindeverwaltung oder beim Gemeinderat, ob Ihre Gemeinde diese Aufgaben wahrnimmt und welche freiwilligen Aufgaben sie ansonsten erfüllt.

③ Ordnen Sie die folgenden Tätigkeiten der Gemeinde einem der drei Aufgabengebiete zu und begründen Sie:
a) Lena beantragt einen neuen Personalausweis.
b) Die Stadt Landshut pflegt eine Städtepartnerschaft zum italienischen Schio.
c) Die Gemeinde Bibertal versorgt ihre Gemeindebürger mit Elektrizität.

11.2.2 Gemeinde – Aufbau, Entscheidungsprozesse und Finanzierung

■ **Der Aufbau der Gemeinde**

Kommunalwahlen
Während bei den *Bundestagswahlen* alle vier Jahre die Mitglieder des Bundestages in Berlin und bei den bayerischen *Landtagswahlen* alle fünf Jahre die Mitglieder des bayerischen Landtages in München gewählt werden, finden **Kommunalwahlen in Bayern** nur alle sechs Jahre statt. Neben den Gemeinde- und Stadträten sowie den (Ober-)Bürgermeistern auf Gemeindeebene wählen die wahlberechtigten Bürger auf der Ebene der Landkreise auch die Mitglieder der Kreistage (Kreisräte) und die Landräte, die auf Kreisebene ähnliche Aufgaben wie die Bürgermeister haben.

Zwei Hauptorgane haben in der Gemeinde zentrale Bedeutung: Gemeinderat und Bürgermeister. Der **Gemeinderat** beschließt die Gemeindesatzungen sowie den Gemeindehaushalt (Festlegung, welcher Geldbetrag für welche Aufgabe zur Verfügung steht) und befasst sich mit ungeregelten Problemen der Gemeinde. Seine Mitglieder werden von den wahlberechtigten Gemeindebürgern alle sechs Jahre im Rahmen der **Kommunalwahl** gewählt. Wie Bundestag und Landtag setzt sich der Gemeinderat aus Mitgliedern der Parteien zusammen, hinzu kommen Mitglieder unabhängiger Gruppierungen wie der Freien Wähler Bayern.

Der erste **Bürgermeister** oder Oberbürgermeister ist die zentrale Persönlichkeit im politischen Leben der Gemeinde. Er führt den Vorsitz im Gemeinderat und hat dort ein Stimmrecht. Als Leiter der Gemeindeverwaltung ist er zudem für die gesamte verwaltungsmäßige Erfüllung der Gemeindeaufgaben verantwortlich. Schließlich vertritt er die Gemeinde nach außen. Wie der Gemeinderat wird auch der Bürgermeister alle sechs Jahre von den wahlberechtigten Gemeindebürgern gewählt.

Eine Auswahl der Ausschüsse im Münchner Stadtrat
• Ausschuss für Arbeit und Wirtschaft
• Ausschuss für Stadtplanung und Bauordnung
• Bauausschuss
• Finanzausschuss
• Gesundheitsausschuss
• Kulturausschuss
• Sozialausschuss
• Umweltausschuss

■ **Entscheidungsprozesse in der Gemeinde**
Bevor ein **Gemeinderat** mit der Mehrheit seiner Mitglieder einen Beschluss fassen kann, wird die Entscheidung in einem Fachausschuss vorbereitet. Diesem **Fachausschuss** gehören Mitglieder des Gemeinderates an, die mit der Thematik besonders vertraut sind. In Großstädten gibt es entsprechend mehr Ausschüsse als in kleinen Gemeinden. So verfügt der Münchner Stadtrat in der laufenden Wahlperiode über 20 Ausschüsse für die wichtigsten Aufgabengebiete der Stadt. Die Zusammensetzung der Ausschüsse entspricht den Mehrheitsverhältnissen im Rat. Hat hier etwa die SPD die Mehrheit, dann muss sie entsprechend auch mit Mitgliedern in den Ausschüssen vertreten sein.

Während der Gemeinderat über alle wichtigen Fragen der Gemeinde selbst beraten und beschließen muss (Beispiele: Bau eines Schwimmbades, Schließung des Gemeindemuseums), entscheidet der **Bürgermeister** in täglichen Routinesachen allein.

Besonderes Merkmal der Entscheidungsprozesse in den Gemeinden ist indes, dass hier weitreichende Mitwirkungsmöglichkeiten der **Bürger** bestehen. Man muss sie nur wahrnehmen.

■ Politische Mitwirkungsmöglichkeiten für Bürger in bayerischen Gemeinden (Übersicht)

Kommunalwahl	Bürgerfragestunde	Bürgerversammlung	Bürgerbegehren und Bürgerentscheid	Bürgerantrag
Alle sechs Jahre: Wahlen des Gemeinderates und des Bürgermeisters durch die wahlberechtigten Gemeindebürger	Vor öffentlichen Sitzungen des Gemeinderates haben alle Gemeindebürger die Möglichkeit, in den Angelegenheiten der Gemeinde Anfragen an den Gemeinderat zu richten.	Mindestens einmal pro Jahr (auf Antrag der Gemeindebürger auch häufiger) muss der Bürgermeister eine Bürgerversammlung zur Diskussion gemeindlicher Angelegenheiten einberufen. Empfehlungen der Bürgerversammlung müssen vom Gemeinderat innerhalb von drei Monaten beraten werden.	Die Gemeindebürger können durch ein Bürgerbegehren die Durchführung eines Bürgerentscheides über Angelegenheiten des eigenen Wirkungskreises der Gemeinde beantragen. Das Bürgerbegehren muss von mindestens drei Prozent der Gemeindebürger (in kleinen Gemeinden: zehn Prozent) getragen werden und eine mit „Ja" oder „Nein" zu beantwortende Frage zum Inhalt haben. Der folgende **Bürgerentscheid** hat die Wirkung eines Beschlusses des Gemeinderates.	Die Gemeindebürger können beantragen, dass der Bürgermeister oder der Gemeinderat eine bestimmte gemeindliche Angelegenheit behandelt. Wenn mindestens ein Prozent der Gemeindebürger den Antrag unterschreibt, muss ihn der Bürgermeister oder der Gemeinderat innerhalb von drei Monaten behandeln.

Die Möglichkeit zum Besuch von Gemeinderats- und Ausschusssitzungen, Informationsveranstaltungen zu aktuellen Planungen sowie die ehrenamtliche Mitarbeit in Vereinen, Bürgerinitiativen und Parteien runden die Mitwirkungsmöglichkeiten der Gemeindebürger ab.

■ Finanzierung der Gemeinde

Um ihre umfangreichen Aufgaben wahrnehmen zu können, muss die Gemeinde mit Finanzmitteln ausgestattet werden. Diese Mittel fließen

- zu einem kleinen Teil aus der Teilnahme am Wirtschaftsverkehr (z. B. Verkauf und Vermietung gemeindeeigener Grundstücke und Wohnungen)
- aus **Steuern** (Grundsteuer, Gewerbesteuer), **Gebühren** (z. B. für Wasser und Abwasser) und **Beiträgen** (z. B. für den Anschluss an die Kanalisation), die die Gemeinde erheben darf
- im Übrigen aus dem kommunalen Finanzausgleich, z. B. des Freistaates Bayern, also aus der Staatskasse.

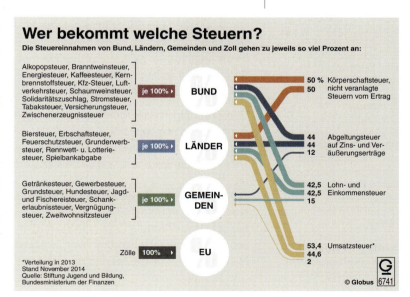

Das Schaubild gibt einen Überblick über die Beteiligung der Gemeinden am Steueraufkommen.

---

① Recherchieren Sie zu folgender Frage und stellen Sie Ihre Ergebnisse in einer Tabelle dar: Welche Resultate ergab die Kommunalwahl 2014 in Ihrer Gemeinde hinsichtlich des Bürgermeisters und des Gemeinderates?

② Sie möchten sich zu konkreten Themen in Ihrer Gemeinde informieren. Was können Sie tun? Erstellen Sie eine Liste.

③ Sie und Ihre Familie, aber auch einige Ihrer Nachbarn sind der Ansicht, dass die Gemeinde das marode Schwimmbad sanieren soll. Was können Sie tun? Listen Sie wiederum auf.

11.2.3 Föderalismus in Deutschland

Dreikönigstag? Nie gehört! Wie kann hier frei sein und in Rostock nicht?

Jedes Bundesland hat seine Besonderheiten. Das ist Föderalismus.

Jana und Tim besuchen dieselbe Schulklasse

Gliedstaaten
Teilstaaten in einem Bundesstaat. Die Bundesländer Bayern und Mecklenburg-Vorpommern sind Gliedstaaten im Bundesstaat Deutschland.

Freistaat
Der Begriff Freistaat ist ein anderes Wort für Republik und stammt aus dem 19. Jahrhundert. Heute hat er für die politische Rolle Bayerns als eines der 16 Bundesländer keinerlei Bedeutung mehr.

Artikel 79 Abs. 3 GG („Ewigkeitsgarantie")
Eine Änderung dieses Grundgesetzes, durch welche die Gliederung des Bundes in Länder (und) die grundsätzliche Mitwirkung der Länder bei der Gesetzgebung (…) berührt werden, ist unzulässig.

Die 18-jährige Jana zieht mit ihren Eltern zwischen Weihnachten und Neujahr von Rostock nach Mühldorf am Inn, weil ihr Vater dort eine neue Stellung gefunden hat. Nach Ende der Ferien macht sie sich am 6. Januar auf den Weg zu ihrer neuen Schule. Verwundert stellt sie fest, dass das Schulgebäude verschlossen und niemand da ist. Von einem Passanten erfährt sie, dass der 6. Januar ein Feiertag ist: der „Dreikönigstag". Den kannte sie aus Rostock nicht.

Kurz darauf erhält Jana, die erstmals wahlberechtigt ist, neben der Benachrichtigung für die Landtagswahl auch noch eine Benachrichtigung für die Bezirkswahl in Oberbayern. Wieder ist sie ziemlich erstaunt. Unter einem Bezirk kann sie sich nichts vorstellen.

Was ist Föderalismus?

Unter Föderalismus versteht man die Bestrebung, in einem **Bundesstaat** – wie es die Bundesrepublik Deutschland ist (siehe bereits Abschnitt 11.1.6) – den **Gliedstaaten** ein möglichst großes Maß an Eigenständigkeit zu gewähren, ohne den Bundesstaat zu schwächen. Die Gliedstaaten werden gestärkt, indem sie zum Beispiel in bestimmten Bereichen eigenständige Gesetze erlassen können, die nur für ihr Staatsgebiet gelten.

So konnte der **„Freistaat Bayern"** als einer der 16 deutschen Gliedstaaten (Bundesländer) ein eigenständiges Feiertagsgesetz beschließen, das den 6. Januar zum Feiertag erklärt. Und so konnte er auch eine eigenständige Bezirksordnung beschließen, die Bayern in sieben Regierungsbezirke teilt. In Janas Heimat Rostock, die zum Bundesland Mecklenburg-Vorpommern gehört, gibt es ein eigenes Feiertagsgesetz, das den „Dreikönigstag" nicht umfasst. Ebenso unbekannt ist dort die Einteilung des Landes in Bezirke.

Durch die Eigenständigkeit seiner Gliedstaaten setzt sich der föderale Bundesstaat vom **Zentralstaat** ab, wie er in der ehemaligen DDR existierte. Dort gab es keine Gliedstaaten, sondern lediglich 14 Bezirke, die über keinerlei Eigenständigkeit verfügten. Alle politischen Entscheidungen wurden von der Hauptstadt Ost-Berlin aus dirigiert.

Föderalismus in der Bundesrepublik Deutschland

Nicht zuletzt unter dem Eindruck der Geschehnisse im von den Nationalsozialisten errichteten **„Dritten Reich"** (1933–1945), in dem der zuvor bestehende Föderalismus durch den Zentralstaat ersetzt worden war, entschied sich der Parlamentarische Rat dafür, den Föderalismus im Grundgesetz zu verankern:

> Artikel 20 Abs. 1 GG: Die Bundesrepublik Deutschland ist ein demokratischer und sozialer Bundesstaat.

Obendrein wurde der Föderalismus in Artikel 79 GG noch mit einer **„Ewigkeitsgarantie"** versehen. Die Bundesstaatlichkeit kann also unter den gegebenen demokratischen Umständen nicht abgeschafft werden. Nur ein revolutionärer Umsturz könnte sie beseitigen. Die „Väter des Grundgesetzes" sahen im föderativen Staatsaufbau die beste Chance, die Einheit Deutschlands wiederherzustellen und die Rechte und die Freiheit der Bürger zu garantieren.

Mit dem Anschluss der DDR an das Bundesgebiet 1990 wurde die Bundesrepublik um die fünf neuen Bundesländer Brandenburg, Mecklenburg-Vorpommern, Sachsen, Sachsen-Anhalt und Thüringen erweitert. Nunmehr gibt es **16 Bundesländer**, unter denen die drei Stadtstaaten Berlin, Hamburg und Bremen flächenmäßig die kleinsten sind und Bayern mit rund 70.000 km² das mit Abstand größte Bundesland ist.

Das Grundgesetz garantiert den Bestand der Bundesstaatlichkeit überhaupt – nicht aber den Bestand einzelner Bundesländer und deren Grenzen. So wäre es also mit der Ewigkeitsgarantie vereinbar, wenn sich etwa die Länder Bremen, Hamburg, Mecklenburg-Vorpommern, Niedersachsen und Schleswig-Holstein zu einem „Nordstaat" vereinigen würden, der aus fünf nur noch ein Bundesland machen würde. Und in der Tat gibt es immer wieder Überlegungen in diese Richtung, um den Föderalismus effizienter zu gestalten.

Bundesländer nach Einwohnerzahl und Fläche (gerundete Zahlen; Stand: 31.12.2013)		
Bundesland	Einwohnerzahl in Mio.	Fläche in 1000 km²
Nordrhein-Westfalen	17,6	34,1
Bayern	12,6	70,6
Baden-Württemberg	10,6	35,8
Niedersachsen	7,8	47,6
Hessen	6,0	21,1
Sachsen	4,0	18,4
Rheinland-Pfalz	4,0	19,9
Berlin	3,4	0,9
Schleswig-Holstein	2,8	15,8
Brandenburg	2,4	29,5
Sachsen-Anhalt	2,2	20,4
Thüringen	2,2	16,2
Hamburg	1,7	0,8
Mecklenburg-Vorpommern	1,6	23,2
Saarland	1,0	2,6
Bremen	0,7	0,4

▨ Der Sinn bundesstaatlicher Ordnung
Unter den Argumenten für den Föderalismus finden sich drei Hauptschlagworte.

Gewaltenteilung: Die politische Macht im Staat wird durch die Aufteilung auf unterschiedliche Ebenen (Bund, Länder und Gemeinden) beschränkt. So wird eine Machtkonzentration auf einer Ebene verhindert – eine Lehre aus den Schrecken des „Dritten Reiches".

effizient
wirksam, wirtschaftlich

Bürgernähe: Im Zentralstaat müssten sich etwa die Bürger von Mittenwald in Oberbayern nach Berlin wenden, wenn sie einen neuen Skilift benötigen. Im föderalen System lassen sich derartige Fragen vor Ort, also bürgernah, klären.

Subsidiarität: Ein effizientes Handeln des Staates verlangt, dass der Staat nur subsidiär (helfend, unterstützend) eingreifen soll, wenn eine tiefere Ebene (Bundesländer, Kommunen oder Familien) nicht zur Problemlösung in der Lage ist. Dies wird durch den Föderalismus am besten gewährleistet.

Zudem stärkt der Föderalismus das **Demokratiebewusstsein** der Bürger, da sie sich wegen der häufigen Wahlen auf allen Ebenen eingebunden fühlen und sich mit dem demokratischen System identifizieren.

Die deutschen Länder

© Globus
1330

① Finden Sie weitere Argumente für den föderalen Staatsaufbau und notieren Sie diese stichpunktartig.

② Was könnte – demgegenüber – für den Zentralstaat sprechen? Listen Sie auch hier Argumente auf.

③ Könnten alle 16 Bundesländer in Deutschland zu einem einzigen „Bundesland" zusammengefasst werden oder würde dies gegen das Grundgesetz verstoßen? Argumentieren Sie.

④ Notieren Sie alle unmittelbaren deutschen und ausländischen Nachbarstaaten Bayerns (also diejenigen, die eine gemeinsame Grenze mit Bayern haben). Listen Sie ebenfalls deren Einwohnerzahl und Fläche auf.

11.2.4 Föderalismus: Strukturen, Probleme und Bayerns Stellung im Bund

Der Bund und die Bundesländer teilen sich die drei Staatsgewalten **Legislative** (Gesetzgebung), **Exekutive** (Verwaltung) und **Judikative** (Rechtsprechung) untereinander auf.

Kommunalrecht
Es regelt die Angelegenheiten der Kommunen, also in Bayern der Bezirke, Landkreise und Gemeinden. Zum bayerischen Kommunalrecht zählen zum Beispiel die Bayerische Bezirksordnung und die Bayerische Gemeindeordnung.

Okay, die Bundesländer haben unterschiedliche Gesetze. Aber ist das nicht schrecklich umständlich?

■ Gesetzgebungskompetenz

Dass es in Mecklenburg-Vorpommern und Bayern unterschiedliche Feiertagsgesetze gibt und auch das Kommunalrecht unterschiedlich geregelt ist, entspringt nicht dem Zufall. Vielmehr sind die Zuständigkeiten zur Gesetzgebung zwischen Bund und Ländern im Grundgesetz (Artikel 70–74) eindeutig verteilt. Dabei gilt als Grundregel, dass die Bundesländer für die Gesetzgebung ausschließlich zuständig sind, soweit der Bereich, zu dem das Gesetz ergehen soll, nicht der **ausschließlichen** oder der sogenannten **konkurrierenden Gesetzgebung** des Bundes ausdrücklich zugeordnet ist.

Für Jana bedeutet dies: Da weder die Materie der Feiertage noch die des Kommunalrechts in den Artikeln 71 bis 74 GG genannt ist, liegt die Zuständigkeit zur Gesetzgebung nach Artikel 70 GG bei den Bundesländern: Bayern, Mecklenburg-Vorpommern und die 14 weiteren Bundesländer können hier unterschiedliche Gesetze beschließen.

Das nebenstehende Schaubild gibt einen Überblick über die Zuständigkeiten, die durch die **Föderalismusreform I** 2006 geändert wurden.

Gesetzgebungskompetenzen

Art. 70 GG	**Grundregel:** Soweit das Grundgesetz nicht dem Bund die Befugnis erteilt, haben die Länder das Recht der Gesetzgebung

Art. 71 73 GG	**Ausschließliche Gesetzgebung des Bundes**

Art. 72 74 GG	**Konkurrierende Gesetzgebung** Vorrangige Zuständigkeit des Bundes. Solange und soweit er davon keinen Gebrauch macht, haben jedoch die Länder die Gesetzgebungsbefugnis

Ausschließliche Gesetzgebung des Bundes:
- Auswärtige Angelegenheiten
- Verteidigung, Zivilschutz
- Staatsangehörigkeit
- Pass- und Meldewesen
- Freizügigkeit, Ein-/Auswanderung
- Währung, Außenwirtschaft
- Zoll und Grenzschutz
- Schutz des deutschen Kulturguts gegen Abwanderung ins Ausland
- Luftverkehr, Bundes-Eisenbahnen
- Post und Telekommunikation
- Recht der Bundesbeamten
- Gewerblicher Rechtsschutz
- Terrorismusabwehr durch BKA
- Polizeiliche Zusammenarbeit von Bund und Ländern
- Waffen- und Sprengstoffrecht
- Nutzung der Kernenergie

Konkurrierende Gesetzgebung:
- Bürgerliches Recht, Strafrecht
- Personenstandswesen
- Vereinsrecht
- Kriegsfolgen, Wiedergutmachung
- Sozialversicherung, Arbeitsrecht
- Wettbewerbsrecht
- Agrarförderung, Ernährung
- Bodenrecht, Wohngeldrecht
- Gesundheitswesen
- Schifffahrt
- Umweltrecht (Abfall, Luft, Lärm)
- Statusrechte der Länderbeamten
- Jagdwesen*
- Naturschutz, Landschaftspflege*
- Raumordnung*
- Wasserhaushalt*
- Hochschulzulassung, -abschluss*

* Von bundesgesetzlichen Regelungen auf diesen Gebieten können die Länder abweichen

- Aufenthaltsrecht
- Öffentliche Fürsorge
- Recht der Wirtschaft (u.a. ohne Ladenschluss, Gaststätten, Messen)
- Ausbildungsförderung
- Forschungsförderung
- Überführung in Gemeineigentum
- Krankenhauswirtschaft
- Lebensmittel-, Produktsicherheit
- Straßenverkehr, Kraftfahrwesen
- Staatshaftung
- Gentechnik

○ In diesen Bereichen ist der Bund nur zuständig, wenn und soweit zur Herstellung gleichwertiger Lebensverhältnisse oder zur Wahrung der Rechts- und Wirtschaftseinheit eine bundesrechtliche Regelung erforderlich ist

ZAHLENBILDER
66001
© Bergmoser + Höller Verlag AG

Artikel 83 GG
Die Länder führen die Bundesgesetze als eigene Angelegenheit aus, soweit dieses Grundgesetz nichts anderes bestimmt oder zulässt.

■ Verwaltung

Was die Umsetzung der Gesetze (also die Verwaltung) anbetrifft, tragen die Bundesländer den Hauptanteil. Neben ihren Ländergesetzen vollziehen sie auch die meisten Bundesgesetze entweder als **eigene Angelegenheiten** oder im **Auftrag des Bundes**. In **bundeseigener Verwaltung** mit eigenem Verwaltungsaufbau werden nur solche Angelegenheiten geführt, die untrennbar mit dem Gesamtstaat Deutschland verbunden sind, z. B. Auswärtiger Dienst, Bundeswehrverwaltung, Luftverkehrsverwaltung. Dritte Ebene im deutschen Verwaltungsaufbau ist die Kommunalverwaltung (siehe bereits Abschnitt 11.2.1).

Rechtsprechung

Auch die Judikative findet vornehmlich auf Landesebene statt: Die bekanntesten **Gerichte der Länder** sind Amtsgerichte, Landgerichte und Oberlandesgerichte. Die höchsten Gerichte, bis zu denen indes nur die allerwenigsten Rechtsfälle gelangen, sind jedoch die **Bundesgerichte**: der Bundesgerichtshof, das Bundesverwaltungsgericht und – als höchstes deutsches Gericht – das Bundesverfassungsgericht.

Probleme des Föderalismus

Da jedes Bundesland ein eigenes Parlament, eine eigene Regierung, eine eigene Verwaltung und eigene Gerichte hat, ergeben sich – gerade für die kleinen Bundesländer bzw. Stadtstaaten – große **Finanzierungsprobleme**. Eine Lösung wäre die **Neugliederung der Bundesrepublik**. Kleinere Bundesländer könnten sich mit benachbarten größeren zusammenschließen. Immer wieder in der Diskussion ist zum Beispiel die Gründung eines Nordstaates (siehe auch Abschnitt 11.2.3).

In der Bundesrepublik erwirtschaften einige wenige Länder (insbesondere Bayern, Hessen, Baden-Württemberg) aufgrund ihrer großen Wirtschaftskraft hohe Steuereinnahmen. Damit sich das Ungleichgewicht zwischen „armen" und „reichen" Bundesländern nicht zu sehr auf die Lebensverhältnisse auswirkt, wird zwischen den Bundesländern ein **Finanzausgleich** durchgeführt, der die **Solidarität** der reicheren Geberländer auf eine harte Probe stellt.

Die Lösung der Finanzierungsprobleme war ein Leitmotiv für die 2009 in Kraft getretene **Föderalismusreform II**. Sie sieht ein Kreditaufnahmeverbot für Bund und Länder vor, schafft allerdings insbesondere für den Bund Ausnahmen (z. B. für Zeiten des Wirtschaftsabschwungs).

Parlament
Gewählte Volksvertretung

Solidarität
Zusammengehörigkeitsgefühl, Gemeinsinn

Länder-Solidarität

Zahler und Empfänger im Länderfinanzausgleich 2014
in Millionen Euro (vorläufige Angaben)

Länder, die geben

Bayern	4 853 Mio. €
Baden-Württemberg	2 382
Hessen	1 762
Hamburg	53

Länder, die nehmen

Berlin	3 476
Sachsen	1 041
Nordrhein-Westfalen	913
Bremen	605
Sachsen-Anhalt	593
Thüringen	560
Brandenburg	512
Mecklenburg-Vorp.	465
Rheinland-Pfalz	290
Niedersachsen	275
Schleswig-Holstein	174
Saarland	146

Quelle: Bundesfinanzministerium

© Globus 10061

Bayerns Stellung im Bund

Als flächenmäßig größter Staat und seit Jahrzehnten einer der Haupteinzahler in den Länderfinanzausgleich ist Bayern wichtigster **Stützpfeiler des deutschen Föderalismus**. Auf diese Bedeutung stützt Bayern sein gewichtiges Wort in bundespolitischen Fragen, nicht zuletzt durch seine Rolle im Bundesrat (siehe Abschnitt 11.2.7).

Auch Bayern profitierte in den Jahren nach dem Zweiten Weltkrieg als vergleichsweise „armes", von der Landwirtschaft geprägtes Land bis in die 1950er-Jahre vom Länderfinanzausgleich. Es wusste aber die Finanzmittel offenbar besser einzusetzen als andere Bundesländer. Mit seiner bürgerfreundlichen und effizienten Verwaltung und einer modernen Wirtschaftspolitik gilt das Bundesland heute als vorbildlich in Deutschland.

Normenkontrollantrag
Weil sie sich durch das geltende System des Länderfinanzausgleichs benachteiligt sehen, haben die Geberländer Bayern und Hessen 2013 vor dem Bundesverfassungsgericht Klage eingereicht.

① Ziehen Sie die Schaubilder zum Länderfinanzausgleich und zu den Bundesländern (Abschnitt 11.2.3) zurate und überlegen Sie, welche Bundesländer bei einer Neugliederung sinnvollerweise zusammengelegt werden könnten.

② Recherchieren Sie im Internet und fassen Sie die Hauptpunkte der Föderalismusreformen I und II zusammen.

③ Beobachten Sie die aktuelle Entwicklung beim Länderfinanzausgleich. Hat das Bundesverfassungsgericht über die Klage Bayerns und Hessens entschieden? Oder gab es eine Einigung auf politischer Ebene?

11.2.5 Der Deutsche Bundestag

Der Bundestag in Berlin – das deutsche Parlament

In den ständigen **Ausschüssen** bereiten auf bestimmte Politikbereiche spezialisierte Abgeordnete Entscheidungen vor. Beispiele: Haushaltsausschuss, Ausschuss für Wirtschaft und Technologie.

■ Der Bundestag in Kürze

Der Bundestag ist die Volksvertretung Deutschlands. Seine Mitglieder (Abgeordnete) werden alle vier Jahre gewählt. Als wichtigstes Organ der **Legislative** zählt der Bundestag die **Bundesgesetzgebung** zu seinen Funktionen. Der Gang der Gesetzgebung wird in den Abschnitten 11.2.6 und 11.2.7 näher beleuchtet.

Weitere zentrale Aufgaben des Bundestages sind die Regierungsbildung und die **Wahl des Bundeskanzlers** (vgl. Abschnitt 11.2.8) sowie die **Kontrolle der Regierungsarbeit**. Ferner wirken seine Abgeordneten bei der Wahl des Bundespräsidenten und der Richter des Bundesverfassungsgerichtes mit.

■ So funktioniert der Bundestag

Nach dem Bundeswahlgesetz besteht der Bundestag grundsätzlich aus 598 Abgeordneten. Aufgrund der Besonderheiten des Wahlrechts liegt die Zahl indes meistens etwas höher (sogenannte Überhangmandate, vgl. Abschnitt 11.3.5). Die Verteilung der Sitze **(Mandate)** richtet sich nach den Mehrheitsverhältnissen, die sich bei der Bundestagswahl ergeben haben. Hat eine Partei 30 Prozent der Stimmen erhalten, so ist sie auch mit einer entsprechenden Zahl von Abgeordneten im Parlament vertreten.

Die Organisation des Deutschen Bundestags

© Bergmoser + Höller Verlag AG
ZAHLENBILDER 64 110

Die Abgeordneten einer Partei schließen sich zu einer **Fraktion** zusammen, um sich besser organisieren zu können und ein einheitliches Auftreten zu gewährleisten. Die Fraktionen besetzen zudem entsprechend ihrer Stärke Präsidium, Ausschüsse und Ältestenrat des Bundestages. Allerdings kann eine Fraktion nur dann gebildet werden, wenn die Partei über mindestens fünf Prozent der Sitze verfügt. Verfügt sie über weniger Sitze, können ihre Abgeordneten lediglich eine **Gruppe** bilden. Zuletzt bildete die PDS zwischen 1994 und 1998 eine Gruppe mit 30 Abgeordneten. Gruppen haben bei der Besetzung von Ämtern und Ausschüssen nicht die gleichen Rechte wie Fraktionen, sind aber doch besser gestellt als einzelne Abgeordnete.

Artikel 38 Abs. 1 GG
Die Abgeordneten des Deutschen Bundestages (…) sind Vertreter des ganzen Volkes, an Aufträge und Weisungen nicht gebunden und nur ihrem Gewissen unterworfen.

Gemäß Artikel 38 des Grundgesetzes gilt das **freie Mandat**. Das bedeutet, dass kein Abgeordneter zu einem bestimmten Abstimmungsverhalten gezwungen werden darf **(Fraktionszwang)**. Allerdings ist eine gewisse **Fraktionsdisziplin** unerlässlich, da sonst die Arbeit der Fraktionen und damit die Arbeit des gesamten Parlamentes gefährdet wäre. Im Regelfall stimmen deshalb die Abgeordneten einer Fraktion im Parlament geschlossen ab.

Wie in der Demokratie insgesamt bestimmen im Parlament Mehrheitsentscheidungen die Politik. Da sich Bundeskanzler und Regierung auf eine zuverlässige Mehrheit im Bundestag stützen müssen und regelmäßig keine der Parteien über 50 Prozent (absolute Mehrheit) der Abgeordneten stellt, bilden mehrere Fraktionen zwecks Regierungsbildung eine sogenannte **Koalition**. Die Abgeordneten der Koalition wählen mit ihren Stimmen den Bundeskanzler. In der Geschichte der Bundesrepublik stellte lediglich einmal eine Fraktion die absolute Mehrheit: 1957 die CDU/CSU unter Bundeskanzler Konrad Adenauer.

Die Abgeordneten, die nicht der Regierungskoalition angehören, bilden die **Opposition**. Zwar können auch Oppositionsabgeordnete Vorschläge zur Gesetzgebung machen. Doch werden diese aufgrund der Mehrheitsverhältnisse selten zum Erfolg führen. Vorrangig übernimmt deshalb die Opposition die wichtige Parlamentsfunktion der **Kontrolle der Regierung und der Verwaltung**.

■ Die Kontrollfunktionen des Bundestages

Parlamentarische Kontrollrechte

Große Anfrage

Schriftliche Anfrage zu einem größeren politischen Themenkomplex durch eine Fraktion bzw. mindestens 5 % der Abgeordneten

An die Beantwortung durch die Bundesregierung schließt sich in der Regel eine Debatte vor dem Bundestag an

Kleine Anfrage

Schriftliche Anfrage zu konkreten Einzelthemen durch eine Fraktion bzw. mindestens 5 % der Abgeordneten

Die Antwort erfolgt schriftlich durch das jeweils zuständige Bundesministerium

Fragerechte des Bundestags

Hauptfunktionen:
► *Beschaffung von Informationen*
► *öffentliche Herausforderung der Regierung durch die Opposition*
► *Gelegenheit, die Haltung der Opposition darzulegen*

Fragestunde

Einzelfragen zur mündlichen oder schriftlichen Beantwortung, von einzelnen Abgeordneten eingebracht

Mündliche Beantwortung in den beiden wöchentlichen Fragestunden des Bundestags

Möglichkeit für die Abgeordneten, mit Zusatzfragen nachzuhaken

Aktuelle Stunde

Politische Debatte mit Kurzbeiträgen zu einem aktuellen Thema auf Verlangen einer Fraktion bzw. von mindestens 5 % der Abgeordneten oder nach Vereinbarung im Ältestenrat

Redezeit für die Abgeordneten: 5 min; Gesamtdauer: 1 Stunde + Redezeit der Regierung

ZAHLENBILDER

© Bergmoser + Höller Verlag AG · 66250

Neben den oben genannten Möglichkeiten stehen dem Bundestag weitere **Kontrollinstrumente** zur Verfügung:

- Das **Budgetrecht** sichert dem Bundestag das Recht zu, den Haushaltsplan des Staates verbindlich festzustellen. Traditionell nutzt die Opposition die jährliche Haushaltsdebatte zu einer „Generalabrechnung" mit der Regierungspolitik.
- Auf Antrag von mindestens 25 Prozent der Abgeordneten (siehe aber Randspalte) muss der Bundestag einen **Untersuchungsausschuss** einrichten (Artikel 44 GG), der Klarheit über bestimmte tatsächliche Vorgänge, wie z. B. Missstände in der Verwaltung oder politische Affären, verschaffen soll.
- Die „schärfste Waffe" des Bundestages ist das **konstruktive Misstrauensvotum**: Das Parlament spricht der Regierung das Misstrauen aus, indem es mit der Mehrheit der Abgeordneten einen neuen Bundeskanzler wählt (Artikel 67 GG).

Bundestagspräsident
Er wird zu Beginn einer Legislaturperiode (in der ersten Sitzung nach einer Bundestagswahl) von den Abgeordneten gewählt, leitet die Parlamentsdebatten und vertritt den Bundestag nach außen.

Immunität
Die Abgeordneten des Bundestages genießen. Immunität. Das bedeutet, dass sie während ihrer Zugehörigkeit zum Bundestag wegen einer strafbaren Handlung nur mit Genehmigung des Parlaments verfolgt werden dürfen. So soll das Parlament immer handlungsfähig bleiben.

„Mini-Opposition"
Die Bildung der außerordentlich großen Koalition aus CDU/CSU und SPD führte im Herbst 2013 zu einer „Mini-Opposition" im Bundestag: Vertreter von Grünen und Linken stellten nicht einmal 21 Prozent der Abgeordneten. Um ihnen die Chance zu geben, ihre Kontrollrechte wahrzunehmen, wurde u. a. die Zahl der notwendigen Antragsteller zur Einsetzung eines Untersuchungsausschusses in der Geschäftsordnung eigens für diese Wahlperiode gesenkt: Statt 25 Prozent der Abgeordneten (dies wären 158) sind nun nur 120 Abgeordnete nötig.

① Finden Sie heraus, wer Ihren Wahlkreis im Bundestag vertritt und was der/die Abgeordnete in Berlin für den Wahlkreis leistet.

② Die CSU spielt traditionell im Bundestag eine besondere Rolle, obwohl sie nur in Bayern wählbar ist. Worauf beruht diese Rolle? Recherchieren Sie.

③ Recherchieren Sie die Ergebnisse der Bundestagswahl 2013 und listen Sie auf, welche Möglichkeiten für Koalitionen es gab.

11.2.6 Vom Konflikt zum Gesetz: Interessen, Meinungen, Medien

Wie entsteht eigentlich ein Gesetz?

Schau einfach mal in die nächsten vier Seiten rein!

◼ Was sind Gesetze?

Dass der Bundestag bei der Beschließung von Gesetzen eine große Rolle spielt, wurde bereits erwähnt. Aber was genau versteht man unter einem Gesetz? Gesetze sind Regelungen, die sich an alle Bürger wenden und die von allen Bürgern beachtet werden müssen. Gesetze entstehen nach einem im Grundgesetz vorgeschriebenen Verfahren (dazu Abschnitt 11.2.7) und müssen von der **Mehrheit des Bundestages** beschlossen werden.

Wozu aber braucht man diese Gesetze, wenn doch eine Bundesregierung da ist, die die Aufgabe hat, zu regieren – also die politischen Entscheidungen zu treffen und umzusetzen? Sinn der Gesetze ist, dass **alle wesentlichen politischen Entscheidungen** auf eine zusätzliche demokratische Grundlage gestellt werden. Sie werden eben nicht nur von der Bundesregierung getroffen, sondern vom gewählten Parlament, das den **Mehrheitswillen des Volkes** verkörpert. Das Volk kann sich mit Gesetzen somit besser identifizieren als mit Regierungsakten.

sich identifizieren (mit etwas)
sich gleichsetzen mit etwas; sich in etwas wiederfinden

Interessenverband
Auf Dauer angelegte Vereinigung von Personen oder Unternehmen mit dem Ziel, gemeinsame Interessen durchzusetzen.
Beispiele: Bundesverband der Deutschen Industrie, Bundesverband deutscher Banken.

Lobby
1. ursprünglich: Wandelhalle im britischen und amerikanischen Parlamentsgebäude, in der Abgeordnete und Interessengruppen zusammentreffen.
2. Interessengruppe, die versucht, die Entscheidung von Abgeordneten zu beeinflussen.

Als wesentlich gelten alle Maßnahmen, die in Grundrechte der Bürger eingreifen oder die die Entwicklung der Gesellschaft insgesamt beeinflussen. Hierzu ein Beispiel:

> **Art. 2 Abs. 2 GG:** Jeder hat das Recht auf Leben und körperliche Unversehrtheit. Die *Freiheit der Person* ist unverletzlich. In diese Rechte darf nur auf Grund eines Gesetzes eingegriffen werden.
>
> Da jeder Mensch ein Grundrecht auf Freiheit hat, muss jede Gefängnisstrafe (Freiheitsstrafe) durch ein Gesetz festgelegt sein. Ein solches Gesetz findet sich z. B. in
>
> **§ 211 Abs. 1 Strafgesetzbuch (StGB):** Der Mörder wird mit lebenslanger Freiheitsstrafe bestraft.

◼ Wo und wann beginnt der Gesetzgebungsprozess?

Auch wenn das förmliche Gesetzgebungsverfahren im Bundestag abläuft – der Prozess der Gesetzgebung beginnt bereits früher: bei einem aktuellen Problem, das die Bürger berührt. Oft erscheint den Bürgern der politische Alltag als theoretisch, kompliziert und grau. Sie wenden sich politikverdrossen ab, die Schlagzeilen in den **Medien** gehören dem Sport oder dem Starkult.

Ernstzunehmende Konflikte, Probleme und Krisen lösen jedoch Betriebsamkeit in der Gesellschaft aus. Das Volk richtet seine Aufmerksamkeit auf das politische Geschehen, die Medien berichten in allen Formen und rund um die Uhr, **Interessenverbände** betreiben **Lobbyarbeit**, Politiker bilden Kommissionen und diskutieren in Talkshows, **Bürger** äußern ihre Meinung in Foren. Am Ende steht zumeist ein **Kompromiss** in Form eines Gesetzes. Mit diesem Kompromiss müssen und können (fast) alle leben: Politiker, Bürger, Gewerkschafts- und Interessenverbände.

◼ Beispiel: Der gesetzliche Mindestlohn ist da!
Am 3. Juli 2014 beschloss der Bundestag mit den Stimmen von SPD, CDU/CSU und Grünen die Einführung eines flächendeckenden gesetzlichen Mindestlohns von 8,50 Euro pro Stunde ab 2015. „Das ist ein Meilenstein in der Arbeits- und Sozialpolitik der Bundesrepublik", begrüßte Bundesarbeitsministerin Andrea Nahles (SPD) das Mindestlohngesetz.

Mit dem Beschluss des Mindestlohngesetzes wurde ein Dauerbrenner der politischen Diskussion in Deutschland „gelöscht". Lange war eine entsprechende Regelung am Widerstand von CDU und CSU als größter politischer Kraft gescheitert. Doch mehr und mehr Vollzeitarbeitnehmer sind wegen niedriger Tarifabschlüsse auf das ALG II angewiesen, und in den EU-Staaten sind gesetzliche Mindestlöhne mittlerweile weit verbreitet: Das ließ schließlich den Widerstand der Union verstummen.

Die SPD und vor allem die Gewerkschaften als mächtige Lobby der Arbeitnehmer sehen sich in ihrem jahrelangen Kampf bestätigt. Bereits 2007 hatte der DGB eine Kampagne für den gesetzlichen Mindestlohn gestartet. Aber auch an Kritik mangelt es nicht. Während die Linke 8,50 Euro für zu wenig hält, vor allem aber die zahlreichen Übergangs- und Ausnahmeregelungen (siehe auch Schaubild rechts) kritisiert, sehen die Arbeitgeberverbände im Mindestlohn ein zusätzliches Hemmnis für schwer vermittelbare Arbeitnehmer. Die mittlerweile nicht mehr im Bundestag vertretene FDP spricht sogar von einem „Jobkiller".

Ausnahmen vom Mindestlohn

Rund 3,7 Millionen Arbeitnehmerinnen und Arbeitnehmer erhalten in Deutschland ab 2015 den **gesetzlichen Mindestlohn von 8,50 Euro brutto pro Stunde**.

KEINEN MINDESTLOHN BEKOMMEN:

 Langzeitarbeitslose in den ersten sechs Monaten einer neuen Beschäftigung

 Menschen im **Ehrenamt**

 Auszubildende und **Jugendliche** unter 18 Jahren ohne Berufsabschluss

 Zeitungszusteller Der Mindestlohn steigt stufenweise von 6,38 € (2015) über 7,22 € (2016) auf 8,50 € ab 2017.

 Praktikanten generell bei Pflichtpraktika, bei freiwilligen Praktika bis zu drei Monaten

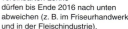 Erwerbstätige in Branchen mit **länger laufenden Tarifverträgen**: Die hier vereinbarten Löhne dürfen bis Ende 2016 nach unten abweichen (z. B. im Friseurhandwerk und in der Fleischindustrie).

 Sonderfall: **Saisonarbeiter** in Landwirtschaft und Gastronomie. Hier gilt der Mindestlohn, allerdings wird die Befreiung von der Sozialversicherungspflicht bis Ende 2018 von 50 auf 70 Tage ausgeweitet.

Stand Januar 2015   Quelle: Bundesarbeitsministerium, DGB   © Globus 10043

Positionen zum gesetzlichen Mindestlohn:

	Warum schadet der Mindestlohn? In München kostet eine Wohnung mehr als in Gera. Daher gibt es in München auch andere Löhne als in Gera. Legt ein Gesetzgeber einen einheitlichen Mindestlohn fest, ist die Gefahr groß, dass er insbesondere in Ostdeutschland so hoch ist, dass eine Reihe von Jobs sich nicht mehr rechnen. Das hilft niemandem. Denn der schönste Mindestlohn bringt nichts, wenn man am Ende arbeitslos ist. (aus dem FDP-Flugblatt „Jobkiller Mindestlohn", 2014)
	Wir verwirklichen gleich drei unserer zentralen Zielsetzungen: Mehr Fairness in der Arbeitswelt, die Stärkung der bewährten Tarif- und Sozialpartnerschaft und somit die Stärkung der Leistungsfähigkeit unserer sozialen Marktwirtschaft. (…). Mindestlohn darf weder Arbeitsplätze gefährden noch Branchen oder Regionen in ihrer Wirtschaftlichkeit beeinträchtigen oder gar einengen. (https://www.cducsu.de/spezial/mindestlohn-ist-meilenstein, eingesehen 28.01.2015, Auszug)
	Der Mindestlohn (…) (wird) gerade für Berufseinsteiger mit Vermittlungshemmnissen und für die Schwächsten am Arbeitsmarkt eine erhebliche Barriere für den Einstieg in Arbeit bedeuten. (…) Für solche Arbeitnehmer bedarf es angemessener Möglichkeiten, vom Mindestlohn abweichen zu können. (…). Dies stellt das Gesetz nur unzureichend sicher.(http://www.arbeitgeber.de/www/ arbeitgeber.nsf/id/EA527D2728F436B5C12579DF002CD7E8, eingesehen 28.01.2015, Auszug)
	Ein historisches Ereignis: Deutschland hat endlich den gesetzlichen Mindestlohn, für den die Gewerkschaften ein Jahrzehnt gekämpft haben. Der gesetzliche Mindestlohn von 8,50 Euro schützt Beschäftigte vor Hungerlöhnen und Unternehmen vor unfairem Wettbewerb. Und mehr als 3,7 Millionen Arbeitnehmerinnen und Arbeitnehmer bekommen mehr Geld. (http://www.dgb.de/extra/ mindestlohn-dran-bleiben, eingesehen 28.01.2015, Auszug)

① Recherchieren Sie, wie Parteien, Bürger, Gewerkschaften und Interessenverbände das „Mindestlohngesetz" aus heutiger Sicht beurteilen. Haben sich die Standpunkte geändert?

② Erstellen Sie eine Liste mit Interessenverbänden zu unterschiedlichen politischen Gebieten wie Sozialpolitik, Wirtschaftspolitik, Arbeitsmarktpolitik und Gesundheitspolitik. Recherchieren Sie hierfür im Internet.

③ Stellen Sie die Positionen aus Politik und von Interessenverbänden zu einem anderen bedeutsamen Gesetzesprojekt tabellarisch dar: dem Atomausstiegsgesetz 2011.

11.2.7 Das Gesetzgebungsverfahren bei Bundesgesetzen

Die Ausführungen in diesem Abschnitt gelten nur für die **Bundesgesetzgebung**, die im Grundgesetz (Artikel 70–82) geregelt ist. Für die **Landesgesetzgebung** bestehen Vorschriften in den Landesverfassungen: für Bayern z. B. in der Bayerischen Verfassung (Artikel 70–76).

▪ Gesetzesinitiative – der Beginn des Gesetzgebungsverfahrens

Die **Initiative**, also die Vorlage (Entwurf) für ein neues Bundesgesetz, die dann vom Bundestag beraten wird, kann von drei Staatsorganen ausgehen: von der **Bundesregierung**, aus dem **Bundestag** und vom **Bundesrat**.

- Gesetzesvorlagen der Bundesregierung werden zunächst dem Bundesrat zur Stellungnahme zugeleitet. Erst dann werden sie beim Bundestag zur Beratung eingebracht.
- Gesetzesvorlagen des Bundesrates werden der Bundesregierung zur Stellungnahme vorgelegt, bevor sie beim Bundestag eingebracht werden.
- Gesetzesvorlagen aus dem Bundestag werden auch direkt bei diesem eingebracht.
- Die mit Abstand meisten Gesetzesvorlagen werden in der Praxis von der Bundesregierung eingebracht, so auch der Entwurf zum **Mindestlohngesetz**.

▪ Beratung der Gesetzesvorlage im Bundestag

Im Bundestag finden drei Beratungen (Lesungen) über Gesetzesvorlagen statt.

- Die **erste Lesung** dient der Beratung über die Grundzüge des Gesetzentwurfes. Eine Aussprache (Parlamentsdebatte) findet nur bei politisch besonders wichtigen Vorlagen statt. Im Anschluss an die Beratung wird die Vorlage an den zuständigen **Ausschuss** weitergeleitet.

In den über 20 ständigen **Ausschüssen** konzentrieren sich die Bundestagsabgeordneten auf Teilgebiete der Politik. Im Ausschuss für Auswärtiges sitzen Experten für Außenpolitik, im Ausschuss für Arbeit und Soziales vornehmlich Sozialpolitiker. In den Ausschüssen wird die eigentliche Detailarbeit an den Gesetzentwürfen geleistet. Die Besetzung der Ausschüsse erfolgt nach den Kräfteverhältnissen im Parlament.
Häufig sind mehrere Ausschüsse für einen Gesetzentwurf zuständig. So arbeiteten am Entwurf zum **Mindestlohngesetz** neben dem Ausschuss für Arbeit und Soziales u. a. der Rechts-, der Finanz- und der Wirtschaftsausschuss.

- In der **zweiten Lesung** erfolgt nach dem Bericht der Ausschüsse eine ausführliche Debatte über die Gesetzesvorlage. Gegebenenfalls werden Änderungsanträge behandelt.
- Bleibt der Entwurf nach der zweiten Lesung unverändert, dann schließt sich die **dritte Lesung** unmittelbar an die zweite Lesung an. Nach einer abschließenden Debatte kommt es hier zur Schlussabstimmung. Mit der Mehrheit der abgegebenen Stimmen wird der Entwurf **verabschiedet**.

Der Gang der Gesetzgebung

Gesetzesinitiative

BUNDESREGIERUNG — Gesetzesvorlage — BUNDESRAT Stellungnahme

BUNDESTAG — Gesetzesvorlage

BUNDESRAT — Gesetzesvorlage — BUNDESREGIERUNG Stellungnahme

BUNDESTAG
1. Lesung
2. und 3. Lesung → Ausschussberatungen

Einfache Gesetze | **Zustimmungsgesetze**

BUNDESRAT

Billigung des Gesetzes | Antrag auf Beratung | Zustimmung

VERMITTLUNGS-AUSSCHUSS ← BUNDESREGIERUNG / Antrag auf Beratung / BUNDESTAG

ohne Änderung | Änderungsvorschlag | ohne Änderung

BUNDESRAT ← BUNDESTAG → BUNDESRAT

Billigung / Einspruch | beschließt erneut | Keine Zustimmung / Zustimmung

BUNDESTAG
Einspruch überstimmt wird nicht überstimmt

GESETZ ✕

BUNDESREGIERUNG

GESETZ ← Ausfertigung / Verkündung ← BUNDESPRÄSIDENT → Ausfertigung / Verkündung → GESETZ

Verfassungsändernde Gesetze erfordern eine 2/3-Mehrheit im Bundestag und im Bundesrat

ZAHLENBILDER 66 005

◼ Die Rolle des Bundesrates

Der Bundesrat ist als **Länderkammer** die Vertretung der Bundesländer in Berlin. Seine Mitglieder sind nicht gewählt, sondern werden von den Landesregierungen entsendet. Die Verteilung der insgesamt 69 Stimmen im Bundesrat richtet sich nach der Einwohnerstärke der Bundesländer. Wichtigste Organe des Bundesrates sind der Bundesratspräsident und die Ausschüsse, die ähnliche Aufgaben wie Präsident und Ausschüsse des Bundestages haben. Der Bundesrat erfüllt seine wichtigste Rolle im Gesetzgebungsverfahren.

Der Bundesrat

Die 69 Stimmen der Bundesländer im Bundesrat

Nordrhein-Westfalen — ✓✓✓✓✓✓
Bayern — ✓✓✓✓✓✓
Baden-Württemberg — ✓✓✓✓✓✓
Niedersachsen — ✓✓✓✓✓✓
Hessen — ✓✓✓✓✓
Sachsen — ✓✓✓✓
Rheinland-Pfalz — ✓✓✓✓
Berlin — ✓✓✓✓
Sachsen-Anhalt — ✓✓✓✓
Thüringen — ✓✓✓✓
Brandenburg — ✓✓✓✓
Schleswig-Holstein — ✓✓✓✓
Mecklenburg-Vorpommern — ✓✓✓
Hamburg — ✓✓✓
Saarland — ✓✓✓
Bremen — ✓✓✓

© Bergmoser + Höller Verlag AG

ZAHLENBILDER
64 510

Vom Bundestag verabschiedete Gesetzentwürfe werden an den Bundesrat weitergeleitet. Bei dessen Mitwirkung kommt es nun darauf an, ob es sich bei dem Vorhaben um ein Zustimmungsgesetz oder ein Einspruchsgesetz handelt.

- **Zustimmungsgesetze** treten nur dann in Kraft, wenn die Mehrheit im Bundesrat dem Entwurf zustimmt. Welche Gesetze der Zustimmung bedürfen, ist im Grundgesetz ausdrücklich geregelt. Vor allem sind dies Gesetze, die das Grundgesetz ändern, Einfluss auf die Finanzen der Länder haben oder deren Verwaltungshoheit betreffen.

> Beispiel: Das **Mindestlohngesetz** ist ein Zustimmungsgesetz, weil es im Rahmen der Kontrolle seiner Einhaltung der Zollverwaltung neue Aufgaben überträgt.

- **Einspruchsgesetze** sind Gesetze, die im Grundgesetz nicht als Zustimmungsgesetze bezeichnet sind. Sie treten in Kraft, wenn der Bundesrat keinen Einspruch gegen das Gesetz einlegt oder wenn der Bundestag den Einspruch des Bundesrates überstimmt.

◼ Anrufung des Vermittlungsausschusses

Will der Bundesrat einem Zustimmungsgesetz noch nicht endgültig die Zustimmung geben oder versagen, so kann er den Vermittlungsausschuss anrufen. Ebenso muss ein Vermittlungsverfahren durchgeführt worden sein, bevor der Bundesrat Einspruch gegen ein Gesetz einlegen kann. Der Vermittlungsausschuss vermittelt zwischen Bundestag und Bundesrat. Der Ablauf des Vermittlungsverfahrens ist der Grafik auf der Nebenseite zu entnehmen.

◼ Der Abschluss des Gesetzgebungsverfahrens

Hat das Gesetzgebungsverfahren den Bundesrat passiert, muss das Gesetz noch vom zuständigen Minister und dem Bundeskanzler **gegengezeichnet**, vom Bundespräsidenten **ausgefertigt** und im Bundesgesetzblatt **verkündet** werden. Danach tritt es in Kraft.

Gesetzgebung im Eilverfahren
Zieht sich das Gesetzgebungsverfahren üblicherweise monatelang hin, so kann es auch schnell gehen: Beim 2008 zur Unterstützung maroder Banken beschlossenen **Finanzmarktstabilisierungsgesetz** lag zwischen Einbringung des Entwurfes und Inkrafttreten nur eine Woche. Weil Gefahr für die Wirtschaft im Verzug war, verzichtete der Bundestag mit Zweidrittelmehrheit auf die üblichen Fristen und der Bundesrat berief eine Sondersitzung ein.

Vermittlungsausschuss
Gremium aus jeweils 16 Mitgliedern von Bundestag und Bundesrat. Er kann nicht über Gesetze entscheiden, sondern hat die Aufgabe, Kompromisse zu finden.

① Fassen Sie das Gesetzgebungsverfahren in eigenen Worten stichpunktartig zusammen.

② Erörtern Sie, warum die meisten Gesetzesvorlagen von der Bundesregierung ausgehen.

③ Der Werdegang eines Gesetzes ist lang und kompliziert. Listen Sie die Vor- und Nachteile dieses langwierigen Verfahrens auf und beachten Sie dabei auch die Möglichkeit, das Verfahren wesentlich zu verkürzen.

11.2.8 Bundeskanzler und Bundesminister – die Bundesregierung

Bestimmungen über die Bundesregierung enthält das **Grundgesetz** in den Artikeln 62–69.

Vereidigung des ersten Bundeskanzlers Konrad Adenauer

Da der Bundeskanzler mit der „absoluten Mehrheit" der Stimmen im Bundestag gewählt wird, wird nicht immer der „Wahlsieger" auch Bundeskanzler. Beispiel Bundestagswahl 1976: Die CDU/CSU mit dem Kanzlerkandidaten **Helmut Kohl** erzielte mit 48,6 % der Stimmen das zweitbeste Ergebnis ihrer Geschichte. Da sich aber SPD und FDP zuvor entschieden hatten, ihre Koalition weiterzuführen, wurde **Helmut Schmidt** (SPD) mit den Stimmen von SPD und FDP erneut vom Bundestag zum Kanzler gewählt, obwohl die SPD bei der Wahl lediglich 42,6 % der Stimmen erhielt.

Die Bundesregierung im Überblick

Die Bundesregierung in Berlin besteht aus dem Bundeskanzler und den Bundesministern. Sie soll den Mehrheitswillen des Volkes und die Gesetze des Parlaments in Politik zum Wohle der Bundesrepublik Deutschland umsetzen. Dabei ist die Regierung nur indirekt mit dem Mehrheitswillen des Volkes verknüpft: Das Volk wählt den Bundestag und bestimmt somit die Mehrheitsverhältnisse dort. Und diese Mehrheitsverhältnisse entscheiden über den **Bundeskanzler**, denn dieser wird **vom Bundestag gewählt**. Den Amtseid leistet der Kanzler schließlich vor dem Bundestagspräsidenten.

Der Bundeskanzler wird also nicht vom Volk direkt gewählt, obwohl sich bei der Bundestagswahl – wie 2013 Angela Merkel (CDU) und Peer Steinbrück (SPD) – „Kanzlerkandidaten" gegenüberstehen. Die Sympathie für einen der beiden Kandidaten bestimmt aber ganz wesentlich, welche Partei gewählt wird. Und zumeist stellt die stärkste Partei auch den Bundeskanzler.

Die **Bundesminister** werden weder vom Volk noch vom Parlament gewählt, sondern auf Vorschlag des Bundeskanzlers **vom Bundespräsidenten ernannt**. Dem gehen allerdings umfangreiche Diskussionen in den Regierungsparteien und -fraktionen voraus. Die Bundesminister werden aus den Spitzenpolitikern der Regierungsparteien ausgewählt. Sie sind, wie die Mitglieder der Bundestagsausschüsse, Experten auf ihrem Gebiet. Besonders wichtige Ministerien sind: Außen-, Innen-, Wirtschafts- und Finanzministerium.

Die Bundesregierung ist berechtigt und verpflichtet, politische Entscheidungen zu treffen. Dabei darf sie ihren Entscheidungsspielraum aber nicht überschreiten. Dieser Spielraum endet dort, wo der Bundestag verbindliche Gesetze beschlossen hat. Die Bunderegierung kann **Rechtsverordnungen** erlassen, die ein Gesetz konkretisieren (also zum Beispiel Anweisungen an die Verwaltung zur Umsetzung des Gesetzes enthalten). Die Verordnungen dürfen dem Gesetz aber nicht widersprechen. Zum anderen darf die Bundesregierung solche Entscheidungen nicht allein treffen, die „wesentlich" (siehe Abschnitt 11.2.6) sind.

Beispiel: Im **Mindestlohngesetz** wurden wesentliche Politikbereiche berührt. Nicht die Bundesregierung, sondern der Bundestag musste per Gesetz eine Entscheidung treffen. Ohne Mitwirkung des Bundestages konnte die Regierung aber eine **Durchführungsverordnung** zu diesem Gesetz beschließen, die das Gesetz in der Praxis anwendbar machte.

Bundesregierung: Aufgaben und ihre Verteilung

Ausführung der Bundesgesetze	Mitwirkung bei der Bundesgesetzgebung	Pflege der auswärtigen Beziehungen	Sonstige Aufgaben
• Erlass von Rechtsverordnungen (s. o.) • Organisation der Bundesbehörden, z. B. untersteht das Bundesamt für Verfassungsschutz dem Bundesinnenminister	• Ausarbeitung von Gesetzesvorlagen und deren Einbringung im Bundestag • Stellungnahme zu und Weiterleitung von Gesetzesvorlagen des Bundesrates an den Bundestag	• Vertretung Deutschlands in der Europäischen Union • Vorbereitung und Abschluss von Vereinbarungen mit anderen Staaten (Staatsverträge) • Ansprechpartner für Regierungen anderer Staaten	• Entwurf des Haushaltsplanes • Entscheidung über Einsatz der Bundeswehr gegen Gefahren für den Bestand der freiheitlich-demokratischen Grundordnung • Errichtung, Auflösung und Organisation der Bundesministerien • Verteidigungsminister hat Befehlsgewalt über die Bundeswehr in Friedenszeiten

Die **Aufgabenverteilung** innerhalb der Bundesregierung richtet sich nach den drei Prinzipien des Artikels 65 GG (Schaubild rechts). Der Bundeskanzler bestimmt dabei zwar die **Richtlinien** der Politik. Das bedeutet, dass der Kanzler die Richtung in allen wichtigen politischen Bereichen vorgibt. Typischer Fall für dieses „Kanzlerprinzip" war etwa im Jahr 2003 das „Nein" des damaligen Bundeskanzlers Gerhard Schröder (SPD) zu einer deutschen Beteiligung am Krieg im Irak. Die einzelnen Entscheidungen aber, die sich im Rahmen dieser vorgegebenen Richtung bewegen, treffen die Minister in Eigenverantwortung (**Ressortprinzip**).

So arbeitet die Bundesregierung

Stellvertreter/in (Vizekanzler/in)

Bundeskanzler/in

Bundeskanzleramt
Schaltzentrale und Koordinierungsstelle der Regierungsarbeit

Die Bundesministerinnen und -minister werden auf Vorschlag des Bundeskanzlers/ der Bundeskanzlerin vom Bundespräsidenten ernannt

Bundesregierung
(Kabinett)

Kanzlerprinzip
Der Bundeskanzler/ die Bundeskanzlerin bestimmt die Richtlinien der inneren und äußeren Politik und trägt dafür die Verantwortung

Ressortprinzip
Innerhalb des vorgegebenen Rahmens leiten die Minister/innen ihr Ressort selbstständig und in eigener Verantwortung

Kollegialprinzip
Die Regierung berät und beschließt gemeinsam in Fragen von allgemeiner Bedeutung (u.a. über Gesetzentwürfe, Streitfragen zwischen Ministerien)

ZAHLENBILDER
67 123

© Bergmoser + Höller Verlag AG

■ Die Stellung des Bundeskanzlers

Der Bundeskanzler wird zu Beginn jeder **Legislaturperiode** neu gewählt. Er kann beliebig oft wiedergewählt werden. Der 1976 gescheiterte Helmut Kohl war 16 Jahre lang (1982–1998) Kanzler und wurde dabei fünfmal vom Bundestag gewählt.

Die Amtszeit des Bundeskanzlers kann auch vor dem Ablauf der vierjährigen Legislaturperiode enden. Dies zum einen, wenn die Mehrheit des Bundestages einen neuen Bundeskanzler wählt (**konstruktives Misstrauensvotum**): So kam etwa Helmut Kohl 1982 an die Macht, als die FDP die Koalition mit der SPD verließ und sich der CDU/CSU anschloss. Zum anderen, wenn der Kanzler die sogenannte **Vertrauensfrage** stellt und der Bundestag ihm das Vertrauen nicht mit der Mehrheit der Stimmen ausspricht. So ging Gerhard Schröder 2005 vor, als er wegen der Reformen auf dem Arbeitsmarkt („Hartz-Gesetze") nicht mehr den nötigen Rückhalt der Koalition aus SPD und Grünen verspürte. Folge: Der Bundestag sprach Schröder das Vertrauen nicht aus, der Bundespräsident löste daraufhin den Bundestag auf, vorgezogene Neuwahlen wurden angesetzt. Aus dieser Wahl ging Angela Merkel (CDU) als Siegerin und erste Frau im Amt des deutschen Bundeskanzlers hervor.

Der Bundeskanzler schlägt nicht nur die Ernennung, sondern auch die **Entlassung der Bundesminister** durch den Bundespräsidenten vor. Dies unterstreicht neben der Richtlinienkompetenz seine starke Stellung innerhalb der Regierung. Er bestimmt überdies einen Minister zu seinem Stellvertreter. Schließlich muss der Bundeskanzler wie auch die Bundesminister nicht selbst Mitglied des Bundestages sein.

Legislaturperiode
Zeitraum, für den der Bundestag gewählt wird, also im Regelfall vier Jahre

Verteidigungsfall
Wird die Bundesrepublik mit Waffengewalt angegriffen oder steht ein solcher Angriff bevor, dann geht die Befehls- und Kommandogewalt über die Bundeswehr gemäß Grundgesetz auf den Bundeskanzler über. In der Geschichte der Bundesrepublik hat es einen solchen Fall aber noch nicht gegeben.

① Erstellen Sie eine Übersicht über die aktuellen Mitglieder der Bundesregierung. Fassen Sie bei jedem Mitglied den Zuständigkeitsbereich in wenigen Stichpunkten zusammen.

② Fassen Sie in eigenen Worten zusammen: Warum stellt in der Bundesrepublik die Partei mit den meisten Wählerstimmen nicht zwingend auch den Bundeskanzler?

③ Ein Bundesminister will den Richtlinien des Kanzlers nicht folgen. Überlegen Sie, was der Kanzler dagegen tun kann.

11.2.9 Bundespräsident und Bundesverfassungsgericht

Schloss Bellevue in Berlin: Sitz des Bundespräsidenten

repräsentieren
jemanden vertreten, etwas darstellen, standesgemäß auftreten

integrieren
ergänzen, eingliedern

Mit der Wahl des ehemaligen Pfarrers und DDR-Oppositionellen **Joachim Gauck** zum 11. Bundespräsidenten verband sich 2012 die Hoffnung, das Vertrauen der Bürger in das Amt zurückzugewinnen.

■ Der Bundespräsident: letztes Glied in der Gesetzgebungskette

Der Bundespräsident ist das **Staatsoberhaupt** Deutschlands. Bei der Beratung über das Grundgesetz kam der Parlamentarische Rat zu der Erkenntnis, dass die politische Macht des Bundespräsidenten beschränkt werden müsse. Dies folgte aus der starken politischen Stellung des Reichspräsidenten in der Weimarer Republik (1918 – 1933). Diese Stellung ließ im Januar 1933 den katastrophalen Fehler von Reichspräsident Paul von Hindenburg zu, Adolf Hitler zum Reichskanzler zu ernennen und damit die Machtergreifung der Nationalsozialisten zu ermöglichen (siehe Abschnitte 11.1.8, 11.1.9).

Das Grundgesetz erkennt dem Bundespräsidenten deshalb wenig politische Rechte zu. Er regiert nicht, er **repräsentiert**. Er ist zwar Politiker, doch seine Parteizugehörigkeit muss während der Amtszeit ruhen. Er ist das Staatsoberhaupt aller Deutschen, das für **Ausgleich** und **Integration** sorgen soll. Seine Aufgabe besteht weniger darin, zu Entscheidungen des politischen Alltags, als vielmehr zu grundsätzlichen Fragen des gesellschaftlichen Lebens Stellung zu nehmen. Wo hier die Grenze liegt, wurde und wird von den Amtsinhabern unterschiedlich ausgelegt.

Bevor es in Kraft treten kann, muss jedes Gesetz vom Bundespräsidenten „ausgefertigt" werden. Ex-Präsident Horst Köhler nutzte dies im Gesetzgebungsprozess 2006 dazu, gleich zwei Gesetzen (dem Verbraucherinformationsgesetz und dem Gesetz zur Privatisierung der Flugsicherung) die Ausfertigung zu versagen, weil er sie für nicht mit dem Grundgesetz vereinbar hielt. Hieran entzündeten sich Meinungsverschiedenheiten darüber, ob und in welchem Umfang dem Bundespräsidenten überhaupt ein **Prüfungsrecht** zusteht. Die gewollt zurückgenommene politische Stellung des Bundespräsidenten spricht dafür, das Prüfungsrecht auf offensichtliche Verletzungen des Grundgesetzes zu beschränken.

■ Wahl und Aufgaben des Bundespräsidenten

Gewählt wird der Bundespräsident von der **Bundesversammlung** (siehe Schaubild), die einzig zu diesem Zweck zusammentritt. Der vorgeschriebene Fünfjahres-Rhythmus wurde bis 2009 eingehalten. Doch dann folgten mit den Rücktritten von Köhler (2010) und Christian Wulff (2012) zwei weitere Wahlen und eine Menge Unruhe um das Amt des Bundespräsidenten. Erst mit der Wahl Joachim Gaucks am 18. März 2012 kehrte wieder Ruhe ein.

Neben den bereits zuvor erwähnten Aufgaben bei Ernennungen und Entlassungen von Funktionsträgern sowie Repräsentation und Gesetzgebung übt der Bundespräsident auf Bundesebene das Begnadigungsrecht aus (also das Recht, von Gerichten verhängte Strafen zu erlassen oder zu ermäßigen). Auch hier stand Horst Köhler im Mittelpunkt eines aufsehenerregenden Falles: 2007 lehnte er das Gnadengesuch des wegen mehrfachen Mordes seit 1982 inhaftierten Christian Klar nach einem persönlichen Gespräch mit dem Terroristen ab.

Der Bundespräsident

Seine Stellung — nach dem Grundgesetz

Bundespräsident

- Völkerrechtliche Vertretung des Bundes
- Repräsentation nach innen und außen · Ehrenhoheit
- Prüfung, Unterzeichnung und Verkündung der Bundesgesetze
- Erklärung des Gesetzgebungsnotstands

- Vorschlag, Ernennung und Entlassung des Bundeskanzlers
- Ernennung und Entlassung der Bundesminister
- Ernennung und Entlassung der Bundesrichter, Bundesbeamten und Offiziere
- Begnadigungsrecht

Wahl auf 5 Jahre
Direkte Wiederwahl nur einmal möglich

Bundesversammlung

Alle Abgeordneten des Deutschen Bundestags — **Bundestag**

Die gleiche Anzahl von Mitgliedern aus den Bundesländern — **Länderparlamente**

ZAHLENBILDER

67 100

Das Bundesverfassungsgericht: Wächter über das Grundgesetz

Das Bundesverfassungsgericht mit Sitz in Karlsruhe ist das höchste deutsche Gericht. Es muss bei seiner Rechtsprechung lediglich das Grundgesetz als Verfassung der Bundesrepublik Deutschland zum Maßstab nehmen. Ob Bundestag, Bundesrat, Bundesregierung oder Bundespräsident: Stellt das Gericht einen Verstoß dieser Institutionen gegen das Grundgesetz fest, dann müssen sich alle seiner Rechtsprechung unterwerfen.

16 Verfassungsrichter, die jeweils zur Hälfte vom Bundestag und vom Bundesrat gewählt werden, gliedern sich in zwei „Senate". Die Vorsitzenden der beiden Senate sind der Präsident und der Vizepräsident des Bundesverfassungsgerichtes.

Das Bundesverfassungsgericht wirkt zwar nicht bei der Entstehung der Gesetze mit, fungiert aber als **„Wächter"**. Im Rahmen der **Normenkontrolle** überprüft es auf Antrag der Bundesregierung, einer Landesregierung oder mindestens eines Drittels der Mitglieder des Bundestages, ob Gesetze der Länder oder des Bundes mit dem Grundgesetz in Einklang stehen.

Ungleich häufiger (siehe Randspalte) befasst sich das Bundesverfassungsgericht mit **Verfassungsbeschwerden**. Eine Verfassungsbeschwerde kann jeder Bürger einreichen, der sich durch die öffentliche Gewalt (Rechtsprechung, Verwaltung oder Gesetzgebung) in Grundrechten verletzt sieht. Da auch ein Gesetz ein Akt öffentlicher Gewalt ist, können also auch im Rahmen der Verfassungsbeschwerde Gesetze überprüft werden.

Allerdings setzt eine Verfassungsbeschwerde voraus, dass eine konkrete und aktuelle **Beeinträchtigung von Grundrechten** vorliegt; zudem muss der mögliche Rechtsweg vor den unteren Gerichten (Verwaltungsgerichten) durchgeführt werden, bevor eine Verfassungsbeschwerde mit Erfolg eingelegt werden kann.

- Beim Bundesverfassungsgericht gehen jährlich 5.000–6.000 Verfassungsbeschwerden ein. Erfolg haben jedoch nur rund zwei Prozent aller Beschwerden.
- Vom Beginn seiner Tätigkeit 1951 bis Ende des Jahres 2013 wurden beim Bundesverfassungsgericht rund 208.000 Verfahren beantragt, 96,5 Prozent davon waren Verfassungsbeschwerden.

Gesetzesparagrafen, die das Bundesverfassungsgericht für **verfassungswidrig** erklärt, sind **nichtig** und dürfen nicht mehr angewendet werden.

Beispiel: Verfassungsbeschwerde

Die „Nichtraucherschutzgesetze" mehrerer Bundesländer sahen ein generelles Rauchverbot für „Einraumkneipen" vor, während sie für mehrräumige Gaststätten Ausnahmen („Raucherräume") gewährten. Die Gastwirte von Einraumkneipen erlebten daraufhin einen Schwund an Einnahmen, weil sie von Rauchern kaum noch aufgesucht wurden. Zwei dieser Gastwirte legten Verfassungsbeschwerde ein, da sie sich in ihrem Grundrecht auf freie Berufsausübung (Artikel 12 GG) verletzt fühlten. Das Bundesverfassungsgericht gab den Verfassungsbeschwerden statt.

Das Bundesverfassungsgericht

© Erich Schmidt Verlag

ZAHLENBILDER
129 015

① Informieren Sie sich über den Ablauf der Wahl des Bundespräsidenten im Jahr 2012 und fassen Sie die gewonnenen Informationen knapp zusammen.

② Kritiker bemängeln, dass das Bundesverfassungsgericht eine Art „Übergesetzgeber" ist, weil es über das Schicksal von Gesetzen bestimmt, obwohl die Gesetzgebung Aufgabe des Bundestages ist. Was sagen Sie zu dieser Kritik?

③ In einem Streit schlägt Markus Daniel mit der Faust ins Gesicht. Daniel sieht sein „Grundrecht auf körperliche Unversehrtheit" verletzt und fragt Sie, ob er nun Verfassungsbeschwerde einlegen kann. Was raten Sie ihm?

11.2.10 Methode: Diskussion und Debatte – Meinungsstreit nach Regeln

Diskutieren können heißt Regeln zu beachten

„Sollte ein **Rauchverbot für alle öffentlichen Plätze** eingeführt werden?"

Rauchen bedeutet eine Gefahr für die Gesundheit. Man sollte es deshalb überall verbieten!

Die Kippen verschmutzen Straßen und Wege. Wer sorgt denn für die Beseitigung? Die Raucher jedenfalls nicht!

Rauchen gehört zur freien Entfaltung der Persönlichkeit. Und die wird vom Grundgesetz geschützt!

Anders als in Innenräumen von Gebäuden werden auf öffentlichen Plätzen Nichtraucher doch gar nicht gefährdet!

kontrovers
entgegengesetzt; strittig; umstritten

Diskutant
Teilnehmer an einer Diskussion

kompetent
sachverständig; zuständig

Argument
stichhaltiges, plausibles Beweismittel; Punkt einer Beweisführung

Die **Diskussion** ist ein kontrovers geführtes Gespräch, das aber nach bestimmten Regeln verläuft. Es kann ein spontaner Meinungsaustausch sein oder – nachdem man sich zuvor informiert hat – der abschließenden Urteilsbildung dienen. Um sinnvoll diskutieren zu können, wird im Regelfall bei den Diskutanten vorausgesetzt, dass bei ihnen das nötige Wissen vorhanden ist, um sich kompetent in eine Diskussion einbringen zu können.

Diskutieren erfordert von den Teilnehmern neben Wissen auch noch eine sehr schwierige Fähigkeit, nämlich mit den Meinungen anderer umgehen zu können. Man muss sich in die Einstellungen anderer Menschen „hineindenken" können und deren Meinungen akzeptieren, um mit Erfolg diskutieren zu können.

Die Pro-Kontra-Debatte

Wichtige Diskussionsregeln:
- Begründen Sie Ihre Meinung mit Argumenten
- Hören Sie gut zu
- Lassen Sie andere Diskutanten ausreden
- Vermeiden Sie Zwischenrufe
- Streiten Sie mit fairen Mitteln, vermeiden Sie persönliche Angriffe und Beleidigungen
- Seien Sie nicht rechthaberisch, wenn ein anderer Diskutant bessere Argumente hat
- Die eigene Meinung zu ändern ist keine Schwäche

Man kann „**Debatte**" mit „Wortschlacht" übersetzen. Sie ist eine spezielle Form der Diskussion, die einem bestimmten Ablauf folgt. Zwei Gruppen – Pro und Kontra – sitzen sich gegenüber und diskutieren mit dem Ziel, die Gegenseite von ihrem Standpunkt zu überzeugen. Eine dritte Gruppe in der Klasse bildet das Plenum (die Zuhörerschaft): Es stimmt am Ende über „Pro oder Kontra" ab und zeigt dadurch, wer erfolgreicher debattiert hat.

Voraussetzung einer solchen Debatte ist eine Problemstellung, die eine „Pro-oder-Kontra-Einstellung" ermöglicht. Die Teilnehmer können ihre eigene Meinung vertreten oder als „Anwälte" agieren. Anwalt sein heißt hier eine Meinung engagiert zu vertreten, auch wenn sie nicht unbedingt die eigene ist.

Beispiel für eine Pro-Kontra-Debatte: Soll die Bundeswehr im Ausland eingesetzt werden?

Pro – also: **Ja***, die Bundeswehr soll auch im Ausland eingesetzt werden*

- Die Bundesrepublik soll international Verantwortung tragen, weil dies auch der wirtschaftlichen Stellung Deutschlands entspricht.
- Es gibt Regionen, in denen die Menschenrechte unterdrückt werden. Die Bundeswehr soll dabei helfen, den Menschen diese Rechte wiederzugeben.
- Terroristische Gewalt muss international bekämpft werden. Denn die Terroristen operieren weltweit und müssen auch in den Gebieten bekämpft werden, wo sie ausgebildet werden und sich zurückziehen.
- Als Mitglied der UNO (United Nations Organization/„Vereinte Nationen") muss die Bundesrepublik die Aufträge der UNO auch mit Truppen unterstützen.

Deutscher Tender „Donau" vor der libanesischen Küste

Soldaten der Bundeswehr im Kontakt mit der afghanischen Bevölkerung

Kontra – also: **Nein***, die Bundeswehr soll nicht im Ausland eingesetzt werden.*

- Die militärischen Einsätze kosten Milliarden von Euro, die im Inland viel besser eingesetzt werden könnten, z. B. in der Bildung.
- Der deutsche Steuerzahler soll nicht für den weltweiten Frieden bezahlen müssen. Die „Problem-Länder" sollen selbst für Sicherheit sorgen.
- Jeder Einsatz bedeutet auch ein Sicherheitsrisiko für deutsche Soldaten. Es sollte nicht deren Leben „aufs Spiel gesetzt" werden.
- Die Erfahrungen aus dem Zweiten Weltkrieg haben gezeigt, dass sich Deutschland im Ausland militärisch zurückhalten sollte.

Ablauf einer Pro-Kontra-Debatte

1. Die Debatte wird von einem Moderator eröffnet. Das Thema wird vorgestellt und genau – am besten in einem Satz – formuliert.
2. Die Sprecher der beiden Gruppen tragen ihre Ansichten vor. Ihr Plädoyer sollte eine vorher festgelegte Zeitdauer nicht überschreiten. Bei groben Verstößen gegen die Zeitvorgabe muss der Moderator die Rede unterbrechen und der anderen Gruppe das Rederecht geben.
3. Nach Möglichkeit sollten sich die beiden Gruppen gegenübersitzen.
4. Wenn ein Teilnehmer seine Meinung ändert, soll er zur anderen Gruppe überwechseln.
5. Wird ein Gruppenteilnehmer persönlich angesprochen, sollte er kurz Stellung nehmen dürfen.
6. Am Ende steht eine Abstimmung im Plenum, um ein Meinungsbild zu erhalten.

Moderator
führt durch die Debatte, ohne für eine der beiden Gruppen Partei zu ergreifen

Plädoyer
kurze Rede, die eine Meinung zu einem bestimmten Thema zusammenfasst

Führen Sie in Ihrer Klasse eine Debatte nach diesem Ablauf und beachten Sie dabei auch die wichtigen Diskussionsregeln.

Eine Auswahl möglicher weiterer Themen:

Atomausstieg und „Energiewende" sind ohne Alternative, obwohl sie die Strompreise in die Höhe schnellen lassen.

Das Bundesgebiet sollte neu geordnet werden, statt 16 sollte es nur noch vier oder fünf Bundesländer geben.

Wir brauchen auf Bundesebene mehr Volksentscheide, zum Beispiel sollten der Bundespräsident und der Bundeskanzler direkt vom Volk gewählt werden.

Tipp
Bereiten Sie sich gezielt auf die Diskussion vor, indem Sie sich im Internet oder in anderen Medien mit Informationen und Argumenten versorgen. Bilden Sie sich so eine eigene Meinung. Teilen Sie sich erst dann nach den jeweiligen Pro- oder Kontra-Ansichten in Gruppen auf.

Zur Wiederholung

11.2.1
Die politische Gemeinde: Begriff und Aufgaben
- Die Gemeinde ist nach Bundes- und Landesebene die dritte und kleinste politische Einheit
- Nach Artikel 28 Grundgesetz haben die Gemeinden innerhalb ihrer Grenzen das Selbstverwaltungsrecht
- Aufgaben der Gemeinde sind Angelegenheiten des eigenen Wirkungskreises (z. B. Gewährleistung von Sicherheit und Ordnung) und Angelegenheiten des vom Bund oder vom Land Bayern übertragenen Wirkungskreises (z. B. das Meldewesen)

11.2.2
Gemeinde – Aufbau, Entscheidungsprozesse und Finanzierung
- Die Gemeindebürger wählen den Bürgermeister als Vorsitzenden der Gemeindeverwaltung und den Gemeinderat, der sich in diverse Ausschüsse untergliedert
- Gemeindebürger haben vielfältige politische Mitwirkungsmöglichkeiten, darunter Bürgerversammlung, Bürgerbegehren und Bürgerentscheid
- Die Gemeinden werden über Steuern und den kommunalen Finanzausgleich, z. B des Freistaates Bayern, finanziert

11.2.3
Föderalismus in Deutschland
- Föderalismus ist die Bestrebung, in einem Bundesstaat (Bundesrepublik Deutschland) die Eigenständigkeit der Gliedstaaten (z. B. Freistaat Bayern) zu wahren, ohne den Bundesstaat zu schwächen
- Ein Vorzug des Föderalismus in Deutschland liegt in der Gewaltenteilung zwischen Bund und Ländern (Verhindern einer Machtkonzentration beim Zentralstaat wie im „Dritten Reich")

11.2.4
Föderalismus: Strukturen, Probleme und Bayerns Stellung im Bund
- Bund und Länder nehmen die Aufgaben der Gesetzgebung, Verwaltung und Rechtsprechung im Rahmen einer grundgesetzlich vorgegebenen Gewaltenteilung wahr
- Hauptproblem der Untergliederung in 16 Bundesländer ist die Finanzierung: Länder wie Bayern finanzieren „arme" Länder mit
- Bayern gilt als finanzstarker Stützpfeiler des Föderalismus und stützt u. a. darauf sein gewichtiges Wort in bundespolitischen Fragen

11.2.5
Der Deutsche Bundestag
- Der Bundestag mit Sitz im alten Berliner Reichstag ist die Volksvertretung Deutschlands, deren Mitglieder (Abgeordnete) jeweils für vier Jahre gewählt werden
- Abgeordnete einer Partei bilden im Bundestag Fraktionen
- Neben der Gesetzgebung (11.2.7) obliegt dem Bundestag die Kontrolle der Regierung und der Verwaltung

11.2.6
Vom Konflikt zum Gesetz: Interessen, Meinungen, Medien
- Gesetze sind Regelungen, die sich an alle Bürger wenden, von allen Bürgern beachtet werden müssen und nach einem im Grundgesetz festgeschriebenen Verfahren zustande kommen
- Der eigentliche Gesetzgebungsprozess beginnt schon weit vor der parlamentarischen Arbeit: bei Interessenverbänden, die ihre Anliegen per Medien und durch Lobbyarbeit öffentlich machen, um so das formale Gesetzgebungsverfahren anzustoßen

11.2.7
Das Gesetzgebungsverfahren bei Bundesgesetzen
- Gesetzesinitiativen gehen von der Bundesregierung, vom Bundestag oder vom Bundesrat aus
- Der Bundestag berät Gesetzesvorlagen in drei Lesungen
- Verabschiedet der Bundestag eine Gesetzesvorlage, muss diese noch den Bundesrat passieren
- Passiert ein Gesetz den Bundesrat, so tritt es nach Ausfertigung durch den Bundespräsidenten und Verkündung im Bundesgesetzblatt in Kraft

11.2.8
Bundeskanzler und Bundesminister – die Bundesregierung
- Die Bundesregierung bilden der vom Bundestag gewählte Bundeskanzler sowie Bundesminister, die auf Vorschlag des Kanzlers vom Bundespräsidenten ernannt werden
- Innerhalb der Regierung gelten das Kanzlerprinzip, das Ressortprinzip und das Kollegialprinzip
- Die vierjährige Amtszeit des Bundeskanzlers kann durch konstruktives Misstrauensvotum oder Vertrauensfrage vorzeitig enden

11.2.9
Bundespräsident und Bundesverfassungsgericht
- Der Bundespräsident prüft, ob ein Gesetz nach den Regeln des Grundgesetzes zustande kommt – falls nicht, fertigt er das Gesetz nicht aus
- Im Übrigen hat er vorrangig repräsentative Aufgaben
- Das Bundesverfassungsgericht prüft vor allem im Rahmen von Verfassungsbeschwerden, ob Akte öffentlicher Gewalt (Rechtsprechung, Verwaltung, Gesetzgebung) gegen das Grundgesetz verstoßen

11.3 Repräsentation und Wahl

11.3.1 Demokratie kennt verschiedene Formen

1848/49: Revolution in Deutschland („Märzrevolution")
In vielen Städten Deutschlands kam es zu Aufständen und Barrikadenkämpfen. Die Menschen kämpften für mehr bürgerliche Rechte, Freiheit und für die Einführung der parlamentarischen Demokratie.

„Märzrevolution"

Demokratie setzt voraus, dass alle Staatsangehörigen gleich und gleichwertig sind.

Demokratie bedeutet „Herrschaft des Volkes". Ein Volk gibt sich eine Verfassung, in der festgelegt ist, wie die Staatsangehörigen an der Ausübung der Macht beteiligt werden und die Mächtigen des Landes kontrollieren können.

Demokratie in Deutschland bedeutet, dass die Staatsbürger ihre Vertreter nach genau festgelegten Regeln durch Wahlen bestimmen. Diese Repräsentanten der Bevölkerung wirken an der Gesetzgebung des Staates mit. Sie vertreten dabei die Interessen ihrer Wähler.

■ **Demokratieformen**

Im Verlauf der Geschichte haben sich verschiedene **demokratische Regierungssysteme** herausgebildet.

• Die **repräsentative Demokratie**, z. B. Deutschlands (siehe Abschnitt 11.1.6) und Großbritanniens: Politische Parteien werben um die Gunst der Wähler und sind durch ihre Repräsentanten in den Parlamenten vertreten. Dort bilden sie Koalitionen, um die Regierung bzw. den Regierungschef zu wählen und Gesetze zu verabschieden. Direkte Volksentscheidungen sind in der Verfassung nicht vorgesehen, finden sich aber in einigen Landesverfassungen.

• Die **direkte Demokratie** zeichnet sich dadurch aus, dass politische Entscheidungen nicht indirekt von gewählten Vertretern in Parlamenten, sondern durch Abstimmungen des Volkes direkt getroffen werden. Bereits im Athen des fünften und sechsten Jahrhunderts vor Chr. („Attische Demokratie") herrschte direkte Demokratie. In modernen Staaten gibt es sie dagegen als Regierungsform nicht mehr. Das liegt daran, dass viele höchst komplizierte Themen von der großen Masse der Bevölkerung gar nicht beurteilt werden können. Gleichwohl gibt es Bereiche der Politik, die der direkten Demokratie zugänglich sind. So haben zahlreiche Staaten (z. B. Frankreich, Niederlande, nicht aber Deutschland) das Volk über die Verfassung für die Europäische Union abstimmen lassen („Referendum").

• Die **Präsidialdemokratie** existiert z. B. in den USA. Kennzeichen ist die strikte Trennung von Regierung und Parlament. Der Präsident wird direkt vom Volk gewählt, ist Regierungschef und Staatsoberhaupt in einer Person und darf nicht Mitglied des Parlaments sein. Um Gesetze durchzubringen ist er auf wechselnde Mehrheiten im Parlament angewiesen, die er durch Verhandlungen und Einflussnahme zusammenbringen muss. Kompromissbereitschaft, Verhandlungsgeschick und die Fähigkeit zum Ausgleich sind angesichts konkurrierender Meinungen wichtige Voraussetzungen für das Funktionieren dieses Systems.

■ Direkte Demokratie: in Deutschland Ländersache

Elemente der direkten Demokratie sind in einigen Verfassungen der Bundesländer, z. B. Bayerns, verankert.

> Existierende direkte Demokratie in **Bayern**:

Antrag auf Zulassung eines Volksbegehrens
25.000 Stimmberechtigte müssen den Antrag unterschreiben.

Volksbegehren
Ist der Antrag erfolgreich, kann ein Gesetzentwurf per Volksbegehren in den Landtag gebracht werden. Hierfür sind ca. 920.000 Unterschriften (10 Prozent der Stimmberechtigten) erforderlich.

Volksentscheid
Der Landtag hat 3 Monate Zeit, um sich mit dem Gesetzentwurf zu befassen. Lehnt der Landtag den Gesetzentwurf ab, dann legt er ihn dem Volk zur Entscheidung vor. Das Volk entscheidet durch Mehrheitsbeschluss innerhalb von 3 Monaten über das Gesetz.

Ein spektakuläres Beispiel direkter Demokratie ist das bayerische **Volksbegehren „Für echten Nichtraucherschutz!"**:

- Mai 2009: Mit dem Ziel „für rauchfreie Gaststätten – ohne Ausnahmen" wird das Volksbegehren gestartet.
- Juli 2009: Statt der erforderlichen 25.000 werden rund 40.000 Unterschriften zum Antrag auf Zulassung beim Innenministerium eingereicht – der Antrag hat Erfolg.
- Dezember 2009: Fast 1,3 Millionen Stimmberechtigte (deutlich mehr als 10 Prozent) haben sich in den Rathäusern für den Gesetzentwurf eingetragen. Das Volksbegehren ist gewonnen.
- April 2010: Der bayerische Landtag lehnt den Gesetzentwurf ab.
- Juli 2010: Per Volksentscheid sprechen sich 61 Prozent der Abstimmenden für den Gesetzentwurf aus.
- August 2010: Der Entwurf wird Gesetz.

Demokratie zeichnet sich durch das Mehrheitsprinzip aus. Alle Entscheidungen fallen als Mehrheitsentscheidungen. Dabei dürfen die berechtigten Interessen von Minderheiten nicht unberücksichtigt bleiben.

Demokratie braucht die Gewaltenteilung. Besonders die ausführende Gewalt muss durch Gesetze eingeschränkt und kontrolliert werden.

Demokratie schafft eine Institution, die die Rechtmäßigkeit von Gesetzen überwacht: in Deutschland das Bundesverfassungsgericht.

Demokratie setzt voraus, dass die freie öffentliche Meinungsäußerung gewährleistet ist. In vielen Staaten, die sich „demokratisch" nennen, ist dies nicht der Fall (gewesen). Ein Beispiel hierfür war die DDR.

Demokratische Staatsformen sind weltweit unterschiedlich organisiert, in ihren Grundsätzen jedoch gleich.

Demokratie ist nicht selbstverständlich. Auch in einer funktionierenden Demokratie müssen Gefahren für das System beobachtet werden.

Mehr direkte Demokratie: Pro und Kontra

Für mehr direkte Demokratie	Gegen mehr direkte Demokratie
• Eine repräsentative Demokratie wird durch mehr Bürgerbeteiligung nicht ausgehöhlt, sondern nur ergänzt und damit verbessert. • Volksabstimmungen können Abgeordnete zwingen, sich mit Problemen zu befassen, die der Bevölkerung wichtig sind. • Durch sachliche Information und ausreichende Diskussionszeit können Manipulationen und „Bauchabstimmungen" verhindert werden. • Das Interesse an der Politik und der Informationsgrad der Bevölkerung kann durch direkte Demokratie erhöht werden.	• Mehr direkte Demokratie höhlt die Entscheidungsbefugnis der gewählten Parlamentarier aus. Da sie wiedergewählt werden wollen, steht nicht zu befürchten, dass sie gegen den Wählerwillen entscheiden. • Es ist der Wirklichkeit nicht angemessen, über komplizierte Sachverhalte durch „Ja-oder-Nein-Abstimmungen" entscheiden zu lassen. • Einflussreiche, gut organisierte Minderheiten können ihre Interessen wirkungsvoller durchsetzen als „einfache Bürger". • Die Väter des Grundgesetzes haben sich mit Blick auf die Erfahrungen der Weimarer Republik gegen mehr direkte Demokratie entschieden.

(1) Stellen Sie die drei Formen der Demokratie in einer dreispaltigen Tabelle gegenüber.

(2) Stellen Sie in einer weiteren Spalte dieser Tabelle Ihre Bewertung der drei Formen von Demokratie dar.

(3) Bayern ist auf Landes-, aber auch auf Gemeindeebene ein „Vorreiter" für Elemente direkter Demokratie in Deutschland. Informieren Sie sich über ein zweites spektakuläres Volksbegehren, "Nein zu Studienbeiträgen in Bayern", und berichten Sie hierüber in der Klasse.

11.3.2 Parteien der repräsentativen Demokratie

Parteien im Bundestag:

■ **Aufgaben und Stellung der Parteien in Deutschland**

Jeder kann Mitglied in einer Partei werden, so auf die Politik **Einfluss nehmen** und eine politische Richtung unterstützen. Parteien spielen in unserer Demokratie eine wichtige Rolle. Ohne sie ließen sich die Interessen in einer **Massendemokratie** nicht wirksam organisieren und verfolgen. Ohne Parteien wäre eine repräsentative Demokratie nicht möglich.

Parteien	Beispiel:
bündeln politische Ansichten und Interessen und bringen sie in die Parlamente. Weil sich so die große Mehrheit der Bürger im Parlament vertreten fühlt, stärkt dies die Demokratie.	Liberale finden ihre Heimat in der FDP, Konservative bei CDU/CSU.
stellen Kandidaten für Wahlen auf und ermöglichen so die „Personalisierung" der Politik.	Bei Kommunal-, Landtags-, Bundestags- und Europawahlen stellen die Parteien für jeden Wahlkreis einen Kandidaten auf.
bieten Bürgern Möglichkeiten zur politischen Mitarbeit.	Jeder kann der Partei seiner Wahl beitreten. Er findet dort ein Umfeld vor, das ihm die Verwirklichung seiner politischen Ideen erleichtert.
bereiten Mitglieder in ihren Organisationen über Jahre auf die Übernahme politischer Verantwortung vor.	Horst Seehofer trat bereits 1969 der Jungen Union bei, war zudem Vorsitzender der Arbeitnehmer-Union in der CSU (CSA).
nehmen Einfluss auf die öffentliche Meinung.	Verbreitung der Parteimeinung in Wahlprogrammen, Diskussionsrunden, Fernsehinterviews, Wahlkampfspots, Internet-Angeboten.

Die Parteien sind durch das Grundgesetz besonders geschützt.

konservativ
am Hergebrachten festhaltend

liberal
freiheitlich

Die innere Organisation von Parteien nach dem Parteiengesetz
Jede Partei hat eine Satzung und ein Parteiprogramm. Die Beschlüsse der oberen Gremien sind für die unteren Gremien verbindlich.
Die Mitglieder- und Delegiertenversammlungen (Parteitage) sind die obersten Beschlussgremien. Hier werden Vorstände und Kommissionen gewählt und grundsätzliche Beschlüsse zur Politik der Partei gefasst.

> **Artikel 21 GG**
>
> **(1)** Die Parteien wirken bei der politischen Willensbildung des Volkes mit. Ihre Gründung ist frei. Ihre innere Ordnung muss demokratischen Grundsätzen entsprechen. Sie müssen über die Herkunft und Verwendung ihrer Mittel sowie über ihr Vermögen öffentlich Rechenschaft geben.
>
> **(2)** Parteien, die nach ihren Zielen oder nach dem Verhalten ihrer Anhänger darauf ausgehen, die freiheitliche demokratische Grundordnung zu beeinträchtigen oder zu beseitigen oder den Bestand der Bundesrepublik Deutschland zu gefährden, sind verfassungswidrig. Über die Frage der Verfassungswidrigkeit entscheidet das Bundesverfassungsgericht.

Eine Partei muss über einen längeren Zeitraum politisch aktiv sein und die Absicht haben, im Bundesparlament oder in einem Landesparlament vertreten zu sein. Keine Parteien sind z. B. Wählervereinigungen, die nur auf kommunaler Ebene auftreten. Nimmt eine Partei sechs Jahre nicht an Wahlen teil, verliert sie den Status einer Partei.

Jeder kann eine Partei gründen, wenn sie **demokratisch** organisiert ist. Alle Parteien sollen gleiche Chancen haben. Eine unterschiedliche Behandlung von großen und kleinen Parteien ist unzulässig, z. B. bei der Zuteilung von Sendezeiten in öffentlichen Medien oder der öffentlichen Raumvergabe für Veranstaltungen.

Parteien verkörpern politische Richtungen

Seit den 1870er-Jahren (1871 entstand das Deutsche Kaiserreich) sind die Parteien ein Abbild politischer Meinungen. Die politischen **Lager** werden auch nach Richtungen benannt: Am rechten Rand buhlen deutsch-nationale Parteien wie die NPD um Wählerstimmen, ganz links finden sich kommunistische Parteien wie die DKP.

Während diese Parteien in der jüngeren Geschichte von den Wählern kaum Chancen erhielten, ihr extremes Gedankengut politisch umzusetzen, etablierten sich Parteien der Mitte sowie rechts und links von ihr: christlich-konservative Parteien (CDU, CSU), Liberale (FDP), Sozialdemokraten (SPD), Umweltorientierte (Grüne) und Sozialisten (Die Linke).

Die großen **Volksparteien** (CDU/CSU, SPD) konnten bei Wahlen jahrzehntelang mit Stimmanteilen von mindestens 40 Prozent rechnen, sind jedoch in den letzten Jahren „eingebrochen" – eine Entwicklung, die auch unter dem Stichwort „**Parteienverdrossenheit**" (siehe hierzu Abschnitt 11.4.1) diskutiert wird. CDU und CSU konnten diese Entwicklung bei den Wahlen im Herbst 2013 jedoch vorerst stoppen.

Unterschiedliche Parteipositionen
... zur Gesetzesänderung, wonach Terrorverdächtigen nach dem Reisepass auch der Personalausweis entzogen werden kann, um Reisen in Kampfgebiete zu verhindern. Einen Ersatzausweis mit entsprechendem Sperrvermerk sollen Betroffene selbst finanzieren.

CDU/CSU	SPD	Die Linke	Bündnis 90/ Grüne
„Die Möglichkeit, Dschihadisten künftig bis zu drei Jahre den Personalausweis zu entziehen, ist (…) ein wesentliches Element im Kampf gegen die Ausbreitung des Extremismus in Syrien und im Nordirak und für die innere Sicherheit in Deutschland." *(CSU-Bundestagsabgeordneter Michael Frieser)*	„Die SPD-Bundestagsfraktion will die Terrorismusbekämpfung (…) verbessern und die freiheitlich-demokratische Grundordnung mit allen rechtsstaatlichen Mitteln (…) verteidigen. Dazu gehört, Reisen von Personen, die die (…) Sicherheit (…) gefährden, zu verhindern." *(www.spdfraktion. de, eingesehen 29.01.2015)*	„Nach den Plänen der Bundesregierung sollen die Sicherheitsbehörden ohne richterliche Anordnung den Entzug eines Personalausweises (…) anordnen können. Ein Richtervorbehalt wäre aus rechtsstaatlicher Sicht das mindeste, allerdings ist generell fraglich, ob dieser Eingriff verhältnismäßig ist." *(Linken-Abgeordnete Ulla Jelpke)*	„Die Bundesregierung betreibt in dieser Frage Symbolpolitik, statt ihre Hausaufgaben bei der Intensivierung der Ausreisekontrollen zu machen. Der „Terroristen-Perso" löst keines der Probleme der aktuellen Terrorgefahr." *(Grünen-Abgeordnete Irene Mihalic)*

Parteien brauchen Geld – die Parteienfinanzierung

Ursprünglich sollten die Parteien sich ausschließlich über private Mittel aus Mitgliedsbeiträgen, Spenden und Einnahmen aus Vermögen finanzieren. Steigende Kosten führten jedoch schrittweise zu einer verstärkten **Wahlkampfkostenerstattung** und schließlich zur heutigen Parteienfinanzierung aus staatlichen Mitteln.

Das Grundgesetz und das nach verschiedenen Spendenaffären verschärfte **Parteiengesetz** fordern von den Parteien, über ihr Vermögen, ihre Mittel und deren Herkunft jährlich Rechenschaft abzulegen. Dadurch soll verhindert werden, dass anonyme Geldgeber die Politik der Parteien zu stark beeinflussen. Der Bericht wird dem Bundestagspräsidenten zugeleitet, der seinerseits dem Bundestag Bericht erstattet.

Die bisher wohl spektakulärste Parteispendenaffäre der Bundesrepublik betraf die CDU: Nachdem in den 1990er-Jahren unter der Verantwortung des damaligen Parteichefs und Kanzlers Helmut Kohl private Spenden in Millionenhöhe nicht korrekt verbucht worden waren, verhängte Bundestagspräsident Wolfgang Thierse im Jahr 2000 eine Strafe von 41,3 Millionen D-Mark (rund 21 Millionen Euro) gegen die Partei. Im Jahr 2002 bestätigte das Oberverwaltungsgericht Berlin diese Sanktion.

① Erläutern Sie, warum Parteien über die Wahlen hinaus ein wichtiger Bestandteil der politischen Ordnung sind.

② Listen Sie auf, unter welchen Bedingungen es möglich ist, eine Partei zu gründen.

③ Recherchieren Sie zur Höhe und Verteilung staatlicher Zuschüsse bei der Parteienfinanzierung. Listen Sie auf.

11.3.3 Abgeordnete – die Repräsentanten der deutschen Demokratie

■ Der Begriff „Bundestagsabgeordneter"

Abgeordnete des Bundestages sind nach dem Grundgesetz **Vertreter des ganzen Volkes,** an Aufträge und Weisungen nicht gebunden. Sie besitzen ein freies, kein sogenanntes „imperatives Mandat" und sind nur ihrem Gewissen verantwortlich. Ein Zwang, sich dem Abstimmungsverhalten der eigenen Fraktion unterzuordnen (Fraktionszwang), besteht nicht. Allerdings unterliegen Abgeordnete der sogenannten Fraktionsdisziplin (siehe bereits Abschnitt 11.2.5).

Als demokratisch gewählte **Repräsentanten** des Volkes gilt ihr Mandat für die gesamte Wahlperiode. Weder durch Wählerwillen noch durch Konflikte mit der eigenen Fraktion kann dieses Mandat angetastet werden. Selbst wenn ein Abgeordneter aus seiner Partei oder Fraktion ausgeschlossen wird, bleibt er als Fraktionsloser im Bundestag – vor Ende der Wahlperiode (vier Jahre) kann das Mandat also nur durch den Abgeordneten selbst freiwillig aufgegeben werden. Die Abkürzung **„MdB"** steht für „Mitglied des Bundestages".

■ Funktionen und Rechte von Abgeordneten

Die wichtigsten **Funktionen** der Bundestagsabgeordneten sind bereits in vorherigen Abschnitten angesprochen worden:

- Abgeordnete beraten und beschließen Gesetze oder lehnen sie ab, bestimmen zudem über den Bundeshaushalt und Auslandseinsätze der Bundeswehr.

- Abgeordnete wählen den Bundeskanzler und können per „konstruktivem Misstrauensvotum" den Bundeskanzler stürzen.

- Abgeordnete wählen als eine Hälfte der Bundesversammlung den Bundespräsidenten.

- Abgeordnete bestimmen in einem Wahlausschuss die Hälfte der Bundesrichter.

Das freie Mandat soll gewährleisten, dass sich die Abgeordneten voll auf ihre Aufgabe als Repräsentanten des Volkes konzentrieren können. Um dies und die Funktionsfähigkeit des Parlamentes zu sichern, werden dem „MdB" in Grundgesetz und Abgeordnetengesetz (AbgG) eine Reihe von **Privilegien** (besondere Rechte) zugesprochen:

Mandat
der dem Abgeordneten durch die Wahl erteilte Auftrag

imperatives Mandat
Mandat, das an einen bestimmten Auftrag des Wählers oder der Partei

verleumden
wider besseres Wissen in Beziehung auf einen anderen eine unwahre Tatsache behaupten und diesen dadurch herabwürdigen

Privilegien der Bundestagsabgeordneten
Immunität (Art. 46 GG): Wegen einer mit Strafe bedrohten Handlung darf ein Abgeordneter grundsätzlich nur mit Genehmigung des Bundestages zur Verantwortung gezogen oder verhaftet werden.
Indemnität (Art. 46 GG): Ein Abgeordneter kann wegen Äußerungen oder Abstimmungen im Bundestag oder in den Ausschüssen nicht gerichtlich oder beruflich belangt werden. Ausnahmen bilden verleumderische Beleidigungen.
Zeugnisverweigerungsrecht (Art. 47 GG): Der Abgeordnete darf in einem Strafverfahren über Sachverhalte, die ihm im Rahmen seiner Arbeit anvertraut wurden, und über Personen, die ihn informieren, die Aussage verweigern.
Kündigungsschutz (§ 2 AbgG): Mit Beginn der Aufstellung als Kandidat für die Bundestagswahl bis ein Jahr nach Ende des Mandats genießt der Abgeordnete in seinem Beruf Kündigungsschutz.
Wahlvorbereitungsurlaub (§ 3 AbgG): Der Kandidat kann vor dem Wahltag von seinem Arbeitgeber die Gewährung von bis zu zwei Monaten unbezahlten Sonderurlaubs verlangen.

■ Wie wird man MdB?

Es gibt zwei Wege in den Bundestag: Entweder der Bewerber erhält eine günstige Platzierung auf der **Landesliste** seiner Partei und rutscht dann – je nach Ergebnis der Partei – automatisch hinein. Oder er wird zum **Wahlkreiskandidaten** seiner Partei ernannt. Dann wird er MdB, wenn er mehr „Erststimmen" in seinem Wahlkreis erhält als seine Konkurrenten der anderen Parteien. Zum Wahlrecht siehe Abschnitt 11.3.5.

■ Was macht ein MdB?

Die Arbeit von Abgeordneten ist vielfältig. Sie sollen engen **Kontakt mit den Bürgern** halten und auch die Meinungen einzelner Bevölkerungsgruppen im Parlament einbringen. Neben der Arbeit im Parlament mit ihren **Sitzungen** in **Fraktion**, **Ausschüssen** und **Arbeitsgruppen** müssen Abgeordnete deshalb auch in ihrem Wahlkreis sehr aktiv sein. Die Abgeordneten sind Ansprechpartner für Menschen mit völlig unterschiedlichen Anliegen. Man wird den Abgeordneten also nicht gerecht, wenn man ihr Arbeitspensum nach dem halbleeren Sitzungssaal bei mancher Parlamentsdebatte beurteilt.

So könnten zwei Tage im Terminkalender eines bayerischen MdB aussehen:

Diäten
Bei der Beurteilung der Frage, ob die zum 1. Januar 2015 von 8.667 auf 9.082 Euro angehobene Abgeordnetenentschädigung (Diäten) in der Höhe angemessen ist, kann ein Blick auf das Bruttoeinkommen anderer Berufsgruppen hilfreich sein.

KW 47	Montag, 17. November	Dienstag, 18. November
07:00		
	Post erledigen	Wahlkreisbüro anrufen / Post
08:00		
	Fraktionssitzung vorbereiten	
09:00		bis ca. 12 Uhr: Sitzung des Innenausschusses
	Arbeitsgruppe Inneres (bis 11.30 Uhr)	
10:00		
11:00		
	Mittag	
12:00	Deutsch-Polnische Parlamentariergruppe bis 13.30 Uhr	Mittagspause
13:00		Fragestunde im Bundestag bis 14 Uhr
14:00	Fraktionssitzung bis ca. 16 Uhr	Mitarbeiterbesprechung
15:00		
16:00		Pressegespräch mit Vertretern mehrerer
	Interview mit dem Bayerischen Rundfunk	überregionaler Zeitungen
17:00		
18:00	Treffen mit Vertretern des Max-Planck-Instituts in der bayerischen Landesvertretung	Rede schreiben für die Parlamentsdebatte am Donnerstag

Zum Vergleich: Wer was verdiente
Durchschnittliche Brutto-Monatsgehälter in Euro 2014 inkl. Sonderzahlungen, Prämien, Boni

Geschäftsführer/in	11.318
Kaufmännischer Leiter/in	9.435
Oberarzt/Oberärztin	8.401
Filialleiter/in (Bank)	6.952
Fondsmanager/in	6.105
Unternehmensberater/in	5.266
Rechtsanwalt/Rechtsanwältin	4.547
Lehrer/in (öffentliche Schule)	4.032
Automobilverkäufer/in	3.046
Elektroniker/in	2.880
Erzieher/in	2.500
Kfz-Mechatroniker/in	2.414
Altenpfleger/in	2.168

Quelle: focus.de, 04.12.2014

① Finden Sie heraus, welche Abgeordneten Ihren Wahlkreis im Bundestag vertreten. Wer ist der in Ihrem Wahlkreis direkt gewählte Bundestagsabgeordnete?

② Listen Sie Gründe auf, warum ein Abgeordneter möglichst unabhängig arbeiten können sollte.

③ Stellen Sie Kriterien für eine angemessene Bezahlung der Bundestagsabgeordneten auf und diskutieren Sie in einer Pro- und Kontra-Diskussion die Diäten der Bundestagsabgeordneten.

11.3.4 Freie Wahlen – Markenzeichen der Demokratie

Gewählt wird ständig
Die 18-jährige Karolin aus dem Städtchen Zwiesel im Bayerischen Wald kann in den nächsten Jahren die Zusammensetzung von nicht weniger als sechs Volksvertretungen durch ihre Stimme beeinflussen: den Zwieseler Stadtrat, den Kreistag des Landkreises Regen, den Bezirkstag von Niederbayern, den bayerischen Landtag, den Bundestag und das Europaparlament.

Demokratisch gewählt werden aber auch Schulsprecher, Vereinsvorstände oder Pfarrgemeinderäte.

legitim
gesetzlich anerkannt, begründet

■ Ohne Wahlen ist Demokratie unvorstellbar

Ohne Wahlen gäbe es keine Demokratie. Für die Dauer einer Wahlperiode muss die Regierung durch das Wahlverhalten der Bevölkerung legitimiert sein, die den regierenden Parteien mit ihren Stimmen die **Mehrheit** verschafft hat. In einer repräsentativen Demokratie wie Deutschland beinhalten Wahlen zudem den Grundsatz der **Repräsentation:** Der wahlberechtigte Bürger überträgt durch die Wahl die Vertretung seines politischen Willens auf Personen, die sich mit einem bestimmten politischen Programm zur Wahl stellen.

■ Grundsätze demokratischer Wahlen

Demokratische Wahlen folgen von Staat zu Staat – innerhalb Deutschlands von Bundesland zu Bundesland – mehr oder weniger unterschiedlichen Regeln. Das Grundgesetz sieht indes fünf **Wahlgrundsätze** vor, die für alle politischen Wahlen in Deutschland prägend sind und gegen die auf keinen Fall verstoßen werden darf:

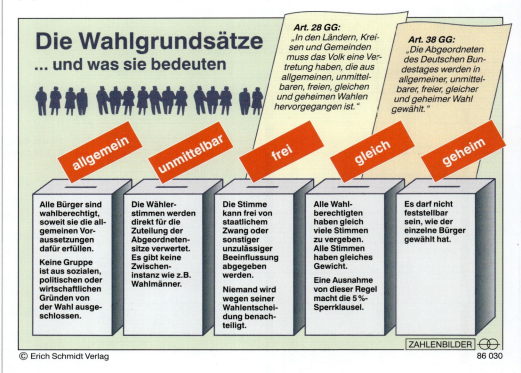

Die Wahlgrundsätze
... und was sie bedeuten

Art. 28 GG:
„In den Ländern, Kreisen und Gemeinden muss das Volk eine Vertretung haben, die aus allgemeinen, unmittelbaren, freien, gleichen und geheimen Wahlen hervorgegangen ist."

Art. 38 GG:
„Die Abgeordneten des Deutschen Bundestages werden in allgemeiner, unmittelbarer, freier, gleicher und geheimer Wahl gewählt."

allgemein — **unmittelbar** — **frei** — **gleich** — **geheim**

Alle Bürger sind wahlberechtigt, soweit sie die allgemeinen Voraussetzungen dafür erfüllen.

Keine Gruppe ist aus sozialen, politischen oder wirtschaftlichen Gründen von der Wahl ausgeschlossen.

Die Wählerstimmen werden direkt für die Zuteilung der Abgeordnetensitze verwertet. Es gibt keine Zwischeninstanz wie z.B. Wahlmänner.

Die Stimme kann frei von staatlichem Zwang oder sonstiger unzulässiger Beeinflussung abgegeben werden.

Niemand wird wegen seiner Wahlentscheidung benachteiligt.

Alle Wahlberechtigten haben gleich viele Stimmen zu vergeben. Alle Stimmen haben gleiches Gewicht. Eine Ausnahme von dieser Regel macht die 5%-Sperrklausel.

Es darf nicht feststellbar sein, wie der einzelne Bürger gewählt hat.

ZAHLENBILDER

© Erich Schmidt Verlag

86 030

Mehrheitswahlen
werden z.B. in den USA, Großbritannien und Frankreich durchgeführt.

Verhältniswahlen
gibt es u.a. in Deutschland, Italien, Spanien und Österreich.

■ Mehrheitswahl und Verhältniswahl

In der Demokratie gibt es das Verhältniswahlsystem und das Mehrheitswahlsystem. Beim **Verhältniswahlsystem** werden Parteien gewählt oder – genauer – Kandidatenlisten, die auf Parteitagen erstellt wurden. Bei der Wahlauswertung (Stimmenzählung) wird ermittelt, wie viele Stimmen die jeweilige Partei erhalten hat. Die Summe der Stimmen ist dann die Grundlage für die Berechnung der Sitze im Parlament. Der Prozentsatz, der im Fernsehen gezeigt wird, erlaubt nur eine recht genaue Vorhersage der endgültigen Sitzverteilung.

Da die Parteien schon vor der Wahl über die Reihenfolge der Listenplätze ihrer Kandidaten entscheiden, steht großenteils bereits fest, welche Politiker in das Parlament gewählt werden. Nur die Anzahl der von den Listen einer Partei Gewählten kann durch die Wahl beeinflusst werden. Natürlich kann auch eine Partei aus dem Parlament „herausgewählt" werden.

Beim **Mehrheitswahlsystem** entscheidet die einfache Stimmenmehrheit die Wahl. Das gesamte Wahlgebiet wird in eine genau festgelegte Anzahl von **Wahlkreisen** unterteilt. Diese Anzahl entspricht der Anzahl der zu besetzenden Parlamentssitze. In jedem Wahlkreis stellen sich mehrere **Kandidaten** zur Wahl. Gewählt ist derjenige, der die meisten Stimmen auf sich vereinigt. Diese Person vertritt dann den Wahlkreis als Abgeordneter.

Vor- und Nachteile der Wahlsysteme

Die Verhältniswahl	Die Mehrheitswahl
führt zu Parteienzersplitterung	erleichtert den Machtwechsel, da geringe Änderungen im Wählerverhalten große Auswirkungen haben können
gibt „neuen" Parteien bessere Chancen	ergibt eine stabile Regierungsmehrheit
gewährleistet eine angemessene Vertretung unterschiedlicher Parteien	lässt eine stärkere Bindung der Abgeordneten zum Wähler entstehen
hat eine bessere Repräsentation der Wählerinteressen zur Folge	repräsentiert die Interessen der Gesamtwähler nicht angemessen
zwingt oft zu Mehrparteienkoalitionen	lässt Neulingen und kleineren Parteien nur geringe Chancen
ergibt eine schwächere Bindung zwischen Abgeordneten und Wählern	lässt das Interesse an den Wahlen möglicherweise zurückgehen
kann unsichere Mehrheiten zur Folge haben	bestärkt die Tendenz zum Zwei-Parteien-System

In Deutschland gilt zwar das Verhältniswahlsystem. Es sind jedoch auch Elemente des Mehrheitswahlsystems eingebaut, sodass ein sogenanntes „personalisiertes Verhältniswahlsystem" besteht (siehe hierzu Abschnitt 11.3.5).

■ Wahlkampf

Im Wahlkampf werben die Parteien um die Gunst der Wähler. Ziel ist, eine möglichst breite Zustimmung zu gewinnen, um am Wahltag möglichst viele Stimmen zu erhalten. Für den Wahlkampf werden von den Parteien spezielle Teams gebildet, die oft monatelang die Wahlkampfaktionen vorbereiten und durchführen. Die Wahlkampfaktivitäten der Parteien sind vielfältig: Informationsstände in der Fußgängerzone, Postwurfsendungen, Plakatierungen, Hausbesuche, Telefonmarketing, Fernseh- und Radiospots, Großveranstaltungen, Zeitungsverteilung an U- und S-Bahnen, Talkshows usw.

In früheren Zeiten wählten viele Menschen immer wieder dieselben Parteien, die sich somit auf ihre **Stammwähler** verlassen konnten. Die letzten Jahre sind aber sehr stark durch eine Abkehr von traditionellem Wählerverhalten geprägt. Statt sich an eine Partei zu binden, entscheiden Wähler vielfach „aus dem Bauch" heraus. Entsprechend intensiv wird die große Zahl dieser **Wechselwähler** im Wahlkampf umworben.

Beispiel:
Das Mehrheitswahlsystem schadet den „kleinen" Parteien, da sie höchst selten einmal in einem Wahlkreis stärkste Partei werden.
Bei der Bundestagswahl 2009 erreichte die FDP 14,6 Prozent der Stimmen und damit 93 Parlamentssitze. Da sie indes in keinem einzigen Wahlkreis den Sieger stellte und damit kein sogenanntes Direktmandat gewann, wäre sie nach dem Mehrheitswahlsystem gar nicht im Bundestag vertreten gewesen.

In Staaten mit einem Mehrheitswahlsystem gibt es deshalb häufig nur zwei Parteien, die von Bedeutung sind. In den USA sind dies **Demokraten** und **Republikaner**.

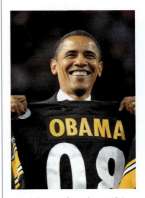

Wahlkampf in den USA

① Begründen Sie, warum es wichtig ist, dass Wahlen geheim sein müssen.

② Wie kann sichergestellt werden, dass Wahlen nach den demokratischen Grundsätzen, z. B. frei und geheim, verlaufen? Erstellen Sie dazu Vorschriften für die Wahlhelfer im Wahllokal.

③ Erklären Sie knapp in eigenen Worten:
a) Warum entsteht bei der Verhältniswahl oft der Zwang zu Mehrparteienkoalitionen?
b) Warum bestärkt die Mehrheitswahl die Tendenz zum Zwei-Parteien-System?

11.3.5 Wahlsystem in Deutschland

CSU? SPD? Grüne? Linke? FDP?

WAHL-KABINE

■ Wahlberechtigung und Wählbarkeit

Das Recht, an den Wahlen zum Bundestag teilzunehmen, steht nicht der gesamten Bevölkerung Deutschlands zu. Ausgenommen sind zum einen Kinder und Jugendliche, zum anderen Personen, die nicht die deutsche Staatsangehörigkeit besitzen. Es sind

WAHLBERECHTIGT, also berechtigt, ihre Stimme bei der Bundestagswahl abzugeben (aktiv wahlberechtigt): alle **Deutschen**, die am Wahltag mindestens **18 Jahre** alt sind und seit mindestens 3 Monaten ihren **Wohnsitz** oder gewöhnlichen Aufenthalt in Deutschland haben (§ 12 Bundeswahlgesetz).

WÄHLBAR, also berechtigt, sich als Kandidaten in den Bundestag wählen zu lassen (passiv wahlberechtigt): alle **Deutschen**, die am Wahltag mindestens **18 Jahre** alt sind (§ 15 Bundeswahlgesetz).

Stimmensplitting
Die Wähler haben die Möglichkeit, parteipolitisch mit der Erst- und Zweitstimme unterschiedlich zu votieren. Zum Beispiel kann Erstwählerin Karolin aus Zwiesel mit der Erststimme in ihrem Wahlkreis Straubing den Kandidaten der SPD, mit der Zweitstimme aber die Landesliste der CSU oder jede andere zur Auswahl stehende Partei wählen.

■ Die Bundestagswahl – eine personalisierte Verhältniswahl

Die Bundestagswahl ist eine sogenannte „personalisierte Verhältniswahl". Die parteipolitische Zusammensetzung des Bundestages richtet sich nach dem Verhältniswahlsystem. Wer aber für die Parteien ins Parlament einzieht, richtet sich zur Hälfte nach dem Mehrheitswahlsystem.

Jeder Wahlberechtigte hat bei der Bundestagswahl zwei Stimmen. Entscheidend ist dabei die **Zweitstimme**, die die Bundestagswahl als **Verhältniswahl** kennzeichnet. Mit ihr entscheidet der Wähler über die Anteile der Parteien an der Sitzverteilung im Parlament. Für jede Partei wird deutschlandweit der Anteil der Zweitstimmen in Prozentanteilen ermittelt und dann nach einem komplizierten Rechenverfahren in Parlamentssitze umgewandelt. Wer stärkste Partei im Bundestag wird, regieren kann und möglicherweise dann auch den Bundeskanzler stellt, wird somit durch die Abgabe der Zweitstimme bestimmt.

Mit der **Erststimme** entscheidet der Wähler darüber, welcher **Kandidat** ihn repräsentieren, also im Bundestag vertreten soll. In 299 Wahlkreisen wird so in **Mehrheitswahl** genau die Hälfte der 598 Bundestagsabgeordneten gewählt. Die Erststimme sorgt also für die „Personalisierung" der Verhältniswahl. Um gewählt zu werden, muss ein Wahlkreiskandidat die „einfache Stimmenmehrheit" erreichen, die absolute Mehrheit (mehr als 50 Prozent) ist nicht erforderlich.

Das Wahlrecht der Bundesrepublik Deutschland

598 Sitze im Bundestag*

Erststimme
für einen Wahlkreiskandidaten oder eine Wahlkreiskandidatin
Relative Mehrheitswahl
Namentliche Wahl von 299 Abgeordneten in 299 Einer-Wahlkreisen. Gewählt ist, wer die einfache Mehrheit der Erststimmen im Wahlkreis auf sich vereinigt.

299 + 299
Abgeordnete

Jeder Wähler, jede Wählerin hat 2 Stimmen

Zweitstimme
für die Landesliste einer Partei
Verhältniswahl
Entscheidet über die Gesamtzahl der Mandate einer Partei im jeweiligen Land. Wahlkreismandate werden darauf angerechnet; die übrigen Sitze gehen an Kandidaten auf der Landesliste.

Die Wahlberechtigten wählen in allgemeiner, unmittelbarer, freier, gleicher und geheimer Wahl

*Durch Überhang- und Ausgleichsmandate kann sich die Gesamtzahl der Sitze erhöhen

ZAHLENBILDER

© Bergmoser + Höller Verlag AG

86 010

Beispiel:
Im Wahlkreis Straubing ist der Kandidat Mayr mit 32 Prozent der Stimmen gewählt, weil seine Konkurrenten lediglich 31 bzw. 30 Prozent der Stimmen erhalten haben.

Besonderheiten des Bundestagswahlrechts

Eine wichtige Besonderheit des Bundestagswahlrechts ist die **Fünfprozentklausel** (Sperrklausel): Eine Partei zieht nur in den Bundestag ein, wenn sie mindestens fünf Prozent der Zweitstimmen erhält. So soll gewährleistet sein, dass der Bundestag nicht durch „Splitterparteien" an wirkungsvoller Arbeitsweise gehindert wird.

Bei der Bundestagswahl im Herbst 2013 scheiterte die FDP mit 4,8 Prozent der Zweitstimmen erstmals in der Geschichte der Bundesrepublik an der Fünfprozenthürde. Da die „Alternative für Deutschland" (AfD) den Einzug in den Bundestag ähnlich knapp verpasste und somit außergewöhnlich viele Stimmen „verfielen", verfehlte der klare Wahlsieger CDU/CSU mit 41,5 % der Zweitstimmen die absolute Mehrheit der Sitze (Mandate) nur knapp.

Als Ausnahme von der Fünfprozentklausel sieht das Bundeswahlgesetz die **Grundmandatsklausel** vor. Danach zieht eine Partei auch dann in den Bundestag ein, wenn sie zwar an der Fünfprozentklausel scheitert, aber mindestens drei Direktmandate gewinnt.

> **Beispiel:** 1994 scheiterte die PDS (Vorgängerpartei der Linken) mit 4,4 Prozent der Wählerstimmen an der Fünfprozentklausel. Da sie jedoch vier Direktmandate gewann, zog sie mit 30 Sitzen in den Bundestag ein.

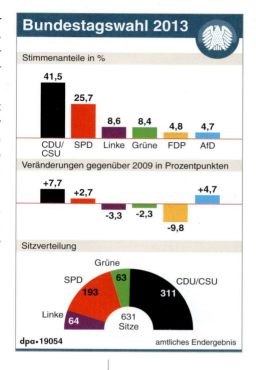

Schließlich kommt es zu **Überhangmandaten**, wenn eine Partei mehr Direktmandate gewinnt, als ihr aufgrund des Ergebnisses der Zweitstimmen zustehen. Bei der Bundestagswahl 2013 entfielen auf die CDU 4 Überhangmandate. Seit 2013 müssen Überhangmandate einer Partei durch Ausgleichsmandate für die übrigen Parteien kompensiert werden – und zwar bis zur völligen Wiederherstellung der sich aus dem Zweitstimmenergebnis ergebenden Sitzverhältnisse. So ergibt sich für die aktuelle Legislaturperiode eine Sitzzahl von 631: Zu den 4 Überhangmandaten kommen 29 Ausgleichsmandate (13 für CDU/CSU, 10 für die SPD, 4 für die Linke, 2 für die Grünen) hinzu.

Landtagswahlen in Bayern

Bei den Wahlen zum Bayerischen Landtag sind 180 Sitze zu vergeben, davon 90 mit der Erststimme in den Stimmkreisen. Von den 90 Stimmkreisen (vergleichbar mit den Wahlkreisen auf Bundesebene) liegen 30 in Oberbayern, jedoch nur 9 in Niederbayern und gar nur je 8 in Oberfranken und der Oberpfalz. Die Wahlperiode dauert fünf Jahre. Besonders zu beachten ist die **absolute Geltung der Fünfprozentklausel:** Ein Direktkandidat, der in einem Stimmkreis gewinnt, zieht dennoch nicht in das **Maximilianeum** ein, wenn seine Partei an der Sperrklausel scheitert. Informationen zur Landtagswahl 2013: siehe folgende Doppelseite.

Kommunalwahlen in Bayern finden alle sechs Jahre statt. Es gibt keine Sperrklausel. Wählbar zum Bürgermeister bzw. Landrat ist, wer 21 Jahre alt ist. Wähler können einem Kandidaten bis zu drei Stimmen geben (kumulieren) oder Bewerber verschiedener Listen wählen (panaschieren).

① Erklären Sie die Begriffe „Wählbarkeit", „Sperrklausel" und „Grundmandatsklausel" knapp in eigenen Worten.

② Erläutern Sie, warum die kleinen Parteien besonders intensiv um Zweitstimmen werben.

③ Eine Partei, die drei Direktmandate gewinnt, aber nur 2,5 Prozent der Zweitstimmen erhält, zieht mit 18 Sitzen in den Bundestag ein. Eine Partei, die 4,9 Prozent der Zweitstimmen erhält, aber kein Direktmandat erzielt, erhält keinen Sitz. Finden Sie diese Konsequenzen von Sperrklausel und Grundmandatsklausel gerecht? Argumentieren Sie.

11.3.6 Methode: Was man mit Grafiken darstellen kann

Landtagswahlen in Bayern
Stimmenanteile in %

■ Grafische Darstellungen veranschaulichen Informationen

Grafische Darstellungen werden immer beliebter, um schwierige Zusammenhänge anschaulich und somit besser verständlich zu machen. Nicht nur Zahlenkolonnen aus Tabellen lassen sich in Diagrammen übersichtlicher abbilden, auch politische oder wirtschaftliche Abläufe können mithilfe von Schaubildern illustriert werden.

■ Diagramme

In **Diagrammen** werden statistische Tabellenwerte grafisch dargestellt. Diagramme sind anschaulicher als Tabellen und erleichtern dadurch das Verständnis.

1. Kurven- bzw. Liniendiagramme

Wenn über längere Zeitabschnitte bestimmte sich verändernde Entwicklungen oder Werte dargestellt werden sollen, empfiehlt sich ein Liniendiagramm. Beispiele sind die Arbeitslosenstatistik, der Preisanstieg, die Bundestagswahlergebnisse oder (wie im Beispiel links oben) die Resultate von Landtagswahlen nach den Werten der Tabelle.

2. Balken- bzw. Säulendiagramme

Wenn mehrere Ergebnisse miteinander verglichen werden sollen oder wenn die Ergebnisse mehrerer Zeitabschnitte gegenübergestellt werden sollen, bieten sich Balken- bzw. Säulendiagramme an. Ein Beispiel sind Stimmenverluste und -gewinne der Parteien bei Wahlen, hier dargestellt anhand des Vergleichs der bayerischen Landtagswahlen 2008 und 2013 nach den Werten der obigen Tabelle (die dort nicht erwähnten, grau dargestellten „sonstigen" Parteien erhöhten ihre Stimmanteile von 10,4 auf 10,8 %).

Stimmen in %	1986	1990	1994	1998	2003	2008	2013
CSU	55,8	54,9	52,8	52,9	60,7	43,4	47,7
SPD	27,5	26,0	30,0	28,7	19,6	18,6	20,6
Grüne	7,5	6,4	6,1	5,7	7,7	9,4	8,6
FDP	3,8	5,2	2,8	1,7	2,6	8,0	3,3
Freie Wähler	–	–	–	3,7	4,0	10,2	9,0

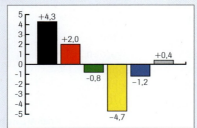

3. Kreisdiagramme

Zur Darstellung prozentualer Verteilungen – wie etwa bei der Wiedergabe von Wahlergebnissen – sind Kreisdiagramme geeignet. Als Beispiel (links) dient hier das unterschiedliche Wählerverhalten in einem großstädtischen und einem ländlichen Stimmkreis bei der Landtagswahl in Bayern 2013 nach den Werten der Tabelle unten.

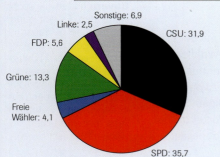

Landtagswahl 2013: Stimmkreis München-Milbertshofen in %

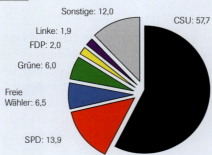

Landtagswahl 2013: Stimmkreis Bamberg-Land in %

Stimmanteile in %	CSU	SPD	Grüne	FW	FDP	Linke	Sonstige
Milbertshofen	31,9	35,7	13,3	4,1	5,6	2,5	6,9
Bamberg-Land	57,7	13,9	6,0	6,5	2,0	1,9	12,0

Die Verfassung des Freistaates Bayern

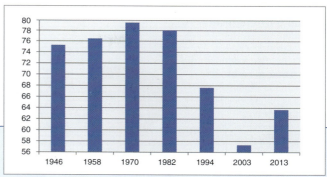

Excel-Grafik: Wahlbeteiligungen bei ausgewählten bayerischen Landtagswahlen seit Ende des Zweiten Weltkrieges (in %)

■ Schaubilder

Politische oder wirtschaftliche Ereignisse sind oft schwer verständlich, wenn sie in einem Aufsatz beschrieben werden. Hier hilft die Darstellung als **Schaubild**. Der Verlauf von Tarifverhandlungen ist ein Beispiel dafür, aber auch der Ablauf von Wahlen, die Funktionsweise des Bundestages oder der Aufbau der bayerischen Verwaltung. Ein weiteres Beispiel ist die Darstellung der durch die Landesverfassung vorgegebenen politischen Institutionen Bayerns (oben links).

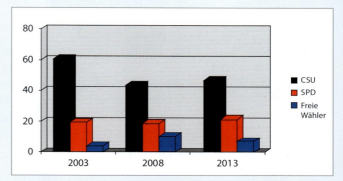

Bayerische Landtagswahlen – Abschneiden ausgesuchter Parteien in % der Stimmanteile (Word-Grafik)

■ Grafische Darstellungen mit dem PC erarbeiten

Suchmaschinen bieten die Funktion „Suche von Bildern". Nach Eingabe von – möglichst sorgfältig ausgewählten – Stichworten findet man nicht nur Fotos, sondern fast immer auch eine Vielzahl von Grafiken zu den verschiedensten Themen. Referate oder PowerPoint-Präsentationen können so anschaulicher gestaltet werden. Hier müssen aber *unbedingt* die Urheberrechte der Autoren beachtet werden.

- Wer Tabellen mit **Excel** erstellt, kann die im Programm vorhandene Funktion nutzen, um aus den Tabellen übersichtliche Diagramme zu erzeugen.
- Auch mit der Software **Word** lassen sich recht einfach anschauliche grafische Darstellungen – z. B. diverse Diagramme – erstellen.
- Das Softwareprogramm **CorelDraw** bietet anspruchsvollere Möglichkeiten, Grafiken zu erstellen.

Das Erstellen von Grafiken ist nicht nur etwas für Computer-Spezialisten. Wer nicht so talentiert ist, kann sich in Handbüchern oder im Internet **Hilfe** holen: z. B. in Suchmaschine „Grafik erstellen" und „Excel" oder „Word" eingeben.

CorelDraw-Grafik zur Entwicklung der Partei-Ergebnisse in den Jahren 2003 bis 2013

Erstellen Sie eine eigene Excel-Grafik zur Wahlbeteiligung – diesmal jedoch auf Grundlage ausgewählter Bundestagswahlen seit 1949. Recherchieren Sie hierfür im Internet.

11.3.7 Keine Demokratie ohne freie Presse

Artikel 5 Grundgesetz
(1) Jeder hat das Recht, seine Meinung in Wort, Schrift und Bild frei zu äußern und zu verbreiten und sich aus allgemein zugänglichen Quellen ungehindert zu unterrichten. Die Pressefreiheit und die Freiheit der Berichterstattung durch Rundfunk und Film werden gewährleistet. Eine Zensur findet nicht statt.

Artikel 111 der Bayerischen Verfassung
(1) Die Presse hat die Aufgabe, im Dienst des demokratischen Gedankens über Vorgänge, Zustände und Einrichtungen und Persönlichkeiten des öffentlichen Lebens wahrheitsgemäß zu berichten.

Massenkommunikation
Presse, Funk und Fernsehen werden als Massenmedien bezeichnet. Sie wenden sich an die breite Masse und präsentieren dem Publikum die neuesten Nachrichten.

Individualkommunikation
Neuere Informationsmöglichkeiten, z. B. das Internet, wenden sich nicht anonym an die Massen. Der einzelne Bürger hat hier, je nach Interessenlage, die Chance, sich zu informieren. So stehen ihm fast alle überregionalen Zeitungen online und zunehmend auch als E-Paper zur Verfügung.

■ **Pressefreiheit: Qualitätsmerkmal der Demokratie**
Die Meinungs-, Informations- und Pressefreiheit ist eine wesentliche Grundlage der Demokratie. Kennzeichen von undemokratischen Staaten ist dagegen, dass regierungskritische Meinungen nicht öffentlich geäußert und in Medien verbreitet werden dürfen. Im Grundgesetz sowie in den Verfassungen und Pressegesetzen der Länder wird diese Freiheit garantiert. Wegen ihrer bedeutenden Rolle werden die **Massenmedien** auch oft als die **„Vierte Gewalt"** bezeichnet.

■ **Presse, Funk und Fernsehen haben fünf wichtige Aufgaben**

- **Information:** Die Menschen wollen sachlich richtig, vollständig und verständlich informiert werden. Die Massenmedien sollen die Menschen in die Lage versetzen, das aktuelle öffentliche Geschehen verfolgen zu können.

- **Mitwirkung bei der Meinungsbildung:** Hier steht die Idee der öffentlichen Diskussion von politischen, wirtschaftlichen und kulturellen Problemen und der Unterbreitung von Lösungsvorschlägen im Zentrum der Aufgabe der Massenmedien. In freier und offener Diskussion sollen die besten Lösungen für anstehende politische Probleme gefunden werden. Die Bürger können sich so umfassend informieren und ihre Meinung bilden.

- **Kontrolle und Kritik:** Neben den Oppositionsparteien im Parlament sollen auch die Medien die wichtige Aufgabe der Kontrolle und Kritik der Regierung übernehmen. Presse, Funk und Fernsehen sollen Missstände aufspüren, darüber berichten, unterschiedliche Sichtweisen zu den Themen darstellen und die Tatsachen kommentieren.

- **Unterhaltung:** Für viele Menschen ist der Unterhaltungswert von Massenmedien sehr wichtig. Umgekehrt wird insbesondere beim Privatfernsehen der Erfolg von Sendungen an den Einschaltquoten gemessen. Die Folge ist dann oftmals, dass gute, kritische und informative Sendungen, die keine hohen Einschaltquoten aufweisen, aus dem Programm gestrichen werden.

- **Bildung:** Die Grenzen von Information, Unterhaltung und Bildung sind vor allem im Fernsehen oft fließend. Eine gut gemachte Sendung über die politischen Zustände in einem Entwicklungsland ist z. B. zugleich politische Information, zum Nachdenken anregende Unterhaltung, ein Beitrag zur Meinungsbildung, fördert aber auch die Bildung selbst.

Wie intensiv der Einzelne die umfangreichen Möglichkeiten der Massenmedien oder beispielsweise des Internets nutzt, hängt ganz wesentlich von den Interessen, den finanziellen und technischen Möglichkeiten, aber auch vom Bildungsniveau ab. Wer sich nicht für Politik interessiert, nichts liest, sieht oder hört, ist selbstverständlich über kurz oder lang nicht mehr informiert. Abhängig ist der Bürger aber auch davon, was die Medien an Informationen anbieten.

In den **Pressegesetzen** der Bundesländer werden die Journalisten zu wahrheitsgemäßer und umfassender Berichterstattung verpflichtet. Die Journalisten sollen Informationsquellen überprüfen und die von ihnen erstellten Nachrichten mit Fakten und Zahlen ergänzen. Sie sind jedoch auch dazu angehalten, gegenteiliges Informationsmaterial auszuwerten und widersprüchliche Nachrichten zu präsentieren.

■ Die tägliche Informationsflut – vom Ereignis zur Nachricht

In den Redaktionen der Zeitungen, Rundfunk- und Fernsehanstalten laufen täglich unzählige Informationen von Nachrichtenagenturen und Pressestellen auf. Die Informationsmengen werden gefiltert, sortiert, bewertet und bearbeitet. Wie umfangreich beispielsweise ein Zeitungsartikel ist, hängt auch von der Qualität der Zeitung ab.

- **Boulevardzeitungen** (wie etwa „Bild" und die in München erscheinenden „Abendzeitung" und „tz") berichten in der Regel in knapper Form über Themen, die bei der Masse der Bürger Interesse erregen. Sie setzen statt auf lange Textbeiträge eher auf große Abbildungen und Überschriften.

- **Seriöse überregionale Zeitungen** (wie „Frankfurter Allgemeine Zeitung" und „Süddeutsche Zeitung") setzen auf umfangreiche Textinformation, gemäßigte Überschriften und eine eher sparsame Bebilderung. So ist genügend Platz vorhanden, um auch komplizierte politische Themen im Sinne der Landespressegesetze zu behandeln. Das Lesen erfordert hier in der Regel mehr Konzentration und Vorwissen als bei einer Boulevardzeitung.

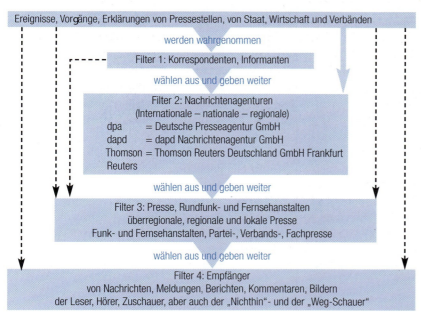

Bayerisches Pressegesetz

Artikel 3 [Rechte und Pflichten der Presse]
(1) Die Presse dient dem demokratischen Gedanken.
(2) Sie hat in Erfüllung dieser Aufgabe die Pflicht zu wahrheitsgemäßer Berichterstattung und das Recht, ungehindert Nachrichten und Informationen einzuholen, zu berichten und Kritik zu üben.

Artikel 4 [Informationsrecht der Presse]
(1) Die Presse hat gegenüber Behörden ein Recht auf Auskunft. Sie kann es nur durch Redakteure oder andere von ihnen genügend ausgewiesene Mitarbeiter von Zeitungen oder Zeitschriften ausüben.

„Bleiwüsten" erschweren das Lesen seriöser Zeitungen. Wer wenig Zeit hat, sich von Schule oder Ausbildung gestresst fühlt, mag mit dem Lesen von Zeitungsseiten mit großen Textanteilen häufig gar nicht erst beginnen. Hilfreich ist es, sich auf Themengebiete zu konzentrieren, die als besonders interessant empfunden werden – und sich dann langsam vorzuarbeiten.

① Nehmen Sie einen ausführlichen und aktuellen Artikel aus einer heimischen Zeitung zur Hand.
  a) Verkürzen Sie den Artikel nun auf die Hälfte und verändern Sie auch die Überschrift.
     Verkürzen Sie den Artikel danach erneut um die Hälfte und verändern Sie wiederum die Überschrift.
  b) Bewerten Sie nun den unterschiedlichen Informationsgehalt der drei Artikel. Was fällt Ihnen auf?

② Listen Sie auf,
  a) aus welchen Informationsquellen Sie sich über Politik und Wirtschaft informieren und
  b) welche Informationsquellen Ihnen insgesamt zur Verfügung stehen.

11.3.8 Gefahren für die Medienfreiheit

■ Wie Meinung „gemacht" werden kann

Was an Informationen in den Zeitungen steht, über den Fernsehschirm flimmert oder aus dem Radio ertönt, entspricht zumeist nicht dem „Original". Redakteure kürzen Texte und Beiträge aus Platzgründen oder verbessern Fehler und Sprache. Während dies ein notwendiger Vorgang ist, sind manche *inhaltlichen* Änderungen Ausdruck einer gefährdeten Medienfreiheit. Im Folgenden finden Sie einige Beispiele für derartige **Manipulationen**.

■ Verantwortliche eines Nachrichtensenders greifen ein

In einer Demokratie garantiert die Freiheit der Presse eine verlässliche Berichterstattung. Aber auch hier unterliegen die Journalisten oft einer **Kontrolle**. Besonders in Krisenzeiten laufen große Nachrichtenagenturen Gefahr, zu sehr die Interessen ihrer Regierung zu beachten. Der wesentliche Unterschied zu undemokratischen Systemen ist jedoch, dass staatliche Stellen keinen direkten Einfluss nehmen.

Entscheidenden Einfluss können aber die Chefs von Nachrichtensendern auf die ihnen vertraglich verpflichteten Reporter nehmen.

Beispiel: Der US-Fernsehsender **CNN** hat ein eigenes System der Skript-Genehmigung. Reporter sind angewiesen, Beiträge vor Veröffentlichung zur Genehmigung vorzulegen.

> Wie dieses [...] System funktioniert, zeigt eine Auseinandersetzung zwischen dem CNN-Reporter Michael Holmes und seinen Chefs in Atlanta. Es ging um eine Reportage über Ambulanzfahrer des Roten Kreuzes in Ramallah, die wiederholt von israelischen Truppen unter Beschuss genommen worden waren. Holmes beschwerte sich: „Wir riskierten unser Leben und begleiteten die Ambulanzfahrer [...] Wir haben auch durch das Fenster mitbekommen, wie Ambulanzen von israelischen Soldaten beschossen wurden [...] Die Reportage wurde genehmigt und lief zwei Mal auf Sendung, bis sie von Rick Davis (einem CNN-Manager) abgesetzt wurde, angeblich weil wir keine Stellungnahme der israelischen Armee dazu hatten. Tatsächlich aber hatten wir in unserer Reportage angegeben, dass die Israelis glaubten, die Palästinenser würden Waffen und gesuchte Männer in den Ambulanzen schmuggeln."
>
> Zuvor hatten sich die Israelis geweigert, CNN ein Interview zu geben. Nur eine schriftliche Stellungnahme lag vor. Diese Stellungnahme wurde dann nachträglich in das CNN-Manuskript eingearbeitet, und trotzdem kam aus Atlanta erneut eine Ablehnung. Erst drei Tage später, nachdem die israelische Armee CNN ein Interview gegeben hatte, lief Holmes' Reportage wieder auf Sendung – aber dann mit dem wahrheitswidrigen Zusatz, dass die Ambulanzen in ein „Kreuzfeuer" verwickelt waren. Suggeriert wurde, dass auch Palästinenser auf ihre Ambulanzen gefeuert hätten. (aus: www.freitag.de/2003/11/03110401.php, Zeitung mit Sitz in Berlin)

■ Medienkonzentration gefährdet Medienvielfalt

Medienfreiheit im Sinne von **Meinungsvielfalt** ist nur in einer vielfältigen Medienlandschaft gesichert. Diese Vielfalt fällt zunehmend der Medienkonzentration zum Opfer. Von **Medienkonzentration** spricht man, wenn immer mehr Verlage und Sender sich in den Händen von immer weniger Eigentümern befinden.

Der Konzentrationsprozess in der Medienbranche hat sich zuletzt verstärkt. Die schwierige wirtschaftliche Lage der Medienbranche fördert den Zusammenschluss von Unternehmen. Der Verlust an Selbstständigkeit führt zu Qualitätseinbußen in der Medienwelt.

■ Geldgeber und Besitzer greifen ein

Zeitungsverlage, Rundfunk- und Fernsehsender, insbesondere **Privatsender**, sind oft wirtschaftlich und finanziell abhängig von den Verkaufszahlen und den Einschaltquoten sowie den Aufträgen für Werbespots und Anzeigen.

Sie haben neben diesen **wirtschaftlichen Interessen** oftmals auch eine politische Ausrichtung, die ihre Besitzer vorgeben. Journalisten sind häufig ganz normale Arbeitnehmer mit Arbeitsvertrag bei einem Verlag oder einem Sender. In den Arbeitsverträgen wird der Journalist in der Regel auf diese politische Ausrichtung verpflichtet werden. Da aber nur durch die Vielfalt an Massenmedien einer einseitigen Meinungsbildung in der Bevölkerung entgegengewirkt werden kann, liegt hier eine weitere Gefahr für die Medienfreiheit.

■ Wie Bilder lügen können

Wie beispielsweise mit Bildern manipuliert werden kann, soll ein Beispiel demonstrieren. Schon immer wurde versucht, mit Bildern Einfluss auf die Sichtweise des Betrachters zu nehmen. So haben etwa im Mittelalter die Maler, die Heiligengemälde als Auftragsarbeiten für Kirchen herstellten, als Vorlage für die Darstellung der Menschen oft die Auftraggeber und deren Familien oder ihre eigenen Familien verwendet.

Mit den Möglichkeiten der **digitalen Bildbearbeitung** ist die Gefahr, dass Bilder verfälscht werden und völlig andere Inhalte zum Ausdruck kommen, noch um ein Vielfaches gestiegen. Einen derartigen Missbrauch zu verhindern ist eine besonders verantwortungsvolle Aufgabe für Journalisten. Das folgende Foto aus dem Irakkrieg zeigt einen irakischen (in der Mitte) und zwei amerikanische Soldaten.

Ein Schnitt entscheidet über die Aussage dieses Bildes. Wenn der rechte Soldat nicht zu sehen ist, erscheint das Foto als ein Dokument der Barbarei, fehlt der linke Soldat, erscheint es als ein Bild der Barmherzigkeit.

Journalisten leben gefährlich
In mehr als der Hälfte der 193 Staaten der Erde ist nach Einschätzung der Organisation „Reporter ohne Grenzen" die Pressefreiheit nicht gewährleistet.

Laut Angaben der Organisation kamen 2014 weltweit 66 Journalisten wegen oder während ihrer Arbeit ums Leben, allein in Syrien waren es 15.

178 Journalisten waren 2014 wegen ihrer Arbeit inhaftiert, darunter 29 in China. 139 mussten aufgrund vor Drohungen, Gewalt oder staatlichen Repressalien ins Ausland flüchten. Besonders besorgniserregend ist die Zunahme der Entführungen auf 119. Damit hat sich diese Zahl im Vergleich zu 2012 mehr als verdreifacht.

Besonders gefährlich war die Arbeit für Berichterstatter 2014 außer in Syrien im Irak, in der Ukraine, in Libyen, Pakistan, Kolumbien sowie den Palästinensergebieten.

① Versuchen Sie herauszufinden, wer die Eigentümer der in Ihrer Region bekannten Tageszeitungen bzw. der von Ihnen gelesenen Zeitungen sind. Können Sie eine politische Richtung in diesen Zeitungen ausmachen?

② Schreiben Sie zu jedem der drei Teile des obigen Bildes einen kurzen Presseartikel: drei Bilder – drei Nachrichten.

③ Beschreiben Sie in eigenen Worten: Warum ist es gefährlich, wenn immer mehr Sender und Verlage unter immer weniger Eigentümern aufgeteilt sind.

11.3.9 Personalisierung und Boulevardisierung der Politik

Identifikation
gefühlsmäßiges Sich-gleichsetzen mit einer anderen Person oder Gruppe

Loyalität
innere Verbundenheit und Treue

Populismus
(abgeleitet von populär = volkstümlich, beliebt): übertriebene Volkstümlichkeit

Personalisierung
Die Fixierung auf eine Person. Eine Partei stellt eine Person in den Mittelpunkt ihrer Kampagnen.

Auch das **Internet** spielt im Kampf um Wählerstimmen eine immer größere Rolle. Insbesondere mit Blick auf junge Wähler haben die Parteien ihre Internetpräsenz stark ausgebaut.

■ Welche Einflüsse bestimmen unser Wahlverhalten?

Fast alle Wähler kennen die berühmte Sonntagsfrage: „Was würden Sie wählen, wenn am kommenden Sonntag Bundestagswahlen wären?" Aus der Wahlforschung ist bekannt, dass das Wählerverhalten durch zahlreiche Faktoren bestimmt wird, die mehr oder minder großen Einfluss haben.

Die Gruppe der **Stammwähler** ist dabei ziemlich verlässlich. Aufgrund ihrer Identifikation mit einer Partei ist diese Wählerschaft in ihrer Wahlentscheidung stark vorgeprägt. Aus **Loyalität** wird immer dieselbe Partei gewählt, häufig seit der ersten Stimmabgabe oder auch über mehrere Generationen in der Familie. Für die Wahlkampfmanager ist es sehr wichtig, diese Stammwähler zu mobilisieren. Sind sie allzu sehr von ihrer Partei enttäuscht, äußern sie ihren Protest zwar selten durch das Wählen der Konkurrenz, jedoch häufig durch das Fernbleiben von der Wahlurne.

Stammwähler haben zwar in Deutschland noch immer eine recht große Bedeutung. Ihr Anteil nimmt jedoch stetig zugunsten der **Wechselwähler** ab, die den Parteien eher distanziert gegenüberstehen und sich erst kurz vor der Wahl entscheiden. Immer wichtiger für die Wahlentscheidung wird deshalb der persönliche **Bekanntheitsgrad** der Kandidaten.

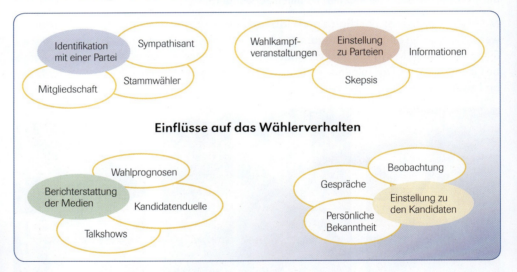

Einflüsse auf das Wählerverhalten

Die Wahrnehmung der Parteien und ihrer Kandidaten speist sich aus drei Quellen:
• aus der direkten Beobachtung vor Ort,
• aus Gesprächen mit Politikern bei Wahlkampfveranstaltungen,
• vor allem aber durch die Information durch die Massenmedien.

■ Massenmedien: Die persönliche Darstellung zählt

Nur wenige Menschen besuchen Wahlveranstaltungen oder verweilen an den Infoständen der Parteien. Daher spielen die **Massenmedien** – insbesondere das Fernsehen – im Wahlkampf eine immer größere Rolle. Nach Ansicht vieler Experten ist in den Medien ein starker Trend zur **Personalisierung** in der Politikvermittlung zu beobachten. Besonders in Wahlkampfzeiten stehen Personen mehr im Mittelpunkt als Politikinhalte. Wahlentscheidend ist zunehmend, wie „telegen" sich die Kandidaten geben. Unüberlegte Äußerungen und Gesten müssen unbedingt vermieden werden. Stimme, Stimmlage und Sprechgeschwindigkeit werden von Spezialisten trainiert, die Auswahl der Kleidung und der Krawatte erscheint fast wichtiger als eine sachliche und intensive politische Diskussion.

telegen
im Fernsehen besonders wirkungsvoll zur Geltung kommen

Vorgeworfen wird den Medien von Fachleuten auch eine **„Boulevardisierung"** der Politik. Boulevardzeitungen leben davon, ihre Inhalte im „reißerischen" Stil zu vermarkten. Von diesen Zeitungen erwartet man eine derartige Berichterstattung. Der Vorwurf richtet sich eher an die sogenannten seriösen Medien: das öffentlich-rechtliche Fernsehen, die Tageszeitungen und die politischen Magazine. Bei ihnen sei eine Tendenz zu beobachten, bei der der Umfang der politischen Informationen abnimmt und die Berichterstattung über Nebensächlichkeiten zunimmt.

Eine „Anbiederung" von Politikern und seriösen Medien an einen vermeintlichen **Massengeschmack**, um bei den Wahlen oder der Quote mehrheitsfähig zu sein, kann der Demokratie aber nicht dienen, da sie das Interesse an politischen Inhalten verringert.

■ Auf dem Weg von der Parteiendemokratie zur Mediendemokratie?

Der Wahlkampf hat sich in den vergangenen Jahren verändert. Wissenschaftler befürchten eine Verflachung der politischen Diskussion zugunsten einer zu großen Dominanz der Medien. Für die Parteien ist es im Wahlkampf wichtig, Themen zu besetzen. Die Wahlkampfmanager der Parteien versuchen, die **Themen-Agenda** in ihrem Sinne zu beeinflussen. Drei Strategien stehen ihnen dabei zur Verfügung:

1. **Agenda-Setting:** Es wird ständig versucht, Themen in die öffentliche Diskussion zu bringen, bei denen die Partei und ihre Kandidaten von der Bevölkerung als sehr kompetent angesehen werden und die gegnerische Partei offensichtlich Defizite aufweist.

2. **Agenda-Cutting:** Es wird aktiv versucht, Themen aus der öffentlichen Diskussion fernzuhalten oder verschwinden zu lassen, bei denen deutlich wird, dass die eigene Partei und ihr Kandidat als nicht kompetent erscheint. So hat es z. B. die Hamburger SPD im Bürgerschaftswahlkampf 2001 vermieden, das Thema Kriminalität zu diskutieren, weil das Thema, wie ein Funktionär es ausdrückte, „für uns kein Gewinnerthema ist".

3. **Agenda-Surfing:** Nicht alle Themen sind beeinflussbar. So können sich spontan Themen aufdrängen, an denen keine Partei vorbeikommt. Dann müssen die Parteien schnell handeln und das Thema für sich besetzen. So geschehen im Wahlkampf 2002, als das „Jahrhunderthochwasser" an der Elbe plötzlich alle anderen Themen in den Hintergrund drängte und der Kanzlerkandidat der SPD, Gerhard Schröder, das Thema besetzen konnte.

Demoskopie und Wahlprognosen sind in Wahlkampfzeiten besonders beliebt bei den Medien. Sie gelten den Parteien als Stimmungsbarometer im politischen Alltagsgeschäft. Inwieweit sich Politiker und Wähler in ihren Entscheidungen von diesen Prognosen beeinflussen lassen, wird nicht immer deutlich.

Agenda (lat.):
was zu tun ist;
Merkbuch, Liste von Gesprächspunkten

Setting von „to set"
(engl.):
setzen, festsetzen, bestimmen

Cutting von „to cut"
(engl.):
schneiden, ausschneiden, streichen

Demoskopie (griech.):
Meinungsumfrage, Meinungsforschung

---

① Beobachten Sie Ihr eigenes Verhalten in Bezug auf die Landtags- und Bundestagswahlen 2013: Auf welche Informationsmöglichkeiten haben Sie zurückgegriffen?

② Fassen Sie in Stichpunkten zusammen: Worin liegt die Gefahr von Personalisierung und „Boulevardisierung" der Politik?

③ Listen Sie Gründe dafür auf, dass sich die Zahl der Stammwähler zugunsten der Wechselwähler verringert.

Zur Wiederholung

11.3.1
Demokratie kennt verschiedene Formen

- Im Verlauf der Geschichte haben sich mit der repräsentativen, der direkten und der Präsidialdemokratie verschiedene demokratische Systeme herausgebildet
- In Deutschland ist die repräsentative Demokratie verankert
- Es gibt immer wieder Bestrebungen, auch auf Bundesebene mehr Elemente der direkten Demokratie einzuführen (z. B. über Volksinitiativen, Volksbegehren und Volksentscheid)

11.3.2
Parteien der repräsentativen Demokratie

- Ohne Parteien kann die repräsentative Demokratie nicht funktionieren, denn Parteien bündeln politische Ansichten, stellen Kandidaten für Wahlen, bieten Bürgern Möglichkeiten zur aktiven Beteiligung und nehmen Einfluss auf die öffentliche Meinung
- Die Gründung von Parteien ist frei, doch muss ihre innere Ordnung demokratischen Grundsätzen entsprechen

11.3.3
Abgeordnete – die Repräsentanten der deutschen Demokratie

- Abgeordnete des Bundestages sind nach dem Grundgesetz Vertreter des ganzen Volkes, an Aufträge und Weisungen nicht gebunden
- Hauptfunktion der Bundestagsabgeordneten ist die Beratung und Entscheidung über Gesetzesvorlagen
- Bundestagsabgeordneter wird man entweder als Wahlkreiskandidat, indem man im Wahlkreis die Mehrheit der Erststimmen erhält, oder über die Landesliste der eigenen Partei

11.3.4
Freie Wahlen – Markenzeichen der Demokratie

- Ohne freie Wahlen ist repräsentative Demokratie nicht möglich, denn die Wähler übertragen die Vertretung ihres politischen Willens so auf ihre Repräsentanten: die Abgeordneten
- Bundestagswahlen sind nach Artikel 38 Grundgesetz nicht nur frei, sondern auch allgemein, unmittelbar, gleich und geheim
- Als demokratische Wahlsysteme stehen das Mehrheits- und das Verhältniswahlsystem zur Auswahl

11.3.5
Wahlsystem in Deutschland

- Wahlberechtigt und wählbar bei Bundestagswahlen sind alle volljährigen Deutschen
- Die Bundestagswahl ist eine Verhältniswahl mit eingebauten Elementen der Mehrheitswahl: sogenanntes „personalisiertes Verhältniswahlsystem"
- Besonderheiten des Bundeswahlrechts sind die Fünfprozentklausel und die Grundmandatsklausel
- Im bayerischen Landes- und Kommunalwahlrecht gelten Abweichungen

11.3.7
Keine Demokratie ohne freie Presse

- Kennzeichen der Demokratie (im Gegensatz zu undemokratischen Staaten) ist, dass auch regierungskritische Meinungen über die Medien frei geäußert werden können
- Die Pressefreiheit – eigentlich eine umfassende „Medienfreiheit" – ist als Grundrecht in Artikel 5 Grundgesetz festgeschrieben

- Presse, Funk und Fernsehen haben folgende Hauptfunktionen: Information, Mitwirkung bei der Meinungsbildung, Kontrolle und Kritik, Unterhaltung und Bildung

11.3.8
Gefahren für die Medienfreiheit

- Meinungsvielfalt ist nur in einer vielfältigen Medienlandschaft gesichert – wo große Mediengruppen zu viel Einfluss gewinnen, ist die Vielfalt in Gefahr
- Auch finanzielle oder wirtschaftliche Abhängigkeiten sind für die Medienvielfalt gefährlich
- Texte können durch Kontrolle, Bilder durch digitale Bearbeitung in ihrer Aussage manipuliert werden

11.3.9
Personalisierung und Boulevardisierung der Politik

- Für das Wahlverhalten sind in zunehmendem Maße persönliche Darstellung und telegenes Auftreten der Kandidaten bedeutsam
- Damit einher geht der Vorwurf an die Medien, persönliche und nebensächliche Dinge in der Berichterstattung den politischen Inhalten vorzuziehen
- Kritiker sehen Deutschland auf dem Wege von der Parteiendemokratie zur „Mediendemokratie"

11.4 Politik und Partizipation

11.4.1 Demokratie: Mitmachen hilft gegen Politikverdrossenheit

■ Demokratie braucht politisches Engagement

Simon und Annika sind in den Jugendorganisationen von CSU und SPD tätig.

Simon: Ich verstehe nicht, warum nicht viel mehr Jugendliche in den Parteien mitarbeiten, so wie wir.

Annika: Stimmt, es gibt zwar kein Geld, aber die vielen Diskussionen und Veranstaltungen machen Spaß, man lernt dabei auch jede Menge Leute kennen.

Simon: Viele meinen, man könne sowieso nichts ändern an den Verhältnissen, die Entscheidungen würden doch ganz woanders getroffen.

Annika: Das sagen wirklich viele. Aber wenn man es nicht versucht hat, kann man sich eigentlich doch gar kein Urteil erlauben, oder?!

Legitimation
Nachweis einer Berechtigung zu einem bestimmten Handeln

Partizipation
Teilhabe, Teilnahme, Beteiligung

sich engagieren
sich einsetzen, sich einmischen, teilnehmen, mitentscheiden

Momentaufnahme oder Wende?
Bei der Bundestagswahl 2013 stieg die Wahlbeteiligung erstmals seit 1998 wieder an – wenn auch nur von 70,8 (2009) auf 71,5 %.

Zeitgeist
Gleichartigkeit oder Ähnlichkeit der Lebensformen, der Ideen und der geistigen Haltung, die sich in den Erscheinungen eines Zeitalters offenbart

Eine Demokratie leitet ihre Legitimation von der **Zustimmung** ihrer Bürger ab. Diese drückt sich aus in der **Teilnahme** am politischen Entscheidungsprozess. Das heißt nicht, dass alle Bürger unmittelbar politisch aktiv sein und wie etwa Annika und Simon aktiv in Parteien mitarbeiten müssen.

Politische Beteiligung kann vielmehr in den unterschiedlichsten Formen ausgedrückt werden: Jeder, der politische Nachrichten und Kommentare in Zeitungen liest, die Berichterstattung im Radio und Fernsehen verfolgt, politische Gespräche und Diskussionen führt oder an Wahlen teilnimmt, trägt – wenn auch im privaten Rahmen – zur Demokratie bei. Erforderlich ist lediglich ein entsprechendes Urteilsvermögen.

Aktivere Formen der **Partizipation** setzen die Bereitschaft voraus, sich gesellschaftlich zu **engagieren**. Sie reichen von der Mitwirkung bei Unterschriftenaktionen, dem Engagement in Umwelts- oder Menschenrechtsgruppen, der Teilnahme an Versammlungen und Demonstrationen, dem Schreiben von Leserbriefen und Briefen an Politiker bis zur Mitarbeit in politischen Parteien und der eigenen Kandidatur bei Wahlen.

■ Politisches Engagement und Interesse im Rückwärtsgang

Seit Jahren wird in Deutschland ein Rückgang des politischen Engagements und Interesses festgestellt. Die Volksparteien verlieren Wähler und Mitglieder, Wahlbeteiligungen gehen insgesamt zurück. Und während früher politische Demonstrationen und Kundgebungen zehntausende Teilnehmer anlockten, stehen diese vermehrt im Schatten von Public Viewing oder Schlagermove. Statt trockene Politdiskussionen und Debatten fordert und fördert der **Zeitgeist** spektakuläre **Events** – und diese spielen sich in der Politik selten ab.

Für die Demokratie ist diese Entwicklung nicht ungefährlich. Demokratie legitimiert sich nicht nur durch die Zustimmung der Bürger. **Demokratie lebt von Teilnahme**. Wenn immer weniger Menschen aktiv an ihr teilnehmen, wird auch die Demokratie selbst ausgehöhlt.

Verlieren die Bürger das Interesse an der Demokratie, etwa, weil sie nie ein Leben ohne Demokratie kennengelernt haben und diese deshalb als selbstverständlich empfinden, gerät die Existenz der Demokratie in Gefahr.

Bundespräsident Joachim Gauck bemerkte dazu in seiner „Rede zur Demokratie" am 9. Oktober 2014 in Leipzig:

> „Wir dürfen niemals vergessen, dass unsere Demokratie nicht nur bedroht ist durch Ideologen und Extremisten, sondern dass sie ausgehöhlt werden und ausdörren kann, wenn die Bürger sie nicht mit Leben erfüllen."

Bundespräsident Joachim Gauck

■ Politikverdrossenheit oder Parteienverdrossenheit?

Mit dem abnehmenden politischen Engagement der Bürger hat das Schlagwort der **Politikverdrossenheit** Einzug gehalten. Dies ist der Zustand, bei dem immer mehr Menschen sich von der Politik abwenden, weil sie diese als zu kompliziert, langweilig, aussichtslos oder schwer durchschaubar halten und sich nicht vorstellen können, dass sie selbst irgendetwas darin bewirken könnten. Gerade bei Jugendlichen wird ein solcher Trend bemerkt.

Die 16. Shell-Jugendstudie aus dem Jahr 2010 bestätigt allerdings, dass mehr noch als die Politikverdrossenheit eine **Parteienverdrossenheit** alarmierende Ausmaße annimmt: Danach halten immerhin 83 Prozent der 15- bis 25-Jährigen in Deutschland die Demokratie für eine „gute Staatsform". Völlig anders bestellt ist es um das Vertrauen und Engagement in politische(n) Parteien (siehe die Schaubilder).

Jugendorganisationen der im bayerischen Landtag vertretenen politischen Kräfte
- Junge Union „JU" (CSU)
- Jungsozialisten „Jusos" (SPD)
- Junge Freie Wähler Bayern (Freie Wähler Bayern)
- Grüne Jugend (Bündnis 90/Die Grünen)

Vertrauen 15–25-Jähriger in Institutionen und Gruppen auf einer Skala von 1 (sehr wenig) bis 5 (sehr viel)

Polizei	3,5
Gerichte	3,4
Bundeswehr	3,2
Europäische Union	3,1
Bürgerinitiativen	3,0
Bundesregierung	2,8
Kirchen	2,7
Großunternehmen	2,6
Banken	2,5
Parteien	2,5

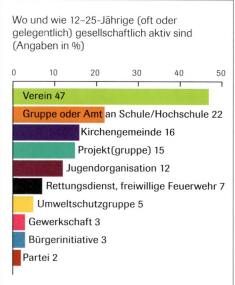

Wo und wie 12–25-Jährige (oft oder gelegentlich) gesellschaftlich aktiv sind (Angaben in %)

Verein	47
Gruppe oder Amt an Schule/Hochschule	22
Kirchengemeinde	16
Projekt(gruppe)	15
Jugendorganisation	12
Rettungsdienst, freiwillige Feuerwehr	7
Umweltschutzgruppe	5
Gewerkschaft	3
Bürgerinitiative	3
Partei	2

① Diskutieren Sie die Ursachen für die Politik- und Parteienverdrossenheit in Ihrer Klasse.

② Beschreiben Sie den Zusammenhang zwischen unserem System der Demokratie und der Beteiligung durch die Bürger.

③ Fassen Sie diejenigen Gefahren für Politik und Gesellschaft in Stichworten zusammen, die sich ergeben, wenn sich immer weniger Bürger am politischen Entscheidungsprozess beteiligen.

11.4.2 Pluralismus: Interessen gemeinsam vertreten

Verbindungsstraße durch das Schurrenmoos?

Wie gestern bekannt wurde, planen Politiker mehrerer Parteien eine Straßenverbindung durch das Schurrenmoos im Regierungsbezirk Schwaben. Das unweit der Donau gelegene und nur rund 1 km² große Moorgebiet ist nicht als Naturschutzgebiet ausgewiesen, beherbergt nach Informationen der örtlichen Gruppe des Naturschutzbundes Deutschland (NABU) aber seltene Tier- und Pflanzenarten. „Wir müssen diese Planung verhindern", sagte NABU-Ortsgruppenleiter Franz Walther unserer Zeitung. „Der Straßenbau wäre eine ökologische Katastrophe." Ganz anderer Meinung ist da Günter Lederer, der örtliche Sprecher des Allgemeinen Deutschen Automobil-Clubs (ADAC): „Die Straße wird zur Verkehrsentlastung unbedingt gebraucht."

Melina (18) ist Auszubildende zur Garten- und Landschaftsbauerin. Sie wohnt mit ihren Eltern seit vielen Jahren in unmittelbarer Nähe des Schurrenmooses und unternimmt mit ihrer Freundin Lena oft naturkundliche Wanderungen in das Gebiet. Melina ist empört über die Pläne zum Bau einer Straße durch das Moor. Doch was kann sie tun, um ihr Interesse am Erhalt der Natur durchzusetzen?

Pluralismus in Bayern:

■ Pluralismus bedeutet Konkurrenz unterschiedlicher Interessen

Interessenkonflikte wie der oben beschriebene sind typisch für moderne Demokratien – sie sind Ausdruck des bestehenden **Pluralismus**. Pluralismus bedeutet, dass die Existenz einer Vielfalt unterschiedlicher Interessen, Meinungen und Werte in einer Gesellschaft nicht nur geduldet, sondern sogar begrüßt und deshalb gefördert wird. In totalitären Gesellschaften kann dagegen von Pluralismus keine Rede sein.

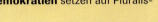

Moderne **Demokratien** setzen auf Pluralismus, weil …	Totalitäre Staaten verhindern Pluralismus, weil …
• so jeder Mensch eine faire Chance erhält, sich individuell nach seinen Ansichten, Interessen und Werten zu verwirklichen. • so ein Wettstreit um Ideen und Lebenskonzepte entsteht, der für die Fortentwicklung der Gesellschaft als förderlich angesehen wird.	• sonst jeder Mensch erkennen würde, dass er sich individuell nach seinen Ansichten, Interessen und Werten verwirklichen könnte. • dies zur Folge hätte, dass der von den Regierenden vorgegebene Kurs untergraben würde und sich das Volk dann nicht mehr unter Kontrolle halten ließe.

■ Interessen müssen organisiert werden

Jeder Mensch kann einen Teil seiner Interessen ganz individuell und nur mit Blick auf die eigenen Vorstellungen verwirklichen, ohne auf die Interessen anderer Menschen Rücksicht nehmen zu müssen. Dies gilt etwa für Fragen des alltäglichen Lebens wie: „Brauche ich ein Auto oder nicht?", „Kaufe ich mir ein Tablet oder einen Laptop?" oder „Verbringe ich meinen Urlaub in Skandinavien oder Spanien?".

Sobald indes Fragen betroffen sind, die für eine größere Anzahl von Mitmenschen oder gar die Allgemeinheit von Bedeutung sind, kommt der Einzelne allein nicht weiter. Denn in Demokratien gilt das Mehrheitsprinzip. Die „faire Chance", sein individuelles Interesse durchzusetzen, besteht in Überzeugungsarbeit: Mehrheiten müssen gesucht und Gleichgesinnte für dasselbe Ziel müssen gefunden werden. Deshalb schließen sich die Vertreter derselben Zielrichtung häufig in **Interessengruppen** zusammen. Neben den politischen Parteien und den Bürgerinitiativen (siehe Abschnitt 11.4.7) sind dies in erster Linie die **Interessenverbände**. Dies sind Vereinigungen oder Verbände, die sich von Bürgerinitiativen durch eine gewisse Dauerhaftigkeit ihres Bestandes und eine feste Organisation unterscheiden.

Wie im Beispiel des „Schurrenmooses" treffen dabei häufig zwei Interessenverbände mit gegensätzlichen Vorstellungen aufeinander, hier der NABU für den **Naturschutz** und der ADAC für die Belange der **Verkehrsteilnehmer**.

> **Interessenverbände verkörpern Interessengegensätze – fünf Beispiele**
> Deutsches Atomforum ↔ Greenpeace Deutschland
> Haus & Grund Deutschland ↔ Deutscher Mieterbund
> Deutscher Zigarettenverband ↔ Nichtraucher-Initiative Deutschland
> Arbeitgeberverband Gesamtmetall ↔ Industriegewerkschaft (IG) Metall
> Bundesverband der deutschen Fleischwarenindustrie ↔ Vegetarierbund Deutschland

Interessenverbände **bündeln** zunächst die oftmals noch recht unterschiedlichen Interessen ihrer Mitglieder und **filtern** sie in Richtung eines gemeinsamen Ziels. Erst dann können die Interessenverbände ihre Ziele – etwa gegenüber der Politik – auch **durchsetzen**. Je einheitlicher und mitgliederstärker ein Verband auftritt, desto bessere Lobbyarbeit (siehe Abschnitt 11.2.6) kann er leisten. Im Kampf der Interessen setzt sich auf Dauer die Gruppe mit den mehrheitsfähigeren und damit praktikableren Argumenten durch; oft müssen auch **Kompromisse** geschlossen werden.

> Will Melina also ihr Interesse an einer Erhaltung des „Schurrenmooses" durchsetzen, sollte sie sich Gleichgesinnten, in diesem Fall etwa dem NABU, anschließen. Hier kann sie gemeinsam mit anderen Mitgliedern Informationen und Argumente sammeln, Ziele formulieren und schließlich Strategien zur Durchsetzung des gemeinsamen Ziels bei den Entscheidungsträgern, den Kommunalpolitikern, entwickeln.

■ Solidarität oder Eigenverantwortung?

Nicht immer decken sich die Interessen aller Mitglieder mit denen des Interessenverbandes. Im Beispiel rechts muss sich Melina entscheiden, ob sie sich mit dem Ziel des Interessenverbandes **solidarisch** erklären (also den Kompromiss mittragen), oder ob sie nur ihren **Eigeninteressen** verantwortlich bleiben will. Dann müsste sie beim kategorischen „Nein" zum Straßenbau bleiben.

> **Beispiel:** Der NABU lehnt zwar den Bau der Straße durch das Schurrenmoos weiterhin ab. Er würde jedoch einem Verlauf der Straße durch ein benachbartes Waldgebiet zustimmen, um einen Kompromiss zu finden. Melina aber möchte überhaupt keine Straße.

Solidarität mit dem Interessenverband hieße für Melina, einen „Kompromiss mit sich selbst" zu schließen. Bleibt sie beim kategorischen „Nein", hat sie nur sehr geringe Aussichten, ihr Anliegen durchzusetzen: Sie müsste eine eigene Interessengruppe gründen oder ihr Ziel ganz allein verfolgen.

Freiheitsgrundrechte sind die Grundlage des Pluralismus in Deutschland:

Artikel 5 Abs. 1 GG
Jeder hat das Recht, seine Meinung in Wort, Schrift und Bild frei zu äußern und zu verbreiten und sich aus allgemein zugänglichen Quellen ungehindert zu unterrichten.

Artikel 8 Abs. 1 GG
Alle Deutschen haben das Recht, sich ohne Anmeldung oder Erlaubnis friedlich und ohne Waffen zu versammeln.

Artikel 9 Abs. 1 GG
Alle Deutschen haben das Recht, Vereine und Gesellschaften zu bilden.

Lobbyarbeit
gezielte Beeinflussung der Entscheidungsträger in Politik und Verwaltung sowie der Legislative zwecks Vertretung der Interessen großer Verbände

Solidarität
Zusammengehörigkeitsgefühl, Gemeinsinn; wechselseitige Verbundenheit der Mitglieder einer Gruppe

---

① Die Ortsgruppe des NABU trifft sich in einer Gaststätte, um ihre Vorgehensweise hinsichtlich des geplanten Straßenbaus zu besprechen, Argumente und Meinungen auszutauschen. Welche der in der Randspalte genannten Freiheitsgrundrechte werden wahrgenommen?

② Listen Sie je zwei Beispiele für Interessenverbände aus den Bereichen Jugend, Wirtschaft, Beruf, Soziales und Sport auf. Für die Recherche bietet sich das Internet an.

③ Fassen Sie die Bedeutung von Interessengruppen in der pluralistischen Gesellschaft in eigenen Worten knapp zusammen.

??

11.4.3 Demokratische Tugenden – Spielregeln der Demokratie

Zurück zum **Schurrenmoos**: Melina hat sich mit dem Kompromiss „Straße durch den Wald" abgefunden. Sie hat sich davon überzeugen lassen, dass dies „das kleinere Übel" ist, weil keine schwerwiegenden ökologischen Schäden drohen.

Es kommt zu einem ersten Treffen zwischen dem **Kommunalpolitiker Fritz Alt** und Vertretern der Interessengruppen, der **Naturschützerin Gesine Moor** und dem **Straßenbefürworter Dirk Schnell**. Hierbei zeichnen sich allerdings scharfe Gegensätze ab. Ein Kompromiss rückt in weite Ferne.

Auszug aus den Redebeiträgen:

Schnell: „Ihr Vorschlag mit der Straßenführung durch den Wald ist ein fauler Kompromiss, mit dem Sie sich bei den Politikern beliebt machen wollen. Das ist doch gar nicht bezahlbar und außerdem ein riesiger Umweg, den kein Autofahrer nehmen würde. Das ist mal wieder typisch für ihren Hass auf Autos."

Moor: „Dieser Vorwurf ist typisch für Sie und Ihre PS-verrückten Mitstreiter. Ihnen ist alles andere als freie Fahrt doch völlig egal, vor allem unsere Umwelt. Bei solchen Unterstellungen ziehen wir unseren Kompromissvorschlag zurück!"

Alt: „Das ist mal wieder typisch für die sogenannten Interessenverbände. Nur Egoisten am Werk. Dann muss die Politik eben ganz allein entscheiden. Ihre Bedenken können Sie dann gern vor Gericht geltend machen!"

■ Toleranz, Konfliktfähigkeit und Kompromissbereitschaft: demokratische Grundtugenden

Eine funktionierende Demokratie braucht Einmischung und Interessenvertretung, um lebendig zu bleiben. Die Mitwirkung der Bürger am demokratischen Prozess muss sich jedoch an bestimmte **demokratische Spielregeln** halten. Toleranz dem Andersdenkenden gegenüber gehört ebenso hierher wie die Fähigkeit, Konflikte auszutragen, und die Bereitschaft, Kompromisse im Sinne des **Gemeinwohls** zu schließen. Entscheidend ist, dass die berechtigte Sorge um das eigene Wohl (Sprichwort: „Jeder ist sich selbst der Nächste.") mit dem Sinn für die Belange der Gesamtheit der Bürger in Einklang gebracht werden muss.

Vielfach wird heute die Meinung vertreten, demokratische Tugenden seien „nicht mehr zeitgemäß". Wer heutzutage seinen **Egoismus** nicht auslebe, habe im Leben keine Chance. Das Beispiel von oben zeigt jedoch, dass eine solche Sichtweise zu kurz greift:

Tugend
positive Eigenschaft oder Fähigkeit; Stärke, Qualität

Gemeinwohl
Wohlbefinden des Volkes, also der Gesamtheit der in ihrer Lebensgestaltung und Bedürfnisbefriedigung miteinander verbundenen und aufeinander angewiesenen Bevölkerung

Vorurteil
bereits vor einem Aufeinandertreffen gefertigte Meinung über einen anderen, die ein näheres Eingehen auf dessen Person erschwert oder gar verhindert

Toleranz bedeutet, Mitmenschen mit anderen Meinungen von Politik, Kultur, Lebensführung, Kleidung usw. sowie Mitmenschen mit anderer Sprache, Religion oder Herkunft Respekt entgegenzubringen, zuzuhören und zu verstehen versuchen.	Im **Beispiel** fehlt es Schnell, Moor und Alt hieran. Keiner geht auf den anderen ein oder versucht, den anderen zu verstehen. Jeder der drei geht mit Vorurteilen in das Gespräch, stellvertretend dafür steht das Wort „typisch", das alle drei gebrauchen.
Konfliktfähigkeit bedeutet, dass Konflikten (wie in unserem Beispiel dem Streit um den Straßenbau) nicht aus dem Weg gegangen wird. Da Konflikte im demokratischen Prozess unvermeidbar sind, müssen sie zwar mit gesundem Selbstvertrauen und der Fähigkeit zur Selbstbehauptung angegangen werden. Ebenso bedeutsam sind jedoch Einfühlungsvermögen und eine realistische Einschätzung des Streitgegners.	Im **Beispiel** fehlt es auch hieran. Alle drei Redner gehen mit vorgefertigten Argumenten in das Treffen und denken gar nicht daran, sich überhaupt nur näher mit dem Streitgegner zu befassen, geschweige denn, sich in ihn hineinzufühlen.
Kompromissbereitschaft ist die Fähigkeit, von seinen eigenen Maximalforderungen abzusehen und eine Lösung zu suchen, mit der alle Streitgegner leben können.	Im **Beispiel** ist auch hiervon nichts zu sehen. Im Gegenteil: Die Naturschützer ziehen ihren Kompromissvorschlag zurück; die Politik will gar ganz auf die Meinung der Interessengruppen verzichten.

Eine Lösung für das „Problem Schurrenmoos" fände sich zwar auch so. Denn die Politik könnte einfach im Rahmen der Gesetze (hier vor allem der Bau- und Naturschutzgesetze) entscheiden. Eine Mehrheit findet sich schließlich immer – die Gegner einer Lösung könnten vor Gericht ziehen.

Doch die Demokratie bliebe so auf der Strecke, weil sich die Seite, die sich nicht durchsetzen konnte, als reiner Verlierer sehen würde. Bei Menschen, die im demokratischen Prozess kein Gehör finden, steht zu befürchten, dass sie sich von der Demokratie abwenden. Eine Abkehr der Massen von der Demokratie unterhöhlt und gefährdet diese. **Demokratiefeindliche Tendenzen** könnten sich durchsetzen. Deshalb sind demokratische Tugenden wichtig.

Wer gegen eine Mehrheitsentscheidung gerichtlich vorgehen will, muss durch die Entscheidung selbst betroffen sein.

Gerichte überprüfen zudem nur, ob die Entscheidung gegen Gesetze verstößt. Sie ergreifen niemals Partei für oder gegen eine politische Meinung.

Minderheit
(hier Vertreter der Sudetendeutschen Volksgruppe): Gruppe in einer Gemeinschaft, die den übrigen Mitgliedern der Gemeinschaft an Zahl unterlegen ist

■ Mehrheiten anerkennen – Minderheiten schützen

Die Anerkennung des Mehrheitsprinzips ist eine weitere demokratische Grundtugend. Wird der Mehrheitswille nicht akzeptiert, kann eine Demokratie nicht funktionieren. Anerkennen bedeutet respektieren und befolgen, jedoch nicht zustimmen.

Das Mehrheitsprinzip stößt dort an seine Grenzen, wo der Schutz von Minderheiten zu sehr eingeschränkt wird. Die Mehrheit trägt in der Demokratie die Verantwortung für den Minderheitenschutz. Der Minderheitenschutz findet sich nicht wortwörtlich im Grundgesetz. Er ergibt sich vielmehr aus den Grundrechten, Verfassungsprinzipien und einfachen Gesetzen.

Beispiel: Beschließen die Kommunalpolitiker mehrheitlich einen Bebauungsplan, der die Straßenführung durch das Schurrenmoos vorsieht, und verstößt dieser auch nicht gegen Bau- oder Naturschutzgesetze, so muss Melina dies akzeptieren. Leistet sie Widerstand, indem sie etwa die Bauarbeiten behindert, handelt sie widerrechtlich. Natürlich kann sie aber anderer Meinung sein und weiter versuchen, Mehrheiten für ihre Argumente zu finden.

Beispiel: Selbst eine Mehrheit von 100 Prozent der Stimmen des Bundestages könnte kein Gesetz beschließen, das türkischen Mitbürgern die Praktizierung des islamischen, indischen Mitbürgern des hinduistischen oder israelischen Mitbürgern des jüdischen Glaubens generell untersagt. Dies widerspräche der Religionsfreiheit (Artikel 4 GG).

① Wie könnten Herr Schnell, Frau Moor und Herr Alt es besser machen? Entwerfen Sie für die drei Streitgegner Redebeiträge, bei denen diese die demokratischen Tugenden einhalten.

② Fassen Sie in eigenen Worten knapp zusammen: Worin besteht die Gefahr, wenn demokratische Tugenden immer weniger beachtet werden?

③ Mit Empörung erfahren Sie, dass ein von Ihnen häufig zur Erholung genutzter Wald von einer Eisenbahntrasse durchschnitten werden soll. Was können Sie im demokratischen Prozess tun, um Ihrem Interesse zur Durchsetzung zu verhelfen? Listen Sie auf.

11.4.4 Partizipation – aber wie?!

Schülermitverantwortung in Bayern

Wer sich näher über die Fragen der Schülermitverantwortung und der Schülervertretung an Berufsschulen in Bayern informieren will, sollte in den einschlägigen Gesetzen nachlesen: Artikel 62 des Bayerischen Gesetzes über das Erziehungs- und Unterrichtswesen (BayEUG) sowie §§ 10 – 14 der Bayerischen Berufsschulordnung enthalten die wichtigsten Regelungen.

Jan (18) ist Auszubildender zum Industriekaufmann in einem Großunternehmen der Bauindustrie in Erlangen und besucht die Berufsschule. Er möchte sich für die Belange der Schüler und Auszubildenden engagieren.

Partizipation

Beteiligung (Teilhabe, Mitwirkung) am demokratischen Willensbildungsprozess auf den unterschiedlichen Ebenen der Gesellschaft

Partizipation in der Berufsschule

Will Jan sich in seiner Berufsschule bei der Wahrnehmung schulischer Interessen der Schüler engagieren, möchte er die Zusammenarbeit zwischen Schülern und Lehrkräften fördern, bei der Organisation gemeinsamer Veranstaltungen mitwirken und bei der Lösung von Konfliktfällen unter Schülern helfen? Dann kann er sich an der **Schülermitverantwortung** beteiligen – am besten, indem er sich um eine Funktion innerhalb der **Schülervertretung** bewirbt. Die Einrichtungen der Schülervertretung werden demokratisch gewählt und sind damit ein Bestandteil demokratischer Partizipation.

Schülervertretung an bayerischen Berufsschulen

Klassensprecher	Klassensprecher-versammlung	Tagessprecher-ausschuss	Schülerausschuss	Schülervertreter im Berufsschulbeirat

Klassensprecher werden innerhalb von vier Wochen nach Unterrichtsbeginn gewählt.

Die Klassensprecher der an den einzelnen Tagen anwesenden Klassen bilden – ohne Wahl – die Klassensprecherversammlung für den jeweiligen Tag.

Die Klassensprecherversammlungen wählen jeweils drei Tagessprecher, die gemeinsam die Tagessprecherausschüsse bilden. Es gibt also für jeden Schultag einen Tagessprecherausschuss.

Die Tagessprecherausschüsse können *einen* gemeinsamen **Schülerausschuss** bilden. Er ist das „ausführende Organ" der Schülermitverantwortung, also das Verbindungsglied zu Schulleiter, Lehrerkonferenz und einzelnen Lehrkräften. Wird ein Schülerausschuss nicht gebildet, nehmen die Tagessprecherausschüsse dessen Aufgaben wahr.

Schließlich wählen die Tagessprecherausschüsse einen Schülervertreter für den Berufsschulbeirat.

■ Partizipation im beruflichen Umfeld

Als Auszubildender in einem Großunternehmen der Bauindustrie wird Jan sicher eine **Jugend- und Auszubildendenvertretung** (JAV, siehe Abschnitt 10.1.13) als Plattform der betrieblichen Mitbestimmung vorfinden. Er kann sich an den Wahlen zur JAV beteiligen oder sich zu deren Mitglied wählen lassen. Als 18-Jähriger kann er ebenso bereits an den Wahlen zum **Betriebsrat** teilnehmen und sich als Kandidat zur Wahl stellen. Bei Arbeitgebern der öffentlichen Hand (wie z. B. einer Stadtverwaltung) nimmt der **Personalrat** die Aufgaben des Betriebsrates wahr.

Darüber hinaus steht es Jan frei, sich in einer **Gewerkschaft** für die Interessen der Arbeitnehmer seiner Branche einzusetzen. In der Baubranche wäre dies die IG Bauen-Agrar-Umwelt (IG BAU), die auch über eine Jugendorganisation verfügt. Hier kann er einfaches Mitglied bleiben, oder aber am demokratischen Prozess innerhalb der Gewerkschaft partizipieren. Über seinen Ortsverband der IG BAU könnte er sich als dessen Vertreter in den Bezirksbeirat des Bezirksverbandes Mittelfranken der IG BAU wählen lassen. Über den Bezirksverbandstag könnte er sich in den Bezirksvorstand wählen lassen oder zum Delegierten für den Gewerkschaftstag. Der Gewerkschaftstag wählt den Bundesvorstand der IG BAU.

Delegierter
Abgesandter zu einer meist politischen Tagung, der mit speziellen Befugnissen ausgestattet ist

■ Jugendverbände

Verbände sind größere und in ihrem Aufbau gefestigte Zusammenschlüsse von Personen oder Organisationen zur Förderung gemeinsamer Interessen. Die Mitwirkung in Verbänden – wie zum Beispiel dem NABU – ist bereits in Abschnitt 11.4.2 behandelt worden.

Für Jugendliche bietet sich die Chance der Partizipation in den Jugendverbänden. Diese sind im **Deutschen Bundesjugendring** (DBJR) vernetzt. Aufgabe des DBJR ist es, als Interessenverband der Jugend gegenüber Bundestag und Bundesregierung „Lobbyarbeit" für die Jugendlichen zu leisten.

ZAHLENBILDER
518 513

© Bergmoser + Höller Verlag AG

---

① Beschreiben Sie die Möglichkeiten der Partizipation von Schülern in der Berufsschule knapp in eigenen Worten.

② Engagieren Sie sich in der Schülermitverantwortung, in der JAV, einer Gewerkschaft oder einem sonstigen Verband oder Jugendverband? Berichten Sie stichwortartig über Ihre Tätigkeit.

③ Informieren Sie sich im Internet (oder aus anderen Medien Ihrer Wahl) über den Deutschen Bundesjugendring und berichten Sie über dessen Aufgaben.

11.4.5 Ehrenamt? Ehrensache!

Bereiche des Engagements

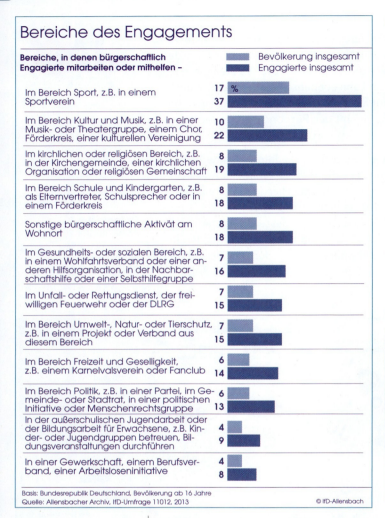

Bereiche, in denen bürgerschaftlich Engagierte mitarbeiten oder mithelfen –

■ Bevölkerung insgesamt
■ Engagierte insgesamt

Bereich	Bevölkerung insgesamt	Engagierte insgesamt
Im Bereich Sport, z.B. in einem Sportverein	17 %	37
Im Bereich Kultur und Musik, z.B. in einer Musik- oder Theatergruppe, einem Chor, Förderkreis, einer kulturellen Vereinigung	10	22
Im kirchlichen oder religiösen Bereich, z.B. in der Kirchengemeinde, einer kirchlichen Organisation oder religiösen Gemeinschaft	8	19
Im Bereich Schule und Kindergarten, z.B. als Elternvertreter, Schulsprecher oder in einem Förderkreis	8	18
Sonstige bürgerschaftliche Aktivät am Wohnort	8	18
Im Gesundheits- oder sozialen Bereich, z.B. in einem Wohlfahrtsverband oder einer anderen Hilfsorganisation, in der Nachbarschaftshilfe oder einer Selbsthilfegruppe	7	16
Im Unfall- oder Rettungsdienst, der freiwilligen Feuerwehr oder der DLRG	7	15
Im Bereich Umwelt-, Natur- oder Tierschutz, z.B. in einem Projekt oder Verband aus diesem Bereich	7	15
Im Bereich Freizeit und Geselligkeit, z.B. einem Karnevalsverein oder Fanclub	6	14
Im Bereich Politik, z.B. in einer Partei, im Gemeinde- oder Stadtrat, in einer politischen Initiative oder Menschenrechtsgruppe	6	13
In der außerschulischen Jugendarbeit oder der Bildungsarbeit für Erwachsene, z.B. Kinder- oder Jugendgruppen betreuen, Bildungsveranstaltungen durchführen	4	9
In einer Gewerkschaft, einem Berufsverband, einer Arbeitsloseninitiative	4	8

Basis: Bundesrepublik Deutschland, Bevölkerung ab 16 Jahre
Quelle: Allensbacher Archiv, IfD-Umfrage 11012, 2013

© IfD-Allensbach

■ Engagement: Freiwilligkeit ist gefragt

Ein Ehrenamt wird – abgesehen vom Ersatz entstandener Auslagen – nicht bezahlt. Öffentliche Ehrenämter bekleiden z. B. Laienrichter („Schöffen"), Schiedsleute und gerichtlich bestellte Betreuer. Private Ehrenämter gibt es vor allem in der Vereinsarbeit, bei der Freiwilligen Feuerwehr, den Hilfsdiensten und in der Jugendarbeit.

Engagement muss also nicht immer der Durchsetzung eigener Interessen im demokratischen Prozess dienen. Wie die Grafik (links) zeigt, steht freiwillige Betätigung im Sport hoch im Kurs. Auch kirchliches Engagement findet sich in den „Top 3". Das Engagement in Parteien ist bei Erwachsenen in den letzten Jahrzehnten zurückgegangen, ist aber noch immer beliebter als bei Jugendlichen.

■ Warum sich das Ehrenamt doch lohnt

„Ehrenamt? Zusätzlicher Stress ohne Gegenleistung? Das kann ich mir nicht leisten! Was ich im ersten Lehrjahr verdiene, ist wenig genug. Dazu der Stress in der Berufsschule. Da entspanne ich abends lieber vor dem Fernseher oder an der Playstation."

Lars (17 Jahre)

Ökonomisierung
Verwirtschaftlichung

In Zeiten der „Ökonomisierung aller Lebensbereiche", in denen mehr denn je die Frage nach dem materiellen Gegenwert allen Tuns gestellt wird, hat es das Ehrenamt nicht leicht. Denn allenfalls werden hier ja Fahrtkosten, Arbeitskleidung oder -materialien erstattet. Langfristig gesehen kann sich ein Ehrenamt aber doch „auszahlen".

„Ich habe immer schon viel Zeit mit dem Schwimmen verbracht. Nun habe ich mich bei meinem Schwimmclub als Übungsleiterin für Kinderschwimmgruppen engagiert. Ich bereue das überhaupt nicht. Man lernt, Verantwortung zu übernehmen und im Team zu arbeiten. Das werde ich später im Berufsleben noch gebrauchen können. Der Umgang mit den Kindern macht mir viel Spaß. Und wenn sie ihr Schwimmabzeichen geschafft haben, gibts auch jede Menge Anerkennung für mich von den Eltern. Ich lerne interessante Leute aller Altersklassen kennen. In den Ferien waren wir mit der ganzen Schwimmgruppe in einem Jugendfreizeitheim, das war total lustig – und für mich kostenlos."

Christine (18 Jahre)

■ Mitarbeit in Verein und Kirche

Vereine mit sportlichen, musikalischen, künstlerischen oder sozialen Zielsetzungen sind zumeist **gemeinnützig**. Das bedeutet, dass diese Vereine keine wirtschaftlichen Ziele verfolgen, sondern dem Gemeinwohl, etwa der sportlichen Betätigung der Bevölkerung, dienen wollen. Wird ein Verein als gemeinnützig anerkannt, erhält er steuerliche Vorteile.

Da gemeinnützige Vereine nur geringe Einnahmen haben, können sie ihre Mitarbeiter nicht wie normale Arbeitskräfte bezahlen – das **Ehrenamt** ist gefragt. Neben Übungsleitern werden nämlich auch 1. Vorsitzende, Kassen-, Platz-, Jugend- und Pressewarte, Schriftführer, Schiedsrichter, Betreuer oder Spartenleiter dringend gebraucht.

Nach Schätzungen der katholischen **Kirche** engagieren sich rund fünf Millionen deutsche Katholiken ehrenamtlich in kirchlichen Funktionen, davon allein bei der Caritas über eine Million. Ehrenamtliche Betätigungsfelder sind vor allem Alten- und Jugendarbeit, Krankenpflege, die Unterstützung von Gottesdiensten, Kirchenchöre und Pfarrgemeinderäte.

■ Jugendfreiwilligendienste

Für Jugendliche, die ihre allgemeine Schulpflicht erfüllt haben, gibt es drei staatlich geförderte Freiwilligendienste. Diverse Projektträger bieten Tätigkeiten im Rahmen eines **freiwilligen Jahres** an, je nach Neigung sozial oder ökologisch ausgerichtet. Seit 2008 gibt es zudem **„weltwärts"**, einen Freiwilligendienst des Bundesministeriums für wirtschaftliche Zusammenarbeit und Entwicklung. Er gibt entwicklungspolitisch interessierten Jugendlichen die Chance, in Entwicklungsländern selbst Dienst zu leisten.

© Erich Schmidt Verlag

518 520

Verein
Auf Dauer angelegter Zusammenschluss mehrerer Personen mit festem Namen, der zur Verfolgung eines bestimmten Zwecks gegründet wird. Dieser Zweck ergibt sich aus der Vereinssatzung.

Deutscher Caritasverband
Wohlfahrtsverband, der die soziale Arbeit der katholischen Kirche organisiert

Die **Argumente** für die Teilnahme an einem Jugendfreiwilligendienst sind den Gründen für die Wahrnehmung eines Ehrenamtes ähnlich: Vor allem geht es darum, Erfahrungen zu sammeln, die für das spätere Leben hilfreich sind.

① Welche drei Argumente für ein ehrenamtliches Engagement haben aus Ihrer Sicht das größte Gewicht? Diskutieren Sie in der Klasse.

② Sind Sie ehrenamtlich für andere Menschen tätig? Berichten Sie in knapper Form über Ihre Erfahrungen.

③ Das Balkendiagramm zeigt, dass viel mehr Menschen in Vereinen, Kirchen, Kultur und Musik als in Berufsverbänden oder Gewerkschaften engagiert sind. Warum ist dies so? Argumentieren Sie.

„Bufdi"
Der 2011 als Reaktion auf die Aussetzung von Wehr- und Zivildienst eingeführte Bundesfreiwilligendienst ähnelt dem FSJ, kennt aber keine Altersbegrenzung nach oben.

11.4.6 Aktiv sein im politischen Geschehen

Wie wollen wir leben? Jugendliche debattierten in ganz Europa zur Zukunft der Stadt

Wer wird in Zukunft wie in der Stadt wohnen und arbeiten? Wie soll die Bevölkerung in den Städten ernährt werden und wie soll sie sich fortbewegen? Diese und viele andere spannende Fragen stellten sich die Teilnehmer der Europäischen Schülerparlamente.

Die langjährige und erfolgreiche Durchführung von Schülerparlamenten hat Wissenschaft im Dialog darin bestärkt, das Konzept auf Europa auszuweiten. Daher fanden 2013/2014 europaweit 20 Schülerparlamente statt, die jeweils fünf Delegierte zu einem abschließenden Parlament nach Kopenhagen entsandten, das dort anlässlich des Euroscience Open Forum (ESOF) vom 20.–22. Juni 2014 tagte.

Das Projekt „Europäische Schülerparlamente" ermöglichte bis zu 1.500 Schülerinnen und Schülern zwischen 16 und 19 Jahren parlamentarische Entscheidungsabläufe selbst zu erfahren und eigene Ideen und Meinungen in den Diskussionsprozess einzubringen. Innerhalb von drei Tagen bearbeiteten die Jugendlichen einen wis-

Schülerparlament

senschaftlichen Themenkomplex und bereiteten in Expertenhearings und Arbeitsgruppen die Fragestellung auf. Einen zusätzlichen Reiz erhält die Veranstaltung auch dadurch, dass die Jugendlichen an den Originalschauplätzen, sprich in den Plenarsälen der Landes- oder Stadtparlamente, diskutieren. Für die parlamentarische Debatte wurde je ein Positionspapier der Jugendlichen verabschiedet und einem politischen Entscheidungsträger des gastgebenden Parlamentes überreicht. Für das abschließende Parlament in Kopenhagen konnte dafür auch ein Vertreter der Europäischen Kommission gewonnen werden.

(http://www.wissenschaft-im-dialog.de/projekte/europaeische-schuelerparlamente/)

Wie funktioniert ein Jugendparlament? Beispiel: Jugendbeirat der Stadt Landsberg am Lech (Oberbayern)

- Jugendbeirat besteht aus 11 Mitgliedern inklusive dem Oberbürgermeister als Vorsitzenden und dem Jugendreferenten des Stadtrates.
- Die 9 jugendlichen Kandidaten werden von einer Jungbürgerversammlung mit einfacher Mehrheit gewählt.
- Jugendorgansiationen schlagen Kandidaten vor.
- Gewählt werden kann jeder Landsberger Bürger im Alter von 14 bis 20 Jahren.
- Die Amtszeit der Mitglieder dauert 2 Jahre.
- Sitzungen des Jugendbeirates finden mindestens zweimal pro Jahr statt und sind öffentlich.
- Beschlüsse des Jugendbeirates werden demokratisch gefasst und dann an die Gremien der Stadt Landsberg weitergeleitet.
- Der Jugendbeirat wird nach außen durch seinen gewählten Sprecher vertreten.
- Der Sprecher hat bei Jugendthemen ein Rederecht in Stadtrat und Ausschüssen.

■ **Schüler- und Jugendparlamente: Beteiligung Jugendlicher am politischen Geschehen**

Veranstaltungen wie das „Europäische Schülerparlament" dienen vor allem dazu, **Demokratie zu trainieren**, sich demokratische Verhaltensweisen anzueignen und Fakten über aktuelle Themen zu lernen, um später zu wissen, worum es geht. Mitglieder eines „richtigen" Parlamentes, das Gesetze beschließen darf, müssen dagegen passiv wahlberechtigt (wählbar) und deshalb volljährig sein.

Dass die Beteiligung Jugendlicher an der Politik keine reine „Trockenübung" sein muss, zeigt das Beispiel der **Jugendparlamente** in Bayern. Rund 50 davon gibt es in den Kommunen des Freistaates. Ob sie sich nun Jugendparlament, Jugendbeirat, Jugendrat, Jugendgemeinderat, Jugendgremium oder Jugendforum nennen – allen diesen Institutionen ist gemeinsam, dass sie sich als **Bindeglied** zwischen Jugend und Stadt- oder Gemeinderat verstehen und die Interessen Jugendlicher mit Nachdruck vertreten wollen.

Interview mit Kristin (17 Jahre), Sprecherin eines bayerischen Jugendparlamentes

Frage: Wie gründet man ein Jugendparlament?

Kristin: Man muss sich organisieren, also genug junge Leute zusammenbekommen, die ihre Interessen bündeln wollen. Dann muss man sich bei der Stadt oder Gemeinde für die Gründung des Parlamentes einsetzen.

Frage: Was reizt dich an der Mitarbeit im Jugendparlament?

Kristin: Sicher nicht das Geld, denn es gibt keines. Ich setze mich gern für gemeinsame Interessen ein. Wir Jugendlichen müssen zusammenhalten, sonst werden immer mehr Sportplätze, Skateboardanlagen und Übungsräume geschlossen. Außerdem lernt man zu argumentieren, lernt neue Leute kennen und versteht, wie die Politiker ticken.

Frage: Hat denn eure Arbeit Erfolg?

Kristin: Wir kommen nicht mit jedem unserer Themen durch. Aber je einheitlicher wir auftreten und je bessere Argumente wir haben, desto größere Chancen haben wir, dass sich die städtischen Gremien von unserem Standpunkt überzeugen lassen.

■ Parteipolitik als Alternative

Wer sich die Politik als berufliche Betätigung vorstellen kann, tritt zumeist bereits als Jugendlicher einer Partei seiner Neigung bei. Schon im Alter von zwölf Jahren kann man sich den **Schülerorganisationen der Parteien** anschließen, zum Beispiel der Schüler Union, den Juso-SchülerInnengruppen oder den Liberalen Schülern. Wer ein **Mandat** in Bundestag oder Landtag erlangen will und hohe politische Ämter anstrebt, kann sich kaum früh genug einer Partei zuwenden. Denn hier heißt es sich zunächst einmal „hochzuarbeiten", um etwa bei Wahlen einen sicheren Listenplatz zu ergattern. Aber auch wer nicht in großem Stil in die Landes- oder Bundespolitik einsteigen will, kann durch die Mitarbeit in einer Partei wertvolle Erfahrungen sammeln.

Wer sich nicht aktiv in die Politik einmischen will oder kann, sollte jedenfalls jede sich ihm bietende Möglichkeit zur **Teilnahme an demokratischen Wahlen** nutzen. Die zurückgehenden Wahlbeteiligungen der letzten Jahre sind ein alarmierendes Zeichen. Für die Demokratie ist das folgende anonyme Zitat von zeitloser Bedeutung:

> Der schlimmste Weg, den man wählen kann, ist der, keinen zu wählen.

Gremium
Gemeinschaft, beratende oder beschlussfassende Körperschaft; Ausschuss

Beschlüsse und Anträge der Jugendparlamente müssen zwar von den kommunalen Gremien nicht umgesetzt werden. Doch je besser sie vertreten werden, desto mehr wächst der Druck auf die Entscheidungsträger, den Interessen der Jugendlichen gerecht zu werden.

Seit 2012 hat die Jugendbeteiligung in Bayern einen landesweiten Dachverband: den Verband bayerischer Jugendbeteiligungsplattformen (VBJ).

Informationen zu den Jugendorganisationen der im Bayerischen Landtag vertretenen Parteien finden Sie in Abschnitt 11.4.1.

---

① Gibt es in einer Gemeinde oder Stadt Ihres Landkreises ein Jugendparlament? Sammeln Sie Informationen über dessen Aufgaben und Erfolge und berichten Sie hierüber in der Klasse.

② Sammeln Sie fünf Argumente, um einen Freund von der Mitarbeit in einem Jugendparlament zu überzeugen.

③ Erklären Sie aus Sicht der Demokratie in eigenen Worten, warum das Fernbleiben von der Wahl im obigen Zitat als „der schlimmste Weg" bezeichnet wird.

11.4.7 Bürger: Initiative ist gefragt

Mobilmachung gegen neue Mobilfunkanlagen

Neue Bürgerinitiative organisiert Demonstration

Wie berichtet, haben zwei Mobilfunkbetreiber vier neue Standorte in der Stadt ins Auge gefasst. Die neu gegründete „Bürgerinitiative gegen zusätzliche Mobilfunksendeanlagen" hat für Sonntag ab 14 Uhr zu einer Demonstration auf dem Marktplatz aufgerufen. Viele ihrer Mitglieder leben in der Nachbarschaft einer bereits seit Jahren bestehenden Mobilfunkanlage im Süden der Stadt. Andere fühlen sich aber auch vom Sendebereich der geplanten Masten in ihrer Lebensqualität eingeschränkt.

Petra Hellreuther, die Sprecherin der Initiative, sagte unserer Zeitung zu den Motiven des Protestes: „Vor allem sind es die Gesundheitsgefahren, die von Mobilfunkstrahlung ausgehen. Außerdem sehen wir die Gefahr des Wertverlustes unserer Häuser und treten für eine friedliche Nachbarschaft ein."

Neben der Organisation der Demonstration planen Frau Hellreuther und Co. weitere Aktivitäten. So sammelt die Initiative Unterschriften gegen Mobilfunkanlagen in Wohngebieten sowie in der Nähe von Schulen und Kindergärten. Auf dem Marktplatz wird sie zudem in den kommenden Wochen immer montags über mögliche Gefahren durch Mobilfunkstrahlung informieren und weitere Unterschriften sammeln.

■ Bürgerinitiativen machen mobil

Bürgerinitiativen bieten sehr gute Möglichkeiten, auf Probleme hinzuweisen und bestimmte **Interessen durchzusetzen**. Sie treten insbesondere dann in Erscheinung, wenn Parteien oder Verbände nicht rechtzeitig oder entschieden genug reagieren.

■ Was sind Bürgerinitiativen?

Bürgerinitiativen treten oft auf lokaler Ebene auf und werden als **spontane Zusammenschlüsse** von Personen tätig, die Missstände beseitigen oder gegen politische Versäumnisse, Fehlentwicklungen und Planungen angehen wollen. Nur vereinzelt geben sie sich eine Rechtsform, zum Beispiel die des Vereins.

Bürgerinitiativen konzentrieren sich zumeist auf ein bestimmtes Thema aus dem Bereich des Umweltschutzes, des Sozialen, der Freizeit oder der Kultur. Hierdurch unterscheiden sie sich von den **politischen Parteien** als festen Organisationen, die ein viel breiteres Themenspektrum abdecken, nach gesetzlichen Regeln organisiert sind und regelmäßig an Wahlen teilnehmen. Durch umfangreiche Aktivitäten versuchen die Bürgerinitiativen, das öffentliche Interesse für ihren Standpunkt zu steigern sowie Mitbürger für ihr Anliegen zu **mobilisieren**. So üben sie Druck auf Politiker und Behörden aus. Manchmal gehen Bürgerinitiativen auch den Weg der **Selbsthilfe** und bauen zum Beispiel den von ihnen geforderten Spielplatz auf eigene Faust.

■ Typische Aktivitäten von Bürgerinitiativen

Bürgerinitiativen wären macht- und sinnlos, wenn sie sich darauf beschränken würden, zu protestieren. Um Aufmerksamkeit auf sich zu lenken, mehr Menschen vom Mitmachen zu überzeugen und schließlich ihr Anliegen durchzusetzen, müssen sie **Kreativität** entwickeln.

Bürgerinitiativen ...
- sammeln Unterschriften
- organisieren Demonstrationen
- informieren an Ständen
- dokumentieren Gefahren und Schäden
- diskutieren mit Politikern
- verfassen Petitionen (Eingaben/Beschwerden) an Parlamente und Behörden
- starten Bürger- und Volksbegehren
- versuchen, die Medien für sich zu gewinnen
- stimmen sich ab und tauschen sich aus mit anderen Initiativen
- rufen Politiker zu Stellungnahmen auf
- veranstalten Gruppen- und Vortragsabende
- klagen vor Gericht oder unterstützen die Klagen einzelner Mitglieder
- schreiben offene Briefe an Regierungen.

---

mobilisieren
aktivieren, in Gang bringen

Bürgerinitiativen
sind zwar gesetzlich nicht geregelt, aber durch das Grundgesetz – insbesondere durch die Meinungsfreiheit (Artikel 5), die Versammlungsfreiheit (Artikel 8) und die Vereinigungsfreiheit (Artikel 9) – geschützt.

Bürgerinitiativen müssen kreativ sein:

■ Entstehung von Bürgerinitiativen

Zwar waren Bürgerinitiativen vereinzelt bereits vorher vorhanden. Doch in größerer Anzahl entstanden sie erst Ende der 1960er- und in den 1970er-Jahren. Als Alternative zur **außerparlamentarischen Opposition** („APO"), die sich als allgemeine Gegenbewegung zur Bundesregierung verstand und die deutschland- oder weltpolitische Themen in den Vordergrund stellte, konzentrierten sich die Bürgerinitiativen auf das Durchsetzen lokaler Interessen mit den Mitteln der **Basisdemokratie**.

Die Grünen, Vorgängerpartei der heutigen Partei Bündnis 90/Die Grünen, entstanden Ende der 1970er-Jahre aus dem Zusammenschluss von Bürgerinitiativen. Auch das Bündnis 90, das in der Partei die Länder der ehemaligen DDR vertritt, entstand 1990 – kurz vor der Wiedervereinigung – aus dem Zusammenschluss von Bürgerbewegungen.

■ Bürger- und Volksbegehren: Eckpfeiler der Partizipation

Was es auf Bundesebene nicht gibt, das gibt es in Bayern in zwei Ausprägungen: Basisdemokratie per Gesetz. Das **Bürgerbegehren** (Abschnitt 11.2.2) auf kommunaler und das **Volksbegehren** (Abschnitt 11.3.1) auf Landesebene lassen die Bürger bei aktuellen politischen Fragen mitentscheiden.

Das Verfahren für Bürgerbegehren und Bürgerentscheid ist in Artikel 18a der Bayerischen Gemeindeordnung genau geregelt. Es beginnt mit einer Frage, die mit „Ja" oder „Nein" beantwortet werden kann, wie z. B. beim erfolgreichen Bürgerbegehren in München aus dem Jahr 2012 gegen den Bau einer dritten Start- und Landebahn am Flughafen:

„Stimmen Sie dafür, dass die Landeshauptstadt München alle ihre Möglichkeiten als Gesellschafterin der Flughafen München GmbH nutzt, um den Bau einer 3. Start- und Landebahn des Verkehrsflughafens München zu verhindern und dass die Landeshauptstadt München insbesondere in der Gesellschafterversammlung der Flughafen München GmbH keinem Beschluss zum Bau einer 3. Start- und Landebahn zustimmt?"

Bürgerbegehren und Bürgerentscheid: Schema für ein erfolgreiches Verfahren

Zulässiges Bürgerbegehren
- Frage, die mit „Ja" oder „Nein" beantwortbar ist
- Frage betrifft den Wirkungskreis der Gemeinde (nicht Landes- oder Bundeszuständigkeit)
- Begehren muss von Mindestzahl an Gemeindebürgern unterschrieben sein (z. B. von 10 % bei bis zu 10.000 Einwohnern).

➡

Gemeinderat
- prüft das Bürgerbegehren und
- lässt den Bürgerentscheid zu.

➡

Erfolgreicher Bürgerentscheid
- Mehrheit der abgegebenen Stimmen votiert im Wahllokal für Bürgerbegehren
- Diese Mehrheit repräsentiert einen Mindestanteil an stimmberechtigten Gemeindebürgern (z. B. von 20 % bei bis zu 50.000 Einwohnern).

➡

Initiative erfolgreich
Der Bürgerentscheid hat die Wirkung eines Gemeinderatsbeschlusses und kann innerhalb eines Jahres nur durch einen neuen Bürgerentscheid abgeändert werden.

APO
in enger Verbindung mit der Studentenbewegung Mitte und Ende der 1960er-Jahre entstandene, linksgerichtete „außerparlamentarische Opposition" zur großen Koalition aus CDU und SPD unter Bundeskanzler Kurt Georg Kiesinger

Basisdemokratie
bedeutet hier, dass neben den Parteien auch andere politische Gruppen, Bürger und spontane Vereinigungen (z. B. Bürgerinitiativen) die politischen Entscheidungen abseits der Wahlen beeinflussen können.

Bayerische Verfassung Artikel 7 Abs. 2
Der Staatsbürger übt seine Rechte aus durch Teilnahme an Wahlen, Bürgerbegehren und Bürgerentscheiden sowie Volksbegehren und Volksentscheiden.

Artikel 12 Abs. 3
Die Staatsbürger haben das Recht, Angelegenheiten des eigenen Wirkungskreises der Gemeinden und Landkreise durch Bürgerbegehren und Bürgerentscheid zu regeln.

---

1. Informieren Sie sich über Bürgerinitiativen in Ihrer Umgebung. Beschreiben Sie, welche Ziele sie verfolgen und mit welchen Mitteln sie dies tun.
2. Stellen Sie in einer Tabelle die wesentlichen Unterschiede zwischen politischen Parteien und Bürgerinitiativen heraus.
3. Beschaffen Sie sich den Wortlaut von Artikel 18a der Bayerischen Gemeindeordnung und überlegen Sie sich drei Fragestellungen, die für ein Bürgerbegehren zulässig wären.

11.4.8 Methode: Projekte – Plakate und Wandzeitungen

> Es finden demnächst Wahlen statt. Die Neuwähler an der Schule sollen darüber informiert werden.
>
> Welche Informationen müssen die Neuwähler bekommen?
>
> Wie informieren Sie die Mitschüler?

Projekt (lat.)
Plan(ung), Unternehmen, Entwurf, Vorhaben

■ Projektarbeit

Unter einem Projekt versteht man ein gemeinsames Vorhaben. Die Schüler stellen sich einer Aufgabe, die sie in vorgegebener Zeit erfüllen sollen. Das Projekt umfasst den gesamten Umfang der Bearbeitung, von der Aufgabenstellung und Planung bis zur Präsentation der Ergebnisse. Am Ende sollte ein **vorzeigbares Produkt** stehen, das der Klasse oder der Schule **präsentiert** werden kann. Der Projektunterricht ist eine offene und freie Form des Lernens. Innerhalb des Ablaufs entscheiden die Schüler selbst und eigenverantwortlich. Ziel ist es, möglichst effektiv durch Teamarbeit zum Ergebnis zu kommen.

Phasen der Projektarbeit (nach Emer/Lenzen):

- **Initiierung:** Am Beginn steht die Aufgabenstellung durch den Lehrer, die von Ideen der Schüler beeinflusst sein kann. Es wird festgelegt, welcher Termin für die Fertigstellung gilt und welche Materialien zur Verfügung stehen.

- **Einstieg:** Konkrete Planung ist gefragt. Was genau muss getan werden und welche Schritte führen zum Ziel?

- **Durchführung:** Alle einzelnen Schritte im Plan sind einzuhalten, damit das Ziel nicht aus den Augen verloren wird.

- **Präsentation:** Sie kann in der Klasse erfolgen, aber auch vor der ganzen Schule. Es können auch Vertreter der Politik oder der Presse eingeladen werden. Um die Ergebnisse über einen längeren Zeitraum festzuhalten, können eine Homepage, Wandzeitungen oder Plakate erstellt werden.

■ Plakate

Plakate treffen wir im Alltag auf Schritt und Tritt. Nicht nur Firmen werben so für ihre Produkte, sondern auch Organisationen, wie z. B. Parteien, wollen ihre Ziele näherbringen.

Plakate sollen dem Betrachter in kurzer Zeit Inhalte vermitteln, ihn zum Nachdenken und möglichst auch zum Handeln bringen. Um etwas zu bewirken, fassen sie den Inhalt in einer originellen Gesamtaussage zusammen. Dazu sollte nicht mehr gehören als ein guter Spruch, ein ansprechendes Bild und eine attraktive Gesamtgestaltung.

- Der Spruch muss eine klare und verständliche Aussage haben.
- Es sollte eine einfache Schrift verwendet werden (keine Verzierungen und Schnörkel).
- Kurze Sprüche passen besser zum Hoch- als zum Querformat.
- Farben haben bestimmte Bedeutungen: Rot steht oft für Verbote oder Warnungen, Grün für positive Gedanken und Natur.
- Bildelemente sollten nicht zu viele Details enthalten, sie lenken nur ab.

Wie gestaltet man ein gutes Plakat?

Vor der Gestaltung eines Plakates sollte man sich intensiv mit dem Thema beschäftigen. In der Gruppe verständigen sich die Teilnehmer dann über die Botschaft, die das Plakat vermitteln soll, sowie über einen „knackigen" Spruch. Nach den ersten Entwürfen folgt dann die Umsetzung.

Plakate können im Schulgebäude Ausgangspunkt für Diskussionen und Gespräche bei anderen Schülern sein oder sie machen auf eine Wandzeitung aufmerksam ...

■ Wandzeitung

Die Wandzeitung ist das geeignete Mittel, um einen komplexen Sachverhalt für viele Menschen festzuhalten. Sie sollte an einem Ort ausgestellt werden, der stark besucht ist, also z. B. im Eingangsbereich oder in der Pausenhalle der Schule. Mit der Wandzeitung werden die Inhalte auf großem Format vermittelt. Es wird Aktuelles, Interessantes und Wissenswertes in Bildern, Karikaturen, Texten, Skizzen und Übersichten aufbereitet. Die Betrachter sollen einen Überblick zu einem Thema bekommen, bei Interesse länger an der Wandzeitung verweilen und sich einlesen können.

Wie gestaltet man eine gute Wandzeitung?

Die Recherche nach gutem Material ist bei der Wandzeitung von grundlegender Bedeutung. Das gefundene Material soll schließlich weiterverarbeitet werden, den Betrachter zielgerichtet informieren und auch optisch ansprechen. Treffendes Material muss gesichtet, bewertet und ausgewählt werden.

- Eine Gliederung des Inhalts ist unerlässlich. Dadurch wird es dann auch möglich, die Wandzeitung thematisch einzuteilen und Eckpunkte der Gestaltung festzulegen.
- Wichtige Teile der Wandzeitung müssen herausgestellt werden.
- Der Betrachter muss neutrale Informationen von Bewertungen und Kommentaren klar unterscheiden können.
- Texte und Bilder sollten sinnvoll kombiniert werden.
- Insbesondere die Bildauswahl ist von großer Bedeutung, da der optische Eindruck darüber entscheidet, ob die Wandzeitung Interesse bei potenziellen Lesern erweckt.
- Es ist auch darauf zu achten, dass die Anordnung der Grafiken, Bilder und Texte informativ erscheint und zueinander passt.

Ein mögliches Thema für die Gestaltung einer Wandzeitung wäre der Verlauf eines Bürgerbegehrens in Ihrer Heimatgemeinde oder eines Volksbegehrens auf Landesebene.
Auch die erfolgreiche Arbeit einer Bürgerinitiative könnte auf diese Weise dokumentiert werden.
Schließlich könnte eine Wandzeitung auch unter dem Motto „Basisdemokratie in Bayern" stehen. Selbstverständlich kommen aber auch ganz andere Themengebiete in Betracht.

Zur Wiederholung

11.4.1
Demokratie: Mitmachen hilft gegen Politikverdrossenheit
- Demokratie lebt von der politischen Beteiligung (Partizipation) der Bürger
- Partizipation ist in verschiedenen Formen denkbar: vom Verfolgen der politischen Lage in den Medien bis zur aktiven Mitgestaltung
- Der Trend zu weniger Partizipation ist für die Demokratie nicht ungefährlich
- Damit einher geht die sogenannte Politikverdrossenheit, die eher eine Parteienverdrossenheit ist. Denn die große Mehrheit hält zwar das politische System für gut, traut aber den Parteien die Lösung der Probleme Deutschlands in weit geringerem Maße zu

11.4.2
Pluralismus: Interessen gemeinsam vertreten
- Pluralismus ist die Konkurrenz unterschiedlicher Interessen, Ansichten und Werte
- Um Interessen durchzusetzen, müssen die Interessen organisiert werden
- Am wirkungsvollsten geht dies in Interessengruppen: politischen Parteien, Bürgerinitiativen und Interessenverbänden

11.4.3
Demokratische Tugenden – Spielregeln der Demokratie
- Toleranz (Respekt und Verständnis) gegenüber Andersdenkenden oder anders lebenden Personen, Konfliktfähigkeit („Konflikte müssen ausgetragen werden") und Kompromissbereitschaft (Finden vermittelnder Lösungen) sind Grundtugenden der Demokratie

- Ebenso zum Selbstverständnis der Demokratie gehört es, Mehrheiten anzuerkennen, Minderheiten aber zu schützen

11.4.4
Partizipation – aber wie?!
- Partizipation ist an beruflichen Schulen Bayerns im Rahmen der Schülermitverantwortung möglich
- Im beruflichen Umfeld können sich Auszubildende in der Jugend- und Auszubildendenvertretung (JAV) und später im Betriebsrat engagieren
- Die großen Vereine und Verbände haben zudem Jugendorganisationen

11.4.5
Ehrenamt? Ehrensache!
- Ein Ehrenamt ist eine Tätigkeit im öffentlichen oder privaten Bereich, die abgesehen vom Ersatz entstandener Auslagen nicht bezahlt wird
- Ein Ehrenamt zu übernehmen lohnt sich zwar finanziell erst einmal nicht – doch können wichtige Erfahrungen gemacht, Verbindungen geknüpft und Lebensfreude gewonnen werden
- Zur Übernahme eines Ehrenamtes bieten sich insbesondere Vereine, kirchliche Organisationen und Jugendfreiwilligendienste an

11.4.6
Aktiv sein im politischen Geschehen
- Auf kommunaler Ebene Bayerns können Jugendliche in Jugendparlamenten mitarbeiten
- Jugendparlamente verstehen sich als Bindeglied zwischen den Interessen der Jugendlichen und dem jeweiligen Stadt- oder Gemeinderat
- Politische Mitarbeit kann aber auch direkt in den Schüler- und Jugendorganisationen der Parteien erfolgen

11.4.7
Bürger: Initiative ist gefragt
- Bürgerinitiativen treten oft auf lokaler Ebene auf und werden als spontane Zusammenschlüsse zur gemeinsamen Vertretung politischer Interessen ins Leben gerufen
- Von politischen Parteien unterscheiden sie sich durch ihre Konzentration auf zumeist ein bestimmtes Anliegen
- In Bayern können Bürger über Bürger- und Volksbegehren zudem direkt auf politische Entscheidungen einwirken

11.5   **Deutschland in Europa**

11.5.1 Europäische Union: Zahlen, Fakten, Basiswissen

Die Erweiterung der Europäischen Union

Die sechs Gründerstaaten 1958
Belgien
Deutschland
Frankreich
Italien
Luxemburg
Niederlande

Beitritt 1973
Dänemark
Großbritannien
Irland

Beitritt 1981
Griechenland

Beitritt 1986
Portugal
Spanien

Beitritt 1995
Finnland
Österreich
Schweden

Beitritt 2004
Estland
Lettland
Litauen
Malta
Polen
Slowakei
Slowenien
Tschechien
Ungarn
Zypern

Beitritt 2007
Rumänien
Bulgarien

Beitritt 1. Juli 2013
Kroatien

Bewerberländer
Island
Mazedonien
Montenegro
Serbien
Türkei

5251 © Globus Quelle: Europäische Kommission

Die Rechte der Bürger in der EU

Freizügigkeit
Unionsbürger haben das Recht, sich in allen Mitgliedstaaten der EU frei zu bewegen und aufzuhalten

Unionsbürgerschaft
Alle Staatsangehörigen der EU-Mitgliedstaaten sind zugleich Unionsbürger

Aktives und passives Wahlrecht
bei Europa- und Kommunalwahlen – auch für Unionsbürger, die in einem anderen als ihrem eigenen EU-Land leben

Recht auf Schutz
im Nicht-EU-Ausland durch diplomatische und konsularische Vertretungen anderer EU-Staaten, wenn der eigene dort nicht vertreten ist

Bürgerinitiative
Unionsbürger können die Kommission per Bürgerinitiative auffordern, einen Vorschlag zu einem Rechtsakt vorzulegen

Petitionsrecht
beim Europäischen Parlament
Recht, sich an den Bürgerbeauftragten der EU zu wenden
Recht, an EU-Stellen in einer offiziellen Sprache zu schreiben und eine Antwort in gleicher Sprache zu erhalten

Zugang zu EU-Dokumenten
für Unionsbürger und sonstige Personen oder Unternehmen mit Sitz in der EU

ZAHLENBILDER

© Bergmoser + Höller Verlag AG
714 026

■ Wussten Sie schon?

- Die Europäische Union (EU) ist eine **Gemeinschaft** von 28 europäischen Staaten zwecks enger Zusammenarbeit in den Bereichen Wirtschaft und Politik.

- Sie ist selbst **kein Staat**, da die Mitgliedstaaten über wichtige Bereiche weiter allein und selbstständig bestimmen (Beispiel: Allein Bundestag oder Bundesregierung bestimmen über Auslandseinsätze der Bundeswehr).

- Die EU umfasst eine **Fläche** von rund 4,4 Millionen km^2 und hat rund 500 Millionen **Einwohner** – das ist nur die Hälfte der Fläche, aber das Doppelte der Einwohnerzahl der USA.

- Innerhalb der EU gibt es 24 Amtssprachen – neben Englisch, Französisch und Deutsch sind dies z. B. Irisch und Maltesisch.

- Deutschland ist mit rund 80,6 Millionen Einwohnern der größte Staat, liegt jedoch gemessen an der Fläche hinter Frankreich, Spanien und Schweden nur an vierter Stelle.

- Obwohl kein Staat, verfügt die EU über das **Europäische Parlament** mit Sitz in Straßburg. Neben dem Parlament ist auch der **Rat der EU**, dem die Fachminister der Mitgliedstaaten angehören, für die Gesetzgebung zuständig. Umgesetzt werden deren Beschlüsse durch die **EU-Kommission** (Exekutive). Für die Judikative (Rechtsprechung) ist der **Europäische Gerichtshof** in Luxemburg zuständig.

- Wichtigstes Gremium der EU ist der **Europäische Rat**, dem die Regierungschefs aller Mitgliedstaaten angehören. Hier werden die politischen Leitlinien der EU festgelegt.

- Einzige Institution mit Sitz in Deutschland ist die **Europäische Zentralbank** (EZB) in Frankfurt am Main.

- Innerhalb ihrer Zuständigkeit (Beispiel: Wirtschaftsrecht) erlässt die EU **Richtlinien** und **Verordnungen**, die für alle Mitgliedstaaten verbindlich sind. EU-Verordnungen haben mit ihrem Erlass in jedem Mitgliedstaat die Wirkung eines Gesetzes, Richtlinien müssen von jedem Staat in ein nationales Gesetz umgewandelt werden.

- Alle Staatsangehörigen der EU-Mitgliedsländer sind gleichzeitig **Unionsbürger** und genießen innerhalb der EU Rechte wie Freizügigkeit und ein erweitertes Wahlrecht.

Grundlagen der EU

- Die Motive für die **Europäische Einigung** sind in den Schrecken des **Zweiten Weltkrieges** zu suchen. Um weitere kriegerische Auseinandersetzungen zwischen Deutschland und Frankreich sowie Großbritannien für immer zu verhindern, sollten sich die europäischen Großmächte wirtschaftlich und politisch annähern und miteinander verflechten.

- Der europäische Einigungsprozess startete 1951 mit der **Europäischen Gemeinschaft für Kohle und Stahl** (EGKS). Zu den sechs Gründerstaaten gehörte die Bundesrepublik Deutschland.

Von den drei Säulen zur einheitlichen EU

EU

| Europäische Gemeinschaft (EG) | Gemeinsame Außen- und Sicherheitspolitik (GASP) | Polizeiliche u. justizielle Zusammenarbeit in Strafsachen |

Die **Europäische Union** besitzt einheitliche Rechtspersönlichkeit; sie löst die Europäische Gemeinschaft ab.

Politikbereiche der EU

- Zollunion • Währungspolitik • Handelspolitik • Wettbewerbspolitik • Binnenmarkt • wirtschaftlicher, sozialer und territorialer Zusammenhalt • ein Raum der Freiheit, der Sicherheit und des Rechts • Landwirtschaft • Umwelt • Verbraucherschutz • Transeuropäische Netze • Energie • Forschung u.a.

- Gemeinsame Außen- und Sicherheitspolitik einschließlich einer Gemeinsamen Sicherheits- und Verteidigungspolitik.
  Für diesen Bereich gelten besondere Entscheidungsverfahren.

Struktur der EU nach dem Vertrag von Lissabon (in Kraft seit 1.12.2009)

ZAHLENBILDER
714 020

© Bergmoser + Höller Verlag AG

- Nach einem langwierigen Einigungsprozess (Abschnitte 11.5.3, 11.5.4) wurde die EU 1992 mit dem **Vertrag von Maastricht** ins Leben gerufen. Getragen wurde die EU von **drei Säulen**: den Europäischen Gemeinschaften, der gemeinsamen Außen- und Sicherheitspolitik sowie der Zusammenarbeit von Polizei und Justiz. Mit dem Vertrag von Lissabon ist das Modell der drei Säulen überholt: Die EU hat nunmehr eine eigene Rechtspersönlichkeit (siehe Schaubild oben rechts).

- Erfolgsmerkmal der EU ist insbesondere die **Wirtschafts- und Währungsunion**.

- Die Währungsunion wurde mit der Einführung des **Euro** 2002 vollendet. Allerdings ist der Euro bisher erst in 19 der 28 Mitgliedstaaten gemeinsame Währung.

- Die Wirtschaftsunion wurde 1993 mit der Einführung des **EU-Binnenmarktes** vollendet. Charakteristisches Merkmal des Binnenmarktes sind die **vier Freiheiten**:

| **Freier Personenverkehr:** insbesondere Wegfall von Grenzkontrollen, Niederlassungs- und Beschäftigungsfreiheit der EU-Bürger in allen EU-Staaten | **Freier Warenverkehr:** insbesondere Wegfall von Grenzkontrollen, Steuerharmonisierung | **Freier Dienstleistungsverkehr:** insbesondere Öffnung der Transport- und Telekommunikationsmärkte | **Freier Kapitalverkehr:** insbesondere größere Freizügigkeit für Geld- und Kapitalbewegungen |

① Informieren Sie sich über die Mitgliedstaaten der EU und erstellen Sie eine Tabelle, in der Sie Hauptstädte, Landessprachen und Einführung des Euro (ja oder nein) eintragen.

② Die EU erlässt eine neue „Verpackungsrichtlinie für Lebensmittel". Der Bundestag hat sich mit dem Thema noch nicht befasst. Muss sich der Lebensmittelhändler Mair in Augsburg an die Richtlinie halten?

③ Recherchieren Sie im Internet oder anderen verfügbaren Medien und unterscheiden Sie in knapper Form die drei missverständlichen Begriffe voneinander: „Europarat", „Europäischer Rat" und „Rat der EU".

11.5.2 Meinungen zur Europäischen Union

Bei aller Kritik an der EU muss beachtet werden: Ohne den Prozess der europäischen Einigung nach dem Zweiten Weltkrieg wäre die Entwicklung hin zu dauerhaftem Frieden und Wohlstand – vor allem beim Kriegsverlierer Deutschland – kaum möglich gewesen.

Die EU – niemals unumstritten

Die Meinungen über Sinn und Zweck der Europäischen Union, über die **Vor- und Nachteile** der Mitgliedschaft Deutschlands, über die Einführung des Euro, die Erweiterung der EU auf nunmehr 28 Staaten oder den Nutzen ihrer Richtlinien und Verordnungen sind vielfältig und gehen weit auseinander.

Viele Menschen haben Befürchtungen, weil sie die EU nicht richtig verstehen, sie als zu kompliziert und als Erfindung „abgehobener" Politiker empfinden. So scheinen wichtige Entscheidungen an ihnen vorbei getroffen zu werden, ohne dass sie wüssten, wie sie diese Entscheidungen beeinflussen könnten.

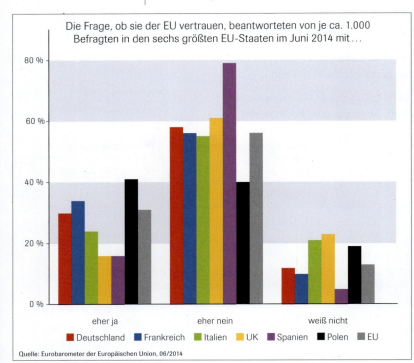

Die Frage, ob sie der EU vertrauen, beantworteten von je ca. 1.000 Befragten in den sechs größten EU-Staaten im Juni 2014 mit …

eher ja · eher nein · weiß nicht

Deutschland · Frankreich · Italien · UK · Spanien · Polen · EU

Quelle: Eurobarometer der Europäischen Union, 06/2014

Ansichten und Erwartungen

Bei dem regelmäßig im Auftrag der EU-Kommission durchgeführten **„Eurobarometer"** ergibt sich ein Spiegelbild „europäischer Empfindungen". Unter den im Juni 2014 befragten 1.576 Deutschen fühlten sich immerhin 71 % als „Europäer". EU-weit waren es 61 %.

Als größte Leistung der EU sahen die meisten Deutschen (49 %) die Sicherung des Friedens zwischen den Mitgliedstaaten an – wohl eine Auswirkung des von Deutschland verschuldeten Zweiten Weltkrieges. Bei den EU-Bürgern insgesamt lag der freie Verkehr von Personen, Gütern und Dienstleistungen vorn. Hauptsorge auf europäischer Ebene war für die EU-Bürger die wirtschaftliche Situation (39 %). Aus deutscher Sicht war es dagegen die Entwicklung der öffentlichen Finanzen (42 %).

■ Ansichtssachen: zentrale EU-Themen im Fokus öffentlicher Meinung

Die Meinungen zu den zentralen Themen der EU schwanken in der Bevölkerung – je nachdem, welche Erfahrungen mit dem vereinten Europa gemacht werden.

- **Arbeiten in Europa:** Ohne Arbeitserlaubnis in anderen EU-Staaten arbeiten zu können bringt Vorteile. So kommen aber auch viele Arbeitnehmer aus wirtschaftlich schwächeren EU-Staaten nach Deutschland, um für niedrigere Löhne zu arbeiten. Folge sind z.B. Kündigungen im Nahrungsmittelbereich, weil Arbeitnehmer durch billigere Arbeitskräfte ersetzt werden.

- **Soziale Sicherung:** Man ist in dem Land versichert, in dem man wohnt und arbeitet. Die sozialen Standards in Deutschland sind hoch. Es besteht die Sorge, dass die Standards aus Wettbewerbsgründen heruntergeschraubt werden.

- **Der Binnenmarkt:** Der Binnenmarkt behandelt den Einkauf im Ausland wie einen Inlandseinkauf – was für Verbraucher Einsparpotenzial bringt. Andererseits erhöht sich so auch die Konkurrenz für die deutschen Hersteller.

- **Wohnen in Europa:** EU-Bürger können überall in der EU wohnen und leben. Ein Umzug einer Familie, z.B. nach Österreich oder Mallorca, ist ohne Probleme möglich. Auf Mallorca hat das aber schon zu Protesten in der einheimischen Bevölkerung geführt. Da vermögende Ausländer viele Grundstücke und Häuser kaufen, steigen die Immobilienpreise. Für die Einheimischen wird der Kauf einer Immobilie dadurch zu teuer.

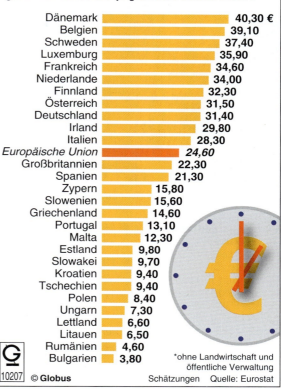

Arbeitskosten in der EU

Bruttoverdienste und Lohnnebenkosten 2014 in der gesamten Wirtschaft* je geleistete Stunde in Euro

Dänemark	40,30 €
Belgien	39,10
Schweden	37,40
Luxemburg	35,90
Frankreich	34,60
Niederlande	34,00
Finnland	32,30
Österreich	31,50
Deutschland	31,40
Irland	29,80
Italien	28,30
Europäische Union	*24,60*
Großbritannien	22,30
Spanien	21,30
Zypern	15,80
Slowenien	15,60
Griechenland	14,60
Portugal	13,10
Malta	12,30
Estland	9,80
Slowakei	9,70
Kroatien	9,40
Tschechien	9,40
Polen	8,40
Ungarn	7,30
Lettland	6,60
Litauen	6,50
Rumänien	4,60
Bulgarien	3,80

10207 © **Globus**

*ohne Landwirtschaft und öffentliche Verwaltung

Schätzungen   Quelle: Eurostat

- **Erweiterung der EU – insbesondere: Beitritt der Türkei**

Der mögliche EU-Beitritt der Türkei ist heftig umstritten, Argumente sind z.B.:

Pro	Kontra
• Es besteht die Chance auf eine historische Verbindung zwischen Europa und dem Nahen Osten. • Deutschland ist für die Türkei der wichtigste Handelspartner; wirtschaftliche Vorteile sind greifbar.	• Menschenrechte – insbesondere Meinungsfreiheit und Minderheitenschutz – sind in der Türkei unzureichend gewährleistet. • Durch massenhaften Zuzug aus den ärmeren Regionen der Türkei könnte in Deutschland eine soziale Überforderung eintreten.

Vertrauen in die Institutionen der EU?
Laut Eurobarometer vom Juni 2014 vertrauten unter den EU-Bürgern aller Altersklassen …
- dem Europäischen Parlament: 37 %
- der Europäischen Kommission: 32 %
- der Europäischen Zentralbank: 31 %

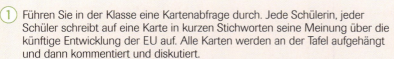

① Führen Sie in der Klasse eine Kartenabfrage durch. Jede Schülerin, jeder Schüler schreibt auf eine Karte in kurzen Stichworten seine Meinung über die künftige Entwicklung der EU auf. Alle Karten werden an der Tafel aufgehängt und dann kommentiert und diskutiert.

② a) Informieren Sie sich über die offiziellen Abkürzungen der EU-Staaten und ordnen Sie die Abkürzungen im obigen Schaubild den einzelnen Staaten zu.
   b) Was besagt das Schaubild über die Arbeitskosten und welche möglichen Entwicklungen innerhalb der EU zeichnen sich ab?

11.5.3 Meilensteine der Einigung Europas – Teil 1 (1945–1990)

München 1945 – kaum ein Gebäude ist verschont geblieben.

■ Europa – entstanden aus Trümmern

Wer verstehen will, warum die europäische Einigung insbesondere für Deutschland so wichtig war und ist, der muss sich vergegenwärtigen, woher Deutschland kam. 1945 lag das **Land in Trümmern** – zerstört durch den Zweiten Weltkrieg, den es selbst entfacht hatte.

Nach dem furchtbaren Krieg war den Menschen in Europa klar, dass mit einem Festhalten an den alten Nationalstaaten auch in Zukunft Kriege nicht zu verhindern sein würden. Noch wagte zwar kaum jemand, an ein freundschaftliches **Bündnis der europäischen Staaten** zu glauben – schon gar nicht unter Beteiligung Deutschlands. Doch ein neues Denken musste Einzug halten. Zwei erfahrene Politiker wagten diesen neuen Schritt.

Europa im Zeitraffer

1951: EGKS
Belgien, die Bundesrepublik Deutschland, Frankreich, Italien, Luxemburg und die Niederlande gründen die EGKS (Montanunion). Ziel ist die Schaffung eines gemeinsamen Marktes für Kohle und Stahl. Die wirtschaftliche Gemeinschaft soll die Grundlage für eine vertiefte Gemeinschaft der Völker sein.

1957: EWG + EURATOM = „Römische Verträge"
Die EGKS-Staaten gründen die Europäische Wirtschaftsgemeinschaft (EWG). Ziele:
• Binnenmarkt und Zollunion
• gemeinsame Agrarpolitik
• politische Zusammenarbeit
• Schaffung einer Währungsunion

1967: EG
EGKS, EWG und EURATOM schließen sich zur Europäischen Gemeinschaft (EG) zusammen.

■ 1946: Winston Churchills Idee

Der britische Premierminister Winston Churchill hatte schon kurz nach dem Zweiten Weltkrieg eine Vision vom zukünftigen Europa:

> *„Wenn Europa einmal einträchtig sein gemeinsames Erbe verwalten würde, dann könnten seine drei- bis vierhundert Millionen Einwohner ein Glück, einen Wohlstand und einen Ruhm ohne Grenzen genießen. [...] Wir müssen etwas wie die Vereinigten Staaten von Europa schaffen. [...] Ich spreche jetzt etwas aus, das Sie in Erstaunen versetzen wird. Der erste Schritt bei der Neugründung [...] muss eine Partnerschaft zwischen Frankreich und Deutschland sein."*

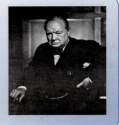

■ 9. Mai 1950: Robert Schumans Plan

Der französische Außenminister Robert Schuman verkündete im Mai 1950, dass seine Regierung mit der deutschen Regierung im Montanbereich (Kohle und Stahl) zusammenarbeiten wolle. Dieser Plan erschien sensationell: Nur fünf Jahre nach dem Zweiten Weltkrieg war Frankreich bereit, mit dem „Erbfeind" Deutschland eine gemeinsame Politik in diesen damals sehr wichtigen Wirtschaftsbereichen zu gestalten. Der Schuman-Plan führte zur Gründung der EGKS (siehe Abschnitt 11.5.1), auch Montanunion genannt. So begann die europäische Einigung auf wirtschaftlichem Gebiet.

■ 1951: Die Europäische Gemeinschaft für Kohle und Stahl (EGKS)

• 18. April 1951: Sechs Staaten unterzeichnen den Gründungsvertrag.
• Kohle und Stahl waren damals die wichtigsten Wirtschaftsbereiche.
• Sie hatten für die Wirtschaftskraft eine Bedeutung wie heute die Hochtechnologie.
• Kohle und Stahl waren auch wichtiger Bestandteil der Rüstungsindustrie.
• Signal der EGKS-Gründung: Nie mehr Krieg zwischen Deutschland und Frankreich.

Bundeskanzler Konrad Adenauer unterzeichnet die Römischen Verträge

🟩 1957: EWG + EURATOM = Römische Verträge

Am 25. März 1957 wurden in Rom der Vertrag über die Europäische Wirtschaftsgemeinschaft und der EURATOM-Vertrag über die Zusammenarbeit im Bereich der Atomindustrie unterzeichnet. Der EWG-Vertrag war für die weitere politische Entwicklung Europas richtungweisend. Sein vorrangiges Ziel war die Herstellung eines Binnenmarktes. Personen, Waren, Kapital und Dienstleistungen sollten sich in der Gemeinschaft frei bewegen bzw. ausgetauscht werden können. Dieses Ziel der „vier Freiheiten" konnte indes erst 1993 verwirklicht werden. Als ersten Schritt dahin beschloss man eine Zollunion. Ab 1. Juli 1968 waren innerhalb der Gemeinschaft die Zölle abgeschafft. Die Schaffung einer Währungsunion wurde ebenfalls schon damals in den Verträgen beschlossen.

🟩 1967: Die Europäische Gemeinschaft

Am 1. Juli 1967 trat der Fusionsvertrag in Kraft, durch den die Verwaltungs- und Exekutivorgane der drei Gemeinschaften EWG, EGKS und EURATOM zusammengelegt wurden. Seitdem wird häufig zusammenfassend von der Europäischen Gemeinschaft, EG, gesprochen.

🟩 1987: Einheitliche Europäische Akte – erste Reform der Gründungsverträge

Die Einheitliche Europäische Akte war die erste große Reform der Gründungsverträge. Sie
- legte fest, dass der Binnenmarkt bis Ende 1992 verwirklicht werden sollte,
- verlieh dem Europäischen Parlament mehr Einfluss und
- schaffte die vertraglichen Grundlagen für eine nicht nur wirtschaftliche, sondern auch politische Zusammenarbeit.

1968: Zollunion
Importe und Exporte zwischen den EWG-Staaten sind zollfrei.

1972/73: Verstärkte Zusammenarbeit
Die EWG-Staaten beschließen eine Zusammenarbeit in der Energiepolitik, der Regionalpolitik und der Umweltpolitik.

1979: Erste Europawahl
Erste Direktwahl der Abgeordneten des Europäischen Parlaments

1989: Veränderung in Osteuropa und Fall der Berliner Mauer
Die revolutionären Veränderungen in Ost- und Mitteleuropa, insbesondere in Deutschland, eröffnen der Einigung Europas ganz neue Dimensionen. Weitere Veränderungen der Gründungsverträge und der Beitritt ehemaliger Ostblockländer standen und stehen auf der Tagesordnung.

1990: Wiedervereinigung Deutschlands
Durch die Vereinigung der Bundesrepublik Deutschland und der DDR gehören die fünf neuen Bundesländer der Europäischen Gemeinschaft an.

---

① Stellen Sie Churchills Vision und Schumans Plan dar und erläutern Sie, warum man heute von zwei sehr weitsichtigen Politikern sprechen kann.

② Stellen Sie eine Zeittafel der Europäischen Einigung her, die im Verlauf der nächsten Unterrichtsstunden erweitert wird.

③ Warum war die europäische Einigung gerade für die Bundesrepublik Deutschland so wichtig? Schreiben Sie die wesentlichen Stichpunkte auf.

11.5.4 Meilensteine der Einigung Europas – Teil 2 (seit 1990)

Europa im Zeitraffer
1992: Vertrag von Maastricht
Der am 7. Februar 1992 in Maastricht geschlossene Vertrag über die Europäische Union trat am 1. November 1993 in Kraft. Er beinhaltet die zweite Veränderung der Gründungsverträge.

1997: Vertrag von Amsterdam
Am 2. Oktober 1997 wurde der Vertrag von Amsterdam unterzeichnet. Diese dritte Änderung der Gründungsverträge trat am 1. Mai 1999 in Kraft.

2000/2001: Vertrag von Nizza
Der Vertrag von Nizza wurde im Dezember 2000 angenommen, am 26. Februar 2001 unterzeichnet und trat am 1. Februar 2003 in Kraft. Er ebnete den Weg für die EU-Osterweiterung.

2004: EU-Verfassung
Der Vertrag über eine Verfassung für Europa wurde am 29. Oktober 2004 in Rom unterzeichnet. Die für 2006 geplante Verfassung scheiterte jedoch an Referenden in Frankreich und den Niederlanden.

2007: Vertrag von Lissabon
Der Vertrag von Lissabon wurde am 13. Dezember 2007 unterzeichnet und sollte zum 1. Januar 2009 statt der Verfassung in Kraft treten. Die Wirksamkeit verzögerte sich jedoch durch ein negatives Referendum in Irland bis zum 1. Dezember 2009.

■ **1992: Vertrag von Maastricht – die EU entsteht**
In der niederländischen Stadt Maastricht wurde 1992 der Vertrag über die Europäische Union beschlossen (siehe bereits Abschnitt 11.5.1). Die so gegründete EU ruht auf den **drei Säulen**
• Europäische Gemeinschaften
• Gemeinsame Außen- und Sicherheitspolitik
• Zusammenarbeit in den Bereichen Polizei und Justiz.

Außenminister Hans-Dietrich Genscher und Finanzminister Theo Waigel unterzeichnen den Vertrag von Maastricht.

Der Maastricht-Vertrag leitete den Weg von der Wirtschaftsunion zur politischen Union ein. Die **Unionsbügerschaft** wurde eingeführt. Die Schaffung des europäischen Polizeiamtes Europol wurde festgeschrieben. Der Weg hin zur weiteren Übertragung nationaler Hoheitsrechte auf die EU war vorgezeichnet.

■ **1997: Vertrag von Amsterdam – dritte Veränderung der Grundlagenverträge**
Im Amsterdamer Vertrag sollten die Grundlagen für eine bürgernahe, starke und handlungsfähige EU geschaffen werden.

Stärkung der gemeinsamen Außen- und Sicherheitspolitik
• Gewährleistung von Frieden und äußerer Sicherheit
• Handlungsmöglichkeiten bei humanitären und friedenserhaltenden Maßnahmen

Verbesserte Zusammenarbeit in den Bereichen Justiz und Inneres
• Bekämpfung von Kriminalität und Terrorismus
• Gemeinschaftliches Asyl- und Einwanderungsrecht

Grundrechtsschutz für die EU-Bürger
• Gemeinsame Beschäftigungs- und Arbeitsmarktpolitik
• Gemeinsame Europäische Sozialpolitik
• Stärkung des Umweltschutzes

Handlungsfähigkeit der Europäischen Union
• Vereinfachung der Mitentscheidungsverfahren
• Erweiterung der Mitentscheidung des Europäischen Parlaments
• Begrenzung der Zahl der Abgeordneten auf ca. 700

Durch den Vertrag von Amsterdam wurde die Handlungsfähigkeit der europäischen Institutionen gestärkt – insbesondere die Rechte des EU-Parlamentes wurden weiter ausgedehnt. Detailinformationen zu den Institutionen erhalten sie in den Abschnitten 11.5.5 und 11.5.6.

Eine Flexibilitätsklausel wurde in die Verträge aufgenommen. Danach kann kein Mitgliedstaat gezwungen werden, weitere Integrationsschritte mitzumachen. Die Mitgliedsländer dürfen selbst entscheiden, wie zügig sie an der Europäischen Zusammenarbeit teilnehmen. Ein Beispiel ist die Teilnahme an der Währungsunion.

■ 2000/2001: Vertrag von Nizza – Grundlagen der EU-Erweiterung werden geschaffen

Der Vertrag von Nizza reformierte die Institutionen der zu diesem Zeitpunkt aus 15 Staaten bestehenden EU weiter. Kennzeichnend für diesen Vertrag waren

- die Neugestaltung der Größe und Zusammensetzung der EU-Kommission und der Stimmengewichtung im Rat der EU (Ministerrat) als
- Voraussetzung dafür, dass 2004 die Staaten Estland, Lettland, Litauen, Polen, Tschechien, Slowakei, Ungarn, Slowenien, Malta und Zypern sowie 2007 Bulgarien, Rumänien und 2013 Kroatien der EU im Rahmen der **Osterweiterung** beitreten konnten, und
- der Beschluss einer **Charta der Grundrechte**.

■ 2004: Vertrag über eine Verfassung für Europa

Mit der Unterzeichnung des Vertrages über eine Verfassung für Europa schien der europäische Einigungsprozess im Jahr 2004 auf einem Höhepunkt angekommen zu sein. Schon im Jahr 2006 sollte die EU-Verfassung in Kraft treten. Doch es erwies sich, dass die Staats- und Regierungschefs hier mehr beschlossen hatten, als die EU-Bürger wollten: Nach negativen Volksentscheiden in Frankreich und den Niederlanden war die Verfassung im Jahr 2005 bis auf Weiteres **gescheitert**.

■ 2009: Vertrag von Lissabon (EU-Reformvertrag)

Der Vertrag von Lissabon enthält die Grundzüge der gescheiterten Verfassung in einer Art „Light-Version" und sollte an deren Stelle zum 1. Januar 2009 wirksam werden. Auch hier sorgten jedoch Bürger zunächst für einen herben Rückschlag: Im Juni 2008 wurde der Vertrag in Irland abgelehnt und konnte demgemäß auch in keinem anderen Staat zum Jahresbeginn 2009 in Kraft treten. Bei einer zweiten Abstimmung stimmten die Iren dem Vertrag im Oktober 2009 aber doch zu. Und nachdem zuletzt Tschechien den Vertrag ratifizierte, trat er zum **1. Dezember 2009 in Kraft**.

Der **Europass** soll seit 2005 das **Lernen** und Arbeiten in der **EU** erleichtern. Fünf Bausteine helfen, im In- oder Ausland gemachte Erfahrungen sowie in allen EU-Staaten bewertbare Qualifikationen und Kompetenzen zu dokumentieren.

Bausteine sind
- Europass Lebenslauf
- Europass Sprachenpass
- Europass Mobilität
- Europass Diplomzusatz
- Europass Zeugniserläuterung.

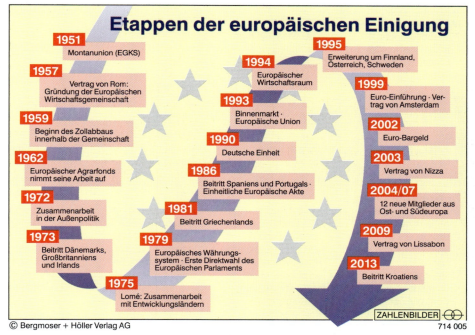

Etappen der europäischen Einigung

1951 Montanunion (EGKS)

1957 Vertrag von Rom: Gründung der Europäischen Wirtschaftsgemeinschaft

1959 Beginn des Zollabbaus innerhalb der Gemeinschaft

1962 Europäischer Agrarfonds nimmt seine Arbeit auf

1972 Zusammenarbeit in der Außenpolitik

1973 Beitritt Dänemarks, Großbritanniens und Irlands

1975 Lomé: Zusammenarbeit mit Entwicklungsländern

1979 Europäisches Währungssystem · Erste Direktwahl des Europäischen Parlaments

1981 Beitritt Griechenlands

1986 Beitritt Spaniens und Portugals · Einheitliche Europäische Akte

1990 Deutsche Einheit

1993 Binnenmarkt · Europäische Union

1994 Europäischer Wirtschaftsraum

1995 Erweiterung um Finnland, Österreich, Schweden

1999 Euro-Einführung · Vertrag von Amsterdam

2002 Euro-Bargeld

2003 Vertrag von Nizza

2004/07 12 neue Mitglieder aus Ost- und Südeuropa

2009 Vertrag von Lissabon

2013 Beitritt Kroatiens

ZAHLENBILDER

© Bergmoser + Höller Verlag AG

714 005

ratifizieren (lat.) einen völkerrechtlichen Vertrag in Kraft setzen

(1) Erläutern Sie den Unterschied zwischen der EG und der EU.

(2) Arbeiten Sie weiter an der Zeittafel der europäischen Einigung.

(3) Erstellen Sie in Ihrer Klasse in Kleingruppen Kurzvorträge zu den einzelnen Etappen der europäischen Einigung und tragen Sie diese in der Klasse vor. Beschaffen Sie weitere Informationen zu den einzelnen Etappen in Lexika oder im Internet (www.europa.eu).

11.5.5   Institutionen der EU: Überblick und Europäisches Parlament

■ **Die fünf wichtigsten Institutionen der EU**

Die Vorteile der EU-Bürgerschaft oder des Euro aufzuzählen fällt oft leichter, als die **Aufgaben und Funktionen der EU-Institutionen** zu durchschauen.

Ohne Grundkenntnisse über diese Institutionen lässt sich aber auch die EU selbst nicht verstehen. Hier ein knapper Überblick:

Europäisches Parlament	Europäische Kommission	Rat der EU (Ministerrat)	Europäischer Rat	Europäischer Gerichtshof
Sitz: Straßburg	Brüssel	Brüssel	wechselnd	Luxemburg
Mitglieder: 751 Abgeordnete, die in freier Wahl in allen EU-Staaten gewählt werden	pro EU-Staat ein Kommissar, inklusive dem Kommisionspräsidenten	Fachminister der EU-Staaten, z.B „Allgemeiner Rat" (Außenminister), Rat für Wirtschaft und Finanzen	Staats- und Regierungschefs der EU-Staaten sowie der Kommissionspräsident	pro EU-Staat ein Richter, inklusive dem Präsidenten des Europäischen Gerichtshofes
Amtsperiode: Legislaturperiode fünf Jahre	fünf Jahre, Neubesetzung binnen sechs Monaten nach der Europawahl	landesabhängig von der Amtszeit des jeweiligen Fachministers; Ratspräsidentschaft: sechs Monate	landesabhängig von der Amtszeit des jeweiligen Regierungschefs	sechs Jahre, Präsident: drei Jahre
Funktion/Aufgabe: • teilt sich EU-Gesetzgebung mit Ministerrat • entscheidet mit Ministerrat über EU-Haushalt • übt parlamentarische Kontrolle über Europäische Kommission aus	• schlägt Rechtsakte (EU-Gesetze) vor, über die Parlament und Rat entscheiden (Initiativrecht) • sorgt als Exekutivorgan für die korrekte Ausführung der Rechtsakte • handelt als Vertreterin der EU internationale Übereinkommen aus	• teilt sich Gesetzgebung und Entscheidung über EU-Haushalt mit dem Europäischen Parlament • sorgt für die Abstimmung der Grundzüge der Wirtschaftspolitik in den EU-Staaten • schließt die von der Kommission ausgehandelten internationalen Übereinkommen ab • entwickelt die gemeinsame Außen- und Sicherheitspolitik der EU	• legt die allgemeinen politischen Ziele der EU fest • Ergebnisse der Sitzungen sind zwar nicht rechtsverbindlich, sind aber Richtlinie für die Treffen des Ministerrates • ernennt den Kommissionspräsidenten • Achtung: nicht verwechseln mit dem Europarat, der nicht mit der EU verbunden ist. Ihm gehören auch Nicht-EU-Staaten an.	• entscheidet über Rechtsstreitigkeiten auf dem Gebiet der EU-Gesetze • z.B. auf Antrag der Kommission, wenn ein EU-Staat seinen Verpflichtungen aus EU-Gesetzen nicht nachkommt • z.B. auf Antrag von Personen oder Unternehmen, die durch ein Handeln einer Institution oder eines Bediensteten der EU Schaden erlitten haben

■ Das Europäische Parlament (Europaparlament)

Seit 1979 findet alle fünf Jahre die Wahl zum Europäischen Parlament statt. Das Wahlverfahren des jeweiligen Mitgliedstaates gilt auch für die Europawahl. Erfolg und Misserfolg der Parteien hängen also sehr stark von der Situation im jeweiligen Land ab.

Abgeordnete verwandter Parteien schließen sich im Europaparlament zu **Fraktionen** zusammen. CSU-Abgeordnete gehören der EVP-Fraktion (Europäische Volkspartei) an, SPD-Vertreter der SPE-Fraktion (Sozialdemokratische Partei Europas).

Das EU-Parlamentsgebäude in Straßburg

Bedeutung des Europaparlamentes

Merkmale eines Parlaments sind das Recht, **Gesetze zu beschließen**, und die **Kontrolle der Regierung**. Das Europäische Parlament hat diese Rechte noch nicht. Gründe dafür:

- Bei der Gesetzgebung haben immer noch die Regierungen der Mitgliedstaaten (durch den Ministerrat, siehe Abschnitt 11.5.6) das letzte Wort.
- Eine echte europäische Regierung existiert noch nicht.

Das Europäische Parlament konnte aber seine Befugnisse in den letzten Jahren erweitern:

- Der Haushaltsentwurf der Kommission kann vom Europaparlament abgelehnt werden.
- Die Kommission und ihr Präsident können vom Ministerrat nicht ohne Zustimmung des Europaparlamentes berufen werden.
- Die gesamte Kommission kann mit einer Zwei-Drittel-Mehrheit vom Europaparlament gestürzt werden.

Das Europäische Parlament hat bei der Rechtsetzung drei mögliche Mitwirkungsrechte:

Mitentscheidung (ordentliches Gesetzgebungsverfahren)	Zustimmung	Anhörung
• Vorlagen der Kommission können nur von Ministerrat und Parlament **gemeinsam** angenommen werden. Das Parlament kann Abänderungen verlangen. • **Beispiele:** Rechtsakte, die die Freizügigkeit der Arbeitnehmer oder den EU-Binnenmarkt verbessern sollen	• Rechtsakte sind **nicht gegen den Willen** der Parlamentsmehrheit durchsetzbar. Das Parlament kann den Vorschlag aber nicht verändern. • **Beispiele:** Benennung des Kommissionspräsidenten, Beitritt weiterer Staaten zur EU	• In diesem Verfahren wird das Parlament nur „konsultiert", hat aber keine Entscheidungsbefugnis. • **Beispiele:** Agrarpolitik und die meisten Rechtsakte zur Inneren Sicherheit

Europawahl 2014

Von den 96 Sitzen Deutschlands entfielen nach der Europawahl 2014 auf die CDU 29, SPD 27, Bündnis 90/Die Grünen 11, die Linke 7, AfD 7, CSU 5, FDP 3 und sonstige Parteien 7.
Da das Bundesverfassungsgericht bei Europawahlen eine Sperrklausel für verfassungswidrig hält, reichten bereits rund 0,5 % der abgegebenen Stimmen für einen Sitz in Straßburg. Davon profitierte u.a. die rechtsradikale NPD, die einen Sitz erhielt. Kein Grund zur Freude war auch die schwache Wahlbeteiligung von 48,1 % – damit blieb mehr als jeder zweite deutsche Wahlberechtigte der Wahl fern.

① Recherchieren Sie im Internet vertieft zu den Resultaten der Europawahl 2014 und vergleichen Sie diese mit der Bundestagswahl 2013 acht Monate zuvor. Schreiben Sie drei Auffälligkeiten stichpunktartig heraus.

② Das Bundesverfassungsgericht erklärte im Februar 2014 die geplante Dreiprozentklausel bei Europawahlen für verfassungswidrig. Was spricht dafür, was dagegen? Finden Sie Argumente und gehen Sie auf den Grundsatz der Wahlgleichheit sowie die Unterschiede zwischen Europäischem Parlament und Bundestag ein.

③ Warum ist das Europaparlament (noch) nicht so bedeutsam für die EU wie z. B. der Bundestag für Deutschland?

11.5.6 Institutionen und Gesetzgebung der EU

■ Die Europäische Kommission

Die Europäische Kommission übt ihre Tätigkeiten völlig unabhängig aus. Die Kommissionsmitglieder dürfen keiner anderen Berufstätigkeit nachgehen. Die Kommission ist

Sitz der Kommission in Brüssel

- **„Hüterin der Verträge":** Sie wacht über die Einhaltung der EU-Verträge und kann den Europäischen Gerichtshof anrufen, wenn ein Land gegen die Verträge verstößt. Sie kann Sanktionen gegen ein Land verhängen.

- **„Motor der EU":** Sie soll durch „Vorschläge" genannte Initiativen, Empfehlungen und Stellungnahmen Rechtsakte anstoßen und hat bei der Gesetzgebung das alleinige Initiativrecht.

- **Vollziehende Gewalt der EU (Exekutive):** Sie verwirklicht die Beschlüsse der EU-Gremien und überwacht die Ausführung der Maßnahmen. Die Vorschläge der Kommission müssen dem Rat und dem Parlament zur Entscheidung vorgelegt werden.

System der doppelten Mehrheit

Seit 2014 gilt bei Beschlüssen des Rates das Erfordernis der doppelten Mehrheit. „Qualifiziert" – und damit ausreichend für die Beschlussfassung – ist eine Mehrheit, wenn mindestens 55 % der Mitgliedstaaten zustimmen *und* diese mindestens 65 % der EU-Bevölkerung repräsentieren.

■ Der Rat der Europäischen Union (EU-Ministerrat)

Der Rat der Europäischen Union repräsentiert die Regierungen der EU-Mitgliedstaaten. Er beschäftigt sich mit grundlegenden Fragen und Problemen aus den verschiedenen Politikbereichen. Je nach Thema kommen die **Fachminister** der Mitgliedstaaten zur Beratung zusammen. Die Beschlüsse des Rats sind für alle Mitgliedstaaten verbindlich und müssen verwirklicht werden.

Die Entscheidungen werden in Verfahrensfragen mit einfacher Mehrheit, in den meisten Politikbereichen mit „qualifizierter Mehrheit" beschlossen. In den wichtigsten Bereichen, wie der **Gemeinsamen Außen- und Sicherheitspolitik,** ist sogar Einstimmigkeit erforderlich. Hier kann also jeder Staat sein **Veto** einlegen und eine Entscheidung verhindern.

Den Vorsitz im Rat, die sogenannte Präsidentschaft, übernehmen die Mitgliedstaaten nacheinander für je sechs Monate. Deutschland war zuletzt 2007 an der Reihe.

Europäische Zentralbank (EZB) und Europäischer Rechnungshof (EuRH)

Die **EZB** (Sitz: Frankfurt am Main) – die im Abschnitt 12.1.11 noch eingehend beleuchtet wird – kümmert sich vorrangig um die **Preisstabilität** in den EU-Staaten. Der EuRH in Luxemburg übt die **Kontrolle über Einnahmen und Ausgaben der EU** und deren Einrichtungen aus. Die Ergebnisse dieser Kontrolle legt er in einem jährlichen Bericht vor.

■ Der Europäische Gerichtshof (EuGH)

Europäische Verträge und Rechtsakte, die vom Rat und vom Europäischen Parlament erlassen werden, sind geltendes Recht. Über die **Wahrung des Gemeinschaftsrechts** wacht der Europäische Gerichtshof. Er kann in Streitfällen von den Organen der EU (z.B. der Kommission), von den Regierungen der Mitgliedstaaten, aber auch von Einzelpersonen angerufen werden. Der Gerichtshof legt das geltende Recht aus und kann Urteile sprechen.

Europäischer Gerichtshof in Luxemburg

■ Europäische Rechtsetzung – am Beispiel des Robbenschutzes

Wird auf EU-Ebene Recht gesetzt, so ist in den allermeisten Fällen von Richtlinien und Verordnungen (zu den Begriffen siehe Abschnitt 11.5.1) das **„ordentliche Gesetzgebungsverfahren"** anzuwenden. An ihm sind die Institutionen Rat der Europäischen Union, Europäische Kommission und Europaparlament beteiligt. Dazu ein Beispiel:

Am 23. Juli 2008 leitete die **Kommission** einen **Vorschlag** für eine Verordnung an Rat und Parlament, die für das Gebiet der EU die Einfuhr und das Inverkehrbringen von Robbenerzeugnissen nur noch in Ausnahmefällen gestattete. Ziel war, die als Tierquälerei angesehene Robbenjagd damit sinnlos zu machen.

Am 5. Mai 2009 erteilte das **Europäische Parlament** dem Vorschlag unter Geltendmachung von Abänderungen seine **Zustimmung** und leitete ihn an den **Rat** weiter. Dieser **billigte** den geänderten Vorschlag am 27. Juli 2009. Am 16. September 2009 trat schließlich die Verordnung Nr. 1007/2009 über den Handel mit Robbenerzeugnissen, wirksam ab 20. August 2010, in Kraft.

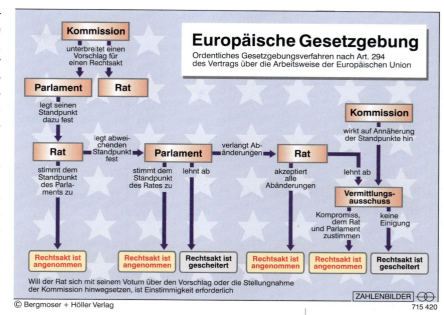

© Bergmoser + Höller Verlag

ZAHLENBILDER
715 420

Nicht immer kommen die Gesetze wie hier in **erster Lesung** zustande. Haben Rat und Parlament unterschiedliche Standpunkte zu einem Rechtsakt, so gibt es mehrere Lesungen, gegebenenfalls schaltet sich (ähnlich wie im Falle von Bundestag und Bundesrat) ein Vermittlungsausschuss ein. Weder Rat noch Parlament sind demnach im ordentlichen Gesetzgebungsverfahren in der Lage, Änderungen des ursprünglichen Kommissionsvorschlages im Alleingang durchzusetzen. Einen Überblick über das Verfahren gibt obiges Schaubild.

■ Der Europäische Rat

Der Europäische Rat ist das „Gipfeltreffen" der **Staats- und Regierungschefs** sowie des Präsidenten der Kommission. Als **oberste Instanz der EU** wirkt er zwar nicht direkt bei der Gesetzgebung mit. Doch er bestimmt die Zielvorstellungen für die Weiterentwicklung der EU.

Der Europäische Rat legte im Dezember 2000 auf dem Gipfeltreffen in **Nizza** die Leitlinien für die Erweiterung der EU auf 27 Staaten fest. Im Oktober 2007 einigte man sich in **Lissabon** auf den EU-Reformvertrag. Diese Gipfel waren Beispiele für besonders harte und zähe Verhandlungen. Hier werden (immer noch) die Einzelinteressen der Mitgliedstaaten von den Regierungen häufig sehr massiv vertreten.

① Fassen Sie das ordentliche Gesetzgebungsverfahren möglichst knapp in einem Text zusammen.

② Sie haben bereits in Abschnitt 11.1.5 die Einteilung der Staatsgewalten in Legislative, Exekutive und Judikative kennengelernt. Ordnen Sie die Institutionen der EU diesen Kategorien zu und begründen Sie Ihre Zuordnung knapp.

③ Schreiben Sie – jeder für sich – die aus Ihrer Sicht wichtigste Frage auf, die Sie persönlich zum „Thema EU" haben, und suchen Sie in der Klasse in Gruppen nach Antworten.

EU-Bürgerinitiative
Ein Bürgerausschuss (mindestens 7 Bürger aus 7 EU-Staaten) kann eine Bürgerinitiative bei der EU-Kommission anmelden, um die Kommission zum Vorschlag eines bestimmten Rechtsaktes zu bewegen. Nach Registrierung bleibt ein Jahr, um eine Million Unterstützer zu suchen. Finden sie sich, befasst sich die Kommission mit dem Anliegen.

Der EuGH im Rechtsetzungsverfahren
Zwar ist der EuGH im ordentlichen Gesetzgebungsverfahren nicht beteiligt. Doch kann er später „ins Spiel kommen" – so im Fall der Verordnung 1007/2009: Im Oktober 2013 erklärte er die Nichtigkeitsklage kanadischer Inuit sowie weiterer Hersteller und Händler von Robben-Produkten gegen die Verordnung für unzulässig. Die Verordnung bleibt also bis auf weiteres gültig.

11.5.7 Europäische Union: regionale Interessen in Europa

■ Regionalinteressen und Europaidee – unvereinbare Gegensätze?

Ist es überhaupt möglich, dass in einem vereinten Europa die Besonderheiten von Regionen, z. B. Bayerns, des Elsass oder der Bretagne, erhalten bleiben? Besteht nicht die Gefahr, dass sich allmählich alles angleicht?

Ein wichtiger Baustein der EU-Politik ist es, die Vielfalt der Regionen und der Kultur Europas zu wahren und so den wirtschaftlichen und sozialen Zusammenhalt („Kohäsion") zu stärken. Dabei werden einzelne Regionen besonders gefördert.

■ Das Konzept des „Europa der Regionen"

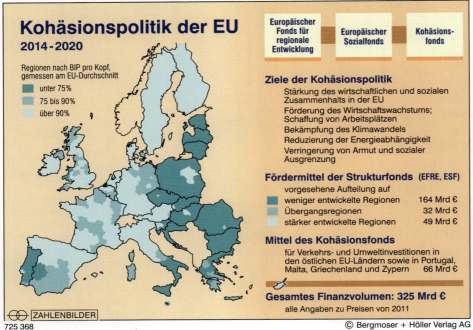

Kohäsionspolitik der EU

2014-2020

Regionen nach BIP pro Kopf, gemessen am EU-Durchschnitt

- unter 75%
- 75 bis 90%
- über 90%

Europäischer Fonds für regionale Entwicklung	Europäischer Sozialfonds	Kohäsionsfonds

Ziele der Kohäsionspolitik

Stärkung des wirtschaftlichen und sozialen Zusammenhalts in der EU
Förderung des Wirtschaftswachstums; Schaffung von Arbeitsplätzen
Bekämpfung des Klimawandels
Reduzierung der Energieabhängigkeit
Verringerung von Armut und sozialer Ausgrenzung

Fördermittel der Strukturfonds (EFRE, ESF)

vorgesehene Aufteilung auf

weniger entwickelte Regionen	164 Mrd €
Übergangsregionen	32 Mrd €
stärker entwickelte Regionen	49 Mrd €

Mittel des Kohäsionsfonds

für Verkehrs- und Umweltinvestitionen in den östlichen EU-Ländern sowie in Portugal, Malta, Griechenland und Zypern   66 Mrd €

Gesamtes Finanzvolumen: 325 Mrd €
alle Angaben zu Preisen von 2011

ZAHLENBILDER
725 368

© Bergmoser + Höller Verlag AG

Ist Deutschland nur Finanzierer der EU? Zahlen wir nur ein in den EU-Haushalt? Diese Frage wird sehr häufig gestellt. Insbesondere die neuen Bundesländer, aber auch einzelne **Regionen in Bayern profitieren von der EU**.

Die EU ist auch eine **Solidargemeinschaft**, in der die wirtschaftlich starken die schwächeren Regionen unterstützen. Nicht nur zwischen den Mitgliedstaaten, sondern auch zwischen den einzelnen Regionen in der EU selbst gibt es starke Unterschiede im Hinblick auf den Entwicklungsstand, die Pro-Kopf-Einkommen oder die Beschäftigungslage.

Der Goldsteig – Wanderweg in der bayerisch-tschechischen Grenzregion: 2007 mit EU-Förderung fertiggestellt

■ Blickpunkt Bayern: Der Freistaat in der Förderperiode 2014–2020

In Bayern haben in der zurückliegenden Förderperiode 2007–2013 vor dem Hintergrund der EU-Osterweiterung insbesondere die Grenzregionen zu Tschechien in Ostbayern von dem bayerischen Umsetzungsprogramm zum **Europäischen Fonds für regionale Entwicklung** (EFRE) finanziell profitiert. Zahlreiche dieser Regionen haben die ihnen gebotenen Chancen genutzt und deutliche wirtschaftliche Fortschritte gemacht.

Entsprechende Auswirkungen hat dies auf die regionale Verteilung der Mittel in der neuen **Föderperiode 2014–2020:** Gebiete im Nordwesten des Freistaates, die sich weniger dynamisch entwickelt haben, werden zu neuen Schwerpunktgebieten der Förderung. Das bayerische Umsetzungsprogramm richtet sich inhaltlich nach der EU-Strategie des „Europa 2020" – und steht damit im Zeichen des „intelligenten, nachhaltigen und integrativen Wachsens". Förderschwerpunkte (Prioritätsachsen) sind in Bayern für die Periode 2014–2020:

- Stärkung von Forschung, technologischer Entwicklung und Innovation
- Stärkung der Wettbewerbsfähigkeit kleiner und mittelständischer Unternehmen
- Verringerung der CO_2-Emissionen in allen Branchen der Wirtschaft
- Nachhaltige Stadt-/Landentwicklung im Rahmen integrierter Entwicklungskonzepte

Ausschuss der Regionen

Um die Besonderheiten der einzelnen Regionen Europas zu berücksichtigen, wurde der Ausschuss der Regionen (AdR) gegründet. In ihm sitzen die Vertreter der regionalen und lokalen Gebietskörperschaften zusammen. Sie informieren die Organe der EU in rechtlichen, politischen, wirtschaftlichen und kulturellen Fragen.

In dem Ausschuss verfügt Deutschland über 21 der 353 Sitze. Auch die Bayerische Staatsregierung ist hier vertreten. Neben der Beteiligung des Bundesrats bei EU-Vorhaben ist der AdR ein wichtiges Instrument der Bundesländer und Regionen zur Teilhabe an der Entwicklung der EU.

Mitwirkung der Länder in der Europapolitik

Beteiligung des Bundesrats gemäß Art. 23 GG

▶ Umfassende und frühzeitige Unterrichtung über EU-Vorhaben durch die Bundesregierung

▶ Abgestufte Mitwirkung – je nach der innerstaatlichen Interessen- und Kompetenzverteilung:

▶ Stellungnahme zu EU-Vorhaben; von der Bundesregierung *maßgeblich* zu berücksichtigen, wenn Gesetzgebungskompetenz der Länder berührt wird

▶ Beteiligung der Länder an den Beratungen zur Festlegung der deutschen Verhandlungsposition

▶ Teilnahme von Ländervertretern an Beratungen auf EU-Ebene

▶ Landesminister/-ministerin als Verhandlungsführer in den EU-Gremien, wenn ausschließliche Gesetzgebungsbefugnisse der Länder im Bereich *schulische Bildung, Kultur* oder *Rundfunk* betroffen sind

Ausschuss der Regionen

▶ Beratendes Gremium der Europäischen Union (353 Mitglieder, davon 21 Vertreter der deutschen Länder)

▶ Stellungnahmen zu EU-Vorhaben mit regionalem Bezug

▶ Anhörung durch den Ministerrat, die Kommission und das Europäische Parlament

Ländervertretungen in Brüssel

▶ Interessenvertretung des jeweiligen Bundeslandes

▶ Drehscheibe für Informationen, Herstellung von Kontakten zur EU und ihren Behörden

▶ Anlaufstelle für Unternehmen, Verbände, Behörden, Kommunen und Regionen eines Bundeslandes

© Bergmoser + Höller Verlag AG

ZAHLENBILDER

64 560

Vertretung Bayerns bei der EU

Die seit 1994 bestehende Vertretung des Freistaates Bayern bei der Europäischen Union in Brüssel ist der „verlängerte Arm" des bayerischen Staatsministeriums für Europaangelegenheiten und somit die „Schnittstelle zwischen Bayern und Brüssel". Ihre wichtigsten Aufgaben sind

Die Vertretung Bayerns bei der Europäischen Union in Brüssel.

- Frühzeitige Unterrichtung der Bayerischen Staatsregierung über wichtige politische Vorgänge in der EU
- Einflussnahme auf die politische Willensbildung in der EU
- Information des Landtages, der Verwaltung, bayerischer Bürger und Unternehmen
- Hilfestellung bei der Kontaktaufnahme mit EU-Stellen
- Repräsentation des Freistaates Bayern durch Veranstaltungen.

EU-Förderung in deutschen Regionen

In der Förderphase 2014–2020 erhält Bayern neben rund 495 Millionen Euro aus dem EFRE noch 298 Millionen Euro aus dem Europäischen Sozialfonds (ESF), insgesamt also Fördermittel in Höhe von rund 793 Millionen Euro. Zum Vergleich: Sachsen erhält in dieser Periode Fördermittel in Höhe von 2,75 Milliarden Euro, Hamburg nur in Höhe von 134 Millionen.

① In der Statistik der EU-Strukturhilfen für die Förderphase 2014–2020 liegt Bayern mit 793 Millionen Euro unter den 16 deutschen Bundesländern auf Rang 9. Das meiste Geld erhält Sachsen, dann folgen Sachsen-Anhalt, Nordrhein-Westfalen und Thüringen. Recherchieren Sie die Verteilung der Mittel in der Förderphase 2007–2013 und versuchen Sie, die Gründe für die geänderte Verteilung zu finden.

② Bilden Sie in der Klasse Gruppen und informieren Sie sich über aktuelle EU-Förderprojekte in Bayern. Halten Sie pro Gruppe einen Kurzvortrag zu jeweils einem Projekt.

11.5.8 EU in Zukunft: Erweiterung, Nationalgedanke und Europaidee

Darf's ein Stück Europa sein?

Gern, aber auch ein paar deutsche und bayerische Spezialitäten!

Europäischer Markt

OBST

EU: hin zur politischen Union?

Nachdem die EU die Wirtschaftsunion verwirklicht hatte, konnten und können alle weiteren Vereinbarungen und Verträge nur darüber hinaus in Richtung einer **politischen Union** gehen. Wie weit und wie schnell die Vereinigung der EU gehen soll, wieviel Eigenständigkeit die EU und wieviel Eigenständigkeit die Mitgliedstaaten zukünftig haben sollen – darüber gibt es höchst unterschiedliche Ansichten.

Die EU-Verfassung: Der Einigungsprozess gerät ins Stocken

Als die Staats- und Regierungschefs der EU am 29. Oktober 2004 den **„Vertrag über eine Verfassung für Europa"** in Rom unterzeichneten, schien dies ein weiterer Meilenstein auf dem Weg zu einem politisch vereinten Europa zu sein. Zwar war auch nach dieser Verfassung die EU noch kein Staat, aber Maßnahmen wie die Schaffung eines Außenministers sowie die Festlegung einer offiziellen Europaflagge und -hymne deuteten auf einen solchen Weg hin. Mit den negativen Entscheiden bei den Volksabstimmungen in Frankreich und den Niederlanden war die Verfassung jedoch im Jahr 2005 gescheitert.

Der Vertrag von Lissabon: eine „Lightversion" der Verfassung?

Der „EU-Reformvertrag", den die Staats- und Regierungschefs am 13. Dezember 2007 in Lissabon unterzeichneten, ersetzte die Verfassung und trug auch deren Züge – allerdings in abgeschwächter Form. Von Kritikern wurde er deshalb als „Verfassung light" bezeichnet.

Kritik am Vertrag von Lissabon

Die Hauptkritik am EU-Reformprozess beinhaltet die Befürchtung des **Ausverkaufs nationaler Souveränitätsrechte zugunsten der EU**:

- Mit der Erweiterung der Zuständigkeiten für innere Sicherheit und Strafverfolgung dringe die EU verfassungswidrig in Kerngebiete der Staatlichkeit vor.
- Durch ihre eigene Rechtspersönlichkeit, ihren außenpolitischen Apparat und ihre außenpolitischen Kompetenzen werde die EU selbst zu einem Staat. Damit gehe der Verlust der souveränen Staatlichkeit Deutschlands einher.

Ein weiterer Kritikpunkt ist der Verstoß gegen das Prinzip der **Gewaltenteilung** (siehe Abschnitt 11.1.5):

- Die Bundesregierung (Exekutive) übernehme im Ministerrat Gesetzgebungsfunktionen. Damit erlasse sie als Teil des Ministerrates höherrangiges EU-Recht, das das vom Bundestag (Legislative) erlassene Bundesrecht verdränge.

Eckpunkte der gescheiterten EU-Verfassung

- Ein Präsident des Europäischen Rates wird für je 2,5 Jahre gewählt
- Das Amt eines EU-Außenministers wird geschaffen
- Die Rolle des EU-Parlamentes wird durch ein ausgeweitetes Mitentscheidungsverfahren gestärkt
- Die EU-Kommission wird ab dem Jahr 2014 von 27 auf 18 Mitglieder verkleinert
- Einführung der „doppelten Mehrheit" als Abstimmungsverfahren im Ministerrat: 55 Prozent der EU-Staaten und 65 Prozent der repräsentierten Bevölkerung
- Einführung eines europaweiten Bürgerbegehrens
- Die EU erhält eine eigene Rechtspersönlichkeit

Vertrag von Lissabon: wichtige Änderungen gegenüber der Verfassung

- Der Begriff „Verfassung" entfällt
- Der „Außenminister" wird durch einen „Hohen Repräsentanten für Außen- und Sicherheitspolitik" ersetzt, der aber dieselben Befugnisse erhält
- Die „staatstypischen Symbole" wie EU-Flagge und EU-Hymne entfallen
- Abstimmungsverfahren „doppelte Mehrheit" wird auf 2014 verschoben
- keine Verkleinerung der Kommission

Rechtspersönlichkeit
Wer eine Rechtspersönlichkeit besitzt, kann Träger von Rechten und Pflichten sein, Verträge schließen, vor Gericht klagen und verklagt werden.

■ **Brennpunkt:**
 Erweiterung der EU

„Stillstand bedeutet Rückschritt", besagt ein Sprichwort. Die Erweiterung der EU um neue Mitgliedstaaten wird auch in Zukunft ein zentrales Thema sein. Erweiterung bedeutet indes nicht nur Zuwachs an Fläche, Menschen, Macht und Einfluss – sie ist auch mit Problemen behaftet.

Je mehr Staaten der EU angehören, je mehr Regierungen ein Mitspracherecht bei der Gestaltung der EU beanspruchen, desto schwieriger wird es, „mit einer Stimme zu sprechen", also **Regierbarkeit** und **Handlungsfähigkeit** zu erhalten. Zudem gilt es, ein beträchtliches **wirtschaftliches Gefälle** auszugleichen, wie es z. B. zwischen der Region Oberbayern (Bruttoinlandsprodukt je Einwohner über 150 bei einem EU-Durchschnittswert von 100) und den schwächsten Regionen Bulgariens und Rumäniens (unter 30) besteht. Über das Wirtschaftsgefälle zwischen den EU-Mitgliedstaaten informiert das obige Schaubild.

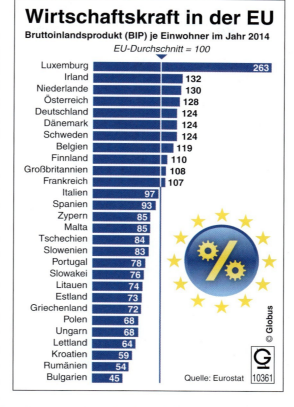

Wirtschaftskraft in der EU
Bruttoinlandsprodukt (BIP) je Einwohner im Jahr 2014
EU-Durchschnitt = 100

Land	BIP
Luxemburg	263
Irland	132
Niederlande	130
Österreich	128
Deutschland	124
Dänemark	124
Schweden	124
Belgien	119
Finnland	110
Großbritannien	108
Frankreich	107
Italien	97
Spanien	93
Zypern	85
Malta	85
Tschechien	84
Slowenien	83
Portugal	78
Slowakei	76
Litauen	74
Estland	73
Griechenland	72
Polen	68
Ungarn	68
Lettland	64
Kroatien	59
Rumänien	54
Bulgarien	45

© Globus
Quelle: Eurostat
10361

Die Wahl Erdogans und der Beitritt der Türkei

Im August 2014 wurde der bisherige Regierungschef, Ministerpräsident Recep Tayyip Erdogan, zum Präsidenten und Staatsoberhaupt der Türkei gewählt – erstmals direkt vom Volk.
Erdogan und seine Partei AKP sehen sich in ihrem Parteiprogramm zwar als „konservativ-demokratisch". Deutsche und europäische Politiker aller Lager gehen jedoch davon aus, dass die Türkei unter Erdogans Führung einen islamisch geprägten, antidemokratischen Kurs einschlägt. Als Beleg hierfür gilt das massiv gewaltsame Vorgehen gegen regierungskritische Demonstranten im Mai/Juni 2013.
Ein erfolgreicher Abschluss der ohnehin stockenden Beitrittsverhandlungen der Türkei mit der EU gilt damit in den nächsten Jahren als ausgeschlossen.

Immigrant
Einwanderer

Wirtschaftsfragen sind auch Bestandteil der Diskussion über den **EU-Beitritt der Türkei**, der in Abschnitt 11.5.2 kurz angerissen wurde. Falls die Türkei der EU beitritt, steht zu erwarten, dass Millionen von **Immigranten** aus den wirtschaftlich schwächeren Regionen der Türkei insbesondere in Deutschland einwandern. Zudem ist davon auszugehen, dass die Türkei (die zum überwiegenden Teil zu Asien gehört) zu diesem Zeitpunkt mit über 80 Millionen Einwohnern schon der **größte Mitgliedstaat** sein würde und automatisch eine Führungsrolle in der EU beanspruchen könnte.

Den befürchteten Problemen des EU-Beitritts der Türkei stehen gewichtige **Vorteile** gegenüber: Insbesondere stellen der große türkische Markt und die wachsende, junge Bevölkerung ein enormes **Potenzial für die EU-Wirtschaft** dar. Vor allem für Deutschland als wichtigsten Handelspartner der Türkei innerhalb der Europäischen Union entstehen hier neue Marktchancen, die nicht zu unterschätzen sind.

① Viele Menschen befürchten, dass unter einer starken EU die Einzelstaaten leiden und an Bedeutung verlieren. Teilen Sie diese Auffassung? Begründen Sie Ihre Ansicht.

② Die „Ratifizierung" (Billigung/Zustimmung) des Vertrages von Lissabon war – mit Ausnahme von Irland (Volksabstimmung) – den Parlamenten und nicht den Wählern vorbehalten. Halten Sie dies für demokratisch? Begründen Sie.

③ Informieren Sie sich über den aktuellen Stand der Diskussion über einen EU-Beitritt der Türkei. Erstellen Sie eine Tabelle mit Argumenten für und gegen den Beitritt.

11.5.9 Die Szenario-Methode

Oft wünschen wir uns, einen Blick in die Zukunft werfen zu können. Das ist leider nicht möglich. Nie werden wir die Zukunft genau vorhersagen können. Trotzdem versuchen wir es immer wieder. Jeder von uns stellt sich oft Fragen wie:

• Was ist, wenn ich die Lehre abbreche?
• Was passiert mir, wenn ich versuche, das Fachabitur zu machen? Schaffe ich das?
• Wie wird sich mein tägliches Leben gestalten, wenn ich die neue Arbeitsstelle habe?

Auch in großen Unternehmen werden oft schwierige Entscheidungen getroffen. Bevor die Entscheidung fällt, sprechen die Manager die möglichen Auswirkungen der verschiedenen Entscheidungsmöglichkeiten durch.

Politiker diskutieren die möglichen Auswirkungen von neuen Gesetzen und Vorschriften.

Feuerwehrleute und Polizisten bereiten sich mit der Szenario-Technik auf extreme Notsituationen vor.

■ Europa 2030: Ein Blick in die Zukunft mit der Szenario-Technik

Ein Szenario ist ein Blick in die Zukunft. Zu einer bestimmten Fragestellung wird nach dem Motto: „Was wäre, wenn …" versucht, mögliche positive und negative Entwicklungen aufzuzeigen.

> **Beispiel:**
> Wie könnten Europa und die Europäische Union aussehen, wenn im Jahr 2030 die Türkei und weitere südosteuropäische Staaten wie etwa Serbien, Bosnien und Herzegowina, Mazedonien, Albanien und Montenegro Mitglied der EU geworden sind.

Bei der Szenario-Technik werden möglichst umfangreiche und genaue Informationen zu einer bestimmten Fragestellung ausgewertet. Die Informationen werden mit Einschätzungen und Meinungen zur möglichen Entwicklung des Problems verknüpft. Dadurch entstehen Beschreibungen mehrerer möglicher Zukunftseinschätzungen.

Die Teilnehmer sollen ein Extremszenario mit möglichst positiven Zukunftsentwicklungen und ein zweites Extremszenario mit möglichst negativen Zukunftsentwicklungen entwerfen. Das dritte Szenario stellt dann eine normale Entwicklung dar.

• Das **positive Extremszenario** bezeichnet die bestmögliche Zukunftsentwicklung.

• Das **negative Extremszenario** bezeichnet den ungünstigsten Entwicklungsverlauf.

• Das **Trendszenario** beschreibt die kontinuierliche (also ohne besondere Ereignisse fortlaufende) Weiterentwicklung der heutigen Situation.

Die Schnittflächen im Trichter verdeutlichen die größer werdende Unsicherheit der Prognosen. Je weiter die Teilnehmer in die Zukunft denken, desto mehr Einflüsse sind zu beachten, desto mehr Unsicherheitsfaktoren gibt es, desto mehr Entwicklungsvarianten sind denkbar.

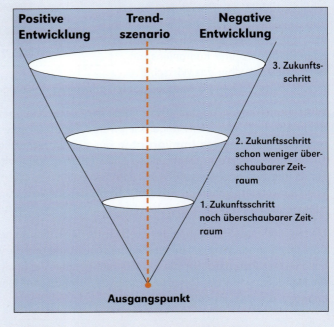

Es empfiehlt sich, die Klasse in kleinere Gruppen zu teilen. Bei der Szenario-Technik geht man in vier Schritten vor. Die Gruppen arbeiten nach folgendem Arbeitsablauf:

1. Analyse der Probleme und Aufgaben

Ausgangspunkt des Szenarios ist ein gesellschaftliches Problem: ein Sachverhalt oder eine politische Maßnahme, die einer größeren Anzahl von Menschen bekannt ist und von vielen kritisch gesehen wird.

Das Thema „Erweiterung der EU" ist hierfür ein gutes Beispiel. Viele Menschen sehen darin keine Probleme, andere sehen durch die Erweiterung viele Nachteile auf sich zukommen. Über die Folgen der 2004, 2007 und 2013 erfolgten „Osterweiterung" der EU und die Frage, wie Europa im Jahr 2030 nach dem Beitritt weiterer Staaten aussehen könnte, lässt sich trefflich streiten.

Tragen Sie zur Problemanalyse möglichst viele Pro- und Kontra-Argumente zusammen. Versuchen Sie jedoch auch, das Problem einzugrenzen.

2. Bestimmung von Einflussfaktoren

Hier spielen diejenigen Faktoren eine Rolle, von denen die zukünftige Entwicklung des Problems abhängig ist. Schreiben Sie auf Karten nieder, wie sich die Erweiterung der EU z. B. auf die Agrarpolitik, die Sozialpolitik, die Löhne, die Entwicklung der Arbeitslosigkeit usw. auswirken könnte. Beschreiben Sie möglichst genau, um welche Faktoren es sich dabei nach Ihrer Ansicht handelt. Stellen Sie eine Liste dieser Faktoren zusammen. Bilden Sie Arbeitsgruppen und überlegen Sie, wie sich die Faktoren entwickeln bzw. verändern werden. Halten Sie die Ergebnisse fest, um sie den anderen Gruppen erläutern zu können.

3. Entwicklung zweier Extrem-Szenarien

Dies ist der „Höhepunkt" der Szenario-Technik. Aus den gewonnenen Faktoren und Informationen und der wahrscheinlichen Entwicklung werden „ganzheitliche" Zukunftsbilder entworfen. Es gilt, ein möglichst anschauliches negatives und ein möglichst anschauliches positives Zukunftsbild zu entwerfen. Nach der Darstellung dieser beiden Extrem-Szenarien versuchen die einzelnen Gruppen in gemeinsamer Diskussion, den eher realistischen Mittelweg zu beschreiben.

4. Strategien und Maßnahmen zur Problemlösung

In dieser abschließenden Phase knüpfen Sie an die Ausgangssituation wieder an. Versuchen Sie, Konsequenzen aus den entwickelten Szenarien zu ziehen und Handlungs- bzw. Gestaltungsstrategien zu entwickeln, mit denen erwünschte Entwicklungen gefördert und unerwünschte Entwicklungen verhindert werden können.

Wichtig bei dieser Methode ist es, möglichst wahrheitsgetreue Informationen zu nutzen. Im Internet lassen sich viele umfangreiche Materialien finden. Aber Vorsicht, man kann auch in der Informationsflut „ertrinken".

Informationsquellen zur Aufgabe sind z. B.:
- Bundeszentrale für politische Bildung (BPB)
- Focus
- Der Spiegel
- Frankfurter Alllgemeine Zeitung
- Süddeutsche Zeitung
- ARD
- ZDF
- und die Bundesregierung.

Über Suchmaschinen gelangen Sie zu den Internetangeboten dieser Quellen.

① Arbeiten Sie in vier bis fünf Gruppen. Erstellen Sie eine Zeittafel der Geschichte der EU und verlängern Sie diese Zeittafel fiktiv bis zum Jahr 2030.

② Vergleichen Sie die Prognosen der Gruppen. Welche der Prognosen sind positive Extremszenarien, Trendszenarien und negative Extremszenarien?

Zur Wiederholung

11.5.1
Europäische Union: Zahlen, Fakten, Basiswissen

- Deutschland ist der einwohnerstärkste der 28 EU-Mitgliedstaaten
- Charaktermerkmal des 1993 eingeführten EU-Binnenmarktes sind die vier Freiheiten: freier Personenverkehr, freier Warenverkehr, freier Dienstleistungsverkehr und freier Kapitalverkehr
- Mit dem Vertrag von Lissabon bekam die EU, die ursprünglich auf drei Säulen fußte, eine eigene Rechtspersönlichkeit

11.5.2
Meinungen zur Europäischen Union

- Als größte Leistung der EU galt 2014 in Deutschland die Sicherung des Friedens unter den Mitgliedstaaten; EU-weit lag der freie Verkehr von Personen, Gütern und Dienstleistungen vorn
- Rund 70 % aller Deutschen fühlen sich als Europäer
- Unter Politikern wie Bürgern heftig umstritten ist ein denkbarer EU-Beitritt der Türkei

11.5.3
Meilensteine der Einigung Europas – Teil 1 (1945–1990)

- Neben der seit 1951 bestehenden Europäischen Gemeinschaft für Kohle und Stahl (EGKS) gründen die sechs EGKS-Staaten (darunter die Bundesrepublik) 1957 die Europäische Wirtschaftsgemeinschaft (EWG)
- Aus EGKS, EWG und EURATOM entsteht 1967 die Europäische Gemeinschaft (EG)

- Noch vor der deutschen Wiedervereinigung im Jahr 1990 stellt 1987 die Einheitliche Europäische Akte wichtige Weichen auf dem Weg zur EU-Gründung

11.5.4
Meilensteine der Einigung Europas – Teil 2 (seit 1990)

- 1992 wird in Maastricht der Vertrag über die Europäische Union beschlossen – aus der wirtschaftlichen beginnt eine politische Union zu werden
- Der Vertrag von Nizza schafft 2001 die Voraussetzungen für die Erweiterung der EU auf heute 28 Staaten
- Nach dem Scheitern der EU-Verfassung trat zum 1. 12. 2009 der EU-Reformvertrag in Kraft

11.5.5
Institutionen der EU: Überblick und Europäisches Parlament

- Die fünf wichtigsten EU-Institutionen sind das Europäische Parlament mit Sitz in Straßburg, die EU-Kommission und der Rat der EU (jeweils in Brüssel), der Europäische Rat (wechselnder Sitz) und der Europäische Gerichtshof in Luxemburg
- Das Europaparlament hat zwar keine vollständige Gesetzgebungsfunktion, da hier die Regierungen der Mitgliedstaaten im Rat der EU das letzte Wort haben
- Doch wirkt das Parlament auf vielfache Weise an EU-Rechtsakten mit

11.5.6
Institutionen und Gesetzgebung der EU

- Die EU-Kommission ist Hüterin der EU-Verträge, Motor der EU und dessen vollziehende Gewalt
- Der Rat der EU (EU-Ministerrat) ist entscheidendes Organ bei der Gesetzgebung der EU

- Der Europäische Rat ist das Gipfeltreffen der Staats- und Regierungschefs der Mitgliedstaaten
- Der Europäische Gerichtshof wacht über die Einhaltung des Gemeinschaftsrechts
- Das regelmäßig anzuwendende „ordentliche Gesetzgebungsverfahren" ist ein Zusammenspiel von Kommission, Rat der EU und Europaparlament

11.5.7
Europäische Union: regionale Interessen in Europa

- Ein wichtiges Anliegen der EU ist die Wahrung der regionalen Besonderheiten
- Von der EU-Strukturpolitik profitieren auch benachteiligte Regionen in Bayern
- Bayern hält Verbindungen zur EU vor allem mittels der Vertretung des Freistaates Bayern bei der Europäischen Union in Brüssel

11.5.8
EU in Zukunft: Erweiterung, Nationalgedanke und Europaidee

- Unterschiedliche Ansichten bestehen darüber, wie schnell der Weg zur politischen Union weitergeführt werden soll – und wie weit; insbesondere ist umstritten, wieviel Eigenständigkeit den Mitgliedstaaten in Zukunft verbleiben soll
- Nach dem Scheitern des EU-Verfassungsvertrages wurde eine weitere schwere Krise durch das Inkrafttreten des EU-Reformvertrages im Dezember 2009 abgewendet

12.1 **Wirtschaft und Wirtschaftspolitik**

12.1.1 Bedürfnisse und Bedarf – unter Einfluss von Werbung und Marketing

Bedürfnis
das Empfinden eines Mangels, verbunden mit dem Bestreben, diesen Mangel zu beseitigen

■ Menschen haben Bedürfnisse

Alle Menschen haben – mal mehr, mal weniger ausgeprägt und je nach Naturell und Neigungen – das **Bedürfnis** nach der Befriedigung von Mangelgefühlen, die sie empfinden. Solche Bedürfnisse können **materiell** (mit Geldmitteln zu stillen) oder **immateriell** sein. Zu den immateriellen Bedürfnissen zählen etwa das Bedürfnis nach Schlaf, nach Anerkennung oder Freiheit.

Naturell
Veranlagung, Wesensart

materiell
(hier) stofflich, körperlich greifbar

Uns sollen hier unter wirtschaftlichen Gesichtspunkten nur die materiellen Bedürfnisse beschäftigen. Solche materiellen Bedürfnisse sind nicht nur nach ihrem **Wert** unterscheidbar: So empfindet ein Kleinkind das Bedürfnis nach einem Dreirad besonders „brennend", ein Erwachsener wünscht sich stattdessen eher ein Auto.

Bedürfnisse unterscheiden sich vielmehr vor allem nach dem Grad der **Notwendigkeit**, sie zu befriedigen. Folgt man der bekannten Bedürfnispyramide des amerikanischen Psychologen Abraham Harold Maslow (1908–1970), so gibt es unterschiedliche Bedürfnisse auf verschiedenen Ebenen.

Die nächsthöhere Stufe innerhalb der **Bedürfnispyramide** wird erst dann erklommen, wenn die Bedürfnisse auf der unteren Stufe vollends gedeckt sind. Das höchste Maß der Erfüllung eigener Bedürfnisse ist die vollständige Selbstverwirklichung (die allerdings kaum jemand je erreichen dürfte).

Bedürfnis nach Selbstverwirklichung

Luxusbedürfnisse
Die Befriedigung von Luxusbedürfnissen (Juwelen, Luxusautos usw.) ist nur besonders wohlhabenden Menschen möglich.

Kulturbedürfnisse
Die Befriedigung von Kulturbedürfnissen (Theater, Kino usw.) steigert die Lebensqualität.

Sicherheitsbedürfnisse
Sicherheitsbedürfnisse (z. B. Schutz bei Krankheit oder im Alter) sollten befriedigt werden.

Grundbedürfnisse
Grundbedürfnisse (z. B. Nahrung, Kleidung, Wohnung) müssen befriedigt werden.

◼ Vom Bedürfnis zum Bedarf

Von Bedeutung für den Markt der wirtschaftlichen Leistungen werden Bedürfnisse erst, wenn sie sich zu einem konkreten Bedarf entwickeln. Die meisten Bedürfnisse, wie für viele Menschen der Luxusurlaub unter südlicher Sonne, werden auf diese Weise niemals wirtschaftlich bedeutsam.

Bedarf:
Summe der Bedürfnisse, die in einem bestimmten Zeitraum aufgrund vorhandener Kaufkraft befriedigt werden können.

> Bei der Ausbildungsvergütung? Luxusreise: kein Bedarf!

Beispiel:

Der 18-jährige Marc hat durch einen Werbeprospekt erfahren, dass ein neues Smartphone des Unternehmens „N" namens „neutel21" mit bisher unbekannten technischen Funktionen auf den Markt gekommen ist. Sofort ist er wie elektrisiert und „muss" dieses Smartphone haben **(Bedürfnis)**. Einziges Problem: Das Geld, das er bräuchte, hat er bereits für die Anschaffung von Lernmaterialien für seine Abschlussprüfung eingeplant. Nachdem er „eine Nacht über die Sache geschlafen" hat, beschließt er, auf die Lernmaterialien zu verzichten – zugunsten des Smartphones. Damit besteht ein **Bedarf** an dem Smartphone, aber kein Bedarf mehr an den Lernmaterialien.

Das Bedürfnis wurde hier also zum Bedarf – und dieser Bedarf hat wiederum direkten Einfluss auf die **Nachfrage** nach dem Smartphone „neutel21". Die Nachfrage bestimmt ihrerseits das **Angebot**, das der **Markt** an dem Smartphone „neutel21" bereithält. Je mehr Bedarf und damit Nachfrage nach diesem Smartphone besteht, desto größer wird das Angebot am Markt sein. Und ein offensichtlich großes Angebot an einem Gut weckt möglicherweise wiederum neue Bedürfnisse („Was alle kaufen, das will ich auch haben!").

◼ Werbung und Marketing

Wie in Marcs Fall der Werbeprospekt spielt Werbung bei der Entstehung von Bedürfnissen und Bedarf häufig eine große Rolle. Sie informiert über neues Angebot und weckt so neue Bedürfnisse. Werbung hat aber noch andere Funktionen: Verbesserung des Erscheinungsbildes eines Unternehmens oder Festigung von dessen Stellung am Markt.

Werbung ist nur einer von vielen Bestandteilen im **Marketing-Mix** eines Unternehmens, also der Vielfalt von Maßnahmen, mit denen ein Unternehmen Marketing betreibt und sich am Markt (Englisch: market) durchzusetzen versucht. Andere Bestandteile des Marketing-Mixes sind z. B. die Gestaltung der Produkte, der Preise und des Kundenservices.

Nachfrage
der gesamte Bedarf einer bestimmten Personengruppe an einem Gut (z. B. aller Bürger an dem Smartphone „neutel21")

Angebot
Gesamtmenge der zum Verkauf bestimmten Produktion eines Gutes (z. B. Gesamtmenge der zum Verkauf bestimmten Smartphones „neutel21")

Markt
Ort, an dem Angebot und Nachfrage aufeinandertreffen

Marketing
Vermarktung produzierter Güter; Planung und Gestaltung von Maßnahmen eines Unternehmens, durch die gewünschte Austauschprozesse zwischen dem Unternehmen und seinen Märkten erreicht werden sollen

① Erläutern Sie die Begriffe „Bedürfnis" und „Bedarf" an einem Beispiel aus Ihrem eigenen Leben.

② Fassen Sie in eigenen Worten zusammen: Wie hängen Bedürfnisse, Bedarf und Werbung voneinander ab und in welchem Zusammenspiel treten sie auf?

③ Welche Gefahren können entstehen, wenn ein Mensch auf Dauer die meisten seiner Bedürfnisse nicht befriedigen kann? Legen Sie Ihrer Einschätzung den Beispielsfall des 18-jährigen Marc zugrunde.

??

12.1.2 Verträge – unverzichtbar für eine funktionierende Wirtschaft

> Ich verkaufe dir meinen Gebrauchtwagen für 700 Euro.

> Abgemacht!

Verträge können auf vielfältige Weise zustande kommen

§ 433 BGB: Vertragstypische Pflichten beim Kaufvertrag

- (1) Durch den Kaufvertrag wird der **Verkäufer** einer Sache verpflichtet, dem Käufer die **Sache** zu **übergeben** und das Eigentum an der Sache zu verschaffen. Der Verkäufer hat dem Käufer die Sache **frei von Sach- und Rechtsmängeln** zu verschaffen.
- (2) Der **Käufer** ist verpflichtet, dem Verkäufer den vereinbarten **Kaufpreis** zu zahlen und die gekaufte Sache abzunehmen.

> **Beispielsfall:** Marc geht in einen Elektronik-Fachmarkt, nimmt sich ein Smartphone „neutel21" und bezahlt es an der Kasse. Zuhause stellt er fest, dass sich viele der angepriesenen Funktionen nicht betätigen lassen. Er will nun das Smartphone zurückgeben und das Geld doch lieber für Lernmaterialien verwenden. Kann Marc dies verlangen?

◼ Was ist ein Vertrag – und wie kommt er zustande?

Ein Vertrag ist ein **Rechtsgeschäft**, an dem mindestens zwei Personen (Vertragspartner) beteiligt sind. Verträge treten in vielen Arten auf, z. B. Kauf-, Miet- oder Leasingvertrag. Alle Verträge kommen jedoch durch zwei übereinstimmende **Willenserklärungen** (Abschnitt 10.4.4) zustande – **Angebot** und **Annahme**. Im Normalfall können Willenserklärungen formlos abgegeben werden. Ein Vertrag muss also nicht schriftlich abgeschlossen werden.

> Im **Beispielsfall** ist ein Kaufvertrag zwischen Marc und dem Elektronik-Fachmarkt über das Smartphone zustande gekommen. Durch Vorlage an der Kasse und Bezahlung hat Marc ein Angebot abgegeben. Der Fachmarkt hat durch Herausgabe des Smartphones und Entgegennahme des Geldes die Annahme erklärt.

Ohne Verträge wäre ein **funktionierendes Wirtschaftsleben** undenkbar. Verträge geben Unternehmen **Rechtssicherheit** und eine gewisse Planungssicherheit. Zahlt ein Kunde den Kaufpreis nicht, kann ihn das Unternehmen vor Gericht auf Zahlung verklagen.

◼ Kaufvertrag – der wichtigste Vertrag im Wirtschaftsleben

Der Kaufvertrag ist unter allen Verträgen mit Abstand der bedeutsamste und häufigste. Wer sich am Kiosk die Tageszeitung besorgt, aus dem Getränkeautomaten eine Cola zieht oder noch schnell einen „Coffee to go" beim Bäcker holt, schließt Kaufverträge, ohne daran viele Gedanken zu verschwenden. Man zahlt den Kaufpreis – und schon geht's weiter.

Daneben gibt es jedoch die Kaufverträge über bedeutsame Güter – und Geldsummen. Wo große Unternehmen „im Spiel" sind, geht es häufig um Millionenbeträge. Auch hier wären Kaufverträge mündlich wirksam, sie werden aber zur Sicherheit schriftlich geschlossen. Einzelheiten wie der Kaufpreis, die genaue Warenbezeichnung, Lieferzeit und Liefermenge sollten hier unbedingt genau festgehalten werden.

Aufmerksamkeit erlangen Kaufverträge des täglichen Lebens – wie im Beispielsfall der Smartphonekauf – erst, wenn die Vertragspartner ihre Pflichten verletzen und somit **Leistungsstörungen** auftreten. Dann kommt es zu Streitigkeiten, die häufig vor den Gerichten enden.

> Im **Beispielsfall** hat Marc seine Pflichten aus dem Kaufvertrag erfüllt: Er hat als Käufer den Kaufpreis bezahlt und das Smartphone „abgenommen" (§ 433 Abs. 2 BGB). Der Fachmarkt als Verkäufer hat zwar Marc das Smartphone übergeben und ihm Eigentum daran verschafft (§ 433 Abs. 1 BGB). Da aber ein Großteil der angepriesenen Funktionen defekt war, war das Smartphone mit einem **Sachmangel** behaftet. Der Fachmarkt hat also seine vertraglichen Pflichten verletzt.

Da das gekaufte Smartphone mangelhaft war, stehen Marc sogenannte **Mängelansprüche** nach dem BGB zu. Hierzu zählt zwar auch der von Marc angestrebte **Rücktritt vom Ver-**

trag (Rückgabe des Smartphones gegen Rückgabe des Kaufpreises). Diesen kann Marc aber nur verlangen, wenn eine **Nacherfüllung** innerhalb einer angemessenen Frist fehlgeschlagen ist. Das bedeutet:

Marc kann zunächst nur Beseitigung des Mangels (kostenlose Reparatur) oder Lieferung eines mangelfreien Smartphones mit allen Funktionen verlangen. Da dem Fachmarkt die Lieferung eines mangelfreien Smartphones möglich sein wird, bekommt Marc sein Geld nicht zurück.

Kaufvertrag – Mängelansprüche

Pflichten aus einem Kaufvertrag (§ 433 BGB)

Übergabe und Übereignung der Kaufsache frei von Sach- oder Rechtsmängeln

Kaufvertrag

Abnahme der gekauften Sache
Zahlung des vereinbarten Kaufpreises

Verkäufer   Käufer

Rechte des Käufers bei Mängeln (§ 437 BGB)

▶ Nacherfüllung innerhalb angemessener Frist nach Wahl des Käufers
  ▶ Beseitigung des Mangels oder
  ▶ Lieferung einer mangelfreien Sache
▶ wird die Nacherfüllung verweigert oder schlägt sie fehl
  ▶ Rücktritt vom Vertrag oder
  ▶ Minderung des Kaufpreises
▶ ggf. Schadensersatz

ZAHLENBILDER
128 039

© Bergmoser + Höller Verlag AG

■ Weitere bedeutende Verträge im Wirtschaftsleben

Mietvertrag, Leasingvertrag, Dienst- und Werkvertrag spielen im Wirtschaftsleben ebenfalls immer wieder eine Rolle. Hier eine Übersicht über diese Verträge:

Vertrag	Mietvertrag	Leasingvertrag	Dienstvertrag	Werkvertrag
gesetzliche Regelung	§§ 535–580a BGB	nicht geregelt (aber mietähnlich)	§§ 611–630 BGB	§§ 631–651 BGB
Merkmale/ Pflichten	Gebrauchsüberlassung einer Sache gegen Entgelt. Der **Vermieter** muss dem Mieter die Sache für den vereinbarten Zeitraum überlassen; er muss die Sache in diesem Zeitraum instand halten. Der **Mieter** muss die vereinbarte **Miete** zahlen.	Gebrauchsüberlassung einer Sache gegen Entgelt. Leasinggeber überlässt Leasingnehmer gegen Zahlung der Leasingraten den Gebrauch. Leasingnehmer hat die Instandhaltungspflicht. Er hat zumeist das Recht, die Sache nach Vertragsende zu kaufen.	Dienstleistungen gegen Entgelt. Der **Dienstverpflichtete** hat die vereinbarten Dienste (unterschiedlichste Tätigkeiten) zu erbringen, der **Dienstberechtigte** die vereinbarte **Vergütung** zu zahlen.	Werkleistung gegen Entgelt. Der **Unternehmer** hat das vereinbarte Werk gegen Zahlung des **Werklohns** durch den **Besteller** zu erbringen. Anders als beim Dienstvertrag wird nicht die bloße Tätigkeit, sondern die erfolgreiche Tätigkeit geschuldet.
Beispiel	Miete einer Wohnung, eines Autos oder eines Hotelzimmers im Urlaub.	Geleast werden vor allem Autos und Maschinen. Für Unternehmen bietet dies gegenüber dem Kauf insbesondere Liquiditätsvorteile.	Der Arbeitsvertrag ist ein spezieller Dienstvertrag.	Architekten müssen sich nicht nur um die Erstellung von Bauplänen bemühen (dies wäre Dienstvertrag), sondern diese fehlerfrei erbringen.

① Schreiben Sie in eigenen Worten nieder, wie ein Vertrag zustande kommt.

② Warum sollten bedeutsame Verträge unbedingt schriftlich geschlossen werden?

③ Legen Sie eine weitere Spalte zu der obigen Tabelle über Verträge an und füllen Sie diese mit Angaben über den Kaufvertrag.

12.1.3 Verbraucherschutz – Flickenteppich der Rechte

■ **Verbraucherschutz – ein weites Feld**

Der sprichwörtliche „Otto Normalverbraucher" steht der Übermacht der Unternehmen bei Marketingtricks, Vertragsabschlüssen, Gerätebeschreibungen, Gütesiegeln usw. mangels Fachkenntnis häufig recht hilflos gegenüber. Hier hilft der Verbraucherschutz, über dessen Grundzüge jeder informiert sein sollte.

Leider gibt es im deutschen Recht kein „Verbraucherschutzgesetz", in dem alle Schutzvorschriften für Verbraucher zusammengefasst sind. Vielmehr sind die Verbraucherrechte in vielen unterschiedlichen Gesetzen verstreut und deshalb recht unübersichtlich. Dieser Abschnitt versucht, mehr klare Sicht auf diesen „Flickenteppich Verbraucherschutz" zu vermitteln.

BGB! VIG! UWG! usw.! Ein einheitliches Verbraucherschutzgesetz wäre leichter!

■ **Haustürgeschäft (außerhalb von Geschäftsräumen geschlossener Vertrag)**

> Die 18-jährige Helen ist mit ihrem neuen Freund Max vor dem Kino verabredet. Als sie gerade das Haus verlassen will, klingelt es an der Tür: Ein „Herr Mayr", mittleren Alters, will ihr ein Abonnement einer bekannten Tageszeitung anbieten. „Das ist viel bequemer und billiger, als wenn Sie die Zeitung jeden Tag kaufen müssen", sagt er. „Und eine Tageszeitung muss doch jeder lesen, oder?" Weil sie ohnehin schon spät dran ist und Herr Mayr auch einfach nicht gehen will, unterschreibt Helen schließlich den Abonnement-Vertrag. Nach dem Kino bereut Helen ihr Vorgehen und überlegt mit Max, was sie tun kann.

Definition des Verbrauchers nach § 13 BGB
Verbraucher ist jede natürliche Person, die ein Rechtsgeschäft zu Zwecken abschließt, die überwiegend weder ihrer gewerblichen noch ihrer selbstständigen beruflichen Tätigkeit zugerechnet werden können.

Grundsätzlich sind Verträge einzuhalten, sonst würden sie die notwendige Verlässlichkeit für das Wirtschaftsleben (siehe Abschnitt 12.1.2) nicht gewährleisten. Zum Schutz von Verbrauchern, die von sogenannten Vertretern an der **Haustür**, bei **Werbeveranstaltungen** oder **überraschend** in öffentlichen Verkehrsmitteln angesprochen werden, existiert jedoch ein **zweiwöchiges Widerrufsrecht**. Dies regelt das BGB in den §§ 312 g, 355. Dadurch sollen Verbraucher vor einem „Überrumpelungseffekt" geschützt werden.

Helen kann hier also das Abonnement ohne jede Begründung innerhalb von zwei Wochen schriftlich widerrufen. Hat Herr Mayr vergessen, Helen über ihr Widerrufsrecht zu belehren, hat sie noch viel mehr Zeit: Die Widerrufsfrist beginnt erst dann, wenn Helen nachträglich eine **schriftliche Widerrufsbelehrung** zugeht.

■ **Fernabsatzvertrag**

> Max (19) will der kunstinteressierten Helen imponieren. Bei einem Onlineshop erwirbt er ein teures Buch über das Werk des Malers Pablo Picasso als Geschenk. Am nächsten Tag stellt er fest, dass er das Buch ebenso im örtlichen Buchgeschäft kaufen könnte – und zwar ohne zusätzliche Versandkosten. Was kann er tun?

Nicht nur das Shoppen im Internet fällt unter die Regeln des Fernabsatzvertrages (§§ 312 c ff. BGB). Auch die Bestellung per Telefon oder durch den Austausch von Briefen, Faxen und E-Mails ist erfasst.

Wenn Verträge ausschließlich mithilfe von **Fernkommunikationsmitteln** (ohne persönlichen Kontakt) zustande kommen, wird der Verbraucher, der gewissermaßen einen Vertrag mit einem „Unsichtbaren" schließt, ebenfalls besonders geschützt. Dies ist bei Max' Internetkauf der Fall, sodass er hinsichtlich des Widerrufs dieselben Rechte hat wie zuvor Helen. Nach erklärtem Widerruf gilt der Vertrag als niemals geschlossen.

■ Kontrolle von Allgemeinen Geschäftsbedingungen (AGB), §§ 305–310 BGB

> Frau Müller schaut sich bei einem großen Möbelmarkt um und entscheidet sich für ein neues Ledersofa zum Preis von 1.000 Euro. Innerhalb eines Monats soll ihr das Sofa nach Hause geliefert werden. Frau Müller staunt nicht schlecht, als ihr bei Lieferung eine Rechnung über 1.100 Euro präsentiert wird. Das Möbelhaus beruft sich auf seine AGB, wonach „eine Erhöhung des Kaufpreises um bis zu zehn Prozent bis zum Liefertermin Vertragsinhalt" sei. Muss Frau Müller nun den erhöhten Preis zahlen?

AGB sind im Volksmund auch als **„das Kleingedruckte"** berüchtigt. Hier versuchen Unternehmer, ihre überlegene Stellung am Markt auszunutzen und dem Kunden (Verbraucher) Vertragsbedingungen aufzuzwingen, auf die er gar keinen Einfluss hat.

Der Gesetzgeber hat deshalb Vorschriften erlassen, die diese AGB kontrollieren. Zunächst müssen die AGB formell **Vertragsbestandteil** werden: So muss z. B. der Verbraucher auf die AGB hingewiesen werden, die er zudem ohne Schwierigkeiten lesen können muss. Wenn die AGB diese Hürde genommen haben, unterliegen sie zudem noch einer **Inhaltskontrolle**.

Davon ausgehend, dass die AGB des Möbelmarktes hier Bestandteil des Sofa-Kaufvertrages wurden, ist die erwähnte AGB-Klausel doch inhaltlich nichtig. Denn gemäß § 309 Nr. 1 BGB ist eine Bestimmung, welche die Erhöhung des Entgelts für Waren vorsieht, die innerhalb von vier Monaten nach Vertragsschluss geliefert werden sollen, unwirksam.

■ Weitere Verbraucherschutzrechte – in Kürze

Produkthaftungsgesetz: Für Folgeschäden, die sich aus Sachmängeln ergeben (Beispiel: defekter Reifen führt zu tödlichem Unfall), haftet der Hersteller (der ja nicht immer der Verkäufer ist) – auch, wenn ihn kein Verschulden trifft. Die Höchstgrenze für Personenschäden beträgt 85 Millionen Euro. Bei Sachschäden trägt der Geschädigte mindestens 500 Euro selbst.

Verbraucherdarlehensvertrag (§§ 491–505 BGB): Schließt ein Verbraucher mit einem Unternehmer einen Vertrag über einen Kredit, für den der Verbraucher Zinsen zu zahlen hat, so ist der Vertrag nur schriftlich wirksam. Zudem hat der Verbraucher ebenfalls ein zweiwöchiges Widerrufsrecht (§§ 495, 355 BGB).

Teilzahlungsgeschäft, Ratenlieferungsvertrag (§§ 506–510 BGB): Auch bei Teilzahlungsgeschäften (Verbraucher zahlt Raten und zusätzlich „Zinsen") und Ratenlieferungsverträgen (Unternehmer liefert in Teilleistungen und Verbraucher entrichtet Teilzahlungen) besteht ein Widerrufsrecht zugunsten des Verbrauchers.

Gesetz gegen den unlauteren Wettbewerb (UWG): Nach dem UWG sind diverse „unlautere" geschäftliche Handlungen zum Nachteil von Verbrauchern verboten. Beispiel: geschäftliche Handlungen, die geeignet sind, geistige oder körperliche Gebrechen, das Alter oder die geschäftliche Unerfahrenheit von Verbrauchern auszunutzen.

Verbraucherinformationsgesetz (VIG): Jeder Verbraucher kann Einsicht in Informationen über bestimmte Erzeugnisse und Produkte verlangen: so z. B. über die Kennzeichnung, Herkunft, Beschaffenheit, Verwendung sowie das Herstellen oder das Behandeln von Erzeugnissen und über Verstöße gegen das Lebensmittelrecht.

① Sie sind in „Kauflaune" und entscheiden sich in einem Elektronik-Fachmarkt für einen MP3-Player. Da Sie die 300 Euro gerade nicht dabei haben, wird Ratenzahlung vereinbart: zehn Monatsraten zu je 33 Euro. Am nächsten Tag bereuen Sie den Kauf. Wie können Sie vorgehen?

② Formulieren Sie für Helen einen wirksamen Widerruf des Zeitungsabos.

③ Fassen Sie in eigenen Worten zusammen: Warum sind Verbraucher besonders schutzwürdig?

Definition des Unternehmers nach § 14 Abs. 1 BGB
Unternehmer ist eine natürliche oder juristische Person (…), die bei Abschluss eines Rechtsgeschäfts in Ausübung ihrer gewerblichen oder selbstständigen beruflichen Tätigkeit handelt.

Informationen und Tipps zum Thema Verbraucherschutz gibt es bei den Verbraucherzentralen:

verbraucherzentrale
Bayern

12.1.4 Unternehmerische Ziele: Gewinn ist (nicht) alles

Volkswirtschaft
alle wirtschaftlichen Prozesse, die in einem bestimmten Land zwischen privaten Haushalten, Unternehmen und öffentlichen Einrichtungen sowie zwischen diesen und dem Ausland stattfinden

> Nach meiner Ausbildung zur Modedesignerin gründe ich mein eigenes Atelier. Da kann ich mich verwirklichen und mir möglichst schnell im Leben etwas leisten.

> Typisches Unternehmerdenken, nur Profit und Luxus im Kopf! Schonmal was von Fair Trade und ökologischer Produktion gehört?

Unternehmen
Jede Einheit, die eine wirtschaftliche oder gemeinnützige Tätigkeit ausübt. Das Unternehmen existiert nicht körperlich, sondern nur auf dem Papier.

Betrieb
Ort, an dem die Leistung des Unternehmens erbracht wird (z. B. ein Bürogebäude oder eine Fabrikhalle, ein Werk, eine Filiale)

Firma
Name, unter dem das Unternehmen betrieben wird
Beispiel: Peter Kuchenbecker (Unternehmer) betreibt ein Konditorei-Unternehmen in München, das unter dem Namen „Stadtkonditorei Kuchenbecker" firmiert. Das Unternehmen unterhält zwei Filialen (Betriebe): einen Betrieb am Stachus und einen am Marienplatz.

■ Unternehmen – „verdammt" zu wirtschaftlichem Handeln

Jedes Unternehmen, das dauerhaft auf dem Markt bestehen will, hat eine Aufgabe in der **Volkswirtschaft** und verfolgt unterschiedliche Ziele. Es produziert in Betrieben Güter oder Dienstleistungen und bietet diese auf dem Markt an.

Jeder Unternehmer, ob Gemüsehändler oder Pkw-Hersteller, versucht seine Waren so kostengünstig wie möglich herzustellen und so gewinnbringend wie möglich zu verkaufen. Die Kunden versuchen, mit den ihnen zur Verfügung stehenden Mitteln Waren von maximaler Qualität zu einem möglichst geringen Preis zu erstehen.

Alle Unternehmen müssen nach wirtschaftlichen Gesichtspunkten handeln, um überleben oder sogar wachsen zu können. Der Ertrag, den sie für ihre Produkte erhalten, muss größer sein als der Aufwand, den sie zu deren Herstellung „hineinstecken". Das Wirtschaftlichkeitsstreben nach dem **ökonomischen Prinzip** unterscheidet zwischen:

Minimalprinzip	Maximalprinzip
Mit möglichst geringem Einsatz an Mitteln (Geld, Zeit, Arbeitskraft oder Maschinen) soll ein vorgegebenes Ziel erreicht werden.	Mit den vorhandenen Mitteln soll ein möglichst großer Erfolg erzielt werden („mit gegebenem Input einen höchstmöglichen Output erzielen").
Beispiel: „Wie viel Holz muss mindestens eingekauft werden, um 100 Regale herzustellen?"	Beispiel: „Wie viele Regale können produziert werden, wenn zehn Tonnen Holz vorhanden sind?"

Ein Unternehmer handelt „vernünftig", wenn er mit einem Minimum an Aufwand ein maximales Ziel erreicht. Dabei wird er kaum je strikt nach dem Minimal- oder Maximalprinzip vorgehen, sondern sich von Fall zu Fall unterschiedlich entscheiden.

■ Ziele von Unternehmen

Oberstes Ziel aller Unternehmen ist **Gewinnerzielung**, denn nur so kann ein Unternehmen am Markt bestehen. Ausnahmen sind die **Unternehmen der Öffentlichen Hand**, wie städtische Verkehrsbetriebe oder Krankenhäuser, die dem Gemeinwohl dienen müssen. Um den Unternehmenserfolg zu messen und mit anderen Unternehmen zu vergleichen, bedient man sich verschiedener Kenngrößen:

Produktivität P (als reine Mengenbewertung)

Unternehmen sind bestrebt, ihr Leistungsergebnis ständig zu verbessern. So kann z. B. die Menge an täglich produzierten Gütern durch den Einsatz moderner Maschinen bei gleicher Anzahl von Arbeitskräften erhöht werden. Das Verhältnis zwischen der eingesetzten Menge und dem erstellten Ertrag wird als Produktivität definiert – man vergleicht die erzeugte **Menge** und den dafür notwendigen **Einsatz**.

$$\text{Produktivität P} = \frac{\text{Faktorertragsmenge}}{\text{Faktoreinsatzmenge}}$$

$$\text{Beispiel: Produktivität (Pkw-Hersteller)} = \frac{\text{Anzahl pro Tag hergestellter Pkws}}{\text{Einsatz an Mitarbeitern}}$$

Dieses Ergebnis allein ist jedoch nicht aussagekräftig. Sinn ergibt das Ergebnis erst durch den Vergleich mit anderen Unternehmen oder den Ergebnissen der Vorjahre. Diesen Vergleich nennt man auch **Benchmarking**.

Wirtschaftlichkeit

Die Wirtschaftlichkeit ist eine wertmäßige Erfassung. Nach dem ökonomischen Prinzip will ein Unternehmen mit einem bestimmten Geldeinsatz (**Aufwand**) einen größtmöglichen Erlös (**Ertrag**) oder einen bestimmten Erlös mit minimalem Einsatz von Geldmitteln erzielen.

$$\text{Wirtschaftlichkeit W} = \frac{\text{Ertrag}}{\text{Aufwand}}$$

$$\text{Beispiel: Wirtschaftlichkeit (Pkw-Hersteller)} = \frac{\text{Geldwert aller verkauften Pkws}}{\text{Geldwert von Arbeitslohn, Maschinen usw.}}$$

Die Wirtschaftlichkeit W muss immer größer als 1 sein, sonst schreibt das Unternehmen „rote Zahlen". Je höher der Wert über 1 liegt, desto besser wirtschaftet das Unternehmen: Es wird Gewinn erzielt, der wiederum investiert, also am Markt eingesetzt werden kann.

Rentabilität

Die Rentabilität wird auch als **Zins** oder **Rendite** bezeichnet und errechnet sich aus dem Verhältnis von **Gewinn** und **Kapital**. Die Rentabilität bezeichnet demnach die Ergiebigkeit des Kapitals in einer Abrechnungsperiode. Kapital ist dabei die Summe der dem Unternehmen dauerhaft von den Eigentümern (Eigenkapital) oder vorübergehend von Dritten, z. B. Banken (Fremdkapital), bereitgestellten finanziellen Mittel. Man unterscheidet zwischen:

$$\text{Eigenkapitalrentabilität} = \frac{\text{Gewinn} \times 100}{\text{Eigenkapital}}$$

$$\text{Gesamtkapitalrentabilität} = \frac{(\text{Gewinn} + \text{Fremdkapitalzinsen}) \times 100}{\text{Eigenkapital} + \text{Fremdkapital}}$$

Je nach ihrer „Unternehmensphilosophie" können Unternehmen weitere (nachgeordnete) Ziele haben, wie z. B.
- Umsatzsteigerung
- gutes Image
- Macht
- Versorgungssicherheit
- Schaffung von Arbeitsplätzen.
- Einhaltung ökologischer Produktionsmethoden
- Beachtung der „Spielregeln" des fairen Handels (Fairtrade)

Unternehmen und Gemeinwohl

Die Existenz von Unternehmen ist einerseits eine Voraussetzung für das Gemeinwohl einer Gesellschaft, denn Unternehmen schaffen Arbeitsplätze und mehr oder weniger lebensnotwendige Güter.

Ein übermäßiges Gewinnstreben von Unternehmen kann andererseits das Gemeinwohl gefährden, wenn z. B. aus Kostengründen oder wegen des Fehlverhaltens von Managern (wie bei der Bankenkrise ab 2008) Arbeitsplätze abgebaut werden. Die räumliche und produktive Ausbreitung von Unternehmen steht auch häufig im Gegensatz zu den Zielen des Umweltschutzes.

① Erläutern Sie in eigenen Worten: Warum kann ein Unternehmen mit einer Wirtschaftlichkeit, die kleiner als 1 ist, dauerhaft nicht überleben?

② Ein Pkw-Hersteller macht im Jahr 2015 einen Gewinn von 400.000 Euro. Sein von den Eigentümern bereitgestelltes Kapital beträgt zwei Millionen Euro. Berechnen Sie die Eigenkapitalrentabilität.

③ Verdeutlichen Sie das Minimal- und das Maximalprinzip am Beispiel eines Pkw-Herstellers.

12.1.5 Die häufigsten Rechtsformen der Unternehmen

© Bergmoser + Höller Verlag AG

ZAHLENBILDER
201 315

■ Unternehmen im Handelsregister
Wer ein Handelsgewerbe betreiben, also dauerhaft am Markt Güter oder Dienstleistungen anbieten will, hat die Wahl zwischen unterschiedlichen **Unternehmensformen: Einzelunternehmen, Personengesellschaft** oder **Kapitalgesellschaft** bieten je nach Einzelfall die besten Voraussetzungen für eine erfolgreiche kaufmännische Tätigkeit.

Wer sich für eine dieser Rechtsformen entscheidet, wird unter seiner Firma in das **Handelsregister** eingetragen und unterliegt als **Kaufmann** den für den Handelsverkehr geltenden Vorschriften des Handelsgesetzbuches (HGB). Ein wichtiger Zweck des Handelsregisters ist, einen Überblick über die im Handelsverkehr tätigen Personen zu geben.

Gewerbe
ist jede erlaubte, auf Gewinn gerichtete und auf Dauerhaftigkeit angelegte selbstständige Tätigkeit. Ausnahmen, also kein Gewerbe, sind die „Urproduktion" (z. B. Landwirtschaft, Bergbau) und die freien Berufe (z. B. Rechtsanwälte, Ärzte).

In Gesellschaften sind mindestens zwei Personen am Unternehmen beteiligt. Während bei **Personengesellschaften** (z. B. OHG und KG) die persönliche Beteiligung im Vordergrund steht, ist es bei den **Kapitalgesellschaften** (z. B. GmbH und AG) die Beteiligung mit Kapital. Im Gegensatz zu Personengesellschaften haben Kapitalgesellschaften eine eigene Rechtspersönlichkeit (juristische Person).

■ Einzelunternehmen
Beim Einzelunternehmen sind Eigentümer und Unternehmer in einer Person vereint. Der Firmenname kann – wie bei allen anderen Unternehmen auch – frei gewählt werden. Er muss jedoch zwingend die Rechtsform enthalten (hier z. B. „eingetragene Kauffrau" oder e. K.) und darf nicht zu Verwechselungen mit anderen ortsansässigen Unternehmen führen.

Wahl zwischen Einzelunternehmen und Gesellschaft	
Vorteile des Einzelunternehmens	Nachteile des Einzelunternehmens
• keine Absprache bei Geschäftsführung nötig • Unternehmer verfügt allein über Gewinn • kurze Entscheidungswege können Wettbewerbsvorteil sein	• Unternehmer trägt Risiko allein • haftet unbeschränkt für Geschäftsschulden • muss notwendiges Kapital allein aufbringen

■ Personengesellschaften: OHG und KG
Bei der **offenen Handelsgesellschaft** (OHG, §§ 105 – 160 HGB) führen gleichberechtigte Partner ein Unternehmen gemeinsam und haften – einer für den anderen – mit ihrem ganzen Vermögen. Der Gewinn unterliegt der Einkommensteuer. Die Zusammenarbeit setzt ein hohes Maß an gegenseitigem Vertrauen voraus und findet sich häufig bei Familienbetrieben.

Bei der **Kommanditgesellschaft** (KG, §§ 161–177a HGB) sind nicht alle Gesellschafter gleichberechtigt: Mindestens einer (Komplementär) haftet unbeschränkt, während mindestens ein anderer (Kommanditist) nur mit seiner Kapitaleinlage haftet. Der Kommanditist ist auch von der Geschäftsführung ausgeschlossen. Diese Unternehmensform findet sich häufig bei kleinen Industriebetrieben mit mittlerem Kapitalbedarf.

■ Kapitalgesellschaften: GmbH und AG
Bei der **Gesellschaft mit beschränkter Haftung** (GmbH, §§ 1 ff. GmbH-Gesetz) ist die Haftung auf das Stammkapital (mindestens 25.000 Euro) beschränkt, das aus der Summe der Stammeinlagen der Gesellschafter besteht. Eine Haftung mit dem Privatvermögen ist ausgeschlossen, was die GmbH besonders für mittelständische Betriebe attraktiv macht.

Eigentümer einer **Aktiengesellschaft** (AG, §§ 1 ff. Aktiengesetz) sind die Aktionäre im Verhältnis ihrer Anteilsscheine (Aktien) am Grundkapital, das mindestens 50.000 Euro beträgt. Kaufen die Aktionäre neu ausgegebene („junge") Aktien, fließt der Gesellschaft Kapital zu. Die Aktionäre haften nur mit dem Wert ihrer Aktien, nicht mit ihrem Privatvermögen.

Die Aktien der meisten AGs werden an der Börse gehandelt. Durch die kleine Stückelung haben auch private Haushalte die Möglichkeit einer Beteiligung. Die Rechtsform eignet sich besonders für große Unternehmen mit einem hohen Kapitalbedarf.

„Mini-GmbH"
Eine „Mini-GmbH" kann mit einem Stammkapital von 1 Euro gegründet werden (§ 5a GmbHG). Ihr Firmenname muss den Zusatz „UG" (Unternehmergesellschaft) tragen.

Die wichtigsten Rechtsformen von Handelsunternehmen im Überblick

	Einzelunternehmen	offene Handelsgesellschaft (OHG)	Kommanditgesellschaft (KG)	Gesellschaft mit beschränkter Haftung (GmbH)	Aktiengesellschaft (AG)
Firma	beliebiger Name mit Zusatz e. K., e. Kfr. oder e. Kfm.	beliebiger Name mit Zusatz „OHG"	beliebiger Name mit Zusatz „KG"	beliebiger Name mit Zusatz „GmbH"	beliebiger Name mit Zusatz „AG"
Kapitalausstattung	kein Mindestkapital	kein Mindestkapital	kein Mindestkapital; Anteil der Kommanditisten ist im Handelsregister einzutragen	Stammkapital 25.000 Euro	Aktien: Grundkapital 50.000 Euro; Mindestnennwert je Aktie 1 Euro
Haftung	Inhaber haftet unbeschränkt mit Geschäfts- und Privatvermögen	alle Gesellschafter haften unbeschränkt mit Geschäfts- und Privatvermögen	Komplementäre haften unbeschränkt mit Geschäfts- und Privatvermögen; Kommanditisten nur mit ihrer Einlage	alle Gesellschafter haften nur mit ihrem Anteil	alle Gesellschafter (Aktionäre) haften nur mit ihrem Aktien-Anteil
Geschäftsführung und Vertretung	Inhaber	alle Gesellschafter haben Recht und Pflicht zu Geschäftsführung und Vertretung	nur Komplementäre haben Recht und Pflicht zu Geschäftsführung und Vertretung	die von den Gesellschaftern eingesetzten Geschäftsführer führen und vertreten die GmbH gemeinsam	der vom Aufsichtsrat bestellte Vorstand führt und vertritt die AG
Kontrollrecht	Inhaber	alle Gesellschafter	Komplementäre; Kommanditisten können Jahresabschluss überprüfen	Gesellschafterversammlung; Aufsichtsrat, falls solcher besteht – Pflicht erst bei mehr als 500 Arbeitnehmern	von der Hauptversammlung der Gesellschafter (Aktionäre) gewählter Aufsichtsrat
Gewinnbeteiligung	Inhaber	jeder Gesellschafter: 4 % der Kapitaleinlage; Rest nach Köpfen	jeder Gesellschafter: 4 % der Kapitaleinlage; Rest im angemessenen Verhältnis	Verteilung an Gesellschafter nach der Höhe der Geschäftsanteile	Dividende = vom Gewinn abhängige Ausschüttung pro Aktiennennwert

① Informieren Sie sich über die Rechtsform Ihres Ausbildungsbetriebes und recherchieren Sie, warum der Betrieb gerade in dieser Rechtsform geführt wird.

② Sarah hat ihre Ausbildung gerade abgeschlossen und möchte einen eigenen Friseursalon aufbauen. Bei der Unternehmensform denkt sie an eine Kapitalgesellschaft. Können Sie ihr zuraten? Argumentieren Sie.

③ Erörtern Sie: Warum ist die AG die typische Rechtsform für Großunternehmen?

12.1.6 Soziale Marktwirtschaft – die Wirtschaftsform in Deutschland

Werbeplakat aus dem Jahr 1952 für den ersten Fünfjahresplan der DDR. In der Bildmitte befindet sich der Generalsekretär des Zentralkomitees der Sozialistischen Einheitspartei Deutschlands (SED), Walter Ulbricht.

Der **Kapitalismus** basiert auf dem freien Unternehmertum und räumt der Arbeitnehmerschaft kein Eigentum an den Produktionsmitteln ein. Ganz im Gegensatz dazu steht nach der Vorstellung des **Sozialismus** der Gesamtheit der Arbeiter das Eigentum an sämtlichen Produktionsfaktoren zu.

Ludwig Erhard, von 1949–1963 Bundeswirtschaftsminister, dann von 1963–1966 Bundeskanzler, war maßgeblich am Konzept der sozialen Marktwirtschaft beteiligt.

■ Grundtypen der Wirtschaftsordnungen

Eng an der Gesellschaftsordnung orientiert sich die Wirtschaftsordnung eines Staates. Sozialistische Staaten, wie die des ehemaligen Ostblocks um die Sowjetunion, neigtem dem Modell der **Zentralverwaltungswirtschaft** (Planwirtschaft) zu, in dem allein der Staat die Wirtschaft lenkte. Kapitalistisch geprägte Staaten setzen ihr Vertrauen in die private Unternehmerschaft und damit in die **Marktwirtschaft**. Der Sozialismus als Gesellschaftsordnung ist heute in den Staaten des ehemaligen „Ostblocks" nicht mehr vertreten – und damit ist auch die Planwirtschaft in der Weltwirtschaft kaum noch existent.

Blickpunkt Wirtschaftsordnungen: Marktwirtschaft und Planwirtschaft	
Marktwirtschaft	Planwirtschaft
• Eigentum an Unternehmen und Maschinen ist in privater Hand • Planung und Lenkung der Wirtschaft erfolgt dezentral • Preise bilden sich durch Angebot und Nachfrage heraus • Hauptziel: Gewinnerzielung	• Eigentum an Unternehmen und Maschinen ist in staatlicher Hand • Planung und Lenkung der Wirtschaft erfolgt zentral • Preise werden vom Staat festgelegt • Hauptziel: Erfüllung des staalichen Plans

■ Marktwirtschaft – frei oder sozial?

Deutschland musste sich nach dem verschuldeten und verlorenen Zweiten Weltkrieg neu orientieren. Während die DDR sich dem sowjetischen Modell der Planwirtschaft anschloss, tendierte die Bundesrepublik der Marktwirtschaft zu.

Allerdings warnte ein Blick in die Geschichte vor einer allzu freien Handhabung der Marktwirtschaft: Gegen Ende des 19. Jahrhunderts, in der Zeit des Umbruchs von der bäuerlichen Gesellschaft zur Industriegesellschaft, glaubte man, dass der Markt am besten funktioniere, wenn man ihn sich selbst überließe. Doch diese Zeit war geprägt von großer Ungerechtigkeit und Leid in der Bevölkerung. Kinderarbeit gehörte zum Alltag, nur wenige Arbeiter konnten bei durchschnittlich 14 Stunden Arbeit pro Tag die notwendigsten Lebensbedürfnisse befriedigen. Die Fabrikbesitzer waren im Umgang mit ihren Arbeitnehmern nicht durch Schutzgesetze eingeschränkt. Der Großteil der Bevölkerung war ohne jegliche soziale Sicherung und lebte unter dem Existenzniveau.

Deshalb musste nach Überzeugung der politisch Verantwortlichen das ungehinderte Wirken der Kräfte des Marktes **(freie Marktwirtschaft)** eingeschränkt werden durch eine soziale Steuerung seitens des Staates: Das Konzept der **sozialen Marktwirtschaft** entstand.

Blickpunkt Marktwirtschaft: freie und soziale Marktwirtschaft	
freie Marktwirtschaft	soziale Marktwirtschaft
• Unbegrenzte Unternehmerfreiheit: Unternehmer bestimmen frei über Eigentum, Maschinen und Arbeitnehmer • Uneingeschränkte Konkurrenz der Unternehmen ist frei von staatlichen Eingriffen • Staat hält sich komplett aus der Wirtschaft heraus, gewährleistet nur Rahmenbedingungen (z. B. Gewährleistung des Privateigentums): „Nachtwächterstaat"	• Staat schafft soziale Einschränkungen für Unternehmerfreiheit: Sozialbindung des Eigentums, Schutzrechte, Mitbestimmung für Arbeitnehmer • Staatliches Wettbewerbsrecht soll vor Missbrauch schützen; Kartelle sind verboten (siehe Abschnitt 12.1.7) • Staat betreibt aktive Sozial- und Wirtschaftspolitik, fördert Unternehmer und Arbeitnehmer gleichermaßen: Sozialstaat

■ Soziale Marktwirtschaft – im Grundgesetz verankert

Zwar ist die soziale Marktwirtschaft im Grundgesetz nicht wörtlich erwähnt. Ihr Prinzip, die Garantie größtmöglicher (wirtschaftlicher) Freiheit einerseits bei Gewährleistung sozialer Sicherung und Gerechtigkeit andererseits, ist jedoch in der deutschen Verfassung verankert. Planwirtschaft und freie Marktwirtschaft sind mit dem Grundgesetz nicht vereinbar.

Grundgesetz: Beispiele marktwirtschaftlicher Elemente	
Fundstelle	Bedeutung
Art. 2 Abs. 1: Jeder hat das Recht auf die freie Entfaltung seiner Persönlichkeit.	Freiheit, Verträge zu schließen, Handel oder Gewerbe zu betreiben
Art. 9 Abs. 1: Alle Deutschen haben das Recht, Vereine und Gesellschaften zu gründen.	Unternehmen können sich als Gesellschaften gründen und sich zu Konzernen zusammenschließen
Art. 11 Abs. 1: Alle Deutschen genießen Freizügigkeit im ganzen Bundesgebiet.	Unternehmer und Unternehmen können sich den wirtschaftlich günstigsten Standort aussuchen
Art. 14 Abs. 1: Das Eigentum und das Erbrecht werden gewährleistet.	Keine Verstaatlichung von Betrieben oder Maschinen und sonstigen Produktionsmitteln

Grundgesetz: Beispiele sozialer Elemente	
Fundstelle	Bedeutung
Art. 9 Abs. 3: Das Recht, zur Wahrung und Förderung der Arbeits- und Wirtschaftsbedingungen Vereinigungen zu bilden, ist … gewährleistet.	Garantie für die staatlich unbeeinflusste Gründung freier Gewerkschaften zur Wahrung der Arbeitnehmerrechte
Art 14. Abs. 2: Eigentum verpflichtet. Sein Gebrauch soll zugleich dem Wohle der Allgemeinheit dienen.	In mittleren und großen Unternehmen, die in privatem Eigentum stehen, müssen z. B. Unternehmer die Mitbestimmung von Arbeitnehmern in Betriebs- und Aufsichtsräten zulassen
Art. 20 Abs. 1: Die Bundesrepublik Deutschland ist ein demokratischer und sozialer Bundesstaat.	Sozialstaatsgebot: Der Staat unterstützt sozial benachteiligte Menschen mit notwendigen Sozialleistungen

Kennzeichen sozialer Marktwirtschaft

- **aktive Wirtschaftspolitik** mit den Zielen Vollbeschäftigung, Geldwertstabilität, Wirtschaftswachstum und außenwirtschaftliches Gleichgewicht
- **Kontrolle des Wettbewerbs:** Marktteilnehmer werden geschützt (siehe folgenden Abschnitt 12.1.7)
- **Gewährleistung sozialer Sicherung und Gerechtigkeit** durch die gesetzliche Sozialversicherung, Kinder-, Wohn- und Arbeitslosengeld, ALG II
- **Gewährleistung der Vertragsfreiheit** mit Einschränkungen zugunsten schutzwürdiger Gruppen wie Arbeitnehmer und Mieter
- **aktive Strukturpolitik:** bestimmte Branchen (siehe Kohlebergbau) oder Regionen erhalten Subventionen (Finanzhilfen), um soziale Probleme zu verhindern

Probleme sozialer Marktwirtschaft

Einerseits sind die Mittel des Sozialstaates im Zeitalter der Globalisierung begrenzt, da sich internationale Großunternehmen („Global Players") ungern an die Regeln von Einzelstaaten halten.

Andererseits können die sozialen Errungenschaften Deutschlands im internationalen Wettbewerb um Wirtschaftsstandorte hinderlich sein, da sie die Arbeit verteuern und Deutschland für Unternehmen weniger attraktiv erscheinen lassen.

① Welche Vor- und Nachteile lassen sich bei der freien Marktwirtschaft und der Planwirtschaft finden? Erstellen Sie eine entsprechende Tabelle.

② Fassen Sie die Hauptmerkmale der sozialen Marktwirtschaft zusammen.

③ Ordnen Sie die folgenden Ereignisse dem „marktwirtschaftlichen" oder dem „sozialen" Bestandteil unserer deutschen Wirtschaftsordnung zu:
a) Streik einer Gewerkschaft
b) Unternehmen schließt einen Betrieb und entlässt Arbeitnehmer
c) Kündigungen gegenüber Arbeitnehmern werden per Gesetz erleichtert
d) Das ALG II wird erhöht.

??

12.1.7 Wettbewerb: Voraussetzung sozialer Marktwirtschaft

Ex-Marktführer

Der Stärkere setzt sich durch: Das ist für mich fairer Wettbewerb!

Familienbetrieb

lokaler Einzelhändler

BIG PLAYER

■ Warum brauchen wir einen gesunden Wettbewerb?

„Konkurrenz belebt das Geschäft", besagt ein bekanntes Sprichwort. Im Falle des Wettbewerbs, also des Konkurrenzkampfes von Anbietern um die Gunst der Kunden, ist dies sogar noch untertrieben: Ohne Konkurrenz kommt die Marktwirtschaft zum Stillstand, weil sich Anbieter nicht mehr um ihre Kunden bemühen, nicht mehr in eine zukunftsorientierte Produktion investieren müssten und damit auf Dauer auch nicht mehr wettbewerbsfähig wären.

Ein konkurrenzloser Anbieter könnte es sich in der „Hängematte" bequem machen – und der Kunde könnte nicht mehr vom Wettbewerb um die besten Ideen, die geringsten Preise, die bestmögliche Qualität oder den kundenfreundlichsten Service profitieren. Mit anderen Worten: Nur ein gesunder Wettbewerb der Anbieter kann die Balance zwischen Angebot und Nachfrage, zwischen Preis und Qualität aufrechterhalten.

Dass Unternehmen versuchen, ihre Macht am Markt zu vergrößern, liegt notwendig in ihrem legalen Gewinnstreben und auch in der Natur des Wettbewerbs selbst („Wer ist der Stärkste, wer hat am meisten Macht?") begründet. Doch wenn sie zu groß werden, zu viel Macht am Markt besitzen oder den Konkurrenzkampf mit unfairen Mitteln führen, gefährden Unternehmen den Wettbewerb. Deshalb muss der Staat in der sozialen Marktwirtschaft Regeln aufstellen, die den Wettbewerb begleiten und ihn im Bedarfsfall auch steuern.

■ Wettbewerbsrecht

Das Wettbewerbsrecht hat einzig den Zweck, einen fairen Wettbewerb zu gewährleisten. Die beiden wichtigsten Regelungsbereiche sind

- das **Gesetz gegen den unlauteren Wettbewerb** (UWG), das schon im Abschnitt 12.1.3 (Verbraucherschutz) kurze Erwähnung fand und einzelne Wettbewerbshandlungen beurteilt,
- sowie das **Gesetz gegen Wettbewerbsbeschränkungen** (GWB), das vor allem vertragliche Abmachungen von Unternehmen zur Beschränkung des Wettbewerbs (Kartelle) verhindern soll.

■ Gesetz gegen den unlauteren Wettbewerb (UWG)

Wettbewerb
Leistungskampf zwischen den Anbietern von Gütern und Dienstleistungen. Er funktioniert, wenn verschiedene Anbieter in fairer Weise um die Gunst der Kunden konkurrieren. Gekämpft wird, indem jeder Anbieter ein möglichst kundenfreundliches Produkt anbietet. Dabei kann z. B. die bessere Qualität, der geringere Preis oder die wirksamere Werbung den Ausschlag zugunsten eines Anbieters geben.

Vergleichende Werbung
Werbung, die das eigene Produkt als besser darstellt als das Produkt eines anderen Anbieters, ist nicht immer verboten. Sie ist aber dann „unlauter" nach dem UWG, wenn der Qualitätsvorteil nicht konkret beweisbar, erst recht natürlich, wenn er offensichtlich nicht vorhanden ist.

Fallbeispiel: Kathrin hat sich kurz nach bestandener Meisterprüfung in München-Pasing mit einem Friseursalon selbstständig gemacht. Um das Geschäft anzukurbeln, klebt sie Plakate in der Umgebung, auf denen zu lesen ist: „Wir haben die günstigsten Preise in ganz Pasing!" In der Tat lassen sich so einige Kunden gewinnen. Dass das mit den Preisen so nicht stimmt, weiß Kathrin zwar. Aber sie denkt sich: „Hauptsache, die Kunden kommen erst mal zu mir." Außer den Kunden kommt aber auch noch ein Brief eines Rechtsanwalts, der Kathrin im Namen eines Konkurrenten um sofortige Unterlassung dieser Werbung ersucht. Ansonsten drohe er „gerichtliche Schritte" an. Kathrin ist sich keiner Schuld bewusst.

Nach dem UWG handelt **rechtswidrig**, wer sich Vorteile im Wettbewerb mit unfairen **(unlauteren) Mitteln** verschafft. Dies ist zum Beispiel der Fall, wenn Druck auf den Kunden ausgeübt, dessen geschäftliche Unerfahrenheit ausgenutzt oder mit irreführenden Angaben wie Preisen oder nicht vorhandenen Qualitätsvorteilen geworben wird. Ebenso als unlauterer Wettbewerb zu beurteilen ist eine unerwünschte Telefon- oder E-Mail-Werbung.

Im Fallbeispiel hat Kathrin mit irreführenden Angaben über den Preis ihrer Leistung geworben. Stellt sie die Werbung auf die Aufforderung des Anwalts nicht ein, droht ihr eine Unterlassungsklage. Gegebenenfalls muss sie auch Schadensersatz an den Konkurrenten zahlen.

■ Gesetz gegen Wettbewerbsbeschränkungen (GWB)

Fallbeispiel: Die Lieferanten Mosl und Baur beliefern abwechselnd ein abgelegenes Dorf in den Allgäuer Alpen mit Obst. Andere Obsthändler sind in der Umgebung nicht vorhanden. Um „besser leben zu können", vereinbaren die beiden, zukünftig alle Obstsorten in diesem Dorf zum doppelten Preis zu verkaufen. Statt Freude über die Zusatzeinnahmen gibt es kurz darauf Ärger mit dem Kartellamt.

Grundregel:

Kartellrecht:
Vorrang für den Wettbewerb

- Vereinbarungen zwischen Unternehmen,
- Beschlüsse von Unternehmensvereinigungen und
- abgestimmte Verhaltensweisen,

die den Wettbewerb einschränken,

sind **verboten**

Sie können ausnahmsweise dennoch **zulässig** sein, wenn ihre Vorteile die wettbewerbswidrigen Nachteile überwiegen (z.B. durch höhere Produktqualität, technische Neuerungen, niedrigere Verbraucherpreise).

Vom Verbot **freigestellt** sind deshalb u.a. *Forschungs- und Entwicklungs-, Spezialisierungs-, Technologietransfervereinbarungen, Vertriebsvereinbarungen und einzelne Branchen* (durch EU-Gruppenfreistellungsverordnungen) *Mittelstandskartelle* (nach deutschem Recht)

Im Übrigen müssen die beteiligten Unternehmen selbst beurteilen, ob ihre Absprachen zulässig sind. Sie unterliegen der **Wettbewerbskontrolle** durch die Kartellbehörden und müssen bei Verstößen gegen das Kartellverbot mit Geldbußen und mit Schadensersatzforderungen benachteiligter Konkurrenten oder Abnehmer rechnen.

ZAHLENBILDER
200295

© Bergmoser + Höller Verlag AG

Das GWB regelt das sogenannte **Kartellrecht**. Kartelle sind Vereinbarungen mit dem Ziel, den Wettbewerb zum eigenen Vorteil zu behindern oder auszuschalten (siehe Schaubild). Im Fall der Händler Mosl und Baur handelt es sich um einen verbotenen „Missbrauch einer marktbeherrschenden Stellung", weil beide den Markt zu gleichen Teilen unter sich aufgeteilt haben. Da die Kunden auf die beiden Händler angewiesen sind, müssten sie die höheren Preise zahlen. Die Kartellbehörde muss einschreiten.

Hier handelt es sich um einen vergleichsweise unbedeutenden Fall. Oft geht es aber um Milliarden von Euro, wenn z. B. riesige Unternehmen der Computer- oder Ölbranche dem Verdacht unerlaubter Kartellbildung ausgesetzt sind.

1. Fassen Sie in eigenen Worten zusammen: Warum ist eine Marktwirtschaft ohne Wettbewerb nicht denkbar?

2. Wäre es erlaubt gewesen, wenn Kathrin auf den Plakaten wie folgt geworben hätte: „Wir frisieren besser als alle anderen Salons in Pasing!"?

3. Erklären Sie, warum Kartelle nicht immer unzulässig sein müssen. Arbeiten Sie mit dem Schaubild auf dieser Seite.

12.1.8   Das magische Sechseck der Wirtschaftspolitik

Ziele des magischen Sechsecks:

Preisstabilität
Anstieg der Verbraucherpreise gegenüber dem Vorjahr um weniger als 2 % (Geldwertstabilität)

Vollbeschäftigung
Ziel ist ein hoher Beschäftigungsstand, da absolute Vollbeschäftigung (Arbeitslosenquote von 0,0 %) nicht erreichbar

Außenwirtschaftliches Gleichgewicht
Ausgeglichene Zahlungsbilanz von Importkosten und Exporteinnahmen

■ Zielsetzungen der Wirtschaftspolitik: vom Viereck zum Sechseck

Zu den wirtschafts- und finanzpolitischen Aufgaben des Staates gehört es, möglichst günstige Rahmenbedingungen für die Wirtschaft zu schaffen und krisenhaften Entwicklungen durch geeignete politische Maßnahmen entgegenzuwirken. Dabei muss jede Regierung das fast 50 Jahre alte, nach wie vor gültige **Stabilitätsgesetz** beachten. Es setzt den Rahmen, in dem sich alle Maßnahmen deutscher Wirtschafts- und Finanzpolitik bewegen müssen.

Die vier Eckpunkte der Zielsetzung – Preisstabilität, hoher Beschäftigungsstand, außenwirtschaftliches Gleichgewicht und Wirtschaftswachstum – bilden das sogenannte „**magische Viereck**" der Wirtschaftspolitik. Magisch deshalb, weil es fast unmöglich ist, alle vier Ziele gleichzeitig zu erreichen, die zum Teil in Konkurrenz zueinander stehen.

Diese Problematik wurde durch die Erweiterung des Vierecks auf ein Sechseck noch verschärft, indem „Umweltschutz" und „gerechte Einkommensverteilung" als zusätzliche Ziele mit aufgenommen wurden (siehe Schaubild). Zwar sind die beiden letzteren Ziele im Stabilitätsgesetz nicht verankert. Doch gelten sie heute allgemein als notwendige Ergänzungen.

Um ein **gesamtwirtschaftliches Gleichgewicht** herzustellen, müssten alle Zielsetzungen gleichermaßen erreicht werden. Da dies jedoch nicht möglich ist, muss sorgfältig abgewogen werden, welche Ziele jeweils besonders gefördert werden sollen. Daher legt die Bundesregierung alljährlich im Januar einen Jahreswirtschaftsbericht vor, in dem die wirtschafts- und finanzpolitischen Ziele des Jahres vorgestellt und die dafür vorgesehenen Maßnahmen aufgezeigt werden.

■ Pure Magie – Die Vereinbarkeit der Ziele

Im günstigsten Fall wirken sich die Maßnahmen zur Erreichung eines Ziels zugleich positiv auf die Verfolgung eines oder mehrerer anderer Ziele aus. So z. B. bei den Zielen Wirtschaftswachstum und hoher Beschäftigungsstand, da wirtschaftliches Wachstum mit einem erhöhten Bedarf an Arbeitskräften verbunden ist (sogenannte „**Zielharmonie**").
Manche Ziele lassen sich jedoch nur auf Kosten anderer Ziele verwirklichen (**Zielkonflikt**). Soll beispielsweise das außenwirtschaftliche Gleichgewicht hergestellt werden, indem die Bundesregierung Maßnahmen zur Steigerung des Exports ergreift, verringert sich das Angebot an Waren in Deutschland. Bei konstanter Nachfrage steigen die Preise, sodass die Preisstabilität gefährdet ist. „Interessenkonflikte" wie dieser können nur durch wirtschaftspolitische Kompromisse gelöst werden, indem z. B. dem Ziel, das am meisten gefährdet ist, der Vorrang gewährt wird. Haben die Maßnahmen zur Erreichung eines Ziels hingegen keine Auswirkungen auf andere Ziele, spricht man von **Zielneutralität**.
Die folgende Tabelle zeigt, welche Auswirkungen z. B. die Senkung der Lohnsteuer (siehe hierzu auch Abschnitt 12.1.9 Konjunkturpolitik) auf die einzelnen wirtschaftspolitischen Ziele haben kann:

Das Magische Sechseck
Ziele der Wirtschafts- und Finanzpolitik

Angemessenes Wirtschaftswachstum

Vollbeschäftigung

Stabiles Preisniveau

Außenwirtschaftliches Gleichgewicht

Schutz der natürlichen Umwelt

Gerechte Einkommens- und Vermögensverteilung

ZAHLENBILDER

200515

Magisches Sechseck: mögliche Auswirkungen einer Lohnsteuersenkung

Preisstabilität	Die Nachfrage wächst, da den Haushalten mehr Geld zur Verfügung steht. Aufgrund der größeren Nachfrage erhöhen sich jedoch die Preise und die Gefahr einer Inflation steigt.	−
Angemessenes Wirtschaftswachstum	Die erhöhte Nachfrage führt zu einer Steigerung der Produktion, entsprechend wächst die Wirtschaftsleistung.	+
Hoher Beschäftigungsstand	Aufgrund der gestiegenen Produktion werden mehr Arbeitskräfte benötigt. Die Arbeitslosigkeit sinkt.	+
Außenwirtschaftliches Gleichgewicht	Durch den Anstieg des Preisniveaus (siehe Preisstabilität) werden die inländisch produzierten Waren teurer. Folge ist ein Rückgang der Exporte und der entsprechenden Einnahmen.	−
Gerechte Einkommens- und Vermögensverteilung	Werden durch die Steuersenkung v. a. kleine und mittlere Einkommen entlastet, kann sie zu einer gerechten Verteilung beitragen. Allerdings steht Städten, Kommunen und öffentlichen Einrichtungen durch die Steuereinbußen auch weniger Geld für Sozialausgaben zur Verfügung, wovon wiederum besonders die unteren Einkommensschichten betroffen sind.	+/−
Umweltschutz	Wirtschaftswachstum wirkt sich oft nachhaltig auf den Erhalt der natürlichen Umwelt aus (z. B. erhöhter CO_2-Ausstoß, Versiegelung von Flächen, erhöhtes Transportaufkommen)	−

Wirtschaftswachstum
Steigerung von Produktion bzw. Einkommen einer Gesamtwirtschaft

Umweltschutz
Gesamtheit der Maßnahmen zum Schutz und Erhalt der natürlichen Umwelt

Gerechte Einkommensverteilung
Ausgleich sozialer Benachteiligungen durch Umverteilung der Einkommen (z. B. durch staatliche Steuer- und Sozialpolitik)

Durch die zunehmende Vernetzung der Weltwirtschaft werden die Finanz- und Wirtschaftsprozesse einzelner Nationalstaaten immer häufiger auch durch äußere Entwicklungen beeinflusst (mehr Informationen hierzu finden Sie im Abschnitt 12.1.14). So führte beispielsweise die Bankenkrise in den USA zu einer weltweiten Wirtschaftskrise und hatte somit auch Auswirkungen auf das Wirtschaftswachstum und den Beschäftigungsstand in Deutschland – dies insbesondere im Jahr 2009. Auch die beste Wirtschaftspolitik kann sich also unter Umständen weit von den Zielen des magischen Sechsecks entfernen, wenn die Bedingungen der Weltwirtschaft ungünstig sind.

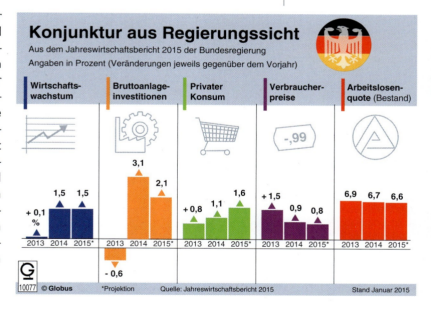

Konjunktur aus Regierungssicht
Aus dem Jahreswirtschaftsbericht 2015 der Bundesregierung
Angaben in Prozent (Veränderungen jeweils gegenüber dem Vorjahr)

Wirtschaftswachstum: 2013 + 0,1 %; 2014 1,5; 2015* 1,5
Bruttoanlageinvestitionen: 2013 − 0,6; 2014 3,1; 2015* 2,1
Privater Konsum: 2013 + 0,8; 2014 1,1; 2015* 1,6
Verbraucherpreise: 2013 + 1,5; 2014 0,9; 2015* 0,8
Arbeitslosenquote (Bestand): 2013 6,9; 2014 6,7; 2015* 6,6

10077 © Globus *Projektion Quelle: Jahreswirtschaftsbericht 2015 Stand Januar 2015

① Versuchen Sie anhand weiterer Beispiele zu erklären, warum sich die Ziele des „magischen Sechsecks" zum Teil widersprechen.

② Woran lassen sich die sogenannten „harten" Ziele Preisstabilität, hoher Beschäftigungsstand, außenwirtschaftliches Gleichgewicht und Wirtschaftswachstum bemessen? Recherchieren Sie.

③ Beschreiben Sie in eigenen Worten, was passieren könnte, wenn sich der Unterschied zwischen „armen" und „reichen" Bevölkerungsschichten weiter vergrößert, warum also das Ziel „Gerechte Einkommens- und Vermögensverteilung" so wichtig ist.

12.1.9 Konjunkturverlauf und Konjunkturpolitik

Bruttoinlandsprodukt (BIP)
Leistung einer Volkswirtschaft, nämlich der Gesamtwert aller Güter und Dienstleistungen, die in einer Volkswirtschaft, zum Beispiel von allen Menschen in Deutschland, in einem Jahr produziert und erbracht werden.

Seit 2004 stieg das BIP in Deutschland Jahr für Jahr an – zuletzt auf 2.489,4 Milliarden Euro im Jahr 2008. Im Jahr 2009 war dann aufgrund der Krise der Weltwirtschaft ein merklicher Rückgang (rund 5 %) zu verzeichnen – bevor es wieder bergauf ging. 2014: 2.903 Milliarden Euro

Investitionen
Geldausgaben für Wirtschaftsprojekte, Straßenbau, neue Technologien usw. mit dem Ziel, auf diese Weise eine positive Entwicklung in Gang zu setzen und letztlich einen Gewinn zu erzielen

Nachfrage und Angebot (Beispiel)
Kann das Bedürfnis Hunger durch den Bedarf nach einer Portion Pommes frites gestillt werden, so ist eine Nachfrage nach Pommes frites entstanden. Ist genügend tatsächliches Angebot an Pommes frites da, wird der Kauf vorgenommen werden.

■ Konjunkturverlauf und Schwankungen

In der Umgangssprache spricht man von einer „guten" oder einer „schlechten" Konjunktur und meint damit eigentlich die gesamtwirtschaftliche Situation. Die Konjunktur macht sich vor allem bemerkbar in der Höhe des **Bruttoinlandsproduktes** (BIP) und der Zahl der Beschäftigten. Aber auch andere Indikatoren geben Aufschluss über die Konjunktur, so die Löhne, die Zinsen oder auch die Preise.

Für den **Konjunkturverlauf** sind bestimmte wiederkehrende **Phasen** typisch, die – allerdings nicht immer gleich, sondern mal länger, mal kürzer und mehr oder weniger extrem – aufeinanderfolgen. Man spricht von einem **Konjunkturzyklus**.

Phasen eines Konjunkturzyklus

> **Hochkonjunktur (Boom)**
> Der stetige Aufschwung mündet fast zwangsläufig in einen Boom und ein Hoch des BIP. Wegen des hohen Lohnniveaus besteht eine konstant hohe Nachfrage, die oft das Angebot übersteigt. Die Preise und Zinsen steigen sehr stark an, weil sich die Nachfrage kaum mehr befriedigen lässt.

> **Aufschwung (Expansion)**
> Durch Investitionen des Staates und Konsumausgaben privater Haushalte erhalten Unternehmen mehr Aufträge und stellen mehr Mitarbeiter ein; das Steueraufkommen wächst. In der Folge beginnen Preise, Löhne und Zinsen langsam zu steigen. Da die privaten Haushalte aufgrund steigender Beschäftigungsrate und steigender Löhne über mehr Einkommen verfügen, können sie ihre Konsumausgaben weiter erhöhen.

> **Abschwung (Rezession)**
> Negative Folgen des Booms, z. B. hohe Preise, lassen die Nachfrage erlahmen. Negative Gewinnerwartungen lassen die Investitionstätigkeit der Unternehmen abnehmen. Da die Nachfrage nach Gütern kleiner als das Angebot ist, verändern sich auch andere Indikatoren: Preise sinken, Zinsen fallen, die Kreditvergabe der Kreditinstitute geht zurück – die Arbeitslosenquote steigt. Die wirtschaftliche Zukunft wird pessimistisch beurteilt.

> **Konjunkturtief (Depression)**
> Absatz und Produktion nähern sich dem Tiefpunkt, die Nachfrage ist konstant schwach. Begleiterscheinungen:
> • niedrige Preise dominieren
> • niedrige Zinsen; Kredite werden aus Vorsicht nicht in Anspruch genommen
> • hohe Arbeitslosigkeit, sinkende Löhne.

■ Maßnahmen der Konjunkturpolitik

Um ein gleichmäßiges Wirtschaftswachstum (Ziel des „magischen Sechsecks", siehe Abschnitt 12.1.8) zu erreichen, wird der Staat konjunkturpolitisch tätig. Es werden **nachfrageorientierte** und **angebotsorientierte** Maßnahmen unterschieden.

■ Nachfrageorientierte Konjunkturpolitik

Der Staat setzt hier auf eine Wirkung beim Konsumenten, dem Verbraucher. Er dämpft zudem die extremen Ausschläge des Konjunkturzyklus ab, indem er **antizyklisch** handelt: Er bremst in Boomzeiten, kurbelt dagegen im Tief die Wirtschaft an.

Im Konjunkturtief bieten sich an	Bei Hochkonjunktur bieten sich an
Stärkung der Massenkaufkraft und damit der Nachfrage durch Steuerentlastung für Verbraucher und Lohnerhöhungen	Steuererhöhungen verringern die bei Verbrauchern zur Verfügung stehende Geldmenge: Kaufkraft und Nachfrage sinken.
Steigerung der Vergabe von öffentlichen Aufträgen an Unternehmen (z. B. Infrastruktur), um deren Auftragslage zu stärken und Anreiz zu Neueinstellungen zu schaffen. Eine bessere Beschäftigungslage verspricht eine Steigerung der Nachfrage.	Senkung von Ausgaben des Staates, z. B. Stopp von Konjunkturprogrammen, um keine zusätzliche Nachfrage entstehen zu lassen

Infrastruktur
Grundausstattung einer Volkswirtschaft mit öffentlichen Einrichtungen wie Verkehrswegen, Kommunikationssystemen, Energieversorgung, Bildungseinrichtungen

■ Angebotsorientierte Konjunkturpolitik

Angebotsorientierte Konjunkturpolitik versucht, die Unternehmen durch Befreiung von staatlichen Beschränkungen zu stärken, auf diese Weise ein besseres Wettbewerbsklima zu erzeugen und so die Konjunktur langfristig positiv zu beeinflussen.

Maßnahmen angebotsorientierter Konjunkturpolitik

- Steuerentlastung für Unternehmen, Verminderung der Sozialabgaben, Lohnmäßigung
- Schaffung verbesserter Rahmenbedingungen für Unternehmen
  Beispiele in Deutschland sind die Lockerung des Kündigungsschutzes in Kleinunternehmen sowie die Erleichterung bei der Befristung von Arbeitsverträgen.

Konjunkturprogramm de luxe?

Der fallende Euro, das immer billiger werdende Öl, die niedrigen Zinsen – von drei Seiten bekommen deutsche Unternehmen Unterstützung. Das ist ein gigantisches Konjunkturprogramm, aber eines mit Risiken, Einschränkungen und Nebenwirkungen.

Mit billigem Öl lebt es sich leichter. Das merken Autofahrer jedes Mal, wenn sie an die Tankstelle fahren. Das merken Eigenheimbesitzer, wenn sie den Heizöltank befüllen und Mieter bei der jährlichen Heizkosten-Abrechnung. Das ist bei den meisten Firmen nicht anders. Sie freuen sich über die fallenden Energiekosten. So kommen nicht nur ein paar Euro zusammen, sondern Milliarden. (…)

Dazu kommt, dass der schwache Euro exportlastige Firmen unterstützt. Denn sie bekommen für jeden Dollar, den sie in Amerika einnehmen, mehr Euro. Ausländische Kunden können in der Eurozone günstig einkaufen.

Schwacher Euro, billiges Öl – das ist so etwas wie ein doppeltes Konjunkturprogramm. Zusammen mit den derzeit niedrigen Zinsen, die ebenfalls förderlich für Investitionen und Konsum sind, wird Deutschland gar dreifach gepusht und erlebt gleichsam ein Konjunkturprogramm de luxe. (…)

(http://boerse.ard.de, Beitrag von Bettina Seidl, 20.01.2015)

---

1. Ordnen Sie die aktuelle wirtschaftliche Lage in eine Phase des Konjunkturzyklus ein und schreiben Sie auf, welche Auswirkungen auf Ihr persönliches Leben für Sie spürbar sind.
2. Lesen Sie den Artikel „Konjunkturprogramm de luxe?" vom Februar 2015.
   a) Auf welche drei Besonderheiten bezieht sich der Artikel?
   b) Inwiefern haben diese Besonderheiten Ähnlichkeit mit konjunkturpolitischen Maßnahmen?
   c) Wenn es Maßnahmen wären: Wären diese angebots- oder nachfrageorientiert?
3. Erläutern Sie, warum Maßnahmen der nachfrageorientierten Konjunkturpolitik „antizyklisch" sein müssen.

12.1.10 Der Wert des Geldes

Währung
Eine Währung ist das staatlich geregelte Geldwesen eines Landes, insbesondere die Festlegung des Münz- und Notensystems. Die meisten Währungen werden an den internationalen Devisenmärkten gehandelt. Den sich dort bildenden Preis bezeichnet man als **Wechselkurs**. Derzeit gibt es weltweit über 160 offizielle Währungen.

Geldscheine aus Papier haben fast keinen eigenen Wert. Ihr Wert entsteht erst durch das Vertrauen der Menschen, für diesen Papierschein andere Güter kaufen zu können. Der auf die Banknote gedruckte **Nominalwert** sagt auch noch nicht viel über ihren tatsächlichen Wert aus. Entscheidend ist allein, welchen Gegenwert an Waren oder Dienstleistungen man für das Zahlungsmittel erhält.

■ Binnenwert – Wert des Euros innerhalb der Eurozone

Maßstab für den Wert des Geldes ist die **Kaufkraft**. Sie gibt an, welche Gütermenge für einen bestimmten Geldbetrag gekauft werden kann. Die Preise für Güter ändern sich jedoch ständig. Manche Waren, wie z. B. Gemüse, sind etwa im Winter teurer als im Sommer. Der Ölpreis stieg seit 2009 zunächst stark an, sank aber zum Jahresende 2014 jäh. Die Preise für Computer, TV-Geräte oder mobiles Telefonieren sind eher gefallen.

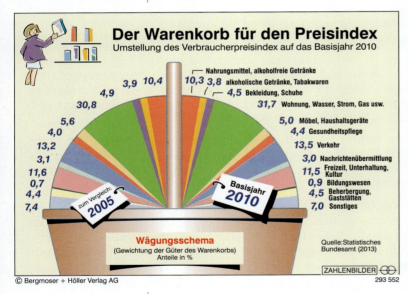

Der Warenkorb für den Preisindex
Umstellung des Verbraucherpreisindex auf das Basisjahr 2010

3,9 10,4 — Nahrungsmittel, alkoholfreie Getränke
10,3 3,8 alkoholische Getränke, Tabakwaren
4,9 4,5 Bekleidung, Schuhe
30,8 31,7 Wohnung, Wasser, Strom, Gas usw.
5,6 5,0 Möbel, Haushaltsgeräte
4,0 4,4 Gesundheitspflege
13,2 13,5 Verkehr
3,1 3,0 Nachrichtenübermittlung
11,6 11,5 Freizeit, Unterhaltung, Kultur
0,7 0,9 Bildungswesen
4,4 4,5 Beherbergung, Gaststätten
7,4 7,0 Sonstiges

zum Vergleich: 2005
Basisjahr 2010

Wägungsschema
(Gewichtung der Güter des Warenkorbs)
Anteile in %

Quelle: Statistisches Bundesamt (2013)

ZAHLENBILDER
293 552

© Bergmoser + Höller Verlag AG

Würde man also die Kaufkraft des Geldes nur anhand einzelner Waren bestimmen, bekäme man völlig unterschiedliche Ergebnisse. Deshalb wird zur Bestimmung der Kaufkraft alle fünf Jahre (zuletzt 2013 für das Basisjahr 2010) ein sogenannter **Warenkorb** zusammengestellt. Er enthält typische Güter, die von einem Haushalt gekauft werden. Das Ergebnis ist der **Preisindex für die Lebenshaltung**. Er wird monatlich vom Statistischen Bundesamt berechnet und gibt die Preisentwicklung jeweils für die vergangenen zwölf Monate an. Ist der Preisindex der Lebenshaltung gestiegen, muss der Verbraucher für die gleichen Waren und Güter mehr Geld bezahlen – die Kaufkraft des Geldes hat sich verringert.

Devisen
Zahlungsmittel in fremder Währung (z. B. US-Dollar, japanische Yen, russische Rubel)

■ Der Wert des Geldes ändert sich – Inflation und Deflation

Die Kaufkraft der meisten Währungen ändert sich laufend. In der Regel sinkt die Kaufkraft – das Geld verliert an Wert. Man nennt diesen Vorgang Inflation. Die mit dem Warenkorb ermittelte **Inflationsrate** (in Prozent) gibt die Geldentwertung innerhalb eines Jahres an. Für Sparer ist Inflation schlecht, vor allem, wenn die Inflationsrate größer als der Zinssatz ist. Ihr Geld verliert ständig an Kaufkraft.

„Gefühlte Inflation": Je nach Kaufgewohnheiten kann eine Inflation mehr oder weniger „gefühlt" sein. Dazu ein **Beispiel:** Wer sich jeden Tag ein Getränk am Kiosk kauft, ärgert sich stark über eine Preiserhöhung um zehn Cent. Wenn aber der Fernseher 200 Euro weniger kostet als vor einem Jahr, dann wird dies kaum wahrgenommen.

Wenn die Preise für Waren und Dienstleistungen über einen längeren Zeitraum fallen (etwa, weil die **Nachfrage sinkt**), spricht man von einer **Deflation**. Für den Normalbürger mag dies auf den ersten Blick von Vorteil sein, weil sein Geld ständig wertvoller wird. Allerdings sind die Auswirkungen auf die Gesamtwirtschaft schwerwiegend:

- Die Verbraucher halten sich mit Anschaffungen zurück, weil die Preise noch weiter sinken könnten.
- Die Umsätze und Gewinne der Unternehmen sinken und sie fahren ihre Produktion herunter.
- Die Arbeitnehmer fürchten um ihre Arbeitsplätze und halten ihr Geld zurück – ein Teufelskreis, aus dem die Wirtschaft eines Landes nur schwer herauskommt.

■ Außenwert – Wert des Euros außerhalb der Eurozone

Wer in einem Land außerhalb der Eurozone Urlaub macht, muss Geld umtauschen. Ebenso muss eine Firma, die z. B. aus China Waren einführt, in der Regel in der jeweiligen Landeswährung bezahlen. Der Umtauschkurs zwischen dem Euro und anderen Währungen ist flexibel. Er wird täglich an den internationalen Devisenmärkten durch Angebot und Nachfrage bestimmt.

Beispiel: Extreme im schwankenden Dollarkurs des Euro

Zeitpunkt	So viele US-Dollar bekam man für 100 Euro	So viele Euro bekam man für 100 US-Dollar
Oktober 2000	ca. 83	ca. 120
Februar 2015	ca. 113	ca. 88

Der „starke Euro" freut seit Jahren deutsche oder französische USA-Urlauber. Für viele deutsche Firmen stellte sich die Situation völlig anders dar:

Starker oder schwacher Euro?

Ein starker Euro ist …	Ein schwacher Euro ist …
… gut für einen Importeur. Wenn ein Weinhändler in Südafrika, Australien oder Chile einkauft, sind die Preise für ihn günstig, er kann beim Verkauf in Deutschland einen größeren Gewinn machen.	… gut für einen Exporteur, etwa einen deutschen Spielzeughersteller, der seine Waren in den USA oder in der Schweiz anbietet. Für die Verbraucher sind die Waren preiswerter, der Umsatz steigt.

Ob ein starker oder schwacher Euro als positiv empfunden wird, hängt stark von der individuellen Situation eines Unternehmers ab. Jedoch behindern häufige und starke **Schwankungen** der Wechselkurse den Außenhandel, weil sich die Kalkulation von Preisen, Kosten und Gewinnen schnell und massiv ändern kann.

Blick zurück: Hyperinflation 1922/23

Der verlorene Erste Weltkrieg und die daraus resultierenden Reparationsforderungen der Kriegsgegner ließen – im Zusammenspiel mit einer gewaltigen Wirtschaftskrise – eine riesige Kostenlawine auf Deutschland zukommen. Die Regierung ließ neues Geld drucken. Folge: Die immer größer werdende Geldmenge ließ den Wert der Mark rapide sinken. Am 20. November 1923 hatte der Dollar einen Gegenwert von 4,2 Billionen Mark.

Da die deutsche Wirtschaft exportorientiert ist, ist ein starker Euro für sie eher schädlich. Dies wird indes dadurch abgemildert, dass ein Großteil der Waren in EU-Staaten ausgeführt wird.

---

1. Recherchieren Sie den aktuellen Wechselkursverlauf des Dollar und des Yen zum Euro. Versuchen Sie den Binnenwert des jeweiligen Zahlungsmittels zu ermitteln.
2. Starker oder schwacher Euro? Welche Auswirkungen haben schwankende Wechselkurse für Sie und Ihren Betrieb?
3. Stellen Sie mit eigenen Worten dar, wie es zu einer Inflation, einer Hyperinflation oder einer Deflation kommen kann und welche Folgen jeweils auftreten können.

12.1.11 Eurozone und Europäische Zentralbank

Seit 2010 beherrschte eine Krise – mal „Eurokrise", mal „Schuldenkrise", mal „Griechenlandkrise" genannt – die Schlagzeilen. Worum geht es?

Im Oktober 2009 betrug das Staatsdefizit Griechenlands, also die Neuverschuldung in % des BIP, 15,4 % (Konvergenzkriterium: höchstens 3 %). Die Ursachen sind vor allem der aufgeblähte Staatsapparat, Steuerausfälle durch Schattenwirtschaft und das finanzielle Engagement bei der Rettung griechischer Banken in der Weltwirtschaftskrise 2008/2009.

Im April 2010 bat Griechenland die EU um Hilfe. Man einigte sich auf eine erste Zahlung von 110 Milliarden Euro. Kurz darauf spannte die EU den **Rettungschirm (EFSF)** i. H. v. 750 Milliarden (später: 1 Billion) Euro auf, von dem u. a. auch Spanien, Portugal und Irland profitierten. **Deutschland**, selbst hoch verschuldet, doch mit relativ geringer jährlicher Neuverschuldung, ist als wirtschaftsstärkster Staat **Hauptgarant** der Finanzhilfen.

Im Oktober 2012 löste der Eurostabilitätsmechanismus **(ESM)** den EFSF als Rettungsfonds ab. Dabei haftet Deutschland im Rahmen der ESM-Gesamtausstattung (700 Milliarden Euro) in Höhe von rund 190 Milliarden Euro. Das sind 27 % und pro Einwohner Deutschlands rund 2.300 Euro. Und angesichts der Entwicklung stellte sich die Frage: Bleibt es wirklich dabei?

■ Der Euro – Vollendung der Währungsunion

Jede Volkswirtschaft braucht eine eigene Währung. Da die EU mit dem Binnenmarkt praktisch eine eigene Volkswirtschaft gegründet hatte, war die Vollendung der **Währungsunion** zum 1. Januar 2002 mit der Einführung des Euro-Bargeldes nur folgerichtig. Bei aller anfänglichen Kritik („Euro = Teuro") hat der Euro den Deutschen – insbesondere den Verbrauchern – unverkennbare Vorteile gebracht:

> **Zum Beispiel**
> - entfällt der umständliche und kostspielige Geldumtausch, sodass das Reisen und Zahlen innerhalb der Eurozone leichter fällt.
> - führt die unmittelbare Vergleichbarkeit der Preise in den Euroländern zu mehr Wettbewerb, der den Verbrauchern bessere Qualität zu günstigeren Preisen beschert.

■ Die Euroländer:
Nicht alle EU-Staaten sind dabei

Aktuell ist der Euro erst in 19 EU-Staaten eingeführt. Nicht dabei ist Großbritannien, das das stabile britische Pfund ebenso als Argument anführt wie die Ausrichtung der eigenen Wirtschaft auf die USA, die den Dollar bedeutsamer macht als den Euro. Zudem wird der Euro durch die Schuldenkrise (siehe Schaubild zur Staatsverschuldung der Euroländer und Fokus in der Randspalte) für die Briten und Anwärter wie Bulgarien und Polen unattraktiver.

■ Konvergenzkriterien

Eine Hürde für den Euro-Beitritt stellen die Konvergenzkriterien dar, die Stabiltität dokumentieren und in Zukunft gewährleisten sollen. Doch am Umgang mit den Kriterien ist Kritik laut geworden, da zumindest Griechenland als größter aktueller Krisenherd das Kriterium der Neuverschuldung bei Weitem verfehlt und auch vor Euro-Einführung kaum einhielt.

Die Konvergenzkriterien			
jährl. Neuverschuldung max. 3 % des BIP	Inflationsrate max 1,5 %-Punkte über der der 3 preisstabilsten Eurostaaten des Vorjahrs	langfristiger Nominalzinssatz max. 2 %-Punkte über dem der 3 preisstabilsten Eurostaaten des Vorjahrs	stabile Wechselkurse

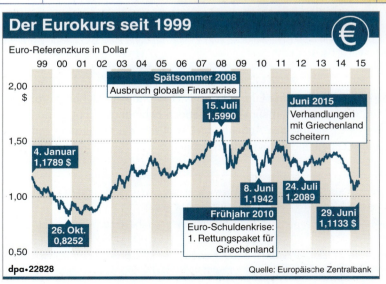

Der Eurokurs seit 1999

Euro-Referenzkurs in Dollar

99 00 01 02 03 04 05 06 07 08 09 10 11 12 13 14 15

Spätsommer 2008
Ausbruch globale Finanzkrise

15. Juli 1,5990

Juni 2015
Verhandlungen mit Griechenland scheitern

4. Januar 1,1789 $

8. Juni 1,1942

24. Juli 1,2089

29. Juni 1,1133 $

26. Okt. 0,8252

Frühjahr 2010
Euro-Schuldenkrise: 1. Rettungspaket für Griechenland

dpa-22828

Quelle: Europäische Zentralbank

■ Die Europäische Zentralbank (EZB)

EZB kauft Staatsanleihen für Hunderte Milliarden Euro

Die EZB hat weitreichende geldpolitische Maßnahmen angekündigt, um die niedrige Inflation in der Eurozone zu bekämpfen. Nach den Worten von Präsident Mario Draghi kauft die EZB bis Ende September 2016 monatlich für 60 Milliarden Euro Staatsanleihen und andere Wertpapiere aus den Euro-Ländern auf. (…). Die Wertpapierkäufe sollen gemäß den Anteilen der Staaten an der EZB erfolgen. Die EZB hofft, mit dieser ultra-lockeren Geldpolitik nach dem Vorbild der USA in der Eurozone die Gefahr einer Deflation abwenden zu können, also ein Abrutschen der Wirtschaft in eine langanhaltende Schwächephase aus fallenden Preisen und schrumpfenden Investitionen. (…).

Die deutsche Wirtschaft kritisierte den angekündigten Kauf von Staatsanleihen. „Die EZB ist zum Gefangenen der eigenen Ankündigungen geworden", sagte der Hauptgeschäftsführer des Deutschen Industrie- und Handelskammertages (DIHK), Martin Wansleben, der Nachrichtenagentur Reuters. „Sie hat ohne Not ihren letzten Trumpf ausgespielt. Dabei überwiegen eindeutig die Risiken: Die Wirkung des Ankaufs von Staatsanleihen auf die Preisentwicklung in der Eurozone ist unsicher", so Wansleben.

(www.tagesschau.de, 22.01.2015)

Die seit dem 1. Juni 1998 bestehende Europäische Zentralbank (EZB) mit Sitz in Frankfurt am Main (Aufbau: siehe Schaubild) hat die Verantwortung für die Festlegung und Durchführung der **Geldpolitik** von den nationalen Instituten wie der Deutschen Bundesbank übernommen. Zu ihren weiteren Hauptaufgaben zählen die **Verwaltung der Währungsreserven** der Mitgliedstaaten und die **Versorgung der Volkswirtschaft mit Geld**.

Staatsanleihe
langfristige Schuldverschreibung des Staates, um dessen Bedarf an Krediten zu befriedigen; wird von Bund oder Ländern als festverzinsliches Wertpapier ausgegeben.

■ Stabiler Geldwert als geldpolitisches Ziel

Die EZB beeinflusst die Geldmenge und damit die **Geldwertstabilität**. In Krisenzeiten senkt sie die Zinsen, damit Kredite bezahlbar sind, also nicht gescheut werden und so der Geldfluss erhalten bleibt. In Boomzeiten wird regelmäßig das Gegenteil erfolgen. Zur Erreichung ihrer Ziele stehen der EZB bestimmte **Instrumente** zur Verfügung:

- **Offenmarktgeschäft:** Die EZB handelt mit Wertpapieren am offenen Markt. In Krisenzeiten werden z. B. Wertpapiere gekauft, um die Geldmenge zu erhöhen.
- **Ständige Fazilitäten:** Die EZB stellt den Geschäftsbanken für einen Tag zu einem bestimmten Zinssatz Kredite oder die Möglichkeit zur Verfügung, überschüssige Gelder anzulegen.
- **Mindestreserven:** Die EZB verlangt von den Geschäftsbanken, immer bestimmte Mindestreserven zu hinterlegen. Sie entsprechen einem bestimmten Anteil der Einlagen, die die Banken von ihren Kunden erhalten.

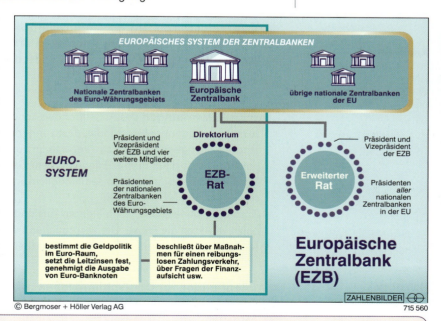

© Bergmoser + Höller Verlag AG

715 560

① Fragen Sie bei älteren Bekannten und Verwandten nach: Welche Befürchtungen und Hoffnungen hatten diese, als 2002 der Euro die D-Mark ablöste, und erfüllten sich diese?

② Erstellen Sie eine Tabelle zu den EU-Staaten, die den Euro noch nicht eingeführt haben. Tragen Sie ein, wie jeweils die Planungen zur Einführung des Euro aussehen. Recherchieren Sie hierfür im Internet.

③ Lesen Sie den Artikel „EZB kauft Staatsanleihen für Hunderte Milliarden Euro". Welchem geldpolitischen Instrument ist die dort beschriebene Maßnahme der EZB zuzuordnen?

12.1.12 Außenhandel – Deutschland und die Welt

Deutschlands wichtigste Handelspartner

Angaben für 2014 in Milliarden Euro

Die größten Lieferanten (Einfuhr)

Niederlande	88,1 Mrd. €
China	79,3
Frankreich	67,6
USA	48,6
Italien	48,5
Großbritannien	42,3
Belgien	39,9
Polen	39,8
Schweiz	39,3
Russland	38,4
Tschechien	36,9
Österreich	36,4
Spanien	25,0
Ungarn	22,0
Norwegen	19,2
Japan	19,1

Die größten Kunden (Ausfuhr)

102,1	Frankreich
96,1	USA
84,1	Großbritannien
74,5	China
73,1	Niederlande
56,2	Österreich
54,5	Italien
47,5	Polen
46,3	Schweiz
42,2	Belgien
34,9	Spanien
33,5	Tschechien
29,3	Russland
21,6	Schweden
19,9	Ungarn
19,3	Türkei

Quelle: Statistisches Bundesamt · vorläufige Zahlen · © Globus 10144

■ Außenhandel: Begriffe

Außenhandel bezeichnet den Teil des Handels mit Gütern, der nicht innerhalb eines Staates, sondern zwischen dem jeweiligen Staat und anderen Staaten (also mit dem Ausland) stattfindet. Der Wert aller Güter, die ein Staat aus dem Ausland einführt (**Import**), wird mit dem Wert aller Güter, die ein Staat in das Ausland ausführt (**Export**), jährlich in der sogenannten Handelsbilanz verrechnet.

Aufgrund seiner hohen Exporterlöse (2013 rund 1.453 Milliarden US-Dollar) gehört Deutschland mit China (2.210 Milliarden) und den USA (1.579 Milliarden) zu den größten Exporteuren der Welt. Die deutsche Handelsbilanz weist seit Jahrzehnten einen **Exportüberschuss** aus. Auch der **Außenhandelsanteil** am deutschen Bruttoinlandsprodukt (Begriff: siehe Abschnitt 12.1.9) ist trotz zwischenzeitlichen Einbruchs im Jahr 2009 im Vergleich zu anderen großen Wirtschaftsnationen überdurchschnittlich hoch.

■ Internationale Bedeutung des Außenhandels

Welche Ursachen führen dazu, dass ein Staat Außenhandel betreibt? Impuls für den Import ist ein Mangel: Wenn ein bestimmtes Gut nicht vorhanden oder zu teuer ist, so muss das Gut aus dem Ausland importiert werden. Impuls für den Export ist eine besondere Fähigkeit: Ein Land exportiert Güter, für die es kompetente Arbeitskräfte und umfangreiches Know-how besitzt, für die der eigene Markt zu klein ist oder die es preisgünstig oder in besonders guter Qualität produzieren kann.

Know-how
aus Forschung und Erfahrung resultierendes Wissen, wie eine Sache praktisch verwirklicht werden kann

Positive **Auswirkungen** des Außenhandels können sein:
- Je mehr Außenhandel stattfindet, desto enger werden die Verflechtungen zwischen den Staaten. Sie haben ein starkes Interesse an guten Beziehungen zu ihren Außenhandelspartnern: Dies dient dem Frieden und dem kulturellen Austausch.
- Da aufgrund moderner Transportmöglichkeiten nahezu alle Güter überall zu haben sind, steigt die Lebensqualität.
- Durch die Konkurrenz mit billigeren ausländischen Produkten sinken auf den nationalen Märkten die Preise: Die Verbraucher profitieren.
- Ausländische Konkurrenz fördert den Wettbewerb.

Rohstoffe
unbearbeitete Erzeugnisse im Naturzustand, die als Material für die gewerbliche und industrielle Produktion benötigt werden

■ Außenhandel: für Deutschland lebenswichtig

In Deutschland ist besonders der **Import unverzichtbarer Rohstoffe** von Bedeutung, deren Förderung entweder in Deutschland selbst zu teuer ist (Beispiel: Kohle als Brennstoff) oder die es in Deutschland nicht in ausreichender Menge gibt (Beispiele: Erdöl und seine Bestandteile Heizöl und Benzin, Kupfer zur Verwendung in der Elektrotechnik, Baumwolle zur Herstellung von Kleidung). Importgüter sind auch Bananen, Jeans und Smartphones. Als **Exportgüter** sind Autos, Maschinen und chemische Produkte aus Deutschland ganz besonders gefragt. „Made in Germany" steht in der Welt für besondere Qualität, auch wenn abzuwarten bleibt, wie sehr sich die globale Krise auf den deutschen Export auswirkt.

Die große Bedeutung des Außenhandels hat Vor-, aber auch Nachteile für Deutschland:

Vorteile:

- Große Nachfrage im Ausland schafft Gewinne und Arbeit – Wirtschaft und Beschäftigungsrate wachsen.
- Importierte Güter sind häufig preisgünstig, da sie in Ländern mit geringeren Löhnen hergestellt werden.

Nachteile:

- Importe werden nach Weltmarktpreisen bezahlt. Steigen Rohstoff- und Energiepreise stark an, belastet dies Betriebe und Verbraucher.
- Branchen mit hohem Exportanteil sind stark von weltwirtschaftlicher Lage abhängig. Lahmt die Konjunktur bei den Außenhandelspartnern, sind z. B. Autohersteller und ihre Zulieferer schnell betroffen.

Deutschlands Export-Palette

Warenausfuhr 2014: 1 134 Milliarden Euro
darunter

Autos u. Zubehör	203 Mrd. €
Maschinen	165
Chemische Erzeugnisse	107
Büromaschinen, EDV	89
Metalle u. Metallerzeugnisse	89
Elektr. Ausrüstungen	68
Pharma-Produkte u. a.	61
Luft-, Raumfahrzeuge u. a.	51
Nahrungs- u. Futtermittel	48
Gummi- u. Kunststoffwaren	40
Papier, Druckerzeugnisse	19
Mineralölprodukte	15
Bekleidung	15
Glas, Keramik	14
Erdöl, Erdgas	11
Textilien	11

10259 © **Globus**   vorläufige Angaben
Quelle: Statistisches Bundesamt

■ Die Zahlungsbilanz

In der Zahlungsbilanz werden sämtliche wirtschaftlichen Handlungen zwischen Deutschland und dem Ausland aufgeführt, die innerhalb eines Jahres stattgefunden haben.

Die Zahlungsbilanz
erfasst alle wirtschaftlichen Transaktionen zwischen Inländern und Ausländern

Leistungsbilanz

Warenhandel
Ein- und Ausfuhr von Waren

Dienstleistungen
Lohnfertigung, Auslandsreiseverkehr, Transport, Versicherungen, Finanzdienstleistungen, Kommunikationsdienste, Nutzung geistigen Eigentums usw.

Primäreinkommen
Löhne, Kapitalerträge, Produktions- und Importabgaben, Subventionen

Sekundäreinkommen
Zahlungen von/an internationale Organisationen, Sozialleistungen, Heimatüberweisungen ausländischer Arbeitnehmer usw.

Vermögensänderungsbilanz

Kapitalbilanz

Zunahme oder Abnahme des Nettoauslandsvermögens:

▶ **Direktinvestitionen**
Erwerb von Beteiligungskapital und Grundbesitz, reinvestierte Gewinne usw.

▶ **Wertpapieranlagen**
Aktien, Investmentfondsanteile, Schuldverschreibungen usw.

▶ **Finanztermingeschäfte, Optionen**

▶ **übriger Kapitalverkehr**
Finanzkredite, Handelskredite, Bargeld, Einlagen, Versicherungsleistungen usw.

▶ **Währungsreserven**
der Deutschen Bundesbank

Überschüsse/Defizite der Leistungs- und der Vermögensänderungsbilanz spiegeln sich in veränderten Auslandsforderungen/-verbindlichkeiten der Kapitalbilanz. Abweichungen zwischen beiden Seiten schlagen sich im sog. Restposten nieder

ZAHLENBILDER

218 001

© Bergmoser + Höller Verlag AG

„Made in Bavaria" – aus Bayern in die Welt

Die Zahlungsbilanz setzt sich aus der **Leistungsbilanz**, der Vermögensänderungsbilanz und der **Kapitalbilanz** zusammen. Mit der Zahlungsbilanz lässt sich prüfen, ob das Ziel **„Außenwirtschaftliches Gleichgewicht"** des magischen Sechsecks (Abschnitt 12.1.8) erreicht wird.

① Welche Länder sind unsere wichtigsten Kunden und Lieferanten? Recherchieren Sie im Internet die Gründe für die Rangfolge.

② Welche Waren aus dem Ausland sind für Sie und für Ihren Betrieb besonders wichtig? Warum haben Sie sich für diese Waren entschieden? Nennen sie je fünf Beispiele und erstellen Sie eine Übersicht in Form einer Tabelle oder eines Plakates.

③ Erörtern Sie: Welche Probleme können sich für Deutschland daraus ergeben, dass eine starke Abhängigkeit der Wirtschaft von Rohstoffimporten wie z. B. Erdöl besteht.

12.1.13 Weltwirtschaft – Beziehungen und Organisationen

Zölle
Abgaben an den Staat auf exportierte, importierte oder durch einen Staat geleitete Güter. Zölle dienen Zielen der Finanzpolitik (Einnahmequelle für den Staat) und der Wirtschaftspolitik (Schutz des Binnenmarktes vor ausländischer Konkurrenz).

Bis in die 1940er-Jahre war der Gedanke der wirtschaftlichen Abschottung bei den Staaten der Welt vorherrschend. **Zölle** und Einfuhrbeschränkungen sollten den eigenen Staat vor ausländischer Konkurrenz schützen. Der Zusammenbruch des Weltwährungssystems einige Jahre zuvor, die **Weltwirtschaftskrise** (1929–1932) und der Zweite Weltkrieg ließen die internationalen Handelsbeziehungen erlahmen.

Noch während des Krieges machten sich insbesondere die USA Gedanken darüber, wie ein neu strukturiertes **internationales Handelssystem** aussehen könnte. Man wollte für die Zukunft ein offenes und freies Gefüge schaffen. Dieses sollte die jeweiligen Volkswirtschaften fördern, den freien Handel garantieren und fortan Kriege verhindern. Den Anstoß zum Aufbruch in ein neues Zeitalter brachten die Ergebnisse der Konferenz von Bretton Woods, an der im Juli 1944 – also noch vor Kriegsende – 44 Staaten teilnahmen:

- Einführung eines Systems fester Wechselkurse zur Neuordnung des internationalen Währungssystems
- Gründung der **Weltbank** und des Internationalen Währungsfonds (**IWF**).

■ IWF, Weltbank und WTO – Pfeiler der Weltwirtschaftsordnung

Internationaler Währungsfonds
Der IWF nahm seine Tätigkeit 1947 auf und ist eine Sonderorganisation der Vereinten Nationen (UNO) mit Sitz in Washington. Ziel des IWF ist die **Förderung eines ausgewogenen Welthandels** auf der Grundlage internationaler Zusammenarbeit.

Zu den bedeutendsten Reformen des IWF gehört die Änderung der Stimmrechtsverhältnisse: Aufstrebende Wirtschaftsmächte wie China, Indien und Brasilien werden in Zukunft ein bedeutenderes Mitspracherecht haben.

Die Weltbank
Die fast zeitgleich in Aktion getretene Weltbank ist wie der IWF eine Sonderorganisation der UNO, hat wie der

UNO
United Nations Organization, auch Vereinte Nationen oder UN. Internationale Organisation, der nahezu alle Staaten der Welt angehören. Nähere Informationen zur UNO finden Sie im Abschnitt 12.3.7.

IWF 188 Mitgliedstaaten und ihren Sitz ebenfalls in der US-Hauptstadt. Ihr Augenmerk ist ganz besonders auf die **wirtschaftliche Entwicklung** und die **Förderung des Lebensstandards** in den wirtschaftlich schwächeren ihrer Mitgliedstaaten gerichtet. In den Anfangsjahren engagierte sich die Weltbank zum Beispiel stark beim Wiederaufbau Europas nach dem Zweiten Weltkrieg.

Aktivitäten der Weltbank:
- Vergabe von Krediten in Milliardenhöhe, insbesondere nach Afrika, Südasien, Lateinamerika und in die Karibik
- Bereitstellung von technischer Hilfe bei Entwicklungsprojekten, Koordinierung von Entwicklungshilfe und Zusammenarbeit mit anderen Entwicklungshilfeorganisationen

Die Welthandelsorganisation (WTO)

Die WTO (World Trade Organization) als weitere Sonderorganisation der UNO löste 1996 das Allgemeine Zoll- und Handelsabkommen **GATT** ab, welches 1947 zwecks Erleichterung des zwischenstaatlichen Handels von 23 Staaten unterzeichnet wurde. Wie das GATT, das übrigens als eine von drei „Säulen" innerhalb der WTO weiter Bestand hat, ist die WTO der **Liberalisierung des Welthandels** verpflichtet, also dem Abbau von Zöllen und anderen Handelshemmnissen.

Funktionen und Aktivitäten der WTO:

- Organisation und Überwachung des Welthandels auf Grundlage verbindlicher Handelsabkommen
- effektive Streitschlichtung bei Handelskonflikten
- Schaffung von mehr Handelsgerechtigkeit mittels Durchsetzung des „Meistbegünstigungsprinzips": Wirtschaftliche Ziele, die ein Mitgliedstaat einem anderen zubilligt, sollen auch allen anderen Mitgliedstaaten zugutekommen.

Mitglieder der Welthandelsorganisation – WTO

- Mitgliedstaaten der WTO
- Beitrittswillige Staaten (mit Beobachterstatus)
- Sonstige Staaten und Territorien

Quelle: WTO Stand: 2014
© Bergmoser + Höller Verlag AG
ZAHLENBILDER
615 397

■ OECD und G8: Stimme der Wirtschaftsriesen

Obwohl sie nur für einen Teil der Weltbevölkerung „sprechen", spielen OECD und G8 als Vertretungen der großen Industriestaaten in der Weltwirtschaft eine große Rolle. Allerdings sind mit China und Indien die mit Abstand bevölkerungsreichsten Staaten der Welt (noch) nicht vertreten.

Die **OECD** (Organisation für wirtschaftliche Zusammenarbeit und Entwicklung) mit Sitz in Paris hat 34 Mitgliedstaaten (inklusive Deutschland), die mehr als 70 Prozent des Welthandels auf sich vereinen. Sie plant und organisiert die wirtschaftliche Zusammenarbeit weltweit.

Die Regierungschefs der wichtigsten Industrienationen **G8** (USA, Großbritannien, Frankreich, Deutschland, Italien, Japan, Kanada, Russland) treffen sich jährlich zum „Weltwirtschaftsgipfel". Sie bilden keine feste Organisation, sondern ein Gremium ohne Entscheidungskompetenz.

liberal
frei, freiheitlich

Gremium
Zusammenarbeit in einer Gruppe; Ausschuss, Körperschaft

G8 oder G7?
Wegen der Krise in der Ukraine, für die Russland verantwortlich gemacht wurde, fanden die Treffen seit 2014 als „G7" statt. Es bleibt abzuwarten, ob und wann Russland in diesen Kreis zurückkehrt.

① Recherchieren Sie im Internet und finden Sie heraus, welche Aufgaben und Ziele die WTO aktuell verfolgt. Informationen zur Internet-Recherche finden Sie im Abschnitt 10.5.10.

② Begründen Sie, warum weltweiter freier Handel auch Ihnen persönlich Nutzen bringt.

③ Informieren Sie sich – wiederum im Internet – über den im Schaubild zum IWF vorkommenden „Gouverneursrat" und skizzieren Sie diesen in Stichwörtern.

12.1.14 Globalisierung und die Weltwirtschaftskrise 2009

seriös
ernsthaft, vertrauenswürdig

Darlehen/Kredit
Geldleihe; die Geldsumme muss im Normalfall zu einem festen Termin inklusive Zinsen zurückgezahlt werden.

Hypothek
Grundpfandrecht; mit der Hypothek wird ein Darlehen gesichert. Kann der Darlehensnehmer das Geld nicht zurückzahlen, so kann die Bank anstelle der Rückzahlung das Grundstück des Darlehensnehmers verwerten.

■ Wirtschaftliche Globalisierung

Die Globalisierung hat unterschiedliche Gesichter, von denen einige bereits im Abschnitt 10.2.2 unter dem Blickwinkel einer sich wandelnden Arbeitswelt betrachtet wurden. In diesem Abschnitt geht es um die wirtschaftliche Globalisierung. Hierunter versteht man – auf eine knappe Formel gebracht – die **Verflechtungen der Volkswirtschaften** zu einem weltweiten Wirtschaftsraum.

Bestrebungen zur Ausweitung des internationalen Warenaustausches sind kein neues Phänomen, sondern wurden nicht zuletzt nach dem Zweiten Weltkrieg forciert (siehe Abschnitt 12.1.13). Insofern ist der Prozess der Globalisierung schon seit vielen Jahrzehnten, wenn man so will: seit Jahrhunderten, im Fluss. Neu an dieser Entwicklung ist allerdings, dass sich ihr Tempo aufgrund der geradezu explosiven technischen Entwicklung, insbesondere im Bereich der Kommunikation (**„digitale Revolution"**), seit den 1990er-Jahren vervielfacht hat.

Für Deutschland spielt Globalisierung noch eine verstärkte Rolle, denn als „Exportriese" ist es darauf angewiesen, seine Güter auf dem Weltmarkt zu verkaufen, und muss deshalb gewährleisten, dass seine Arbeitskräfte und Produktionsmethoden auf dem höchsten Niveau mithalten können.

■ Globalisierung: Chancen und Vorteile

Wenn man Globalisierung als freien Transfer von Dienstleistungen, Gütern, Informationen, als unbegrenzte Mobilität im modernen „Dorf Erde" versteht, liegen die Vorteile und Chancen überdeutlich auf der Hand. Welcher (insbesondere junge) Mensch kann schon etwas dagegen haben, dass er

- zwischen Waren aus der gesamten Welt wählen kann
- in viele Länder frei reisen, dort lernen, arbeiten oder sich sogar niederlassen kann
- mittels Internet in Sekunden Kontakte zu Menschen in Übersee knüpfen kann
- frei zugängliche Informationen aus allen Winkeln der Welt zu jeder Tages- und Nachtzeit abrufen kann
- oder überall in der Welt einkaufen kann, ohne bei Wind und Wetter auch nur die eigenen vier Wände verlassen zu müssen?

■ Weltwirtschaftskrise – die Schattenseiten der Globalisierung

Wechselwirkungen: Weltwirtschaftskrise und Globalisierung

Ähnlich wie die Globalisierung hatte die seit 2009 um sich greifende Weltwirtschaftskrise, die 2008 als **Finanzkrise** begann, diverse Facetten. Sie kann in ihren Ursachen hier nur verkürzt dargestellt werden.

Ihren Ursprung nahm die Krise in unseriösen Finanzgeschäften in den USA: Steigende Grundstückspreise führten dazu, dass die Banken ihren Kunden großzügige Hypothekendarlehen gewährten. Das heißt: Die Banken liehen ihren Kunden Geld, dessen Rückzahlung durch die Grundstücke gesichert sein sollte. Da die Darlehen aber nicht mit einem realen Wert, sondern nur mit einer Spekulation auf den (vermeintlich weiter steigenden) Grundstückswert abgesichert waren, platzte die „Blase", als die Grundstückspreise sanken und die Darlehenszinsen stiegen: Da die Kunden die Darlehen aufgrund der hohen Zinsen nicht zurückzahlen konnten, wurden ihre Grundstücke verkauft. Doch aufgrund der sinkenden Grundstückspreise deckten diese die Darlehensschulden nicht ab. Die Banken blieben also auf den „faulen" Krediten sitzen. Sie gerieten in bedrohliche finanzielle Schieflage und zogen Banken auf der ganzen Welt und schließlich auch von den Banken abhängige Unternehmen mit in den Abgrund. Die Weltwirtschaftskrise war ausgelöst.

Globalisierung und **Krise** beeinflussten sich in vielfachen Wechselwirkungen. So hat der durch die Globalisierung entstehende „Zwang", immer schneller möglichst große Gewinne nachweisen zu müssen, sicher zur Unvorsichtigkeit der US-Banken beigetragen. Ebenfalls hat die Globalisierung die Krise dadurch „befeuert", dass Finanzströme und Unternehmensbeteiligungen sich nicht auf die USA beschränken, sondern in die ganze Welt ausstrahlen und somit die Krise schnell auf die gesamte Welt – und insbesondere Europa – übergriff.

■ Risiken und Begleiterscheinungen der Globalisierung

• **Ohnmachtseffekt:** Wer nicht mehr das Gefühl hat, mit „gesundem" Menschenverstand und eigener Leistung etwas gegen negative globale Einflüsse ausrichten zu können, kann den Glauben an das gesamte System verlieren. So waren rund 26.000 Mitarbeiter von Opel in Deutschland ohne Schuld betroffen, als ihr Eigentümer General Motors (GM) in den USA aufgrund der Finanzkrise in Existenznot geriet.

• **Ökonomisierung aller Lebensbereiche:** Kritiker bemängeln, dass in einer globalisierten Welt, in der sich alles auf den schnellstmöglichen wirtschaftlichen Erfolg konzentriert, andere (nicht aus wirtschaftlicher Sicht) lohnende Lebensbereiche zu kurz kommen. Die Freude an Kindern und der Natur, an Kultur, Musik und Sozialkontakten schwindet.

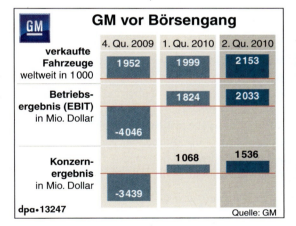

• **Manager im Rausch der Globalisierungs-Geschwindigkeit:** Allgemein kritisiert wird die „Profitgier" der „Topmanager", die sich noch in Sichtweite der Krise Extra-Zahlungen (sogenannte **Boni**) sicherten. Zu beachten ist aber, dass dieses Verhalten auch nur Ausdruck der Gesamtentwicklung ist, die einen allgemeinen Verfall bei Handelsbräuchen und -sitten, aber auch der Seriosität und Redlichkeit im täglichen Leben mit sich bringt.

Globalisierung: unumkehrbar
Entgegen erster Prognosen, die die Globalisierung durch verstärkte wirtschaftliche Abschottung der Nationalstaaten zum Stillstand kommen sahen, hat die Wirtschaftskrise 2009 die Globalisierung kaum aufhalten können. Dauerhaft gibt es ohnehin keinen Weg zurück, weil sich allein der technische Fortschritt (Motor der Globalisierung) nicht aufhalten lässt.

Redlichkeit
Aufrichtigkeit, Ehrlichkeit; Übereinstimmung von Reden und Tun

Alles wie gehabt? General Motors zeigte sich schon 2010 von den Milliarden-Verlusten der Krise gut erholt.

① Welche weiteren Vorteile und Nachteile der Globalisierung fallen Ihnen ein? Stellen Sie diese in einer Tabelle gegenüber.

② Wie macht sich die Globalisierung in Ihrem Alltag bemerkbar? Vergleichen Sie Ihren Alltag mit dem Ihrer Eltern oder anderer Verwandter, als diese in Ihrem Alter waren.

③ Recherchieren Sie im Internet, in Zeitungen oder anderen geeigneten Medien: Welche bleibenden Auswirkungen auf Deutschland hat die Weltwirtschaftskrise 2009 gebracht?

12.1.15 Methode: Durchführung eines Planspiels

■ **Das Planspiel: Begriff und Bedeutung**

In einem Planspiel werden Möglichkeiten eines vorstellbaren realen Geschehens nachgespielt. Die Spieler erfahren einen **Sachverhalt**, aus dem sich eine Problemstellung oder eine Meinungsverschiedenheit ergibt. Sie bilden **Teams** und nehmen die **Rollen** der Gruppierungen an, die in einem politischen Streit, einer städtebaulichen Planungsproblematik, einer Naturschutzangelegenheit oder einer Wirtschaftsthematik unterschiedliche **Meinungen** und **Lösungsmodelle** vertreten.

Die Spieler denken sich in die Rollen hinein und sammeln **Argumente** für die eigene und gegen die anderen Positionen. Diese Argumente vertreten sie sodann in einer **Diskussion**, die mit einer **Entscheidungsfindung** enden sollte. Bei der Entscheidung kann sich entweder eine der Gruppen mit überzeugenden Argumenten durchsetzen – oder es müssen Kompromisse geschlossen werden und Bündnispartner unter den anderen Gruppen gesucht werden, um bei der abschließenden Abstimmung eine Mehrheit zu bekommen.

Ist eine Entscheidung gefunden, lösen sich die Spieler wieder völlig von ihren Rollen und gehen zur **Auswertung** des Planspiels über, möglichst mithilfe eines oder mehrerer an der Diskussion unbeteiligter **Beobachter**.

Planspiele ermöglichen selbst gesteuertes, kreatives Lernen und Arbeiten, helfen so, die individuelle Argumentations- und Diskussionstechnik zu verbessern, leiten dazu an, Kompromisse zu finden und helfen auch, die Fähigkeit zur Ergebnisfindung in einem bestimmten Zeitrahmen zu entwickeln. Die Auswertung trägt schließlich dazu bei, die Annahme von Kritik zu erlernen, solche aber auch sachlich zu äußern.

■ **Der Sachverhalt: Aussteiger in Utopia – ohne Wirtschaftsform geht es nicht**

Eine **Fiktion:** 1.000 Aussteiger und Abenteurer begeben sich auf mehreren Schiffen in Richtung Südpazifik. Ihr Ziel: eine unbewohnte Insel zu finden, auf der sie sich frei entfalten können. Tatsächlich finden sie nach monatelanger Suche ein geeignetes Eiland – und nennen es „Utopia".

Ausrüstung und Vorräte helfen zunächst über den milden Winter hinweg. Und alsbald stellen die Aussteiger fest, dass sie eine hervorragende Wahl getroffen haben. Denn außer den klimatischen und landschaftlichen Vorzügen verfügt „Utopia" auch über **fruchtbare Böden** und **reiche Rohstoffvorkommen:** Unter anderem können Banane, Ananas, Kakao und Kaffee angebaut werden. Kohle, Bauxit (ein Aluminium-Erz und der wichtigste Rohstoff für die Herstellung von Aluminium), Eisenerz und Kupfer, ja sogar Gold und Edelsteine können mit geeigneten Techniken und Werkzeugen leicht gefördert werden.

Die Aussteiger bilden einen **Inselrat**, in dem alle 1.000 Neubewohner von Utopia Mitglied sind. Man beschließt, einen Staat gleichen Namens zu gründen. Man ist sich schnell einig, ein **Wirtschaftssystem** aufzubauen, das allen Bewohnern zu einem „entspannten Leben in Wohlstand" verhelfen soll. Dazu zählt natürlich auch der Außenhandel, der den „Utopianern" im Tausch für Rohstoffe und Früchte „westliche Wohlstandsgüter und -dienstleistungen" verschaffen soll. Den Beitritt zur WTO und anderen internationalen Organisationen behält man sich vor.

Als jedoch die **Wahl einer Wirtschaftsform** für den neuen Staat auf der Tagesordnung steht, ist es mit der Einigkeit schnell vorbei. Es bilden sich **drei Gruppierungen**, die unterschiedliche Ansichten vertreten:

Bananenstauden ...

Gruppe 1
will die Einführung der **sozialen Marktwirtschaft**. In den Herkunftsländern, vor allem Deutschland und Österreich, habe sich dieses System doch bewährt, warum solle es nicht auch in Utopia funktionieren.

Gruppe 2
plädiert für die **freie Marktwirtschaft**. Man sei nicht Tausende von Kilometern gereist, um sich „die gleichen Fesseln" wie in der ehemaligen Heimat anlegen zu lassen.

Gruppe 3
bevorzugt eine **Planwirtschaft** nach dem Vorbild sozialistischer Staaten. Die Weltwirtschaftskrise habe eindeutig gezeigt, dass Marktwirtschaft nicht funktioniere. Richtig auszusteigen heiße auch aus der Marktwirtschaft auszusteigen.

... und Rohedelsteine in „Utopia"

■ **Die Durchführung des Planspiels**

Stufe 1: Aufteilung der Mitspieler
Es werden ein **Diskussionsleiter** und zwei neutrale **Beobachter** ausgewählt. Letztere schalten sich erst in der Auswertung (Stufe 4) aktiv ein, müssen aber die nachfolgende Diskussion genau beobachten und sich Notizen machen. Alle anderen Klassenmitglieder teilen sich in drei gleich große **Gruppen** auf – gemäß den drei Gruppierungen der „Utopianer".

Stufe 2: Sammeln von Argumenten
Jede Gruppe „schwört" sich auf die jeweils vertretene „Utopianer"-Gruppierung ein, macht sich also mit deren Meinung vertraut und nimmt sie an. Sie sammelt Argumente für diese Meinung, aber auch *gegen* die Ansichten der beiden anderen Gruppen. Diese Argumente müssen nicht der persönlichen Meinung der Mitspieler entsprechen – sie müssen nur zur jeweiligen Gruppe passen.

Stufe 3: Diskutieren und Entscheiden
Der Diskussionsleiter eröffnet die Diskussion. Die Gruppen tragen zunächst ihre Standpunkte und Argumente vor. Anschließend wird von allen Teilnehmern auch über die Argumente der anderen Gruppen kontrovers diskutiert. Der Diskussionsleiter führt schließlich eine Abstimmung herbei. Um eine Mehrheit zu finden, müssen gegebenenfalls Kompromisse geschlossen werden.

Stufe 4: Auswertung des Planspiels
Um den besten Lerneffekt zu erzielen, gehen die Mitspieler nach der Abstimmung nicht auseinander. Sie wenden sich den Beobachtern zu, die über ihre Eindrücke vom Verlauf der Diskussion, also der Qualität der Argumente und Beiträge, berichten. Der Bericht der Beobachter mündet ein in eine allgemeine Auswertung, an der sich auch sämtliche Mitspieler beteiligen können.

Zur Wiederholung

12.1.1
Bedürfnisse und Bedarf – unter Einfluss von Werbung und Marketing
- Bedürfnisse ergeben sich aus einem Mangelempfinden
- Bedarf ist die Summe der Bedürfnisse, die mit vorhandener Kaufkraft befriedigt werden können
- Werbung informiert über neue Produkte und schafft Bedürfnisse

12.1.2
Verträge – unverzichtbar für eine funktionierende Wirtschaft
- Der Vertrag kommt durch Angebot und Annahme zustande
- Der Kaufvertrag ist der wichtigste Vertrag im Wirtschaftsleben
- Bedeutsam sind auch Miete, Leasing, Dienst- und Werkvertrag

12.1.3
Verbraucherschutz – Flickenteppich der Rechte
- In Deutschland gibt es kein umfassendes Verbraucherschutzgesetz
- Im BGB findet sich u. a. das Recht der Haustürgeschäfte, der Fernabsatzverträge und der AGB
- Weitere Verbrauchergesetze sind Produkthaftungsgesetz, UWG, VIG

12.1.4
Unternehmerische Ziele: Gewinn ist (nicht) alles
- Das ökonomische Prinzip umfasst Maximal- und Minimalprinzip
- Oberstes Ziel von Unternehmen ist Gewinnerzielung
- Unternehmenserfolg misst sich auch nach Produktivität, Wirtschaftlichkeit und Rentabilität

12.1.5
Die häufigsten Rechtsformen der Unternehmen
- Wichtigste Unternehmensformen sind Einzelunternehmen, Personen-

gesellschaft (OHG, KG) und Kapitalgesellschaft (GmbH, AG)
- Die Unternehmensform wird in das Handelsregister eingetragen

12.1.6
Soziale Marktwirtschaft – die Wirtschaftsform in Deutschland
- Grundtypen der Wirtschaftsordnungen sind Markt- und Planwirtschaft
- In Deutschland ist die soziale Marktwirtschaft etabliert
- Das Sozialstaatsgebot ist im Grundgesetz verankert

12.1.7
Wettbewerb: Voraussetzung sozialer Marktwirtschaft
- Wettbewerb ist Leistungskampf zwischen den Anbietern
- Gesunder Wettbewerb sichert die Balance zwischen Angebot und Nachfrage, Preis und Qualität
- UWG und GWB sichern als Gesetze einen fairen Wettbewerb

12.1.8
Das magische Sechseck der Wirtschaftspolitik
- Die Ziele der Wirtschaftspolitik sind im Stabilitätsgesetz verankert
- Das alte „magische Viereck" wird durch die neuen Zielsetzungen „Schutz der natürlichen Umwelt" und „Gerechte Einkommensverteilung" zum „magischen Sechseck"

12.1.9
Konjunkturverlauf und Konjunkturpolitik
- Die Konjunktur macht sich in BIP und Beschäftigtenzahl bemerkbar
- Konjunkturzyklus-Phasen: Boom, Rezession, Depression, Expansion
- Konjunkturpolitik wird nachfrage- oder angebotsorientiert gesteuert

12.1.10
Der Wert des Geldes
- Der Wert des Geldes wird durch die Kaufkraft bestimmt
- Die Kaufkraft wird mithilfe des „Warenkorbs für den Preisindex" ermittelt
- Der Wert des Geldes ändert sich mit Inflation und Deflation

12.1.11
Eurozone und Europäische Zentralbank
- Vor der Euro-Einführung müssen „Konvergenzkriterien" erfüllt werden
- Die Europäische Zentralbank betreibt die Geldpolitik im Euroraum

12.1.12
Außenhandel – Deutschland und die Welt
- Der Wert aller Importe wird mit dem Wert aller Exporte in der Handelsbilanz verrechnet
- In der Zahlungsbilanz werden alle wirtschaftlichen Handlungen zwischen Deutschland und dem Ausland aufgeführt

12.1.13
Weltwirtschaft – Beziehungen und Organisationen
- Sprungbrett für ein neues globales Handelssystem war 1944 die Konferenz von Bretton Woods
- IWF, Weltbank und WTO sind die Eckpfeiler der weltweiten Wirtschaftsordnung

12.1.14
Globalisierung und die Weltwirtschaftskrise 2009
- Wirtschaftliche Globalisierung ist die Verflechtung der Volkswirtschaften
- Die Globalisierung trug die Krise an den Finanzmärkten der USA in die Welt und beschleunigte ihre Ausweitung zur Weltwirtschaftskrise

12.2 Lebens- und Zukunftssicherung durch ökologisch nachhaltige Entwicklung

12.2.1 Ursachen und Auswirkungen zentraler Umweltprobleme – Teil 1

Umweltprobleme sind vielschichtig und kompliziert – sie lassen sich nur schwer in knapper Form und unabhängig voneinander darstellen, da sie zueinander in ständiger Wechselwirkung stehen. Dennoch soll hier ein Überblick gegeben werden.

Die *meisten* **Umweltprobleme** beginnen, aber *alle* Umweltprobleme enden beim Menschen: Sie betreffen ihn in seiner Lebensqualität, erlegen ihm Schranken auf, an die er sich mehr oder weniger hält. Langfristig entscheidet sich mit der Frage, ob die Menschheit der wachsenden Umweltprobleme Herr wird, ihr Überleben selbst.

Extremes Hochwasser kann Folge des Klimawandels sein.

Atolle sind ringförmige Koralleninseln in tropischen Gewässern.

Kohlendioxid entsteht bei der Verbrennung fossiler Brennstoffe wie Kohle, Erdöl und Erdgas.

■ Treibhauseffekt und Klimawandel

> ### Antalya bald zu heiß für Urlaub?
>
> **50 Grad Celsius in griechischen und türkischen Urlaubsorten – das könnte bald Realität sein, sagen Klimaforscher.** Dies würde das Ende des Tourismus bedeuten – aber vor allem die türkische Regierung schert das wenig.
> Sommer 2050: Eine Hitzeglocke liegt über der türkischen Riviera. Ärzte warnen Urlauber davor, tagsüber an den Strand zu gehen. Denn die sengende Sonne wird das Thermometer nahe an die 50-Grad-Marke steigen lassen.
> Klimaforscher warnen: An den Stränden der Ägäis in der Türkei und in Griechenland wird es in einigen Jahrzehnten so heiß sein wie heute am Persischen Golf. Zu heiß für Urlauber. Gut möglich, dass dann zwischen Juli und September manche Hotels leer stehen. (…)
> *(www.tagesschau.de, Beitrag von Thomas Bormann, 9.12.2014)*

Die Begriffe **Treibhauseffekt** und **Klimawandel** zählen zu den großen Schlagwörtern unserer Zeit. Doch was verbirgt sich dahinter? Mit dem Begriff des Klimawandels wird zumeist die **globale Erwärmung** beschrieben. Diese Erwärmung wird durch den Treibhauseffekt (mit-)verursacht.

Die von der Sonne ausgestrahlte Lichtenergie wird auf der Erde in Wärmestrahlung umgewandelt. Die Wärmestrahlung erwärmt die Erde und wird ins Weltall zurückgestrahlt. Ein Auskühlen der Erde wird dadurch verhindert, dass die Wärmestrahlung in der Luft auf Gase wie das **Kohlendioxid** (CO_2) trifft. CO_2 wirkt wie die Glasscheibe eines Treibhauses: Es hält die Wärme zurück.

Während dieser Effekt vorteilhaft ist, um die Erde vor zu starker Auskühlung zu bewahren, ist zu viel CO_2 schädlich: Die Erde erwärmt sich zu stark, unter anderem schmilzt das lange Zeit für „ewig" gehaltene Eis in den Polarregionen – Meeresspiegel steigen.

Die größten CO_2-Verursacher in Deutschland sind die Energiewirtschaft, der Autoverkehr, die Landwirtschaft, aber auch die privaten Verbraucher.

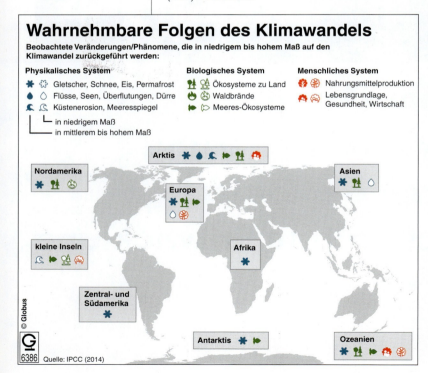

■ Luftverschmutzung – zurückgegangen, aber gefährlich

Unter Luftverschmutzung werden alle Veränderungen der natürlichen Zusammensetzung der Luft verstanden. Der technische Fortschritt hat in modernen Industriestaaten dazu geführt, dass die Problematik der Luftverschmutzung (mit Ausnahme der Kohlendioxid-Immissionen) zwar nicht gelöst, aber in den letzten 25 Jahren doch insgesamt geringer geworden ist.

In Deutschland wird der Schutz der Luft vor Abgasen insbesondere durch das **Bundesimmissionsschutzgesetz** (BImSchG) gewährleistet. Da-

Weniger Treibhausgase

Ausstoß von Treibhausgasen in Deutschland in Millionen Tonnen CO$_2$-Äquivalenten*

1990 91 92 93 94 95 96 97 98 99 00 01 02 03 04 05 06 07 08 09 10 11 12 13 14**

1 250 Mio. t

1 140

1 047   1 060

994   974   945   953

ZIEL 974 Mio. t Kyoto-Protokoll (2008 – 2012)

912

ZIEL 750 Mio. t Bundesregierung (bis 2020)

Emissionen 2014 nach Sektoren**
in Prozent

Sonstige 1,4 — 38,9 % Energiewirtschaft
Gewerbe, Handel, Dienstleistungen 3,9
Landwirtschaft 7,6 — 20,5 Industrie
Haushalte 9,6 — 18,0 Verkehr

© Globus

*Treibhausgase neben dem Kohlendioxid wurden in CO$_2$ umgerechnet   **Prognose   Quelle: Umweltbundesamt (2015)   10212

nach bedürfen alle Anlagen, die schädliche Umwelteinwirkungen hervorrufen können, einer behördlichen Genehmigung.

Die Verursacher von Treibhausgasen zeigt das Schaubild (oben) auf. Obwohl in Deutschland im Vergleich zu 1990 rückläufig, stellt Luftverschmutzung insbesondere in Ballungszentren eine Gefahr für die menschliche Gesundheit, aber auch für Tiere und Pflanzen dar. Sogenannter **Smog** führte in Großstädten früher gelegentlich zu Todesopfern, insbesondere aufgrund von Erkrankungen der Atemwege und des Kreislaufsystems.

■ Die Ozonschicht erholt sich (nur) langsam

Die 30 bis 40 Kilometer über der Erde liegende Ozonschicht, eine Schicht reinen Sauerstoffes, hat die Fähigkeit, die gesundheitsgefährdenden (weil krebserzeugenden) ultravioletten Sonnenstrahlen (**„UV-Strahlung"**) aus dem Sonnenlicht herauszufiltern.

Durch die Einwirkung chlorhaltiger Chemikalien wurde die Ozonschicht insbesondere über der Südhalbkugel über viele Jahrzehnte bedrohlich ausgedünnt. Das Verbot des gefährlichsten dieser Stoffe, des in Spraydosen vorhandenen Fluorchlorkohlenwasserstoffes (**FCKW**), hat in den vergangenen Jahren eine weitere Ausdünnung der Ozonschicht verhindert. Bis zu einer völligen Erholung werden indes Jahrzehnte vergehen.

Immissionen
Einwirkungen von Schadstoffen, Strahlen, Lärm usw. auf Menschen, Tiere und Pflanzen

§ 3 Abs. 4 BImSchG
Luftverunreinigungen im Sinne dieses Gesetzes sind (…) Rauch, Ruß, Staub, Gase, Aerosole, Dämpfe oder Geruchsstoffe.

Der Begriff **Smog** setzt sich aus den englischen Begriffen „Smoke" (Rauch) und „Fog" (Nebel) zusammen.

① Listen Sie stichpunktartig auf, welche Folgen der Klimawandel für Ihre Region haben könnte.

② Suchen Sie aus aktuellen Medienberichten Beispiele heraus, die den Klimawandel auf der Welt verdeutlichen.

③ Welche Folgen wären denkbar, wenn die Genehmigungspflicht für Anlagen mit schädlichen Umwelteinwirkungen entfiele? Schreiben Sie Ihre Gedanken nieder.

12.2.2 Ursachen und Auswirkungen zentraler Umweltprobleme – Teil 2

Erosion
Erdabtragung durch Wasser, Eis oder Wind

■ Wälder

Wälder haben in diverser Hinsicht große Bedeutung für das Leben auf der Welt. Wälder ...

- sind Filter für Luftverunreinigungen, da Bäume mithilfe des Umwandlungsprozesses der **Fotosynthese** CO_2 aus der Atmosphäre entnehmen
- verhindern **Erosion**, da sie durch Verwurzelung für Festigkeit der Böden sorgen
- beherbergen eine enorme **Artenvielfalt** an Pflanzen und Tieren
- speichern wertvolle Wasservorräte
- bieten Lärmschutz
- liefern den Brennstoff Holz für CO_2-neutrale Energiegewinnung
- bieten dem Menschen wertvollen Raum zur Erholung.

Der Zustand der Natur

In den drei unterschiedlichen biogeografischen Regionen Deutschlands ist der Erhaltungszustand der **Lebensräume** (Meere, Böden, Wälder etc.) und **Arten** (Tiere, Pflanzen) unterschiedlich:

- günstig
- unzureichend
- schlecht
- unbekannt

6330 © Globus

atlantische Region
Lebensräume
2 17
48 % 34

Arten
15 20
39 % 26

kontinentale Region
Lebensräume
1 18
30 %
51

Arten
8 22
31 % 39

alpine Region
Lebensräume
7 5
25 % 64

Arten
31 38
11 % 20

Quelle: Bundesumweltministerium   Stand 2013

Auch wenn der Begriff **„Waldsterben"** heute nicht mehr so gängig ist wie in den 1980er-Jahren – der Wald ist ständiger Gefährdung ausgesetzt. Sogenannter „saurer Regen", der aus der chemischen Reaktion von Wasser mit bestimmten Abgasen resultiert, kann über die Böden Schäden im Wurzelwerk verursachen und damit die Substanz von Wäldern gefährden. Weitere Gefahren lauern infolge von menschlicher Besiedlung, Abholzung zum Zwecke wirtschaftlicher Nutzung und Rodung zur Gewinnung neuen Agrarlandes (insbesondere in Staaten der Dritten Welt).

Die Summe unterschiedlicher Gefahren führt zu der Befürchtung, dass der Wald auf lange Sicht seine oben genannten wichtigen Funktionen nicht mehr erfüllen kann. Insbesondere droht sich die CO_2-bedingte **globale Erwärmung** zu verstärken, wenn der Wald als CO_2-Speicher ausfällt.

■ Böden

Böden sind *der* **Lebensraum** und *die* „Plattform" schlechthin für das Leben von Menschen, Tieren und Pflanzen. Böden sind aber auch ein regelndes Element der natürlichen Kreisläufe von Wasser und Luft: Sie filtern, reinigen, speichern schädliche Substanzen und bauen sie ab. Böden dienen als **Rohstofflieferant**, Erholungsraum und Baugrund; sie sind die Grundlage jeder land- und forstwirtschaftlichen Nutzung.

§ 1 Bundes-Bodenschutzgesetz (BBodSchG)
Zweck dieses Gesetzes ist es, nachhaltig die Funktionen des Bodens zu sichern oder wiederherzustellen. Hierzu sind schädliche Bodenveränderungen abzuwehren, der Boden und Altlasten sowie hierdurch verursachte Gewässerverunreinigungen zu sanieren und Vorsorge gegen nachteilige Einwirkungen auf den Boden zu treffen. (…)

Gefährdet sind Böden vor allem durch Abwässer, Düngemitteleinsatz, Immissionen industrieller Betriebe, den Straßenverkehr und Besiedlung. Werden derartige Einflüsse zu stark, kann der Boden seine Filter- und Reinigungsfunktion nicht mehr wahrnehmen: Verunreinigungen gelangen in die Nahrungskette, Böden werden zur Nutzung unbrauchbar.

■ Wasser

Die Bedeutung des **Süßwassers** für das menschliche Leben ist überragend. Einige Beispiele:

- Ohne **Trinkwasser** kann ein Mensch höchstens drei Tage überleben.
- Wasser ist eine der Hauptlebensgrundlagen auch für Tiere und Pflanzen.
- Wasser ist Voraussetzung für die **landwirtschaftliche Nutzung** von Böden.
- Flüsse und Seen sind Verkehrswege und Badegewässer.
- Wasser dient zur Kühlung in Kraftwerken.

Auch dem Süßwasser geht es nicht anders als Wäldern und Böden: Schädigungen führen zu Funktionseinbußen mit schwerwiegenden Folgen. Gefahren für das Trinkwasser ergeben sich insbesondere aus Einleitungen von Fäkalien und Haushaltsabfällen, Düngemitteln, Phosphaten und Giftstoffen aus Deponien.

Meere bedecken mehr als zwei Drittel der Erdoberfläche. Ihre Bedeutung in Stichworten:
- Lebensgrundlage für unzählige Tiere und Pflanzen
- Klimafaktor: aus Verdunstung des Meerwassers entstehen Niederschläge
- **CO_2-Speicher**
- **Fischfang** ist Nahrungs- und Erwerbsquelle für unzählige Menschen
- Meere sind der wichtigste Transportweg im interkontinentalen Güterverkehr
- Meere spielen eine überragende Rolle im Tourismus.

Eine besondere Gefahr für den Lebensraum Meer sind **„Ölpesten"**, Einleitungen von Müll und Chemikalien sowie Überfischung. Auch CO_2 spielt wieder eine Rolle: Es reagiert mit Wasser zu „Kohlensäure". Ein Übermaß an CO_2 führt zur Übersäuerung der Meere – mit noch nicht absehbaren Folgen für Tiere und Pflanzen.

Ölpesten richten besonders unter Seevögeln verheerende Schäden an.

■ Volkswirtschaftliche Auswirkungen: Umweltschäden kosten Geld
Umweltprobleme belasten die Volkswirtschaft, denn sie müssen bekämpft und abgemildert, ihre Schäden beseitigt werden.

Beispiele:
- Fluglärm verringert den Wert von Grundstücken in Flughafennähe
- Einbau kostenintensiver Filteranlagen zur Verringerung von Autoabgasen
- Beseitigungen von Ölpest-Folgen kosten Milliarden Euro
- das Betreiben von Kläranlagen zur Reinigung von Abwässern belastet öffentliche Haushalte

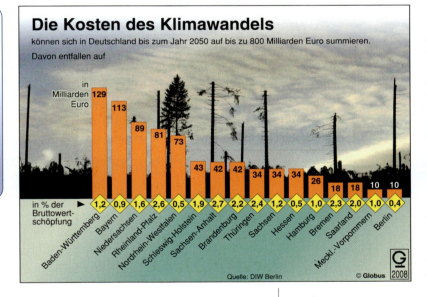

Die Kosten des Klimawandels

können sich in Deutschland bis zum Jahr 2050 auf bis zu 800 Milliarden Euro summieren.

Davon entfallen auf

in Milliarden Euro

Bundesland	in Milliarden Euro	in % der Bruttowertschöpfung
Baden-Württemberg	129	1,2
Bayern	113	0,9
Niedersachsen	89	1,6
Rheinland-Pfalz	81	2,6
Nordrhein-Westfalen	73	0,5
Schleswig-Holstein	43	1,9
Sachsen-Anhalt	42	2,7
Brandenburg	42	2,2
Thüringen	34	2,4
Sachsen	34	1,2
Hessen	34	0,5
Hamburg	26	1,0
Bremen	18	2,3
Saarland	18	2,0
Meckl.-Vorpommern	10	1,0
Berlin	10	0,4

Quelle: DIW Berlin

© Globus 2008

Es wird immer wieder diskutiert, ob es nicht billiger wäre, diese Schäden von vornherein zu verhindern. Aber auch die CO_2-neutrale Erzeugung von Energie mit alternativen Methoden (Wind-, Solarenergie) kostet Geld. Was Menschen zur Lösung der Probleme getan haben und noch tun können, finden Sie im Überblick in den folgenden Abschnitten dieses Kapitels.

① Suchen Sie weitere Beispiele für die Kosten, die für die Bekämpfung von Umweltproblemen und die Beseitigung von Umweltschäden in Kauf genommen werden müssen.

② Erstellen Sie eine Tabelle, in der Sie drei weitere Umweltprobleme (neben den in Abschnitt 12.2.1 und hier genannten) nach Ursachen und Folgen auflisten.

③ Diskutieren Sie in der Klasse: Welche volkswirtschaftlichen Vorteile könnten sich aus der Umweltproblematik ergeben?

??

12.2.3 Globale Umweltpolitik – internationale Maßnahmen des Umweltschutzes

Vereinte Nationen (UN, UNO)
völkerrechtlicher Zusammenschluss von 193 Staaten mit den Hauptzielen
- Sicherung des Weltfriedens
- Schutz der Menschenrechte
- Förderung der internationalen Zusammenarbeit.

global
die ganze Welt betreffend; umfassend

Agenda (lateinisch)
„was zu tun ist"; Zusammenstellung wichtiger Themen

nachhaltig
sich für längere Zeit stark auswirkend; (in der Ökologie) nur in dem Maße, wie die Natur es verträgt

Ökologie
Lehre von den Beziehungen der Lebewesen zur Umwelt

■ Globale Umweltpolitik

Die „Botschaft" vom **Umweltschutz als globalem Problem** ist zwar viel älter. Doch erst auf Anfang der 1970er-Jahre datiert der Beginn einer weltumspannenden Umweltpolitik. Die Konferenz der Vereinten Nationen über die Umwelt des Menschen (UNCHE) 1972 in Stockholm mit 1.200 Vertretern aus 112 Staaten gab den Startschuss. Insbesondere seit den 1990er-Jahren finden regelmäßig **Umweltkonferenzen der Vereinten Nationen ("Klimagipfel")** statt, zum Beispiel im Dezember 2015 in Paris.

■ Meilensteine globaler Umweltpolitik
UN-Umweltkonferenz 1992 in Rio de Janeiro
Die Umweltkonferenz 1992 im brasilianischen Rio brachte die **Agenda 21** hervor. Sie ist ein globales Aktionsprogramm für das 21. Jahrhundert, das sich neben der Entwicklungspolitik insbesondere der Umweltpolitik verschrieben hat. Die von 178 Staaten beschlossene Agenda setzt sich zum Ziel, sämtliches Handeln in diesen Politikbereichen an dem Grundsatz der **Nachhaltigkeit** auszurichten.

> **Schlagwort „nachhaltige Entwicklung"**
> Mit einem grundlegenden Umdenken und schrittweisen Veränderungen sollen
> - heutige Bedürfnisse befriedigt werden
> - ohne die Chancen nachfolgender Generationen zu zerstören.

Auf die Umweltpolitik bezogen bedeutet dies, dass nicht erneuerbare Ressourcen wie insbesondere Erdöl, Kohle und Erdgas nur schonend zur Energiegewinnung eingesetzt werden sollen. Dies ist zum einen damit begründet, dass diese Ressourcen (wie auch der Boden) bei Verbrauch verloren sind und die Bestände länger vorhalten sollen. Zum anderen soll der durch die „Verfeuerung" dieser fossilen Brennstoffe geförderte **Treibhauseffekt** gestoppt werden.

Dies kann natürlich nur dann funktionieren, wenn die **Nutzung erneuerbarer Ressourcen** wie Sonnenenergie und Wind in gleichem Maße gefördert wird. Eine Zwischenbilanz der Nachhaltigkeitsstrategie liest sich für Deutschland wie folgt:

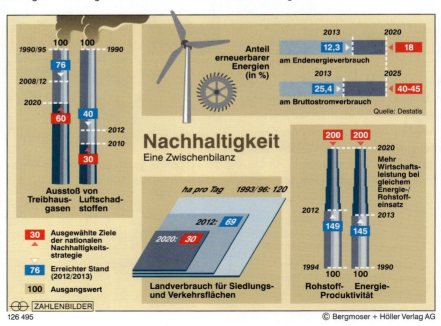

Weltklimagipfel 1997 in Kyoto

Auf der Weltklimakonferenz im japanischen Kyoto ratifizierten rund 130 Staaten eine rechtsverbindliche Vereinbarung über die Beschränkung von „Treibhausgasen" – das **Kyoto-Protokoll**. Es sah vor, den Ausstoß von CO_2 ab 2005 bis zum Jahr 2012 weltweit um 5,2 Prozent zu senken. Die EU hat sich dabei eine Reduzierung um 8, Deutschland gar eine Reduzierung um 21 Prozent auferlegt.

Deutschland (siehe Schaubild) liegt beim „Klimaschutz-Index" der 58 Hauptverursacher von CO_2-Emissionen im Mittelfeld. Das Kyoto-Protokoll und seine beim Klimagipfel im Dezember 2012 in Katar bis zum Jahr 2020 beschlossene Verlängerung (Kyoto II) sind jedoch von zweifelhaftem Wert:

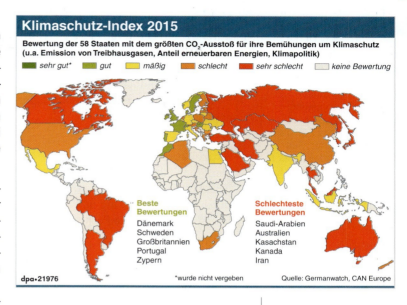

Klimaschutz-Index 2015

Bewertung der 58 Staaten mit dem größten CO_2-Ausstoß für ihre Bemühungen um Klimaschutz (u.a. Emission von Treibhausgasen, Anteil erneuerbaren Energien, Klimapolitik)

sehr gut*   *gut*   *mäßig*   *schlecht*   *sehr schlecht*   *keine Bewertung*

Beste Bewertungen
Dänemark
Schweden
Großbritannien
Portugal
Zypern

Schlechteste Bewertungen
Saudi-Arabien
Australien
Kasachstan
Kanada
Iran

dpa·21976   **wurde nicht vergeben*   Quelle: Germanwatch, CAN Europe

Mit China, den USA, Indien, Russland und Japan sind nämlich die „Top 5 der Klimasünder" nicht (mehr) verpflichtet. Zwar soll zeitnah eine Nachfolgeregelung für Kyoto gefunden werden, in das ab 2020 auch China und die USA eingebunden werden könnten. Die Konferenz von Lima im Dezember 2014 brachte aber diesbezüglich noch keinen Durchbruch.

ratifizieren
einen völkerrechtlichen Vertrag verbindlich anerkennen

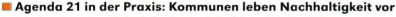

Agenda 21 in der Praxis: Kommunen leben Nachhaltigkeit vor

Nach dem Motto **„Global denken – lokal handeln"** erfüllen viele Gemeinden in Bayern die Agenda 21 mit lokalem Leben. So erhielt **Neumarkt in der Oberpfalz** im Rahmen der „UN-Dekade Bildung für nachhaltige Entwicklung 2005–2014" für 2013/2014 bereits zum vierten Mal die Auszeichnung „Stadt der Weltdekade".

Schlüsselprojekte des 2010 im Rahmen der lokalen Agenda 21 fortgeschriebenen Stadtleitbildes „Neumarkt – Starke Stadt" sind z. B.:

- Erweiterung und Sanierung des Bürgerhauses mit Innenhofgestaltung
- Weiterentwicklung des Interkulturellen Forums als Expertenrunde für Integration in Neumarkt
- Aufbau und Durchführung eines Wohnortmarketing „Junge Familien"
- Seniorenpolitisches Gesamtkonzept: Wohnen zuhause, Aktivierung und Beteiligung, lebenslanges Lernen, Seniorenpflege
- Konzept und Umsetzung „Wissenschaftsstandort Neumarkt"

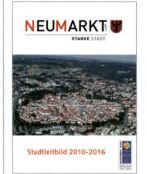

NEUMARKT
STARKE STADT.

Stadtleitbild 2010-2016

① Recherchieren Sie im Internet zum aktuellen Stand der Bemühungen um eine Nachfolgeregelung für das Kyoto-Protokoll (ab 2020). Stellen Sie deren Ergebnisse (falls gegeben) oder die aktuellen Vorschläge hierfür den Regelungen des Kyoto-Protokolls gegenüber.

② Recherchieren Sie in Gruppenarbeit zum Thema „Welche Maßnahmen der globalen Umweltpolitik haben die vergangenen fünf Jahre hervorgebracht?". Stellen Sie pro Gruppe eine Maßnahme in einem Kurzvortrag vor.

③ Fassen Sie Projekte der Lokalen Agenda 21 in Ihrer Region in Kürze zusammen.

12.2.4 Umweltpolitik – Maßnahmen Deutschlands und der EU

Staatszielbestimmung
Handlungspflicht des Staates, der allerdings kein eigenes Recht des Bürgers gegenübersteht. Dies unterscheidet eine Staatszielbestimmung von einem Grundrecht. Ein Bürger kann z. B. die Verletzung seiner Menschenwürde oder seiner Meinungsfreiheit vor einem Gericht geltend machen, nicht aber einen ungenügenden staatlichen Umweltschutz.

■ Bedeutung des Umweltschutzes

Insbesondere in den vergangenen drei Jahrzehnten hat der Umweltschutz in Deutschland eine stärkere Rolle eingenommen. Zwar gab es Umweltschutz schon vor dem erstmaligen Einzug der **Grünen** in den Bundestag im Jahr 1983. Doch zwang diese neue politische Strömung auch die etablierten Parteien, sich Umweltgesichtspunkten noch mehr zu öffnen. 1994 wurde der Umweltschutz dann sogar als sogenannte **Staatszielbestimmung** in das Grundgesetz aufgenommen:

> **Artikel 20a Grundgesetz:**
> Der Staat schützt auch in Verantwortung für die künftigen Generationen die natürlichen Lebensgrundlagen und die Tiere im Rahmen der verfassungsmäßigen Ordnung durch die Gesetzgebung und nach Maßgabe von Gesetz und Recht durch die vollziehende Gewalt und die Rechtsprechung.

Beispiele für die in Art. 20a GG erwähnten Gesetze zum Schutz der natürlichen Lebensgrundlagen und der Tiere sind unter anderem folgende **Umweltgesetze**:

- Gewässer werden geschützt durch das Wasserhaushaltsgesetz des Bundes und das Bayerische Wassergesetz,
- Böden durch das Bundesbodenschutzgesetz,
- Natur und wildlebende Tiere durch das Bundesnaturschutzgesetz und das Bayerische Naturschutzgesetz;
- Schutz vor schädlichen Umwelteinwirkungen durch Luftverunreinigungen, Geräusche, Erschütterungen, Licht, Wärme oder Strahlen bietet das Bundesimmissionsschutzgesetz (BImSchG).

Immission
Folge einer Emission; eine Emission ist das Austreten eines Schadstoffes, eine Immission die Einwirkung dieses Schadstoffes auf Menschen, Tiere, Pflanzen, Gewässer usw.

■ Prinzipien der Umweltpolitik

Der Staat handelt bei der Erfüllung der „Staatszielbestimmung Umweltschutz" nach den folgenden Prinzipien:

> **Vorsorgeprinzip:** Staatliches Handeln ist in erster Linie darauf ausgerichtet, Umweltschäden gar nicht erst entstehen zu lassen. Denn dies ist kostengünstiger, als einmal aufgetretene Schäden beseitigen zu müssen. Ein Beispiel ist § 5 des BImSchG, wonach genehmigungsbedürftige Anlagen so zu betreiben sind, dass Abfälle vermieden werden.
>
> **Verursacherprinzip:** Wer für eine Umweltverschmutzung verantwortlich ist, soll auch für die Kosten der Beseitigung zuständig sein. Hierdurch werden Umweltsünder „bestraft", Umweltschützer dagegen „belohnt". Beispiele hierfür finden sich in den meisten Umweltgesetzen.
>
> **Gemeinlastprinzip:** Erst wenn kein Verantwortlicher für eine Umweltverschmutzung zu ermitteln ist, kann die Allgemeinheit (also meistens der Staat) zur Beseitigung und deren Kosten herangezogen werden. Denn beseitigt werden muss der Schaden jedenfalls. Beispiel: Unbekannte Vandalen verschmutzen nachts den Dorfteich mit Müll.
>
> **Kooperationsprinzip:** Statt auf Zwang und Gesetz wird beim Umweltschutz zunehmend auf Kooperation und Konsens mit möglichst vielen Bevölkerungsgruppen gesetzt. Denn je mehr Menschen sich in einem Entschluss wiederfinden, desto mehr werden ihn auch akzeptieren. Beispiel: Ein Abfallbeseitigungsplan wird von der Kommune gemeinschaftlich mit einem Betrieb und dessen Mitarbeitern beschlossen.

Kooperation
Zusammenarbeit verschiedener Menschen, Gruppen oder Organisationen

Konsens
Meinungsübereinstimmung, gewünschtes Ergebnis einer Kooperation

■ Übersicht: umweltpolitische Maßnahmen und Instrumente

Erneuerbare Energien

Nach der verheerenden Nuklearkatastrophe von **Fukushima**, bei der im März 2011 infolge eines schweren Erdbebens vier von sechs Reaktorblöcken des japanischen Kernkraftwerks zerstört und gewaltige Mengen Radioaktivität freigesetzt wurden, beschloss die Bundesregierung den zügigen Ausstieg aus der Atomenergie: Bis 2022 soll das letzte deutsche Kraftwerk vom Netz gehen.

Einen Schub soll der **Atomausstieg** für **erneuerbare Energien** wie Sonnen-, Wind- oder Bioenergie bringen, die wegen der Knappheit fossiler Brennstoffe langfristig einen viel größeren Anteil der Stromversorgung bewältigen müssen.

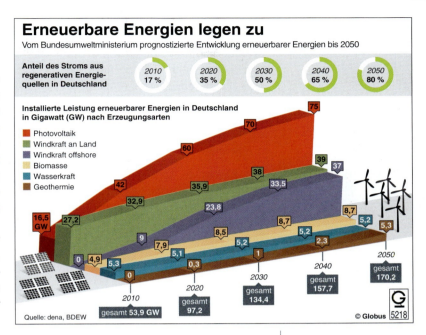

Erneuerbare Energien legen zu

Vom Bundesumweltministerium prognostizierte Entwicklung erneuerbarer Energien bis 2050

Anteil des Stroms aus regenerativen Energiequellen in Deutschland

2010	2020	2030	2040	2050
17 %	35 %	50 %	65 %	80 %

Installierte Leistung erneuerbarer Energien in Deutschland in Gigawatt (GW) nach Erzeugungsarten

- Photovoltaik
- Windkraft an Land
- Windkraft offshore
- Biomasse
- Wasserkraft
- Geothermie

Quelle: dena, BDEW
© Globus 5218

2010 gesamt 53,9 GW
2020 gesamt 97,2
2030 gesamt 134,4
2040 gesamt 157,7
2050 gesamt 170,2

Emissionshandel

Der 2005 eingeführte **EU-Emissionshandel** dient dem Zweck, den Ausstoß von Treibhausgasen zu verringern. An dem Handel mit Teibhausgasen beteiligt sind die Unternehmer von CO_2-emittierenden Anlagen. Den Unternehmen werden bestimmte Emissionsmengen (Emissionsrechte) zugestanden. Wer diese Rechte unterschreitet, kann mit den „überschüssigen" Rechten handeln – und auf diese Weise wirtschaftlich profitieren.

Umweltzonen

Seit 2007 können Bundesländer und Städte sogenannte Umweltzonen einrichten, in denen Maßnahmen für eine verbesserte Luftqualität durchgeführt werden – was insbesondere Einschränkungen für den Autoverkehr zur Verringerung der **Feinstaubbelastung** einschließt. In Bayern wurden die ersten Umweltzonen in München, Augsburg und Neu-Ulm eingerichtet.

Kreislaufwirtschaft

Mit dem Ziel, den Rohstoffverbrauch durch die Förderung abfallarmer Produktionsverfahren und Produkte zu drosseln, wurde 1996 das Kreislaufwirtschafts- und Abfallgesetz – 2012 ersetzt durch das neue Kreislaufwirtschaftsgesetz – beschlossen: Abfälle sind in erster Linie zu vermeiden. Ist dies nicht möglich, sind Abfälle dem Kreislauf zuzuführen, also entweder stofflich zu verwerten oder zur Energiegewinnung zu nutzen.

Photovoltaik

Umwandlung von Lichtenergie (zumeist aus Sonnenlicht) mittels Solarzellen in elektrische Energie

§ 6 Kreislaufwirtschaftsgesetz (Abfallhierarchie)

(1) Maßnahmen der Vermeidung und der Abfallbewirtschaftung stehen in folgender Rangfolge:
1. Vermeidung,
2. Vorbereitung zur Wiederverwendung,
3. Recycling,
4. sonstige Verwertung, insbesondere energetische Verwertung und Verfüllung,
5. Beseitigung.

---

① Recherchieren Sie in den diversen Medien mithilfe des Internets: Welche Entwicklungen hat es in den vergangenen Monaten bei den oben genannten Maßnahmen und Instrumenten gegeben?

② Nennen Sie drei weitere wichtige deutschland- oder EU-weit durchgeführte Umweltschutzmaßnahmen bzw. -instrumente und beschreiben Sie diese knapp in eigenen Worten.

③ Ein Tankerunglück verursacht eine Ölpest an Deutschlands Nordseeküste. Erklären Sie, nach welchen der oben genannten Prinzipien der Staat vorgeht, wenn der Verursacher ermittelt bzw. nicht ermittelt werden kann.

12.2.5 Individuell Energie sparen – individuell Umwelt schützen

■ **Energie sparen kann jeder...**
Der **Energiebedarf der Welt steigt**, auch weil Staaten wie China und Indien weiter zu „Wirtschaftsriesen" heranwachsen. Auch in Deutschland wächst der „Verbrauch" (siehe Randspalte). Deshalb werden wohl langfristig auch die Energiepreise weiter steigen.

Um Kosten zu senken, könnte vor allem in Privathaushalten ein großer Teil des Bedarfs eingespart werden. Im Folgenden soll ein Überblick über die Einsparmöglichkeiten informieren:

Energie kann streng genommen gar nicht verbraucht werden. Die verschiedenen Energieformen werden nur umgewandelt. Zum Beispiel wird die chemische Energie, die im Benzin enthalten ist, im Verbrennungsmotor in Bewegungsenergie und Wärme umgewandelt.

Geräte im Haushalt
- Ältere Geräte (z. B. Kühlschränke) verbrauchen zumeist sehr viel Energie. Auf modernen Geräten klebt ein Etikett mit den Angaben zum Energieverbrauch. Vermeintlich geringe Unterschiede können bei jahrelangem Gebrauch große Auswirkungen haben.
- Viele elektronische Geräte haben „Leerlaufverluste", etwa weil sie immer Strom verbrauchen, solange das Netzkabel in der Steckdose steckt. Steckdosenleisten mit Schalter können den Leerlauf „ausschalten".
- Energiesparlampen verbrauchen rund 80 Prozent weniger Energie als normale Glühlampen, die innerhalb der EU nun auch nicht mehr auf den Markt gebracht werden dürfen.

Heizung
- Die Wohnraumtemperatur sollte nicht mehr als 20 °C betragen. Das Senken der Raumtemperatur um 1 °C kann den Energieverbrauch um sechs Prozent verringern.

Warmwasser
- Für Warmwasserbereitung mittels Strom, Öl oder Gas wird sehr viel Energie aufgewendet.
- Wer nicht auf Solarkollektoren umsteigen will, sollte statt des Vollbades eine kurze Dusche nehmen – und auf diese Weise 60 Prozent an Wasser und Energie einsparen.

Mobilität
- Kurzstrecken können ohne das energieaufwendige Auto zu Fuß oder per Rad, Arbeitswege mit dem Personennahverkehr bewältigt werden.
- Wer auf das Auto angewiesen ist, sollte prüfen, ob Fahrgemeinschaften gegründet werden können.

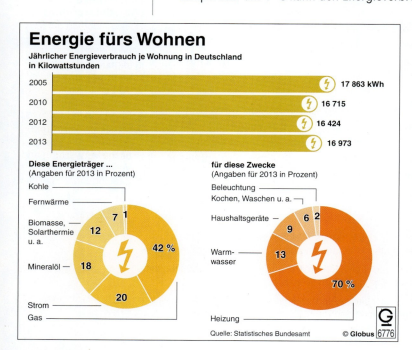

Energie fürs Wohnen

Jährlicher Energieverbrauch je Wohnung in Deutschland in Kilowattstunden

Jahr	kWh
2005	17 863 kWh
2010	16 715
2012	16 424
2013	16 973

Diese Energieträger ...
(Angaben für 2013 in Prozent)

- Kohle — 1
- Fernwärme — 7
- Biomasse, Solarthermie u. a. — 12
- Mineralöl — 18
- Strom — 20
- Gas — 42 %

für diese Zwecke
(Angaben für 2013 in Prozent)

- Beleuchtung — 2
- Kochen, Waschen u. a. — 6
- Haushaltsgeräte — 9
- Warmwasser — 13
- Heizung — 70 %

Quelle: Statistisches Bundesamt © Globus 6776

◾ ... Und jeder kann etwas für die Umwelt tun
Kauf umweltfreundlicher Produkte

Nicht nur Bund, Länder und Gemeinden sind für den Umweltschutz zuständig. So entscheidet etwa jeder Einzelne selbst, welche Lebensmittel oder Konsumgüter er kauft. Die Macht des Kunden ist größer, als mancher denkt. Denn dauerhaft werden nur Waren produziert, die der Kunde kauft. Je mehr sich der Kunde also beim Kauf an ökologischen Gesichtspunkten orientiert, desto mehr werden **umweltschonende Produkte** auf den Markt gebracht.

Wer im Supermarkt nicht die Liste der Zutaten durchgehen will, kann Entscheidungshilfe durch **Umweltzeichen** und **Ökozeichen** bekommen, die die Produkte als besonders umweltverträglich kennzeichnen. Hier kommen insbesondere in Betracht:

Umweltzeichen „Der Blaue Engel"
„Der Blaue Engel" fördert seit 1978 die Anliegen des Umweltschutzes und des Verbraucherschutzes. Produkte, die bei Herstellung, Gebrauch, Lebensdauer und Entsorgung wenig Rohstoffverbrauch erforderlich machen und zugleich hohe Ansprüche an die Gebrauchstauglichkeit erfüllen, tragen das Logo des „Blauen Engels".

Ökozeichen „Öko-Qualität garantiert – Bayern"
Wer sich mit ökologisch erzeugten Produkten aus der Region ernähren will, kann sich seit 2003 in Bayern am Ökozeichen „Öko-Qualität garantiert – Bayern" orientieren. Das Siegel am Produkt garantiert umweltgerechte Erzeugung, schonende Verarbeitung sowie die regionale Herkunft des Produkts.

Müll vermeiden ist besser als Müll entsorgen

Zwar gibt es heute bessere Möglickeiten als früher, aus der Müllentsorgung Nutzen zu ziehen. So wird in modernen Anlagen ein Teil der bei der Müllverbrennung entstehenden Energie zur Stromerzeugung oder als Fernwärme genutzt. Oberstes Ziel ist indes die **Müllvermeidung**, die wiederum von jedem Einzelnen recht leicht umsetzbar ist:

Mehrweg statt Einweg	Die Wiederverwertung von Getränken in Einwegflaschen oder Dosen ist aufwendig und verbraucht viel Energie. Ebenso sollte bei Festen Mehrweggeschirr verwendet werden.
Qualität kaufen	Egal, ob Kleidungsstücke, Elektrogeräte oder Verbrauchsgüter: Billigartikel landen schnell auf dem Müll, weil Reparaturen sich nicht lohnen oder nicht möglich sind.
Akkus statt Batterien	Akkus und Alkali-Mangan-Batterien sind wiederaufladbar. Sie sind zwar teurer, aber bereits nach ein paar Aufladungen spart man Geld. Akkus und Batterien sind in speziellen Sammelbehältern zu entsorgen.
Einkauf	Verwenden Sie Plastiktüten mehrfach oder packen Sie den Einkauf in Ihren Rucksack oder in Stofftaschen.
Alt-Handys	Elektronische Alt-Geräte (z. B. Handys) bestehen aus wertvollen Bestandteilen, die recycelt werden können – das spart Ressourcen und schont die Umwelt. Funktionsfähige Geräte können nach einer professionellen Aufarbeitung noch Jahre in anderen Ländern eingesetzt werden.

Der **Umweltpakt Bayern** ist eine Vereinbarung zwischen der Bayerischen Staatsregierung und der bayerischen Wirtschaft mit dem Ziel der „vorausschauenden Vermeidung künftiger Umweltbelastungen".

---

① Wie kann der persönliche Energie- und Ressourcenverbrauch gesenkt werden? Recherchieren Sie weitere Bereiche und entwerfen Sie in Gruppen Merkblätter mit genauen Handlungsanweisungen.

② Erstellen Sie Plakate mit ökologisch produzierten Lebensmitteln aus Ihrer Region.

③ Informieren Sie sich über die Müllentsorgung in Ihrem Wohnort bzw. in Ihrem Landkreis. Stellen Sie den Weg des Mülls grafisch dar.

12.2.6 Methode: Planung einer Exkursion – Umweltschutz vor Ort erleben

■ Eine Reise zur Natur im Zeitalter von Social Media

Warum reisen, wenn Informationen am PC abgerufen werden können?

Umwelt- und Naturschutz lassen sich am besten vor Ort verstehen. Eine Klassenreise oder eine Tagesexkursion (Exkursion: Lehrfahrt) in ein Gebiet von besonderer ökologischer Güte kann spezielle Naturerlebnisse von bleibendem Wert bringen – und damit das Bewusstsein für die Belange der Umwelt nachhaltig schärfen. So ganz nebenbei ist ein derartiges Gemeinschaftserlebnis geeignet, den Zusammenhalt in der Klasse zu stärken.

1. Planungsphase: Zweck und Ziel der Reise

a) Legen Sie den **Zweck der Exkursion** fest:
   - Welche Informationen und Eindrücke streben Sie an? Erarbeiten Sie einen Katalog mit Fragen. Beispiele:

   - „Wie hat sich in dem Exkursionsgebiet die Klassifizierung als Nationalpark, Biosphärenreservat oder Naturpark auf die Artenvielfalt, die Qualität der Böden, Gewässer und der Luft ausgewirkt?"
   - „Welche Merkmale machen das Gebiet besonders wertvoll?"
   - „Wie funktioniert ein Nationalpark/ein Biosphärenreservat/ein Naturpark?"
   - „Welche Auswirkungen ergeben sich für den Tourismus?"

   - Wie sollen die Informationen und Eindrücke erarbeitet und verarbeitet werden? Da regelmäßig mehr Informations- und Erlebnismöglichkeiten bestehen, als Zeit zur Verfügung steht, bietet sich eine **Einteilung in Gruppen** an. Sind Kameras vorhanden, um das Erlebte festzuhalten?

b) Legen Sie das **Ziel der Exkursion** fest:
   - Wählen Sie einen **Nationalpark**, ein **Biosphärenreservat** oder einen **Naturpark** in Deutschland aus.
   - **Zeitfaktor:** Beachten Sie, dass die Zeit für eine Exkursion erfahrungsgemäß knapp bemessen ist. Wählen Sie ein Ziel mit möglichst kurzem Reiseweg. Informationen zu Reisezielen finden Sie auf dieser Doppelseite.
   - **Kostenfaktor:** Denken Sie an die Kosten – auch, wenn Sie ein Übernachtungsquartier auswählen. Nach wie vor sind Jugendherbergen eine günstige Alternative. Informationen über Preise, Standorte und Kapazitäten gibt es beim Deutschen Jugendherbergswerk *(www.jugendherberge.de)*.

c) **Detailplanung:** Mithilfe von Internetrecherche und Telefon lassen sich im ausgesuchten Exkursionsziel lohnende Aufgaben für die Gruppen finden. Beispiele für den Besuch eines Nationalparks:

   - Besuch und Interview der Nationalparkverwaltung
   - Teilnahme an Führungen zu besonders lohnenden Zielen
   - Erwanderung des Gebietes und Versuch von Artenbestimmungen bei Pflanzen und Tieren
   - Besuch von Informationszentren und Ausstellungen
   - Befragung von Einheimischen über den Nutzen des Nationalparks

2. Durchführungsphase
   - **Disziplin:** Angesichts knapper Zeitreserven müssen sich die Gruppen an den vorher festgelegten Fragenkatalog halten.
   - **Nachbereitung:** Noch vor Ort oder wieder in der Klasse tragen die Gruppen ihre Ergebnisse vor und berichten über ihre Eindrücke, wenn möglich gestützt durch Bildmaterial.

■ Naturlandschaften in Deutschland

Nationalpark: größeres Gebiet, das aufgrund seiner landschaftlichen Schönheit überragende Bedeutung besitzt und der Erhaltung und Wiederherstellung natürlicher Lebensgemeinschaften dient
Biosphärenreservat: großräumiges Gebiet, das der Erhaltung und Entwicklung repräsentativer Ökosysteme der Natur- und Kulturlandschaft dient
Naturpark: größeres Gebiet, das sich wegen seiner naturnahen Landschaft besonders für die Erholung eignet.

In den viel kleineren **Natur- und Landschaftsschutzgebieten** dürfen störende Maßnahmen oder Veränderungen gar nicht oder nur mit besonderer Genehmigung erfolgen.

Natur unter Schutz

▼ **16 Nationalparks**
Fläche ohne Nord- und Ostsee:
214 000 Hektar
Anteil an Landfläche Deutschlands: 0,6 %

▼ **16 Biosphärenreservate**
Fläche ohne Nord- und Ostsee:
1,2 Mio. Hektar
Anteil an Landfläche Deutschlands: 3,5 %

▼ **104 Naturparks**
Fläche: 9,5 Mio. Hektar
Anteil an Landfläche Deutschlands: 27 %

außerdem

ca. **8600 Naturschutzgebiete**
Fläche: 1,3 Mio. Hektar
Anteil an Landfläche Deutschlands: 3,6 %

ca. **8200 Landschaftsschutzgebiete**
Fläche: 10,2 Mio. Hektar
Anteil an Landfläche Deutschlands: 28,6 %

4806 © Globus Quelle: BfN

Schleswig-Holst. Wattenmeer — Vorpommersche Boddenlandschaft — Jasmund — Hamburg. Wattenmeer — Hamburg — Schwerin — Müritz — Nieders. Wattenmeer — Bremen — Unteres Odertal — Hannover — Berlin — Harz — Düsseldorf — Hainich — Erfurt — Dresden — Kellerwald-Edersee — Eifel — Sächs. Schweiz — Mainz — Hunsrück-Hochwald — Bayer. Wald — Stuttgart — Schwarz-wald — München — Berchtes-gaden

100 km

■ Nationalparks in Bayern

In Bayern gibt es zwei Nationalparks:

Nationalpark Bayerischer Wald
- eröffnet 1970 als erster deutscher Nationalpark
- Fläche: rund 240 km²
- Geografie: im Osten Bayerns an der Grenze zu Tschechien, Landkreise Regen und Freyung-Grafenau
- Besonderheiten der Fauna: Luchs, Fischotter, Auerhuhn
- Info: Nationalparkverwaltung Bayerischer Wald, Freyunger Str. 2, 94481 Grafenau; Tel.: 08552–96000; E-Mail: poststelle@npv-bw.bayern.de; Internet: www.nationalpark-bayerischer-wald.de

Nationalpark Berchtesgaden
- eröffnet 1978
- Fläche: rund 210 km²
- Geografie: im Südosten Bayerns in den Berchtesgadener Alpen, unmittelbar an der Grenze zu Österreich; umfasst Watzmann und Königssee
- Besonderheiten der Fauna: Alpensteinbock, Schneehase, Steinadler
- Info: Nationalparkverwaltung Berchtesgaden, Doktorberg 6, 83471 Berchtesgaden; Tel.: 08652–96860; E-Mail: poststelle@npv-bgd.bayern.de; Internet: www.nationalpark-berchtesgaden.de

Lohnende Exkursionsziele finden sich in Bayern zudem im **Biosphärenreservat Rhön**, im **Naturpark Altmühltal** oder einem anderen der 18 Naturparks Bayerns. Info: Staatsministerium für Umwelt und Gesundheit (www.stmug.bayern.de).

Zur Wiederholung

12.2.1

Ursachen und Auswirkungen zentraler Umweltprobleme – Teil 1

- Unter dem Schlagwort „Klimawandel" wird zumeist eine weltweite Erwärmung verstanden, deren Verursacher unter anderem der sogenannte „Treibhauseffekt" ist
- Das Problem der Luftverschmutzung ist in Deutschland geringer geworden, bleibt aber zu beachten
- Die 30 bis 40 Kilometer über der Erde liegende Ozonschicht erholt sich nach Verbot des FCKW-Ausstoßes langsam

12.2.2

Ursachen und Auswirkungen zentraler Umweltprobleme – Teil 2

- Wälder, Böden und Wasser haben eine zentrale Bedeutung für das Leben auf der Welt
- Wälder sind Filter für Luftverunreinigungen; Böden sind Rohstofflieferant und „Plattform" menschlichen und tierischen Lebens; Wasser ist Trinkwasser und Voraussetzung für landwirtschaftliche Nutzung
- Die Beseitigung von Umweltschäden ist teuer – allein in Deutschland werden bis zum Jahr 2050 Kosten von bis zu 800 Milliarden Euro aufgrund des Klimawandels erwartet

12.2.3

Globale Umweltpolitik – internationale Maßnahmen des Umweltschutzes

- Erst zu Beginn der 1970er-Jahre begannen ernsthafte Bemühungen um eine weltumspannende Umweltpolitik
- Als Meilensteine globaler Umweltpolitik gelten die UN-Umweltkonferenz 1992 in Rio sowie der Weltklimagipfel 1997 in Kyoto

- Auf der Konferenz in Rio wurde die Agenda 21 entwickelt, ein Programm zur nachhaltigen Entwicklung
- Das Kyoto-Protokoll sieht konkrete Werte für die Verringerung des CO_2-Ausstoßes vor

12.2.4

Umweltpolitik – Maßnahmen Deutschlands und der EU

- Die große Bedeutung des Umweltschutzes wird durch seine Aufnahme in Artikel 20a des Grundgesetzes dokumentiert
- Die Prinzipien deutscher Umweltpolitik sind das Vorsorge-, das Verursacher-, das Gemeinlast- und das Kooperationsprinzip
- Umweltpolitische Maßnahmen Deutschlands und der EU beinhalten den Ausstieg aus der Atomenergie und den damit verbundenen Umstieg auf erneuerbare Energien, die Einführung des Emissionshandels, von Umweltzonen sowie der Kreislaufwirtschaft

12.2.5

Individuell Energie sparen – individuell Umwelt schützen

- Insbesondere bei Haushaltsgeräten, der Heizung, beim Warmwasser und bei der Mobilität kann jeder Energie einsparen
- Der Kauf umweltverträglicher Produkte und die Müllvermeidung sind wirksame Mittel zum Schutz der Umwelt

12.3 **Internationale Beziehungen**

12.3.1 Regionale Brennpunkte und ihre Bedeutung für die Welt

Brennpunkte der Welt
Seit Ende des Zweiten Weltkrieges gab es auf der Welt wohl noch nie so viele Krisenherde wie 2015. Nur einige davon:

Syrien
Der Aufstand gegen Diktator Assad im „Arabischen Frühling" wurde vom Westen begrüßt. Doch vom Chaos profitierte die islamistische Terrorgruppe „Islamischer Staat" (IS), die in weiten Teilen Syriens ein mörderisches Regime installiert hat.

Irak
Ähnliche Situation: Das nach dem Sturz von Diktator Saddam Hussein durch die USA 2003 entstandene Machtvakuum wurde nie gefüllt. Immer wieder kam es zu massiven Anschlägen. Auch hier profitiert der „Islamische Staat", indem er das Chaos dazu nutzt, weite Landesteile unter seine Kontrolle zu bringen.

Ukraine
Während die meisten Ukrainer eine Ausrichtung nach Westen fordern, strebt eine russischsprechende Minderheit den Anschluss an Russland an. Russland, das seinen Einfluss schwinden sah, besetzte 2014 die zur Ukraine gehörende Krim. Rebellen kämpfen in der Ostukraine gegen Regierungstruppen. Ausgang: offen.

Afghanistan
Auch nach dem Ende der ISAF-Mission 2014 ist das Land von Stabilität weit entfernt. Immer wieder kommt es zu Anschlägen der radikal-islamischen Taliban.

■ Mitteleuropa: Frieden als Selbstverständlichkeit?

Bayerns Jugendliche des 21. Jahrhunderts haben sie ebenso wenig miterlebt wie die Generation ihrer Eltern: Krieg und Gewalt, Hunger und Verfolgung. Seit rund 70 Jahren herrscht Frieden im Herzen Mitteleuropas. Ein erfolgreicher **Demokratisierungsprozess** hat dazu ebenso beigetragen wie die **Einigung Europas** und seiner Völker. Zudem führten die Leiden des Zweiten Weltkrieges (1939–1945) zu einer Einsicht, die in den

Nachkriegsjahren insbesondere in Deutschland zur wichtigsten Triebfeder allen politischen Handelns wurde: **„Nie wieder Krieg!"**.

Dauerhafter Frieden ist jedoch keine Selbstverständlichkeit, die Deutschland gewissermaßen in den Schoß fällt. In Zeiten immer unüberschaubarer werdender weltweiter Verflechtungen kann sich niemand auf dem Frieden ausruhen. Dauerhaft gewährleistet werden kann dieser nur durch eine aktive **Friedens- und Entspannungspolitik.**

■ Regionale Krisen gefährden den Weltfrieden

Zwar sind Kriege zwischen Staaten mittlerweile selten. Doch was in Deutschland fast vergessen ist, ist in anderen Teilen der Welt grausamer Alltag: Bürgerkriege innerhalb von Staatsgrenzen, ausgelöst durch religiöse und politische Differenzen oder traditionellen Streit zwischen Volksgruppen, kosten jährlich Hunderttausende von Menschenleben.

Solche regionalen Krisen und Konflikte sind aber nicht nur lebensbedrohlich für die direkt Beteiligten. Sie können auch zu einer ernsthaften Bedrohung für den Weltfrieden werden, etwa weil …

- sich immer mehr Staaten mit möglicherweise gegensätzlichen Interessen in diese Konflikte einmischen und dies zur Ausweitung der Auseinandersetzungen führt oder
- westliche Militäreinsätze in islamisch geprägten Staaten (wie im Irak und in Afghanistan) zu einer Verstärkung weltweiter islamistischer Terroraktivitäten führen.

So rückt auch Deutschland im übertragenen Sinne näher an die Krisenherde der Erde heran, obwohl diese rein geografisch Tausende von Kilometern entfernt sind – und seine Politik wird in vielerlei Hinsicht durch Krisen in entlegenen Winkeln der Welt beeinflusst:

- Deutschland ist mit der Bundeswehr in Krisengebieten beteiligt, z. B. bis Ende 2014 in Afghanistan (Ex-Verteidigungsminister Peter Struck: „Die Sicherheit Deutschlands wird auch am Hindukusch verteidigt.").
- Deutschland leistet finanzielle Aufbauhilfe in Milliardenhöhe für die Krisenregionen der Welt, allein für Afghanistan zwischen 2012 und 2015 jährlich 430 Millionen Euro.
- Deutschland gewährt Flüchtlingen Asyl – im Jahr 2014 gab es rund 203.000 entsprechende Anträge.

■ **Brennpunkt: Arabischer Frühling – Beginn einer ungewissen Zukunft**

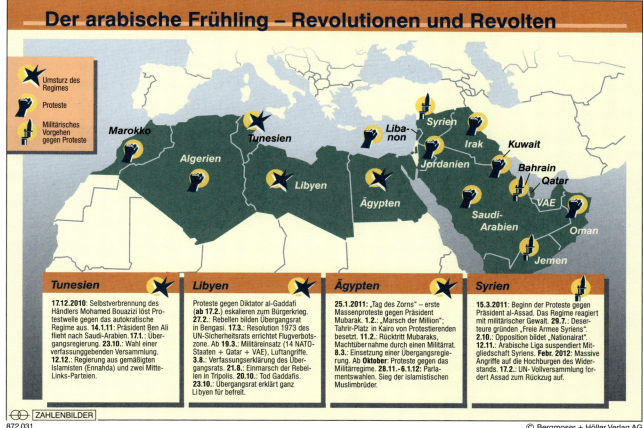

Der arabische Frühling – Revolutionen und Revolten

Legende:
- ★ Umsturz des Regimes
- ✊ Proteste
- 🗡 Militärisches Vorgehen gegen Proteste

Länder auf der Karte: Marokko, Algerien, Tunesien, Libyen, Ägypten, Libanon, Syrien, Irak, Kuwait, Jordanien, Bahrain, Qatar, VAE, Saudi-Arabien, Oman, Jemen

Tunesien

17.12.2010: Selbstverbrennung des Händlers Mohamed Bouazizi löst Protestwelle gegen das autokratische Regime aus. **14.1.11:** Präsident Ben Ali flieht nach Saudi-Arabien. **17.1.:** Übergangsregierung. **23.10.:** Wahl einer verfassunggebenden Versammlung. **12.12.:** Regierung aus gemäßigten Islamisten (Ennahda) und zwei Mitte-Links-Parteien.

Libyen

Proteste gegen Diktator al-Gaddafi (**ab 17.2.**) eskalieren zum Bürgerkrieg. **27.2.:** Rebellen bilden Übergangsrat in Bengasi. **17.3.:** Resolution 1973 des UN-Sicherheitsrats errichtet Flugverbotszone. **Ab 19.3.:** Militäreinsatz (14 NATO-Staaten + Qatar + VAE), Luftangriffe. **3.8.:** Verfassungserklärung des Übergangsrats. **21.8.:** Einmarsch der Rebellen in Tripolis. **20.10.:** Tod Gaddafis. **23.10.:** Übergangsrat erklärt ganz Libyen für befreit.

Ägypten

25.1.2011: „Tag des Zorns" – erste Massenproteste gegen Präsident Mubarak. **1.2.:** „Marsch der Million"; Tahrir-Platz in Kairo von Protestierenden besetzt. **11.2.:** Rücktritt Mubaraks, Machtübernahme durch einen Militärrat. **8.3.:** Einsetzung einer Übergangsregierung. **Ab Oktober:** Proteste gegen das Militärregime. **28.11.-6.1.12:** Parlamentswahlen. Sieg der islamistischen Muslimbrüder.

Syrien

15.3.2011: Beginn der Proteste gegen Präsident al-Assad. Das Regime reagiert mit militärischer Gewalt. **29.7.:** Deserteure gründen „Freie Armee Syriens". **2.10.:** Opposition bildet „Nationalrat". **12.11.:** Arabische Liga suspendiert Mitgliedschaft Syriens. **Febr. 2012:** Massive Angriffe auf die Hochburgen des Widerstands. **17.2.:** UN-Vollversammlung fordert Assad zum Rückzug auf.

ZAHLENBILDER
872 031

© Bergmoser + Höller Verlag AG

Im Dezember 2010 verbrennt sich ein junger Tunesier aus Protest gegen die politischen Verhältnisse in seinem Land. Kurz darauf beginnt in Tunesien ein Aufstand. Gebannt schauen die Menschen nach Tunis – und bald greifen die Proteste auf weitere Länder im arabischen Raum über, von der Weltöffentlichkeit besonders beachtet in **Ägypten**, **Libyen** und **Syrien**.

Über Jahrzehnte galten viele arabische Staaten als autoritär und korrupt. Die Macht lag in Händen von Familienclans, die sich maßlos und selbstherrlich bereicherten. Um ihre Macht zu sichern, zeigten sich diese Regime sehr anpassungsfähig: politisch flexibel nach außen, doch gegenüber Oppositionellen im eigenen Land brutal und unnachgiebig.

Zumeist richten sich die Proteste darauf, wirtschaftliche, soziale und politische **Verhältnisse zu demokratisieren**. Auch wollen die Menschen endlich an Wachstum und Wohlstand teilhaben. Gleichzeitig gewinnen aber islamistische Gruppierungen an Bedeutung. Dies nährt die Befürchtung, dass vielerorts das Regime der Familienclans durch die Herrschaft **muslimischer Fundamentalisten** ersetzt wird – und die arabische Welt hierdurch eher weiter destabilisiert als demokratisiert wird. In Syrien und im Irak ist aus dieser Befürchtung längst blutige Realität geworden.

① Interpretieren Sie in eigenen Worten die Aussage „Die Sicherheit Deutschlands wird auch am Hindukusch verteidigt."

② Warum könnte man die Aussage der jungen Frau in der Illustration auf S. 262 als „naiv" bezeichnen?

③ Erstellen Sie eine Zeittabelle zum „Arabischen Frühling", in die Sie die wesentlichen Ereignisse der Unruhen im Nahen Osten und Nordafrika seit 2013 eintragen. Recherchieren Sie hierfür in Internet und Presse.

12.3.2 Nahostkonflikt – seit Jahrzehnten im Blickpunkt der Welt

■ Was ist der „Nahostkonflikt"?

Der Nahostkonflikt wird politisch und militärisch um das frühere britische Mandatsgebiet **Palästina** ausgetragen, zu dem auch die heutige israelische Hauptstadt Jerusalem gehört. **Israelis** und **Palästinenser** beanspruchen das Gebiet. Neben dem geschichtlichen Aspekt spielt die Religion eine große Rolle: **Judentum** (Israelis) und **Islam** (die große Mehrheit der arabischen Palästinenser sind Muslime) stehen sich unversöhnlich gegenüber.

Palästina
Region (aber kein Staat) im „Nahen Osten" (Asien), gelegen an der südöstlichen Mittelmeerküste. Unmittelbar benachbart sind Israel, Ägypten, Jordanien, Syrien und der Libanon.

■ Im Zeitraffer: Der Staat Israel und der Nahostkonflikt

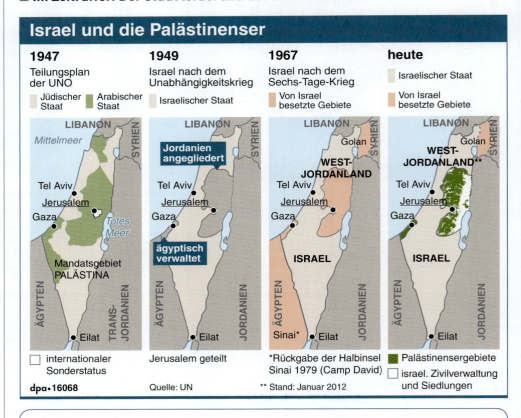

Israel und die Palästinenser

1947 Teilungsplan der UNO
Jüdischer Staat / Arabischer Staat

1949 Israel nach dem Unabhängigkeitskrieg
Israelischer Staat

1967 Israel nach dem Sechs-Tage-Krieg
Von Israel besetzte Gebiete

heute
Israelischer Staat
Von Israel besetzte Gebiete

internationaler Sonderstatus — dpa·16068

Jerusalem geteilt — Quelle: UN

*Rückgabe der Halbinsel Sinai 1979 (Camp David) — ** Stand: Januar 2012

Palästinensergebiete / israel. Zivilverwaltung und Siedlungen

Westbank (Westjordanland) und **Gazastreifen** bilden die palästinensischen Autonomiegebiete. Sie stehen also unter Selbstverwaltung der Palästinenser, bilden aber keinen Staat.

Der Streit um die von Israel besetzt gehaltenen **Golanhöhen** belastet das Verhältnis zwischen Israel und seinem Nachbarn Syrien.

- Nach dem Ersten Weltkrieg wird das lange unter osmanischer Herrschaft stehende Palästina durch Großbritannien verwaltet: Die Einrichtung einer jüdischen nationalen Heimstatt wird gefördert, die Einwanderung von Juden erleichtert.
- Immer mehr Juden, insbesondere aus Osteuropa, zieht es nach Palästina. Die Judenverfolgung durch den Hitler-Faschismus lässt die Zahl der Einwanderer anschwellen. Der arabische Charakter des Landes wird mehr und mehr verändert.
- Ein UN-Plan von 1947 (Teilung Palästinas in jüdischen und arabischen Staat, Jerusalem als internationale Zone) scheitert am Widerstand arabischer Staaten.
- 14. Mai 1948: Gründung des Staates Israel. Tags darauf wird Israel von Ägypten, Jordanien, Syrien, Libanon und Irak angegriffen. In diesem ersten Krieg kann sich Israel behaupten und sein Staatsgebiet noch erweitern. Jordanien besetzt die Westbank, Jerusalem wird geteilt, der Gazastreifen unter ägyptische Verwaltung gestellt.
- 750.000 Palästinenser fliehen aus Israel oder werden vertrieben. Sie haben alles verloren und sind vom Wohlwollen der arabischen Staaten abhängig.

- Seither treten Palästinenser mit friedlichen, aber auch mit auf die Vernichtung Israels gerichteten terroristischen Mitteln für einen palästinensischen Staat ein.
- Im zweiten Krieg, dem Sechstagekrieg von 1967, besetzt Israel den Gazastreifen, die Westbank und die Golanhöhen. Jerusalem wird israelischer Verwaltung unterstellt.
- Seit dieser Zeit gründen Israelis in den besetzten Gebieten Siedlungen, die heute noch umstritten sind.
- Mit dem Kairoer Abkommen vom 4. Mai 1994 werden der Gazastreifen und die Stadt Jericho einer palästinensischen Verwaltung unterstellt.
- Seit 2002 kommt es wieder zu Gewaltakten palästinensischer Selbstmordattentäter. Als Reaktion darauf lässt der damalige israelische Premierminister Sharon das Militär in die palästinensischen Autonomiegebiete einmarschieren.
- Anfang 2005 keimt Hoffnung auf eine friedliche Lösung auf. Die israelische und die palästinensische Regierung verhandeln wieder.

Jassir Arafat (1929–2004) war von 1969 bis zu seinem Tod Chef der Palästinensischen Befreiungsorganisation (PLO) und ab 1996 Präsident der palästinensischen Autonomiegebiete. Für seine Entspannungspolitik, die im Kairoer Abkommen mündete, erhielt Arafat 1994 – wie der damalige israelische Premierminister Rabin – den Friedensnobelpreis.

■ Wer sind „die Palästinenser"?

Als Palästinenser werden heute die Arabisch sprechenden Bewohner des ehemals britischen Mandatsgebiets Palästina und die von dort stammenden Auswanderer und Flüchtlinge bezeichnet. Etwa 3,8 Millionen Palästinenser leben im Westjordanland (2,4 Millionen) und im Gazastreifen (1,4 Millionen). Dem Ziel eines eigenen Staates kamen sie 2012 näher: Palästina wurde von der UNO zum „beobachtenden Nicht-Mitgliedstaat" aufgewertet.

■ Nahostkonflikt: Entwicklung in den letzten Jahren

- Im Jahr 2006 tritt die extremistische Widerstandsgruppe Hamas bei den Präsidentschaftswahlen in den palästinensischen Autonomiegebieten als Partei an – und setzt sich gegen die gemäßigtere Fatah durch, der Jassir Arafat angehört hatte.
- Nach Grenzkonflikten mit der Hamas und der anti-israelischen Hisbollah-Miliz entbrennt 2006 der Libanon-Krieg, bei dem israelische Truppen libanesische Ziele angreifen. Der Konflikt endet mit der Stationierung der UNO-Schutztruppe UNIFIL.
- 2007 kommt es zu innerpalästinensischen Kämpfen zwischen Hamas und Fatah.
- Ende 2008/Anfang 2009 dringen israelische Truppen in den Gazastreifen ein – als Reaktion auf fortwährenden Raketenbeschuss durch die Hamas. Nach palästinensischen Angaben fordert die „Operation Gegossenes Blei" über 1.000 Todesopfer.
- September 2010: Friedensgespräche unter US-Vermittlung erfolglos abgebrochen.
- November 2012: Israel beantwortet den Raketenbeschuss durch militante Palästinenser mit schweren Luftangriffen auf Ziele im Gazastreifen.
- Juli/August 2014: Erneut münden Provokationen in einen Krieg. Die Palästinenser beschießen aus Gaza israelische Gebiete mit Raketen, Israel bombardiert darauf den Gazastreifen. Über 2.000 Palästinenser kommen ums Leben.

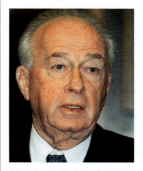

Jitzchak Rabin (1922–1995) war wegen seiner Bemühungen um Frieden mit den Palästinensern in Israel umstritten. Am 4. November 1995 wurde er von einem jüdischen Extremisten ermordet.

① Erstellen Sie eine Tabelle, in der Sie die aktuellen Ereignisse des Nahostkonflikts seit den Luftangriffen auf den Gazastreifen im Sommer 2014 festhalten.

② Informieren Sie sich im Internet, welche Position die Bundesregierung zum Nahostkonflikt vertritt.

③ Lässt sich aus der deutschen Geschichte eine Pflicht ableiten, sich im Nahostkonflikt auf die Seite Israels zu stellen? Argumentieren Sie.

12.3.3 Nahostkonflikt: Lösungsansätze und Positionen

■ Lösungsansätze im Nahostkonflikt

An Bemühungen der Welt um einen dauerhaften Frieden in Nahost hat es nie gefehlt. So vereinbarten Israel und Palästinenser noch bei der Nahost-Konferenz in Annapolis im November 2007, umgehend konkrete Friedensverhandlungen aufzunehmen. Aber immer wieder geriet der am „grünen Tisch" gestaltete **Friedensprozess** durch die Macht der Realität ins Wanken – Beispiele aus der jüngeren Vergangenheit sind der Libanon-Krieg 2006 und die Eskalation der Gewalt in Gaza speziell im Sommer 2014.

Roadmap (engl.)
Plan, Fahrplan, Straßenkarte

Jeder Krieg, jeder Selbstmordanschlag, jeder Raketenangriff wirft den Friedensprozess nicht nur zeitlich zurück. Er untergräbt auch den ohnehin schon geschwächten Glauben der Menschen auf beiden Seiten an eine friedliche Lösung und schürt den Hass.

Als einzig gangbarer Weg für den Nahen Osten erscheint eine **Zwei-Staaten-Lösung**, wie sie im Grundsatz schon der UN-Teilungsplan von 1947 vorsah. Einen möglichen Weg dorthin zeigte im Jahr 2002 die vom „Nahost-Quartett" (UNO, USA, EU und Russland) ausgearbeitete Roadmap auf, die einen **Drei-Stufen-Plan** vorsah:

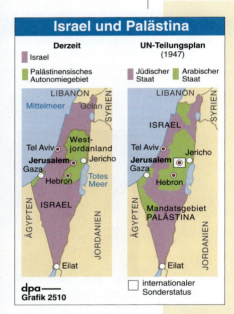

Israel und Palästina

Derzeit	UN-Teilungsplan (1947)
Israel	Jüdischer Staat / Arabischer Staat
Palästinensisches Autonomiegebiet	

dpa Grafik 2510

internationaler Sonderstatus

1. Stufe
- Die Palästinenserführung erkennt das Existenzrecht Israels an, demokratisiert ihre Institutionen, erstellt eine Verfassung und bekennt sich zum bedingungslosen Gewaltverzicht.
- Israel bekennt sich zur Zwei-Staaten-Lösung, zieht sich aus palästinensischen Gebieten zurück, entfernt die dortigen Siedlungen, verzichtet auf den Bau weiterer Siedlungen und lockert Zwangsmaßnahmen gegen Palästinenser (z. B. Ausgangssperren).

2. Stufe
- Zwecks Überwachung der Roadmap-Ziele und zur Vorbereitung der palästinensischen Staatsgründung wird eine internationale Konferenz einberufen.
- Der palästinensische Staat wird in provisorischen Grenzen errichtet.

3. Stufe
- Israel nimmt Friedensverhandlungen mit Syrien und Libanon auf.
- Eine zweite internationale Konferenz wird einberufen. Sie soll Verhandlungen über den Endstatus einleiten. Insbesondere sollen Vereinbarungen über die endgültigen Grenzen, den Status Jerusalems sowie den Umgang mit palästinensischen Flüchtlingen getroffen werden.

Seit Jahren scheitert die Verwirklichung des Planes nun bereits immer wieder an Gewaltausbrüchen. Aufgegeben ist der Weg als solcher aber nicht.

■ Die Positionen Israels und der Palästinenser

Juden
Als Juden werden sowohl die Anhänger des jüdischen Glaubens als auch die Angehörigen des jüdischen Volkes bezeichnet.

In beiden Lagern gibt es gemäßigte, aber auch extreme Positionen: So spricht die **Hamas** Israel das Existenzrecht ab; für Israels Rechte, z. B. die ultranationale Partei Jisra'el Beitenu („Unser Heim Israel"), ist dagegen ein palästinensischer Staat undenkbar.

Die politischen Führungen von Israelis und Palästinensern sind sich zwar wohl darin einig, dass nur die Zwei-Staaten-Lösung eine Chance auf dauerhaften Frieden bringt. Im Übrigen ist aber von Einigkeit wenig zu sehen, wie sich aus den Äußerungen von Israels Ministerpräsident Benjamin Netanjahu und Palästinenserpräsident Mahmud Abbas zur Wiederaufnahme von Friedensverhandlungen im Sommer 2009 ergibt:

Haltung Netanjahus	Haltung Abbas'

• keine Einstellung der jüdischen Besiedlung in besetzten Gebieten • Palästinenser müssen Israel als Staat des jüdischen Volkes anerkennen • ein palästinensischer Staat müsste entmilitarisiert sein • keine Rückkehr palästinensischer Flüchtlinge • keine Abtretung Ost-Jerusalems an Palästinenser	• vollständiger Siedlungsstopp als Bedingung für Wiederaufnahme von Friedensgesprächen • Ziel: unabhängiger Palästinenserstaat in den Grenzen von 1967, inklusive Westbank, Ost-Jerusalem, Teilen des Toten Meeres und des Jordan-Flusses • Verbindung für Palästinenser zwischen Westbank und Gazastreifen

Der Nahost-Friedensprozess

Hindernisse bei den Verhandlungen

1. Grenzen der Palästinensergebiete
2. israelische Siedlungen im Westjordanland
3. Status von Jerusalem als Hauptstadt
4. Raketenbeschuss aus dem Gazastreifen
5. Millionen palästinensische Flüchtlinge in Nachbarländern

Westjordanland
- Palästinens. Zivilverwaltung
- Israelisches Siedlungsgebiet
- Israelische Zivilverwaltung
- Israel. Grenzziehung (z.T. Mauer)
- Green Line (Grenze aus dem Waffenstillstandsabkommen 1949)

Gazastreifen
seit 2005 von Israel geräumt

LIBANON · Dschenin · Kalkilia · Nablus · Tel Aviv · Ramallah · Jericho · Jerusalem · Bethlehem · Mittelmeer · Gáza · Hebron · Totes Meer · ISRAEL · ÄGYPTEN · JORDANIEN

dpa·19613 · 20 km · Stand Januar 2013 · Quelle: OCHA

■ Die Haltung der Nachbarn im Nahostkonflikt

Israel ist von den arabischen und – mehr oder weniger – muslimisch ausgerichteten Nachbarn Ägypten, Jordanien, Syrien und Libanon umgeben. Während Jordanien und Ägypten Israel als Staat anerkennen, unterhalten der Libanon, Syrien und alle weiteren 18 Mitglieder der **Arabischen Liga** – eines politischen Zusammenschlusses arabischer Staaten und Palästinas – keinerlei diplomatische Beziehungen zu Israel. Eine friedliche Anerkennung Israels wird nur bei Erfüllung der palästinensischen Forderungen in Aussicht gestellt.

Als größter Feind Israels gilt der **Iran**. Es ist zwar umstritten, ob Irans Ex-Präsident Ahmadinedschad Israel direkt mit Vernichtung gedroht hat. Indes ist bekannt, dass der Iran die militanten antiisraelischen Organisationen Hamas und Hisbollah unterstützt. Wie groß Israel die Bedrohung durch den Iran einschätzt zeigte sich im Sommer 2008, als die israelische Luftwaffe in einem Großmanöver einen Schlag gegen iranische Atomanlagen probte.

Araber
Früher wurde der Begriff nur für die Bewohner der arabischen Halbinsel gebraucht; heute bezeichnet er alle Menschen, die Arabisch als Muttersprache haben.

Muslime
Anhänger der Religion des Islam. 99 Prozent der Bevölkerung des Irans sind Muslime – aber nur etwa 3 Prozent sind Araber.

1. Informieren Sie sich in Presse und Internet über den gegenwärtigen Stand der Bemühungen des „Nahost-Quartetts" und fassen Sie diesen dann kurz zusammen.
2. Erklären Sie in eigenen Worten: Warum kann nach Ansicht der großen Mehrheit der Beobachter ein dauerhafter Frieden zwischen Israelis und Palästinensern nur mit einer Zwei-Staaten-Lösung erreicht werden?
3. Unterscheiden Sie in eigenen Worten die Begriffe „Muslim" und „Araber" voneinander.

12.3.4 Methode: Nahostkonfliktanalyse

Literatur zum Thema
„Informationen zur politischen Bildung",
Heft 278, Thema Israel,
Heft 247, Thema Israel:
Geschichte, Wirtschaft,
Gesellschaft

Beispiele für weitere „Fundgruben":
- Die Bundeszentrale für politische Bildung (BPB) bietet reichhaltige Informationen zum Thema.
- Die Landeszentrale für politische Bildung Baden-Württemberg hat einen sehr gut gemachten Schwerpunkt zum Thema „Nahost".
- Auch bei der Deutschen Gesellschaft für Auswärtige Politik lohnt es sich zu recherchieren.
- Schließlich bieten sich bekannte Tageszeitungen, politische Magazine und das Auswärtige Amt zur Informationsbeschaffung an.

Über Suchmaschinen gelangen Sie zu den Internetangeboten dieser Quellen. Nähere Informationen zur Recherche: Seite 107.

2003 begann Israel mit dem Bau von Sperranlagen zwischen dem israelischen Kerngebiet und dem Westjordanland

Der Konflikt zwischen Israel und den muslimischen Ländern im Nahen Osten hat eine sehr lange Geschichte. Wer diesen Konflikt einigermaßen verstehen will, muss sich intensiv damit beschäftigen. Die Methode der Konfliktanalyse hilft dabei besonders dadurch, dass in der Klasse arbeitsteilig gearbeitet wird. Die Klasse bildet Expertenteams (Arbeitsgruppen) zu den unterschiedlichsten Fragestellungen.

1. Schritt: Einführung
Eine kurz gehaltene Einführung gibt eine Übersicht über den Konflikt. Die Klasse erstellt eine Mind-Map, in der möglichst viele Aspekte des Konfliktes verzeichnet sind.

2. Schritt: Leitfragen formulieren
Es werden Leitfragen formuliert. Sie sollen eine Orientierung für die Informationsphase sein und helfen, die Übersicht zu behalten.

Leitfragen für das Verstehen des Konflikts im Nahen Osten könnten etwa sein:

- Welche Geschichte verbindet und trennt die Völker Israels und Palästinas?
- Welches Verhalten der Menschen, verschiedener Gruppen oder staatlicher Organe verhindert ein friedliches Zusammenleben in der Region?
- Welche Lösungsansätze gab es in der Vergangenheit, warum sind sie gescheitert und welche Lösungsvorschläge gibt es aktuell?

3. Schritt: Informationsbeschaffung
Es werden alle möglichen und erreichbaren Informationen beschafft und Informationsquellen erschlossen. Einige Quellen sind in der Randspalte genannt. Bedenken Sie, dass sich die Lage – z. B. aufgrund von Anschlägen und darauf folgenden Reaktionen – innerhalb weniger Tage ändern kann. Deshalb ist das Internet für die Recherche besonders geeignet.

4. Schritt: Gruppenarbeit
Um die Menge an Informationen zu bewältigen und mit informativem Ergebnis bearbeiten zu können, ist es sinnvoll, die Klasse in Arbeitsgruppen aufzuteilen.

Arbeitsgruppen zu den folgenden Themen wären denkbar:

- Geschichte des Nahostkonflikts
- Die lange Geschichte Israels
- Die Geschichte der Palästinenser
- Länderinformationen: Israel, Palästina, Jordanien, Libanon, Syrien, Ägypten
- Besondere Streitfragen, die die Beziehungen zwischen Israel und Palästina belasten: Grenzverlauf, Siedlungen im Westjordanland und im Gazastreifen, terroristische Anschläge
- Die Rolle der USA und der EU-Staaten in dem Konflikt
- Vorschläge zur Lösung des Konfliktes.

Krieg im Gazastreifen – Herbst 2012

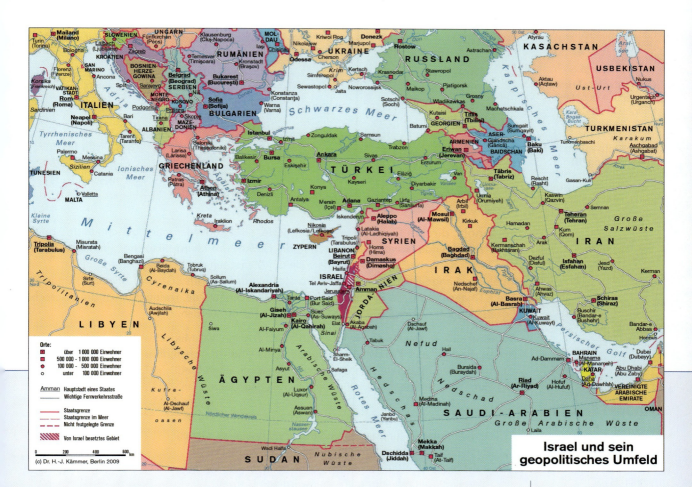

5. Schritt: Ergebnispräsentation

Die Arbeitsgruppen stellen ihre Ergebnisse vor. Dabei sollte darauf geachtet werden, dass die Ausführungen nicht zu ausführlich geraten, aber dennoch alle wichtigen Punkte beinhalten.

12.3.5 Friedenspolitik und Konfliktmanagement

Begriffsfeld „Frieden"
Zwischen dem Frieden
• als Idealzustand und
• als schrittweise zu er-
  ringendem Zustand im
  Zusammenleben von
  Menschen
öffnen sich begrifflich
verschiedene Bedeu-
tungsfelder:

• **Politischer Frieden**
  gewaltfreie Konflikt-
  regelung, Dialog statt
  Gewalt; die Abwesen-
  heit von Krieg

• **Sozialer Frieden**
  soziale Gerechtigkeit in
  der Gesellschaft, Frei-
  heit von Ausbeutung
  und Unterdrückung der
  Dritten Welt

• **Ökologischer Frieden**
  Frieden mit der Natur;
  Schonung statt Aus-
  beutung der Natur

• **Christlich-ethischer
  Friedensbegriff**
  Frieden mit sich selbst;
  persönliche Friedfertig-
  keit; Gemeinschaft mit
  Gott.

Ostermarsch: Seit den
1960er-Jahren finden in
Deutschland jährlich zu
Ostern Friedensdemons-
trationen statt.

Wir hören in den Nachrichten viel von Kriegen und Konflikten. Wann wird schon mal vom Frieden berichtet? Kriege und Konflikte werden von Menschen gemacht. Auch das Gegenteil, der Frieden, muss von Menschen gemacht werden. Menschen müssen für den Frieden wir-ken, sich aktiv dafür einsetzen. Es stellen sich zwei Fragen:

■ Was ist eigentlich Frieden? Wie macht man Frieden?

Frieden ist die Abwesenheit von Gewalt. Wenn das stimmt, muss geklärt werden, was „Ge-walt" ist. Wissenschaftler unterscheiden zwei Arten von Gewalt: die personale, direkte Gewalt und die strukturelle, indirekte Gewalt.

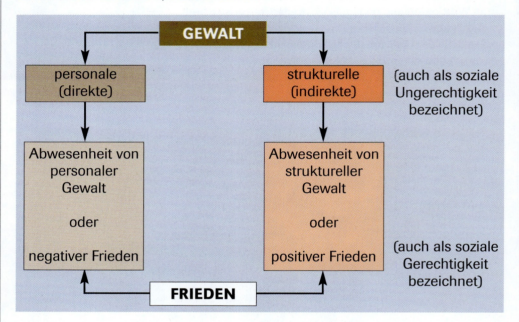

Personale, direkte Gewalt ... ist organisierte, direkt auf Menschen gerichtete und men-schenverachtende Gewalt. Beispiele sind die Gewalt von Militärdiktaturen, in denen Folter und Terror herrschen, aber auch Überfälle auf Menschen durch Gangs bzw. Banden.
Eine derart enge Definition kann zur Darstellung des Begriffs „Gewalt" allein nicht ausrei-chen. Ungerechte Gesellschaftssysteme, die Menschenwürde, Freiheit und soziale Gerech-tigkeit verachten, könnten sonst als friedvoll eingestuft werden.

Strukturelle, indirekte Gewalt ... verhindert Frieden, wo Menschen unter großer Angst, Armut, Hunger und Krankheit leiden und keine Chance haben, ihre nachteilige Situation zu überwinden. Beispiele sind dem ersten Anschein nach friedliche Diktaturen, die diesen „Frieden" aber nur der Unterdrückung ihrer Gegner verdanken.

> „Die Bedingungen für Frieden sind auf drei Ebenen zu suchen:
> 1. individuell: Beseitigung der Ursachen von Aggression;
> 2. innergesellschaftlich: Schaffen von sozialer Gerechtigkeit, Partizipationschancen (Beteiligung) und einer menschenwürdigen Umwelt;
> 3. intergesellschaftlich/international: Verhinderung von Kriegen durch Abrüstung und Schaffen von Überlebenschancen im Nord-Süd-Konflikt."
>
> *(nach: W. Mickel; Handlexikon zur Politikwissenschaft, Bonn 1986)*

▪ Verträge und Organisationen sichern den Frieden

In der internationalen Politik ist in den vergangenen Jahrzehnten ein umfangreiches Regelwerk zur Friedenssicherung entstanden. Deutschland ist in allen euro-atlantischen Institutionen aktives Mitglied und durch zahlreiche Verträge zu einer aktiven Friedenspolitik verpflichtet.

- Es gibt die **NATO** (North Atlantic Treaty Organization) als Verteidigungsbündnis, das über militärische Mittel verfügt.

- Es gibt die **OSZE** (Organisation für Sicherheit und Zusammenarbeit in Europa) und die **UNO** (United Nations Organization) als Systeme der kollektiven Sicherheit. Sie verfügen über keine militärischen Machtmittel, sondern versuchen in erster Linie durch Verhandlungen und Kooperation Konflikte zu schlichten bzw. Konflikte erst gar nicht entstehen zu lassen.

Einen Überblick über die Vernetzung der Staaten in der europäischen Sicherheitsarchitektur gibt die folgende Abbildung:

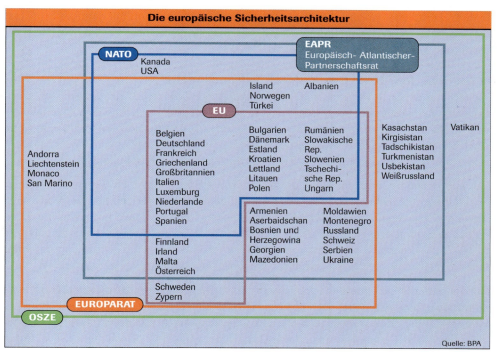

Die europäische Sicherheitsarchitektur

Quelle: BPA

Nähere Informationen zu den internationalen Organisationen finden Sie im Verlauf dieses Kapitels: Abschnitt 12.3.7 befasst sich mit den Vereinten Nationen (UNO), Abschnitt 12.3.8 mit dem Verteidigungsbündnis NATO.

„Nicht Gewalt schafft Frieden, die Liebe schafft Frieden."

(Benedikt XVI, Papst von 2005 bis 2013, in seiner ersten Rede)

EAPR
1997 als Reaktion auf die (nach Auflösung des Warschauer Pakts erfolgte) Machterweiterung der NATO gegründeter Kooperationsrat von aktuell 50 Staaten, darunter alle NATO-Mitglieder

Europarat
1949 gegründete Organisation von aktuell 47 Staaten zur Förderung der Zusammenarbeit europäischer Staaten; kein Zusammenhang mit der EU. Sitz: Straßburg.

Frieden durch eigenes, friedliches Verhalten
Der Frieden beginnt beim Einzelnen: Ohne Kompromissfähigkeit, Toleranz und Verständnis lassen sich Auseinandersetzungen nur schwer friedlich führen.

① Beschreiben Sie die beiden sich ergänzenden Begriffe von Gewalt. Erläutern Sie die Definitionen mit jeweils fünf Beispielen.

② Starten Sie eine Meinungsumfrage in der Schule. Lassen Sie Ihre Mitschüler eine Definition zum Stichwort „Frieden ist ..." auf eine A4-Seite schreiben (möglichst groß und deutlich geschrieben).

③ Ist eine Demonstration gegen Krieg immer auch eine Demonstration für Frieden? Argumentieren Sie.

12.3.6 Brennpunkt Terrorismus – Dauergefahr für den Frieden

„9/11": ein Tag verändert die Welt

Am **11.9.2001** rasten von Mitgliedern der islamistischen Terrororganisation Al-Qaida entführte Flugzeuge in das World Trade Center in New York und das amerikanische Verteidigungsministerium in Washington. Die Anschläge forderten über 3.000 Todesopfer. Der **internationale Terrorismus** erreichte eine neue Dimension.

Die Spur des Terrors seit dem 11.9.2001

2002: 202 Tote bei einem Anschlag in einem Nachtclub auf Bali

2004: Anschlag auf Nahverkehrszüge in Madrid, 191 Tote und über 2.000 Verletzte

Zerstörter Nahverkehrszug, Madrid 2004

2004: Geiselnahme von über 1.300 Kindern und Erwachsenen in einer Schule in Beslan, fast 400 Todesopfer bei der Befreiungsaktion

2005: 56 Tote und rund 700 Verletzte bei Anschlägen im Londoner Nahverkehr

2008: Mumbai – 174 Tote bei diversen zeitgleichen Angriffen im Stadtzentrum

Seit 2013: Die Terrorgruppe „Islamischer Staat" tötet in Syrien und Irak immer wieder Geiseln auf bestialische Weise – und führt die Morde im Internet vor.

Januar 2015: Zwei Täter mit Verbindungen zu Al-Qaida ermorden in der Pariser Redaktion des Satiremagazins Charlie Hebdo elf Menschen und töten auf der Flucht einen Polizisten. Motiv: Islam-Satire.

Terrorismus ist kein neues Phänomen. Terroranschläge gab es auch vor dem 11. September 2001. Attentate in Indien, Pakistan, Jemen, Algerien, Somalia, Spanien, Italien, Japan, Russland, Sri Lanka oder Nordirland fanden in unseren Medien indes oft nur geringes Echo. Erst die Anschläge vom 11. September rückten den Terrorismus wieder in das Bewusstsein der westlichen Bevölkerung.

Terror im Jahr 2015: Gefahr durch „einsame Wölfe"

Weiterhin existiert Terrorismus ethnischer Minderheiten und politischer Extremisten. Doch weltweite Bedeutung hat seit „9/11" nur der islamistische Terror – und dies in zunehmendem Maße. Lange Zeit galt Al-Qaida-Führer **Osama Bin Laden** als entscheidende Figur. Doch die Entwicklung seit dessen gezielter Tötung durch US-Eliteeinheiten in Pakistan 2011 zeigt, dass der islamistische Terror längst von Einzelpersonen unabhängig ist.

Der internationale Terror folgt keinem straffen Führerprinzip mehr. Im Gegenteil: Verstärkt wird auf islamistischen Internetseiten zu Anschlägen sogenannter **„einsamer Wölfe"** aufgerufen – also versprengter Einzeltäter in westlichen Staaten, die ein höchstens loses Verhältnis zu organisierten Gruppen haben. Problem für die Terrorismusabwehr: Mangels Kontakten und Vernetzung sind Attentate kaum vorhersehbar. Die Radikalisierung der Täter findet virtuell statt. Sie basteln sich ihren persönlichen „Dschihad" selbst zusammen.

Auf der anderen Seite morden islamistische Terrorgruppen in ihren „Heimatstaaten" hemmungslos und nutzen dabei noch das westliche Medieninteresse, um ihre Gräueltaten per Internet auf der ganzen Welt zu verbreiten. Das Netzwerk **Al-Qaida** gilt zwar als Begründerin des islamistischen Terrors und war Drahtzieher von „9/11". Doch mittlerweile treten neue Terrorgruppen auf und liefern sich scheinbar einen makabren Wettkampf um die grausamsten Morde und die strengste Auslegung des Korans.

- **„Islamischer Staat" (IS)** – eine aus den politischen und religiösen Wirren des Irak nach dem Sturz Saddam Husseins (2003) hervorgegangene sunnitische Gruppierung, die seit 2013 weite Teile im Nordirak und des östlichen Syriens unter ihre Kontrolle gebracht hat. Die beherrschten Gebiete hat der IS zu einem „Kalifat" vereint, in dem strengste religiöse Regeln mit mörderischer Brutalität durchgesetzt werden.
- **Boko Haram** (übersetzt: „westliche Bildung ist verboten") – eine islamistische Sekte, die zur Terrororganisation geworden und in Nigeria sowie im Nachbarstaat Kamerun durch Morde und Entführungen bekannt geworden ist. Opfer sind Christen und Muslime, die sich nicht den strengen religiösen Regeln unterwerfen. Leider sind auch immer wieder Kinder unter den Opfern.

- Die **Taliban** (übersetzt: „Schüler" oder „Suchende") sind eine weitere islamistische Vereinigung, die in Afghanistan seit 1996 einen „Gottesstaat" errichtete und mit Al-Qaida-Chef Bin Laden zusammenarbeitete. Regiert wurde nach strengsten islamistischen Regeln, Frauen standen faktisch unter dauerndem Hausarrest. Anfang 2002 wurden die Taliban-Führer durch die **Operation Enduring Freedom** – eine Reaktion der USA und zahlreicher Verbündeter auf die Anschläge vom 11. September 2001 – nach Pakistan vertrieben. Bis heute versuchen die Taliban, den Demokratisierungsprozess Afghanistans mit Anschlägen zu durchkreuzen.

■ Ursachen des Terrorismus

Die *eine* Ursache für islamistischen Terror gibt es nicht. Vielmehr sind die Gründe vielschichtig. **Armut** und ein **Mangel an Bildung** werden vielfach angeführt. Doch gerade der Blick auf die Attentäter vom 11. September spricht deutlich gegen diese Umstände als alleinige Ursachen. Die Attentäter entstammten der Mittelklasse, einige studierten. Und Drahtzieher Bin Laden selbst war Sohn eines saudischen Millionärs.

Häufigerer Grund für die Entstehung von Terrorismus dürfte die **Unterdrückung** und **Erniedrigung** der Menschen in den islamischen Staaten selbst durch überforderte, korrupte Regierungen sein. Kommt **religiöser Fanatismus** hinzu und bilden **instabile Staaten** wie Afghanistan in den 1990er-Jahren Unterschlupf, ist der Nährboden ausgelegt. Schließlich kommen Terrorgruppen nicht ohne eine **Finanzierung** aus. Allein die Vorbereitungen für „9/11" sollen rund eine halbe Million Dollar gekostet haben.

■ Umgang mit Terror – Terrorismusbekämpfung

„Terrorbekämpfung" mit militärischer Gewalt ist nötig (z. B. Luftangriffe der von den USA geführten Allianz auf den IS in Syrien und Irak). Besiegen lässt sich der Terror insgesamt auf diese Weise allerdings kaum. Ebenso erforderlich, aber nicht allein ausreichend sind die Armutsbekämpfung und der „Export" von Bildung. Wichtig ist zudem, dass den Terrororganisationen die internationalen „Geldhähne" zugedreht werden. Am erfolgversprechendsten scheint ein verstärkter **Dialog der Religionen** zu sein. Hierfür müsste sich die Masse gemäßigter Muslime noch eindeutiger zu Gewaltfreiheit und Toleranz sowie gegen den Terrorismus bekennen.

Offenbar ist die westliche Welt jedenfalls nicht dazu breit, aus Angst vor Gewalt auf Grundrechte wie die Meinungsfreiheit zu verzichten. Das zeigten die weltweit massenhaften Solidaritätsbekundungen mit der Redaktion des Satiremagazins „Charlie Hebdo" nach den Anschlägen vom Januar 2015: **„Je suis Charlie!"**

Kalifat
Staatsform, in der der Kalif (= der Vertreter des Gesandten Gottes) gleichzeitig Regierungschef und religiöser Herrscher über das Volk ist. Als Kalif bezeichnet sich z. B. seit Mitte 2014 der Anführer der Terrorgruppe „Islamischer Staat", Abu Bakr al-Baghdadi.

Dschihad
Eigentlich bedeutet das arabische Wort so viel wie „sich abmühen", ein gottgefälliges Leben zu führen. Militante Islamisten verstehen unter „Dschihad" dem Kampf gegen „Ungläubige", also Nicht-Muslime.

1. Beobachten Sie die Nachrichten der nächsten Wochen. Listen Sie auf, von welchen Terrorakten oder Problemen mit Terrorismus in der Presse berichtet wird.
2. Stellen Sie eigene Überlegungen zu den Ursachen des Terrorismus an und schreiben Sie diese auf.
3. Warum ist ein „Dialog der Religionen" so wichtig? Argumentieren Sie.

12.3.7 Die Vereinten Nationen (UNO)

Viele Bezeichnungen – eine Organisation
Vereinte Nationen, VN, United Nations (Organization), UNO, UN

Charta der Vereinten Nationen
Verfassungsurkunde; das „Grundgesetz" der UNO.

■ Was ist die UNO?

Die **Charta der Vereinten Nationen** wurde am 26. Juni 1945 auf der UN-Konferenz von San Francisco von 51 Nationen unterzeichnet. Die erste Tagung der UN fand am 24. Oktober 1945 statt. Mittlerweile sind **193 Staaten** UNO-Mitglied. Die Bundesrepublik Deutschland trat gemeinsam mit der damaligen DDR erst 1973 bei.

Die Ziele der UNO sind in Artikel 1 der UN-Charta festgeschrieben: In erster Linie sind dies die **Wahrung des Weltfriedens** und der internationalen Sicherheit sowie die Entwicklung von Völkerfreundschaft und internationaler Zusammenarbeit. Die Gründung der UNO war nicht zuletzt eine Reaktion der Welt auf die von Deutschland ausgelösten Katastrophen des Ersten und Zweiten Weltkriegs.

■ Bekannteste Organe der UNO

In der Generalversammlung als organisatorischem Zentrum der UNO haben alle Mitgliedstaaten gleichberechtigt eine Stimme. Im **Sicherheitsrat** sind dagegen nur die fünf ständigen Mitglieder und weitere zehn gewählte Mitgliedstaaten vertreten.

Die Beschlüsse des Sicherheitsrates, der sich stets mit der Gewährleistung des Weltfriedens und der internationalen Sicherheit befasst, müssen mit den Stimmen von neun Mitgliedern (darunter aller ständigen Mitglieder) gefasst werden. Die ständigen Mitglieder haben also ein **Vetorecht**.

■ Grundsätze der Arbeit der UN

- **Souveräne Staaten mit gleichen Rechten:** Kein Staat darf einem anderen Staat seine Politik aufzwingen. Alle Staaten sollen unabhängig und souverän sein und frei für sich sprechen können.

- **Konfliktprävention:** Die Regierungen treffen sich regelmäßig, um über die wichtigsten Aufgaben der Zukunft zu beraten und Maßnahmen zu beschließen. Konflikte sollen so schon im Vorfeld vermieden werden.

- **Gewaltverzicht:** Streitigkeiten zwischen den Staaten sollen friedlich gelöst werden – z. B. durch neutrale Schlichter oder den Urteilsspruch eines internationalen Gerichts.

- **Gemeinsame, kollektive Sicherheit:** Sollten alle friedlichen Mittel versagen, darf die internationale Gemeinschaft die Streitenden auch durch Androhung und Anwendung von Gewalt zum Frieden zwingen.

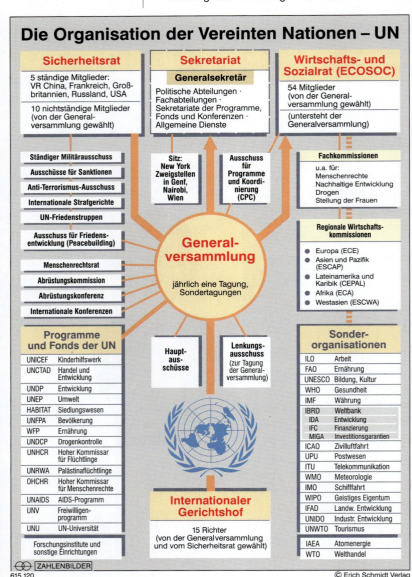

Die Organisation der Vereinten Nationen – UN

Sicherheitsrat
5 ständige Mitglieder: VR China, Frankreich, Großbritannien, Russland, USA
10 nichtständige Mitglieder (von der Generalversammlung gewählt)

- Ständiger Militärausschuss
- Ausschüsse für Sanktionen
- Anti-Terrorismus-Ausschuss
- Internationale Strafgerichte
- UN-Friedenstruppen
- Ausschuss für Friedensentwicklung (Peacebuilding)
- Menschenrechtsrat
- Abrüstungskommission
- Abrüstungskonferenz
- Internationale Konferenzen

Sekretariat
Generalsekretär
Politische Abteilungen · Fachabteilungen · Sekretariate der Programme, Fonds und Konferenzen · Allgemeine Dienste

Sitz: New York Zweigstellen in Genf, Nairobi, Wien

Ausschuss für Programme und Koordinierung (CPC)

Wirtschafts- und Sozialrat (ECOSOC)
54 Mitglieder (von der Generalversammlung gewählt)
(untersteht der Generalversammlung)

Fachkommissionen
u.a. für:
Menschenrechte
Nachhaltige Entwicklung
Drogen
Stellung der Frauen

Regionale Wirtschaftskommissionen
- Europa (ECE)
- Asien und Pazifik (ESCAP)
- Lateinamerika und Karibik (CEPAL)
- Afrika (ECA)
- Westasien (ESCWA)

Generalversammlung
jährlich eine Tagung, Sondertagungen

Hauptausschüsse

Lenkungsausschuss (zur Tagung der Generalversammlung)

Programme und Fonds der UN

UNICEF	Kinderhilfswerk
UNCTAD	Handel und Entwicklung
UNDP	Entwicklung
UNEP	Umwelt
HABITAT	Siedlungswesen
UNFPA	Bevölkerung
WFP	Ernährung
UNDCP	Drogenkontrolle
UNHCR	Hoher Kommissar für Flüchtlinge
UNRWA	Palästinaflüchtlinge
OHCHR	Hoher Kommissar für Menschenrechte
UNAIDS	AIDS-Programm
UNV	Freiwilligenprogramm
UNU	UN-Universität

Forschungsinstitute und sonstige Einrichtungen

Internationaler Gerichtshof
15 Richter (von der Generalversammlung und vom Sicherheitsrat gewählt)

Sonderorganisationen

ILO	Arbeit
FAO	Ernährung
UNESCO	Bildung, Kultur
WHO	Gesundheit
IMF	Währung
IBRD	Weltbank
IDA	Entwicklung
IFC	Finanzierung
MIGA	Investitionsgarantien
ICAO	Zivilluftfahrt
UPU	Postwesen
ITU	Telekommunikation
WMO	Meteorologie
IMO	Schifffahrt
WIPO	Geistiges Eigentum
IFAD	Landw. Entwicklung
UNIDO	Industr. Entwicklung
UNWTO	Tourismus
IAEA	Atomenergie
WTO	Welthandel

ZAHLENBILDER
615 120

© Erich Schmidt Verlag

274

■ Die UNO und der Weltfrieden – Beispiel Afghanistan

UNO-Friedenstruppen („Blauhelme") waren oder sind in Nahost, im Kosovo, in Ruanda und an vielen anderen Brennpunkten der Welt im Einsatz. Da die UNO keine eigenen Truppenverbände hat, werden die Soldaten von den am Einsatz beteiligten Mitgliedstaaten abgestellt. Zur Beteiligung der Bundeswehr an Friedensmissionen siehe Abschnitt 12.3.10.

In **Afghanistan** war die internationale Schutztruppe **ISAF** bis 2014 unter Beteiligung der Bundeswehr im Einsatz (vgl. Abschnitt 12.3.6). Die ISAF war *keine* friedenssichernde Blauhelm-Truppe – sondern unterstützte auf Grundlage eines **Mandates** des UN-Sicherheitsrates die afghanische Regierung bei der Wiederherstellung von Frieden und innerer Sicherheit (insbesondere durch Unterstützung des Aufbaus von Polizei und Infrastruktur). Dabei kam es immer wieder zu schweren Verlusten bei den Truppen durch Anschläge oder Kampfhandlungen der Taliban.

ISAF
International Security
Assistance Force

■ In der Kritik: Die fehlende Macht der UNO

• **Kritikpunkt Vetorecht:** Das Vetorecht im Sicherheitsrat hat die UNO schon oft gelähmt. Die Gegensätzlichkeit der Interessen von Großmächten wie USA, Russland und China führte vielfach dazu, dass bei bedeutenden Fragen Lösungen durch den Gebrauch des Vetorechts vereitelt wurden.

• **Kritikpunkt fehlende Kompetenz:** Ihre Rolle als Hüterin des Weltfriedens kann die UNO nur ungenügend ausfüllen, da sie gegen Alleingänge – insbesondere der USA – machtlos ist. Dies liegt zum einen daran, dass die UNO im Gegensatz zu den USA keine Militärmacht ist. Zudem ist *gegen* die USA aufgrund deren Vetorechts im Sicherheitsrat keine Politik zu betreiben.

In der Realität bestimmen deshalb oft nicht die Vereinten Nationen, sondern die Vereinigten Staaten darüber, wann der Weltfrieden gefährdet sei. Als 2004 eine „Koalition der Willigen", angeführt von den USA, im **Irak** einmarschierte, geschah dies ohne Mandat der UNO. Der damalige UNO-Generalsekretär Kofi Annan bezeichnete den Irak-Krieg als „illegal". Dagegen billigte der UNO-Sicherheitsrat im März 2011 einen Militärschlag in **Libyen** gegen das Regime des damaligen Diktators Muammar al-Gaddafi – zum Schutz der vom Bürgerkrieg bedrohten Bevölkerung.

① Welche Problematik versucht die Illustration auf dieser Seite zu verdeutlichen?

② Ist es Ihrer Ansicht nach gerecht, dass fünf Staaten ständige Mitglieder im Sicherheitsrat sind und die anderen immer nur für zwei Jahre gewählt werden? Begründen Sie Ihre Ansicht.

③ Nennen und beschreiben Sie kurz die wichtigsten Organe der UNO neben Sicherheitsrat und Generalversammlung.

12.3.8 NATO – North Atlantic Treaty Organization

■ Die NATO – das westliche Verteidigungsbündnis

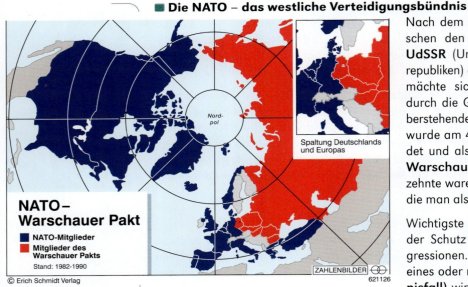

**NATO–
Warschauer Pakt**

■ NATO-Mitglieder
■ Mitglieder des
  Warschauer Pakts
Stand: 1982-1990

Nord-
pol

Spaltung Deutschlands
und Europas

ZAHLENBILDER
621126

© Erich Schmidt Verlag

Nach dem Zweiten Weltkrieg brachen zwischen den Siegermächten **USA** und der **UdSSR** (Union der Sozialistischen Sowjetrepubliken) alte Gegensätze auf. Beide Großmächte sicherten ihre Interessensgebiete durch die Gründung von zwei sich gegenüberstehenden Militärbündnissen. Im Westen wurde am 4. April 1949 die **NATO** gegründet und als Reaktion darauf im Osten der **Warschauer Pakt**. Die folgenden vier Jahrzehnte waren von einer Feindschaft geprägt, die man als **Kalten Krieg** bezeichnet.

Wichtigste Aufgabe der NATO war und ist der Schutz aller NATO-Partner gegen Aggressionen. Ein bewaffneter Angriff gegen eines oder mehrere ihrer Mitglieder (**Bündnisfall**) wird als Angriff auf alle Mitglieder

Dem **Warschauer Pakt** gehörten fast alle kommunistischen europäischen Staaten an. Neben der UdSSR (Sowjetunion) zählten die DDR, Polen, die Tschechoslowakei, Rumänien, Bulgarien, Albanien (bis 1968) und Ungarn dazu. Als Folge des Zerfalls des kommunistischen Lagers nahm die Bedeutung des Warschauer Pakts rapide ab; zum 1. Juli 1991 löste er sich auf.

verstanden. Jedoch bleibt es jedem Mitgliedsland überlassen, welche Maßnahmen es im Bündnisfall gemeinsam mit den Partnern ergreift.

In der Zeit des Kalten Krieges ging es politisch darum, das westliche Modell der repräsentativen Demokratie und der Marktwirtschaft gegen das sozialistische Modell der UdSSR notfalls militärisch zu verteidigen. Schwer bewaffnet standen sich die beiden Blöcke an der Grenze zwischen der Bundesrepublik **Deutschland** und der DDR gegenüber. Dem mächtigen nuklearen und konventionellen Militärapparat des Warschauer Pakts setzte die NATO die Abschreckungs- und Verteidigungsstrategie der „flexiblen Reaktion" entgegen.

Im Falle eines Angriffs waren beide Seiten zu einem Vergeltungs- bzw. Zweitschlag fähig. **Abschreckung** sollte die Gefahr eines militärischen Konflikts minimieren. Für beide Teile Deutschlands hätte ein Krieg indes die sichere, totale Zerstörung bedeutet.

Aufbau der NATO
Politische und militärische Organisation

Nukleare
Planungsgruppe

Ausschüsse

General-
sekretär

Generalsekretariat
Brüssel

**NATO-
Rat**

Euro-Atlantischer
Partnerschaftsrat

NATO-Russland-Rat

Kommission
NATO-Ukraine

Kommission
NATO-Georgien

Militärausschuss
Internationaler
Militärstab

Alliiertes Kommando
Transformation
Norfolk / Va., USA

Alliiertes Kommando
Operationsführung
Mons, Belgien

Führungskommandos

Brunssum,
Niederlande

Neapel,
Italien

ZAHLENBILDER
621 101

© Bergmoser + Höller Verlag AG

■ Die neue NATO

Mit dem Zerfall des Ostblocks zu Anfang der 1990er-Jahre endete auch der Kalte Krieg. Die sicherheitspolitische Situation in Europa änderte sich völlig. Nachdem der NATO der potenzielle Gegner abhanden gekommen war, stellte sich auch die Frage ihrer Existenz. Die NATO-Staaten hielten aber am Bündnis fest und einigten sich auf neue Aufgaben.

Nach den Anschlägen vom 11. September 2001 rückte vor allem die **Terrorabwehr** in den Fokus: Zum ersten und einzigen Mal überhaupt wurde der Bündnisfall festgestellt. Hauptreaktion der NATO war der Einsatz in Afghanistan, das als Brutstätte des

Terrors angesehen wurde. Die ISAF-Truppen operieren dort zwar im Auftrag der UNO, werden aber von der NATO geführt.

Die neue NATO-Strategie, militärische **Kriseneinsätze auch außerhalb des Bündnisgebietes** durchführen zu können, machte es möglich, dass die NATO 2011 das Kommando über den Militäreinsatz gegen Libyens Diktator Gaddafi übernahm.

■ NATO-Brennpunkte: die Ukraine und die NATO-Osterweiterung

Seit 2013 kam es zu gravierenden politischen Veränderungen in der Ukraine. Die Menschen forderten massiv eine stärkere West-Orientierung und eine engere Kooperation mit der EU. Einer zu engen Bindung an Russland steht die Mehrheit der Ukrainer skeptisch bis ablehnend gegenüber. Russlands Präsident Putin reagiert: Unter dem Deckmantel, Russisch sprechende Bürger der Ukraine zu schützen, besetzt er völkerrechtswidrig die **Krim**, ein Gebiet der Ukraine. Gleichzeitig toleriert bzw. unterstützt der russische Präsident die Destabilisierung der **Ostukraine** durch Separatisten, die von der ukrainischen Regierung militärisch bekämpft werden.

Putin behauptet Ende 2014, die Ausdehnung der NATO und die Westorientierung der Ukraine gefährde die Sicherheit Russlands. Russlandkenner sehen eher innerrussische wirtschaftliche, soziale und strukturelle Probleme, von denen Putin durch eine **nationalistische Außenpolitik** ablenken will.

Andere Kritiker monieren, dass die NATO ihren Machtbereich zu „ungeniert" erweitert und dadurch die ehemalige Supermacht Russland gedemütigt habe. Ein Blick auf das Schaubild und ein Vergleich des früheren Machtbereichs des Warschauer Pakts mit der aktuellen Situation kann als Beleg für diese These herhalten.

Denn **Russland** sieht sich als **Nachfolger der Sowjetunion** und damit der „Hausmacht" des Warschauer Pakts. Es musste und muss mehr oder weniger tatenlos mit ansehen, dass sich frühere Sowjetrepubliken wie die Baltischen Staaten und Ex-Satellitenstaaten wie Polen, Ungarn, Rumänien, Bulgarien, Tschechien, die Slowakei (früher: Tschechoslowakei) sowie die neuen Bundesländer (Ex-DDR) dem Einfluss des „Kernlands" entzogen bzw. entziehen. Geht nun auch noch die Ukraine „verloren"? Es bleibt abzuwarten, wie sich die Entwicklung auf die Stabilität des Weltfriedens auswirkt.

NATO-Aufgaben
Aktuell ist ein Angriff eines Staates auf NATO-Gebiet unwahrscheinlich. Doch die NATO sieht andere Herausforderungen, z. B. die Verbreitung von Massenvernichtungswaffen, Terrorismus und dessen Verfügungsgewalt über nukleare, chemische, biologische oder radiologische Fähigkeiten, Instabilitäten an den NATO-Grenzen und „Cyber Attacks".

Nato-Erweiterung in Osteuropa

Nach dem Ende des Kalten Krieges sind mehrere Staaten des von der Sowjetunion angeführten Militärbündnisses Warschauer Pakt der Nato beigetreten. Russland hat die Annäherung der Nato an seine Grenzen stets kritisiert.

— **Warschauer Pakt** bis 1991
■ **Nato** vor 1991
■ **Nato-Beitritt** nach 1991

ehemalige Sowjetunion
■ **Nato-Beitritt** nach 1991
■ nicht in der Nato

*ehemalige Tschechoslowakei   **nur bis 1968 im Warschauer Pakt

Quelle: Nato, Bundeszentrale für polit. Bildung

dpa•20640

① Versetzen Sie sich in die „russische Seele". Warum könnte man von einer „Demütigung" sprechen, wenn ehemals zum sowjetischen Machtbereich gehörende Gebiete sich der NATO anschließen?

② Ist diese mögliche „Demütigung" eine völkerrechtlich bedeutsame Verletzung russischer Interessen?

③ Erörtern Sie Deutschlands Rolle innerhalb der neuen Herausforderungen der NATO.

12.3.9 Die Außenpolitik Deutschlands und der EU

■ **Deutschland – integriert in der westlichen Welt**

Nach dem Ende des Zweiten Weltkrieges richtete sich Deutschland nach seinen Besatzern: Während sich die drei westlichen (US-amerikanische, französische und britische) Besatzungszonen als spätere **Bundesrepublik** an Demokratie und Marktwirtschaft orientierten, folgte die sowjetische Besatzungszone und spätere **DDR** dem Vorbild von Kommunismus und Planwirtschaft.

Mitgliedschaft in internationalen Organisationen		
OECD	seit: 1949	OEEC
EUROPA-RAT	1950	
WTO	1951	GATT
IWF	1952	
EU	1952 1958	EGKS EWG
NATO	1955	
UNO	1973	
OSZE	1973	KSZE

Auslandsvertretungen

13 Ständige Vertretungen bei internationalen Organisationen

150 Botschaften

ca. **60** General-konsulate und Konsulate

Berlin ●

Internationale Beziehungen der Bundes-republik Deutschland

ZAHLENBILDER
100 120

© Bergmoser + Höller Verlag AG

Der Weg der 1949 gegründeten Bundesrepublik in die westlichen Bündnisse unter dem ersten Bundeskanzler Konrad Adenauer **(Westintegration)** war so zwar vorgezeichnet, aber nicht zwingend. Denn zahlreiche Politiker engagierten sich – nicht zuletzt aufgrund der frischen Kriegseindrücke – für eine neutrale, block-freie Rolle Deutschlands.

Politisches Tau-wetter: Willy Brandts Ostpolitik

Seit Ende der 1960er-Jahre betrieb Willy Brandt – zunächst als Außenminister, dann als Bundeskanzler – eine Entspannungspolitik mit den östlichen Nachbarn der Bundesrepublik. Unter dem Motto „Wandel durch Annäherung" wurden Verbesserungen im Verhältnis der beiden deutschen Staaten und für DDR-Bürger ange-strebt. Inwieweit diese Politik mitursächlich für die Wiedervereinigung war, ist umstritten.

Willy Brandts Kniefall in Warschau 1970

Und auch das Grundgesetz lässt die Frage der Westintegration offen:

> **Art. 24 Abs. 2 GG:** Der Bund *kann* sich zur Wahrung des Friedens einem System gegenseitiger kollektiver Sicherheit einordnen. ...

Nachdem die Bundesrepublik 1955 NATO-Mitglied geworden war, formierte sich auf der Gegenseite umgehend der Warschauer Pakt unter Einbeziehung der DDR. Die nächsten Jahrzehnte deutscher Außenpolitik folgten der Logik der politischen Großwetterlage – und diese stand stets unter den Vorzeichen des Kalten Krieges.

Auch mit der **Wiedervereinigung** im Jahr 1990 als Folge der von **Michail Gorbatschow** eingeleiteten Entspannungspolitik verblieb die vergrößerte Bundesrepublik in den west-lichen Bündnissen. Allerdings war nach Fortfall des Kalten Krieges nun die Zeit gekommen, neben der Pflege der Bündnispartnerschaft **neue Akzente in der Außenpolitik** zu setzen, wie z. B.:

- Vorantreiben des europäischen Einigungsprozesses zum Zwecke der Schaffung einer starken Europäischen Union
- Aussöhnung und Verständigung mit ehemaligen Kriegsgegnern wie Polen und dem UdSSR-Nachfolger Russland
- Aktive Mitarbeit an der Lösung der sich seit Ende des Kalten Krieges häufenden und ausweitenden regionalen Konflikte (z. B. Ex-Jugoslawien, Afghanistan, Sudan)
- Kritischer, selbstbewusster Umgang mit den Beziehungen zu den USA, wie z. B. bei der Verweigerung der Teilnahme am Irak-Krieg im Jahr 2003.

■ **GASP und ESVP: Der lange Weg der EU zur eigenen Außenpolitik**

Mit dem Vertrag von Maastricht wurde 1992 als zweite Säule der EU eine **Gemeinsame Europäische Außen- und Sicherheitspolitik (GASP)** festgelegt (vgl. Kap. 11.5). Allerdings bleibt die Entscheidungszuständigkeit in diesem Politikbereich in den Händen der Nationalstaaten, sodass einer EU-weit gültigen Entscheidung letztlich alle Mitgliedstaaten zustimmen müssen. Die GASP löste die wesentlich unverbindlichere Europäische Politische Zusammenarbeit (EPZ) ab.

Die **Ziele der GASP** sind im Maastricht-Vertrag sehr allgemein gehalten:

- Stärkung der Sicherheit der EU

- Wahrung des Friedens und Stärkung der internationalen Sicherheit laut UN-Charta

- Förderung internationaler Zusammenarbeit

- Entwicklung und Stärkung von Demokratie und Rechtsstaatlichkeit sowie Achtung der Menschenrechte und Grundfreiheiten.

Gemeinsame Außen- und Sicherheitspolitik

Europäischer Rat (EU-Gipfel)	bestimmt die strategischen Interessen der Union und legt Ziele und allgemeine Leitlinien der GASP fest
Rat (Ministerrat)	gestaltet die GASP beschließt über Aktionen und Standpunkte der Union und über deren Durchführung setzt Sonderbeauftragte ein
Hoher Vertreter der Union für Außen- und Sicherheitspolitik	leitet die GASP macht Vorschläge zur Festlegung der GASP und sichert ihre Durchführung
Politisches und Sicherheitspolitisches Komitee	beobachtet die internationale Lage, gibt Stellungnahmen ab kontrolliert und leitet Krisenbewältigungsoperationen

Europäisches Parlament — Anhörung Unterrichtung / Empfehlungen

Europäischer Auswärtiger Dienst

ZAHLENBILDER
715 200
© Bergmoser + Höller Verlag AG

1999 wurde die GASP um die **Europäische Sicherheits- und Verteidigungspolitik** ergänzt, damit die Ziele der GASP auch mit Maßnahmen des militärischen Krisenmanagements verfolgt werden können. Tatsächlich steigerte sich die Zahl der EU-Missionen in Krisenregionen beträchtlich.

Zu den zivilen Missionen zählt z. B. das Engagement in Georgien, wo eine EU-Abordnung ihren Beitrag zur Wiederherstellung und Überwachung der Stabilität nach der Krise leistet. Beispiel für eine militärische Mission: Bewaffnete Truppen der EU **(EUFOR)** leiteten die Friedensmission in Bosnien-Herzegowina.

Das große **Problem** der EU-Außenpolitik ist die **Souveränität** der Nationalstaaten. Wo immer ein Staat oder mehrere ausscheren, ist ein gemeinsames Vorgehen unmöglich. Bestes Beispiel ist der Irak-Krieg im Jahr 2003: Während Großbritannien und Spanien aktiv teilnahmen, lehnten Frankreich und Deutschland den Konflikt strikt ab. Eine einheitliche Position der EU in diesem so wichtigen Bereich der Außenpolitik war nicht zu finden.

Der Begriff **EUFOR** bezeichnet multinationale Truppenverbände der EU. Außer nach Bosnien führten bzw. führen EU-Missionen EUFOR-Soldaten auch nach Mazedonien, in den Kongo, den Tschad sowie an das Horn von Afrika.

① Beschreiben Sie in eigenen Worten die Schwierigkeit der EU, zu einer gemeinsamen Außenpolitik zu finden.

② Nennen Sie Veränderungen, die sich aufgrund der Wiedervereinigung für die Außenpolitik der Bundesrepublik Deutschland ergaben.

③ Warum waren Ihrer Ansicht nach die Mitgliedschaft der Bundesrepublik in der NATO und die Zugehörigkeit der DDR zum Warschauer Pakt seit Ende des Zweiten Weltkrieges „vorgezeichnet"?

12.3.10 Die Bundeswehr und ihre veränderte Rolle

Die Bundeswehr
wurde 1955 als Armee der Bundesrepublik Deutschland mit 500.000 Soldaten und als Teil der NATO-Streitkräfte gegründet.

Die Nationale Volksarmee (NVA)
wurde 1956 als Armee der DDR offiziell gegründet und war Teil der Streitkräfte des Warschauer Pakts. Mit der **Wiedervereinigung am 3. Oktober 1990** wurde die NVA formell aufgelöst. Material und Waffen der NVA, aber auch ein Teil der 93.000 Soldaten wurden von der Bundeswehr übernommen.

■ Die Entwicklung der Bundeswehr

Mit der bedingungslosen Kapitulation der deutschen Wehrmacht am 8. Mai 1945 war der Zweite Weltkrieg zu Ende. Nach Beschluss der Potsdamer Konferenz wurde Deutschland vollständig abgerüstet und entmilitarisiert. Von deutschem Boden sollte **nie wieder Krieg** ausgehen. Durch den Ost-West-Konflikt wurde die Bundesrepublik in das Westbündnis NATO und die DDR in das Ostbündnis Warschauer Pakt integriert. Folglich bildeten sich auch zwei Armeen in den beiden deutschen Staaten, die mit der Wiedervereinigung 1990 zusammengeführt wurden.

Insbesondere seit der Auflösung des Warschauer Pakts im Jahr 1991 haben sich Auftrag und Aufgaben der Bundeswehr verändert. Heute ist die Bundeswehr ein Instrument einer umfassend angelegten, vorausschauenden Sicherheits- und Verteidigungspolitik.

Die Bundeswehr im internationalen Einsatz

Deutschland beteiligt sich derzeit mit rund 2 500 Soldaten an internationalen Einsätzen.

| xx | aktuelle Truppenstärke | xx | Mandats-Obergrenze soweit vorhanden |

STRATAIRMEDEVAC
Strategischer Verwundetentransport
Deutschland 41

Active Fence 400
Luftverteidigung der Nato (Patriot-Raketen)
Türkei 256

UNIFIL 300
Friedensmission der UN
Libanon 132

Kosovo Force (KFOR) 1 850
Friedenstruppe der Nato
Kosovo 672

100
Ausbildungsunterstützung
Nordirak 87

OAE 500
Nato: Seeraumüberwachung und Terrorismusabwehr
Mittelmeer 0

UNAMA
UN-Unterstützungszungsmission
Afghanistan 3

MINURSO 20
Beobachtermission der UN
Westsahara 4

RSM 850
Int. Sicherheitsunterstützungstruppe der Nato
Afghanistan, Usbekistan 797

UNMIL 5
Friedensmission der UN
Liberia 3

ATALANTA 950
Anti-Piraterie-Mission der EU
Horn von Afrika 280

MINUSMA 150
Friedensmission der UN
Mali, Senegal 8

UNMISS 50
Friedensmission der UN
Südsudan 15

UNAMID 50
Friedensmission der UN und Afrikan. Union
Darfur, Sudan 9

20
EUTM SOM
Trainingsmission in Somalia 8

EUTM 350
Trainingsmission der EU
Mali 153

Stand: 15.6.2015   Quelle: Bundeswehr   dpa•22745

Auftrag der Bundeswehr ist
• die außenpolitische Handlungsfähigkeit Deutschlands zu sichern
• einen Beitrag zur Stabilität im europäischen und globalen Rahmen zu leisten
• die nationale Sicherheit und Verteidigung zu gewährleisten und zur Verteidigung der Verbündeten beizutragen
• die multinationale Zusammenarbeit und Integration zu fördern.

Aus diesen Grundsätzen leiten sich die **Aufgaben der Bundeswehr** ab:
• internationale Konfliktverhütung und Krisenbewältigung z. B. in Afrika (siehe Schaubild)
• Kampf gegen den internationalen Terrorismus
• Unterstützung der Bündnispartner
• Rettung und Evakuierung bei Gefahr
• Partnerschaft und Kooperation
• Hilfe bei Naturkatastrophen und schweren Unglücksfällen.

Was zu Zeiten des Kalten Krieges noch ausgeschlossen schien, ist angesichts der veränderten Weltlage Realität geworden: die Bundeswehr im Auslandseinsatz.

■ Bundeswehr und Demokratie

Mit Blick auf die schlechten Erfahrungen der vorangegangenen Jahrzehnte wurde die Bundeswehr von Anfang an fest in den demokratischen Staat eingebunden. Das Militär ist der politischen Führung untergeordnet, die vom gewählten Bundestag kontrolliert wird (sogenanntes „Primat der Politik").

Zu diesem demokratischen Verständnis gehört auch, dass **innerhalb der Bundeswehr demokratische Regeln** gelten. Die Rechte und Pflichten der Soldaten sind im Soldatengesetz festgelegt, unterliegen der parlamentarischen Kontrolle und sind einklagbar.

Die Bundeswehr ist Teil der ausführenden Gewalt (Exekutive). Ihre Leitung ist Aufgabe der Bundesregierung, in Friedenszeiten des Bundesministers der Verteidigung. Durch die Verkündigung des **Verteidigungsfalles** geht die Befehls- und Kommandogewalt auf den Bundeskanzler über.

Weitere Kontrollorgane sind der Verteidigungsausschuss des Bundestages und der Wehrbeauftragte. Letzterer versteht sich als „Anwalt der Soldaten" und ist für sie Beschwerde- und Beratungsinstanz.

■ Soldaten als Staatsbürger in Uniform

Soldaten sind eigenverantwortlich denkende und handelnde Menschen. Sie dürfen sich zwar nicht einfach über Befehle hinwegsetzen, aber Mitdenken und Mitentscheiden sind gefordert. Dies unterscheidet die Bundeswehr von der Reichswehr vergangener Zeiten. Es gibt Entscheidungssituationen, in denen nicht blinder Gehorsam gefragt ist, sondern schnelle, eigene Entscheidungen getroffen werden müssen.

Zwei Entscheidungssituationen:

Fall 1: Verhältnismäßigkeit des Handelns unter Angst und Stress
Dem Zugang zum Lager Warehouse (dem deutschen Stützpunkt) in Kabul nähert sich ein junger Afghane, der eine Handgranate hält. Der Posten auf dem daneben stehenden Wachturm bringt seine Waffe in Anschlag. Wie soll er reagieren?

Fall 2: Militärischer Auftrag kontra Schutz der Zivilbevölkerung
Eine „Tornado"- Besatzung erhält den Auftrag, eine Eisenbahnbrücke zu zerstören, da über diesen Weg Munitionsnachschub rollt. Im Anflug auf die Brücke erkennt die Besatzung, dass sich ein Personenzug der Brücke nähert. Es ist nicht auszumachen, ob Zivilpersonen in dem Zug sind oder ob es sich um einen getarnten Truppentransport handelt. Bis zum Abschuss der Rakete bleiben ungefähr drei Sekunden Entscheidungszeit.

(aus: Zentrum Innere Führung: Arbeitspapier „Entscheiden und Verantworten. Konfliktsituationen in Auslandseinsätzen", 2003)

① Listen Sie auf, welche konkreten Aufgaben sich aus den sicherheitspolitischen Zielen Deutschlands für die Bundeswehr ergeben.

② Erläutern Sie, was man unter dem „Primat der Politik" versteht?

③ Beschäftigen Sie sich mit den obigen zwei Entscheidungssituationen. Wie würden Sie sich verhalten? Fällen Sie eine Entscheidung und begründen Sie diese gegenüber Ihren Mitschülern.

Verteidigungsfall
Er wird vom Bundestag mit Zustimmung des Bundesrates festgestellt, wenn das Bundesgebiet mit Waffengewalt angegriffen wird oder ein solcher Angriff unmittelbar bevorsteht (Art. 115a GG). Bisher wurde der Verteidigungsfall noch nie festgestellt.

Die Bundeswehr im Hochwassereinsatz

Katastropheneinsätze der Bundeswehr
1962: Flutkatastrophe in Hamburg
1975: 8.000 Soldaten bekämpfen Waldbrände in Niedersachsen
1979: Schneekatastrophe in Norddeutschland
1997: 24.000 Soldaten im Einsatz bei der Überflutung des Oderbruchs
2002: Hilfe bei den großen Überschwemmungen in Ostdeutschland
2006: Hilfe bei der Eindämmung der Vogelgrippe
2013: bis zu 19.000 Soldaten im erneuten Hochwassereinsatz

12.3.11 Unterentwicklung – Herausforderung für die Welt

■ Was ist Unterentwicklung – woran erkennt man ein Entwicklungsland?

> Christin wird gebeten, für ein Brunnenprojekt zur besseren Bewässerung im „Entwicklungsland Uganda" Geld zu spenden.
> „Uganda, wo liegt das denn?", überlegt Christin. „Ist Uganda denn überhaupt ein Entwicklungsland? Wie soll ich denn das beurteilen?"

Brunnenprojekt in Uganda

Lange Zeit wurden die ärmeren Länder dieser Welt ausschließlich unter dem Schlagwort „Entwicklungsländer" abgehandelt. Auch Bezeichnungen wie „unterentwickelte Länder", „Dritte Welt", „Vierte Welt" sind nicht unüblich.

Heute versucht man all dies unter dem Begriff **„Eine Welt"** zu fassen, um zu demonstrieren, dass reiche und arme Staaten in der globalisierten Welt am selben Strang ziehen müssen. Bei der Frage, ob und wie Entwicklungshilfe zu leisten ist, sind die Situationen der Länder gegeneinander abzugrenzen – und ihre Probleme nach festgelegten Kriterien zu definieren.

Arme und reiche Länder
Jährliches Volkseinkommen je Einwohner in Dollar*

Die 10 ärmsten Länder

		$
1	Burundi	260
2	Malawi	270
3	Zentralafr. Republik	320
4	Niger	400
5	Liberia	410
6	Dem. Rep. Kongo	430
7	Madagaskar	440
8	Guinea	460
9	Äthiopien	470
10	Eritrea	490

Die 10 reichsten Länder

		$
1	Norwegen	102 610
2	Schweiz	90 760
3	Katar	86 790
4	Luxemburg	69 900
5	Australien	65 390
6	Schweden	61 760
7	Dänemark	61 680
8	Singapur	54 040
9	USA	53 470
10	Kanada	52 200
14	Deutschland	47 270

*umgerechnet nach Weltbankmethode   Quelle: Weltbank   Stand 2013   © Globus 10089

■ Unterscheidung nach dem Volkseinkommen

Den Entwicklungsstand eines Staates allein anhand des Volkseinkommens zu beurteilen kann nur ein sehr oberflächliches Bild abgeben, da ja z. B. die Grafik links noch nichts über den Bildungsstand, die Lebenserwartung, die Kindersterblichkeit, das Bevölkerungswachstum, die Arbeitslosigkeit, die soziale Sicherung, die Rechtssicherheit, die demokratische Verfassung und die politische Stabilität verrät. Eine Aussage lässt sich allenfalls in Bezug auf die Armut selbst treffen. Aber Vorsicht vor schnellen Urteilen: Über die Lebenshaltungskosten gibt die Grafik keine Auskunft. Auffällig ist jedoch, dass sich alle Staaten mit dem geringsten Volkseinkommen in Afrika befinden.

„Eine Welt"

Die weltweite Vernetzung lässt auch uns Krisen in anderen Erdteilen schnell spüren. Die „Eine Welt" ist zwar eine widersprüchliche Welt voller Konflikte. Nur gemeinsames Handeln kann jedoch die Zukunft sichern.

■ Unterscheidung nach dem Human Development Index – HDI

Eine genauere Beschreibung der Situation der Länder und insbesondere der Entwicklungsländer ist der Index der menschlichen Entwicklung, **HDI**. Im jährlich von der UNO veröffentlichten Human Development Report werden die Länder beurteilt nach:

1. Lebensdauer – gemessen als Lebenserwartung zwischen dem 25. und 80. Lebensjahr
2. Bildungsniveau – gemessen werden der Anteil der Analphabeten und der Umfang bzw. die Dauer des Schulbesuchs
3. Lebensstandard – gemessen wird das Pro-Kopf-Einkommen in realer Kaufkraft.

In die Berechnung gehen die drei Teilelemente gleichwertig ein. Es ergibt sich so eine vierstufige Einteilung von „sehr hoch" bis „niedrig".

■ Unterscheidung nach Least developed Countries (LDC) und „Schwellenländern"

Schon seit langer Zeit ist deutlich, dass nicht alle Entwicklungsländer gleich sind. Die Länder Afrikas haben eine völlig andere Kultur als die Länder Südamerikas. Auch die sozialen und ökonomischen Standards unterscheiden sich zum Teil erheblich. Deshalb unterscheidet die UNO auch zwischen

- den ärmsten Entwicklungsländern, den **Least developed Countries** = LDC und
- den **„Schwellenländern"**.

Das Schaubild rechts zeigt die LDC-Länder. Es handelt sich hauptsächlich um afrikanische Staaten. LDC-Länder genießen Vorzugsbedingungen bei der Gewährung von Entwicklungshilfe.

Schwellenländer sind Länder, die sich deutlich zu einem **Industrieland** entwickeln und dabei schon erhebliche Fortschritte gemacht haben.

Als dritte, eigene Gruppe werden noch die **Erdöl exportierenden Länder** angesehen. Obwohl Erdöl eine ergiebige Geldquelle ist, sind nicht wenige Erdöl exportierende Länder Entwicklungsländer geblieben. Beispiele sind Libyen, Irak, Ecuador, Venezuela, Nigeria.

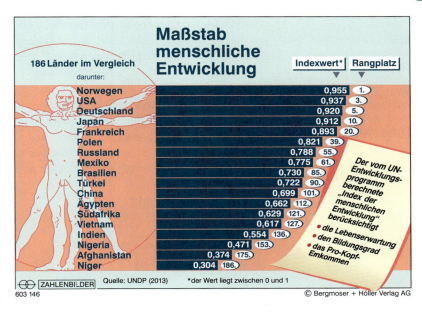

Quelle: UNDP (2013) *der Wert liegt zwischen 0 und 1
603 146 © Bergmoser + Höller Verlag AG

603 656 © Bergmoser + Höller Verlag AG

Aus der Sowjetunion ist eine Vielzahl neuer Staaten entstanden, von denen man – mehr oder weniger zutreffend – viele auch als Entwicklungsländer bezeichnen könnte.

---

① Erstellen Sie eine Tabelle, die Ihnen hilft, Entwicklungsländer zu beurteilen. Nehmen Sie in die Tabelle u.a. auf: Land, Beschreibung des Landes, Volkseinkommen, HDI, LDC-Liste.

② Beurteilen Sie mit dieser Tabelle und den Schaubildern das Entwicklungsland Niger.

③ Der Begriff „Vierte Welt" zur Einordnung eines Entwicklungszustandes hält sich in der öffentlichen Wahrnehmung. Warum ist der Begriff schwer mit der modernen Auffassung von Entwicklungspolitik zu vereinbaren?

12.3.12 Ursachen der Unterentwicklung

Armut ist eine wirtschaftliche Situation, die es dem Einzelnen versagt, sein Existenzminimum aus eigener Kraft, durch eigene Arbeit zu beschaffen. Armut heißt:

- kein ausreichendes Einkommen zu haben. Armut wird gemessen am Einkommen des Einzelnen. Jemand gilt als arm, wenn sein Einkommen unterhalb der festgelegten Armutsgrenze liegt.

- Grundbedürfnisse können nicht befriedigt werden. Armut liegt vor, wenn die materiellen Voraussetzungen für eine minimale Deckung menschlicher Bedürfnisse fehlen. Dazu gehören auch ein ausreichendes Gesundheitswesen, Schulen und Arbeitsplätze.

- Lebenschancen können nicht wahrgenommen werden. Armut heißt, dass Menschen keine Möglichkeit haben, sich entsprechend ihren Fähigkeiten zu entwickeln und ihr Leben zukunftssicher zu gestalten.

Die Hauptursachen der Unterentwicklung sind Armut, Hunger und die innen- wie außenpolitische Situation eines Landes, z. B. fehlende Bildungsmöglichkeiten, undemokratische, korrupte politische Verhältnisse, die geografischen und geologischen Abhängigkeiten, die Bevölkerungsentwicklung sowie Flucht und Vertreibung durch Krieg und Bürgerkrieg.

■ Armut als Ursache der Unterentwicklung

Viele Merkmale von Armut beeinflussen sich gegenseitig und verstärken sich dadurch. Keine Arbeit – kein Geld – keine Ersparnisse – keine Ausbildung – keine Arbeit: Aus dem Teufelskreis der Armut lässt es sich nur schwer ausbrechen. Möglich ist dies nur, wenn es gelingt, einen oder mehrere der Wirkungsfaktoren positiv zu verändern.

Teufelskreis der Armut

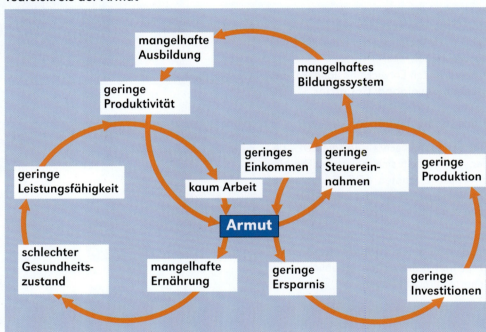

(aus: Informationen zur politischen Bildung, Heft 252, Seite 17)

■ Natürliche Gegebenheiten als Ursachen der Unterentwicklung

Die Menschen finden in ihrem Land geografische, klimatische und geologische Bedingungen vor, die sie nicht ändern können. Menschenfeindliches **Klima** beeinträchtigt die Siedlungsmöglichkeiten und wirtschaftlichen Chancen der Einwohner. Ein Land kann auf der Karte zwar groß, sein nutzbarer Raum bedingt durch das Klima jedoch sehr reduziert sein.

Die **Rohstoffvorkommen** sind von großer Bedeutung: Rohstoffreiche Länder haben erheblich bessere Entwicklungschancen als rohstoffarme Länder. Aber auch Deutschland ist ein rohstoffarmes und zugleich eines der reichsten Länder der Welt.

■ Die innere Situation als Ursache der Unterentwicklung

Die Verhaltensweisen der Menschen in einem Entwicklungsland sind für dessen Entwicklungsstand von großer Bedeutung – insbesondere die **Bevölkerungsentwicklung**. Wie verkraftet ein Land eine starke Bevölkerungszunahme? Gibt es Familienplanung oder verläuft die Entwicklung ungeregelt?

Kapital ist ein wichtiger Produktionsfaktor. Kapitalmangel und damit verbundene unzureichende Investitionen sind eine zentrale Ursache für einen Entwicklungsrückstand.

Demokratische Strukturen festigen die Stabilität eines Landes und erhöhen seine Entwicklungschancen. Viele Entwicklungsländer haben keine demokratische Tradition und fallen zurück in autoritäre Staatsstrukturen. Korruption und Begünstigung einzelner Bevölkerungsgruppen sind oft die Folge. Im schlimmsten Fall kommt es zu Unruhen und Bürgerkriegen.

■ **Die äußere Situation als Ursache der Unterentwicklung**
Da die Entwicklungsländer Rohstoffe häufig nur exportieren, aber nicht weiter verarbeiten, werden sie benachteiligt. Denn nicht die Ausbeutung der Rohstoffe, sondern deren Weiterverarbeitung schafft Fachwissen, technologischen Fortschritt und Industrialisierung. Dies aber geschieht fast ausschließlich in den Industrieländern.

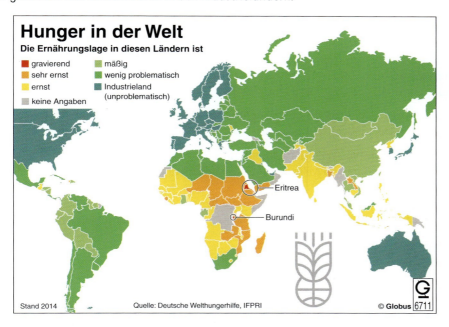

Hunger in der Welt
Die Ernährungslage in diesen Ländern ist
- gravierend
- sehr ernst
- ernst
- keine Angaben
- mäßig
- wenig problematisch
- Industrieland (unproblematisch)

Eritrea
Burundi

Stand 2014   Quelle: Deutsche Welthungerhilfe, IFPRI   © Globus 6711

■ **Hunger als Ursache der Unterentwicklung**
Man schätzt, dass ca. 800 Millionen Menschen auf der Welt hungern. Die Situation hat sich in den vergangenen Jahren verbessert. Nur im südlichen Afrika ist ein dramatischer Anstieg beobachtet worden. Hunger ist vor allem ein Problem mangelnder Kaufkraft und damit unmittelbare Folge von Armut. Arme Menschen können sich Nahrungsmittel oft nicht leisten. Folgen jahrelangen Hungerns sind (insbesondere bei Kindern oft unheilbare) Gesundheitsschäden, die Schwächung des Immunsystems, hohe Kindersterblichkeit und verkürzte Lebenserwartung.

Schwerstarbeit – arbeiten ohne Aussicht auf Erfolg
Überall auf der Welt arbeiten Frauen länger als Männer. In den Entwicklungsländern beträgt die Differenz etwa 13 Stunden pro Woche. Besonders lang ist dort der Arbeitstag für Frauen auf dem Lande: Sie leisten neben Haushalt und Kinderversorgung auch einen großen Teil der landwirtschaftlichen Arbeiten. Denn immer öfter suchen die Männer bezahlte Arbeit neben der Landwirtschaft und sind für Wochen oder auch Monate fort.

Kinderarbeit
Nach Schätzungen der internationalen Arbeitsorganisation (ILO) müssen weltweit rund 265 Millionen Kinder regelmäßig arbeiten. Die Arbeit reicht von leichten Tätigkeiten bis zur sklavenähnlichen Beschäftigung in Gerbereien, Steinbrüchen und im Bergbau. Auch Zwangsarbeit, Beteiligung am Drogenhandel und Prostitution kommen vor. In den meisten Fällen ist Armut der Grund für Kinderarbeit. Ohne den zusätzlichen Verdienst der Kinder haben die Familien oft keine ausreichende Lebensbasis.

① Vergleichen Sie in einer tabellarischen Gegenüberstellung die Lebenssituationen in Deutschland und in einem ausgewählten Entwicklungsland, z. B. Afghanistan. Vergleichskriterien könnten sein: Armut, Arbeitsbelastung, Kinderarbeit, Klima, Rohstoffvorkommen, Bevölkerungsentwicklung, politisches System, Gesundheitsvorsorge usw. Nutzen Sie das Internet zur Recherche!

② Erarbeiten Sie Vorschläge, wie man insbesondere den Kindern und Jugendlichen in Entwicklungsländern helfen könnte.

12.3.13 Krankheit und Migration – Folgen der Unterentwicklung

Aids (Acquired immune deficiency syndrome): Die schwere Erkrankung des Immunsystems ist eine Folge der Infektion mit dem HI-Virus. Die Aids-Infektion erfolgt über Körperflüssigkeiten wie Blut oder Sperma. Die Krankheit ist nicht heilbar und bricht nach 3–15 Jahren aus. Es gibt keine Möglichkeiten von Schutzimpfungen.

Flüchtlinge
Als Flüchtlinge werden nach der Genfer Flüchtlingskonvention von 1951 nur solche Personen anerkannt, die „aus wohlbegründeter Furcht vor Verfolgung wegen ihrer Rasse, Religion, Nationalität, Zugehörigkeit zu einer sozialen Gruppe oder wegen ihrer politischen Überzeugung sich außerhalb des Landes befinden, dessen Staatsangehörigkeit sie besitzen."

■ Welche Auswirkungen hat Unterentwicklung?

Viele der Ursachen von Unterentwicklung (siehe Abschnitt 12.3.12) sind gleichzeitig auch deren Folgen. Es entsteht ein **„Teufelskreis"**. So ist Armut eine Ursache für Unterentwicklung – gleichzeitig wird in einem unterentwickelten Staat auch schwerer ein Weg aus der Armutsfalle zu finden sein. Das Fehlen eines demokratischen Staatswesens kann ein Grund für Unterentwicklung sein – gleichzeitig werden sich in einem unterentwickelten Staat auch demokratische Strukturen nur sehr schwer entwickeln können.

Aus der Vielfalt der Folgen von Unterentwicklung stechen **Krankheit** und **Migration** als Massenphänomene heraus, die die Welt vor große und bisher ungelöste Probleme stellen. Auch der bereits behandelte **Terrorismus** wird oft als Folge von Unterentwicklung beschrieben. *Direkte* Triebfedern sind hier aber in stärkerem Maße religiöser und politischer Fanatismus sowie Rassenwahn.

■ Krankheit als Folge von Unterentwicklung

Die Menschen in den Entwicklungsländern sind Krankheiten in besonders hohem Maße ausgesetzt. Neben den vielen Infektionskrankheiten, die in Industrieländern auftreten, gibt es in den warm-feuchten tropischen Entwicklungsländern noch besonders gefährliche Krankheiten wie Malaria, Lepra, Ebolafieber (2014 kam es zu einer großen Epidemie dieser tödlichen Krankheit) und die Chagas-Krankheit.

Besonders die Kinder, schon geschwächt von Armut und Krankheit, leiden unter diesen Krankheiten. Die Kindersterblichkeit ist in den Entwicklungsländern besonders hoch.

Aids hat sich zur weltweit gefährlichsten Krankheit entwickelt. 2013 gab es ca. 35 Millionen HIV-Infizierte und über 1,5 Millionen Tote. Die Zahl der neu Infizierten lag bei 2,1 Millionen.

■ Migration als Folge von Unterentwicklung

Der Begriff Migration (Wanderung) umfasst alle grenzüberschreitenden Bewegungen. Migration kann diverse Motive haben:

- Flüchtlinge fliehen vor Kriegen, Bürgerkriegen, politischer, sozialer oder religiöser Verfolgung.
- „Wirtschaftsflüchtlinge" werden zwar nicht verfolgt, leiden oder empfinden aber wirtschaftliche Not und suchen in einem anderen Staat eine bessere Perspektive.
- Arbeitsmigranten sind im Zielstaat gesuchte oder von ihrem Arbeitgeber entsandte Arbeitskräfte, die über eine Arbeits- und Aufenthaltserlaubnis verfügen.
- Freiwillige (häufig wohlhabende) Emigranten wechseln aus rein privaten Gründen ihren Aufenthaltsstaat.

Bei Weitem am größten ist die Zahl sogenannter **Wirtschaftsflüchtlinge**, deren Hauptbeweggrund die Unterentwicklung ist. Denn die Perspektive unzähliger Menschen in den Entwicklungsstaaten ist durch Armut oder Erwerbslosigkeit begrenzt. Zwar unterliegen sie keiner Verfolgung oder unmittelbaren Gefahr. Das **Wohlstandsgefälle** lockt sie dennoch in die Industrieländer. Im Zeitalter der Globalisierung sind die Menschen auch mobiler und über die Möglichkeiten im potenziellen Zielstaat besser informiert, was die Migration von Wirtschaftsflüchtlingen eher verstärkt.

Der massenhafte Zuzug von Wirtschaftsflüchtlingen stellt jedoch die modernen Industriestaaten vor massive Probleme:

- Die angespannte Lage auf den Arbeitsmärkten gibt den häufig wenig oder gar nicht qualifizierten Migranten wenig Chancen auf eine Erwerbstätigkeit.
- Um leben zu können, müssen die nicht erwerbstätigen Migranten mit Sozialleistungen unterstützt werden, was die Staatshaushalte stark belastet.
- Es muss ausreichend und angemessener Wohnraum zur Verfügung gestellt werden.
- Die soziale Akzeptanz von Wirtschaftsmigranten leidet in Krisenzeiten, die der einheimischen Bevölkerung sozialen Abbau und hohe Arbeitslosenzahlen bringen. Hier sind schnell Vorurteile aufgebaut, es kann zu gefährlichen sozialen Unruhen kommen.

■ Migration in Deutschland

Um eine angemessene Aufnahme von Migranten gewährleisten zu können, wird in Deutschland zwischen Flüchtlingen im eigentlichen Wortsinn (also: politisch Verfolgten) und Wirtschaftsflüchtlingen unterschieden. Während Flüchtlinge das **Grundrecht auf Asyl** (Artikel 16a GG) genießen und nach erfolgreichem Asylbewerbungsverfahren eine **Aufenthaltserlaubnis** erhalten, haben Wirtschaftsflüchtlinge keine Chance, einen sogenannten **Aufenthaltstitel** nach dem Aufenthaltsgesetz zu erhalten. Denn die unterschiedlichen Aufenthaltstitel, die den Aufenthalt eines Ausländers in Deutschland legal machen, setzen stets die Erfüllung besonderer an die Person gebundener Bedingungen (siehe Schaubild) voraus.

Art. 16a GG – Asylrecht
(1) Politisch Verfolgte genießen Asylrecht.
(2) Auf Absatz 1 kann sich nicht berufen, wer aus einem Mitgliedstaat der Europäischen Gemeinschaften oder aus einem anderen Drittstaat einreist, in dem die Anwendung des Abkommens über die Rechtsstellung der Flüchtlinge und der Konvention zum Schutze der Menschenrechte und Grundfreiheiten sichergestellt ist. (…)

Früher stellten viele Wirtschaftsflüchtlinge Asylanträge. Diese wurden abgelehnt, doch hatten erfolglose Bewerber während des Verfahrens Anspruch auf Aufenthalt und soziale Grundversorgung. Die **„Drittstaatenregelung"**, wonach in Deutschland kein Asylrecht besteht, wenn die Einreise aus einem Nachbarstaat erfolgt, hat die Zahl der Anträge (1995: rund 128.000) bis 2012: (rund 65.000) deutlich beschränkt. De facto kann sich nämlich nur noch auf das Asylrecht berufen, wer auf dem Luftweg einreist. Seit 2013 steigt die Zahl der Anträge wieder stark an. Grund ist ein Zustrom aus Ländern wie dem Irak, Syrien, Afghanistan, aber auch Russland. 2014 wurden rund 203.000 Asylanträge gestellt.

Aufenthaltstitel

Visum
Schengen-Visum für kurzfristige Aufenthalte nationales Visum für längere Aufenthalte

Aufenthaltserlaubnis
befristet, ggf. räumlich eingeschränkt; wird für bestimmte Aufenthaltszwecke erteilt:
▶ zum Studium, für Forschungsaufenthalte
▶ zur Ausübung einer Beschäftigung oder einer selbstständigen Tätigkeit
▶ für nachziehende Familienangehörige
▶ aus völkerrechtlichen, humanitären oder politischen Gründen

Niederlassungserlaubnis
unbefristet, räumlich unbeschränkt; berechtigt zur Aufnahme einer Erwerbstätigkeit
Voraussetzungen u.a.: 5 Jahre Aufenthaltserlaubnis, gesicherter Lebensunterhalt, ausreichender Wohnraum, Altersvorsorge, keine Straftaten, ausreichende Deutschkenntnisse, Grundkenntnisse der Gesellschafts- und Rechtsordnung und der Lebensverhältnisse im Bundesgebiet

Aufenthaltsrecht für Ausländer

Erlaubnis zum Daueraufenthalt – EG
entspricht im Wesentlichen der Niederlassungserlaubnis; berechtigt zum Umzug in ein anderes Land der EU

Freizügigkeit für EU-Bürger
Einreise- und Aufenthaltsrecht (mit Übergangsregelungen für die Beitrittsländer), kein Aufenthaltstitel erforderlich

ZAHLENBILDER
130 380

© Erich Schmidt Verlag

① Listen Sie Gründe auf, die Menschen (z. B. in den Palästinensergebieten) veranlassen könnten, aus ihrer Heimat nach Deutschland zu migrieren.
② Fassen Sie den Unterschied zwischen Flüchtlingen und Wirtschaftsflüchtlingen zusammen.
③ Warum genießen Wirtschaftsflüchtlinge Ihrer Ansicht nach in Deutschland kein Recht auf Asyl?
④ Erstellen Sie eine Tabelle mit den in Deutschland bestehenden Aufenthaltstiteln und nennen Sie deren Voraussetzungen.

12.3.14 Entwicklungspolitik – Motive, Ziele und Maßnahmen

effektiv
wirkungsvoll, greifbar, lohnend

■ Was ist Entwicklungspolitik?

Entwicklungspolitik bezweckt, die Unterschiede zwischen den modernen Industriestaaten und den unterentwickelten Ländern abzubauen, um der Idee der „Einen Welt" näher zu kommen. Für die Unterstützung, die die Geberländer den Entwicklungsstaaten zukommen lassen, verwendet man die Begriffe **Entwicklungshilfe** oder – zeitgemäßer – **Entwicklungszusammenarbeit**.

■ Warum unterstützen? Motive für Entwicklungspolitik

Würde man sich allein auf den Standpunkt stellen, dass souveräne Staaten ihre Probleme allein lösen müssten, so gäbe es keine Entwicklungszusammenarbeit. Es gibt jedoch gute Gründe für eine effektive Entwicklungspolitik. Folgende Motive bilden die Hauptargumente:

- **Ethik:** Moralische Gründe verbieten es, Mitmenschen sehenden Auges in Armut leben zu lassen. Entwicklungszusammenarbeit lindert Armut.
- **Politik:** Effektive Entwicklungszusammenarbeit stabilisiert die politische Situation in Entwicklungsländern – und hilft damit, den Weltfrieden zu sichern.
- **Ökologie:** Effektive Entwicklungszusammenarbeit schützt die Umwelt und verhindert Ressourcenverschwendung – mit positiver Wirkung auch für die Industriestaaten.
- **Ökonomie:** Entwicklungszusammenarbeit ist ein wichtiger Wirtschaftsfaktor – denn gerade Deutschland als Exportland liefert Güter in Entwicklungsländer.

■ Weltumspannende Ziele von Entwicklungspolitik

Im September 2000 tagte die **„Millenniumskonferenz"** – das bis dato größte Gipfeltreffen der UNO – in New York. Unter dem Eindruck einer düsteren Zwischenbilanz der weltweiten Entwicklungspolitik wurden die Anfang der 1990er-Jahre festgelegten Zieldimensionen in acht Millenniums-Entwicklungsziele umformuliert.

Maßnahmen der Entwicklungszusammenarbeit sollen immer im Dienste **nachhaltiger Entwicklung** stehen: Hilfe wird als **Hilfe zur Selbsthilfe** verstanden. Das heißt: Auch wenn die Entwicklungshelfer das Land verlassen haben, soll die Maßnahme fortwirken. So ist z. B. der Bau einer Brunnenanlage in Uganda nur dann eine nachhhaltige Maßnahme, wenn den Einheimischen das Know-how vermittelt wird, sie nach Abzug der Ingenieure auch selbst bedienen, warten oder reparieren zu können.

◼ Kriterien deutscher Entwicklungspolitik

Fünf Kriterien der deutschen staatlichen Entwicklungszusammenarbeit bilden die Grundlage für die Vergabe von Unterstützung. Nur Länder, die sich um

> 1. die Beachtung der Menschenrechte
> 2. die Beteiligung der Bevölkerung an politischen Entscheidungen
> 3. Rechtsstaatlichkeit und Gewährleistung von Rechtssicherheit
> 4. eine marktwirtschaftlich- und sozialorientierte Wirtschaftsordnung und
> 5. die Entwicklungsorientierung staatlichen Handelns

zumindest ernsthaft bemühen, können von Deutschland Entwicklungszusammenarbeit erwarten. Aus diesem Grunde wurde in den 1990er-Jahren z. B. dem Sudan, Burundi, Sierra Leone, Liberia und Afghanistan keine Entwicklungshilfe mehr gewährt.

◼ Beispiele deutscher Entwicklungspolitik

Deutschland engagiert sich mit Entwicklungsprojekten in über 50 – darunter fast die Hälfte afrikanischen – Staaten. Hier drei ganz unterschiedliche Beispiele aus drei Kontinenten:

Land	Niger	Kolumbien	Indien
Projektname	Grundbildungsprogramm	Wald- und Klimaschutz in Kolumbien	Nachhaltiges Management von Küsten- und Meeresschutzzonen
Ziel	Kapazitäten für das Management des Grundbildungssektors verbessern	Kolumbianische Regierung setzt nationale Strategie zur Minderung der Entwaldung und Walddegradierung um	Erhalt und nachhaltige Nutzung der biologischen Vielfalt in Pilotschutzgebieten verbessern
Vorgehensweise/ Etappenziele	Zugang zu Grundbildung sowie deren Qualität verbessern; Einschulungsraten erhöhen, Abbruchquoten senken, Lernleistungen von Schülerinnen und Schülern steigern	Vorhaben unterstützt die kolumbianische Regierung bei der Erstellung und Umsetzung der Strategie; Koordination von Fachministerien und anderen Institutionen; Förderung der Durchführung auf regionaler und lokaler Ebene	Neue Schutzgebiete einrichten, Ansätze zum Schutzgebietsmanagement fördern; durch Einbeziehung lokaler, bundesstaatlicher und nationale Interessensgruppen soll entscheidender Beitrag zum Erhalt artenreicher Gebiete erzielt werden
deutscher Beitrag	5 Millionen Euro	3 Millionen Euro	9,6 Millionen Euro
Laufzeit	2013–2017	2013–2016	2012–2017

Entwicklungshilfe 2013 – die „Top 10" der Geberländer …

… nach Ausgaben in Milliarden Dollar

USA	31,5
Großbritannien	17,9
Deutschland	14,1
Japan	11,8
Frankreich	11,4
Schweden	5,8
Norwegen	5,6
Niederlande	5,4
Kanada	4,9
Australien	4,9

… nach prozentualem Anteil an der Wirtschaftsleistung (Bruttonationaleinkommen)

Norwegen	1,07
Schweden	1,02
Luxemburg	1,00
Dänemark	0,85
Großbritannien	0,72
Niederlande	0,67
Finnland	0,55
Schweiz	0,47
Irland	0,45
Belgien	0,45

① Nehmen Sie Stellung zur Illustration am Beginn dieses Abschnitts. Finden Sie weitere Argumente pro und kontra Entwicklungshilfe bzw. Entwicklungszusammenarbeit.

② Die Bundesregierung unterstützt keine Entwicklungsländer, die die fünf Kriterien (im Kasten oben) nicht beachten. Diskutieren Sie, ob solch eine Politik richtig ist, auch wenn dadurch besonders die „einfachen" Menschen in den Ländern betroffen sind.

③ Erstellen Sie eine eigene Tabelle mit drei aktuellen deutschen Entwicklungsprojekten in unterschiedlichen Kontinenten. Recherchieren Sie hierfür auf der Seite des Bundesministeriums für wirtschaftliche Zusammenarbeit und Entwicklung.

Zur Wiederholung

12.3.1
Regionale Brennpunkte und ihre Bedeutung für die Welt
- Regionale Konflikte können den Weltfrieden gefährden
- Aktuelle regionale Brennpunkte mit Gefahrenpotenzial für den Weltfrieden: Syrien, Irak, Ukraine, Afghanistan

12.3.2
Nahostkonflikt – seit Jahrzehnten im Blickpunkt der Welt
- Israelis und Palästinenser streiten um die Zugehörigkeit Palästinas
- Für die Friedensbemühungen erhalten Jassir Arafat und Jitzchak Rabin 1994 den Friedensnobelpreis, doch immer wieder kommt es zu gewaltsamen Auseinandersetzungen

12.3.3
Nahostkonflikt: Lösungsansätze und Positionen
- Frieden kann nach herrschender Meinung in der Welt nur eine Zwei-Staaten-Lösung bringen
- Hindernisse im Friedensprozess: Räumung israelischer Siedlungen, Rückkehr palästinensischer Flüchtlinge, Status Jerusalems

12.3.5
Friedenspolitik und Konfliktmanagement
- Frieden kann als die Abwesenheit von Gewalt definiert werden
- Frieden beginnt bei Kompromissfähigkeit, Toleranz und Verständnis des Einzelnen
- NATO, UNO und OSZE dienen der Sicherung des Weltfriedens

12.3.6
Brennpunkt Terrorismus – Dauergefahr für den Frieden
- Mit den Anschlägen vom 11. 9. 2001 erreichte der internationale Terrorismus eine neue Dimension

- Der Kampf gegen den Terrorismus wird seit dem „11.9." vorrangig gewaltsam geführt, muss aber auch an dessen Wurzeln geführt werden

12.3.7
Die Vereinten Nationen (UNO)
- Die UNO ist eine Gemeinschaft von 193 Staaten der Welt
- Hauptziele: Weltfrieden und internationale Sicherheit gewährleisten
- Die UNO entsendet Friedenstruppen („Blauhelme") in Krisengebiete

12.3.8
NATO – North Atlantic Treaty Organization
- Die NATO, das Verteidigungsbündnis der westlichen Staatengemeinschaft, wurde 1949 gegründet
- NATO und Warschauer Pakt waren Gegner im „Kalten Krieg"
- Nach Auflösung des Warschauer Pakts wandte sich die NATO neuen Aufgaben zu, z. B. seit 2002 verstärkt der Terrorbekämpfung

12.3.9
Die Außenpolitik Deutschlands und der EU
- Nach 1945 betrieb Bundeskanzler Adenauer die Westintegration
- Nach der Wiedervereinigung stand die europäische Einigung im deutschen Fokus
- Problem einer einheitlichen EU-Außenpolitik ist die Souveränität der Nationalstaaten

12.3.10
Die Bundeswehr und ihre veränderte Rolle
- Mit der Westintegration wurde die neu gegründete Bundeswehr Teil der NATO-Streitkräfte
- Nach Ende des „Kalten Krieges" beteiligt sich die Bundeswehr zunehmend an internationalen Kriseneinsätzen, z. B. in Afghanistan

12.3.11
Unterentwicklung – Herausforderung für die Welt
- Der Entwicklungsstand eines Staates wird anhand von Kriterien wie dem Volkseinkommen, dem Human Development Index sowie der Unterscheidung nach „Least developed Countries" und „Schwellenländern" bestimmt

12.3.12
Ursachen der Unterentwicklung
- Als Ursachen für Unterentwicklung werden Armut, Hunger, natürliche Gegebenheiten (z. B. Klima) sowie die äußere und innere (z. B. Bevölkerungsentwicklung) Situation eines Staates angesehen

12.3.13
Krankheit und Migration – Folgen der Unterentwicklung
- Als Folge von Unterentwicklung verbreiten sich Krankheiten wie Malaria, Lepra, Aids und Ebola
- Menschen aus unterentwickelten Staaten wandern in Industriestaaten wie Deutschland aus
- Deutschland gewährt politisch Verfolgten Asyl, „Wirtschaftsflüchtlingen" jedoch kein Bleiberecht

12.3.14
Entwicklungspolitik – Motive, Ziele und Maßnahmen
- Motive für Entwicklungspolitik sind ethischer, politischer, ökonomischer und ökologischer Natur
- Deutschland gewährt Entwicklungszusammenarbeit bei Erfüllung bestimmter Kriterien
- Eine nachhaltige Entwicklungszusammenarbeit wird als „Hilfe zur Selbsthilfe" verstanden